马克思主义理论研究和建设工程重点教材

《资本论》导读

（第二版）

《〈资本论〉导读》编写组

高等教育出版社
人民出版社

教学课件下载

本书有配套教学课件，供教师免费下载使用，请访问 xuanshu. hep. com. cn，经注册认证后，搜索书名进入具体图书页面，即可下载。

图书在版编目(CIP)数据

《资本论》导读／《〈资本论〉导读》编写组编. -- 2版. -- 北京:高等教育出版社,2020.8(2022.12重印)
ISBN 978-7-04-053327-9

Ⅰ.①资… Ⅱ.①资… Ⅲ.①《资本论》-马克思著作研究-高等学校-教材 Ⅳ.①A811.23

中国版本图书馆CIP数据核字(2020)第019243号

责任编辑 曾飞华 封面设计 王 洋 版式设计 于 婕 责任校对 张 薇
责任印制 韩 刚

出版发行	高等教育出版社	网　址	http://www.hep.edu.cn
社　址	北京市西城区德外大街4号		http://www.hep.com.cn
邮政编码	100120	网上订购	http://www.hepmall.com.cn
印　刷	涿州市星河印刷有限公司		http://www.hepmall.com
开　本	787mm×1092mm 1/16		http://www.hepmall.cn
印　张	33.25	版　次	2012年6月第1版
字　数	550千字		2020年8月第2版
购书热线	010-58581118	印　次	2022年12月第8次印刷
咨询电话	400-810-0598	定　价	65.00元

本书如有缺页、倒页、脱页等质量问题,请到所购图书销售部门联系调换

物 料 号 53327-00

·马克思主义理论研究和建设工程重点教材·

马克思主义理论研究和建设工程咨询委员会委员、审议专家

（以姓氏笔画为序）

《〈资本论〉导读》教材编写课题组

首席专家 林　岗　洪银兴　雎国余

主要成员 （以姓氏笔画为序）

马　艳　王志伟　许兴亚　李其庆

杨　志　邱海平　张彤玉　胡乐明

葛　扬

《〈资本论〉导读》教材修订课题组（第二版）

首席专家 林　岗

主要成员 （以姓氏笔画为序）

马慎萧　齐　昊　李　琼　赵　峰

徐　洋　崔学东

目　录

第二卷 资本的流通过程

导　论

《资本论》是一部政治经济学的不朽巨著。在这部著作中，马克思运用他和恩格斯共同创立的历史唯物主义的科学原理，对资本主义经济形态进行了深入的剖析，揭示了资本主义经济的运行规律及其必然灭亡的历史趋势，阐明了资本主义必然被新的社会经济形态所取代的历史趋势和条件，科学地预见了未来社会的某些基本的特征，从而为无产阶级推翻资本主义、建设社会主义和共产主义的斗争，指明了前进的方向。在历史上，很少有著作像《资本论》一样，对人类的命运，尤其是占人口绝大多数的劳动人民的命运，产生如此深刻而持久的影响。在历史上，也很少有著作像《资本论》一样，其学术意义远远超出它自身所属的专业范围，对哲学社会科学的许多领域都发挥着科学研究方法论上的巨大指导作用。事实上，不仅经济学者，社会科学中其他学科领域的不少学者也从自己学科的角度来研读《资本论》，以便为自己的研究确定正确的方向和路线。正如习近平在主持十八届中央政治局第四十三次集体学习时指出的："在人类思想史上，就科学性、真理性、影响力、传播面而言，没有一种思想理论能达到马克思主义的高度，也没有一种学说能像马克思主义那样对世界产生了如此巨大的影响。这体现了马克思主义的巨大真理威力和强大生命力，表明马克思主义对人类认识世界、改造世界、推动社会进步仍然具有不可替代的作用。"①

由于《资本论》篇幅浩大，内容精深，要想将它读懂读通，并不是一件轻而易举的事情。为了便于初学者研读，我们编写了这本导读。当然，这不可能是一本能够满足社会科学各个学科特殊需要的百科全书式的导读。这本导读是从政治经济学的角度来解读《资本论》的。这也是马克思为这本著作规定的原本的研究范围。这本导读所列的各章与《资本论》中的篇对应；而所列的节与《资本论》中的章对应，但将少数内容密切相关的章合并在一节中介绍；本书所列的目，多数与《资本论》原书在章之下所列的小标题对应，对于《资本论》中某些未列小标题的章，根据论述的内容加了目。这里需要强调的是，导读只是学习《资本论》的辅助材料，是不能代替原著的。要想完整准确地理解

---

① 《习近平谈治国理政》第2卷，外文出版社2017年版，第65页。

《资本论》的科学真谛，要想掌握马克思主义的经济分析方法，除了逐字逐句地阅读和领会原著，没有其他捷径。对于经济学各专业的大学生，这一点尤其重要。研读《资本论》对于这个学科的学生来说，是一种需要付出很大努力但以后会受益无穷的学术训练。马克思在《资本论》法文版序言中曾提醒读者："在科学上没有平坦的大道，只有不畏劳苦沿着陡峭山路攀登的人，才有希望达到光辉的顶点。"① 让我们在学习《资本论》的过程中，时时用这句话来勉励自己。

在开始对《资本论》进行解读之前，有必要首先对马克思创作《资本论》的历史背景和过程、《资本论》的研究对象和方法以及体系结构和历史地位等方面的内容进行综合介绍，以便读者进一步理解《资本论》各部分的具体内容及其整体联系。

第一节 《资本论》写作简史

一、《资本论》产生的历史条件与理论背景

一切社会科学理论都是时代的产物。《资本论》的产生与16—19世纪西欧国家的社会条件变化，以及反映这种变化的各种社会理论和思潮，有着密切的联系。

首先来看看《资本论》创作的社会条件。从16世纪开始，资本主义生产方式先后在英、法等西欧国家发展起来。到了19世纪下半叶，随着工业革命的完成，机器大工业取代了工场手工业，资本主义已经在西欧国家成熟起来。与此同时，资本主义所固有的内在矛盾也逐步暴露出来。资本主义矛盾尖锐化在经济上的突出表现之一，就是经济危机的爆发。1825年经济危机是资本主义历史上第一次周期性生产过剩危机，于1825年8月在英国爆发，持续到1826年11月结束。这次经济危机的爆发，表明"资产阶级的关系已经太狭窄了，再容纳不了它本身所造成的财富了"②，亦即"生产力已经强大到这种关系所不能适应的地步，它已经受到这种关系的阻碍；而它一着手克服这种障碍，就使整

① 《马克思恩格斯文集》第5卷，人民出版社2009年版，第24页。
② 《马克思恩格斯文集》第2卷，人民出版社2009年版，第37页。

个资产阶级社会陷入混乱，就使资产阶级所有制的存在受到威胁”①。自 1825 年以后，资本主义经济陷入危机、萧条、复苏、高涨交替出现的周期性循环之中，一直到 19 世纪末，差不多每隔十年就爆发一次经济危机。

资本主义矛盾尖锐化在经济上的另一个突出表现，就是伴随资本主义经济发展而出现的资本家对工人阶级剥削的不断加深，工人失业的增加和生活状况的恶化。资本主义的发展，一方面造成了财富在资本家和地主阶级一极的积累，另一方面又造成了贫困在工人阶级一极的积累。这种两极分化到 19 世纪上半叶达到了空前的程度，从而使工人阶级和资本家阶级的矛盾日益尖锐化，形成了此起彼伏的工人运动。工人阶级反对资产阶级的斗争最初是自发的、分散的、盲目的，并且不具有政治斗争的性质。到 19 世纪三四十年代，欧洲工人反对资本家的斗争发展成为政治运动，其主要标志就是法国里昂工人在 1831 年和 1834 年的两次起义、英国以工人为主体的 19 世纪 30—40 年代的宪章运动和德国西里西亚工人 1844 年的起义。工人运动的蓬勃兴起与发展，冲击了资产阶级的政治统治，使社会究竟向何处去成为一个突出的现实问题。

资本主义生产方式内在矛盾的尖锐化，工人阶级发展成为争取社会解放的积极的政治力量，是马克思主义及其代表性的经典巨著《资本论》产生的历史条件。作为国际共产主义运动的领袖，马克思研究经济学和写作《资本论》的首要目的，就是为工人阶级的解放事业提供科学的理论根据，同时为社会发展打破资本主义的桎梏指出正确的方向。正因如此，在马克思看来，完成他的《资本论》，对于国际共产主义运动比任何其他事情都要重要。②

在了解《资本论》创作的历史条件之后，还需要知道其理论背景。这个背景，是由伴随资本主义经济发展而在欧洲各国出现的代表资产阶级和小资产阶级利益的形形色色的经济学说构成的。对于这些学说，马克思在创作《资本论》的过程中进行了批判性的研究，从而使自己的理论不仅建立在对资本主义生产方式本身的分析上，也建立在对这种生产方式在资产阶级和小资产阶级学者头脑中的反映的批判上。这也就是马克思要为《资本论》加上“政治经济学批判”这样一个副标题的原因。在《资本论》中，马克思引用过大量资产阶级学者和小资产阶级学者的著作。这些著作大致可以分为重商主义、古典经济

① 《马克思恩格斯文集》第 2 卷，人民出版社 2009 年版，第 37 页。

② ［德］弗·梅林：《马克思传》，罗稷南译，三联书店 1956 年版，第 397 页。

学、小资产阶级经济学、庸俗经济学四大类。

重商主义出现在15—16世纪，是代表资本主义发展的原始积累时期商业资本家利益的经济学说。当时资本主义生产方式还没有在社会经济中占据统治地位，但由于西欧国家殖民地贸易的发展，商品流通的范围大大扩张。这种状况使得重商主义者轻视生产而特别强调对外贸易对资本增殖的作用，认为只有金银才是一国真正的财富，而财富增长的源泉是对外贸易中因"贱买贵卖"或"少买多卖"获得的顺差即金银的净进口。重商主义者主张政府干预经济，实行保护主义，发展对外贸易。

英、法两国的古典政治经济学产生于17世纪中叶，完成于19世纪初。在这个时期，资本主义实现了从工场手工业向机器大工业的过渡。英国古典政治经济学的代表人物是亚当·斯密和大卫·李嘉图。他们论证了新生的资本主义制度的合理性，反对没落的封建势力对资本主义工商业发展的限制，主张实行自由放任的经济政策。作为资本主义制度确立和上升时期的资产阶级经济学家，他们在探讨财富生产和分配问题时，在一定程度上认识到了资本主义社会内部的现实经济关系，从而提出了具有一定科学价值的理论学说，特别是他们提出的劳动价值理论，虽然在逻辑上和理论上还存在着没有解决的若干关键问题，但已经为科学地分析资本主义生产关系，揭示资本主义经济发展的客观规律，找到了正确的门径。马克思在《资本论》第一卷第二版跋中指出："英国古典政治经济学是属于阶级斗争不发展的时期的。它的最后的伟大的代表李嘉图，终于有意识地把阶级利益的对立、工资和利润的对立、利润和地租的对立当作他的研究的出发点，因为他天真地把这种对立看作社会的自然规律。这样，资产阶级的经济科学也就达到了它的不可逾越的界限。"①

法国古典政治经济学又被称为重农学派，代表人物是魁奈和杜尔哥。这个学派重视农业生产，认为农业是创造财富的唯一生产部门，"纯产品"即总产品中扣除了生产耗费后的剩余产品是由农业生产提供的。虽然重农学派将生产理解得很狭窄，但其认为只有提供剩余价值的劳动才是生产劳动，这已经触及资本主义经济关系的特征。马克思对这个学派有这样的评论："他们把资本同货币区别开来，在资本的一般形式上把资本看作是在生产中保存自己并通过生产增大自己的独立的交换价值。因此，他们也考察［雇佣劳动和资本之间的］

---

① 《马克思恩格斯文集》第5卷，人民出版社2009年版，第16页。

关系本身；他们不是把这种关系看作简单流通的要素，相反地把它看作简单流通的前提，并且这种前提本身又不断地从简单流通中产生，重新成为流通的前提。所以他们是现代经济学的鼻祖。”①

小资产阶级经济学，或称经济浪漫主义，是与古典经济学同时期的经济学流派，其代表人物之一是西斯蒙第。西斯蒙第的理论代表了在资本主义机器大工业发展过程中破产并沦为雇佣工人的小农和小手工业者的诉求。他批评英国古典经济学只关注财富而忘记了人，认为政治经济学应当研究如何通过公平分配来增进一个国家的绝大多数人的福利。他接受了英国古典经济学的劳动价值论，将劳动创造的价值分为劳动收入和非劳动收入，指出资本家的利润属于后一种收入，来自工人的额外劳动。西斯蒙第的主要贡献，在于揭露资产阶级为了积累资本而造成的社会灾难，例如小生产者的破产，机器的排斥使工人成为相对过剩人口，财富分配的极度不平等，消费不足导致生产过剩的经济危机，等等。但是，西斯蒙第等小资产阶级经济学家为解决这些社会问题开出的药方，是使资本主义倒退回小生产，使经济发展重新服从中世纪的手工业行会和小农生产的规范。这显然是开历史倒车的空想，这也就是为什么小资产阶级经济学又被称为经济浪漫主义的原因。

在《资本论》的创作过程中，马克思批判地继承了古典经济学包含的科学因素，对西斯蒙第的小资产阶级经济学关于资本主义内在矛盾的分析也有所借鉴。尤其是古典经济学，它构成马克思政治经济学理论的主要来源。但是，正如马克思所说，“只要政治经济学是资产阶级的政治经济学，就是说，只要它把资本主义制度不是看作历史上过渡的发展阶段，而是看作社会生产的绝对的最后的形式，那就只有在阶级斗争处于潜伏状态或只是在个别的现象上表现出来的时候，它还能够是科学。”② 从 19 世纪上半叶以后，随着无产阶级与资产阶级的阶级斗争在实践和理论两个方面“采取了日益鲜明的和带有威胁性的形式”③，科学的资产阶级政治经济学的丧钟敲响了。古典经济学被资产阶级抛弃，代替它的是不仅丧失了科学性，而且丧失了学术良知的庸俗政治经济学。对于庸俗经济学来说，“现在问题不再是这个或那个原理是否正确，而是它对资本有利还是有害，方便还是不方便，违背警章还是不违背警章。无私的研究

① 《马克思恩格斯全集》第 30 卷，人民出版社 1995 年版，第 289 页。

② 《马克思恩格斯文集》第 5 卷，人民出版社 2009 年版，第 16 页。

③ 《马克思恩格斯文集》第 5 卷，人民出版社 2009 年版，第 17 页。

让位于豢养的文丐的争斗，不偏不倚的科学探讨让位于辩护士的坏心恶意。”① 庸俗政治经济学的要害是美化资本主义制度，否认剥削。马克思在对古典经济学和庸俗经济学进行比较时指出，古典经济学“研究了资产阶级生产关系的内部联系”，“而庸俗经济学却只是在表面的联系内兜圈子，它为了对可以说是最粗浅的现象作出似是而非的解释，为了适应资产阶级的日常需要，一再反复咀嚼科学的经济学早就提供的材料。在其他方面，庸俗经济学则只限于把资产阶级生产当事人关于他们自己的最美好世界的陈腐而自负的看法加以系统化，赋以学究气味，并且宣布为永恒的真理”②。英国西尼耳的“节欲论”，法国巴师夏的“经济和谐论”和萨伊的“三位一体论”以及“危机不可能论”，美国凯里的“利益协调论”，都属于庸俗经济学中最赤裸裸的辩护性理论。关于巴师夏和凯里，马克思曾在一篇笔记中写道：“他们两人都懂得，［资产阶级］政治经济学的对立面，即社会主义和共产主义，是在古典政治经济学本身的著作中，特别是在李嘉图的著作中找到自己的理论前提的，而后者应被看作古典政治经济学的最完备的和最后的表现。因此，他们两人都认为，资产阶级社会在现代经济学中历史地取得的理论表现，必须当作谬误来加以抨击，并且必须在古典经济学家朴素地描绘生产关系的对抗的地方，证明生产关系是和谐的。”③ 马克思在《资本论》及其手稿中对这类理论进行了严厉的批判，常常用嘲讽或揶揄的口气将它们的荒诞不经痛快淋漓地展示在读者面前。

除了这些庸俗经济学家之外，19 世纪 20 年代的经济学舞台上，还活跃着以詹姆斯·穆勒和约翰·麦克库洛赫为代表的所谓李嘉图学派。他们自称是李嘉图的传人，在庸俗经济学的挑战面前竭力维护李嘉图的理论，试图消除李嘉图劳动价值论的两个致命缺陷，即资本与劳动的交换与价值规律的矛盾，以及等量资本获得等量利润与价值规律的矛盾。但是，他们非但未能使问题得到解决，反而造成了一系列理论上的新混乱，将李嘉图的学说庸俗化了。但是，这个学派不否认资本主义社会存在剥削的事实，不掩盖资本主义造成的社会灾难和阶级冲突，这是其与前述庸俗经济学家的区别所在。不过，他们提出的社会改造的方案是对资本主义加以改良。在维护资本主义的基本经济制度这个根本问题上，他们与庸俗经济学家其实是一致的。马克思在《资本论》中澄清了这

① 《马克思恩格斯文集》第 5 卷，人民出版社 2009 年版，第 17 页。
② 《马克思恩格斯文集》第 5 卷，人民出版社 2009 年版，第 99 页，注（32）。
③ 《马克思恩格斯全集》第 30 卷，人民出版社 1995 年版，第 4 页。

个学派造成的理论混乱，创造性地解决了导致古典经济学破产的上述难题。

二、马克思写作《资本论》的艰辛历程

马克思的《资本论》写作，是一个充满艰辛的过程。如果从他转向政治经济学研究算起，到 1883 年逝世，这个过程历时 40 年。马克思在世时只出版了《资本论》的第一卷，第二卷和第三卷是在马克思逝世之后由恩格斯根据其遗稿整理出版的。在写作《资本论》的过程中，马克思还承担着指导国际共产主义运动的繁重任务，因而遭到欧洲各国资产阶级政府的迫害，过着颠沛流离的生活，常常衣食无着，债务缠身，还要忍受反复发作的病痛的折磨。在《资本论》的前身《政治经济学批判》第一分册即将付梓之时，他在经济上甚至窘迫到付不起将手稿寄给出版商的邮资和保险费，而不得不向恩格斯求助。[①]《资本论》第一卷完稿后，他在写给友人迈耶尔的信中说："我为什么不给您回信呢?因为我一直在坟墓的边缘徘徊。因此，我不得不利用我还能工作的每时每刻来完成我的著作，为了它，我已经牺牲了我的健康、幸福和家庭……我嘲笑那些所谓'实际的'人和他们的聪明。如果一个人愿意变成一头牛，那他当然可以不管人类的痛苦，而只顾自己身上的皮。但是，如果我没有全部完成我的这部书（至少是写成草稿）就死去的话，那我的确会认为自己是不实际的。"[②]

1843 年 10 月底，马克思来到巴黎，参与《德法年鉴》的创办和编辑工作，同时开始了最初的政治经济学研究。从 1843 年年底开始，马克思阅读了经济学家让·巴蒂斯特·萨伊、亚当·斯密、詹姆斯·穆勒、大卫·李嘉图、约翰·麦克库洛赫、皮埃尔·布阿吉尔贝尔等人的主要著作，还有恩格斯的《国民经济学批判大纲》。马克思在阅读这些材料的同时，写下了 7 个笔记本的摘要和评注，后来被称为《巴黎笔记》。在这些笔记的基础上，马克思开始整理自己的研究心得。1844 年 4—8 月，马克思把对古典政治经济学的研究，同对法国社会主义、共产主义各流派的研究，以及对德国古典哲学的研究结合起来，对它们进行了全面的分析性批判，写下了《1844 年经济学哲学手稿》。

1844 年 2 月，《德法年鉴》第一期和第二期的合刊号刊登了马克思的《论犹太人问题》《〈黑格尔法哲学批判〉导言》和恩格斯的《国民经济学批判大

---

① 参见《马克思恩格斯全集》第 29 卷，人民出版社 1972 年版，第 370—372 页。

② 《马克思恩格斯文集》第 10 卷，人民出版社 2009 年版，第 253 页。

纲》《英国状况 · 十八世纪》。这成为马克思和恩格斯彼此在思想上认识对方并最终成为同道者和战友的最重要的媒介。这些文章表明，马克思主要是通过哲学和政治的批判得出了无产阶级革命和共产主义的结论，恩格斯则主要是通过对英国的政治经济学和现实经济状况的批判而得出同样结论的。马克思自从看到了恩格斯的《国民经济学批判大纲》之后，开始与恩格斯通信，就他们共同感兴趣的各种问题交换看法。1844 年 8 月底至 9 月初，恩格斯回德国途经巴黎，与马克思进行了历史性的会面，并从此开始了两位思想家并肩战斗的生涯。

1845 年 2 月初，马克思遭普鲁士政府和法国政府的迫害，移居布鲁塞尔。1845 年 10 月至 1847 年 4 月或 5 月，马克思和恩格斯在布鲁塞尔共同写成了《德意志意识形态》这部著作。他们在批判德国古典哲学及青年黑格尔派哲学的同时，第一次比较全面地阐发了他们所创立的新的历史哲学——历史唯物主义，而且运用他们已经掌握的政治经济学知识，以及对历史和现实经济问题的研究结论，对许多重要的经济范畴进行了论述。历史唯物主义世界观的确立，为马克思日后进行的经济学研究和《资本论》的写作，确立了科学的方法论原则。1847 年 7 月，马克思发表《哲学的贫困》。这部著作进一步阐发了唯物史观的基本观点，包含着后来在《资本论》中阐发的理论的萌芽。1847 年 12 月，马克思在布鲁塞尔德意志工人协会发表了论述“雇佣劳动与资本”的演说，用通俗易懂的语言论述了以剥削雇佣工人劳动为基础的资本主义生产关系的实质，阐明了后来在《资本论》中得到科学论证的剩余价值理论的某些思想。在布鲁塞尔期间，马克思积极参加国际工人运动，成为这个运动的精神领袖，并同恩格斯一起撰写了共产主义者同盟的理论和实践的纲领《共产党宣言》，简明地阐述了科学社会主义理论的要点。后来，马克思在《资本论》中对资本主义内在矛盾和历史趋势的阐述，为《共产党宣言》关于共产主义革命的一系列论断提供了经济理论上的支持。在从事革命活动的同时，马克思继续研究经济学文献资料并做了摘录，先后写有《布鲁塞尔笔记》和《曼彻斯特笔记》。

1848—1849 年欧洲民主革命期间，马克思回到德国指导工人运动。革命失败之后，马克思一家迁居伦敦，继续进行政治经济学研究。1850 年 6 月，马克思得到了大英博物馆图书馆阅览室的出入证，开始潜心研究政治经济学。他阅读了休谟、洛克、劳埃德、李嘉图、斯密、托伦斯、富拉顿、斯图亚特、拉姆赛、马尔萨斯、凯里、霍普金斯、韦克菲尔德、安德森等众多学者的著作。同时，马克思也注意工人状况、自然科学和技术史、工艺史和发明史、殖民地等方面的文献资料，其中包括李比希、尤尔等人的著作。1850—1853 年，马克思写下了 24 本共 1 250 多页的笔记，后人称之为《伦敦笔记》。这些笔记为后来《政治经济学批判》和《资本论》的写作做了准备。从这些笔记可以看出，在不断深入的研究过程中，马克思已经在理论上超越他的前辈斯密和李嘉图。

1857—1858 年的世界经济危机是马克思的政治经济学研究的转折点，它直接催生了《资本论》的写作。马克思在 1857 年 11 月 6 日为《纽约论坛报》写的一篇社论中，准确地预言了这场危机。① 由于认为危机可能引起无产阶级革命，他加紧了政治经济学著作的写作。他在写给恩格斯的信中说："我现在发狂似地通宵总结我的经济学研究，为的是在洪水之前至少把一些基本问题搞清楚。"② 从 1857 年 7 月至 1858 年 5 月，他经常夜以继日地工作，"多半都要工作到早晨四点钟"，而马克思的研究工作是"双重的"，即"写完政治经济学原理"和研究"当前的危机"。③ 这里所说的"政治经济学原理"就是《政治经济学批判（1857—1858 年手稿）》，或称《1857—1858 年经济学手稿》，曾以《政治经济学批判大纲》或《大纲》闻名于世。这部手稿已涉及《资本论》大部分内容，从一定意义上，可以看作《资本论》的第一稿。1859 年 6 月，马克思出版了《政治经济学批判》第一分册（包括第一章《商品》和第二章《货币或简单商品流通》）。马克思撰写的《政治经济学批判》在马克思主义政治经济学创立过程中具有重要的地位。正如马克思自己所言："1. 它是 15 年的即我一生中的黄金时代的研究成果。2. 这部著作第一次科学地表述了关于社会关系的重要观点。"④ 列宁将马克思的这部著作与《资本论》第一卷相提并论，认为马克思的著作使政治经济学"这门科学发生了真正的革命"⑤。

正如马克思预见的那样，由于 19 世纪 50 年代后期经济危机的作用，进入 60 年代，曾经沉默了 10 年之久的国际工人运动再度兴起。在这种形势下，一方面，马克思继续在国际工人运动中发挥领导作用，另一方面，马克思更加抓紧写作自己的政治经济学著作。1861 年 8 月至 1863 年 7 月，马克思写下了总

---

① 《马克思恩格斯文集》第 10 卷，人民出版社 2009 年版，第 138 页。

② 《马克思恩格斯文集》第 10 卷，人民出版社 2009 年版，第 140 页。

③ 《马克思恩格斯文集》第 10 卷，人民出版社 2009 年版，第 140 页。

④ 《马克思恩格斯文集》第 10 卷，人民出版社 2009 年版，第 167 页。

⑤ 《列宁选集》第 2 卷，人民出版社 1995 年版，第 417 页。

标题为《政治经济学批判》、小标题为《第三章 资本一般》的庞大的手稿，一共23个笔记本，1 472页，这就是《政治经济学批判（1861—1863年手稿）》，或称《1861—1863年经济学手稿》。正是在这个写作过程中，马克思产生了将其以“资本”为题单独出版，而把“政治经济学批判”只作为副标题的想法。这就是《资本论》书名的由来。1863年7月，在结束了《1861—1863年经济学手稿》的写作之后，马克思便开始着手对手稿进行整理，准备付印。1863年8月—1865年12月，马克思以《资本论》为书名写了第一、二、三册的手稿，并从1866年开始着手第一册即第一卷的付排工作。

1867年3月27日，马克思写信给恩格斯，表示《资本论》第一卷的全部书稿“已经写好了”，“下星期我必须亲自带手稿到汉堡去”。恩格斯听到这个消息感到无比高兴：“乌拉！当我终于在白纸黑字上看到第一卷已经完成，你想立刻把它带到汉堡去的消息时，我禁不住这样欢呼起来。”① 1867年4月10日，马克思从伦敦出发，12日抵达汉堡会见出版商迈斯纳，双方议定将全部《资本论》分三卷出版，将其中原计划的第二册和第三册合成一卷，即第二卷，而将原计划的第四册，即理论史部分作为第三卷。1867年9月，《资本论》第一卷德文第一版在汉堡由迈斯纳出版社正式出版了。

《资本论》第一册出版之后，马克思继续加紧进行第二册和第三册的写作，先后为这两册创作了大量手稿。其中第二册主要包括马克思或恩格斯编有罗马数字Ⅱ—Ⅷ的几份草稿，第三册主要包括开头部分的几份草稿和用数学方法说明剩余价值率和利润率的一份草稿。这些草稿可称为1867—1881或者1882年经济学手稿。1871—1875年，马克思还修订出版了《资本论》第一卷德文第二版，校订出版了《资本论》第一卷法文版。但是，由于种种原因，马克思直到1883年3月14日去世之前都未能按与出版社商定的计划出版《资本论》的后几卷。

三、恩格斯与《资本论》

恩格斯与马克思共同创立了马克思主义理论，为《资本论》的创作、编辑、出版和宣传做出了不可磨灭的贡献。

恩格斯写于19世纪40年代的著作《国民经济学批判大纲》《英国状况·

① 《马克思恩格斯全集》第31卷，人民出版社1972年版，第285页。

十八世纪》《英国工人阶级状况》，对马克思早期的经济学研究具有重要的影响。对这些著作中的观点，马克思后来在《资本论》中还加以引用。在 19 世纪 50 年代以后的政治经济学的研究过程中，马克思不仅经常与恩格斯探讨理论问题，交流研究心得，还向有实际管理经验的恩格斯请教有关固定资本的折旧与补偿、资本周转对价格的影响等实际经济问题。① 事实上，恩格斯从一开头就是《资本论》写作的积极参与者。

马克思的《政治经济学批判》第一分册出版之后，恩格斯于 1859 年 8 月 3—15 日写了两篇评论分别发表在 1859 年 8 月 6 日和 20 日的《人民报》上。在第一篇评论文章中，恩格斯主要阐述了唯物主义历史观对于“科学的、独立的、德国的经济学”的重大意义；在第二篇文章中，恩格斯则主要阐述了马克思著作中所体现的唯物辩证法。恩格斯的这两篇文章对于人们深刻认识马克思经济学的方法论具有重要的指导意义。

在《资本论》第一卷的出版过程中，恩格斯在收到马克思寄来的前几个印张的清样之后，曾经就书中的章、节目录和标题以及“价值形式”部分的安排等方面给马克思提出了建设性的意见。恩格斯建议马克思：要“多分一些小节和多加一些小标题”，并且“用黑格尔的《全书》那样的方式来处理”；“可以把这里用辩证法获得的东西，从历史上稍微详细地加以证实”，等等。同时，恩格斯还在清样上直接改正了“个别的笔误”，并“冒昧地补充了某些字句”。恩格斯的建议被马克思以不同形式采纳，使第一卷更便于读者理解。②

《资本论》第一卷出版后，为了扩大《资本论》在工人阶级中的影响，同时为了打破德国官方的缄默，恩格斯连续写了若干评论文章，分别刊登在德国的《未来报》《莱茵报》《埃尔伯费尔德日报》《杜塞尔多夫日报》《观察家报》《符腾堡工商业报》《新巴登报》《民主周报》《双周评论》等各种报纸和杂志上。恩格斯的这些书评，从各个角度扼要地介绍了《资本论》的内容、方法和历史意义，是学习《资本论》的重要参考资料。恩格斯的大力宣传终于使得德国官方的报刊开始发表评论《资本论》的文章，同时使《资本论》在欧洲工人运动中广泛传播开来。

马克思逝世后，恩格斯为《资本论》第一卷德文第三版和第四版、英文版

---

① 参见《马克思恩格斯文集》第 10 卷，人民出版社 2009 年版，第 151、154—155、269—270 页。

② 参见《马克思恩格斯文集》第 10 卷，人民出版社 2009 年版，第 260—262 页。

以及第二卷、第三卷的出版等工作付出了极大的辛劳。1883年年底，第一卷德文第三版出版了。为了便于读者更好地理解《资本论》的内容，恩格斯在许多地方加了注释。在恩格斯的主持下，1887年1月，第一卷的英文版出版了。恩格斯在英文版序言中对《资本论》给予了高度评价。在1890年出版第一卷德文第四版时，恩格斯“再一次对照法文版和根据马克思亲手写的笔记”，“又把法文版的一些地方补充到德文原文中去”。[①] 其次，恩格斯“还补加了一些说明性的注释”，并以恩格斯本人姓名的缩写加以标注，以示区别。另外，恩格斯还对马克思的引文再一次进行了核对和校正。正是因为恩格斯如此严肃认真的工作，德文第四版成为国际上通行的版本。

恩格斯对于《资本论》的最大贡献，无疑是根据马克思留下的手稿编辑、出版了《资本论》第二卷和第三卷。作为马克思的指定遗嘱执行人之一，大约从1884年6月起，恩格斯开始着手研究、编辑整理《资本论》第二卷手稿。在1885年5月5日写的第二卷序言中，他说明了自己编辑马克思著作的原则和第二卷的手稿来源及具体情况，同时有力地驳斥了德国讲坛社会主义者—国家社会主义者及其信徒关于马克思剽窃洛贝尔图斯的诽谤。未及第二卷出版，恩格斯就投入编辑整理第三卷的工作中。经过恩格斯晚年的艰苦工作，到1894年12月初，《资本论》第三卷问世。对于从第二卷出版到第三卷出版何以经过如此漫长的时间，恩格斯在1894年10月4日写的第三卷序言中做了说明：首先，晚年的恩格斯“长期视力衰退”，“多年来不得不把写作时间限制到最低限度”；其次，“还有一些别的无法推卸的工作，如马克思和我本人以前各种著作的重新出版和翻译”；再次，马克思去世后，指导国际工人运动的工作落在恩格斯一个人身上了；最后，《资本论》第三卷“只有一个初稿，而且极不完全。每一篇的开端通常都相当细心地撰写过，甚至文字多半也经过推敲。但是越往下，文稿就越是带有草稿性质，越不完全，越是离开本题谈论那些在研究过程中冒出来的、其最终位置尚待以后安排的枝节问题，句子也由于表达的思想是按照形成时的原样写下来的而越冗长，越复杂”。[②] 在这篇序言中，恩格斯还详细介绍了自己的工作程序和各篇章的编辑情况。特别值得一提的是，第三卷的整个第四章，完全是由恩格斯根据马克思列的标题补写的。恩格斯比马克思晚

① 《马克思恩格斯文集》第5卷，人民出版社2009年版，第36—37页。
② 《马克思恩格斯文集》第7卷，人民出版社2009年版，第4—7页。

去世12年，他把新的经济现象如垄断组织的发展和股票市场作用的加强等问题，也增补到有关章节如关于信用问题的第三卷第27章的正文中。此外，恩格斯还为第三卷写了两个重要的“增补”。正是因为恩格斯的出色工作，《资本论》全三卷才以完整著作的形式呈现在世人面前。列宁评价恩格斯编辑、出版《资本论》第二卷和第三卷的工作时，引用奥地利社会党人阿德勒的话说：“恩格斯出版《资本论》第2卷和第3卷，就是替他的天才朋友建立了一座庄严宏伟的纪念碑，在这座纪念碑上无意中也把自己的名字不可磨灭地铭刻在上面了。”①

四、《资本论》的出版与传播

自《资本论》第一卷德文版出版以来，这部著作在全世界广泛而持久地传播，显示出强大的生命力。

《资本论》第一卷第一版在德国汉堡出版，首印1 000册，至1871年秋季就即将售完，马克思立即着手第二版的出版工作。在第一版的基础上，马克思将原来的“章”改为“篇”，将原来的第五章划分为两篇，即将“工资”部分独立成“篇”，将第一版最后的第一章中的第一节附录“论价值形式”合并到第一章的正文中，另外还有其他一些内容上的修改，并为第二版写了跋。1872年7月至1873年5月中，德文第二版分为9个分册陆续出版，随即又合为一卷书出版。1881年10月，马克思接到汉堡出版商关于出版第三版的建议，为此，马克思一直在做这方面的准备，但那时马克思的身体状况使其已经无法完成这一工作。第一卷德文第三版和第四版的出版工作是马克思去世后由恩格斯完成的。

马克思很早就已经开始考虑出版《资本论》第一卷法文版了，马克思希望通过这一工作，能够“使法国人摆脱蒲鲁东用对小资产阶级的理想化把他们引入的谬误观点”②。几经周折，直到1871年年底，经保尔·拉法格介绍，找到了巴黎出版商莫·拉沙特尔，又通过沙尔·龙格找到了翻译者约瑟夫·鲁瓦。马克思本人亲自担任法文版的校订工作，在德文第二版的基础上，在许多内容方面进行了新的加工。1872年9月—1875年11月，《资本论》第一卷法文版分9辑44个分册出版，1876年年初，又合为一卷书出版。马克思自己认为：“它仍

① 《列宁选集》第1卷，人民出版社2012年版，第95页。
② 《马克思恩格斯全集》第31卷，人民出版社1972年版，第546页。

然在原本之外有独立的科学价值，甚至对懂德语的读者也有参考价值。”① 后来，恩格斯在修订德文第一卷第三版和第四版时，均参照过法文版。《资本论》第二卷和第三卷的法文版是1900—1902年由巴黎纪阿尔出版社出版的。1922—1930年，巴黎阿尔弗雷德社会出版社出版了法文全译本，共14个分册。1948年至1960年，巴黎社会出版社出版了新译本，共8个分册。1976年新版改为三卷三册本，这是目前通用的法文版。

《资本论》第一卷德文版出版后就在俄国进步知识分子中引起了很大的反响。1868年9月18日，俄国经济学家尼·弗·丹尼尔逊就写信建议马克思出版《资本论》的俄文版，并希望将第一卷和第二卷一起出版。马克思回信说，不必等待第二卷，第一卷是一个完整的部分，可先出版。② 1869年年末，俄国革命家格·亚·洛帕廷接受了翻译任务，并亲自到伦敦请教马克思。后来洛帕廷因为营救车尔尼雪夫斯基而只翻译了第一卷的第二章至第五章（即现在的第二篇至第六篇），剩下的部分由丹尼尔逊完成。1872年4月，《资本论》第一卷俄文版在彼得堡出版。这是《资本论》的第一个外文译本。马克思逝世之后，丹尼尔逊与恩格斯保持联系，于1885年和1896年分别出版了《资本论》第二卷和第三卷的俄文版。这是《资本论》第二卷和第三卷最早的外文译本。除丹尼尔逊的译本之外，1898年阿斯卡尔汉诺夫出版社出版了由柳比莫夫主编的《资本论》第一卷和第二卷的俄文本，1899年波波娃出版社出版了由彼·别·司徒卢威主持、叶·阿·古尔维奇和札克翻译的《资本论》第一卷俄文本，1907—1909年莫斯科书籍出版社出版了由伊·伊·斯切潘诺夫主持的《资本论》三卷全译本。列宁参加过斯切潘诺夫译本的准备工作。十月革命之后，比较通行的是斯切潘诺夫的全译本（发行了8版）。在苏共中央马克思列宁主义研究院从1955年开始编译出版的《马克思恩格斯全集》俄文第二版中，《资本论》三卷新俄文版被编入全集第23至25卷（1960—1962年出版）。

《资本论》是在英国写成的，而且“在理论阐述上主要用英国作为例证”，所以马克思希望英译本能早日问世。1867年，当《资本论》第一卷德文第一版还在排印的时候，恩格斯就推荐国际工人协会会员、英国法学家赛·穆尔担任英文翻译工作，并表示“全部工作将在我的直接监督下进行”③。但是，由于各

① 《马克思恩格斯文集》第5卷，人民出版社2009年版，第27页。

② 《马克思恩格斯全集》第32卷，人民出版社1974年版，第551页。

③ 《马克思恩格斯全集》第31卷，人民出版社1972年版，第314页。

种原因，直到马克思逝世之前，包括穆尔在内的许多人都最终未能完成英译工作。马克思逝世后，第一卷的英译工作是由穆尔和马克思的女婿爱·艾威林博士共同完成的，而马克思的小女儿爱琳娜则担任了引文校正工作，恩格斯也为英译本付出了巨大的心血。1887 年 1 月，《资本论》第一卷英文版在伦敦出版，同年 4 月发行了第二版。恩格斯逝世前，第一卷英译本出版过大约六个版本。1906 年至 1909 年，欧内斯特·翁特曼翻译了《资本论》全三卷，在美国出版。1954 年至 1959 年，苏联马列主义研究院利用前人的译文并对照原稿进行了修订，出版了《资本论》全三卷英译本。这两个版本是目前世界上较为通行的英文版。

20 世纪初，《资本论》传入日本。1910 年，《社会新闻》第 55—59、63 号连载了安部矶雄翻译的《资本论》第一卷第一章的前三节。《资本论》全三卷的第一个日文全译本是由日本著名社会思想家高畠素之翻译的，共十个分册，1920 年至 1924 年由东京大镫阁和而立社出版。第二个日文全译本是长谷部文雄翻译的，1946 年 10 月由日本评论社发行第一分册，1950 年 8 月出齐，三卷共十一个分册。第三个日文全译本是由向坂逸郎翻译的，1947 年由岩波文库发行，历时近 10 年才出齐，共十二个分册。1967 年为了纪念《资本论》出版 100 周年，又出修订版，改为三卷四册本。第四个日文全译本是由日本《马克思恩格斯全集》刊行委员会翻译的，1961 年 5 月开始发行，至 1964 年 9 月出齐，共十一个分册。1965 年至 1967 年出版《马克思恩格斯全集》日文版第 23、24、25 卷时，改为三卷五册本。1967 年经过译者冈崎次郎修订后，由大月书店出版《资本论》一百周年纪念版。从 1972 年起，日本大月书店又以冈崎次郎译本的名义发行新版，至 1975 年出齐，共三卷九册。第五个全译本是宫川实翻译的《学习版〈资本论〉》，从 1977 年至 1982 年出齐，共九个分册。

中国人了解《资本论》，始于 19 世纪 90 年代后期。我国民主革命的先行者孙中山，很可能是最早关注《资本论》的中国人之一。[①] 据宋庆龄回忆，孙中山在 1896—1897 年伦敦蒙难期间，看到西方列强生产力高度发达而劳动大众却处于赤贫状态这种矛盾现象，“曾敦促中国留学生要留心马克思的学说，研

---

① 谈敏：《回溯历史——马克思主义经济学在中国传播前史》，上海财经大学出版社 2008 年版，第 121—141 页。

究《资本论》和《共产党宣言》并阅读当时的社会主义书刊"①。在《资本论》中译本出版以前，我国就有一些报刊文章和通俗读物介绍马克思的经济学思想。1919年五四运动期间，中国共产党的创始人李大钊在《新青年》杂志第5、6号上发表长文《我的马克思主义观》，系统地介绍了《资本论》的思想。1920年10月，上海《国民》月刊发表了《〈资本论〉自叙》，即《资本论》第一卷德文第一版的《序言》。另据当事人回忆，北京大学马克思学说研究会曾翻译过《资本论》第一卷。② 1921年中国共产党成立之后，马克思主义在中国的传播进入一个新的阶段。党在上海成立的"人民出版社"，出版了《〈资本论〉入门》等书。《资本论》在我国的初步传播，对于当时中国的先进分子了解马克思主义，树立共产主义世界观，走上革命的道路，起了重要的启蒙作用。

20世纪30年代，我国出版过几个不同的《资本论》第一卷中译本。1930年，由陈启修翻译的《资本论》第一卷第一分册在上海昆仑书店出版。1936年，由侯外庐、王思华翻译的《资本论》第一卷的第一个全译本以世界名著译社名义出版。1938年，由郭大力、王亚南翻译的第一个《资本论》三卷全译本由上海读书生活出版社出版。这部中译本装帧美观。第一卷共694页，精装一册，平装分订两册，正文前有33页刊印6篇序言。第二卷共450页，第三卷共787页，正文前都有恩格斯的"编者序"，第三卷末还有"译者跋"。新中国成立后，为了满足广大干部和群众学习马克思主义理论的需求，这个译本被多次重印或修订出版。郭大力、王亚南译本根据的是苏联马克思恩格斯研究院校正的德文本，并参照了两种英译本和两种日译本。

我国出版的第二个《资本论》三卷全译本，是由中共中央编译局（以下简称编译局）集体翻译的。1956年，该局经济室的翻译组和注释组，根据苏联斯切潘诺夫的俄文版着手翻译《资本论》，但工作开展不久，因"反右运动"而停顿下来，运动后经济室也被撤销了。1960年，编译局又成立了马恩室经济组，重新译校《资本论》。这一次他们改用《马克思恩格斯全集》德文版第

① 宋庆龄：《孙中山——中国人民伟大的革命的儿子》，《宋庆龄选集》（下卷），人民出版社1992年版，第478页。

② 罗章龙：《回忆北京大学马克思学说研究会》，载《新文学史料》1979年第3期，人民文学出版社1979年版；罗章龙：《回忆"五四"运动和北京大学马克思学说研究会》，载《文史资料选辑》第61辑，中华书局1979年版。

23—25 卷为蓝本，而俄文版只作参考。1972 年 9 月和 12 月出版了《马克思恩格斯全集》中文第一版第 23 卷和第 24 卷（即《资本论》第一卷和第二卷），1974 年 11 月出版了第 25 卷（即《资本论》第三卷），1975 年 6 月由人民出版社出版三卷单行本。编译局在翻译《资本论》的同时，也着手根据《马克思恩格斯全集》俄文第二版第 26 卷转译《剩余价值理论》。1972 年至 1974 年由人民出版社出版《剩余价值理论》第Ⅰ至Ⅲ册。编译局在《资本论》和《剩余价值理论》新译本出版后，从《马克思恩格斯全集》各卷书信中选编了一本《马克思恩格斯〈资本论〉书信集》（1976 年由人民出版社出版），共收入马克思恩格斯有关《资本论》的书信 410 封。接着，编译局又翻译了《1857—1858 年经济学手稿》和《1861—1863 年经济学手稿》，以及马克思在 1863 年以后的各种经济学手稿片段。1980 年 10 月，在中国《资本论》研究会筹备会上提出了翻译和出版法文第一版的倡议，得到了编译局和中国社会科学出版社的积极支持，这个译本在 1983 年即马克思逝世 100 周年时出版。1987 年，为纪念《资本论》第一卷出版 120 周年，编译局还编译出版了《资本论》第一卷 1867 年德文第一版中译本，由经济科学出版社出版。

为了推动马克思主义的学习和研究，编译局于 1986 年 7 月启动了根据《马克思恩格斯全集》历史考证版（即 $MEGA^2$ 版）出版新的中文版《马克思恩格斯全集》的巨大工程，并于 2001—2003 年出版了《资本论》最新译本，编为《马克思恩格斯全集》中文第二版第 44—46 卷，这就是目前通行的中文版本。2004 年，该新译文作为《资本论》三卷的单行本出版。2009 年，在中共中央组织实施的马克思主义理论研究和建设工程中，编译局编辑出版了十卷本《马克思恩格斯文集》，《资本论》三卷被编为其中的第 5—7 卷，《资本论》手稿选被编为第 8 卷。2016 年年底，编译局编译的《资本论》第一卷 1867 年德文第一版和 1872—1875 年法文版新的中译本分别编为《马克思恩格斯全集》中文第二版第 42、43 卷，由人民出版社出版。

第二节 《资本论》的研究对象、方法和结构

一、《资本论》的研究对象

马克思在《资本论》第一卷序言中明确指出："我要在本书研究的，是资

本主义生产方式以及和它相适应的生产关系和交换关系。”① 要想准确理解这句话的含义，首先需要弄清“生产方式”这个概念的含义。在马克思的著作中，“生产方式”是使用频率很高的范畴。在不同的语境下，马克思赋予这一范畴的含义往往是各不相同的。他大致是在三种含义上使用这个范畴的。第一，指生产方法或劳动方式，即采用什么样的生产资料、通过什么样的劳动组织进行生产。这是在生产力的意义上使用“生产方式”这个范畴。第二，指社会生产关系。社会生产关系又有广义和狭义之分：狭义的生产关系特指直接的物质生产过程范围内形成的人与人之间的社会关系，例如资本主义生产中资本家与雇佣劳动者的关系；广义的生产关系则指包括生产和流通在内的整个社会经济关系体系。第三，指社会经济形态，即一定社会历史条件下形成的生产力与生产关系的矛盾统一体。

那么，马克思在规定《资本论》的研究对象时，是在上述哪一种意义上使用“生产方式”这个范畴的？如果是在第二种意义上使用这个范畴，可以将马克思的表述改写为：“我要在本书研究的，是资本主义生产关系以及和它相适应的生产关系和交换关系。”很显然，无论从狭义还是广义的生产关系来看，这样使用“生产方式”这个概念都是不合逻辑的。如果在第三种意义上使用这个范畴，同样是说不通的。因为这样等于说要研究“资本主义社会经济形态以及和它相适应的生产关系和交换关系”，而“经济形态”的外延大于生产关系和交换关系，已经将它们包含了。可见，在这里，马克思只能是在第一种意义上，即生产力的意义上使用“生产方式”这个概念的。马克思在这个意义的“生产方式”前加上“资本主义”这个定语，是要表明，他所要研究的是作为资本主义的生产关系和交换关系形成的生产力基础的特定生产方式。我们不能因为“生产方式”之前有“资本主义”这个定语，就把它理解为生产关系。

根据以上分析，我们可以将马克思关于《资本论》研究对象的经典表述解读为：作为资本主义经济形成的生产力基础的生产组织或劳动方式，以及与它相适应的资本主义生产关系和交换关系。这里的生产关系，是狭义的，即直接生产过程中形成的关系。这种解读是与作为《资本论》的方法论原则的历史唯物主义的生产力决定生产关系的原理一致的。按照这个原理，研究任何社会经济形态，都必须首先研究作为其根基的生产力。事实上，马克思在写作《资本

① 《马克思恩格斯文集》第5卷，人民出版社2009年版，第8页。

论》的过程中写成的大量笔记和手稿表明，他对生产力进行了深入的研究。这种研究的成果，集中地反映在《资本论》第一卷关于相对剩余价值生产的论述中。在那里，马克思对资本主义生产关系从产生到确立的历史过程的阐述，正是以劳动组织由简单协作、工场手工业到机器工厂的发展为基础的。不过，这里需要指出的是，经济学不是工程和工艺研究，也不是科学技术史考证。马克思的政治经济学对生产力的研究的着眼点，在于体现在生产资料上的技术进步导致的劳动组织的演化，以及这种演化如何引致社会生产关系的变革。

根据以上解读，又可以将《资本论》的研究对象简单地表述为“资本主义经济形态”。因为，马克思的表述既包括生产力，又包括广义的生产关系，而经济形态正是这二者的统一。《资本论》的研究对象，是由它的研究目的决定的。马克思在《资本论》第一卷序言中说：“本书的最终目的就是揭示现代社会的经济运动规律。”① 任何社会经济形态的运动都是由内在于它的生产力与生产关系的矛盾推动的。要揭示资本主义经济形态从产生、发展到灭亡的运动规律，就必须研究它所特有的生产力与生产关系的矛盾。

二、《资本论》的研究方法

马克思在《资本论》第一卷德文第二版跋中说：“人们对《资本论》中应用的方法理解得很差，这已经由对这一方法的各种互相矛盾的评论所证明。”② 在当时的《资本论》评论者中，有人认为马克思“形而上学地研究经济学”，有人说这就是英国古典学派的抽象演绎法；有人“发现”马克思用的是分析的方法；有人还攻击马克思的方法是“黑格尔的诡辩”。为了澄清这些人造成的混乱和误解，说明自己的方法，马克思对俄国学者考夫曼写的一篇关于《资本论》的研究方法的文章作了具体评论。考夫曼认为，马克思的研究方法是“严格的实在论的”，即唯物主义的，而叙述的方法不幸是黑格尔辩证法这种“坏的唯心主义”。他大段地引证了马克思为在《资本论》第一卷之前出版的《政治经济学批判》所写序言中关于经济学方法问题的论述，并加以详细解说。马克思在《资本论》第一卷第二版跋中引用考夫曼的解说之后说：“这位作者先生把他称为我的实际方法的东西描述得这样恰当，并且在谈到我个人对这种方

① 《马克思恩格斯文集》第5卷，人民出版社2009年版，第10页。
② 《马克思恩格斯文集》第5卷，人民出版社2009年版，第19页。

法的运用时又抱着这样的好感，那他所描述的不正是辩证方法吗?”① 然而，马克思的辩证法是唯物主义的，与黑格尔的唯心主义辩证法根本不同。马克思指出：“我的辩证方法，从根本上来说，不仅和黑格尔的辩证方法不同，而且和它截然相反。在黑格尔看来，思维过程……是现实事物的创造主，而现实事物只是思维过程的外部表现。我的看法则相反，观念的东西不外是移入人的头脑并在人的头脑中改造过的物质的东西而已。”②

唯物辩证法是关于事物的内在矛盾推动事物运动的一般规律的学说，它对自然和社会两个领域都是适用的。唯物辩证法包含的对于人类社会发展的一般规律的认识，被称为历史唯物主义。在《资本论》中，马克思将历史唯物主义运用于对资本主义经济形态的研究，发现了这种经济形态的特殊运动规律。这就是说，《资本论》的研究方法就是历史唯物主义。事实上，考夫曼在他的文章中引证的，正是马克思的《政治经济学批判》序言中对唯物史观的经典表述。马克思将这个表述称为“一经得到就用于指导我的研究工作的总的结果”③。让我们来看看这段表述：

“人们在自己生活的社会生产中发生一定的、必然的、不以他们的意志为转移的关系，即同他们的物质生产力的一定发展阶段相适合的生产关系。这些生产关系的总和构成社会的经济结构，即有法律的和政治的上层建筑竖立其上并有一定的社会意识形态与之相适应的现实基础。物质生活的生产方式制约着整个社会生活、政治生活和精神生活的过程。不是人们的意识决定人们的存在，相反，是人们的社会存在决定人们的意识。社会的物质生产力发展到一定阶段，便同它们一直在其中运动的现存生产关系或财产关系（这只是生产关系的法律用语）发生矛盾。于是这些关系便由生产力的发展形式变成生产力的桎梏。那时社会革命的时代就到来了。随着经济基础的变更，全部庞大的上层建筑也或慢或快地发生变革……无论哪一个社会形态，在它所能容纳的全部生产力发挥出来以前，是决不会灭亡的；而新的更高的生产关系，在它的物质存在条件在旧社会的胎胞里成熟以前，是决不会出现的。所以人类始终只提出自己能够解决的任务，因为只要仔细考察就可以发现，任务本身，至少在解决它的

---

① 《马克思恩格斯文集》第 5 卷，人民出版社 2009 年版，第 21 页。

② 《马克思恩格斯文集》第 5 卷，人民出版社 2009 年版，第 22 页。

③ 《马克思恩格斯文集》第 2 卷，人民出版社 2009 年版，第 591 页。

物质条件已经存在或者至少是在生成过程中的时候，才会产生。”①

根据生产力与生产关系的矛盾来解释社会经济运动和发展，是历史唯物主义的灵魂，也是贯穿《资本论》的一条红线。仅以我们马上就要阅读的《资本论》第一卷来说，从第一篇分析的商品的使用价值与价值的矛盾、具体劳动与抽象劳动的矛盾、私人劳动与社会劳动的矛盾，直到第七篇分析的生产的社会化与生产资料资本主义占有之间的矛盾，归根结底，都是生产力与生产关系的矛盾的具体表现。

对于马克思的经济研究和《资本论》写作，历史唯物主义是世界观意义上的方法论原则。除了这个居于研究指南地位的方法之外，马克思在写作《资本论》的过程中，还探讨了抽象思维和理论研究的一般方法。例如，他在《〈政治经济学批判〉导言》中论述的“从抽象上升到具体的方法”。按照马克思对这一方法的辩证唯物主义的解释，科学的抽象是以客观存在的具体事物为根据的，因而具体存在的事物是理论研究的出发点。经过科学的抽象，作为出发点的具体，在研究结果中表现为多样性的统一，即从具体存在中分析和提炼出来的许多简单的、抽象的规定或范畴的综合。马克思指出：“从抽象上升到具体的方法，只是思维用来掌握具体、把它当作一个精神上的具体再现出来的方式。但决不是具体本身的产生过程。”② 简言之，所谓从抽象上升到具体的方法，就是用抽象的概念或范畴对客观存在的事物及其内在联系进行理论描述的方法，或者说是阐述理论的方法。这种阐述方法，是以从具体上升到抽象的研究方法为前提的。在从具体到抽象的研究过程中，“完整的表象蒸发为抽象的规定”；而在从抽象到具体的理论阐述过程中，“抽象的规定在思维行程中导致具体的再现”③。在《资本论》第一卷第二版跋中，马克思针对考夫曼把自己的方法误解为黑格尔的唯心主义辩证法指出：“当然，在形式上，叙述方法必须与研究方法不同。研究必须充分地占有材料，分析它的各种发展形式，探寻这些形式的内在联系。只有这项工作完成以后，现实的运动才能适当地叙述出来。这点一旦做到，材料的生命一旦在观念上反映出来，呈现在我们面前的就好像是一个先验的结构了。”④ 毛泽东在谈到政治经济学教科书的写法时说过这

① 《马克思恩格斯文集》第2卷，人民出版社2009年版，第591—592页。
② 《马克思恩格斯文集》第8卷，人民出版社2009年版，第25页。
③ 《马克思恩格斯文集》第8卷，人民出版社2009年版，第25页。
④ 《马克思恩格斯文集》第5卷，人民出版社2009年版，第21—22页。

样一段话："研究问题，要从人们看得见、摸得到的现象出发，来研究隐藏在现象后面的本质，从而揭露客观事物的本质的矛盾。《资本论》对资本主义经济的分析，就是用这种方法，总是从现象出发，找出本质，然后又用本质解释现象，因此，能够提纲挈领。"① 这可以看作是对前面引述的马克思的话的浅显易懂的解释。

在《〈政治经济学批判〉导言》中，马克思还探讨了与从抽象上升到具体的方法相联系的理论阐述，应按历史顺序还是逻辑顺序进行的问题。他认为，在一定限度内，在历史上曾作为独立的现象先于当前所要描述的发展了的复杂具体而存在的简单范畴，可以作为理论思维的起点。比如商品，它在资本主义经济出现之前就早已存在，而在资本主义社会它又发展为社会财富的一般形式或最简单的要素，所以，要对资本加以理论阐释，必须以商品为起点。在这种场合，理论阐述的逻辑顺序与历史发展的顺序是一致的。但是，在其他情况下，要保证理论推演的科学性，逻辑又必须摆脱历史顺序的制约。比如地租这个范畴，它在资本主义之前就存在，但要说明资本主义的地租，必须先说明作为其来源的剩余价值。在这种场合，逻辑与历史是不一致的，甚至可能是相反的。马克思在谈到这个问题时指出："把经济范畴按它们在历史上起决定作用的先后次序来排列是不行的，错误的。它们的次序倒是由它们在现代资产阶级社会中的相互关系决定的，这种关系同表现出来的它们的自然次序或者符合历史发展的次序恰好相反。"② 可见，决定理论阐述中各种范畴出现顺序的，是这些范畴所反映的各种经济现象之间的关系。这可以说是保证理论阐述的科学性的一条原则。无论理论阐述中的逻辑是否与历史顺序相符，只要它遵循了这条原则，它就是科学的。

三、马克思的政治经济学写作计划与《资本论》的结构

马克思在撰写自己的政治经济学著作的过程中，曾经有过不同的计划，《资本论》的结构是在这些计划的基础上逐步形成和确定的。

马克思最初为自己的经济学著作拟定的书名是《政治经济学批判》，并为它制订了一个五篇结构计划。这个计划包括：（1）一般的抽象的规定。（2）形

① 《毛泽东文集》第8卷，人民出版社2009年版，第32页。

② 《马克思恩格斯文集》第8卷，人民出版社2009年版，第32页。

成资产阶级社会内部结构并且成为基本阶级的依据的范畴。资本、雇佣劳动、土地所有制。它们的相互关系。（3）资产阶级社会在国家形式上的概括。（4）生产的国际关系。（5）世界市场和危机。[①] 在《政治经济学批判》的手稿中，第三章即“资本章”实际上分为三篇：第一篇资本的生产过程，第二篇资本的流通过程，第三篇资本作为结果实的东西（利息、利润、生产费用等）。

在这部手稿的进一步写作中，随着研究的不断深化，也为了方便出版，马克思又将五篇结构计划发展为六册结构计划。1858 年 4 月，马克思在写给恩格斯的信中，对于六册结构计划做了详细的说明：“这一堆讨厌的东西将分为六个分册：1. 资本；2. 土地所有制；3. 雇佣劳动；4. 国家；5. 国际贸易；6. 世界市场。”[②] “1. 资本”又分成四篇：（a）资本一般；（b）竞争或许多资本的相互作用；（c）信用；（d）股份资本。其中“（a）资本一般”包括三个部分：1. 价值，2. 货币，3. 资本。[③] 在同年 11 月 29 日写给恩格斯的信中，马克思第一次将第一册第一篇第一章的标题由原计划和手稿中的“价值”调整为“商品”。[④]

对比五篇结构计划与六册结构计划，可以看出，在六册结构计划中，马克思已经决定将原计划的“一般的抽象的规定”不再作为单独的一篇或一册，而是放到作为第一册的“资本”中。在后来出版《政治经济学批判》第一分册以及《资本论》第一卷时，马克思都贯彻了这一计划。

按照计划和出版合同，马克思在出版了《政治经济学批判》第一分册之后就准备出版第二分册，即“第三章资本”。1860 年 2 月，在写给恩格斯的信中，马克思将正在写作和打算出版的《政治经济学批判》第二分册“资本”章叫作“mein‘*Kapital*’”，直译是“我的‘资本’”。后来，马克思将“Kapital”定为书名，中文译为《资本论》。[⑤] 1862 年 12 月 28 日，在写给库格曼的信中，马克思第一次明确地说：“第二部分终于脱稿，只剩下誊清和付排前的最后润色了。这部分大约有 30 印张。它是第一分册的续篇，将以《资本论》为标题单独出版，而《政治经济学批判》只作为副标题。其实，它只包括本来应构成第

① 《马克思恩格斯文集》第 8 卷，人民出版社 2009 年版，第 32—33 页。
② 《马克思恩格斯文集》第 10 卷，人民出版社 2009 年版，第 157 页。
③ 《马克思恩格斯文集》第 10 卷，人民出版社 2009 年版，第 158—162 页。
④ 《马克思恩格斯〈资本论〉书信集》，人民出版社 1976 年版，第 138—139 页。
⑤ 《马克思恩格斯〈资本论〉书信集》，人民出版社 1976 年版，第 154 页。

一篇第三章的内容，即《资本一般》。这样，这里没有包括资本的竞争和信用。这一卷的内容就是英国人称为‘政治经济学原理’的东西。”① 此后直到《资本论》第一卷出版之前，马克思一直在按计划研究属于“资本”册的各方面问题，其中包括后来的《资本论》各卷中的各方面内容。

1866 年 10 月 13 日，马克思在写给库格曼的信中说：

“我的情况（身体情况和日常生活中的事情老是把工作打断）迫使我只好先出版第一卷，而不是像我起初设想的那样两卷一起出版。而且现在看来总共可能有三卷。

“这就是说，全部著作分为以下几部分：

第一册　资本的生产过程。

第二册　资本的流通过程。

第三册　总过程的各种形式。

第四册　理论史。

第一卷包括头两册。

我想把第三册编做第二卷，第四册编做第三卷。”②

后来的实际情况是，马克思在誊抄付排稿的过程中又决定，第一卷只包括第一册，因此，他在第一版序言结尾预告：第二卷将包括第二册和第三册，第三卷包括第四册。直到恩格斯编辑整理第二册和第三册手稿时，才将每一册各自编成独立的卷，并预定第四册“理论史”为第四卷。由于马克思生前未能出版后几册，恩格斯编辑出版了《资本论》的第二卷和第三卷，而考茨基则将马克思的《1861—1863 年经济学手稿》的一部分编辑出版为《剩余价值理论》。

以上关于马克思著作的结构计划及其变化的情况表明，属于“政治经济学原理”的《资本论》前三卷是关于“资本一般”的理论体系。与最初的“五篇结构计划”和“六册结构计划”相比，《资本论》只是马克思的宏大写作计划的一部分。作为一部完整的著作，《资本论》三卷研究的一个共同主题就是“资本”。其中第一卷研究“资本的生产过程”，第二卷研究“资本的流通过程”，第三卷研究“资本主义生产的总过程”。在这三卷中，马克思是按照从抽象上升到具体的方法来展开理论叙述的。在《资本论》第三卷的卷首有这样一

---

① 《马克思恩格斯文集》第 10 卷，人民出版社 2009 年版，第 196 页。

② 《马克思恩格斯文集》第 10 卷，人民出版社 2009 年版，第 246 页。

段话："在第一册中，我们研究的是资本主义生产过程本身作为直接生产过程考察时呈现的各种现象，而撇开了这个过程以外的各种情况引起的一切次要影响。但是，这个直接的生产过程并没有结束资本的生活过程。在现实世界里，它还要由流通过程来补充，而流通过程则是第二册研究的对象。在第二册中，特别是在把流通过程作为社会再生产过程的中介来考察的第三篇中指出：资本主义生产过程，就整体来看，是生产过程和流通过程的统一。至于这个第三册的内容，它不能是对于这个统一的一般的考察。相反地，这一册要揭示和说明资本运动过程作为整体考察时所产生的各种具体形式。"①

《资本论》是围绕剩余价值这个核心来展开的。《资本论》第一卷研究资本的生产过程，是以流通过程为前提的资本的直接生产过程，重点在于剩余价值的生产；第二卷研究资本的流通过程，这是在资本的直接生产过程基础上的流通过程，是资本的生产过程和流通过程的统一，重点在于剩余价值的实现；第三卷研究资本主义生产总过程，研究资本的各种具体形式（如商业资本、生息资本等）和剩余价值的各种具体形式（如商业利润、利息、地租等），这是资本的生产过程、流通过程和分配过程的统一，重点在于剩余价值如何在剥削阶级内部进行分割。因此可以说，剩余价值是《资本论》全书的核心范畴。正是通过分析剩余价值生产、实现和分配，《资本论》全面地揭示了资本主义生产关系的本质，以及资本主义的经济规律和必然的发展趋势，证明了资本主义生产方式的历史性，实现了政治经济学理论的伟大变革。

第三节 《资本论》的历史地位

《资本论》这部马克思主义的最重要的经典著作，既是人类文明发展过程中不世出的科学成就，也是世界工人阶级进行革命斗争的理论基础和指南。100 多年来，通过世界各国的工人运动和社会主义运动，《资本论》对人类历史发展进程产生了深远的影响。

一、《资本论》是集马克思主义三个组成部分大成的著作

马克思主义理论是由马克思主义哲学、马克思主义政治经济学和科学社会

① 《马克思恩格斯文集》第 7 卷，人民出版社 2009 年版，第 29 页。

主义理论三个部分组成的理论体系。马克思主义理论的创始人马克思和恩格斯，曾经在各种文献中对这三个主要理论进行了阐述，《资本论》是其中集马克思主义哲学、政治经济学和科学社会主义为一体的最重要的著作。

《资本论》全面地贯彻了马克思主义哲学即唯物辩证法和唯物史观，关于这一点，本导论第二节中已经做过具体的说明。这里需要进一步指出，马克思和恩格斯在很多文献中都对唯物辩证法和唯物史观的主要内容做过论述，而《资本论》则是运用唯物辩证法和唯物史观来研究特定的资本主义社会经济及其运动规律的最重要的著作。这部著作使唯物辩证法和唯物史观得到了科学上的“证明”。列宁说过：“自从《资本论》问世以来，唯物主义历史观已经不是假设，而是科学地证明了的原理。”① 因为这种证明，《资本论》本身也具有了哲学著作的意义。

当然，《资本论》主要是政治经济学的著作。在《资本论》中，马克思解决了导致英国古典经济学破产的难题，完善了劳动价值论，阐述了剩余价值理论，建立起一个包括资本的生产过程、资本的流通过程和资本主义生产总过程在内的严密而宏大的经济学理论体系，深刻地揭示了资本主义生产方式的内在矛盾及其运动规律，从而证明了资本主义社会经济形态的历史性和暂时性，揭示了工人阶级即无产阶级在资本主义社会发展和变革中的历史作用，为世界工人运动和社会主义运动提供了科学的理论基础。

正是因为有了《资本论》奠定的理论基础，社会主义才实现了从空想到科学的发展，不再是少数人基于道德良知而产生的一种善良愿望或美好幻想，而是被科学地证明了的人类社会发展的必然趋势。这就为世界工人阶级运动指明了斗争的原则和前进的方向，为克服各种机会主义和修正主义的干扰提供了有力的理论武器。因此，《资本论》也是“科学社会主义的主要的和基本的著作”②。

二、《资本论》是“工人阶级的圣经”

马克思创立新的社会科学理论，写作《资本论》，最根本的目的，是为国际工人运动提供科学的理论基础和指导。马克思是一位卓越的理论家，但是，

① 《列宁选集》第1卷，人民出版社2012年版，第10页。

② 《列宁选集》第1卷，人民出版社2012年版，第51页。

正如恩格斯在伦敦海格特公墓安葬马克思时发表的讲话所说："马克思首先是一个革命家。他毕生的真正使命，就是以这种或那种方式参加推翻资本主义社会及其所建立的国家设施的事业，参加现代无产阶级的解放事业，正是他第一次使现代无产阶级意识到自身的地位和需要，意识到自身解放的条件。斗争是他的生命要素。很少有人像他那样满腔热情、坚韧不拔和卓有成效地进行斗争。"①

理论研究和直接参与组织和领导国际工人运动，是作为革命家的马克思一生中两个紧密联系在一起的主要活动，而理论研究始终是为国际工人运动、为工人阶级的解放事业服务的。因此，《资本论》不仅阐述了科学的经济理论，而且是无产阶级解放事业的指南，是一部科学性和阶级性相统一的著作。恩格斯在为《资本论》第一卷英文版所写的《序言》中说："《资本论》在大陆上常常被称为'工人阶级的圣经'。任何一个熟悉工人运动的人都不会否认：本书所作的结论日益成为伟大的工人阶级运动的基本原则，不仅在德国和瑞士是这样，而且在法国，在荷兰和比利时，在美国，甚至在意大利和西班牙也是这样；各地的工人阶级都越来越把这些结论看成是对自己的状况和自己的期望所作的最真切的表述。"②《资本论》所具有的鲜明的阶级性，是它被称为"工人阶级的圣经"的原因。

对于自己的学说的阶级性，马克思是从不讳言、从不掩饰的。而资产阶级的经济学家，尤其是那些庸俗经济学家和他们的现代变种，却往往否认自己学说的阶级性，用"科学"的外衣将自己的理论包裹起来，用资产阶级的肮脏私利来冒充人类的普世价值，并试图用他们的伪科学来驯化群众，对群众实行意识控制，以达到维护资产阶级的经济和政治统治的目的。而对于真正科学的理论，他们又采取各种方式加以压制以至扼杀。马克思在《资本论》第一版序言中指出："在政治经济学领域内，自由的科学研究遇到的敌人，不只是它在一切其他领域内遇到的敌人。政治经济学所研究的材料的特殊性质，把人们心中最激烈、最卑鄙、最恶劣的感情，把代表私人利益的复仇女神召唤到战场上来反对自由的科学研究。"③ 在《资本论》出版以来的一个半世纪中，资产阶级在学术界的一些头面人物们正是怀着这种"最激烈、最卑鄙、最恶劣的感情"，

① 《马克思恩格斯文集》第3卷，人民出版社2009年版，第602页。
② 《马克思恩格斯文集》第5卷，人民出版社2009年版，第34页。
③ 《马克思恩格斯文集》第5卷，人民出版社2009年版，第10页。

不断地否定马克思经济学说的科学性，将其贬低为宗教教义式的意识形态说教。他们当然不懂得，马克思经济学说的阶级性实际上源于其科学性。马克思的坚定的无产阶级立场，不是从天上掉下来的，而是他作为站在时代前列的先进知识分子从事独立的科学研究得出的结论。马克思说过：“我的见解，不管人们对它怎样评论，不管它多么不合乎统治阶级的自私的偏见，却是多年诚实研究的结果。”① 正是因为忠实于自己的科学发现，马克思才毅然抛弃自己出身的“上流社会”能够给予他的荣华富贵，以一种“虽千万人，吾往矣”的大无畏气概，坚定地站到代表历史前进方向的无产阶级和劳动大众一边，公开声明自己的学说的阶级性。

三、《资本论》对于人类历史发展进程的深远影响

《资本论》对于人类历史发展进程的影响是巨大而深远的。这种影响，不仅直接体现在19世纪后期以来的工人革命和社会主义运动中，而且深刻地体现在当代发达资本主义国家的社会发展过程中。在人类历史上，再没有一部著作像《资本论》这样，真正地影响和改变了整个世界的发展进程。

自17世纪英国资产阶级革命以来，从世界范围来看，人类进入自由资本主义时代，资本主义越来越成为统治世界的支配力量。由于最先完成了第一次工业革命，至19世纪中叶，英国已经成为成熟的资本主义国家。在英国之后，法国、德国、美国等国家也相继成为发达的资本主义国家。各国资产阶级的联系越来越具有国际性质。与此同时，全世界劳动人民遭受的压迫日益加剧，无产阶级和被压迫人民的反抗斗争不断加强。反压迫反剥削的斗争实践使各国无产阶级认识到，他们有着共同的利益和共同的敌人，而以往分散的斗争常常使他们遭到同样的失败，无产阶级必须在国际范围内联合起来，用无产阶级的国际团结去对抗资产阶级的国际联合。在这种情况下，欧洲各国的工人组织联合起来成立了国际工人协会（即第一国际）。马克思是国际工人协会的创始人之一和实际的领袖，而他的伟大著作《资本论》，则成为团结在国际工人协会周围的欧洲各国工人运动的重要理论纽带。马克思所提出的实行生产资料公有制和工人阶级采取革命的政治行动的主张，被写入国际工人协会的纲领。在国际工人协会的布鲁塞尔大会上通过的一项决议指出：“卡尔·马克思作为第一位

① 《马克思恩格斯文集》第2卷，人民出版社2009年版，第594页。

把资本置于科学分析方法之下的经济学家，具有不可估量的贡献。”① 布鲁塞尔大会通过的一项关于机器对工人的影响的决议，从《资本论》引用了大段论述作为论据。库格曼、狄慈根、李卜克内西等工人运动理论家和领袖纷纷发表文章，高度赞扬马克思的著作。1868 年 8 月 25 日，威·白拉克在全德工人联合会汉堡会议上，做了关于《资本论》的专题报告，认为马克思的著作为工人阶级立下了不朽的功绩。在英国、美国和俄国，《资本论》的影响也日渐扩大。在美国工人争取 8 小时工作日的罢工斗争中，《资本论》的片断还被印成传单散发。《资本论》的出版为各国工人运动反对资产阶级统治的斗争提供了强大的理论武器，推动了工人运动的发展。恩格斯领导时期的社会主义国际（即第二国际），在工人阶级的政治斗争和经济斗争任务以及劳工立法等一系列问题上，也是以《资本论》得出的科学结论为指导的。《资本论》对国际工人运动的发展壮大产生的推动作用表明，科学的理论一旦为群众所掌握，就会转化为革命的巨大物质力量。

19 世纪末 20 世纪初，资本主义从自由竞争发展到以垄断为基本特征的帝国主义阶段。列宁清算了以伯恩斯坦为代表的第二国际修正主义对《资本论》的科学理论和革命结论的背弃，发展了马克思主义，在《资本论》奠定的马克思主义经济学原理的基础上，创立了“帝国主义理论”，深刻地总结了资本主义的新变化，分析了世界格局的新形势和新特点，证明了落后国家夺取无产阶级革命胜利的可能性，从而赋予了《资本论》所证明的社会主义必然取代资本主义的科学预见以新的时代意义。列宁以发展了的马克思主义政治经济学理论为指导，并将其运用于推动和领导俄国的工人革命运动。1917 年 11 月（即俄历 10 月），以列宁为代表的布尔什维克党领导工人和士兵发动了武装起义，推翻了资产阶级临时政府，建立了人类历史上继巴黎公社之后的第二个无产阶级政权和第一个社会主义国家。俄国社会主义革命的胜利，证明了《资本论》的基本原理和马克思主义的科学性与真理性，打破了资本主义一统天下的世界格局，极大地鼓舞了全世界无产阶级和广大劳动人民反对资本主义和帝国主义的信心和斗志。在第二次世界大战中，社会主义的苏联是反法西斯的主要力量。同时，正是在苏联的鼓舞和直接支持下，包括中国、东欧各国、朝鲜、越南在

---

① 转引自［英］戴维·麦克莱伦：《马克思传》（第四版），中国人民大学出版社 2008 年版，第 359 页。

内的一系列经济落后国家取得了民族解放和国家独立，并最终取得社会主义革命的胜利，成为社会主义国家。自此以后，整个世界形成资本主义与社会主义两大阵营并存的历史格局。历史表明，没有以《资本论》为基础的马克思主义理论的科学指导，就不可能有以俄国为代表的落后国家的社会主义革命的成功和社会主义制度的建立和发展。

“马克思主义不仅深刻改变了世界，也深刻改变了中国。”① 马克思的《资本论》和其他著作所阐述的理论，对我国社会主义的建立、发展和改革都产生了巨大的影响。以毛泽东为主要代表的中国共产党人，把马克思列宁主义的基本原理同中国革命的具体实践结合起来，创立了毛泽东思想，取得新民主主义革命的胜利，建立了中华人民共和国。此后，在《资本论》所指出的用社会主义公有制取代资本主义私有制的革命结论的指引下，中国共产党又领导中国人民进行了社会主义改造，实现了农业、手工业向社会主义集体所有制的过渡，同时创造性地完成了将工商业中的资本主义所有制改造为社会主义全民所有制的变革，确立了社会主义制度的根基。同时，我们党自觉地遵循马克思关于社会经济按比例发展的思想，实行“统筹兼顾，综合平衡”的原则，使国家的工业化迅速推进，奠定了经济现代化的基础。在我国社会主义社会的发展过程中，虽然经历过由“左”的思潮造成的挫折，但在马克思主义实事求是思想路线的指导下，我们党通过改革开放的实践，开拓出举世瞩目的中国特色社会主义道路，创立了邓小平理论，形成了“三个代表”重要思想、科学发展观，特别是创立了习近平新时代中国特色社会主义思想这个马克思主义中国化最新成果。从经济上说，中国特色社会主义理论是以对我国国情的这样一个基本认识为基础的，即我国正处于并将长期处于社会主义初级阶段，必须坚持和完善与这个阶段的生产力发展水平相适应的社会主义基本经济制度，毫不动摇巩固和发展公有制经济，毫不动摇鼓励、支持和引导非公有制经济发展；加快完善社会主义市场经济体制，充分发挥市场在资源配置中的决定性作用，同时更好发挥政府作用。这个认识形成的理论根据，正是马克思用《资本论》证明了的历史唯物主义。作为马克思主义中国化的最新成果，习近平新时代中国特色社会主义思想与《资本论》有着深刻的理论渊源。习近平强调：“实践证明，马克思主义的命运早已同中国共产党的命运、中国人民的命运、中华民族的命运紧

---

① 习近平：《在纪念马克思诞辰200周年大会上的讲话》，人民出版社2018年版，第11页。

紧连在一起，它的科学性和真理性在中国得到了充分检验，它的人民性和实践性在中国得到了充分贯彻，它的开放性和时代性在中国得到了充分彰显！”①

在发达资本主义国家，第二次世界大战以后，虽然工人阶级未能取得社会主义革命的成功，但从来没有停止对于资本主义的有组织的经济和政治斗争。在工人运动的压力下，资产阶级政府不得不做出让步，实行了一系列重要的社会改良。在工人阶级进行的这种斗争中，我们仍然可以感受到《资本论》的影响。这种斗争将19世纪在《资本论》指导下组织起来的工人运动提出的社会主义诉求，楔入到资本主义国家的社会系统中，迫使资产阶级将原先那种肆无忌惮地剥削他人劳动的野蛮资本主义，逐步调整为当代这种经过改良的资本主义。

当然，应当承认，在当代西方的发达国家，由于世界社会主义运动遭受挫折，由于政府干预经济和福利国家等资产阶级改良措施缓和了阶级冲突，以及工人组织及其领导人为资产阶级所收买、资产阶级掌握的各种媒体对大众的意识形态操控等原因，马克思主义理论的影响受到一定程度的削弱，但是，马克思主义作为工人阶级用新的社会制度取代本国乃至世界资本主义体系的科学指南的意义，并不会因为社会主义运动的暂时挫折而稍减。《资本论》对资本主义本质和运行规律所做的解释的无与伦比的准确性和尖锐性，现在仍然引起人们的强烈共鸣。现代历史上不止一次出现这样一种情况：当资本主义的社会矛盾因种种原因暂时缓和时，《资本论》淡出人们的视野，时常可以听到马克思的经济学已经过时的议论；而随着资本主义固有矛盾在新的历史条件下重新发展和加剧，特别是当周期性危机的阴影再一次笼罩在社会上空时，西方主流经济学往往因对危机的预测和解释的无能而遭到普遍的质疑，这时不仅学界对《资本论》的兴趣被重新点燃，在一些企业家和政要之中《资本论》也被当作议论的热门话题。例如，1998年亚洲金融危机爆发的前一年，美国的《纽约客》杂志报道了一位银行家的这样一段话：“我在华尔街待的时间越长，我就越来越相信马克思是正确的。要是有哪个经济学家能够复兴马克思的理论，那就有诺贝尔奖等着他了。我绝对相信马克思的方法是看待资本主义的最好方法。”② 又如，1998年亚洲金融危机之后，乔治·索罗斯这个因引发亚洲和俄

① 习近平：《在纪念马克思诞辰200周年大会上的讲话》，人民出版社2018年版，第14页。
② ［英］弗朗西斯·惠恩：《马克思〈资本论〉传》，陈越译，中央编译出版社2009年版，第184页。

罗斯的经济崩溃而被视为资本主义罪恶化身的金融投机家，竟令人吃惊地说："此人（马克思）150 年前发现了资本主义的一些事实，今天必须予以关注。"①他还以"全球资本主义危机：危机中的开放社会"为题撰文说："资本主义制度没有显示任何趋向平衡的趋势。资本家试图将其利润最大化。如果依靠他们自己的手段，他们会持续积累资本，直到出现失衡的状况。马克思恩格斯在 150 年前对资本主义制度做过非常好的分析，我得说，在有些方面要胜过古典经济学家的均衡理论……他们的可怕预言之所以没有成真，主要原因是民主国家的政治干预起到了弥补作用。不幸的是，我们再次面临着从历史教训中得出错误结论的危险。这一次，危险不是来自共产主义，而是来自市场原教旨主义。"② 再如，2008 年国际金融危机期间，据媒体报道，《资本论》在英、德、法等国脱销。有西方媒体称，如果马克思在世，《资本论》的版税可以轻易使他成为富豪。身为资产阶级保守派政客的时任法国总统萨科奇，也被人看到在读《资本论》。德国财政部长施泰因布鲁克也在读《资本论》，并公开表示自己部分地赞同马克思对资本主义的看法。习近平在哲学社会科学工作座谈会上谈到这种现象时说："美国学者海尔布隆纳在他的著作《马克思主义：赞成与反对》中表示，要探索人类社会发展前景，必须向马克思求教，人类社会至今仍然生活在马克思所阐明的发展规律之中。实践也证明，无论时代如何变迁、科学如何进步，马克思主义依然显示出科学思想的伟力，依然占据着真理和道义的制高点。"③

---

① ［英］埃里克·霍布斯鲍姆：《如何改变世界：马克思和马克思主义的传奇》，中央编译出版社 2015 年版，第 5 页。

② Geoge Soros, *The Crisis of Global Capitalism*: *Open Society Endangered*（1998），转引自［英］弗朗西斯·惠恩：《马克思〈资本论〉传》，陈越译，中央编译出版社 2009 年版，第 182—183 页。

③ 习近平：《在哲学社会科学工作座谈会上的讲话》，人民出版社 2016 年版，第 10 页。

第一卷 资本的生产过程

《资本论》第一卷系统地阐述了商品价值、剩余价值生产、资本积累等基本理论，深刻揭示了资本主义生产关系的本质和资本主义生产方式的发展规律，论证了资本主义生产方式的历史性及资本主义最终将被社会主义所代替的历史发展趋势。本卷所阐述的理论，不仅是科学认识当代资本主义经济本质特征的指南，也是中国在经济改革和发展中坚持社会主义方向、发展中国特色社会主义的基本理论依据。

《资本论》第一卷共 7 篇 25 章，大体上可分为三个部分：第一部分即第一篇，研究商品和货币，揭示商品生产的本质和一般规律，主要阐述劳动价值理论，为进一步分析资本的直接生产过程奠定理论基础。第二部分即第二篇至第六篇，研究资本主义生产的前提条件、过程和本质，揭示剩余价值生产规律，主要阐述劳动力商品理论、剩余价值生产理论和工资理论。其中的剩余价值生产理论是第一卷和《资本论》全书的核心理论。第三部分即第七篇，研究资本的积累过程，揭示资本积累和资本主义再生产的本质及其发展规律，主要阐述相对过剩人口和资本主义积累的历史趋势理论，是第一卷的落脚点和结论性部分。第一卷的所有理论内容，都是围绕“资本的生产过程”来展开的，不仅形成了一个相对独立和完整的理论体系，而且为第二卷和第三卷提供了理论基础。因此，第一卷在《资本论》全书中占有极其重要的地位。

第一章　商品和货币

本章介绍《资本论》第一卷第一篇的主要内容。在该篇中，马克思通过系统地分析商品的使用价值、交换价值和价值及其相互关系，生产商品的劳动二重性即抽象劳动与具体劳动及其关系，商品生产中的私人劳动与社会劳动的矛盾，价值形式的发展与货币的起源及职能，商品的拜物教性质及其秘密，等等，揭示了商品生产的本质，阐明了商品生产的一般原理，为进一步研究货币转化为资本以及剩余价值的生产奠定了理论基础。在第一篇中所提出的劳动二重性学说，是理解整个马克思主义政治经济学的枢纽。

第一篇包括第 1 章至第 3 章。第 1 章首先考察商品，说明商品的使用价值、交换价值和价值之间的关系，重点考察了价值的质与量、价值形式及其发展等问题，揭示了商品生产的本质、价值规律以及货币的本质。第 2 章从历史的角度分析交换过程及其矛盾，进一步说明货币是如何产生的。第 3 章说明货币的职能及其发展。商品的价值及其表现形式，是整个第一篇的核心内容。

第一节　商　　品

一、商品的两个因素

《资本论》是由一系列相互联系的范畴所构成的理论体系，其中，“商品”是《资本论》逻辑上的起点范畴。这是因为：“资本主义生产方式占统治地位的社会的财富，表现为‘庞大的商品堆积’，单个的商品表现为这种财富的元素形式。因此，我们的研究就从分析商品开始。”①

为了说明商品是使用价值和价值的统一体，马克思考察了商品的使用价值与交换价值的关系，指出一切商品，首先是靠自己的属性来满足人的某种需要的物。商品对人的有用性使之具有使用价值，使用价值离开商品本身不可能独立存在。同时，商品还是用于交换的物，具有交换价值。可见，一切商品都具有使用价值与交换价值二重属性。

---

① 《马克思恩格斯文集》第 5 卷，人民出版社 2009 年版，第 47 页。

使用价值反映的是人与物的关系，即人的需要与物的客观属性之间的关系。由于同一种物可以有多种属性，因而可以具有多方面的使用价值。随着科学技术的发展，物或自然资源的各种用途不断得到开发。不论财富的社会形式如何，使用价值总是构成财富的物质内容。在财富采取商品形式的情况下，使用价值同时又是交换价值的物质承担者。

交换价值首先表现为一种商品同另一种商品相交换的量的关系或比例。例如，一吨铁与两吨小麦相交换，两吨小麦就是一吨铁的交换价值，反之亦然。同时，商品的交换价值，会随着时间和地点的不同而发生变化。因此，一定量的同种商品往往也会有不同的交换价值，而不是只有一种交换价值。

某种一定量的商品，例如，一吨小麦，同 X 量鞋油或 Y 量绸缎或 Z 量金等交换。既然 X 量鞋油、Y 量绸缎、Z 量金等都是一吨小麦的交换价值，那么它们就必定是能够互相代替的或同样大的交换价值。“由此可见，第一，同一种商品的各种有效的交换价值表示一个等同的东西。第二，交换价值只能是可以与它相区别的某种内容的表现方式，‘表现形式’。”[①] 那么，存在于不同的交换价值之中或者背后的那个“等同的东西”是什么呢？首先，这个“等同的东西”一定不是商品的使用价值。不同的商品之所以相互交换，恰好是以它们的使用价值各不相同为前提的，人们不会用完全相同的商品来交换。其次，这个“等同的东西”也不可能是交换价值本身，例如一吨小麦和 X 量鞋油不相同。

所以，这个“等同的东西”只能是与商品的使用价值无关的某种共同的属性。“如果把商品体的使用价值撇开，商品体就只剩下一个属性，即劳动产品这个属性。”[②] 劳动产品的共同特点在于，它们都是人类劳动的产物。但是，生产不同商品的劳动又是各不相同的，例如木匠的劳动、瓦匠的劳动、纺纱工的劳动等，因此，真正“等同的东西”还不是这些劳动的具体形式本身，而是“无差别的人类劳动的单纯凝结”“人类劳动力耗费的单纯凝结”[③]。凝结在不同商品中的这种抽象人类劳动就是商品的价值。它是看不见、摸不着的，却又是实实在在的社会存在，没有人能够否认这种存在。所以，马克思说，抽象劳动或商品价值是一种“幽灵般的对象性”[④]。

---

① 《马克思恩格斯文集》第 5 卷，人民出版社 2009 年版，第 49 页。
② 《马克思恩格斯文集》第 5 卷，人民出版社 2009 年版，第 50—51 页。
③ 《马克思恩格斯文集》第 5 卷，人民出版社 2009 年版，第 51 页。
④ 《马克思恩格斯文集》第 5 卷，人民出版社 2009 年版，第 51 页。

既然商品的价值就是凝结在商品中的抽象劳动，那么，商品的价值量也就是商品中的抽象劳动量，劳动的量是用劳动的时间来计量。生产同一种商品的不同生产者，由于生产的主客观条件的差别，生产同量的使用价值所耗费的个别劳动时间是不同的。但是，在正常条件下，一种商品只可能有一个价值，这个价值就是社会必要劳动时间。“社会必要劳动时间是在现有的社会正常的生产条件下，在社会平均的劳动熟练程度和劳动强度下制造某种使用价值所需要的劳动时间。”①

商品的价值量是凝结在其中的社会必要劳动时间，相同的社会必要劳动时间总是表现为相同的价值量。因此，只要生产这种商品的社会必要劳动时间不变，那么商品的价值量也就不变。但是，社会必要劳动时间会随着社会劳动生产力或生产率的变化而发生变化，而“劳动生产力是由多种情况决定的，其中包括：工人的平均熟练程度，科学的发展水平和它在工艺上应用的程度，生产过程的社会结合，生产资料的规模和效能，以及自然条件”②。无论由于何种情况，劳动生产力越高，生产一种物品所需要的劳动时间就越少，凝结在该物品中的劳动量就越少，该物品的价值就越小。相反，劳动生产力越低，生产一种物品所需要的劳动时间就越多，该物品的价值就越大。“可见，商品的价值量与实现在商品中的劳动的量成正比地变动，与这一劳动的生产力成反比地变动。”③

在《资本论》第一卷第1章第1节的末尾，马克思就商品是使用价值与价值的统一体做了说明。他指出：“一个物可以是使用价值而不是价值。在这个物不是以劳动为中介而对人有用的情况下就是这样。例如，空气、处女地、天然草地、野生林等等。一个物可以有用，而且是人类劳动产品，但不是商品。谁用自己的产品来满足自己的需要，他生产的虽然是使用价值，但不是商品。要生产商品，他不仅要生产使用价值，而且要为别人生产使用价值，即生产社会的使用价值。”④ 恩格斯在《资本论》第一卷德文第四版中对这段话做了这样的补充：“而且不只是简单地为别人……要成为商品，产品必须通过交换，转到把它当作使用价值使用的人的手里。”⑤ 马克思强调：“没有一个物可以是价值而不是

① 《马克思恩格斯文集》第5卷，人民出版社2009年版，第52页。
② 《马克思恩格斯文集》第5卷，人民出版社2009年版，第53页。
③ 《马克思恩格斯文集》第5卷，人民出版社2009年版，第53—54页。
④ 《马克思恩格斯文集》第5卷，人民出版社2009年版，第54页。
⑤ 《马克思恩格斯文集》第5卷，人民出版社2009年版，第54页。

使用物品。如果物没有用，那么其中包含的劳动也就没有用，不能算作劳动，因此不形成价值。”① 可见，商品是使用价值和价值这两个因素的统一体。

二、体现在商品中的劳动的二重性

生产商品的劳动，首先表现为特定种类的生产劳动，例如生产上衣的劳动、制造皮鞋的劳动等。不同种类的生产活动是由它们的目的、操作方式、对象、手段和结果决定的，从而表现为具体劳动。人们要取得一定的产品，就必须进行一定的具体形式的劳动，以获得自己需要的某种有用产品。例如，要满足食欲，就必须进行食物的采集、狩猎或者农产品的生产等劳动；要得到衣服，就必须进行纺织劳动；等等。可见，不同的具体劳动总是与不同商品的使用价值有关。“由自己产品的使用价值或者由自己产品是使用价值来表示自己的有用性的劳动，我们简称为有用劳动。”②

各种物品具有不同的使用价值，是它们作为商品相互交换的前提。而生产不同使用价值的各种有用劳动，都是社会分工体系的重要组成部分。马克思说：“各种使用价值或商品体的总和，表现了同样多种的、按照属、种、科、亚种、变种分类的有用劳动的总和，即表现了社会分工。这种分工是商品生产存在的条件，虽然不能反过来说商品生产是社会分工存在的条件。在古代印度公社中就有社会分工，但产品并不成为商品。或者拿一个较近的例子来说，每个工厂内都有系统的分工，但是这种分工不是由工人交换他们个人的产品引起的。只有独立的互不依赖的私人劳动的产品，才作为商品互相对立。”③ 可见，社会分工和独立的互不依赖的私人劳动产品，是商品生产存在的两个前提条件。

人类要生存，就必须不断地生产出各种使用价值或产品来满足自己的需要，而任何一种非天然的物质财富要素即物质产品，总是必须通过某种专门的、使特殊的自然物质适合于特殊人类需要的、有目的的生产活动创造出来。因此，“劳动作为使用价值的创造者，作为有用劳动，是不以一切社会形式为转移的人类生存条件，是人和自然之间的物质变换即人类生活得以实现的永恒的自然必然性”④。但是，仅有劳动并不能生产出使用价值即物质财富，劳动是

① 《马克思恩格斯文集》第 5 卷，人民出版社 2009 年版，第 54 页。
② 《马克思恩格斯文集》第 5 卷，人民出版社 2009 年版，第 55 页。
③ 《马克思恩格斯文集》第 5 卷，人民出版社 2009 年版，第 55 页。
④ 《马克思恩格斯文集》第 5 卷，人民出版社 2009 年版，第 56 页。

对自然物质的改造过程，必然借助一定的物质手段，并作用于劳动对象才能生产出使用价值。一切使用价值，总是自然物质和劳动这两种要素相结合的产物。在生产劳动过程中，人利用自身的劳动生产力和自然的帮助，通过改造自然物质的性质和形式，从而获得自己需要的特定形式的物质产品。离开了自然物质和自然条件，单纯的人类劳动本身并不能创造物质和物质产品。马克思指出："正像威廉·配第所说，劳动是财富之父，土地是财富之母。"① 显然，这里的"财富"，指的是物质财富，或者说是财富的物质形式。

生产商品的劳动，从另一个方面来看，又是抽象劳动。作为具体劳动，生产各种不同商品的劳动是各不相同的，但是，无论是纺纱的劳动还是织布的劳动，如果把生产活动的特定性质撇开，从而把劳动的有用性撇开，劳动就只剩下一点：它是人类劳动力的耗费。从这个意义上说，各种不同形式的具体劳动又都是同一的人类劳动。商品价值体现的就是这种一般人类劳动的耗费。马克思指出："它是每个没有任何专长的普通人的有机体平均具有的简单劳动力的耗费。简单平均劳动本身虽然在不同的国家和不同的文化时代具有不同的性质，但在一定的社会里是一定的。"② 可见，生产或形成商品价值的一般人类劳动或抽象劳动，首先应该被理解为简单劳动。

不同商品的生产的复杂程度是不同的，从而产生了复杂劳动与简单劳动的区别。马克思指出："比较复杂的劳动只是自乘的或不如说多倍的简单劳动，因此，少量的复杂劳动等于多量的简单劳动。经验证明，这种简化是经常进行的。一个商品可能是最复杂的劳动的产品，但是它的价值使它与简单劳动的产品相等，因而本身只表示一定量的简单劳动。各种劳动化为当做它们的计量单位的简单劳动的不同比例，是在生产者背后由社会过程决定的，因而在他们看来，似乎是由习惯确定的。"③

根据在讨论商品的两个因素时说明的单位商品的价值量与劳动生产力成反比的原理，马克思进一步指出："随着物质财富的量的增长，它的价值量可能同时下降。这种对立的运动来源于劳动的二重性。生产力当然始终是有用的、具体的劳动的生产力，它事实上只决定有目的的生产活动在一定时间内的效率。因此，有用劳动成为较富或较贫的产品源泉与有用劳动的生产力的提高或

① 《马克思恩格斯文集》第 5 卷，人民出版社 2009 年版，第 56—57 页。

② 《马克思恩格斯文集》第 5 卷，人民出版社 2009 年版，第 58 页。

③ 《马克思恩格斯文集》第 5 卷，人民出版社 2009 年版，第 58 页。

降低成正比。相反地，生产力的变化本身丝毫也不会影响表现为价值的劳动。既然生产力属于劳动的具体有用形式，它自然不再能同抽去了具体有用形式的劳动有关。因此，不管生产力发生了什么变化，同一劳动在同样的时间内提供的价值量总是相同的。但它在同样的时间内提供的使用价值量是不同的：生产力提高时就多些，生产力降低时就少些。因此，那种能提高劳动成效从而增加劳动所提供的使用价值量的生产力变化，如果会缩减生产这个使用价值量所必需的劳动时间的总和，就会减少这个增大了的总量的价值量。反之亦然。"①

在以上分析的基础上，马克思对劳动二重性进行了这样的概括："一切劳动，一方面是人类劳动力在生理学意义上的耗费；就相同的或抽象的人类劳动这个属性来说，它形成商品价值。一切劳动，另一方面是人类劳动力在特殊的有一定目的的形式上的耗费；就具体的有用的劳动这个属性来说，它生产使用价值。"②

劳动二重性学说是由马克思发现和证明的。他首先在《政治经济学批判》一书中说明了这个学说。他强调，劳动二重性"是理解政治经济学的枢纽"③。为什么马克思要这样说？首先是因为这个学说克服了古典经济学提出的劳动价值论的初始形式的缺陷，使劳动价值论成为完善的科学理论，为剩余价值学说的提出准备了必不可少的理论条件。李嘉图等古典经济学家虽然提出了劳动形成价值的基本观点，但他们不懂得抽象劳动与具体劳动的区别，不能正确地回答究竟什么劳动形成价值，以及商品的使用价值与价值究竟是什么关系等一系列问题，结果导致理论的破产。直到马克思提出劳动二重性学说，才使劳动价值论建立在无法颠覆的科学论证的基础上。不仅如此，当我们读完《资本论》后会发现，马克思的一系列重要理论，例如对价值形式的分析和货币本质的揭示、可变资本与不变资本的划分、商品价值构成理论、资本有机构成理论、社会再生产中两大部类关系的理论等，都与劳动二重性学说有密切联系。这是在以后的阅读中应当留意体会的。

三、价值形式或交换价值

在说明了商品的二因素和生产商品的劳动的二重性之后，马克思进而分析

① 《马克思恩格斯文集》第5卷，人民出版社2009年版，第59—60页。
② 《马克思恩格斯文集》第5卷，人民出版社2009年版，第60页。
③ 《马克思恩格斯文集》第5卷，人民出版社2009年版，第55页。

商品的交换价值即价值形式及其发展，揭示了货币的起源和本质。

早期的人类社会由于生产力极端落后，生产处在自然经济状态，没有产品交换，也没有分工。随着生产力的发展，出现了一部分剩余产品，于是，在原始公社之间开始发生偶然的产品交换。产品的交换促进了公社之间分工的发展。随着分工的发展，交换也扩展到公社的成员之间。从此出现了真正的商品交换和商品生产。随着商品生产和交换的不断发展，交换价值即商品的价值形式也随之发生变化，最终产生了货币。马克思将价值形式发展的历史过程概括为如下几个发展阶段。

（一）简单的、个别的或偶然的价值形式

人类最初的交换是偶然发生的，并且这种交换往往只是发生在个别产品之间，从而使交换的形式本身具有简单的特征。由此而形成的价值形式就是简单的、个别的或偶然的形式，可以用例子表示为：1 只绵羊＝2 把斧子。

马克思指出："一切价值形式的秘密都隐藏在这个简单的价值形式中。"①他首先考察了价值表现的两极，即相对价值形式和等价形式。在 1 只绵羊＝2 把斧子的交换关系中，等式两边的产品或商品起着不同的作用。其中，绵羊通过斧子表现自己的价值，斧子则成为绵羊价值表现的材料。"前一个商品起主动作用，后一个商品起被动作用。前一个商品的价值表现为相对价值，或者说，处于相对价值形式。后一个商品起等价物的作用，或者说，处于等价形式。"② 价值形式中的相对价值形式与等价形式是一种对立统一关系，它们既互相依赖、互为条件、不可分离，又互相排斥、互相对立。绵羊之所以是相对价值形式，是因为有不同于它的斧子作为等价形式与之相交换，反之，斧子之所以成为等价物，是因为有不同于它的绵羊需要斧子来表现绵羊的价值。可见它们是互相依赖、互为条件的。相对价值和等价形式必须由两种不同的商品来承担，一种商品要么充当相对价值形式，要么充当等价形式，它不可能同时既是相对价值形式又是等价形式，因而，相对价值形式与等价形式又是对立的。当然，如果把公式颠倒过来，2 把斧子＝1 只绵羊，斧子就成为相对价值形式，而绵羊成为等价形式。"一个商品究竟是处于相对价值形式，还是处于与之对立的等价形式，完全取决于它当时在价值表现中所处的地位，就是说，取决于它

---

① 《马克思恩格斯文集》第 5 卷，人民出版社 2009 年版，第 62 页。

② 《马克思恩格斯文集》第 5 卷，人民出版社 2009 年版，第 62 页。

是价值被表现的商品，还是表现价值的商品。”①

接着，马克思对价值形式的两极分别加以考察。他先从内容和量的规定性两个方面分析了相对价值形式。价值形式首先表现的是不同商品的等同的价值关系。商品的价值，本来是指抽象的人类一般劳动，但是，在这个等式中，1只绵羊的价值取得了斧子这个物的表现形式。“在这里，一个商品的价值性质通过该商品与另一个商品的关系而显露出来。”② 显然，商品的价值本身与这个商品价值的表现形式或表现物是不相同的。2把斧子只是1只绵羊价值的相对表现，而不是绝对表现。马克思还指出：“价值形式不只是要表现价值一般，而且要表现一定量的价值”。③ 具体来说，1只绵羊的价值量不仅表现为斧子这种物，而且表现为2把斧子这个量。但是，由于生产绵羊和生产斧子的劳动生产力从而单位产品的价值量都可能发生变化，这两种产品的交换比例也会发生相应的变化。也就是说，劳动生产力的变化会影响价值量的相对表现。马克思在分析了这种影响的四类情况后说：“价值量的实际变化不能明确地，也不能完全地反映在价值量的相对表现即相对价值量上。即使商品的价值不变，它的相对价值也可能发生变化。即使商品的价值发生变化，它的相对价值也可能不变，最后，商品的价值量和这个价值量的相对表现同时发生的变化，完全不需要一致。”④

在分析了相对价值形式之后，马克思分析了等价形式。在1只绵羊=2把斧子这个等式中，斧子成为绵羊的价值的表现材料或表现物，处于等价形式。这时，斧子这个物品本身或使用价值本身，成为绵羊的内在价值的外在表现形式。这样，潜藏在商品（绵羊）中的使用价值与价值的内部对立，就通过两种商品的外部对立表现出来了。马克思指出：“在考察等价形式时看见的第一个特点，就是使用价值成为它的对立面即价值的表现形式。”⑤ 与之相联系，生产斧子的具体劳动也就成为其对立面抽象劳动的表现形式。这是等价形式的第二个特点。既然生产斧子的具体劳动，“只是当作无差别的人类劳动的表现，它就具有与别种劳动……等同的形式，因而，尽管它同其他一切生产商品的劳动

① 《马克思恩格斯文集》第5卷，人民出版社2009年版，第63页。
② 《马克思恩格斯文集》第5卷，人民出版社2009年版，第65页。
③ 《马克思恩格斯文集》第5卷，人民出版社2009年版，第68页。
④ 《马克思恩格斯文集》第5卷，人民出版社2009年版，第69—70页。
⑤ 《马克思恩格斯文集》第5卷，人民出版社2009年版，第71页。

一样是私人劳动，但终究是直接社会形式上的劳动。正因为这样，它才表现在一种能与别种商品直接交换的产品上。可见，等价形式的第三个特点，就是私人劳动成为它的对立面的形式，成为直接社会形式的劳动”①。

商品的简单价值形式同时又是劳动产品的简单商品形式。它是价值形式的胚胎。在上述例子中，斧子只充当绵羊的等价物，因而只是个别等价物，随着商品生产和交换的发展，商品的价值形式也在发展。在商品交换日益频繁和普遍的情况下，绵羊的价值不仅通过一定数量的斧子这一类商品表现出来，而且表现在其他种类的商品上。这时，简单的价值形式就发展为总和的或扩大的价值形式。

（二）总和的或扩大的价值形式

总和的或扩大的价值形式是指一种商品与一系列商品相交换的形式，可以表示为：

$$1\text{ 只绵羊}=\begin{cases}2\text{ 把斧子}\\10\text{ 磅茶叶}\\40\text{ 磅咖啡}\\1\text{ 夸脱小麦}\\2\text{ 盎司金}\\\quad\cdots\cdots\end{cases}$$

在扩大的价值形式中，1只绵羊的价值不再只是表现在斧子这一种商品上，而且也表现在茶叶、咖啡等各种不同的商品上，从而使得价值的表现不再是偶然的，交换的比例关系也不再受各种偶然情况的影响，而是越来越多地由商品的价值量来调节，商品的价值量得到了更充分的表现。正因为斧子、茶叶、咖啡等商品都能与绵羊交换，从而使斧子、茶叶、咖啡等商品都成为绵羊的一种特殊的等价物。

扩大的价值形式本身存在着内在的缺点。由于每一种商品都可以与其他商品相交换，于是，随着每一个新的商品的出现，商品价值的表现形式也就会增加，因而，“商品的相对价值表现是未完成的”②。由于处在等价形式上的商品各不相同，因而，商品价值的表现也是不统一的。在实际的交换中，这些缺点

① 《马克思恩格斯文集》第5卷，人民出版社2009年版，第74页。
② 《马克思恩格斯文集》第5卷，人民出版社2009年版，第80页。

也会产生实际的困难，例如，拥有斧子的人可能并不需要绵羊而需要咖啡，但是，拥有咖啡的人可能又不需要斧子而需要小麦。问题与解决问题的条件和手段往往是同时产生的。在交换的实际发展过程中，扩大的价值形式只是一种过渡形式，它很快就发展为一般价值形式，从而解决了交换中存在的困难。

（三）一般价值形式

从形式上来说，一般价值形式就是扩大的价值形式的颠倒了的形式，可表示为：

2 把斧子	
10 磅茶叶	
40 磅咖啡	=1 只绵羊
1 夸脱小麦	
2 盎司金	
……	

从扩大价值形式到一般价值形式的发展，是价值形式的质的变化。在一般价值形式中，商品价值的表现既是简单的，又是统一的。现在，所有商品的价值都表现在绵羊这一种商品上，从而使绵羊成为一般的等价形式，即一般等价物。马克思指出："一般价值形式的出现只是商品世界共同活动的结果。"① 一种商品成为一般等价物，并不是法律的规定或其他任何形式的强制的结果，而是在交换过程中经过长期的实践自发形成的。在人类交换史上，曾经有多种商品充当过一般等价物，例如牲畜、贝壳、奴隶等。

正是在一般等价形式中，一切商品都用绵羊作为等价物，使它们之间在质上等同，都作为价值存在，而且在量上可以比较。这就极大地促进了人类商品交换和商品生产的发展。与此同时，由于绵羊自身的自然形式是这个世界的共同的价值形态，因此，绵羊能够与其他一切商品直接交换。它的物体形式是当作一切人类劳动的可以看得见的化身，这就为商品拜物教的产生提供了客观基础。

当某种商品从其他商品中分离出来并固定地充当一般等价物的时候，这种"独特商品"就有一种"特有的社会职能"，一种"社会独占权"②。当贵金属

---

① 《马克思恩格斯文集》第 5 卷，人民出版社 2009 年版，第 82—83 页。

② 《马克思恩格斯文集》第 5 卷，人民出版社 2009 年版，第 86 页。

金取代其他商品独占了一般等价形式地位时，一般价值形式也就发展为货币形式。

（四）货币形式

货币形式是价值形式的完成形态，可表示为：

$$\left.\begin{array}{l}1\text{只绵羊}\\2\text{把斧子}\\10\text{磅茶叶}\\40\text{磅咖啡}\\1\text{夸脱小麦}\\\cdots\cdots\end{array}\right\}=2\text{盎司金}$$

货币形式与一般价值形式唯一的区别，只是金取代其他商品获得了一般等价形式地位。“金能够作为货币与其他商品相对立，只是因为它早就作为商品与它们相对立。”① 同时，贵金属的独特的自然属性使之最适合充当一般等价物，因为贵金属不仅价值含量高，而且具有耐腐蚀、延展性好从而便于分割和携带等优点，于是，社会的习惯使贵金属成为货币。“金银天然不是货币，但货币天然是金银。”②

货币出现之后，价值形式中对立的两极变成商品与货币的对立，一个商品（如绵羊）“在已经执行货币商品职能的商品（如金）上的简单的相对的价值表现，就是价格形式”③。因此，商品的价格，不过是商品价值的货币表现。正如前面已经分析过的那样，商品的价格永远只是商品价值的相对表现，只是商品的价值形式，而不是价值本身。

由以上分析可以看出，“简单的商品形式是货币形式的胚胎”④，货币无非是商品交换发展到一定历史阶段，从商品世界分离出来并固定地充当一般等价物的商品。正是通过对价值形式及其发展的分析，马克思深刻地揭示了货币的起源和本质。

四、商品的拜物教性质及其秘密

在商品社会中，一切劳动产品，一旦作为商品出现，就会产生“神秘性

---

① 《马克思恩格斯文集》第 5 卷，人民出版社 2009 年版，第 87 页。

② 《马克思恩格斯文集》第 5 卷，人民出版社 2009 年版，第 108 页。

③ 《马克思恩格斯文集》第 5 卷，人民出版社 2009 年版，第 87 页。

④ 《马克思恩格斯文集》第 5 卷，人民出版社 2009 年版，第 87 页。

质”。马克思把商品的这种神秘性称为商品的拜物教性质。马克思深刻地分析了商品拜物教的来源和产生的原因，揭示了商品生产的本质。

马克思首先说明了商品的神秘性不是源自商品的使用价值。“就商品是使用价值来说，不论从它靠自己的属性来满足人的需要这个角度来考察，或者从它作为人类劳动的产品才具有这些属性这个角度来考察，它都没有什么神秘的地方。”①

商品的神秘性也不是来源于“价值规定的内容”，即形成商品价值的劳动。“因为，第一，不管有用劳动或生产活动怎样不同，它们都是人体的机能，而每一种这样的机能不管内容和形式如何，实质上都是人的脑、神经、肌肉、感官等等的耗费。这是一个生理学上的真理。第二，说到作为决定价值量的基础的东西，即这种耗费的持续时间或劳动量，那么，劳动的量可以十分明显地同劳动的质区别开来。在一切社会状态下，人们对生产生活资料所耗费的劳动时间必然是关心的，虽然在不同的发展阶段上关心的程度不同。最后，一旦人们以某种方式彼此为对方劳动，他们的劳动也就取得社会的形式。”②

那么，商品的神秘性究竟是从何而来的呢？马克思说：“商品形式的奥秘不过在于：商品形式在人们面前把人们本身劳动的社会性质反映成劳动产品本身的物的性质，反映成这些物的天然的社会属性，从而把生产者同总劳动的社会关系反映成存在于生产者之外的物与物之间的社会关系。由于这种转换，劳动产品成了商品，成了可感觉而又超感觉的物或社会的物。”③ 由此可见，“劳动产品一旦采取商品形式就具有的谜一般的性质”，它来源于劳动产品的商品形式，具体表现在：“人类劳动的等同性，取得了劳动产品的等同的价值对象性这种物的形式；用劳动的持续时间来计量的人类劳动力的耗费，取得了劳动产品的价值量的形式；最后，生产者的劳动的那些社会规定借以实现的生产者关系，取得了劳动产品的社会关系的形式。”④ 简单地说，所谓商品的拜物教性质，就是指在商品形式中人与人的劳动的社会关系表现为物与物的社会关系，即商品与商品的关系或者商品与货币的关系，从而人的社会关系被物化。劳动产品一旦作为商品来生产，就带上拜物教性质，因此，拜物教是同商品生产分

---

① 《马克思恩格斯文集》第 5 卷，人民出版社 2009 年版，第 88 页。
② 《马克思恩格斯文集》第 5 卷，人民出版社 2009 年版，第 88—89 页。
③ 《马克思恩格斯文集》第 5 卷，人民出版社 2009 年版，第 89 页。
④ 《马克思恩格斯文集》第 5 卷，人民出版社 2009 年版，第 89 页。

不开的。

既然拜物教来源于商品的形式本身，那么产生拜物教的原因实际上也就是商品产生的原因。前面已经指出过，社会分工的存在以及产品是私人劳动的产品，这是形成商品生产的两个基本条件。正是在这两个条件的基础上，形成了私人劳动与社会劳动的矛盾，产生了商品交换的必然性。生产商品的劳动首先是一种私人劳动，即生产者作为独立的利益主体，为了实现自己的利益和满足自己的需要而进行的劳动。但是，社会分工又使各个生产者的劳动之间互相依赖，每个生产者只生产特定的产品，而他们的需要又是多方面的，于是产生了交换产品的必然性。每个生产者能否取得别人的产品，取决于自己生产的产品是否能够满足他人或社会的需要，从这个意义上来说，生产者的私人劳动潜在地具有社会性。但是，私人劳动能否现实地转化为社会劳动，被社会承认，只有在产品的交换中并通过这种交换才能得以实现或得到证明。“他们的私人劳动的独特的社会性质也只有在这种交换中才表现出来。”① 正是私人劳动与社会劳动的矛盾，产生了商品生产和商品交换以及与之相联系的商品的拜物教性质。

这里需要指出的是，凡是不同生产者作为相互独立的利益主体而发生的产品交换，都具有商品交换的性质。社会主义国有制条件下的不同企业即不同的劳动者集体，以及不同的劳动者个人，都是相互独立的利益主体。因此，社会主义国有经济也具有商品经济或市场经济的属性。在马克思写作《资本论》的时代，还没有社会主义建设的实践，当时人们所知道的一切历史的和现实的商品生产，都是在生产资料私有制条件下进行的，商品生产者的劳动的私人性也只是与私有制联系在一起的。因此，当时马克思和恩格斯认为，商品生产将随着私有制的消灭而消灭。但是，现实的社会主义发展表明，社会主义国有经济内部必然存在商品货币关系，因而市场必然对资源配置起决定性的作用。这是我们党根据社会主义建设的实践得出的结论，是对马克思主义商品经济理论的发展。此外，在社会主义初级阶段，除了全社会范围的公有经济即国有经济之外，不仅存在集体所有制经济，而且存在在国民经济中发挥重要作用的私营经济。这些不同所有制的生产者之间的产品交换，也是商品交换。这与《资本论》的有关论述的精神（商品交换的前提是生产者以不同所有者的身份相互对

① 《马克思恩格斯文集》第5卷，人民出版社2009年版，第90页。

待）是一致的。

在商品生产和交换中，人们使他们的劳动产品彼此当作价值发生关系，不是因为在他们看来这些产品只是同种的人类劳动的物质外壳，恰恰相反，他们在交换中使他们的各种产品作为价值彼此相等，也就使他们的各种劳动作为人类劳动而彼此相等。他们没有意识到这一点，但是他们这样做了。“后来科学发现，劳动产品作为价值，只是生产它们时所耗费的人类劳动的物的表现，这一发现在人类发展史上划了一个时代，但它决没有消除劳动的社会性质的物的外观。”① 这就是说，价值量由劳动时间决定是一个隐藏在商品相对价值的表面运动后面的秘密，这个秘密的发现消除了劳动产品的价值量纯粹是偶然决定的这种假象，但是没有消除价值量的决定所采取的物的形式。“劳动产品的价值性质，只是通过劳动产品表现为价值量才确定下来。价值量不以交换者的意志、设想和活动为转移而不断地变动着。在交换者看来，他们本身的社会运动具有物的运动形式。不是他们控制这一运动，而是他们受这一运动控制。”② 在商品生产中，人与物的关系完全是颠倒的，不是人控制物，而是人受物控制。这正是各种拜物教观念产生的根源。

商品生产和交换都是历史的产物，商品的拜物教性质同样具有历史性。在这里，马克思批判了资产阶级经济学否认商品经济的历史性，将资本主义视为永恒的社会形式的错误。马克思说明，在不存在私人劳动与社会劳动之间矛盾的社会条件下，是不存在商品生产和交换的，从而也就不存在商品拜物教。商品经济在社会主义阶段仍然存在，因此，还不可避免地仍然存在商品拜物教观念，以及由此衍生出来的拜金主义等消极现象。学习商品货币理论，对于认识和把握这种消极现象的本质具有重要的意义。

第二节 交换过程

一、商品占有者之间的关系

在《资本论》第一篇第2章中，马克思进一步从商品交换过程的矛盾及其

① 《马克思恩格斯文集》第5卷，人民出版社2009年版，第91页。
② 《马克思恩格斯文集》第5卷，人民出版社2009年版，第92页。

历史发展的角度，说明货币是如何产生的。他认为，商品交换是由商品的所有者或占有者来进行的，因此“一方只有符合另一方的意志，就是说每一方只有通过双方共同一致的意志行为，才能让渡自己的商品，占有别人的商品。可见，他们必须彼此承认对方是私有者。这种具有契约形式的（不管这种契约是不是用法律固定下来的）法的关系，是一种反映着经济关系的意志关系。这种法的关系或意志关系的内容是由这种经济关系本身决定的”①。在交换过程中，“人们扮演的经济角色不过是经济关系的人格化，人们是作为这种关系的承担者而彼此对立着的”②。也就是说，商品占有者之间发生的商品交换行为本身，虽然表现为一种人的意志行为，但是，这种意志行为是由他们之间的经济关系本身决定的。只有从经济关系出发，才能理解商品交换的意志行为，而不是相反。

商品占有者与自己的商品之间存在什么样的关系呢？一方面，商品对于占有者来说并没有直接的使用价值，因为他生产商品的直接目的并不是满足自己的需要。商品对于占有者来说，它的意义只是在于这个商品可以用来交换别的商品，他只是把自己的商品当作交换手段，当作交换价值的承担者。“商品在能够作为使用价值实现以前，必须先作为价值来实现。”③ 但是，“另一方面，商品在能够作为价值实现以前，必须证明自己是使用价值，因为耗费在商品上的人类劳动，只有耗费在对别人有用的形式上，才能算数。但是，这种劳动对别人是否有用，它的产品是否能够满足别人的需要，只有在商品交换中才能得到证明”④。

因此，商品占有者之间存在的是一种矛盾的关系，这种矛盾，完全是由商品内在的使用价值与价值的矛盾决定的。这种矛盾及其解决是通过商品的交换实现的。

二、交换过程的矛盾及其发展

每一个商品占有者都只想让渡自己的商品，来换取另一个具有能够满足他本人需要的使用价值的商品。就这一点说，交换对于他只是个人的过程。另一

① 《马克思恩格斯文集》第 5 卷，人民出版社 2009 年版，第 103 页。
② 《马克思恩格斯文集》第 5 卷，人民出版社 2009 年版，第 104 页。
③ 《马克思恩格斯文集》第 5 卷，人民出版社 2009 年版，第 104 页。
④ 《马克思恩格斯文集》第 5 卷，人民出版社 2009 年版，第 105 页。

方面，他想把他的商品作为价值来实现，也就是通过他所中意的任何另一个具有同等价值的商品来实现。就这一点说，交换对于他是一般社会的过程。对于每一个商品占有者来说，其他商品都是他的商品的特殊等价物，因而他的商品是其他一切商品的一般等价物。但因为一切商品占有者都这样做，所以没有一个商品是一般等价物。这是商品交换过程中存在的又一个矛盾。解决这一矛盾，需要一个全社会统一的、在一切交换中通用的一般等价物。马克思指出："只有社会的行动才能使一个特定的商品成为一般等价物。因此，其他一切商品的社会的行动使一个特定的商品分离出来，通过这个商品来全面表现它们的价值。于是这个商品的自然形式就成为社会公认的等价形式。由于这种社会过程，充当一般等价物就成为被分离出来的商品的独特的社会职能。这个商品就成为货币。"①

商品交换扩大和加深的历史过程，使商品本性中潜伏着的使用价值和价值的对立发展起来。为了交易，需要这一对立在外部表现出来，这就要求商品价值有一个独立的形式。这个需要一直存在于交换的实践中，直到社会将充当一般等价物的商品从商品世界中独立出来，将其公认为货币，这个需要才得到满足，商品价值才有了一个独立的表现形式。

三、交换的发展与货币的产生

从人类交换发展的历史来看，商品交换是在"共同体的尽头"即原始公社之间开始的。但是物一旦对外成为商品，由于反作用，它们在共同体内部生活中也成为商品。它们交换的量的比例起初完全是偶然的。它们能够交换，是由于它们的占有者彼此愿意把它们让渡出去的意志行为。同时，对别人的使用物品的需要渐渐固定下来。这种交换的不断重复使交换成为有规则的社会过程。因此，"随着时间的推移，至少有一部分劳动产品必定是有意为了交换而生产的。从那时起，一方面，物满足直接需要的效用和物用于交换的效用的分离固定下来了。它们的使用价值同它们的交换价值分离开来。另一方面，它们互相交换的量的比例是由它们的生产本身决定的。习惯把它们作为价值量固定下来"②。

① 《马克思恩格斯文集》第5卷，人民出版社2009年版，第105—106页。
② 《马克思恩格斯文集》第5卷，人民出版社2009年版，第107页。

在交换的发展中，随着进入交换过程的商品数量和种类的增多，就需要有一种独立的一般价值形式。问题和解决问题的手段同时产生。“如果不同商品占有者的不同商品在它们的交易中不和同一个第三种商品相交换并作为价值和它相比较，商品占有者拿自己的物品同其他种种物品相交换、相比较的交易就决不会发生。这第三个商品由于成为其他不同商品的等价物，就直接取得一般的或社会的等价形式，虽然是在狭小的范围内。这种一般等价形式同引起这个形式的瞬息间的社会接触一起产生和消失。这种形式交替地、暂时地由这个或那个商品承担。但是，随着商品交换的发展，这种形式就只是固定在某些特殊种类的商品上，或者说结晶为货币形式。它究竟固定在哪一种商品上，最初是偶然的。”① 在历史上，最早开始充当一般等价物的商品，或者固定在最重要的外来交换物品上，或者固定在本地可以让渡的财产的主要部分如牲畜这种使用物品上。

马克思指出：“随着商品交换日益突破地方的限制，从而商品价值日益发展成为一般人类劳动的化身，货币形式也就日益转到那些天然适于执行一般等价物这种社会职能的商品身上，即转到贵金属身上。”② 贵金属一旦成为货币，它就具有二重的使用价值：一方面，它作为商品具有特殊的使用价值，如金可以镶牙，可以用作奢侈品的原料，等等；另一方面，它又取得了一种由它的独特的社会职能产生的形式上的使用价值，即作为一切商品的等价形式。

货币是从交换的发展过程中产生的。马克思指出：“交换过程给予它的，不是它的价值，而是它的独特的价值形式。”③ 这就是说，贵金属自身的价值由生产它所耗费的社会必要劳动时间决定，而它所具有的固定的一般等价物的价值形式，是由商品生产者之间的交换这样一种社会关系赋予的。但是，黄金等贵金属一旦成为货币，就给人们一种假象，似乎贵金属天然就是货币，天然就是人类一般劳动的化身，因而天然具有支配人的力量。人们所以产生这样的货币拜物教观念，是由于不懂得“商品怎样、为什么、通过什么成为货币”④。通过马克思对这个问题的解答可以看出，“货币拜物教的谜就是商品拜物教的谜，

① 《马克思恩格斯文集》第 5 卷，人民出版社 2009 年版，第 107—108 页。
② 《马克思恩格斯文集》第 5 卷，人民出版社 2009 年版，第 108 页。
③ 《马克思恩格斯文集》第 5 卷，人民出版社 2009 年版，第 110 页。
④ 《马克思恩格斯文集》第 5 卷，人民出版社 2009 年版，第 112 页。

只不过变得明显了，耀眼了”①。

第三节 货币或商品流通

一、价值尺度

货币出现之后，商品交换进一步发展为商品流通。马克思在《资本论》第一篇第3章中说明了货币的各种职能，同时分析了商品流通。从货币的本质和起源可以看出，货币本来就是作为其他一切商品的一般价值形式而产生的，因而，货币的第一个职能就是“为商品世界提供表现价值的材料”②，即执行一般的价值尺度的职能。货币之所以能够成为计量或度量其他商品的价值的尺度，首先是因为货币本身具有价值。这正像尺子之所以可以度量其他物体的长度，是因为尺子自己有长度一样。

货币执行价值尺度的职能，就是把商品的价值表现出来，使一切商品的价值，都表现为同名的货币量，从而使它们在质上相同，在量上可以互相比较。例如，20码麻布等于1盎司金，10把斧子等于2盎司金，10把斧子的价值就是20码麻布的2倍。

当商品的价值量用一定量的货币来表现的时候，就有了商品的价格。因而，商品的价格不过是商品价值的货币表现。“商品的价格或货币形式，同商品的价值形式本身一样，是一种与商品的可以捉摸的实在的物体形式不同的，因而只是观念的或想象的形式。”③ 也就是说，货币在执行价值尺度的职能时，人们并不需要用货币实物去度量商品的价值量，而只需要用想象的或观念的货币。事实上，当人们“给予商品价值以价格形式或想象的金的形式时，他远没有把自己的商品转化为金，而为了用金估量数百万的商品价值，他也不需要丝毫实在的金”④。但是，尽管执行价值尺度的货币是想象的货币，但是价格完全取决于实在的货币材料。一吨铁的价值，根据充当价值尺度的是金、银还是铜，就具有完全不同的价格表现。因此，如果两个不同的商品，例如金和银，

① 《马克思恩格斯文集》第5卷，人民出版社2009年版，第113页。
② 《马克思恩格斯文集》第5卷，人民出版社2009年版，第114页。
③ 《马克思恩格斯文集》第5卷，人民出版社2009年版，第115页。
④ 《马克思恩格斯文集》第5卷，人民出版社2009年版，第116页。

同时充当价值尺度，一切商品就会有两种不同的价格表现，即金价格和银价格。

用货币来计量不同商品的不同的价值量，这就在技术上有必要把某一固定的金量作为商品价值的计量单位。这个计量单位本身进一步等分而发展成为价格标准。所谓价格标准，主要是指规定的货币金属的计量单位。货币的价格标准，不是货币的一个独立的职能，而是货币的价值尺度的职能得以实现的技术标准。货币“作为人类劳动的社会化身，它是价值尺度；作为规定的金属重量，它是价格标准。作为价值尺度，它用来使形形色色的商品的价值转化为价格，转化为想象的金量；作为价格标准，它计量这些金量”①。作为货币的金的价值本身是可变的，但是，这种变动不会影响金执行价格标准的职能，因为不论金的价值怎样变动，不同的金量之间的价值比例总是不变的；金的价值变动，也不会妨碍它执行价值尺度的职能，因为这种变动会影响一切商品，使所有商品的相对价值保持不变。

商品的价格是商品价值的货币表现，因而，商品本身的价值量发生变化以及货币的价值量发生变化时，商品的价格相应地也会发生变化。商品价值越高，货币价值不变，则价格越高；商品价值不变，货币价值越低，价格也越高。如果商品价值与货币价值发生同比例同方向的变化，那么商品的价格则保持不变。同时，随着货币本身的发展，商品的价格形式也随之发展。由于各种原因，金属重量的货币名称同它原来的重量名称逐渐分离。在历史上有决定意义的原因有：外国货币流入较不发达的民族；不大贵重的金属被比较贵重的金属所排挤，失去价值尺度的职能；君主不断伪造货币，使铸币原来的重量实际上只剩下一个名称。因为货币标准一方面纯粹是约定俗成的，另一方面又需要得到公认，所以，最后就由法律来规定了。一定重量的贵金属，如一盎司金，由官方分成若干等份，取得法定的教名，如镑、塔勒等。这种等份成为真正的货币计量单位后，又分成新的等份，后者也具有法定的名称，如先令、便士等。一定的金属重量仍旧是金属货币的标准，改变的只是分法和名称。

当人们用与实际重量相分离了的货币名称来计量商品的价值时，货币就充当计算货币。在镑、塔勒、法郎、杜卡特等货币名称上，价值关系的任何痕迹都消失了。因此，虽然商品的价值量必须通过价格表现出来，但不意味着价格

① 《马克思恩格斯文集》第5卷，人民出版社2009年版，第118页。

一定要和价值量完全一致。决定商品价值量的社会必要劳动时间是不以人的意志为转移的，而商品同货币交换的比例，既可以表现商品的价值量，也可以表现比它大或小的量，一定条件下，商品就是按这个或大或小的量来让渡的。马克思指出：“价格和价值量之间的量的不一致的可能性，或者价格偏离价值量的可能性，已经包含在价格形式本身中。但这并不是这种形式的缺点，相反地，却使这种形式成为这样一种生产方式的适当形式，在这种生产方式下，规则只能作为没有规则性的盲目起作用的平均数规律来为自己开辟道路。”①

不仅价值量与其货币表现存在量的不一致，价格形式还“能够包藏一个质的矛盾，以致货币虽然只是商品的价值形式，但价格可以完全不是价值的表现。有些东西本身并不是商品，例如良心、名誉等等，但是也可以被它们的占有者出卖以换取金钱，并通过它们的价格，取得商品形式。因此，没有价值的东西在形式上可以具有价格。在这里，价格表现是虚幻的，就像数学中的某些数量一样。另一方面，虚幻的价格形式——如未开垦的土地的价格，这种土地没有价值，因为没有人类劳动对象化在里面——又能掩盖实在的价值关系或由此派生的关系”②。虽然货币执行价值尺度的职能只是观念的，但正如马克思所强调的，“在观念的价值尺度中隐藏着坚硬的货币”③。

二、流通手段

商品交换使商品从把它们当作非使用价值的人手里转到把它们当作使用价值的人手里，就这一点说，这个过程是一种社会的物质变换过程，即通过货币实现商品与商品的交换。在这个过程中，即在商品的形态变化中，货币起着中介的作用，成为流通手段。

商品的形态变化是通过商品与货币的交换，以及货币与商品的进一步交换这两个环节完成的，即从商品转化为货币，又从货币转化为商品。马克思用W—G—W（商品—货币—商品）来表示这两个相互衔接的转化。

W—G 是商品的第一个形态变化：卖。“商品价值从商品体跳到金体上，像我在别处说过的，是商品的惊险的跳跃。这个跳跃如果不成功，摔坏的不是

① 《马克思恩格斯文集》第 5 卷，人民出版社 2009 年版，第 123 页。
② 《马克思恩格斯文集》第 5 卷，人民出版社 2009 年版，第 123 页。
③ 《马克思恩格斯文集》第 5 卷，人民出版社 2009 年版，第 124 页。

商品，但一定是商品占有者。”[1] 这是因为：“社会分工使商品占有者的劳动成为单方面的，又使他的需要成为多方面的。”[2] 为了满足自己多方面的需要，为了证明自己的产品具有社会的使用价值，商品占有者必须将自己的商品转化为货币，以取得一般的社会公认的等价形式。但是，某种商品是否能够满足社会的需要，是商品生产者自己决定不了的事情。首先，某种产品今天满足一种社会需要，明天就可能全部地或部分地被一种类似的产品排挤掉。其次，就总量来看，社会对某种产品的需要总是有限度的，因为其中的一部分有可能成为多余的、过剩的。在这种情况下，即使某个生产者耗费在这种产品上的只是平均社会必要劳动时间，但是，由于这种产品的总数包含的已耗费的劳动时间仍然可能过多，其结果就像每个生产者在他个人的产品上的时间都超过了社会必要劳动时间一样，不能按正常价格实现。“所以我们的商品占有者发现：分工使他们成为独立的私人生产者，同时又使社会生产过程以及他们在这个过程中的关系不受他们自己支配；人与人的互相独立为物与物的全面依赖的体系所补充。”[3]

W—G 表示商品与货币的交换，在这里，商品是货币的“使用价值的一种特殊形态”，而货币则是商品的“一般价值形态”。[4] 因此，“这一个过程是两方面的：从商品占有者这一极看，是卖；从货币占有者这另一极看，是买。或者说，卖就是买，W—G 同时就是 G—W”[5]。货币在每个商品占有者手里都是他所让渡的商品的转换形态，都是卖的产物，或者商品第一形态变化 W—G 的产物。商品在它的价值形态上蜕掉了它的自然形成的使用价值的一切痕迹，蜕掉了创造它的那种特殊有用劳动的一切痕迹，蛹化为无差别的人类劳动的同样的社会化身。因此，从货币上看不出它是由哪种商品转化来的。在货币形式上，一种商品和另一种商品完全一样。

G—W 是商品的第二个形态变化，或最终的形态变化：买。因为商品生产者只提供一种单方面的产品，所以他常常是大批地卖，而他的多方面的需要，又迫使他不断地把已经实现的价格，或得到的全部货币额，分散在许多次买上。

① 《马克思恩格斯文集》第 5 卷，人民出版社 2009 年版，第 127 页。
② 《马克思恩格斯文集》第 5 卷，人民出版社 2009 年版，第 127 页。
③ 《马克思恩格斯文集》第 5 卷，人民出版社 2009 年版，第 129 页。
④ 《马克思恩格斯文集》第 5 卷，人民出版社 2009 年版，第 129 页。
⑤ 《马克思恩格斯文集》第 5 卷，人民出版社 2009 年版，第 129—130 页。

因此，卖一次就要买许多次各种各样的商品。这样，一个商品的最终的形态变化，就是许多其他商品的第一形态变化的总和。

商品形态变化的两个相反的运动阶段组成一个循环，例如，麻布—货币—小麦，即商品形式，商品形式的抛弃，商品形式的复归。组成麻布这个商品的循环的两个形态变化，同时是其他两个商品，小麦和烧酒的相反的局部形态变化，如小麦—货币—烧酒。当麻布开始它自己的形态变化的系列时，又结束另一个商品小麦的总形态变化。麻布在它的第一个转化中，即在出卖时，一身扮演这两种角色。而当小麦形态变化结束的时候，它同时又结束第三个商品烧酒的第一形态变化。可见，一个商品的形态变化系列所形成的循环，同其他商品的循环不可分割地交错在一起。全部过程就表现为商品流通。

商品流通不仅在形式上，而且在实质上不同于直接的产品交换。一方面，商品交换打破了直接的产品交换的个人的和地方的限制，发展了人类劳动的物质变换。另一方面，整整一系列不受当事人控制的天然的社会联系发展起来了。流通所以能够打破产品交换的时间、空间和个人的限制，正是因为它把这里存在的换出自己的劳动产品和换进别人的劳动产品这二者之间的直接的统一性，分裂成卖和买这二者之间的对立。同时，这种买和卖的对立，使商品的流通在形式上包含着发生经济危机的可能性。因为，在以货币为媒介的商品流通中，商品生产者在出售商品后不一定马上购买其他商品，也可以转到其他地方购买商品。这就使得产品交换的直接同一性被割裂，卖和买成为独立的过程。在这种情况下，就可能发生只有卖家而无买家的销售危机。当然，这种可能性要发展成为现实，必须有整整一系列的关系，从简单商品流通的观点来看这些关系还不存在。只有在资本主义社会，这种可能性才转化为现实性。

在这里，马克思驳斥了那种把直接的商品交换等同于商品流通，只看见卖和买之间的同一性，而看不见二者的对立，从而认为一切商品的买者和卖者必然保持平衡的观点。以货币为媒介进行的商品交换，使物物交换转化为商品流通，货币在商品流通中执行着流通手段的职能。在商品流通中，商品不断离开流通进入消费，但货币却始终留在流通中，并且不断从一个商品占有者手里转到另一个商品占有者手里。正因为在商品流通中，只有货币的运动保持了连续性，因此，商品流通的结果，即一个商品被另一个商品所代替，似乎不是由商品本身的形式变换引起的，而是由货币作为流通手段的职能引起的，虽然货币运动只是商品流通的表现，但看起来商品流通反而只是货币运动的结果。

那么，流通中所需要的货币量是怎么决定的呢？根据以上的理论分析可以知道，这个货币量与市场上待实现的商品的价格总额成正比，与货币的价值和同名货币的流通速度成反比。如果货币的价值是既定的，则有：

$$\text{执行流通手段职能的货币量}=\frac{\text{商品价格总额}}{\text{同名货币的流通速度}}$$

在一定时期内，从一个国家的全部同名货币的总流通次数中，可以得出单位货币的平均流通次数或货币流通的平均速度。资产阶级古典经济学家由于不能正确理解商品流通与货币流通的关系，认为商品价格决定于流通手段量，而流通手段量又决定于一个国家现有的货币材料量，其实这是一种错觉。

货币在一国范围内的流通，产生出货币的铸币形式。国家在铸币的同时，就产生了货币的名义含量与实际含量的分离，于是，在货币流通中进一步隐藏着一种可能性：可以用其他材料做的记号或用象征来代替金属货币执行铸币的职能。作为辅币，银符号或铜符号的金属含量是由法律任意规定的。由于它们在流通中比金币磨损得还要快，因此它们的铸币的职能实际上与它们的重量完全无关，就是说，与价值完全无关。这就产生了"强制流通的国家纸币"①。在实行金本位制度条件下，纸币是金的符号或货币符号，纸币只有代表金量，才是价值符号。纸币的发行限于它象征地代表的金（或银）的实际流通的数量，如果纸币超过了限度，即超过了能够流通的同名的金币量，那么就会发生通货膨胀。马克思在谈到纸币产生于金属流通时，在注脚中提到我国清朝咸丰年间的一个叫王茂荫的官员提出的使政府发行的纸币（大清宝钞）和大钱（不足值的铜钱）可兑现为贵金属的主张。王茂荫提出的这个主张，针对的是清政府通过发行纸币筹措与太平天国的战争费用的做法。这说明他懂得过度发行不兑现的纸币会导致货币贬值。这里需要指出的是，马克思的上述论述，是以金本位制为背景的。20 世纪 70 年代，美国政府为了应付债务危机，废除了布雷顿森林体系，作为世界货币体系中心的美元的发行与黄金脱钩，金本位制不复存在，纸币已不再直接代表一定的金量。在这种情况下，将货币发行量控制在与商品流通的需要相适应的水平上，防止通货膨胀，成了政府宏观调控的一项重要任务。

三、货币的其他职能

马克思指出："作为价值尺度并因而以自身或通过代表作为流通手段来执

① 《马克思恩格斯文集》第 5 卷，人民出版社 2009 年版，第 149 页。

行职能的商品，是货币。”[①] 价值尺度和流通手段，是货币的两个基本职能。此外，他还研究了在货币两个基本职能基础上发展起来的其他三个职能，即贮藏手段、支付手段和世界货币的职能。在流通中，货币执行价值尺度的职能可以是“想象的”，而执行流通手段的职能更可以用“货币符号”或“价值符号”来代替。在执行后三种职能的场合，金则是作为真正的货币来执行职能。

（一）贮藏手段

在货币流通中会产生货币贮藏。只要商品的形态变化系列发生中断，卖之后没有继之以买，货币就会停止流动，“于是货币硬化为贮藏货币，商品出售者成为货币贮藏者”[②]。货币贮藏的原因是多方面的。首先，在商品流通的初期，只是使用价值或产品的多余部分转化为货币。这样，金和银自然就成为这种多余部分或财富的社会表现。在有些民族中，与传统的自给自足的生产方式相适应，需要范围是固定封闭的，这种素朴的货币贮藏的目的是保存多余的使用价值。其次，随着商品生产的进一步发展，每一个商品生产者都必须握有货币这个“物的神经”或“社会的抵押品”[③]。或者说，自从有可能把商品当作交换价值来保持，或把交换价值当作价值来保持以来，求金欲就产生了。最后，随着商品流通的扩大，货币作为“财富的随时可用的绝对社会形式”[④] 的权力也增大了，而货币的量的有限性和它在质的方面是物质财富的一般代表所具有的无限性之间的矛盾，使贮藏货币的欲望没有止境。除了直接的贮藏形式之外，货币还有“美的贮藏形式”[⑤]，即占有金银制成的商品。它是与资产阶级社会的财富一同增长的。

在金属货币流通的经济中，货币贮藏起着蓄水池的作用，调节流通中的货币量，使实际流通的货币量总是同流通领域的饱和程度相适应。流通中货币过多时，多余的部分会被贮藏起来；货币过少时，原有的货币贮藏就会加入流通。马克思说：“货币贮藏的蓄水池，对于流通中的货币来说，既是排水渠，又是引水渠，因此，流通中的货币永远不会溢出它的流通的渠道。”[⑥] 这里需要注意的是，与马克思所处的金属货币流通的时代不同，在废除了金本位制的现

① 《马克思恩格斯文集》第 5 卷，人民出版社 2009 年版，第 152 页。
② 《马克思恩格斯文集》第 5 卷，人民出版社 2009 年版，第 153 页。
③ 《马克思恩格斯文集》第 5 卷，人民出版社 2009 年版，第 154 页。
④ 《马克思恩格斯文集》第 5 卷，人民出版社 2009 年版，第 154 页。
⑤ 《马克思恩格斯文集》第 5 卷，人民出版社 2009 年版，第 157 页。
⑥ 《马克思恩格斯文集》第 5 卷，人民出版社 2009 年版，第 157—158 页。

代世界经济中，在各国中央银行以信用为基础发行纸币的条件下，超量发行的纸币是不会自动转为贮藏货币的，而是充斥于市场，引发通货膨胀。

（二）支付手段

随着商品流通的发展，使商品的让渡同商品价格的实现在时间上分离开来的关系也发展起来，也就是产生了商品的赊购赊销现象。无论商品的价格实现是在商品的让渡之前或之后，货币都取得了另一种职能，成为支付手段。在这里，商品的所有者与货币所有者之间存在的是一种债权和债务关系。这是一种信用关系，同时，它必须以法律的索债权为保障。

货币作为支付手段，一方面可以节约流通中所需要的货币量，这是因为随着支付集中于同一地点，需要支付的差额可以互相抵消；但是，另一方面，在必须进行实际支付的时候，货币又必须是真金白银，即所谓“绝对商品”。在一个接一个的支付的锁链和抵消支付的人为制度获得充分发展的地方，会发生“货币危机”。马克思指出：“当这一机制整个被打乱的时候，不问其原因如何，货币就会突然直接地从计算货币的纯粹观念形态转变成坚硬的货币。”①

假定流通手段和支付手段的流通速度是已知的，一定时期内的流通货币总额，就等于待实现的商品价格总额加上到期的支付总额，减去彼此抵消的支付，最后除以同一货币交替地时而作为流通手段、时而作为支付手段执行职能的流通次数。②

在货币执行支付手段职能的过程中，债券的流通和债的转移产生了“信用货币”。“随着信用事业的扩大，货币作为支付手段的职能也在扩大。作为支付手段的货币取得了它特有的各种存在形式，并以这些形式占据了大规模交易的领域，而金银铸币则主要被挤到小额贸易的领域中去。”③ 货币的支付手段职能的发展，产生了不同的货币贮藏：“随着资产阶级社会的发展，作为独立的致富形式的货币贮藏消失了，而作为支付手段准备金的形式的货币贮藏却增长了。”④

---

① 《马克思恩格斯文集》第 5 卷，人民出版社 2009 年版，第 162 页。

② 马克思的原文是：一定时期内的流通货币总额就等于“待实现的商品价格总额加上到期的支付总额，减去彼此抵消的支付，最后减去同一货币交替地时而作为流通手段、时而作为支付手段执行职能的流通次数”，疑为笔误。(《马克思恩格斯文集》第 5 卷，人民出版社 2009 年版，第 163 页)

③ 《马克思恩格斯文集》第 5 卷，人民出版社 2009 年版，第 163—164 页。

④ 《马克思恩格斯文集》第 5 卷，人民出版社 2009 年版，第 166 页。

(三) 世界货币

“只有在世界市场上，货币才充分地作为这样一种商品执行职能，这种商品的自然形式同时就是抽象人类劳动的直接的社会实现形式。货币的存在方式与货币的概念相适合了”①，即成为世界货币。

世界货币的最主要职能，是作为支付手段平衡国际贸易差额。金银充当国际购买手段，主要是在各国间通常的物质变换的平衡突然遭到破坏的时候。“最后，它们充当财富的绝对社会化身是在这样的场合：不是要买或是要支付，而是要把财富从一个国家转移到另一个国家，同时，商品市场的行情或者要达到的目的本身，不容许这种转移以商品形式实现。”② 货币不断地往返于不同国家的流通领域之间，从而形成了随着汇率的不断变化而产生的运动。每个国家，为国内流通，需要有准备金，为了世界市场的流通，也需要有准备金，因而，货币贮藏的职能一部分来源于货币作为世界货币的职能。“除了某些例外，如果准备库内的货币贮藏大大超过平均水平，那就表明商品流通停滞了，或者商品形态变化的流动中断了。”③

思考题：

1. 商品为什么成为《资本论》在逻辑上的起点范畴？
2. 依据马克思的分析，说明商品与货币之间的关系。
3. 如何理解现实中的商品包括非劳动产品，但在理论上马克思仍然把商品理解为劳动产品？
4. 马克思是如何说明货币的本质和起源的？
5. 马克思的商品拜物教理论有何现实意义？
6. 为什么说劳动二重性学说是理解整个马克思主义政治经济学的枢纽？

---

① 《马克思恩格斯文集》第 5 卷，人民出版社 2009 年版，第 166 页。
② 《马克思恩格斯文集》第 5 卷，人民出版社 2009 年版，第 168 页。
③ 《马克思恩格斯文集》第 5 卷，人民出版社 2009 年版，第 170 页。

第二章　货币转化为资本

本章介绍《资本论》第一卷第二篇即第 4 章的主要内容。马克思在第一篇商品和货币理论的基础上，分析了货币与资本的区别、货币转化为资本的条件以及劳动力商品的价值和使用价值及其特点，揭示了资本主义生产方式形成的特殊的社会条件，为后面展开对剩余价值生产过程的分析奠定了基础。将劳动和劳动力区别开来，指出资本主义雇佣劳动关系以劳动力的买卖为内容，是马克思对政治经济学的重要贡献。正是对劳动与劳动力的区分，使以李嘉图为代表的英国古典经济学所无法解决的难题，即等量劳动相交换与资本家获得利润的矛盾得到了科学的说明。

第二篇即第 4 章共分三节：第一节“资本的总公式”，说明商品流通和资本流通的联系与区别，指出资本是在运动中发生增殖的价值，分析了作为货币的货币和作为资本的货币的不同之处。第二节“总公式的矛盾”，在价值规律的基础上，论证了货币要转化为资本只有一般商品生产的社会条件是不充分的，必须还要有新的特殊条件的出现，即劳动力成为商品。第三节“劳动力的买和卖”，分析了劳动力商品的价值及其量的构成，以及劳动力商品的价值决定不同于普通商品的特殊性，分析了劳动力商品的使用价值及其特点，论证了劳动力商品的价值与通过劳动力的使用形成的价值是两个不同的量，从而为进一步说明剩余价值的产生确立了科学的理论出发点。

第一节　资本的总公式

一、资本产生的历史前提和最初形式

承接《资本论》第一卷第 3 章“货币或商品流通”的内容，马克思在第 4 章指出：“商品流通是资本的起点。商品生产和发达的商品流通，即贸易，是资本产生的历史前提。世界贸易和世界市场在 16 世纪揭开了资本的现代生活史。如果撇开商品流通的物质内容，撇开各种使用价值的交换，只考察这一过程所造成的经济形式，我们就会发现，货币是这一过程的最后产物。商品流通

的这个最后产物是资本的最初的表现形式。”①

在历史上，资本总是首先表现为货币财产，它曾作为商人资本和高利贷资本与封建地产相对立。对于货币财产的原始积累过程，马克思在第一卷第24章中进行了详细的评述。然而，仅就认识“货币是资本的最初形式”来说，不必回顾资本产生的历史。就是在今天这个历史都在我们眼前重演：“每一个新资本最初仍然是作为货币出现在舞台上，也就是出现在市场上——商品市场、劳动市场或货币市场上，经过一定的过程，这个货币就转化为资本。”② 由于每一个新资本总是首先作为货币出现在市场上，通过一定的流通过程才转化为资本，因此，马克思对资本的分析首先从这个流通过程开始。

二、商品流通公式与资本流通公式的比较

在流通过程中，资本与货币的区别只是表现为流通形式不同。马克思说：“作为货币的货币和作为资本的货币的区别，首先只是在于它们具有不同的流通形式。”③ 我们已经知道，商品流通是以货币为媒介的商品交换过程，货币流通则表现为在连续的交换过程中，货币不断地从一个商品所有者手里转到另一个商品所有者手里。那么，最初以货币形式出现在市场上的资本的流通，与商品流通和货币流通有什么联系和区别呢？马克思正是从这个问题着手，揭示了资本流通在形式与内容方面的独特性质。

马克思首先分析了W—G—W与G—W—G的共同点。W—G—W是商品流通形式。货币流通本质上是“商品流通直接赋予货币的运动形式”④，“货币流通表示同一个过程的不断的、单调的重复”⑤，所以“假如G—W—G这个流通过程只是兜个圈子，是同样大的货币价值相交换，比如说，100镑和100镑交换，那么这个流通过程就是荒唐的、毫无内容的了”⑥。因此，G—W—G这个形式就其实际意义来说就是资本的运动形式。在这里，马克思把G—W—G当作资本流通来与商品流通进行比较，以便使隐藏在其形式上的区别后面的内容上的区别暴露出来。这两种形式的共同点是：它们都有两个对立的阶段，即卖

① 《马克思恩格斯文集》第5卷，人民出版社2009年版，第171页。
② 《马克思恩格斯文集》第5卷，人民出版社2009年版，第172页。
③ 《马克思恩格斯文集》第5卷，人民出版社2009年版，第172页。
④ 《马克思恩格斯文集》第5卷，人民出版社2009年版，第137页。
⑤ 《马克思恩格斯文集》第5卷，人民出版社2009年版，第137页。
⑥ 《马克思恩格斯文集》第5卷，人民出版社2009年版，第172—173页。

（W—G）和买（G—W）；在每一个阶段上，都有商品（W）和货币（G）互相对立，都有买者和卖者互相对立；W—G—W 和 G—W—G 这两种形式都是同样两个对立阶段的统一，都有三个人登场，一个卖者，一个买者，一个既是买者又是卖者。这些共同点意味着商品流通、货币流通、资本流通不仅在形式上有相同之处，而且在内容上也相互交织。

接着，马克思又进一步分析了 W—G—W 与 G—W—G 的不同点。（1）商品流通与资本流通，不同阶段中具有相反的次序：前者以卖开始，以买结束，起点和终点都是商品；后者则以买开始，以卖结束，起点和终点都是货币。（2）流通过程中的媒介物不同：前者起媒介作用的是货币，即一般等价物；后者起媒介作用的是商品，即具有特殊使用价值的商品。（3）货币在两种流通中所起的作用不同：在前者中，货币最后转化为充当使用价值的商品，于是，货币最终花掉了；在后者中，起初用货币购买商品，是为了通过出卖这同一商品，从流通中再取回货币，因此，货币只是被预付出去。（4）货币的支出和流回的关系不同：在前者中，如果货币又流回到起点，那只是由于整个过程的更新或重复，货币的支出和货币的流回没有任何关系；相反，在后者中，货币的流回是由货币支出的性质本身决定的，没有这种流回，整个活动就失败了，或者说过程被中断了。

在以上比较的基础上，马克思揭示了 G—W—G 的本质特征。（1）从运动目的看：在 W—G—W 中，开始是一种商品，终结是另一种商品，后一种商品在交换完结时退出流通，进入消费领域，因此，这一循环的最终目的是消费，是满足需要，是为了获取使用价值；而在 G—W—G 中，循环运动是从货币开始，最后又回到货币，因此，这一循环的动机和决定目的是交换价值本身。（2）从运动承载的内容看：在 W—G—W 中，交换的两极都是商品，即具有不同质的使用价值但价值量相等的商品；G—W—G 则不同，两极都是货币，即在质上是相同的价值。初看起来，后者似乎既无内容又无目的还很荒唐，因为这是用同样的东西交换同样的东西。但是，它最重要的内容是最后从流通中取出的货币多于起初投入流通的货币。“因此，这个过程的完整形式是 G—W—G′。其中的 $G'=G+\Delta G$，即等于原预付货币额加上一个增殖额。”[①] 马克思说：“我把这个增殖额或超过原价值的余额叫作剩余价值（surplus value）。可见，

① 《马克思恩格斯文集》第 5 卷，人民出版社 2009 年版，第 176 页。

原预付价值不仅在流通中保存下来，而且在流通中改变了自己的价值量，加上了一个剩余价值，或者说增殖了。正是这种运动使价值转化为资本。”①（3）从运动的限度看：商品流通是为买而卖，目的是占有使用价值，满足消费的需要，因此，它是有限度的；相反，资本流通是为卖而买，目的是取得价值的增殖，这种运动“开端和终结是一样的，都是货币，都是交换价值，单是由于这一点，这种运动就已经是没有止境的了”②。

三、资本在运动中显现出来的特征

第一，资本“只能理解为运动，而不能理解为静止物”③。作为资本的货币，“每一次为卖而买所完成的循环的终结，自然成为新循环的开始”④。在这里，“作为这一运动的有意识的承担者，货币占有者变成了资本家。他这个人，或不如说他的钱袋，是货币的出发点和复归点。这种流通的客观内容——价值增殖——是他的主观目的；只有在越来越多地占有抽象财富成为他的活动的唯一动机时，他才作为资本家或作为人格化的、有意志和意识的资本执行职能。因此，决不能把使用价值看作资本家的直接目的。他的目的也不是取得一次利润，而只是谋取利润的无休止的运动”⑤。

第二，资本实际是运动中作为一个过程的主体的、具有一定量的价值实体。由于这一定量的价值本身，以不同方式存在着，时而以货币形式出现，时而以商品形式出现，并且不断地从一种形式转化为另一种形式，货币或商品只是价值的不同载体或外壳，价值在运动中永不消失，因而价值“就转化为一个自动的主体”⑥。价值在其货币形式和商品形式不断变换的循环中，展开其生命运动过程，并且在其生命运动中，带来剩余价值，不断地增殖自己，改变自己的量，使剩余价值同作为原价值的自身分离出来，就像一只会下金蛋的母鸡一样，把金蛋与母鸡自身分离开来。正是因为这样，价值成为过程的主体，通过它自身的生命运动，生出剩余价值，价值本身才成为资本。

---

① 《马克思恩格斯文集》第5卷，人民出版社2009年版，第176页。
② 《马克思恩格斯文集》第5卷，人民出版社2009年版，第177页。
③ 《马克思恩格斯文集》第6卷，人民出版社2009年版，第121—122页。
④ 《马克思恩格斯文集》第5卷，人民出版社2009年版，第177—178页。
⑤ 《马克思恩格斯文集》第5卷，人民出版社2009年版，第178—179页。
⑥ 《马克思恩格斯文集》第5卷，人民出版社2009年版，第180页。

第三，资本在运动中自行增殖的秘密，既与其作为货币执行价值的一般代表的职能相关，又与其购买到的商品所具有的独特的使用价值相关。换句话说，“资本就是货币，资本就是商品”①，即资本交替地具有货币和商品两种表现形式和功能。这对于正确破解资本在流通过程中表现为自行增殖的价值，并且“只是在这个不断更新的运动中才有价值的增殖”② 这一秘密具有重要意义。

资本总公式是资本实现自身价值增殖运动的最抽象、最一般的形式。在这里，资本价值时而采取时而抛弃其货币形式或商品形式，实际是在表现资本作为一种社会的经济的有机体的本质。“资本不是一种个人力量，而是一种社会力量。”③ 资本价值之所以一定要采取货币形式，是因为作为一种经济有机体的资本，在其生命过程的自行扩张的过程中，“首先需要一个独立的形式，把它自身的同一性确定下来”④。如果没有一个可以表明其具有价值同一性的形式，它就不能在自行增殖的运动过程中进行自我比较。现实生活中其他千差万别的商品的使用价值，由于都存在质的不同，因而也就不能进行量的比较。因此，资本作为自行增殖的价值必然要取得作为社会价值的等价物形式——货币形式。因此，在资本总公式中，货币作为价值的一般代表，出现在一个价值增殖过程的起点和终点，因为它本身是同一的，从而在量上可以比较。

G—W—G′事实上是资本主义生产的总过程在流通领域内表现出来的资本总公式。如果从为贵卖而买出发来看 G—W—G′这个公式，似乎只是一种资本即商人资本所特有的形式，只是商业资本的公式。但是，产业资本也是从货币出发，转化为一定的商品，经过一定生产过程以后，再把生产出的新的商品卖出去，再转化为更多的货币。可见，G—W—G′这个公式也是产业资本的公式。虽然生产过程是在流通领域以外发生的行为，但这丝毫不会改变这种运动形式本身。至于生息资本的公式 G—G′，只是 G—W—G′的简化，表现为从 G 出发，直接带来更多货币的货币，比本身价值更大的价值，也和资本流通的公式相符。所以马克思说：“G—W—G′事实上是直接在流通领域内表现出来的资本的

---

① 《马克思恩格斯全集》第 32 卷，人民出版社 1998 年版，第 13 页。
② 《马克思恩格斯文集》第 5 卷，人民出版社 2009 年版，第 178 页。
③ 《马克思恩格斯选集》第 2 卷，人民出版社 1995 年版，第 46 页。
④ 《马克思恩格斯文集》第 5 卷，人民出版社 2009 年版，第 180 页。

总公式。”①

第二节 总公式的矛盾

一、总公式矛盾的含义

资本总公式G—W—G′表明，资本家把货币投入流通，经过一定过程，最后取出的货币多于最初投入的货币，即产生了价值增殖，起点的货币成为资本。马克思指出：“货币羽化为资本的流通形式，是和前面阐明的所有关于商品、价值、货币和流通本身的性质的规律相矛盾的。”②

所谓“总公式的矛盾”，并不是指这个公式自身存在什么矛盾，而是指这个公式与价值规律之间的矛盾。具体来说，按照前面关于商品及其价值以及商品交换的分析，商品的价值是由生产商品的社会必要劳动形成的，商品交换只是价值形式的变化，即价值从商品形式转化为货币形式，或者从货币形式转化为商品形式，不会发生量的变化。然而，G—W—G′这个资本总公式表明的是，流通本身产生了价值增殖。显然，以上这两者之间是矛盾的。当然，这个矛盾仅仅是从资本流通的形式出发才产生的矛盾。以后的分析将会进一步表明，货币转化为资本，资本的价值增殖，不仅与价值规律没有矛盾，而且恰好是以价值规律为前提的。从理论上来说，只有从价值规律出发来解释资本价值增殖这一事实，才是真正需要解决的难题。古典政治经济学的最后代表李嘉图也未能完成这一理论任务，这一点正是导致他的理论破产的原因之一。

马克思提出资本总公式矛盾的目的，在于将价值规律引入对资本总公式的进一步分析，从而将价值规律与资本的价值增殖这一事实联系起来，进而为提出正确解释资本价值增殖的理论上的前提条件奠定基础。

二、总公式矛盾的表现

不少资产阶级经济学家把剩余价值说成是流通过程的产物。但是马克思指

① 《马克思恩格斯文集》第5卷，人民出版社2009年版，第181页。
② 《马克思恩格斯文集》第5卷，人民出版社2009年版，第182页。

出："我们倒应该看一看：这个领域按其性质来说，是否允许进入这一领域的价值发生增殖，从而允许剩余价值的形成。"① 马克思论证了在等价交换和不等价交换这两种情况下，剩余价值都不可能产生于流通。

第一，在等价交换的商品流通中不能产生剩余价值。单纯的商品交换，例如 X 量商品 A = Y 量商品 B，不能产生剩余价值。因为就使用价值来看，交换使双方都能得到好处，但是如果从交换价值方面来看，情况就不同了。因为在交换前，商品 A 和商品 B 的价值已经决定了。既然交换是等价交换，当然不会产生剩余价值。以货币为媒介的商品流通 W—G—W 也是这样。货币作为流通手段出现在商品之间，使买和卖的行为明显地分离开来，这对事情的实质毫无影响。商品的价值在商品进入流通以前就已经形成了，因此它是流通的前提，不是流通的结果。货币也是如此。因此，在以货币为媒介的简单商品流通中，所发生的同样只是价值形态的变化，并没有引起价值本身的变化，因而也不会产生剩余价值。"把不是从简单商品流通的内在规律中产生的情况撇开"，也就是把供求关系、欺诈、暴力掠夺等偶然发生的事情撇开，那么，在商品流通中，"除了一种使用价值被另一种使用价值代替以外，只是商品的形态变化，即商品的单纯形式变换"②。同一价值，在同一个商品所有者手里，起初是商品形式，然后是该商品转化成的货币形式，最后是由这一货币再转化成另外一种商品的形式。这种单纯的形式变换，本身并不包含价值量的改变。无论交换的是价值相等的商品，还是价值相等的商品和货币，很明显，"任何人从流通中取出的价值，都不会大于他投入流通的价值"③，都没有产生剩余价值。商品流通就其本质来说，是等价物的交换，因而，商品流通的形式不是增大价值的手段。

第二，在不等价交换的商品流通中也不能产生剩余价值。马克思指出："商品的流通过程就其纯粹的形式来说，要求等价物的交换。但是在实际上，事情并不是纯粹地进行的。因此，我们假定是非等价物的交换。"④ 事实上，在实际的商品交换或商品流通中，不等价交换即商品按高于其价值量或低于其价值量的价格进行交换的现象是经常发生的。但是，这仍然不能解释资本的价值

① 《马克思恩格斯文集》第 5 卷，人民出版社 2009 年版，第 183 页。
② 《马克思恩格斯文集》第 5 卷，人民出版社 2009 年版，第 184 页。
③ 《马克思恩格斯文集》第 5 卷，人民出版社 2009 年版，第 186 页。
④ 《马克思恩格斯文集》第 5 卷，人民出版社 2009 年版，第 186—187 页。

增殖即剩余价值的产生。因为即使假定卖者可以高于商品价值来出卖商品，取得名义上的加价，但是，他在作为买者时，其他商品所有者也会加价出售商品，结果他作为卖者赚来的加价或剩余价值在他作为买者时又失去了。整个事情的结果是，全体商品所有者都高于其商品价值互相出卖商品，“这与他们把商品按其价值出售完全一样。商品的这种名义上的普遍加价，其结果就像例如用银代替金来计量商品价值一样。商品的货币名称即价格上涨了，但商品间的价值比例仍然不变”①。因此，也不会产生剩余价值。反之，假定买者可以低于商品价值购买商品，并由此得利，但他作为卖者时，又会把这部分所得丧失掉。所以不论是贵卖还是贱买，都不能创造价值，当然也不会创造出剩余价值来。“因此，剩余价值的形成，从而货币的转化为资本，既不能用卖者高于商品价值出卖商品来说明，也不能用买者低于商品价值购买商品来说明。”②

以上的分析表明，剩余价值不能产生于流通。那么，离开流通领域是否能够说明剩余价值的产生呢？既然剩余价值不能从流通中产生，“因此，在剩余价值的形成上，必然有某种在流通中看不到的情况发生在流通的背后”③。

“在流通以外，商品占有者只同他自己的商品发生关系。就商品的价值来说，这种关系只是：他的商品包含着他自己的、按一定社会规律计量的劳动量。这个劳动量表现为他的商品的价值量，而因为价值量表现为计算货币，所以这个劳动量就表现为一个价格，例如 10 镑。”④ 但是，他的劳动不能表现为商品的价值上超过这个商品本身价值而形成的余额，不能表现为一个等于 10 镑又等于 11 镑的价格，不能表现为一个大于自身价值的价值。“商品占有者能够用自己的劳动创造价值，但是不能创造自行增殖的价值。他能够通过新的劳动给原有价值添加新价值，从而使商品的价值增大，例如把皮子制成皮靴就是这样。这时，同一个材料由于包含了更大的劳动量，也就有了更大的价值。因此，皮靴的价值大于皮子的价值，但是皮子的价值仍然和从前一样。它没有增殖，没有在制作皮靴时添加剩余价值。可见，商品生产者在流通领域以外，也就是不同其他商品占有者接触，就不能使价值增殖，从而使货币或商品转化为

---

① 《马克思恩格斯文集》第 5 卷，人民出版社 2009 年版，第 187 页。
② 《马克思恩格斯文集》第 5 卷，人民出版社 2009 年版，第 188 页。
③ 《马克思恩格斯文集》第 5 卷，人民出版社 2009 年版，第 192 页。
④ 《马克思恩格斯文集》第 5 卷，人民出版社 2009 年版，第 192 页。

资本。”① 简单地说，流通以外的生产过程，只是劳动形成价值的过程，价值量与形成它的劳动量是恒等的，在这里没有发生价值增殖，也没有剩余价值的产生。

马克思在分析流通过程是否能够创造剩余价值的时候，还说明了为什么在分析资本的现代基本形式即产业资本时，以及分析决定现代社会的经济组织的资本形式时，根本不提资本的洪水期前的形式即商业资本和高利贷资本的原因。在马克思看来，G—W—G′的形式，为贵卖而买，最纯粹地表现在商业资本上。它的全部运动是在流通领域内进行的。既然剩余价值不可能从流通领域本身来产生，那么只要是等价物相交换，商业资本看来是不可能存在的。资本主义以前的商业资本是靠不等价交换、贱买贵卖来赚钱的。而对资本主义商业资本进行分析，恰恰要以等价交换为条件，不能单纯用对商品生产者的欺骗来分析，但这需要一长串的中间条件，现在的研究是以简单商品流通及其简单要素为前提，这些环节还完全不存在。在商业资本中，G 和 G′，即投入市场的货币和从市场取出的增大了的货币，至少还以买和卖即流通运动为媒介。在高利贷资本中，G—W—G′形式简化成 G—G′，不需要任何媒介，用货币直接取得更多的货币。G—G′这种形式是和货币的性质相矛盾的，因为货币作为一般等价物，起着交换媒介的作用，因此，从商品交换的角度无法解释高利贷资本为什么会带来剩余价值。事实上，资本主义商业资本和生息资本都是派生的形式，从属于在资本主义生产方式中起决定作用的产业资本这一基本形式。所以，在探讨剩余价值起源时，可以暂时撇开派生的资本形式。

三、解决资本总公式的矛盾的条件

经过以上分析，马克思得出结论：“无论怎样颠来倒去，结果都是一样。如果是等价物交换，不产生剩余价值；如果是非等价物交换，也不产生剩余价值。流通或商品交换不创造价值。”② “资本不能从流通中产生，又不能不从流通中产生。它必须既在流通中又不在流通中产生。”③

这也就是说，既不能从流通领域来说明剩余价值的起源，也不能撇开流通领域来说明剩余价值的起源。因为剩余价值虽然不能直接从流通中产生，但剩

① 《马克思恩格斯文集》第 5 卷，人民出版社 2009 年版，第 193 页。
② 《马克思恩格斯文集》第 5 卷，人民出版社 2009 年版，第 190 页。
③ 《马克思恩格斯文集》第 5 卷，人民出版社 2009 年版，第 193 页。

余价值生产要以流通过程为条件，并且已经生产出来的剩余价值也必须通过流通过程得到实现。这样，就得到一个双重的结果：一方面，对于货币转化为资本，必须在商品交换的内在规律即价值规律的基础上加以说明，因此，等价物的交换应该是出发点，资本家必须按商品的价值来购买商品，又按商品价值来出卖商品。另一方面，经过一定的过程，资本家在过程终了时，又必须取出比他投入的价值更大的价值，获得剩余价值，实现价值增殖。因此，货币转化为资本，“必须在流通领域中，又必须不在流通领域中。这就是问题的条件”①。这里所谓“问题的条件”，就是从理论上解释剩余价值如何产生的前提或出发点。也就是说，必须从流通和流通之外的生产相统一的前提出发，才有可能科学地解释剩余价值是如何产生的。

第三节 劳动力的买和卖

一、劳动力成为商品是货币转化为资本的前提

马克思在这里首先从资本总公式出发，即从流通出发，进一步从理论上探讨剩余价值是如何产生的。

从资本总公式本身来看，转化为资本的货币发生价值增殖，不可能发生在G—W—G′中作为起点的货币身上。因为货币作为购买手段和支付手段，只是实现商品的价格，如果它不转化为商品，仅仅停留在货币形式上，价值量是不会发生任何变化的。同样，在流通的第二个行为W—G′，即再度发生的商品出卖上，价值增殖也不可能发生。因为这一行为只是使商品转化为货币，而在等价交换条件下，价值不会发生变化。因此，价值变化必定发生在第一个行为G—W所购买的商品上，但由于在这里仍然要遵循等价交换的规律，这种变化又不能发生在这种商品的价值上，因为商品是按价值购买的，所以价值增殖只能来自这种商品的使用价值。这就要求货币所有者必须在流通领域内，即在市场上找到一种特殊商品，这种商品具有特殊的使用价值，“它的使用价值本身具有成为价值源泉的独特属性，因此，它的实际消费本身就是劳动的对象化，

---

① 《马克思恩格斯文集》第5卷，人民出版社2009年版，第194页。

从而是价值的创造”①，而且它的使用所创造的价值比它自身的价值更大。只要货币所有者幸运地在市场上购买到这样一种特殊商品，那么经过一定的过程，就能使其最初投入的货币变成更多的货币，带来剩余价值，实现价值增殖。货币所有者确实找到了这种商品，它就是劳动力。

那么，什么是劳动力？它同劳动有什么区别？马克思说：“我们把劳动力或劳动能力，理解为一个人的身体即活的人体中存在的、每当他生产某种使用价值时就运用的体力和智力的总和。”② 理解劳动力这一范畴，必须弄清以下几点：（1）劳动力就是劳动能力，是存在于活的人身体中的。劳动能力离开了活的人就不可能存在，但劳动能力又不等于就是劳动者本人，这是劳动力和劳动者的联系和区别。（2）劳动能力只有在劳动（人的生命活动）时才能表现出来，人们生产某种使用价值时，劳动能力才具体发挥作用。（3）劳动能力既包括体力，也包括智力，是体力和智力的总和。作为劳动力构成要素的智力，不等于脑力（自然因素），它是以脑力为基础并有教育和经验加于其上的能力。

从形式上看，劳动力一旦成为货币占有者在市场上购买的对象，劳动力就转化为商品了。但是，要使货币占有者在市场上找到作为商品的劳动力却必须具备各种条件。

第一，劳动者必须有人身自由，必须能够支配他自己的劳动能力，能够把自己的劳动力当作自己的商品来出卖。因为商品交换本身包含的从属关系，仅仅是商品从属于它的所有者，即商品所有者有权出卖自己的商品。此外，商品交换中不包含其他任何从属关系。所以“劳动力只有而且只是因为被它自己的占有者即有劳动力的人当做商品出售或出卖，才能作为商品出现在市场上”③。劳动者具有人身自由，他在市场上和货币所有者相遇时，就可以“彼此作为身份平等的商品占有者发生关系，所不同的只是一个是买者，一个是卖者，因此双方是在法律上平等的人”④。另外，要维持这种关系，劳动力所有者还必须把自己的劳动力当作自己的财产，当作自己的产品，出卖一定时间，让买者只是在一定时间内暂时使用他的劳动力，在让渡自己劳动力的使用权时不放弃自己对它的所有权。因为如果他一下子把劳动力全部卖完，他就出卖了自己，不能

① 《马克思恩格斯文集》第5卷，人民出版社2009年版，第195页。
② 《马克思恩格斯文集》第5卷，人民出版社2009年版，第195页。
③ 《马克思恩格斯文集》第5卷，人民出版社2009年版，第195页。
④ 《马克思恩格斯文集》第5卷，人民出版社2009年版，第195页。

够再自由地支配自己的劳动能力和自己人身，他就从自由人变成奴隶，从商品所有者变成商品。

第二，劳动力要成为商品，还要求劳动力的所有者没有任何生产资料和生活资料，只能靠出卖自己的劳动力来维持生活。一个人要出卖自己生产的商品，必须占有生产资料，没有生产资料，就不能进行生产，不进行生产就得不到必要的生活资料。所以，劳动者丧失了生产资料和生活资料，就丧失了生活来源，为了维持自己的生存，不得不把劳动力当作商品来出卖。

可见，货币所有者要在市场上买到特殊商品即劳动力，前提是找到自由的工人。这里所说的劳动者的自由具有双重意义：一方面，工人是自由人，能够自由支配自己的劳动力；另一方面，他自由得一无所有，丧失了生产资料，除了自己的劳动力外，没有其他的商品可以出卖，只能靠出卖劳动力来维持生活。

劳动力成为商品是资本主义生产方式的本质特征。劳动力普遍地成为商品，或者说劳动力市场的形成，“只有在一种十分特殊的生产方式即资本主义生产方式的基础上才会发生”①。马克思说：“自然界不是一方面造成货币占有者或商品占有者，而另一方面造成只是自己劳动力的占有者。这种关系既不是自然史上的关系，也不是一切历史时期所共有的社会关系。它本身显然是历史发展的结果，是许多次经济变革的产物，是一系列陈旧的社会生产形态灭亡的产物。”② 马克思还说：“有了商品流通和货币流通，决不是就具备了资本存在的历史条件。只有当生产资料和生活资料的占有者在市场上找到出卖自己劳动力的自由工人的时候，资本才产生；而单是这一历史条件就包含着一部世界史。因此，资本一出现，就标志着社会生产过程的一个新时代。”③

二、劳动力商品的价值和使用价值

从一般意义上说，劳动力作为商品也是价值和使用价值的统一体。马克思指出：“同任何其他商品的价值一样，劳动力的价值也是由生产从而再生产这种独特物品所必要的劳动时间决定的。就劳动力代表价值来说，它本身只代表

---

① 《马克思恩格斯文集》第5卷，人民出版社2009年版，第197页。

② 《马克思恩格斯文集》第5卷，人民出版社2009年版，第197页。

③ 《马克思恩格斯文集》第5卷，人民出版社2009年版，第198页。

在它身上对象化的一定量的社会平均劳动。”① 然而，劳动力毕竟是一种特殊商品，其特殊性不仅表现在使用价值上，而且表现在它的价值决定上。劳动力商品的特殊性表现在：（1）劳动力只是作为活的个人的能力而存在，因此劳动力的生产要以活的个人的存在为前提。（2）假设个人已经存在，劳动力的生产就是这个个人本身的再生产和维持。（3）“活的个人要维持自己，需要有一定量的生活资料”②。

劳动力商品的特殊性决定了“劳动力的价值，就是维持劳动力占有者所必要的生活资料的价值”③。它包括：（1）维持劳动者自己所需要的生活资料的价值。由于消耗的劳动力必须重新恢复，而且消耗的劳动力越大就需要越多的补偿，所以生活资料的总和应当足以使劳动者个人能够维持正常生活状况。生活资料的范围和数量，部分取决于一个国家的气候和其他自然特点所决定的衣、食、住、行等的自然需要，但多半取决于一个国家的文化水平，其中主要取决于自由工人阶级是在什么条件下形成的，从而它有哪些习惯和生活要求。因此，“劳动力的价值规定包含着一个历史的和道德的要素”④，但在一定国家一定时期内，劳动者必要生活资料的平均范围是可以确定的。（2）劳动者养活他的家属所需要的生活资料的价值。要使劳动者不断地出现在市场上，必须不断地有新的劳动力补充因损耗和死亡而退出市场的劳动力，因此在生产劳动力所必需的生活资料中，必然包括劳动者子女所必需的那一部分生活资料。（3）劳动力的教育费用。要从事某项劳动，劳动者必须具备一定的知识和技能，必须接受一定的教育或训练，而这需要支出或多或少的费用；随着经济发展和科技进步，劳动力的教育培训费用越来越成为劳动力生产费用的重要组成部分；这种教育费用也包括在生产劳动力所耗费的价值总和中。这里需要指出的是，构成劳动力价值组成部分的各方面生活资料数量及其价值，都必须从“社会必要”的角度去理解，而不能理解为单个劳动力的实际消费需要。

劳动力的价值不仅根据生产生活资料的必要劳动时间计算出来，而且“随着这些生活资料的价值即生产这些生活资料所需要的劳动时间量的改变而改

---

① 《马克思恩格斯文集》第 5 卷，人民出版社 2009 年版，第 198 页。
② 《马克思恩格斯文集》第 5 卷，人民出版社 2009 年版，第 199 页。
③ 《马克思恩格斯文集》第 5 卷，人民出版社 2009 年版，第 199 页。
④ 《马克思恩格斯文集》第 5 卷，人民出版社 2009 年版，第 199 页。

变”[①]。例如，生活资料的一部分，如食品、燃料等，每天都有新的消耗，必须每天进行新的补充；另一些生活资料，如衣服、家具等，可以使用较长时期，只是经过较长一段时间才进行补充。然而，“不管这些支出的总和在例如一年当中怎样分配，都必须由每天的平均收入来补偿”[②]。这样就可以算出劳动者每天必须消费的生活资料量。假设生产劳动力每天需要的商品量为A，每周所需要的商品量为B，每季度所需要的商品量为C，等等，那么，生产这些生活资料所需要的社会必要劳动量，比如6小时，就是劳动力的日价值。如果这6个小时社会必要劳动又表现为3先令的金量，那么，3先令就是劳动力的日价格。“劳动力价值的最低限度或最小限度，是劳动力的承担者即工人每天得不到就不能更新他的生命过程的那个商品量的价值，也就是维持身体所必不可少的生活资料的价值。”[③] 如果劳动力价格降到这个最低限度，劳动者最低生活水平不能保障，劳动力就不能得到正常的维持，只能在萎缩的状态下维持和发挥作用。和其他任何商品的价值一样，劳动力这种特殊商品的价值在它进入流通以前就已经确定了。但是，它的使用价值即劳动只是在以后的劳动者和生产资料的结合过程中才表现出来。“因此，力的让渡和力的实际表现即力作为使用价值的存在，在时间上是互相分开的。”[④] 劳动力的实际表现就是劳动力的使用价值，也就是劳动。正是因为买者在交换时没有直接取得劳动力的使用价值，只是在购买以后的生产过程中才能消费它，因此在购买劳动力时，资本家并不直接支付货币，而是在工人按契约劳动一定时间以后，才给劳动力支付报酬。实际上，“到处都是工人把劳动力的使用价值预付给资本家”，“到处都是工人给资本家以信贷”。[⑤] 在这里，为了在纯粹的形式上理解劳动力商品的买卖关系，马克思假定工人在卖出劳动力时就立即得到了契约规定的价格。

商品的使用价值，只是在商品的消费过程中才实现。劳动力商品也是如此。资本家购买到劳动力以后，劳动力的使用价值是在劳动力的实际使用，即资本对劳动力的消费过程中实现的。资本家消费其购买的劳动力的过程，就是让劳动力与生产资料相结合进行商品生产的过程，同时也就是剩余价值的生产

---

① 《马克思恩格斯文集》第5卷，人民出版社2009年版，第200页。
② 《马克思恩格斯文集》第5卷，人民出版社2009年版，第200页。
③ 《马克思恩格斯文集》第5卷，人民出版社2009年版，第201页。
④ 《马克思恩格斯文集》第5卷，人民出版社2009年版，第202页。
⑤ 《马克思恩格斯文集》第5卷，人民出版社2009年版，第202页。

过程。劳动力商品的使用价值就是劳动。劳动能创造价值，能够创造比自身价值更大的价值，即超过劳动力自身价值的更大的价值，这就是剩余价值。这正是资本家购买劳动力商品的原因。劳动力的消费，和其他商品的消费一样，是在市场以外，或者说在流通领域以外的生产领域进行的。这是一种远离生活消费领域的消费。因此，必须分析资本主义生产过程，“在那里，不仅可以看到资本是怎样进行生产的，而且还可以看到资本本身是怎样被生产出来的”，“赚钱的秘密最后一定会暴露出来”。①

三、劳动力市场上的自由平等与雇佣劳动从属于资本

与前资本主义生产方式相比，劳动力的买和卖即雇佣劳动，具有形式上的自由和平等。马克思指出：“资本主义时代的特点是，对工人本身来说，劳动力是归他所有的一种商品的形式，因而他的劳动具有雇佣劳动的形式。另一方面，正是从这时起，劳动产品的商品形式才普遍化。”② 这种形式与以奴役劳动、依附劳动为特征的前资本主义社会相比，的确是一种巨大的历史进步。

但在谈到这种形式上的自由和平等时，马克思以讽刺的口吻说：“劳动力的买和卖是在流通领域或商品交换领域的界限以内进行的，这个领域确实是天赋人权的真正伊甸园。那里占统治地位的只是自由、平等、所有权和边沁。自由！因为商品例如劳动力的买者和卖者，只取决于自己的自由意志。他们是作为自由的、在法律上平等的人缔结契约的。契约是他们的意志借以得到共同的法律表现的最后结果。平等！因为他们彼此只是作为商品占有者发生关系，用等价物交换等价物。所有权！因为每一个人都只支配自己的东西。边沁！因为双方都只顾自己。使他们连在一起并发生关系的唯一力量，是他们的利己心，是他们的特殊利益，是他们的私人利益。正因为人人只顾自己，谁也不管别人，所以大家都是在事物的前定和谐下，或者说，在全能的神的保佑下，完成着互惠互利、共同有益、全体有利的事业。”③

但是，资本主义的流通领域真的是天赋人权的乐园吗？在资本家和劳动力占有者之间，真的只有自由、平等、所有权和边沁的功利主义吗？回答无疑是否定的。因为，劳动市场上的卖者，即劳动力商品占有者，真实身份是除了拥

① 《马克思恩格斯文集》第5卷，人民出版社2009年版，第204页。
② 《马克思恩格斯文集》第5卷，人民出版社2009年版，第198页，注（41）。
③ 《马克思恩格斯文集》第5卷，人民出版社2009年版，第204—205页。

有内含于自身的劳动能力之外一无所有的雇佣劳动者。他的劳动能力不卖出去，就不仅毫无用处而且还有由此失去"饭碗"即失去生存资料的危险，于是他发现自己的劳动能力不卖出去就等于零。相反，在劳动市场的另一端的买者——即货币所有者，其真实身份是社会财富的拥有者。他手中的货币是权力中的权力，可以购买生产资料和生活资料，还可以购买许多劳动力卖者的劳动力。因此，单单是劳动力所有权和货币所有权在劳动市场上相遇这个事实本身，就意味着劳动力商品所有者隶属于货币所有者的格局就已事先确定了。

流通领域的形式上的自由平等掩盖着实际上存在的不平等关系。马克思认为，只要一离开流通领域而进入生产过程，一幕人压迫人、人剥削人的戏剧就呈现在面前了："原来的货币占有者作为资本家，昂首前行；劳动力占有者作为他的工人，尾随于后。一个笑容满面，雄心勃勃；一个战战兢兢，畏缩不前，像在市场上出卖了自己的皮一样，只有一个前途——让人家来鞣。"① 可见，在流通领域劳动力买卖自由平等的现象的背后，是雇佣劳动对资本的实质上的从属，是资本家对雇佣工人创造的剩余价值的剥削。揭露剩余价值生产的秘密，分析资本家和工人之间的阶级对立关系，是《资本论》第一卷第三篇至第六篇的研究内容。

思考题：

1. 如何理解商品、货币、资本之间的关系？
2. 如何理解商品流通与资本流通之间的关系？
3. 如何理解资本总公式的矛盾？
4. 为什么说劳动力成为商品是货币转化为资本的前提？
5. 劳动力成为商品需要什么样的社会条件？与一般商品相比，劳动力商品具有什么样的特殊性？
6. 与一般的商品交换相比，劳动力与资本相交换的特殊性及其影响是什么？

① 《马克思恩格斯文集》第 5 卷，人民出版社 2009 年版，第 205 页。

第三章　绝对剩余价值的生产

《资本论》第一卷第三篇至第五篇集中介绍了剩余价值学说。剩余价值学说是马克思的两个伟大的科学发现之一，是马克思主义经济学的基石和核心。学习剩余价值理论，有助于认识和掌握当代世界上存在的各种不同具体形式和发展阶段的资本主义生产方式的共同本质，正确把握资本主义经济与非资本主义经济的本质区别。

本章阐述《资本论》第一卷第三篇的主要内容，通过对作为资本主义生产起点和基础的绝对剩余价值生产的解析，说明了资本主义生产过程的最基本从而也是最一般的特征，揭示了资本主义雇佣劳动关系的本质。

第一卷第三篇包括第 5 章至第 9 章。第 5 章从劳动过程的分析出发，考察价值形成过程和资本主义价值增殖过程的特点，揭示资本主义生产的实质是剩余价值的生产。第 6 章把资本区分为不变资本和可变资本，进一步揭示剩余价值的真正源泉。第 7 章分析剩余价值率，说明如何衡量资本家剥削工人的程度。第 8 章通过对资本主义工作日制度的考察，具体说明绝对剩余价值生产过程中劳资之间的利益冲突。第 9 章分析剩余价值量的具体决定因素，阐明剩余价值量的变动规律。在这里，马克思通过对绝对剩余价值生产的研究，抽象掉了生产过程中的技术条件和经济组织形式变化的因素，也抽象掉了剩余价值的具体形态即利润、利息、地租等，只是把它当作劳动过程与价值增殖过程的统一来考察，以便一目了然地揭示资本主义剥削的本质。

第一节　劳动过程和价值增殖过程

一、劳动过程

撇开社会的具体形式，“劳动首先是人和自然之间的过程，是人以自身的活动来中介、调整和控制人和自然之间的物质变换的过程”①。弄清人类劳动过程的一般性质，是进一步分析作为其特殊社会形式的资本主义生产过程的前

① 《马克思恩格斯文集》第 5 卷，人民出版社 2009 年版，第 207—208 页。

提。任何社会的劳动过程都有三个基本要素：人的劳动、劳动对象和劳动资料。

劳动是人类有目的地改造自然界的活动。人通过劳动从自然界获得自身生存和发展所需的物质资料。在劳动过程中，人本身作为一种自然力量与自然界的物质相对立，主动地运用自己的力量对身外的自然物质施加影响，使之发生与自身主观需要相适应的改变。人的劳动与动物的本能活动的最本质区别，在于人的劳动具有主观能动性。“最蹩脚的建筑师从一开始就比最灵巧的蜜蜂高明的地方，是他在用蜂蜡建筑蜂房以前，已经在自己的头脑中把它建成了。劳动过程结束时得到的结果，在这个过程开始时就已经在劳动者的表象中存在着，即已经观念地存在着。”① 劳动在改变自然界的同时，也改变着人自身。在持续不断的劳动过程中，人们不断积累经验，增长知识，提高技术，改进劳动方法，提高劳动效率，使自己的体力和智力不断得到发展。

劳动对象是人的劳动加于其上的物。劳动对象分为两类：一类是大自然中原有的自然物，即“所有那些通过劳动只是同土地脱离直接联系的东西，都是天然存在的劳动对象”②。如采伐的树木、开发的矿藏，等等。另一类是被人类加工过的物质要素，即原料。“一切原料都是劳动对象，但并非任何劳动对象都是原料。劳动对象只有在它已经通过劳动而发生变化的情况下，才是原料。”③

劳动资料是劳动者用来影响或改变劳动对象的各种物质手段，最主要的劳动资料是劳动工具。能够制造和使用工具，是人类区别于动物的一个重要特征。根据劳动资料的发达程度，可以分析一个社会的经济发展程度。马克思指出：“各种经济时代的区别，不在于生产什么，而在于怎样生产，用什么劳动资料生产。劳动资料不仅是人类劳动力发展的测量器，而且是劳动借以进行的社会关系的指示器。”④ 广义上说，除了劳动工具外，劳动资料还包括劳动过程进行所需要的一切物质条件，这些条件可能不直接加入劳动过程，但没有它们，劳动过程就不能进行，如土地、道路、厂房、河流等。

劳动过程是以上三个要素的结合过程，在劳动过程中，人的活动借助劳动

---

① 《马克思恩格斯文集》第 5 卷，人民出版社 2009 年版，第 208 页。
② 《马克思恩格斯文集》第 5 卷，人民出版社 2009 年版，第 209 页。
③ 《马克思恩格斯文集》第 5 卷，人民出版社 2009 年版，第 209 页。
④ 《马克思恩格斯文集》第 5 卷，人民出版社 2009 年版，第 210 页。

资料使劳动对象发生预定的变化。劳动者是劳动过程的主观能动因素，运用劳动资料加工劳动对象，生产出满足人们需要的使用价值。因此，“如果整个过程从其结果的角度，从产品的角度加以考察，那么劳动资料和劳动对象二者表现为生产资料，劳动本身则表现为生产劳动”①。

劳动资料和劳动对象是保证生产过程不断进行的重要条件，它们或者是生产产品的原料或辅助材料，或者是生产产品的主要手段。由于同一产品有多种用途，同样一种产品，既可以做原料，也可以做辅助材料，还可能做劳动资料，比如在牲畜饲养业中，牲畜既是被加工的原料，又是制造肥料的手段。一种使用价值究竟是用来做原料还是劳动资料，完全取决于它在劳动过程中所起的特定作用和它所处的地位，因此，这种区分是相对的。

撇开人类劳动的社会关系，仅就一般劳动过程看，生产劳动有以下特点：首先，生产劳动是产品被当作使用价值保存和实现的唯一手段。比如，一台机器，如果不在劳动过程中服务就体现不出它的使用价值，只有把它与人的活劳动相结合，生产出新产品来，机器的使用价值才得以实现。其次，劳动消费（生产过程中脑力和体力的消耗）不同于个人消费。劳动消费是一种创造性的消费，是具有生产性的消费行为，其结果是形成新产品；而个人消费的结果是消灭产品。最后，劳动过程是制造使用价值的过程，是人和自然之间物质变换的过程，它是人类不同社会形态共有的现象。所以，“根据小麦的味道，我们尝不出它是谁种的，同样，根据劳动过程，我们看不出它是在什么条件下进行的：是在奴隶监工的残酷的鞭子下，还是在资本家的严酷的目光下；是在辛辛纳图斯耕种自己的几亩土地的情况下，还是在野蛮人用石头击杀野兽的情况下”②。

如果劳动过程是在资本主义生产关系中进行的，它会表现出与其他社会不同的特征：第一，工人在资本家的监督和控制下进行劳动。为确保劳动正常进行，生产资料得到合理利用以及劳动工具受到爱惜，资本家需要对劳动进行监视。第二，劳动成果归资本家所有和支配。“从资本家的观点看来，劳动过程只是消费他所购买的劳动力商品，而他只有把生产资料加到劳动力上才能消费劳动力。劳动过程是资本家购买的各种物之间的过程，是归他所有的各种物之

---

① 《马克思恩格斯文集》第5卷，人民出版社2009年版，第211页。

② 《马克思恩格斯文集》第5卷，人民出版社2009年版，第215页。

间的过程。因此，这个过程的产品归他所有，正像他的酒窖内处于发酵过程的产品归他所有一样。”①

二、价值增殖过程

一般劳动过程就是使用价值的生产过程，而生产商品的劳动过程不同于一般劳动过程，因为商品是为交换而生产的劳动产品，它不仅具有使用价值，而且具有价值。因而商品的生产过程是劳动过程和价值形成过程的统一。马克思分两步来研究资本主义的生产过程：首先研究商品价值的形成过程，然后再研究资本主义商品生产的价值增殖过程。

关于商品的价值形成过程，马克思以棉纱生产为例加以说明。他首先分析了生产资料的价值转移过程。生产棉纱，必须消耗一定量的棉花、纱锭等生产资料。假定生产 10 斤棉纱，耗费 10 斤棉花的原料，其价值为 10 先令，耗费纱锭等劳动资料的价值为 2 先令。假定这 12 先令的生产资料价值，是 2 个工作日共 24 小时的产物，那么首先可以得出，2 个工作日即 24 小时的劳动物化在棉纱中。该例子中，生产棉花和纱锭所耗费的社会必要劳动，成为生产棉纱的社会必要劳动的组成部分，因此，棉花和纱锭的价值成为棉纱价值的组成部分。虽然棉花和纱锭的使用价值形态发生了变化，即变成了棉纱，但它们的价值并没有改变，只是转移到棉纱里面了。这种生产生产资料所耗费的社会必要劳动转移到新产品中去的过程，可以看作生产同一产品的劳动过程的不同阶段。比如，在棉纱生产的例子中，可以认为棉纱的生产劳动包括两个步骤：第一步是生产棉花和纱锭，第二步是用棉花和纱锭生产棉纱。这样一来，生产资料中凝结的社会必要劳动就自然成为新产品价值的组成部分。

在分析了生产资料价值在产品价值形成过程中是如何转移之后，马克思又进一步分析了工人劳动消耗在棉纱价值形成中的作用。假定劳动力日价值为 3 先令，代表 6 小时劳动。如果工人 6 小时把 10 斤棉花纺成 10 斤棉纱，那么，工人在纺 10 斤棉纱的过程中，加在 10 斤棉花上的新价值为 3 先令。生产资料在这里只是当作一定量劳动的吸收器发生作用。而工人消耗的劳动具有二重作用，它在转移了生产资料价值的同时，又创造了新价值。

如果工人劳动 6 小时，生产出来的产品（10 斤棉纱）的总价值为：10 斤

① 《马克思恩格斯文集》第 5 卷，人民出版社 2009 年版，第 216—217 页。

棉花的价值（10先令）+纱锭的价值（2先令）+工人劳动新加进的价值（3先令）= 15先令。上述过程中，新产品棉纱的价值和预付资本的价值完全相等，这是因为工人劳动消耗所形成的新价值正好等于他的劳动力价值，因而没有增殖。这个过程就是一个纯粹的价值形成过程。价值形成过程与劳动过程一起构成商品生产过程，但这个过程不可能是资本主义生产过程，因为对于资本家来说，这种生产没有任何意义，当出现这个结果的时候，“我们的资本家愣住了”①。他们怎么会做这种愚蠢的事情呢？资本家是为赚钱而生产的，资本主义生产过程必须是劳动过程和价值增殖过程的统一。

对于资本增殖的秘密，资产阶级经济学家给出了各种解释。比如“节欲说”，认为资本增殖的秘密在于资本家节制消费；又如“服务说”，认为资本增殖的秘密在于资本家的生产资料提供了服务，生产资料创造了价值；再如“监督劳动说”，认为资本增殖的秘密是对资本家监督劳动的回报。这些说法其实都是他们的辩护词，并没有理论上的科学性。那么，马克思是如何用科学方法揭示资本增殖的秘密的呢？

马克思在前面已经说明货币转化为资本的前提条件是劳动力成为商品，这为揭示资本主义价值增殖的秘密奠定了理论基础。在对劳动力商品的分析中，马克思指出劳动力商品有特殊性：“具有决定意义的，是这个商品独特的使用价值，即它是价值的源泉，并且是大于它自身的价值的源泉。这就是资本家希望劳动力提供的独特的服务。”② 仍以棉纱为例，工人劳动6小时，纺纱10斤，产品总价值为15先令，除去生产资料价值和劳动力价值，资本家一无所获。但如果资本家把劳动延长至12小时，就可以生产20斤棉纱。生产20斤棉纱与生产10斤棉纱相比，需要的棉花和纱锭的价值增加1倍，即由原来的12先令增加为24先令，工人12小时的劳动把6先令新价值加到产品中，而资本家支付的劳动力日价值却仍为3先令。这样，资本家预付的资本价值为27先令。但在20斤棉纱的生产过程中，由纺纱工人劳动12小时所新加进的价值是6先令，这样，20斤棉纱的总价值是30先令，于是3先令的剩余价值被生产出来，货币真正转化为资本了。

通过对价值增殖过程的考察，《资本论》第一卷第4章提出的资本总公式

① 《马克思恩格斯文集》第5卷，人民出版社2009年版，第222页。

② 《马克思恩格斯文集》第5卷，人民出版社2009年版，第226页。

的矛盾彻底得到了解决。在关于资本总公式矛盾的分析中，马克思指出，剩余价值既在流通领域中产生，又不在流通领域中产生。通过对资本主义生产过程的分析，我们找到了这个问题的答案。资本家要生产剩余价值，首先必须在流通领域购买到生产资料和劳动力商品，这些购买行为符合价值规律的要求，即按照等价交换的原则进行。而且，他也是按照新生产出来商品的价值来出售它们的。总之，买和卖都是等价交换。但在这一买一卖之间，价值增殖却发生了。显然，需要到买和卖之间的生产领域中去寻找价值增殖发生的秘密。事实上，资本的增殖是在生产过程中通过劳动力的使用发生的。

可见，资本主义生产过程是劳动过程和价值增殖过程的统一。一方面，“价值增殖过程不外是超过一定点而延长了的价值形成过程。如果价值形成过程只持续到这样一点，即资本所支付的劳动力价值恰好为新的等价物所补偿，那就是单纯的价值形成过程。如果价值形成过程超过这一点而持续下去，那就成为价值增殖过程”①。另一方面，劳动过程的实质在于生产使用价值的有用劳动，劳动只是在生产使用价值所耗费的时间是社会必要时间的限度内才被计算。一是劳动力应该在正常的条件下发挥作用；二是生产资料有正常质量；三是劳动力必须具备专业平均熟练程度、技巧和速度；四是不允许原材料和劳动资料的不合理消费。通过以上分析，马克思得出结论：“作为劳动过程和价值形成过程的统一，生产过程是商品生产过程；作为劳动过程和价值增殖过程的统一，生产过程是资本主义生产过程，是商品生产的资本主义形式。”②

第二节 不变资本和可变资本

一、劳动二重性与劳动过程结果的二重性

马克思在《资本论》第一卷第5章分析了在资本主义生产过程中，价值增殖是如何发生的。在接下来的第6章中，他进一步考察了生产资料和劳动力在剩余价值形成中所起的不同作用，并在此基础上区分了不变资本和可变资本，从而说明生产资料只是剩余价值生产的条件，而工人的劳动才是剩余价值的

① 《马克思恩格斯文集》第5卷，人民出版社2009年版，第227页。
② 《马克思恩格斯文集》第5卷，人民出版社2009年版，第229—230页。

源泉。

马克思认为，工人的劳动客观上起到二重作用：一方面把自己付出的无差别的一般人类劳动凝结到新产品中去，形成了新价值；另一方面保存了生产资料的旧价值。把新价值加到劳动对象上和把旧价值保存在产品中，并不是因为工人在同一时间内进行了两次劳动。现实中，工人是无法同时从事这样两次劳动的。事实上，旧价值的转移和新价值的创造是同一劳动过程的两个方面，而同一劳动过程的这种双重作用，又是由生产商品的劳动的二重性决定的。

工人的生产活动作为具体劳动转移旧价值。工人通过使用生产资料，转移和保存了其中的旧价值，其形式是改变生产资料的具体形态，使其由生产资料形态变成新产品形态，实质上，所谓保存和转移旧价值，就是改变这种旧价值所附着的使用价值形态。可见，工人保存被用掉的生产资料的价值，并不是由于他们加进抽象劳动，而是由于这种追加劳动的特殊的有用性质，即通过他们从事的具体劳动来完成的。比如，如果工人不从事具体的纺纱劳动，棉花就不会变成棉纱，因而也就不能把棉花和纱锭的价值转移到棉纱中去，所以，工人转移生产资料的旧价值是通过具体劳动实现的。同时，工人的同一个生产活动作为抽象劳动创造新价值。工人劳动在生产新产品的过程中，花费了劳动时间，他的抽象劳动凝结在新产品中，从而创造了新价值。工人通过自己的劳动加进价值，并不是由他的劳动是纺纱或木匠劳动这种具体劳动形式决定的，而是由于他的劳动是一般的抽象的社会劳动。

以上分析表明，同一时间内，由于劳动二重性的作用，产生了结果的二重性：从抽象劳动的角度看，作为人类劳动力的耗费，把新价值加到棉纱这种新产品中去；而就它的具体劳动的属性来看，作为纺纱的过程把棉花和纱锭的价值转移和保存在新产品中。劳动的这种作用的区别，可以从劳动生产率、生产资料的价值和劳动力新创造价值之间的变动中表现出来。如果由于新发明导致劳动生产率提高，生产某一产品的社会必要劳动时间由原来的 6 小时降为 3 小时，则该产品中新创造的价值就会减少一半，但转移的生产资料的价值没有变化。如果劳动生产率不变，而生产资料的价值提高了两倍，在劳动时间不变的情况下，生产资料的价值转移增加两倍，但劳动新创造的价值不变。如果劳动生产率和生产资料价值都不变，则转移的价值和新创造的价值是成正比例的，工人加入的价值越多，转移的价值也越多。值得指出的是：加进新价值和保存旧价值二者没有因果关系，不能说因为加进了新价值，所以保存了旧价值。

在生产过程中，生产资料的价值转移有不同的形式。生产资料在使用过程中，可能是一种使用价值经过一次生产过程就转变为另一种使用价值，也可能一部分一部分地丧失其使用价值。原料和辅助材料一次性地投入生产过程中去，它们的使用价值在一次生产过程中全部丧失，形成了新的使用价值，因而其价值也一次性地全部转移。而劳动资料却不是这样，比如机器设备，它们虽然也全部参加生产过程，但其使用价值经过每次生产过程后，只丧失一部分，因而其价值每次也只是转移一部分。从量的方面看，生产资料转给产品的价值绝不会大于它在劳动过程中因本身的使用价值的消失而丧失的价值。以生产资料形式出现的东西，如果本身没有价值，即使它对生产过程有作用，也不会有价值转移；对于有价值的生产资料而言，只有相应的使用价值消失了，凝结在该使用价值中的价值才会发生转移。使用生产资料的时候，被消费的是它的使用价值，它的价值并没有被消费，因而会再现在新产品中。生产资料在使用过程中，如果出现废料，比如加工铁器出现的铁屑、纺棉纱出现的飞花等，其价值是否要转移到新产品中去呢？只要这种废料是正常生产所允许的，废料水平符合社会必要的标准，废料的价值就会加入新产品的价值中去。

劳动力是生产过程中的主观因素，它在价值形成中的作用与生产资料不同。当劳动者有目的地从事劳动的时候，把生产资料的价值转移到新产品上，同时也在每时每刻地形成新价值。劳动力创造的新价值可以分为两个部分：一部分用来补偿维持劳动力再生产所需要的生活资料的价值，另一部分则作为超出劳动力自身价值以上的部分，这部分就是剩余价值的来源。

二、不变资本与可变资本

在以上分析的基础上，马克思区分了不变资本和可变资本。转变为生产资料即原料、辅助材料、劳动资料的那部分资本，在生产过程中不改变自己的价值量，马克思称之为“不变资本”。相反，转变为劳动力的那部分资本，在生产过程中改变自己的价值量，再生产出超过自身价值的价值，因而马克思称之为“可变资本”。马克思指出：“资本的这两个组成部分，从劳动过程的角度看，是作为客观因素和主观因素，作为生产资料和劳动力相区别的；从价值增殖过程的角度看，则是作为不变资本和可变资本相区别的。”① 有了不变资本与

---

① 《马克思恩格斯文集》第5卷，人民出版社2009年版，第243页。

可变资本的划分，不仅能够更明确地说明剩余价值的来源，而且可以准确地衡量剩余价值的占有程度即工人受剥削的程度。

在理解不变资本范畴时，要分清不变资本中的“变”与“不变”。不变资本的价值是可以变化的。以原料、机器设备等形式存在的不变资本，随着生产它们的社会必要劳动时间发生变化，它们自身的价值自然也会发生变化。不变资本所谓的“不变”，是指其价值转移以其自身原有的价值量为限，不会增加。这两个过程不仅性质不同，而且在时间和空间上都不重叠，因此，不变资本价值量的变化不影响不变资本价值转移时价值量不变的性质。

此外，不变资本与可变资本之间的比例变化也不影响它们之间的职能区别。例如，劳动过程中发生技术革新，过去 10 个工人用 10 件价值很小的工具，只能加工比较少量的原料；现在 1 个工人用 1 台昂贵的机器就能加工多于原来 100 倍的原料。这种情况下，不变资本的价值量大大增加了，而可变资本部分则大大减少了。这种变动只是改变不变资本和可变资本之间量的比例关系，但不影响不变资本和可变资本在价值转移和价值创造中的不同性质。也就是说，不变资本使用得再多，其价值也都是个转移的问题，可变资本使用得再少，它也是价值增殖的唯一源泉。在这一点上，资产阶级经济学家因为分不清价值转移和价值创造的关系，所以辩称在自动化的生产条件下，工人很少但利润很多，因而机器创造了价值。对此，马克思在《资本论》第三卷的平均利润和生产价格理论中进行了彻底批判。

关于不变资本和可变资本的理论，在马克思的整个经济理论体系中起着关键的作用。这个理论既证明了工人的劳动是剩余价值的唯一源泉，是进一步研究资本家对工人的剥削程度的前提，也是马克思的资本有机构成理论以及资本积累理论、利润平均化理论的基础。

第三节 剩余价值率

一、剩余价值率与劳动力的剥削程度

在区分了不变资本和可变资本之后，马克思进一步考察了资本和劳动关系在对立性上的准确外在表现形式，即剩余价值率。

剩余价值表现为产品的价值超过预付资本价值而形成的余额。通过前面的

分析我们知道，不变资本并不改变自己的价值，在生产过程中，带来价值增殖的是可变资本，即剩余价值是可变资本的产物。例如，假定预付资本（用C表示）为500镑，其中不变资本（用c代表）为410镑，可变资本（用v代表）为90镑。再假定经过生产过程形成的剩余价值（用m代表）为90镑。这样，产品的价值就是：410镑（c）+90镑（v）+90镑（m）=590镑。在这里，剩余价值（90镑）就表现为产品价值（590镑）超过它的各种生产要素的价值总和（500镑）而形成的余额。在现象上，这个余额似乎是不变资本和可变资本共同带来的。为了揭示其实质，马克思运用了一个形象的比喻："一定的化学过程固然需要蒸馏器及其他容器，但这并不妨碍我们在分析时把蒸馏器本身抽去。"① 同样道理，不变资本只是提供一种物质条件，是实现剥削过程的条件，而不是剩余价值的源泉，所以，当考察新价值创造时，它们就像化学实验中用到蒸馏器和其他容器一样，完全可以抽象掉，即假设 $c=0$。如果把c抽象掉，预付资本 $c+v$ 就化为v，产品价值 $c+v+m$ 就简化为 $v+m$。可变资本的增殖率就由剩余价值与可变资本的比率 $\frac{m}{v}$ 来表示。这就是剩余价值率。

剩余价值率的另一种表现形式是剩余劳动同必要劳动的比率，或者剩余劳动时间同必要劳动时间的比率。工人每天的劳动时间可以分为两段，第一段劳动时间内，工人只生产自己劳动力的价值，即生产他必需的生活资料的价值。当然，在社会分工的条件下，工人不直接生产他所需的生活资料，而是在生产某种特殊商品（如棉纱）的形式上，生产出同他的生活资料的价值相等的价值。马克思把工人进行这种再生产的工作日部分称为必要劳动时间，把在这部分时间内耗费的劳动称为必要劳动。工人劳动的第二段时间，是超出必要劳动时间的部分。工人超出必要劳动界限的劳动时间，虽然也同样耗费工人的劳动力，但形成价值并不归工人所有，这段时间形成的是剩余价值，被资本家占有。工作日中的这部分时间称为剩余劳动时间，这段时间内耗费的劳动称为剩余劳动。由此可以得出结论：剩余价值和可变资本之比等于剩余劳动和必要劳动之比。这两个比率把同一种关系表示在不同的形式上：一种是物化劳动的形式，另一种是流动劳动的形式。对资本主义来说，更准确的形式是前一种形式，因为在资本主义条件下，剩余劳动是在物化形式上，而不是在流动形式上

① 《马克思恩格斯文集》第5卷，人民出版社2009年版，第248页。

被占有的，这正是资本主义有别于以前经济形态的特点。马克思指出：“把剩余价值看作只是剩余劳动时间的凝结，只是对象化的剩余劳动，这对于认识剩余价值也具有决定性的意义。使各种经济的社会形态例如奴隶社会和雇佣劳动的社会区别开来的，只是从直接生产者身上，劳动者身上，榨取这种剩余劳动的形式。”①

剩余价值率可以准确衡量劳动力受剥削的程度。马克思说：“剩余价值率是劳动力受资本剥削的程度或工人受资本家剥削的程度的准确表现。”② 为了便于分析剩余价值率，马克思提出了价值产品概念，与产品价值概念相对应。所谓产品价值指的是一种产品中所包含的全部价值，它由不变资本价值、可变资本价值和剩余价值三部分共同构成。所谓价值产品则单纯指产品中由工人劳动创造的新价值，它由可变资本价值和剩余价值组成。

二、产品价值在产品相应部分上的表现

在对不变资本、可变资本和剩余价值相关范畴及理论进行阐述之后，马克思进一步把问题从抽象层次引向具体层次，通过对产品价值在产品相应部分上的表现分析，使人们对这些范畴的理解不是仅仅停留在价值的抽象分割上，而是回到可以直接观察到的产品本身中。

例如，12 小时的产品是 20 磅棉纱，棉纱价格每磅 $1\frac{1}{2}$先令，总价值 30 先令，这 30 先令的价值构成是：30 先令 = 24 先令（c）+3 先令（v）+3 先令（m）。因为这个总价值表现在总产品 20 磅棉纱上，所以各个不同的价值要素也可以表现在产品的相应部分上。20 磅棉纱可以分解成以下几部分：16 磅棉纱价值，代表不变资本（c）价值，相当于 24 先令；4 磅棉纱价值，代表工人新创造的 6 先令价值，这 6 先令又可以进一步分割，其中 2 磅棉纱价值的 3 先令代表可变资本（v）价值，另外 2 磅棉纱价值的 3 先令代表剩余价值（m）。棉纱的价值既可以看作棉纱生产中新创造的价值加上生产棉纱的生产资料价值之和，也可以看作生产出来的棉纱产品三个不同量的组成。

产品价值在产品相应部分的表现，也可以用不同部分的劳动时间来表示。比如工作日是 12 小时，也可以分解为 3 个时间段。纺纱工人 12 小时生产 20 磅

① 《马克思恩格斯文集》第 5 卷，人民出版社 2009 年版，第 251 页。
② 《马克思恩格斯文集》第 5 卷，人民出版社 2009 年版，第 252 页。

棉纱，1小时生产$1\frac{2}{3}$磅，9小时生产15磅，相当于不变资本的产品；从9小时到$10\frac{1}{2}$小时，生产$2\frac{1}{2}$磅棉纱，相当于可变资本的产品；从$10\frac{1}{2}$小时到12小时，再生产出$2\frac{1}{2}$磅棉纱，相当于剩余价值的产品。

马克思指出，这是英国工厂主日常应用的计算方法，这种方法符合资本家的思维方式，那就是工人一天12小时的劳动中，9个小时是把生产资料的钱赚回来，一个半小时把工人的工资赚回来，剩下一个半小时才是给资本家生产利润的时间。然而，这种思维方式在理论上并不正确，它很容易成为资本家延长劳动时间加重对工人剥削的借口。西尼耳的“最后一小时”理论就是在这个基础上产生的。

三、西尼耳的“最后一小时”理论

西尼耳是当时牛津大学的政治经济学教授，他到曼彻斯特进行调研，目的是写文章反对1833年颁布的工厂法以及工人争取10小时工作日的运动。西尼耳于1837年写了题为《关于工厂法对棉纺织业的影响的书信》的小册子，提出了“最后一小时”理论。他认为，资本家所得到的利润，是工人在工作日的“最后一小时”生产出来的，因此，如果缩短工人的工作日1小时，也就是由$11\frac{1}{2}$小时缩短到$10\frac{1}{2}$小时，那么，资本家的“纯利润”就会消失，而如果工作日缩短$1\frac{1}{2}$小时，也就是由$11\frac{1}{2}$小时缩短到10小时，那么，资本家的总利润（他把资本家的机器折旧算在总利润中）也会消失。

马克思批判了西尼耳的谬论。他首先指出，如果工作时间由$11\frac{1}{2}$小时减少到10小时，生产资料的消耗就会减少，生产生产资料的劳动时间也会相应减少，因此，为资本家带来纯利润的“最后一小时”始终存在，并没有消失。接着，马克思又从工作日的长度与纯利润的关系的角度，进一步说明了西尼耳理论的荒谬性。马克思指出，“在专门涉及纯利润同工作日长度的关系的问题上，不要把机器和厂房、原料和劳动混杂在一起"①，而应当将不变资本和预付在工资上的资本区分开来。机器、厂房和原料等生产资料的价值是随着生产劳动的进行转移到产品价值中去的，而补偿工资和形成利润的新增价值，是在时长为 $11\frac{1}{2}$ 小时的工作日中创造出来的。也就是说，一个工作日分为补偿工资和创造利润这样两个部分。在这个前提下，马克思以如下推论证明西尼耳理论根本不成立：因为同样的劳动时间内生产同样的价值，工人在倒数第二小时生产出的工资与最后一小时生产的剩余价值，在价值量上就一定是相等的，二者相加为两小时；但是，在 $11\frac{1}{2}$ 个小时的工作日内，工人在工作日的最后两个小时创造的新增价值分为两部分即工资和作为纯利润的剩余价值；那么，按照工人工资和剩余价值在价值量上相等的逻辑，工人生产工资价值的时间显然应该为 $11\frac{1}{2}$ 小时的一半，即 $5\frac{3}{4}$ 小时，而不是 1 小时；同样，工人生产剩余价值的时间也应该为 $11\frac{1}{2}$ 小时的一半，即 $5\frac{3}{4}$ 小时，而不是一小时；但是，如果按照西尼耳的说法，纺纱工人 1 小时的劳动就要创造 $5\frac{3}{4}$ 小时的价值。显然，这是悖理的。

从马克思对"最后一小时"理论的批判可以看出，西尼耳的根本错误在于混淆了旧价值的转移和新价值的创造，从而也将价值产品（v+m）与产品价值（c+v+m）等同起来了。现实情况是，只要工人进行劳动，每一个小时都在转移生产资料的价值，同时创造新价值。比如，工人一小时生产 10 斤棉纱，价值 100 先令，这 10 斤棉纱是由劳动力运用棉花等生产资料生产出来的，在价值构成上，这 10 斤棉纱包含转移的生产资料价值 c = 60 先令，劳动力新创造的价值（v+m） = 40 先令。如果 v 和 m 的分割比例为 1 ∶ 1，则工人工资和剩余价值各为 20 先令。如果工人的工作日从 $11\frac{1}{2}$ 小时减少到 $10\frac{1}{2}$ 小时，新创造的价值（v+m） = 420 先令，m ∶ v 还是按照 1 ∶ 1 分割，则日工资为 210 先令，剩余价值为 210 先令。可见，工作日减少 1 个小时，纯利润并不会消失。所以，马克

① 《马克思恩格斯文集》第 5 卷，人民出版社 2009 年版，第 260 页。

思把“最后一小时”理论称为“十足的胡说”，并且以反讽来“安慰”西尼耳背后的资本家：“失掉这最后一小时，你们并不会丧失‘纯利润’，而你们使用的童男童女也不会失去‘灵魂的纯洁’。”① 这段话中的后一句，是针对同西尼耳一样反对工厂法的安德鲁·尤尔的。他认为让童工和不满 18 岁的青工提早一小时下班，“他们就会因懒惰和邪恶而不能使灵魂得救”②。

四、剩余产品

剩余产品并不是资本主义社会独有的东西。在任何社会，只要有剩余劳动，就会有剩余产品存在。但是，在资本主义社会，剩余产品具有一种独特的社会性质，即剩余价值的物质承担者。也就是说，剩余劳动体现为剩余价值，“而这个剩余价值存在于剩余产品中”③。因此，马克思把代表剩余价值的那部分产品称为剩余产品。他指出，在资本主义社会决定剩余价值率的不是剩余价值与资本总额的比率，而是剩余价值同可变资本的比率。同样，决定剩余产品水平的，也不是剩余产品同总产品的其余部分的比例，而是剩余产品同代表必要劳动的那部分产品的比率。“剩余价值的生产是资本主义生产的决定的目的，同样，富的程度不是由产品的绝对量来计量，而是由剩余产品的相对量来计量。”④

第四节 工 作 日

一、工作日的界限

在资本主义生产中，工作日的长短对剩余价值生产有着直接的影响，只有对工作日进行系统研究，才能把绝对剩余价值生产所包含的资本家与工人之间对立的利益关系和阶级冲突剖析得更清楚。

工作日是由必要劳动时间和剩余劳动时间构成的。在一定时期，工人所需要的生活资料是相对稳定的，因此，工人每天生产劳动力价值的时间是不变

① 《马克思恩格斯文集》第 5 卷，人民出版社 2009 年版，第 263 页。
② 《马克思恩格斯文集》第 5 卷，人民出版社 2009 年版，第 263 页，注（32a）。
③ 《马克思恩格斯文集》第 7 卷，人民出版社 2009 年版，第 927 页。
④ 《马克思恩格斯文集》第 5 卷，人民出版社 2009 年版，第 265 页。

的。在必要劳动时间不变的条件下，工作日的长短取决于剩余劳动时间的长短。剩余价值率的概念告诉我们，通过工作日的两个组成部分即剩余劳动时间和必要劳动时间的比例，可以看出资本家对工人的剥削程度，但这个比例关系却不能说明剩余劳动时间和必要劳动时间的绝对量究竟是多少。比如同为100%的剩余价值率，在 8 小时工作日中，剩余劳动时间和必要劳动时间在绝对量上各占 4 小时；而在 12 小时工作日中，剩余劳动时间和必要劳动时间的绝对量则各占 6 小时。“所以，工作日不是一个不变量，而是一个可变量。它的一部分固然是由不断再生产工人本身所必需的劳动时间决定的，但是它的总长度随着剩余劳动的长度或持续时间而变化。因此，工作日是可以确定的，但是它本身是不定的。”①

工作日是一个可变的量，但是只能在一定界限内变动。工作日在量上的最低界限很难确定。但从工作日性质上看，可以给出工作日的界限，即在资本主义条件下，工作日绝不可能缩短到工人维持劳动力再生产的必要劳动时间这一最低界限。但是，即使如此，由于生活资料的价值是不断变化的，要给出工人必要劳动时间的精确值仍是困难的。工作日的最高界限取决于两个因素：第一是劳动力的身体界限。工人在 24 小时的工作日内必须有吃饭、睡觉等的时间，否则生命无法持续。第二是道德界限。工人必须有时间满足精神需要和社会需要，这些活动的范围和数量与一般的文化状况有关，因时因地而异。工作日不能缩短到必要劳动时间这个最低界限，也不能延长到超出劳动力身体界限和道德界限所决定的最高界限，但身体界限和道德界限存在很大的弹性，因而工作日是在身体和道德界限内变动的，这就为资本家和工人之间围绕工作日的斗争提供了客观基础。

资本家总是力求延长工作日，因为“作为资本家，他只是人格化的资本。他的灵魂就是资本的灵魂。而资本只有一种生活本能，这就是增殖自身，创造剩余价值，用自己的不变部分即生产资料吮吸尽可能多的剩余劳动”②。资本家以商品交换规律为依据，要和任何其他买者一样，坚持他作为买者的权利，尽量延长工作日。工人则尽力反对延长工作日，因为从工人的角度看，虽然他们出卖了劳动力的使用权，但他们也要求资本家只是在一定时间界限内消费自己

① 《马克思恩格斯文集》第 5 卷，人民出版社 2009 年版，第 268 页。

② 《马克思恩格斯文集》第 5 卷，人民出版社 2009 年版，第 269 页。

的劳动力。他们当然不能容忍因资本家过度延长工作日而使自己的健康遭到损害，甚至使自己的寿命缩短。这样，工人也坚持他们作为卖者的权利，他们要求把工作日限制在正常的长度内。

马克思指出，在这种情况下，工人和资本家之间出现了“二律背反”。“二律背反”，意思是两个互相排斥而又被认为同样都是正确的命题之间的矛盾。在这里，劳资双方在争取工作日问题上，权利同权利相对抗，这两种权利都是商品交换规律所承认的。“在平等的权利之间，力量就起决定作用。所以，在资本主义生产的历史上，工作日的正常化过程表现为规定工作日界限的斗争，这是全体资本家即资本家阶级和全体工人即工人阶级之间的斗争。”①

二、对剩余劳动的贪欲

在一切剥削的社会里，都存在剥削阶级对剩余劳动的占有问题，对此，马克思指出：“资本并没有发明剩余劳动。凡是社会上一部分人享有生产资料垄断权的地方，劳动者，无论是自由的或不自由的，都必须在维持自身生活所必需的劳动时间以外，追加超额的劳动时间来为生产资料的所有者生产生活资料。”② 但是，资本家对剩余价值的追求，远比以前社会的剥削者更为贪婪。这是因为以前的社会，是以自给自足经济为主，剥削者占有剩余的主要形式是剩余产品，剩余劳动或大或小受到他的需要范围的限制。当价值取得独立的货币形式以后，可供追求的利益开始增大，剥削者对剩余劳动的贪欲也随之增大。到了资本主义社会，它是建立在发达商品经济基础上的，资本家对剩余的占有不是实物形式，而是价值形式。这样对剩余价值的占有就完全不受资本家自身需要的限制，资本家对剩余价值的贪欲因而达到了无限的程度。

马克思通过比较封建领主和英国工厂主对剩余劳动的贪欲得出结论：第一，工厂主对剩余劳动的贪欲表现为渴望无限度地延长工作日，而领主对剩余劳动的贪欲则简单地表现为直接追求徭役的天数。第二，相比之下，英国工厂工人受剥削的比率——剩余价值与必要劳动时间的比率，要大于农民徭役劳动同必要劳动时间的比率。第三，各国都有法律使领主对剩余劳动的贪欲合法化，而在英国，由于工厂主对剩余劳动无限制的贪欲，造成了劳动力枯竭的危

① 《马克思恩格斯文集》第5卷，人民出版社2009年版，第272页。
② 《马克思恩格斯文集》第5卷，人民出版社2009年版，第272页。

险，政府不得不颁布法律，节制资本对劳动力的无限榨取。马克思说："英国的工厂法是通过国家，而且是通过资本家和地主统治的国家所实行的对工作日的强制的限制，来节制资本无限度地榨取劳动力的渴望。"①

马克思引用大量事实，揭露了资本家想方设法占有工人劳动时间的事实，讥讽他们"'零敲碎打地偷窃'工人吃饭时间和休息的时间"②。当时的人们把那些全天劳动的工人叫做"全日工"，把 13 岁以下只准劳动 6 小时的童工叫作"半日工"。马克思深刻地指出："在这里，工人不过是人格化的劳动时间。一切个人之间的区别都化成'全日工'和'半日工'的区别了。"③ 在这些事实面前，剩余价值由剩余劳动形成已经不是什么秘密。

三、在剥削上不受法律限制的英国工业部门

接下来，马克思又列举了在那些没有受法律约束的部门，资本是如何毫无拘束地压榨劳动力的。制陶业是这类部门之一，这里使用大量的童工、女工，马克思引用当时童工调查委员会的一份报告指出，这一行业"依靠工人的劳动和技巧，取得了光辉的成就，但伴随而来的是，工人身体退化，遭受种种折磨，早期死亡"④。火柴制造业是另一个工作日不受法律保护的部门，这里的工人一半是 13 岁以下的儿童和不满 18 岁的少年，他们的工作日在 12～15 小时不等，此外还有夜间劳动，没有固定的吃饭时间。马克思还列举了壁纸业、面包业、铁路业、女缝纫工和铁匠等职业，通过血淋淋的事实，揭露了在工人缺乏有组织的抗争和法律限制的情况下，资本家是如何无度地使用劳动力的。"资本是不管劳动力的寿命长短的。它唯一关心的是在一个工作日内最大限度地使用劳动力。"⑤

四、工作日和夜工

从价值增殖的过程来看，不变资本即生产资料，只有在活劳动的使用过程中才能发生价值增殖。所以，"把工作日延长到自然日的界限以外，延长到夜

① 《马克思恩格斯文集》第 5 卷，人民出版社 2009 年版，第 276—277 页。
② 《马克思恩格斯文集》第 5 卷，人民出版社 2009 年版，第 281 页。
③ 《马克思恩格斯文集》第 5 卷，人民出版社 2009 年版，第 281 页。
④ 《马克思恩格斯文集》第 5 卷，人民出版社 2009 年版，第 285 页。
⑤ 《马克思恩格斯文集》第 5 卷，人民出版社 2009 年版，第 306—307 页。

间，只是一种缓和的办法，只能大致满足一下吸血鬼吮吸劳动鲜血的欲望。因此，在一昼夜24小时内都占有劳动，是资本主义生产的内在要求”①。如何能够让劳动克服生理上的障碍，不间断地去使用生产资料，防止生产资料因闲置而发生损失呢？换班制就是资本家的一种“发明”。

换班有各种形式，比如可以使一部分员工这周上日班，下周上夜班，等等。马克思特别指出，换班制中的夜工，为打破名义上的工作日界限提供了极大的方便，夜班经常成为资本家侵占工人劳动时间的手段。在一些行业，夜班还成为成年男工占有儿童劳动的手段。马克思举了桑德森公司的例子，这个公司要求少年工必须有一半时间上夜班，因为成年男工一周做日工，一周做夜工。成年男工教少年工学手艺，少年工人劳动报酬的一部分以学费的形式变成了成年男工的收入。如果少年工只上白班，那么有一半时间（也就是夜班时间），成年男工不能占有少年工劳动，资本家就要自己掏腰包付给成年男工这部分工资。因此，资本家就提出了少年工不能白天学手艺的“高招”，逼迫他们做夜工。

可见，资本主义工厂的换班制和夜工，都是资本家榨取更多剩余劳动的手段，24小时榨取的剩余劳动当然比12小时多得多。但对工人来说，这实质上是变相地延长劳动时间。

五、争取正常工作日的斗争

在资本主义经济关系中，工人不过是资本增殖的手段，资本对剩余价值无止境的追求，不仅突破了工作日的道德界限，而且突破了工作日的身体界限。因此，“资本是根本不关心工人的健康和寿命的，除非社会迫使它去关心”②。正常工作日的获得，只能是工人与资本家斗争的结果。

马克思通过研究工人斗争的历史指出，现代工业中的正常工作日，是英国1833年颁布了有关棉、毛、麻、丝工厂的工厂法以后才出现的。这一时期的工厂法，对劳动时间进行了强制性的法律限制。例如，规定工厂普通工人工作日应从早晨五点半开始，到晚上八点半结束。9~13岁的儿童的劳动每天限制为8小时，禁止9~18岁少年做夜工等。1844年对妇女劳动有所保护，规定她们的

① 《马克思恩格斯文集》第5卷，人民出版社2009年版，第297页。

② 《马克思恩格斯文集》第5卷，人民出版社2009年版，第311页。

劳动时间限制为12小时、禁止做夜工等。由于工厂成年男工大多要与儿童、少年和妇女协作劳动，所以，1844—1847年，受工厂立法约束的一切工业部门普遍实行了12小时的工作日。1846—1847年，由于英国工人的宪章运动，终于在1848年把工作日限制在10小时。

受英国工人运动的影响，法国工人运动和美国工人运动先后爆发，争取缩短工作日运动成为世界范围内的工人运动，工作日时间也从12小时缩短到10小时，再进一步缩短到8小时。

第五节　剩余价值率和剩余价值量

一、决定剩余价值量的三个规律

马克思在前面对剩余价值率和剩余价值量理解的基础上，进一步考察剩余价值量的变化规律。资本家榨取的剩余价值总量，是由可变资本和剩余价值率决定的，也可以说是由劳动力价值大小、雇佣工人人数多少和剩余价值率的高低三个因素决定的，并分析了这三个因素对剩余价值量的影响，总结出三个规律。

决定剩余价值量的第一个规律：剩余价值量是由可变资本量和剩余价值率决定的，也可以说是由劳动力价值、雇佣人数多少和剩余价值率高低决定的。可见，“所生产的剩余价值量，等于预付的可变资本量乘以剩余价值率，或者说，是由同一个资本家同时剥削的劳动力的数目与单个劳动力受剥削的程度之间的复比决定的”①。如果用M表示剩余价值量，用m表示一个工人每天提供的剩余价值，用v表示购买一个劳动力每天预付的可变资本，用V表示可变资本的总数，用k表示一个平均劳动力的价值，用$\frac{a'}{a}\left(\frac{\text{剩余劳动}}{\text{必要劳动}}\right)$表示一个平均劳动力受剥削的程度，用n表示所使用的工人人数，就可以得出以下两个公式：

$$M=V\times\frac{m}{v} \tag{1}$$

$$M=k\times\frac{a'}{a}\times n \tag{2}$$

① 《马克思恩格斯文集》第5卷，人民出版社2009年版，第352页。

由公式（1）可见，剩余价值量等于可变资本与剩余价值率的乘积。公式（2）则表明，剩余价值量等于单个劳动力的价值、劳动力数目与劳动力受剥削的程度的乘积。从上述公式中可以看出，剩余价值率是决定剩余价值量的一个因素。如果假定劳动力的价值不变，那么，再生产劳动力所必需的劳动时间就是一个已知的量。根据这个假设，只要知道剩余价值率，就可计算出一个工人在一定时间内为资本家提供了多少剩余价值量。例如，假设必要劳动时间每天是6小时，劳动力日价值是3先令，再假设剩余价值率是100%，那么，工人每天提供的剩余价值量为3先令。

可变资本是决定剩余价值量的另一个因素。在已知劳动力价值的情况下，可变资本的量与同时雇佣的工人人数成正比。同时，在剩余价值率一定的条件下，可变资本的数量与剩余价值量也是成正比的。在一定量剩余价值的生产上，一种因素的减少可以由另一种因素的增加来补偿。从公式（1）可以看出，如果可变资本数量减少了，但是同时，剩余价值率按照同一比例提高，则剩余价值量保持不变；反过来，剩余价值率降低，也可以通过以相同比例增加可变资本数量来保持剩余价值量不变。从公式（2）可以看出，可变资本的减少，可以由劳动力受剥削程度的按比例提高来抵偿，或者说，所雇佣的工人人数的减少，可以由工作日的按比例延长来抵偿。

决定剩余价值量的第二个规律："平均工作日（它天然总是小于24小时）的绝对界限，就是可变资本的减少可以由剩余价值率的提高来补偿的绝对界限，或者说，就是受剥削的工人人数的减少可以由劳动力受剥削的程度的提高来补偿的绝对界限。"① 这个规律是由第一个规律引申来的。为了保持剩余价值量不变，可变资本数量的减少，必须通过提高剩余价值率来补偿。但是依靠剩余价值率的提高或者说依靠延长工作日来补偿工人人数或者可变资本数量的减少，是有界限的。一个工人一个工作日的劳动时间毕竟是有限的，假定他需要6小时补偿他的劳动力价值，剩余价值率为100%，现在如果雇佣工人数目减少了一半，那么为了保持剩余价值量不变，剩余价值率就必须提高到200%，对工人来说，他的劳动时间就必须从原来的12小时（6小时补偿劳动力价值，6小时生产剩余价值）提高到18小时（6小时补偿劳动力价值，12小时生产剩余价值），如果18小时工作日还没有超过生理界限的话，那么，当工人数目降

---

① 《马克思恩格斯文集》第5卷，人民出版社2009年版，第354页。

低到原有人数的1/3时，要求剩余价值率必须达到原来的3倍，即300%，这时工人每天必须劳动24小时（6小时补偿劳动力价值，18小时生产剩余价值）。显然，这个绝对的界限是不可能突破的。

决定剩余价值量的第三个规律："如果剩余价值率或劳动力受剥削的程度已定，劳动力价值或必要劳动时间量已定，那么不言而喻，可变资本越大，所生产的价值量和剩余价值量也就越大。"① 这个规律也是由第一个规律演化来的。在这个规律里，剩余价值量取决于剩余价值率和预付的可变资本量两个因素。如前所述，当剩余价值率不变，同时工人的劳动力价值，即必要劳动时间是确定的，那么，资本家生产的剩余价值数量显然就取决于资本所能驱动的劳动力的数量，资本所使用的劳动力数量越多，生产出的剩余价值量就越多。而劳动力又是用预付资本购买来的，因而剩余价值量与预付资本量是正相关的，预付资本量增加，剩余价值量就可能增加。但是，资本家的预付资本投入是分为两部分的，一部分用来购买生产资料，另一部分才用来购买劳动力，因此，直接影响剩余价值量生产的是用来购买劳动力的预付资本量。需要指出的是，预付资本在两部分上的使用比例只是一个技术问题，它对剩余价值量的决定问题没有影响。

以上三个规律是就个别资本而言的，但对社会总资本也是适用的，只是人口数量成为全社会剩余价值总量的一个决定因素。假定其他条件不变，社会人口数量越多，工人人数就越多，社会总资本生产的剩余价值也就越多。这一点是分析个别资本剩余价值量决定时所不需要考虑的。

二、货币转化为资本的可变资本最低额

马克思揭示的第三个规律告诉我们，在其他条件不变的情况下，剩余价值量取决于雇佣工人的人数。而雇佣工人就需要相应的可变资本和不变资本，这样，对货币所有者来说，要使货币转化为资本，实际上存在一个最低货币额。可变资本的最低额就是为获取剩余价值而使用的劳动力成本的价格。

假如一个工人，他自己占有生产资料，生产目的是为满足生活需要，那么他只要每天再生产出来自己生活资料的必要劳动时间（比如8小时）就够了。作为工人个体劳动，他预付的成本，只需是8小时要用的生产资料的价值。但

① 《马克思恩格斯文集》第5卷，人民出版社2009年版，第354页。

如果是资本家的生产就不一样了，资本家的生产目的是剩余价值，他要求这个工人劳动 8 小时之外，必须再继续劳动，比如 4 小时，这 4 小时的劳动就是剩余劳动。这样，他就需要追加相应的货币资本来购买生产资料。如果资本家不想让自己的生活水平低于工人的生活水平，那么至少要雇佣 2 名工人，剩余劳动时间才是 8 小时；如果要比工人好 1 倍，就要雇佣 4 名工人；如果要在这个基础上，把剩余价值的一半转化为资本，资本家预付的资本的最低限额和雇佣工人的人数就是原来的 8 倍。

可见，“不是任何一个货币额或价值额都可以转化为资本。相反地，这种转化的前提是单个货币占有者或商品占有者手中有一定的最低限额的货币或交换价值”①。从资本主义发展阶段上来看，最初，资本家虽然是资本的所有者，但也参加劳动，是“小业主”身份。随着资本主义生产发展到一定高度，资本家作为资本的人格化，就把全部时间用来执行资本职能，即用来占有和控制他人剩余劳动。

三、绝对剩余价值生产中的资本家与雇佣工人的关系

在本篇的最后，马克思做了几点小结，进一步说明了绝对剩余价值生产中资本家与雇佣工人之间关系的性质。

第一，在剩余价值生产过程中，资本发展为对劳动，即对发挥作用的劳动力或工人本身的指挥权，人格化的资本即资本家，监督工人有规则地并以应有的强度进行劳动。

第二，资本发展成一种对劳动的强制关系，迫使工人阶级超出自身生活需要的界限从事更多劳动。“资本在精力、贪婪和效率方面，远远超过了以往一切以直接强制劳动为基础的生产制度。”②

第三，“资本起初是在历史上既有的技术条件下使劳动服从自己的。因此，它并没有直接改变生产方式。所以我们上面所考察的、单靠延长工作日这种形式的剩余价值的生产，看来是与生产方式本身的任何变化无关的。”③ 而与技术和生产方式变化有关的问题，是马克思在下一篇“相对剩余价值的生产”中研究的内容。

---

① 《马克思恩格斯文集》第 5 卷，人民出版社 2009 年版，第 356 页。
② 《马克思恩格斯文集》第 5 卷，人民出版社 2009 年版，第 359 页。
③ 《马克思恩格斯文集》第 5 卷，人民出版社 2009 年版，第 359 页。

第四，在资本主义生产过程中，生产资料作为吮吸他人劳动的手段，工人劳动的主观能动性受到了极大的抑制。“不是工人把生产资料当作自己生产活动的物质要素来消费，而是生产资料把工人当作自己的生活过程的酵母来消费，并且资本的生活过程只是资本作为自行增殖的价值的运动。”① 资本家把生产资料对工人的支配看做自然现象，好像生产资料天然就能带来剩余价值。但事实上，只有在货币通过购买劳动力而成为资本，从而形成雇佣劳动关系以及由这种关系决定的资本对劳动的统治的条件下，生产资料才能成为榨取剩余价值的手段。

思考题：

1. 为什么说资本主义生产过程是劳动过程和价值增殖过程的统一？
2. 马克思是如何运用劳动二重性学说，论证同一劳动过程既转移了旧价值又创造了新价值的？
3. 何谓不变资本和可变资本？它们的划分依据是什么？
4. 如何理解剩余价值率是劳动力剥削程度的准确表现？
5. 决定剩余价值量的三个规律是什么？
6. 如何理解资本家与工人在工作日斗争中的“二律背反”现象？

① 《马克思恩格斯文集》第5卷，人民出版社2009年版，第359—360页。

第四章　相对剩余价值的生产

本章介绍《资本论》第一卷第四篇的主要内容，即相对剩余价值生产理论。与第三篇一样，第四篇研究的问题也是资本家如何榨取工人生产的剩余价值，但第三篇是在技术不变从而劳动生产率和产品生产的社会必要劳动时间不变的前提下，说明资本家如何通过延长工作日的绝对长度来榨取更多的剩余价值；而本篇在工作日长度不变的假设下，阐明资本家如何通过压缩必要劳动时间，相对延长剩余劳动时间来榨取更多的剩余价值，以及资本对劳动的统治不断强化的过程。这不仅可以加深对资本主义生产方式的本质特征的认识，正确理解当代资本主义劳资关系因技术进步和劳动生产力提高而发生的种种变化，而且有助于理解技术进步作为生产力发展和生产关系变革的推动力的地位，认识竞争在市场经济中对技术进步和技术创新的巨大促进作用。

第一卷第四篇包括第 10 章至第 13 章。其中，第 10 章说明了相对剩余价值的概念，分析了相对剩余价值与绝对剩余价值的区别，为全篇奠定了理论基础。第 11 章至第 13 章则在此基础上，阐明相对剩余价值的生产方法是怎样通过简单协作、工场手工业分工和机器生产等技术变革而发展起来的，资本主义剥削程度是如何在这个发展过程中不断提高的，资本对劳动的统治是如何逐渐强化的。

第一节　相对剩余价值的概念

一、工作日的两个部分

在人类物质生产活动的历史进程中，劳动经验的积累及其创造性应用，形成了生产技术进步的基础。但是，技术怎样进步、它的应用目的、在社会生产中的作用，则与当时的社会生产关系紧密相关。资本主义的技术进步是由追求尽可能多的剩余价值这一资本主义的生产目的驱动的。资本家通过技术进步使工人的必要劳动时间缩短，相对延长剩余劳动时间，从而生产出更多的剩余价值。因此，资本主义技术进步过程，同时就是相对剩余价值的生产过程。

在资本主义生产方式下，工人一天的劳动时间被分为必要劳动时间和剩余劳动时间两个部分，如果工人一天的劳动时间长度确定，资本家不能延长工作日，剩余劳动时间还有没有可能延长呢？马克思的回答是肯定的。在工作日长度不变的条件下，使工人在一天中为自己劳动的时间变短，就可以使剩余劳动时间相对延长。所谓相对剩余价值生产，就是在工作日长度不变的情况下，通过改变必要劳动时间和剩余劳动时间的比例，缩短必要劳动时间，相对延长剩余劳动时间，以攫取更多的剩余价值。

必要劳动时间怎样才能缩短呢？是不是资本家只有压低工人的工资，才可以缩短工人一天中的必要劳动时间，从而相对延长剩余劳动时间呢？通过这种方法确实可以相对地延长剩余劳动时间。但是，马克思并不是这样来解释相对剩余价值生产的。因为，按照第一卷第 4 章的理论，工人的收入是劳动力的价值，它是由劳动力再生产所需要的生活资料的价值决定的。劳动力价值的正常支付是保证劳动力正常再生产的必要条件。如果资本家经常把工人的收入压低到劳动力价值以下，工人所能支配的物质生活资料就会相应地减少。“因此，他的劳动力只能有萎缩的再生产。在这里，剩余劳动的延长，只是由于打破剩余劳动的正常界限，剩余劳动的范围的扩大，只是由于侵占了必要劳动时间的范围。”① 在资本主义经济中，工人的劳动是剩余价值的源泉，从长期看，如果工人的劳动力以萎缩的方式再生产，这无异于使资本主义生产方式趋于灭亡。因此，虽然资本家将工资压低到劳动力的价值之下的情况，在实际生活中是存在的，但是在理论分析中应该将其排除。因此，马克思假定劳动力像其他商品一样，都是按照十足的价值买卖的。“既然作了这样的假定，那么劳动力的生产或劳动力价值的再生产所必要的劳动时间，就不能因为工人的工资低于他的劳动力的价值而减少，而只有当这个价值本身降低时才减少。”②

二、劳动力价值的下降与相对剩余价值

既然必要劳动时间的缩短必须以劳动力价值下降为前提，那么接下来要研究的就是劳动力价值是怎样下降的。

劳动力价值是由劳动力再生产所需要的物质生活资料的价值决定的，要使劳动力价值下降，就需要使这些物质生活资料的价值下降，即生产劳动力再生

① 《马克思恩格斯文集》第 5 卷，人民出版社 2009 年版，第 365 页。

② 《马克思恩格斯文集》第 5 卷，人民出版社 2009 年版，第 365 页。

产所需物质生活资料的劳动时间减少。要做到这一点，就需要有劳动生产力的提高。马克思指出："劳动生产力的提高，我们在这里一般是指劳动过程中的这样一种变化，这种变化能缩短生产某种商品的社会必需的劳动时间，从而使较小量的劳动获得生产较大量使用价值的能力。"① 也就是说，为了使劳动力价值下降，资本家就不能满足于"占有历史上遗留下来的或者说现存形态的劳动过程"，而"必须变革劳动过程的技术条件和社会条件，从而变革生产方式本身，以提高劳动生产力，通过提高劳动生产力来降低劳动力的价值，从而缩短再生产劳动力价值所必要的工作日部分"。② 在劳动力价值下降的同时，生产剩余价值的工作日部分也就延长了。可见，资本主义条件下劳动生产力提高的根本动力与最终目的，是资本家对剩余价值的无限追求。因此，马克思总结道："我把通过延长工作日而生产的剩余价值，叫做绝对剩余价值；相反，我把通过缩短必要劳动时间、相应地改变工作日的两个组成部分的量的比例而生产的剩余价值，叫做相对剩余价值。"③

应当指出的是，并不是任何部门、任何形式的生产力提高都符合资本生产相对剩余价值的需要。只有那些能够直接或间接影响劳动力再生产费用的商品生产的生产力的提高，才能对相对剩余价值生产有所贡献。"劳动力价值随着它的再生产所必要的劳动时间的缩短而降低，这种必要劳动时间的全部缩短等于所有这些特殊生产部门中这种劳动时间缩短的总和。"④ "那些既不提供必要生活资料，也不为制造必要生活资料提供生产资料的生产部门中生产力的提高，不会影响劳动力的价值。"⑤

三、超额剩余价值

相对剩余价值生产通过所有与劳动力再生产所需的相关使用价值生产部门的劳动生产力的提高来实现。这样说来，好像每个资本家都是为了资产阶级的共同利益（降低劳动力价值，缩短必要劳动时间，延长剩余劳动时间）而提高劳动生产力的。但是，实际上并不是这样。相对剩余价值的生产是众多资本家

① 《马克思恩格斯文集》第5卷，人民出版社2009年版，第366页。
② 《马克思恩格斯文集》第5卷，人民出版社2009年版，第366页。
③ 《马克思恩格斯文集》第5卷，人民出版社2009年版，第366页。
④ 《马克思恩格斯文集》第5卷，人民出版社2009年版，第367页。
⑤ 《马克思恩格斯文集》第5卷，人民出版社2009年版，第367页。

在各自追求超额剩余价值过程中不自觉地造成的结果。

马克思指出："当一个资本家提高劳动生产力来使例如衬衫便宜的时候，他决不是必然抱有相应地降低劳动力的价值，从而减少必要劳动时间的目的；但是，只要他最终促成这个结果，他也就促成一般剩余价值率的提高。"① 他还特别强调，"必须把资本的一般的、必然的趋势同这种趋势的表现形式区别开来"②。这里所说的"必然趋势"，是指每个资本家都具有的追求最大剩余价值的行为取向；而所谓表现形式，是指资本家之间通过提高劳动生产力而展开的追求超额剩余价值的竞争。马克思对资本主义社会劳动生产力的考察是从资本运动的本质规律层次进行的，这样才能揭示劳动生产力的提高与劳动力价值下降，从而剩余价值相应增大之间的内在联系。在此，马克思提出了考察资本主义经济规律时的一个十分重要的原则："只有了解了资本的内在本性，才能对竞争进行科学的分析，正像只有认识了天体的实际的、但又直接感觉不到的运动的人，才能了解天体的表面上的运动一样。"③

接着，马克思具体阐述了个别资本家提高劳动生产力的动力和目的——追求超额剩余价值。在第一卷第1章中，马克思已经指出，商品的价值是由社会必要劳动时间决定的，如果生产商品的资本家通过提高劳动生产力，减少单位商品生产耗费的劳动时间，使自己企业生产商品的个别价值降到社会价值以下，那么，他的商品仍然能够按照社会价值来实现。这样，提高了劳动生产力的企业就可以在其实际劳动耗费以上，获得一个相当于自己个别价值低于社会价值差额的额外价值。由于工人的劳动力价值已定，这个额外的价值就成为资本家获得的剩余价值的一部分。这部分剩余价值，被马克思称为"超额剩余价值"。为了获得超额剩余价值，"每个资本家都抱有提高劳动生产力来使商品便宜的动机"④。

在这种情况下，虽然工人的劳动力价值按社会通行的标准并没有降低，但是从企业内部的必要劳动与剩余劳动的关系来看，工人为自己劳动的时间相对缩短了。个别企业劳动生产力的提高，使它的总产品在耗费同量劳动的情况下实现了更多的价值。而劳动力的价值是事先决定的，这个更多的价值被资本家

---

① 《马克思恩格斯文集》第5卷，人民出版社2009年版，第367页。
② 《马克思恩格斯文集》第5卷，人民出版社2009年版，第368页。
③ 《马克思恩格斯文集》第5卷，人民出版社2009年版，第368页。
④ 《马克思恩格斯文集》第5卷，人民出版社2009年版，第369页。

占有，就意味着工人在全部产品价值中占有的份额下降了。在劳动时间没有延长的条件下，工人占有份额的下降，实际上就是工人用较短的时间再生产出了自己的劳动力的价值，而在节省出的时间内生产出资本家获得的超额剩余价值。可见，“甚至在这种场合，剩余价值生产的增加也是靠必要劳动时间的缩短和剩余劳动的相应延长”①。“采用改良的生产方式的资本家，比同行业的其余资本家在一个工作日中占有更大的部分作为剩余劳动。”②

改良生产方式的资本家不仅可以比同行业资本家多得到额外剩余价值，还可以在社会价值以下出售商品以取得竞争优势。但是，资本之间的竞争会迫使其他资本家也采用新的生产技术，使得最初个别资本家拥有的改良的、先进的生产技术，成为社会普遍采用的生产技术。这就使得改良后的生产技术下生产商品的劳动时间，成为决定该商品价值的社会必要劳动时间。“只有当劳动生产力的提高扩展到同生产必要生活资料有关的生产部门，以致使属于必要生活资料范围，从而构成劳动力价值要素的商品变得便宜时，一般剩余价值率才会最终受到这一整个过程的影响。”③ 这样，通过资本之间的竞争以及改良技术的普遍化，使得个别资本家改进技术以获取超额剩余价值的活动，最终转化为由整个资本家阶级共享的相对剩余价值。

四、资本主义生产方式下技术进步的本质

相对剩余价值生产是在价值规律的作用下实现的。单位商品的价值与劳动生产力成反比，劳动力价值是由劳动力再生产所需要的必要生活资料的价值决定的，因而劳动力价值也是与劳动生产力成反比的。在资本主义生产方式下，劳动生产力的提高成为降低劳动力价值的手段，因为“相对剩余价值与劳动生产力成正比”④。可见，资本主义生产方式下，劳动生产力的发展过程就是资本不断实现相对剩余价值生产的过程，“提高劳动生产力来使商品便宜，并通过商品便宜来使工人本身便宜，是资本的内在的冲动和经常的趋势”⑤。

资本主义生产是商品生产，但作为特殊的商品生产方式，生产商品的资本

① 《马克思恩格斯文集》第5卷，人民出版社2009年版，第369页。
② 《马克思恩格斯文集》第5卷，人民出版社2009年版，第370页。
③ 《马克思恩格斯文集》第5卷，人民出版社2009年版，第371页。
④ 《马克思恩格斯文集》第5卷，人民出版社2009年版，第371页。
⑤ 《马克思恩格斯文集》第5卷，人民出版社2009年版，第371页。

家关心的不是商品的绝对价值，而是包含在其中的剩余价值。通过降低商品绝对价值，进而降低其中的劳动力价值的等价物来增加商品内包含的剩余价值，成为资本主义生产方式下技术进步的动机。马克思强调："在资本主义生产条件下，通过发展劳动生产力来节约劳动，目的决不是为了缩短工作日。它的目的只是为了缩短生产一定量商品所必要的劳动时间。"① "在资本主义生产中，发展劳动生产力的目的，是为了缩短工人必须为自己劳动的工作日部分，以此来延长工人能够无偿地为资本家劳动的工作日的另一部分。"② 这就是资本主义生产方式下技术进步的本质。

由于资本主义生产方式中技术进步是生产相对剩余价值的手段，这就使资本主义条件下的技术进步不仅不能给工人带来福利，反而成为强化对工人剥削的手段。在第一卷第 13 章中，马克思以大量生动的事例展示了机器的使用在提高劳动生产力的同时，如何给工人阶级带来工作日延长、劳动强度提高、失业等严重的不利后果。

第二节　协　　作

一、协作是资本主义生产方式的起点

协作是一切社会化劳动组织的基本特征。在资本主义社会发展历史上，工场手工业和机器大工业都是在协作基础上发展起来的社会劳动的组织形式。随着工场手工业向机器大工业的转变，资本主义生产关系借助社会生产力的发展，使自身的内在本质属性不断展开。从马克思的考察中可以看到，资本主义生产关系下发展起来的社会生产力如何表现为资本的生产力，从而不断地为资本统治劳动提供着物质手段，强化、巩固并发展着资本对劳动的统治，使劳动对资本的从属关系不断地加深，最终形成了以完成形态呈现在我们面前的资本主义生产方式。

马克思在第一卷第 11 章以"协作"为题，开始了对资本主义关系下社会生产力发展的研究。他认为，协作带来的生产规模扩大赋予了生产力以社会化

---

① 《马克思恩格斯文集》第 5 卷，人民出版社 2009 年版，第 372—373 页。

② 《马克思恩格斯文集》第 5 卷，人民出版社 2009 年版，第 373 页。

的性质，但由于近代历史上协作生产力是在资本主义生产关系下发展起来的，因此，协作生产力也必然带有资本所赋予的特有社会属性，即协作产生的集体力表现为资本的生产力；协作的主体——劳动者——则转化为隶属于资本的生产要素；生产的社会化发展使得对生产过程的管理与协调成为生产活动中不可缺少的内容，但这在雇佣劳动关系下表现为资本家的职能。

马克思指出："许多人在同一生产过程中，或在不同的但互相联系的生产过程中，有计划地一起协同劳动，这种劳动形式叫作协作。"① 协作有简单和复杂之分。简单协作是在同一生产过程中的协同动作，劳动者之间没有固定的分工；复杂协作是以分工为基础的协作，手工工场和机器工厂都是以较复杂的分工为基础的协作。

协作对于资本主义生产方式是十分必要的，是资本主义生产方式的内在要求。资本主义生产过程是剩余价值的生产，本质上是资本家凭借对生产条件的占有以及由此形成的对劳动过程的控制来无偿占有工人的剩余劳动。由于被资本家占有的工人剩余劳动采取了剩余价值的形式，因此，资本家对工人剩余劳动的追求在数量上是无限的。在第一卷第 8 章，马克思列举大量例证揭示了资本对剩余劳动"狼一般的贪欲"；在第 9 章中，马克思又指出："所生产的剩余价值量……是由同一个资本家同时剥削的劳动力的数目与单个劳动力受剥削的程度之间的复比决定的。"② 由于劳动力数目成为决定剩余价值量的一个因素，增加所使用工人的数量以扩大生产规模就成为资本主义生产的一个特征。他强调："资本主义生产实际上是在同一个资本同时雇用人数较多的工人，因而劳动过程扩大了自己的规模并提供了较大量的产品的时候才开始的。"③

工人数量的扩大促进了生产过程中协作劳动形式的发展。"人数较多的工人在同一时间、同一空间（或者说同一劳动场所），为了生产同种商品，在同一资本家的指挥下工作，这在历史上和概念上都是资本主义生产的起点。"④ 在历史上，资本主义生产方式是在继承了前资本主义生产方式下的生产力基础上发展起来的，作为资本主义历史和逻辑起点上的简单协作，与前资本主义生产

① 《马克思恩格斯文集》第 5 卷，人民出版社 2009 年版，第 378 页。
② 《马克思恩格斯文集》第 5 卷，人民出版社 2009 年版，第 352 页。
③ 《马克思恩格斯文集》第 5 卷，人民出版社 2009 年版，第 374 页。
④ 《马克思恩格斯文集》第 5 卷，人民出版社 2009 年版，第 374 页。

力相比，只是在量上的扩大，尚未表现出明显的质的区别。

二、协作劳动形式给劳动过程带来的变化

与个体的劳动形式相比，协作这种劳动形式蕴含着生产力发展的巨大空间。马克思在这里用大量篇幅分析了协作劳动形式所具有的提高劳动生产力的作用。

第一，协作劳动形式消除了劳动的个人差别，赋予劳动以社会平均劳动的性质，使劳动概念中增添了社会化的内容。尽管劳动者个体在劳动能力上存在着差异，但是协作劳动形式把许多劳动者集合在一起进行劳动，所表现出的总能力相当于同样数量的具有平均能力的劳动者的总和。这样，劳动的所有的个人之间的差别就在协作劳动形式中互相抵消，归于消失。由于形成价值的劳动是社会平均性质的劳动，因此协作劳动带来的劳动平均化更符合商品生产对劳动的要求。“对单个生产者来说，只有当他作为资本家进行生产，同时使用许多工人，从而一开始就推动社会平均劳动的时候，价值增殖规律才会完全实现。”①

第二，协作劳动形式赋予劳动的客观物质条件的使用以社会化的性质，带来了生产过程中生产资料耗费的节约，进而带来了生产商品过程中耗费的总劳动的节约。协作劳动形式下，许多人在同一时间、同一劳动场所下进行劳动，必然要求劳动的客观物质条件规模扩大。但生产资料就其物质属性来说，其中有一部分是可以由许多劳动者共同使用的，劳动人数的增加，在一定的程度上可以使生产资料得到更充分的利用。“大量积聚的并且共同使用的生产资料的价值，一般地说，不会和这些生产资料的规模及其效果成比例地增加。”②“不变资本的价值组成部分降低了，而随着这部分价值的量的减少，商品的总价值也降低了……生产资料使用方面的这种节约，只是由于许多人在劳动过程中共同消费它们。”③

但是，人类劳动的这种节约在资本主义生产条件下，只是给资产阶级带来好处。“一方面，它使商品便宜，从而使劳动力的价值下降。另一方面，它改变剩余价值同全部预付资本，也就是同资本的不变组成部分和可变组成部分的

① 《马克思恩格斯文集》第5卷，人民出版社2009年版，第376页。
② 《马克思恩格斯文集》第5卷，人民出版社2009年版，第377页。
③ 《马克思恩格斯文集》第5卷，人民出版社2009年版，第377页。

价值总额之间的比例。"① 前一方面带来了剩余价值量和剩余价值率的提高，而后一方面直接引起了资本利润率提高。但这对工人来说并没有什么积极意义，"因为在资本主义生产中，劳动条件作为某种独立的东西而与工人相对立，所以劳动条件的节约也表现为一种与工人无关、因而与提高工人的个人生产率的方法相脱离的特殊操作"②。

第三，协作劳动形式使人类劳动中蕴藏着的集体力得到发挥，"创造了一种生产力，这种生产力本身必然是集体力"③。这种集体力表现出以下优势：一是协作产生了单个人力量所达不到的结合劳动的效果；二是协作中劳动者的"社会接触就会引起竞争心和特有的精力振奋，从而提高每个人的个人工作效率"④；三是协作中的分工加快了劳动各阶段的衔接和连续性；四是协作劳动可以从空间的不同方向同时作用于劳动对象；五是协作中的分工可以减少生产总产品的必要劳动时间；六是协作可以在短时间内投入大量的劳动，完成少数人短时间不能完成的工作；七是协作可以扩大劳动作用的空间范围，也可以集中在劳动对象上投入大量劳动。对于协作劳动形式带来的种种优势，马克思总结道："在所有这些情形下，结合工作日的特殊生产力都是社会的劳动生产力或社会劳动的生产力。这种生产力是由协作本身产生的。劳动者在有计划地同别人共同工作中，摆脱了他的个人局限，并发挥出他的种属能力。"⑤

三、协作劳动在资本主义生产方式下的形成条件

劳动者在同一时间集结在一定的空间是他们进行协作的条件。劳动者的这种集结总是通过一定社会生产关系实现的。资本主义条件下的协作劳动是在同一资本家同时雇用许多工人的情况下形成的，即是通过雇佣劳动关系实现的。

资本聚集工人的数量，首先取决于资本以价值形式掌握工人的生活资料的数量——可变资本的数量。"在劳动力本身集合在生产过程中以前，这些劳动力的总价值或工人一天、一周等等的工资总额，必须已经集合在资本家的口袋里。"⑥ "协作工人的人数或协作的规模，首先取决于单个资本家能支出多大资

① 《马克思恩格斯文集》第5卷，人民出版社2009年版，第377—378页。
② 《马克思恩格斯文集》第5卷，人民出版社2009年版，第378页。
③ 《马克思恩格斯文集》第5卷，人民出版社2009年版，第378页。
④ 《马克思恩格斯文集》第5卷，人民出版社2009年版，第379页。
⑤ 《马克思恩格斯文集》第5卷，人民出版社2009年版，第382页。
⑥ 《马克思恩格斯文集》第5卷，人民出版社2009年版，第383页。

本量来购买劳动力，也就是取决于每一个资本家在多大规模上拥有供许多工人用的生活资料。”① 此外，资本还必须准备足够的生产资料作为劳动的吸收器，以便使工人的劳动能够充分地物化为价值和剩余价值。

可见，资本主义条件下协作劳动的实现，是以资本在资本家手中一定数量的积累为前提的。这种积累的规模，最初表现为资本家主观上为追求一定量剩余价值所要求的，后来更是协作劳动这一客观物质形式所要求的，不以资本家个人的意志为转移。马克思指出：“使资本关系在形式上建立起来，需要有一定的最低限额的单个资本。现在，这个最低限额又表现为使许多分散的和互不依赖的单个劳动过程转化为一个结合的社会劳动过程的物质条件。”②

四、协作劳动与资本主义管理的二重性

资本对劳动的指挥权最初仅仅产生于资本主义雇佣劳动关系，是劳动对资本的从属关系赋予了资本这种权力。因为劳动者直接从事的劳动过程是建立在自己劳动经验和对劳动过程的了解基础之上的，不需要别人进行指挥。劳动者之所以要听从资本的指挥，只是因为他们受雇于资本，不是为自己劳动，而是为资本进行劳动。协作劳动形式赋予资本对劳动指挥权以新的内容。“随着许多雇佣工人的协作，资本的指挥发展成为劳动过程本身的进行所必要的条件，成为实际的生产条件。现在，在生产场所不能缺少资本家的命令，就像在战场上不能缺少将军的命令一样。”③

但是，协作劳动形式赋予资本的这种指挥权，本质上并不是由资本自身的职能产生的，而是由协作劳动形式产生的，这种指挥权也并不是必然要由资本家来掌握的。但在雇佣劳动制度下，它自然而然地落在了资本家手中。马克思说：“一切规模较大的直接社会劳动或共同劳动，都或多或少地需要指挥，以协调个人的活动，并执行生产总体的运动——不同于这一总体的独立器官的运动——所产生的各种一般职能。……一旦从属于资本的劳动成为协作劳动，这种管理、监督和调节的职能就成为资本的职能。”④ 这一论述明确了管理、监督和调节的职能产生于协作劳动，并不是资本家的天然职能，只是由于资本主义

---

① 《马克思恩格斯文集》第 5 卷，人民出版社 2009 年版，第 383 页。
② 《马克思恩格斯文集》第 5 卷，人民出版社 2009 年版，第 383 页。
③ 《马克思恩格斯文集》第 5 卷，人民出版社 2009 年版，第 384 页。
④ 《马克思恩格斯文集》第 5 卷，人民出版社 2009 年版，第 384 页。

协作劳动在雇佣劳动基础上形成，才使这些职能落在了资本的身上。这也说明，在人类生产摆脱了资本主义生产方式后，没有资本的指挥，人类照样可以运用协作劳动形式发展社会生产力。

除协作劳动形式赋予资本的一般管理职能之外，资本主义生产中的协作还具有由资本主义生产关系决定的特殊性质。资本主义的生产目的是资本的价值增殖，是占有工人剩余劳动所创造的剩余价值，因此，资本主义生产过程内在地存在着劳动与资本之间的对抗性。资本主义管理是保证、促进剩余价值生产和资本增殖的手段。资本主义管理不同于一般社会化生产所要求的管理之处，就在于它本质上是以牺牲劳动者的时间和身体条件的方式来达到管理的目的。这样，资本主义管理方式必然体现着生产过程中的对抗性。马克思指出："资本家的管理不仅是一种由社会劳动过程的性质产生并属于社会劳动过程的特殊职能，它同时也是剥削一种社会劳动过程的职能，因而也是由剥削者和他所剥削的原料之间不可避免的对抗决定的。同样，随着作为他人的财产而同雇佣工人相对立的生产资料的规模的增大，对这些生产资料的合理使用进行监督的必要性也增加了。"① 在这种管理活动中，管理与计划是外在于工人，并且与工人相对立的。

由于资本主义生产过程具有二重性，即一方面是制造产品的社会劳动过程，另一方面是资本价值增殖过程，因而对生产过程的管理也具有二重性，一方面是社会化生产中协调众多劳动者共同进行的生产活动的需要，另一方面是控制劳动者，迫使他们充分地支出剩余劳动的需要。即使资本家不亲自管理，而是把管理的职能交给他雇佣的经理和监工，这些人行使的管理也具有这种二重性。

在这种二重性质中，剥削剩余劳动的性质是占主导地位的。马克思认为，不能"把从共同的劳动过程的性质产生的管理职能，同从这一过程的资本主义的、从而对抗的性质产生的管理职能混为一谈"②。由共同劳动过程性质产生的管理职能之所以由资本家承担，是由于资本家以资本所有权为依据，享有了以获取剩余价值为目的的对劳动过程的控制权。这种控制权是资本家能够占有剩余价值的必要条件，对一般劳动过程的管理是对劳动过程控制权的实现和保

---

① 《马克思恩格斯文集》第5卷，人民出版社2009年版，第384—385页。

② 《马克思恩格斯文集》第5卷，人民出版社2009年版，第386页。

证。正如马克思所说："资本家所以是资本家，并不是因为他是工业的管理者，相反，他所以成为工业的司令官，因为他是资本家。"① 资本主义管理过程的特有性质，决定了它是一种非生产性活动。随着资本主义企业内部结构的日益复杂化，马克思所论述的资本主义管理二重性也在发生着分化，那些与一般劳动过程相联系的管理职能越来越转到下层经理和工程技术人员身上，而资本的实际占有者和控制者则牢牢地掌握着对劳动成果处置与分配的控制权。

五、资本主义协作劳动的生产力表现为资本的生产力

资本主义协作劳动，是在雇佣劳动基础上使工人转化为资本的存在形式后实现的，它"一开始就以出卖自己的劳动力给资本的自由雇佣工人为前提"②。因此，由劳动的协作形式所发挥出来的巨大生产力——集体力，也就表现为资本的生产力，这就使资本幻化为由劳动过程本身的物质技术规律所形成的生产力的神秘源泉。

一切站在资本立场上为剩余价值生产合理性进行辩护的理论家，都热衷于论证资本有一种用自然科学原理所不能解释的神秘化的生产能力。事实上，资本所表现出来的这种神秘生产能力，不过是资本主义生产关系下资本家凭借对生产条件的占有所控制的劳动生产力。马克思指出："工人作为独立的人是单个的人，他们和同一资本发生关系，但是彼此不发生关系。他们的协作是在劳动过程中才开始的，但是在劳动过程中他们已经不再属于自己了。他们一进入劳动过程，便并入资本。作为协作的人，作为一个工作有机体的肢体，他们本身只不过是资本的一种特殊存在方式。因此，工人作为社会工人所发挥的生产力，是资本的生产力。只要把工人置于一定的条件下，劳动的社会生产力就无须支付报酬而发挥出来，而资本正是把工人置于这样的条件之下的。因为劳动的社会生产力不费资本分文，另一方面，又因为工人在他的劳动本身属于资本以前不能发挥这种生产力，所以劳动的社会生产力好像是资本天然具有的生产力，是资本内在的生产力。"③ 这就清楚地揭示了资本拜物教关于劳动生产力的种种错误观念的形成原因。

在资本主义生产方式中，协作劳动形式有了巨大的发展，因此，表面上看

---

① 《马克思恩格斯文集》第5卷，人民出版社2009年版，第386页。
② 《马克思恩格斯文集》第5卷，人民出版社2009年版，第388页。
③ 《马克思恩格斯文集》第5卷，人民出版社2009年版，第386—387页。

来，它似乎是资本主义生产方式所特有的。但作为人类历史上发展起来的一种劳动形式，协作劳动形式并不是资本主义所特有的，使劳动的一般内容表现为资本主义生产的特有形式的原因在于：在资本主义条件下，劳动从属于资本，劳动过程被资本赋予其特有的社会形式。

第三节 分工和工场手工业

一、工场手工业的二重起源

工场手工业分工是资本主义生产力发展历史上的一个重要阶段，它不仅体现了协作的一般原则和生产优势，而且发展了自己特有的生产优势，推动了资本主义生产力的发展。工场手工业分工的发展孕育了18世纪后期的工业革命。马克思在第一卷第12章对分工和工场手工业的研究，揭示了工场手工业分工的生产力特征和性质，以及资本主义工场手工业所体现的资本主义生产关系属性。

工场手工业出现在16—18世纪，它是建立在生产机构内部分工基础上的协作劳动形式。手工业是以劳动者运用技艺，借助各种手工工具生产各种使用价值的生产方式。工场手工业是在保持手工业原有的劳动方式的前提下，将手工业劳动者加以聚集并在他们之间进行分工而形成的。更具体地讲，工场手工业是以两种方式形成的。一种方式是“不同种的独立手工业的工人在同一个资本家的指挥下联合在一个工场里，产品必须经过这些工人之手才能最后制成”①。对于这种形式，马克思举出马车生产的例子，马车是由不同材料制作的部件组成的，可以由来自不同手工业的工人分别生产。另一种方式是“许多从事同一个或同一类工作（例如造纸、铸字或制针）的手工业者，同时在同一个工场里为同一个资本所雇用”②。两种方式中，前一种是来自不同行业的手工业者的外部结合，后一种则是来自同一行业的手工业者操作技能分化后的结合。但不管形成方式怎样不同，“它的最终形态总是一样的：一个以人为器官的生产机构”③。

---

① 《马克思恩格斯文集》第5卷，人民出版社2009年版，第390页。
② 《马克思恩格斯文集》第5卷，人民出版社2009年版，第391页。
③ 《马克思恩格斯文集》第5卷，人民出版社2009年版，第392页。

工场手工业的分工有以下特点：一是它没有改变手工劳动这一基本形式，工人在使用工具时的力量、速度、熟练度和准确度是生产中的决定性因素。二是它对劳动进行分工的依据仍然是各种手工劳动的形式，“这种狭隘的技术基础使生产过程得不到真正科学的分解”①。三是手工劳动使每个工人转化为终身从事某种局部职能的器官。四是工场手工业生产所获得的生产优势在很大程度上是协作的一般性质产生的。

二、局部工人及其工具

“局部工人及其工具构成工场手工业的简单要素。”② 工场手工业的生产力特征，通过生产过程的主观因素即工人，以及客观条件即生产工具的特点表现出来。

首先看工场手工业中的工人。在工场手工业的内部分工条件下从事生产的工人，终身从事分工所安排给他的特定操作，因而形成了工人个人特有的片面发展的劳动技能。他的劳动并不能生产出完整的产品，只生产出产品的一个局部，因此在工场中成了局部工人。构成工场手工业的总体工人，完全是由这些片面的局部工人组成的。这些局部工人长期专门从事单一的操作，其操作技能也会因反复从事这种操作而变得熟练并不断完善。而且，在工场中不同年龄的工人聚集在一起共同劳动，使得工人在劳动中完善起来的操作方式与劳动经验也会更迅速地在他们之间积累、巩固、传播。局部工人操作技能的改进，表现在工场总体上，就是具有内部分工的工场手工业比普通的手工业大大提高了劳动生产力。从劳动方式上看，与普通手工业工人相比，局部工人从事单一的操作就使他在劳动中省去了时而变更位置、时而调换工具的时间，增加了他的有效劳动时间，从而提高了劳动生产率。“在这里，劳动生产率的提高，或者是由于增加了一定时间内劳动力的支出，也就是提高了劳动强度，或者是由于减少了劳动力的非生产耗费。”③ 马克思在指出局部工人的劳动方式提高劳动生产率的同时，还强调了这种劳动方式对劳动者本身所带来的压抑：“不断从事单调的劳动，会妨碍精力的振奋和焕发，因为精力是在活动本身的变换中得到恢

---

① 《马克思恩格斯文集》第5卷，人民出版社2009年版，第393页。
② 《马克思恩格斯文集》第5卷，人民出版社2009年版，第396页。
③ 《马克思恩格斯文集》第5卷，人民出版社2009年版，第395页。

复和刺激的。”①

再来看劳动的最主要客观条件——生产工具。在改变了工人劳动方式的工场手工业中，劳动工具也随着工人操作的局部化而变得专门化了。“一旦劳动过程的不同操作彼此分离，并且每一种局部操作在局部工人手中获得最合适的因而是专门的形式，过去用于不同目的的工具就必然要发生变化。工具形式变化的方向，是根据从工具原来形式带来的特殊困难中得出的经验决定的。劳动工具的分化和劳动工具的专门化，是工场手工业的特征，前者使同类的工具获得了适合于每种特殊用途的特殊的固定形式，后者使每种这样的特殊的工具只有在专门的局部工人的手中才能充分发挥作用。”② 工人操作技能的单一化与劳动工具的日益专门化促进了劳动生产率的提高。劳动工具的专门化、简单化为机器的产生创造了物质条件，当这些简单工具从人的手中转到了由机械推动的机构上以后，就形成了机器。

三、工场手工业生产的特征

工场手工业的二重起源相应地形成了工场手工业的两种基本形式。根据制品是由各个独立的局部产品纯粹机械地装配而成，还是依次经过一系列互相关联的过程和操作而取得完成的形态，工场手工业被分为混成的工场手工业和有机的工场手工业。从整体上看，工场手工业的生产有以下特征。

第一，局部生产环节之间的衔接，要求各个环节上工人的劳动时间更加精确。每个生产环节上，工人必须按照规定的时间完成操作才能保证整个生产过程的不中断。因此，按照社会必要劳动时间生产商品的规律，在工场手工业中变成了生产过程本身的技术规律。这种时间要求，也形成了工场手工业生产中工人劳动的连续性、划一性、规则性和秩序性，同时对工人的劳动强度也提出了规定。

第二，局部生产环节之间的衔接，要求各个生产环节上工人的数量形成一定的比例。每个生产环节对上一工序产品的需要和对下一工序产品的供应，以及每个工序操作时间因素，决定了各环节的工人数量要保持一定的比例关系。因此，“工场手工业的分工在发展社会劳动过程的质的组成的同时，也发展了

---

① 《马克思恩格斯文集》第 5 卷，人民出版社 2009 年版，第 395 页。

② 《马克思恩格斯文集》第 5 卷，人民出版社 2009 年版，第 395—396 页。

它的量的规则和比例性”①。

第三，工场手工业内部分工又可以发展为不同的、相对独立的生产过程，由这些生产过程形成工场手工业内部分工。例如，生产某种产品的工场手工业，内部可以独立出为生产此种产品的工具生产、原材料生产等。

第四，工场手工业内部不同分工阶段上的操作要求，向工人提出了不同的专长要求，另一方面，分工的固定化又片面地发展了工人的不同专长。因此，“局部工人作为总体工人的一个肢体，他的片面性甚至缺陷就成了他的优点。从事片面职能的习惯，使他转化为本能地准确地起作用的器官，而总机构的联系迫使他以机器部件的规则性发生作用”②。

第五，不同分工阶段上操作的劳动复杂性不同，形成了工场内部的劳动力等级制度，相应地也形成了工资的等级制度。等级制度也使工人被分为熟练工人和非熟练工人。分工带来的职能技能简单化，不仅使非熟练工人的劳动力价值降低，也使熟练工人的劳动力价值降低。由此可以看出，工场手工业内部分工客观上有利于提高剩余价值率，有利于资本的统治。

四、工场手工业内部的分工和社会内部的分工

工场手工业内部的分工是分工的一种形式。马克思把社会生产分为农业、工业等大类称作“一般的分工”，把这些生产大类分为种和亚种称作“特殊的分工”，而把工场手工业内部的分工称作“个别的分工”。但是，在资产阶级古典政治经济学那里，却没有很好地对不同性质的分工进行区分。他们只是一般地谈论分工，而没有注意到工场手工业内部分工与社会内部分工性质上的区别。因而也就不能准确地认识工场手工业内部分工的特殊性质，也就难以发现这种分工在资本主义生产关系中的作用。为此，马克思专门对这两种分工的性质进行了深入的阐述。

社会内部分工与工场手工业内部分工有着历史与社会联系。马克思认为，历史上社会分工一方面是由于原始氏族公社的扩大，使它内部原有的自然分工逐步转变为社会分工，另一方面是由于不同的氏族、共同体之间接触，相互进行产品交换而形成了共同体之间的分工。社会分工发展到较高形式时出现了城

① 《马克思恩格斯文集》第5卷，人民出版社2009年版，第401页。

② 《马克思恩格斯文集》第5卷，人民出版社2009年版，第404—405页。

乡的分离，社会分工的出现以人口数量和密度达到一定程度为前提。

工场手工业是资本主义生产方式下的生产组织形式。“因为商品生产和商品流通是资本主义生产方式的一般前提，所以工场手工业的分工要求社会内部的分工已经达到一定的发展程度。”① 可见，从历史上看，工场手工业内部分工和社会内部分工是在不同的条件下出现的，社会内部分工无论从逻辑上还是从历史上都是工场手工业出现的前提。同时，工场手工业内部分工的出现又通过它自身的反作用，进一步促进了社会内部分工的发展。主要表现在：工场手工业内部劳动工具的分化使生产这些工具的行业也日益分化；工场手工业内部的某些特殊生产阶段独立化为社会分工的一种行业；以不同原料进行生产的工场手工业可以独立化为社会分工的不同行业；工场手工业推动了生产的地域分工，工场手工业时期世界市场的扩大促进了社会分工的发展。总之，工场手工业时期，社会分工的规模和深度比以往有了迅速提高。

尽管两种分工之间有许多相似点和联系，但二者之间的本质差别是不能忽视的，二者背后的社会生产关系差异正是通过这些本质差别体现出来的。应当注意的是，这里与工场手工业内部分工进行对比的，不是一般的社会内部分工，而是资本主义生产条件下的社会内部分工。

第一，在社会内部分工的场合，生产者之间的联系是通过商品生产和商品流通来实现的，生产者把自己的劳动产品当作商品、当作价值，通过交换来实现他们彼此之间在社会总劳动中的内在联系。而在工场手工业内部分工场合，劳动者之间的联系则是通过他们都受雇于同一资本家、在同一资本家的指挥下建立起来的。马克思特别指出：“工场手工业分工的特点是什么呢？那就是局部工人不生产商品。转化为商品的只是局部工人的共同产品。”②

第二，社会内部分工以生产资料分散在不同生产者之间为前提，工场手工业内部分工则以生产资料在资本家手中集中为前提。在社会内部分工场合，生产资料掌握在各个生产者手中，使他们的劳动成为私人劳动，因而只能通过把劳动产品当作商品对待来实现他们之间的联系；工场内部分工则是以工人生产和生活所必需的物质条件集中掌握在资本家手中为前提的，这样，资本家才能借助这种控制权把工人集中起来，在他们之间进行分工以从事生产。

---

① 《马克思恩格斯文集》第5卷，人民出版社2009年版，第409页。

② 《马克思恩格斯文集》第5卷，人民出版社2009年版，第411页。

第三，任何分工都需要有分工的各组成部分之间的比例关系，但是这种比例关系的形成方式在两种分工的场合是不一样的。在社会分工的场合，生产处于无政府状态，不同劳动之间的比例关系是在价值规律作用下形成的；而在工场内部分工场合，劳动比例关系则是在资本家的指挥下形成。这两种分工条件下的劳动比例关系形成的方式截然相反，但是资产阶级及其理论家对于调节劳动比例关系的原则却表现出自相矛盾的态度。一方面，他们赞美作为工场指挥者的资本家对生产的管理权威；另一方面，他们又歌颂社会范围内生产的自由竞争和无政府状态，把由社会化大生产所要求的对社会生产过程的有意识的社会监督和调节，“说成是侵犯资本家个人的不可侵犯的财产权、自由和自决的‘独创性’”①。这一态度，恰恰反映了他们关于自由和专制的主张，都建立在维护资产阶级在社会经济中的统治地位这一基点之上。

马克思还以早期公社共同体内部的社会分工为例，说明社会分工可以在对社会施行有意识的管理条件下实现。资本主义以前的这种社会分工形式排斥和限制商品生产、商品流通，它们构成前资本主义社会中经济基础的重要特征。

最后，马克思总结道：“整个社会内的分工，不论是否以商品交换为中介，是各种经济的社会形态所共有的，而工场手工业分工却完全是资本主义生产方式的独特创造。”② 这句话揭示了工场手工业与资本主义生产关系的内在联系。

五、工场手工业的资本主义性质

工场手工业在性质上适应了资本主义生产关系对劳动方式的要求，进一步巩固了资本关系，加强了资本对劳动的统治。因此，历史上的工场手工业从多个方面表现出资本主义的性质。

第一，使“社会的生活资料和生产资料越来越多地转化为资本”③，适应了资本不断扩大对剩余劳动占有的需要。工场手工业内部分工的技术比例要求，决定了它所要求的最低限度的工人人数提高了，而且在为生产扩大而增加工人时，也必须按照这种比例要求进行扩大，这就要求资本家掌握更多的可变资本。当生产中可变资本投入增加时，不变资本也要按照生产的技术要求相应地增加。不仅如此，生产的扩大可以使资本家更多地获得分工带来的生产率提

---

① 《马克思恩格斯文集》第 5 卷，人民出版社 2009 年版，第 413 页。
② 《马克思恩格斯文集》第 5 卷，人民出版社 2009 年版，第 415—416 页。
③ 《马克思恩格斯文集》第 5 卷，人民出版社 2009 年版，第 416 页。

高的好处，因此对不变资本中原料需要的增长要比对可变资本和其他不变资本需要的增长更快。因此，马克思指出："社会的生活资料和生产资料越来越多地转化为资本，这是由工场手工业的技术性质产生的一个规律。"①

第二，进一步把劳动的生产力表现为资本的生产力。"在工场手工业中，也和在简单协作中一样，执行职能的劳动体是资本的一种存在形式。由许多单个的局部工人组成的社会生产机构是属于资本家的。因此，由各种劳动的结合所产生的生产力也就表现为资本的生产力。"②

第三，使得资本对劳动的统治进一步得到巩固，使劳动者转化为资本的附属物。这是因为，工场手工业分工使工人的技能片面发展，使工人不能独立地从事生产。"工场手工业把工人变成畸形物，它压抑工人的多种多样的生产志趣和生产才能，人为地培植工人片面的技巧……不仅各种特殊的局部劳动分配给不同的个体，而且个体本身也被分割开来，转化为某种局部劳动的自动的工具"。③ 工场手工业创造了这样一种劳动体，使得工人个人不加入这个劳动体中成为其中的一员，就不能进行劳动。而这个劳动体是属于资本的，因此使得工人离开了资本就不能够生存。"他个人的劳动力不卖给资本，就得不到利用。它只有在一种联系中才发挥作用，这种联系只有在它出卖以后，在资本家的工场中才存在。工场手工业工人按其自然的性质没有能力做一件独立的工作，他只能作为资本家工场的附属物展开生产活动……分工在工场手工业工人的身上打上了他们是资本的财产的烙印。"④

第四，发展了体力劳动和脑力劳动的对立。"工场手工业分工的一个产物，就是物质生产过程的智力作为他人的财产和统治工人的力量同工人相对立。"⑤ 工场手工业中工人作为局部工人，片面地从事生产的某一环节，不仅使他们的劳动简单化，而且使工人头脑对劳动过程的理解、把握和指挥转到了资本那里。"局部工人所失去的东西，都集中在和他们对立的资本上面了。"⑥ 在资本主义生产方式发展过程中，体力劳动和脑力劳动的分离与对立不断地发展、深化。"这个分离过程在简单协作中开始，在工场手工业中得到发展，在大工业

① 《马克思恩格斯文集》第 5 卷，人民出版社 2009 年版，第 416 页。
② 《马克思恩格斯文集》第 5 卷，人民出版社 2009 年版，第 417 页。
③ 《马克思恩格斯文集》第 5 卷，人民出版社 2009 年版，第 417 页。
④ 《马克思恩格斯文集》第 5 卷，人民出版社 2009 年版，第 417—418 页。
⑤ 《马克思恩格斯文集》第 5 卷，人民出版社 2009 年版，第 418 页。
⑥ 《马克思恩格斯文集》第 5 卷，人民出版社 2009 年版，第 418 页。

中完成。在简单协作中，资本家在单个工人面前代表社会劳动体的统一和意志，工场手工业使工人畸形发展，变成局部工人，大工业则把科学作为一种独立的生产能力与劳动分离开来，并迫使科学为资本服务。”① 因此，资本主义的发展是以牺牲工人个人的智力和体力发展为条件的。

根据对工场手工业的资本主义性质的分析，马克思深刻地指出了资本主义生产关系下工场手工业发展的二重作用。一方面，“工场手工业分工通过手工业活动的分解，劳动工具的专门化，局部工人的形成以及局部工人在一个总机构中的分组和结合，造成了社会生产过程的质的划分和量的比例，从而创立了社会劳动的一定组织，这样就同时发展了新的、社会的劳动生产力”②。另一方面，“工场手工业分工作为社会生产过程的特殊的资本主义形式……只是生产相对剩余价值即靠牺牲工人来加强资本……自行增殖的一种特殊方法”③。工场手工业分工促进了生产力的发展，但它是为资本家而不是为工人发展生产力的，并且还是靠牺牲工人，使他们畸形化来发展社会的劳动生产力，加强了资本对劳动的统治。“因此，一方面，它表现为社会的经济形成过程中的历史进步和必要的发展因素，另一方面，它表现为文明的和精巧的剥削手段。”④

英国古典政治经济学的代表人物亚当·斯密以分工为基点开展对资本主义生产方式的研究。但是，他并没有清楚地区分一般社会分工与资本主义工场手工业分工，而把这两种不同性质的分工笼统地称为分工，并且把资本主义分工的目的等同于任何一种分工的目的，看作是使商品便宜和加速资本积累的手段。事实上，在不同的生产关系下，分工的目的不同。在古代社会里，分工的目的是把使用价值生产得更好，而资本主义工场手工业分工则以使商品更便宜、促进资本积累为目的。

在考察工场手工业的资本主义性质的基础上，马克思进一步说明了它对资本主义生产方式的发展形成的限制。工场手工业分工虽然强化了资本对劳动的统治，使工人不加入工场就不能生产，但是，“手工业的熟练仍然是工场手工业的基础，同时在工场手工业中执行职能的总机构没有任何不依赖工人本身的

---

① 《马克思恩格斯文集》第 5 卷，人民出版社 2009 年版，第 418 页。

② 《马克思恩格斯文集》第 5 卷，人民出版社 2009 年版，第 421—422 页。

③ 《马克思恩格斯文集》第 5 卷，人民出版社 2009 年版，第 422 页。

④ 《马克思恩格斯文集》第 5 卷，人民出版社 2009 年版，第 422 页。

客观骨骼，所以资本不得不经常同工人的不服从行为作斗争”①。因此，资本还没有建立起对劳动的绝对统治。在工场手工业条件下，不可能使整个社会的技术基础发生根本性变革。马克思指出：“工场手工业既不能掌握全部社会生产，也不能根本改造它。工场手工业作为经济上的艺术品，耸立在城市手工业和农村家庭工业的广大基础之上。工场手工业本身的狭隘的技术基础发展到一定程度，就和它自身创造出来的生产需要发生矛盾。”②

在工场手工业分工的基础上，产生了高度专门化的生产工具，这就为机器的产生准备了必要的条件。机器的产生彻底改变了社会生产的手工技术基础。同时，它也使资本摆脱手工业技术基础加在资本对劳动统治身上的限制，使资本对劳动的统治牢固地确立起来。

第四节 机器和大工业

一、机器的发展

18 世纪后期，工业革命的发生使机器生产成为各个生产部门的主要生产方式，使建立在手工劳动基础上的工场手工业转变为机器大工业。机器一方面带来了劳动生产力的巨大提高，另一方面也使生产的资本主义性质得到充分展开。机器促进了剩余价值生产，最终确立了资本对劳动的统治；机器创造了与资本主义生产相适应的生产组织形式；机器的使用使生产按照资本的要求对工人时而排斥时而吸收，形成了资本主义特有的失业现象；机器生产改造了整个社会生产，排挤和消灭了传统的生产方式，改造了旧农业。同时，资本主义上层建筑对建立在机器生产力基础上的资本主义生产关系的调节，也促进了机器工业及相应的资本主义生产关系占领社会生产所有部门。马克思在第一卷第 13 章对工业革命给社会带来的各种变革进行了深入的研究。

机器的出现虽然使社会生产力得到了空前提高，但机器在资本主义条件下的使用不以减轻劳动强度为目的，因为“机器是生产剩余价值的手段”③。像其他一切发展劳动生产力的方法一样，机器是要使商品便宜，是要缩短工人为

---

① 《马克思恩格斯文集》第 5 卷，人民出版社 2009 年版，第 425 页。
② 《马克思恩格斯文集》第 5 卷，人民出版社 2009 年版，第 426 页。
③ 《马克思恩格斯文集》第 5 卷，人民出版社 2009 年版，第 427 页。

自己花费的工作日部分，以便延长他无偿地给资本家的工作日部分。

马克思研究了机器这一新的生产手段的技术特点。他认为，机器是用机构代替人推动和操纵工具对劳动对象进行加工的劳动手段。典型的完整机器由三个功能不同的部分组成：发动机、传动机构、工具机或工作机。其中，工具机的革命引发了工业革命。“工具机是这样一种机构，它在取得适当的运动后，用自己的工具来完成过去工人用类似的工具所完成的那些操作……在真正的工具从人那里转移到机构上以后，机器就代替了单纯的工具。”① 机器的意义就在于，它使操作活动摆脱了人手的直接作用，转到了以科学技术为依据的机构上。这样就使生产活动达到了由人力所不能达到的程度，也就为提高生产力提供了无限的空间。工具机的产生对推动工具机的动力提出了更高的要求，从而引发了工业革命。

机器生产使社会生产摆脱了人力生产带来的不规则性，用机器的整齐划一操作实现更精确、统一的生产，这就使社会生产的物质技术基础从人的经验、技能转到了科学技术之上。劳动资料取得机器这种物质存在方式，要求以自然力代替人力，以自觉应用自然科学来代替从经验中得出的成规。机器不仅用来生产最终消费品，而且也用来生产机器，当机器用来生产机器时，社会生产就彻底摆脱了旧的手工业，形成了以科学技术为依据、机器为中心的新的社会生产力。机器操作代替了人的操作，使得在工场手工业以人为基础的生产机构，转变为以机器为基础的分工协作体系。机器生产条件下的分工协作，与工场手工业条件下的分工协作相比，不同生产阶段、生产环节上的比例要求更加精确。“因此，劳动过程的协作性质，现在成了由劳动资料本身的性质所决定的技术上的必要了。”②

二、机器的价值向产品的转移

在研究了机器技术特点的基础上，马克思进一步阐述了机器使用在商品生产乃至资本主义生产中的作用。他认为，机器是人类利用自然力的手段。自然力是自然界自身所蕴藏的力量，它们在未被人们所认识和利用时，是作为自在的力量存在于自然界的。当人类认识到它们的运动规律并开发出运用它们的技

---

① 《马克思恩格斯文集》第 5 卷，人民出版社 2009 年版，第 430 页。
② 《马克思恩格斯文集》第 5 卷，人民出版社 2009 年版，第 443 页。

术手段时，就可以利用自然力满足自身的种种需要。人类对自然力的运用是建立在科学技术发展基础之上的，而机器则是科学技术的物化存在形式。因此，人们依靠机器使自然力变成人类社会的生产力。

一般来说，自然力的使用是无偿的，人们不需要对它进行支付。人们需要付出的只是通过劳动制造利用自然力的手段。机器的巨大生产力，是利用自然力的结果。在资本主义条件下，劳动手段、机器表现为资本。因此，在资产阶级经济学家的观念中，机器对自然力利用所带来的巨大生产力，成了资本的生产力，并以此为依据论证资产阶级占有由这种生产力产生的巨大利益的合理性，论证那些占有这种自然力的资本所有者、土地所有者对生产的“贡献”。马克思在这里对机器与自然力关系的论述，清楚地表明了机器产生后，社会生产力空前提高的原因。

机器本身是劳动的产物，因而是有价值的。但是，它不创造价值，而只是将自身的价值转移到产品上去。机器作为新型的生产资料，其生产能力、消耗方式等都与传统的手工工具不同。因此，马克思专门研究了机器的价值向产品转移的方式。机器在生产中带来的是：机器价值远高于手工工具的价值；机器的作用范围大、速度快，因而能在一定时间加工更多的产品；机器坚固耐用，其磨损速度相对较低。由这些事实决定了，虽然采用机器生产在一定时间内转移的价值量较大，从而转移给每件产品的价值也增多了，但由于机器生产效率更高，使同样的活劳动生产出更多的产品，这样就节省了活劳动。机器的效率就在于它在转移给产品价值的同时，降低每件产品中包含的活劳动。所以，总的来看，单位产品生产所耗费的劳动量降低，从而商品的价值下降了。“机器的生产率是由它代替人类劳动力的程度来衡量的。”① “如果只把机器看作使产品便宜的手段，那么使用机器的界限就在于：生产机器所费的劳动要少于使用机器所代替的劳动。”② 这是对于一般商品生产而言的决定是否使用机器的经济界限。

但是，资本主义剩余价值生产把工人的劳动分为有酬劳动和无酬劳动。因此，一项技术上的革新如果只是一般地减少人类劳动的消耗，还不足以为资本主义生产所接受和采用。“因为资本支付的不是所使用的劳动，而是所使用的

① 《马克思恩格斯文集》第5卷，人民出版社2009年版，第449页。
② 《马克思恩格斯文集》第5卷，人民出版社2009年版，第451页。

劳动力的价值，所以，对资本来说，只有在机器的价值和它所代替的劳动力的价值之间存在差额的情况下，机器才会被使用。”① 由于劳动力的价值小于劳动创造的价值，所以对于资本主义来说机器使用的界限更加狭窄。不仅如此，在劳动力价值下降，或者劳动力价格低于价值的情况下，机器的使用受到进一步的限制。在劳动力价值很低的情况下，使用机器会使商品变贵，因此，“恰恰是英国这个机器国家，比任何地方都更无耻地为了卑鄙的目的而浪费人力”②。

三、机器生产对工人的直接影响

马克思阐述了机器在资本主义生产中的使用对工人本身的某些一般影响，其中包括：资本对补充劳动力即妇女和儿童劳动力的占有，工作日的延长，劳动的强化。

机器的资本主义应用对工人阶级的第一个影响就是扩大了剥削范围，使妇女和儿童也作为劳动力加入生产过程中。“就机器使肌肉力成为多余的东西来说，机器成了一种使用没有肌肉力或身体发育不成熟而四肢比较灵活的工人的手段。因此，资本主义使用机器的第一个口号是妇女劳动和儿童劳动！”③ 妇女和儿童参加到资本主义生产过程中，也就使工人的全家都被置于资本的直接剥削之下。这样，过去包括在男工劳动力价值中的抚养家庭的费用，现在则由家庭所有参加生产的人员承担了，这就引起了劳动力价值的下降，提高了剩余价值率。“因此，机器从一开始，在增加人身剥削材料，即扩大资本固有的剥削领域的同时，也提高了剥削程度。”④ 此外，儿童加入劳工队伍，也使得工人不仅出卖自己的劳动力，而且出卖自己子女的劳动力。父母出卖子女劳动力成为社会上的一种丑恶现象，受到普遍的谴责，但究其根源是由资本主义生产关系对机器的应用方式造成的。

妇女和儿童成为资本的剥削对象，对他们的身心健康造成了极大的摧残。马克思引用了当时英国的《公共卫生报告》提供的材料指出，由于妇女外出参加工作，使儿童得不到应有的照顾，使当时儿童死亡率达到很高的程度。恩格斯在《英国工人阶级状况》中也对此作出了详尽的阐述，强调“把未成年人变

---

① 《马克思恩格斯文集》第 5 卷，人民出版社 2009 年版，第 451 页。
② 《马克思恩格斯文集》第 5 卷，人民出版社 2009 年版，第 453 页。
③ 《马克思恩格斯文集》第 5 卷，人民出版社 2009 年版，第 453 页。
④ 《马克思恩格斯文集》第 5 卷，人民出版社 2009 年版，第 454—455 页。

成单纯制造剩余价值的机器，就人为地造成了智力的荒废”①。尽管当时的英国政府也颁布了工厂法，限制童工的使用，要求儿童必须接受义务教育，但“由于缺少行政机构，这种义务教育大部分仍然徒有其名；工厂主反对这个教育法令，使用种种阴谋诡计回避这个法令；——这一切明显地暴露出资本主义生产的精神”②。此外，“机器使儿童和妇女以压倒的多数加入结合劳动人员中，终于打破了男工在工场手工业时期仍在进行的对资本专制的反抗”③。

机器的资本主义应用对工人阶级的第二个影响就是工作日的延长。马克思指出：“如果说机器是提高劳动生产率，即缩短生产商品的必要劳动时间的最有力的手段，那么，它作为资本的承担者，首先在它直接占领的工业中，成了把工作日延长到超过一切自然界限的最有力的手段。一方面，它创造了新条件，使资本能够任意发展自己这种一贯的倾向，另一方面，它创造了新动机，使资本增强了对他人劳动的贪欲。”④ 这通过以下方面表现出来：

第一，机器本身的自动性质使它可以不停地生产，但是这需要人的辅助工作，因此机器的生产受到人的体力和脑力的限制。但当机器作为资本的存在形式时，资本家竭力利用机器本身的性能突破劳动力自身身体界限对它的限制。“因此，劳动资料作为资本——而且作为资本，自动机在资本家身上获得了意识和意志——就受这样一种欲望的激励，即力图把有反抗性但又有弹性的人的自然界限的反抗压到最低限度。”⑤ 这样就使资本在机器上取得了延长工作日的能力。而且，妇女和儿童加入资本主义生产过程使得资本更容易突破工人对延长工作日的抵制。

第二，在机器的有效生命期间，尽量多生产商品以降低单位商品中分摊的机器转移价值，是延长工作日的又一个动机。

第三，延长工作日可以加速机器的使用以加速机器价值转移，以便提前收回购置机器的资本，实现机器的更新。由于资本主义生产中技术的进步，使得机器的无形损耗成为对资本价值的重大威胁，因此延长工作日尽早实现机器的更新，避免无形损耗，也成为资本家延长工作日的动机。

---

① 《马克思恩格斯文集》第 5 卷，人民出版社 2009 年版，第 460 页。
② 《马克思恩格斯文集》第 5 卷，人民出版社 2009 年版，第 460 页。
③ 《马克思恩格斯文集》第 5 卷，人民出版社 2009 年版，第 463 页。
④ 《马克思恩格斯文集》第 5 卷，人民出版社 2009 年版，第 463 页。
⑤ 《马克思恩格斯文集》第 5 卷，人民出版社 2009 年版，第 464 页。

第四，延长工作日还可以使资本家在不增加用在机器、厂房等设施上的不变资本的情况下，剥削更多的劳动，提高资本的利润率。

第五，先进机器在个别资本主义工厂中的使用可以使资本家获得超额剩余价值，但是资本家知道这个超额剩余价值只是暂时的，最终会因竞争而归于消失。因此，这也增加了资本家在这一期间延长工作日以获取尽可能多的超额剩余价值的动机。

第六，机器的使用减少了对工人的使用，在客观上也减少了工人的剩余劳动，为了弥补工人减少引起的剩余劳动的减少，也会促使资本家延长工作日。马克思指出："利用机器生产剩余价值包含着一个内在的矛盾：在一定量资本所提供的剩余价值的两个因素中，机器要提高一个因素，要提高剩余价值率，就只有减少另一个因素，减少工人人数……正是这个资本没有意识到的矛盾又重新推动资本拼命延长工作日，以便不仅增加相对剩余劳动，而且增加绝对剩余劳动，来弥补被剥削的工人人数的相对减少。"①

根据以上内容，马克思深刻地指出："现代工业史上一种值得注意的现象，即机器消灭了工作日的一切道德界限和自然界限。由此产生了经济学上的悖论，即缩短劳动时间的最有力的手段，竟变为把工人及其家属的全部生活时间转化为受资本支配的增殖资本价值的劳动时间的最可靠的手段。"②

机器的资本主义应用对工人阶级的第三个影响就是劳动的强化。由于工作日的延长突破了道德界限和工人的生理界限，因而引起社会的反应，产生了受法律限制的正常工作日。在法律的限制下，资本又转向提高劳动强度，增加单位时间内工人劳动的付出，以增加剩余价值生产。在强化劳动中，机器又成了资本手中最有力的武器，"资本手中的机器就成为一种客观的和系统地利用的手段，用来在同一时间内榨取更多的劳动"③。利用机器来提高劳动强度是通过两种方法达到的：一种是提高机器的运转速度；另一种是扩大同一个工人看管的机器数量，即扩大工人的劳动范围。资本主义生产力的发展，表现为机器的改进，但是机器的改进又成为提高工人劳动强度的手段。例如，提高机器性能的改进表现为提高了机器的运转速度、扩大了机器使用的工具的规模和数量，这些都使得工人不得不提高自己的劳动强度，以适应机器提高了的生产率。马

① 《马克思恩格斯文集》第 5 卷，人民出版社 2009 年版，第 468—469 页。
② 《马克思恩格斯文集》第 5 卷，人民出版社 2009 年版，第 469 页。
③ 《马克思恩格斯文集》第 5 卷，人民出版社 2009 年版，第 474 页。

克思总结道：“当法律使资本永远不能延长工作日时，资本就力图不断提高劳动强度来补偿，并且把机器的每一改进变成一种加紧吮吸劳动力的手段，资本的这种趋势很快又必定达到一个转折点，使劳动时间不可避免地再一次缩短。”①

四、工厂

在考察了机器体系及其资本主义的运用方式对工人阶级的影响之后，马克思转入对机器工厂的整体考察。

什么是工厂？在回答这个问题时，资本主义工厂制度的赞颂者安德鲁·尤尔有两种不同的说法：一种说工厂是各种工人的协作，这些工人看管着机器体系；另一种说工厂是由无数机械的和有自我意识的器官组成的自动机，这些不停从事生产活动的器官都受一个自行发动的动力的支配。这两种说法绝不是相同的。在第一种说法中，工人表现为积极行动的主体，机器是客体，工人支配机器；在第二种说法中，主客体是颠倒的，机器体系成为工厂的主体，工人只是处于辅助机器进行生产的地位，受到机器体系的支配。马克思指出：“第二种说法表明了机器体系的资本主义应用，从而表明了现代工厂制度的特征。”②这个特征有以下具体表现。

第一，机器改变了工场手工业时期生产的技术基础，使生产的技能从工人身上转到了机器上，因而也就改变了工场手工业的分工基础。各种工人的劳动趋于平等化，也就使原来的建立在手工技术基础上的等级制度逐渐消失。

第二，按照机器生产的要求在工人中形成了新的分工，这种分工是一种纯技术的分工，而不再像工场手工业那样包含着等级制度。由于机器使劳动简单化，因而即使经常更换工人也不至于使生产停止。在工厂中，机器成为生产的主体，工人成为机器的附庸。以机器为中心，工人之间形成了新的分工体系。

第三，机器使劳动变得没有内容，因而损害了工人的精神与身体健康。“甚至减轻劳动也成了折磨人的手段，因为机器不是使工人摆脱劳动，而是使工人的劳动毫无内容。”③ 这是因为，资本主义工厂中生产的技术以及相应的智力都被转移到了机器那里，留给劳动的主体——工人的只是简单的操作。劳动

① 《马克思恩格斯文集》第5卷，人民出版社2009年版，第480页。

② 《马克思恩格斯文集》第5卷，人民出版社2009年版，第483页。

③ 《马克思恩格斯文集》第5卷，人民出版社2009年版，第487页。

主体与客体地位的颠倒“只是随着机器的采用才取得了在技术上很明显的现实性。由于劳动资料转化为自动机，它就在劳动过程本身中作为资本，作为支配和吮吸活劳动力的死劳动而同工人相对立”①。马克思还指出：“科学、巨大的自然力、社会的群众性劳动都体现在机器体系中，并同机器体系一道构成‘主人’的权力。”② 所以，工人劳动内容的空虚、乏味是资本对劳动统治的手段和表现，正是由于机器改变了工人劳动的内容，资本在工人面前才取得了绝对的统治优势。

第四，机器生产使工人服从于机器的划一运动，因此，资本主义工厂创造了一种兵营式的纪律，进而形成工厂内部特有的制度和组织结构。机器生产带来的纪律要求被固定化为工厂制度，为了维护这种制度，又形成了以资本主义生产关系中监督劳动为依据的新等级制度。马克思针对资本主义工厂中的专制指出了资本主义民主的虚伪性，一方面资产阶级反对社会对经济有意识的调节和管理，另一方面在他们的工厂内却又不断地强化对工人的专制统治。

第五，资本主义工厂生产条件恶劣，为节约不变资本，不惜牺牲工人的健康。马克思根据当时资本主义工厂的情况指出：“社会生产资料的节约只是在工厂制度的温和适宜的气候下才成熟起来的，这种节约在资本手中却同时变成了对工人在劳动时的生活条件系统的掠夺，也就是对空间、空气、阳光以及对保护工人在生产过程中人身安全和健康的设备系统的掠夺，至于工人的福利设施就根本谈不上了。”③

五、工人和机器之间的斗争

机器的资本主义应用使机器成为统治工人、榨取剩余价值的工具，它从工厂乃至社会范围给工人生活带来巨大的灾难性后果。在工业革命后的初期，工人阶级还不能明确地区分机器本身与机器的资本主义应用，因此工人阶级与资产阶级的矛盾斗争，通过工人阶级反对劳动资料本身，即反对资本的物质存在方式爆发出来。

机器使工人原有的生产技能归于无用，从而使劳动力大大贬值。机器生产在大大提高劳动生产率的同时，也把大量工人排挤到生产过程以外，这就使得

① 《马克思恩格斯文集》第 5 卷，人民出版社 2009 年版，第 487 页。
② 《马克思恩格斯文集》第 5 卷，人民出版社 2009 年版，第 487 页。
③ 《马克思恩格斯文集》第 5 卷，人民出版社 2009 年版，第 491 页。

工人阶级的一部分成为过剩人口，“也就是不再为资本的自行增殖所直接需要的人口”①。随着机器对各个生产部门占领速度的快慢，“在机器逐渐地占领某一生产领域的地方，它给同它竞争的工人阶层造成慢性的贫困。在过渡迅速进行的地方，机器的影响则是广泛的和急性的”②。马克思指出：“资本主义生产方式使劳动条件和劳动产品具有的与工人相独立和相异化的形态，随着机器的发展而发展成为完全的对立。因此，随着机器的出现，才第一次发生工人对劳动资料的粗暴的反抗。”③

反对机器、破坏机器是当时历史条件下工人斗争的特有形式。在工场手工业发展时期，工人并不反对工场手工业这种生产方式。“但只是在采用机器以后，工人才开始反对劳动资料本身，即反对资本的物质存在方式。工人奋起反对作为资本主义生产方式的物质基础的这种一定形式的生产资料。”④ 马克思列举了历史上多次发生的工人阶级反对、破坏机器的重大事件后指出：“工人要学会把机器和机器的资本主义应用区别开来，从而学会把自己的攻击从物质生产资料本身转向物质生产资料的社会使用形式，是需要时间和经验的。”⑤

六、关于被机器排挤的工人会得到补偿的理论

机器的资本主义应用给工人阶级带来的灾难性后果，在工业革命后的资本主义社会中是有目共睹且无法否认的。面对这一事实，一些资产阶级庸俗经济学家为资本主义制度进行辩护，认为“所有排挤工人的机器，总是同时地而且必然地游离出相应的资本，去如数雇用这些被排挤的工人”⑥。马克思从逻辑和事实两方面对此进行了严厉的批驳，指出庸俗经济学存在以下错误：一是采用机器替代工人以后，以往用于雇用工人的可变资本现在是以机器这种不变资本的形式存在于生产领域的，并未被“游离”出来。二是虽然生产机器需要人手，但是机器的价值中除包括可变资本以外，还包括不变资本和剩余价值，所以，用于购置机器的资本并不是在生产机器时全部用来雇用工人。三是以往用于雇用工人的可变资本是反复再生产出来用于支付工人的工资，而机器则是一

---

① 《马克思恩格斯文集》第 5 卷，人民出版社 2009 年版，第 495 页。
② 《马克思恩格斯文集》第 5 卷，人民出版社 2009 年版，第 496 页。
③ 《马克思恩格斯文集》第 5 卷，人民出版社 2009 年版，第 497 页。
④ 《马克思恩格斯文集》第 5 卷，人民出版社 2009 年版，第 492 页。
⑤ 《马克思恩格斯文集》第 5 卷，人民出版社 2009 年版，第 493 页。
⑥ 《马克思恩格斯文集》第 5 卷，人民出版社 2009 年版，第 504 页。

次性购买在许多年里持续使用，因此也就更减少了用于雇用工人的资本。与庸俗经济学家所说的“游离”出的资本相对应的，实际是工人因失业得不到工资而不能购买的生活资料。机器把工人排挤出来，使工人得不到生活来源这一事实，在庸俗经济学家那里反倒变成了机器为工人“游离”出资本，因此使他们无法正确地理解事实。

马克思指出，资产阶级庸俗经济学家的错误，在于分不清用于雇用工人的资本和工人用工资购买的生活资料。事实上，这些生活资料对于工人来说并不是资本，只是商品。当机器代替工人以后，不仅原来雇用工人的资本未被游离出来，而且由于被排挤的工人失去了工资，也使他们原来能够购买的商品因现在失去了买主而不能售出。这会使这些作为生活资料的商品的生产遇到困难，从而引起这些部门工人的失业。因此，庸俗经济学家的辩护理论证明了与他们的目的相反的事实，机器不仅排挤使用它的部门的工人，而且间接给工人生活资料生产部门的工人就业带来困难。这样，马克思就用严密的逻辑把所谓“被机器排挤的工人会得到补偿的理论”彻底驳倒了。

马克思进一步指出：“机器本身对于工人从生活资料中‘游离’出来是没有责任的。”① 不是机器使工人失业，而是机器的资本主义应用使它服从于资本占有剩余价值的目的，才造成了对工人阶级的不利后果。机器的使用可以提高生产率，可以用较少的劳动生产出与以前一样多，甚至更多更好的物质产品。因此，在使用机器的情况下，社会所生产出的生活资料完全有能力使原有的社会成员像原来一样生活，甚至生活得更好。而庸俗经济学家也恰恰是依据这一点提出他们的辩护理论。但其错误在于，他们分不清机器和机器的资本主义应用，把机器的资本主义应用当成了唯一的应用方式。但是，只要是按照资本主义生产目的使用机器，那么随之发生的对工人阶级的各种不利后果就是不可避免的。

马克思还客观地考察了机器的应用对于就业增加所起的某些促进作用，但指出这些作用与所谓“被机器排挤的工人会得到补偿的理论”是完全不同的。这些促进作用主要有：一是机器提高的劳动生产率使一定量工人生产的产品产量增加，也就增加了对构成不变资本的各种产品的需要，因而使这些部门吸收的工人增加。“随着机器生产在一个工业部门的扩大，给这个工业部门提供生

① 《马克思恩格斯文集》第 5 卷，人民出版社 2009 年版，第 508 页。

产资料的那些部门的生产首先会增加。”① 二是作为机器产品的原材料产量的大量增加，使得以手工形式加工这些原材料的生产部门吸收的工人增加。三是作为机器产品的原材料、半成品、劳动工具的增加也从种类上增加了对它们进行加工使用的分工部门，这些部门会吸收更多的劳动。四是机器作为相对剩余价值生产的手段，“增加了剩余价值，同时也增加了体现这些剩余价值的产品量，从而，在增加供资本家阶级及其仆从消费的物质时，也增加了这些社会阶层本身”②。奢侈品的生产随着剩余价值的增长而增长，这也增加了吸收工人的部门。五是生产领域产量的增长也使运输量增加，从而增加了运输部门对劳动的需求。六是生产领域剩余产品的增加，使得经济可以支持那些生产建设周期长的部门，如运河、船坞、隧道、桥梁等基础设施部门。七是工人阶级中越来越大的部分被用于非生产劳动，尤其是当时被称为“仆役阶级”的部分。

七、工人随机器生产的发展而被排斥和吸引

马克思根据英国的实际情况，分析了机器大工业发展对工人的三种影响。

首先，机器生产的发展吸收了工人就业，但掩盖了其他部门工人的失业。机器工业相对于手工业而言具有强大的竞争力，从而获得高额的利润，这就吸引了更多的资本投入机器工业之中，促使机器生产占领一个又一个生产部门。虽然机器生产部门的就业在增加，但是伴随这种增加以及手工业生产方式被摧毁，被排挤的工人更多。资本主义国家工业的发展还挤垮了殖民地的手工业，机器生产部门工业就业的增加，也是以殖民地失业的增加为代价的。

其次，机器带来的生产效率提高，使生产过程吸收的工人人数减少，而工业在技术基础不变情况下量的扩张又增加了吸收的工人人数。“可见，就业工人人数的相对减少和绝对增加是并行不悖的。”③

最后，机器大工业的确立，使资本主义生产具有了周期性，而工人的就业是随着经济周期波动的。“工厂制度的巨大的跳跃式的扩展能力和它对世界市场的依赖，必然造成热病似的生产，并随之造成市场商品充斥，而当市场收缩时，就出现瘫痪状态。工业的生命按照中常活跃、繁荣、生产过剩、危机、停

① 《马克思恩格斯文集》第5卷，人民出版社2009年版，第510页。
② 《马克思恩格斯文集》第5卷，人民出版社2009年版，第512页。
③ 《马克思恩格斯文集》第5卷，人民出版社2009年版，第517页。

滞这几个时期的顺序而不断地转换。”① 这种周期性也改变了工人阶级的生活状态，“由于工业循环的这种周期变换，机器生产使工人在就业上并从而在生活状况上遭遇的没有保障和不稳定性，成为正常的现象”②。

八、大工业引起的工场手工业、手工业和家庭劳动的革命

机器大工业的发展，首先是消灭了以手工业和分工为基础的协作生产方式，使那些尚未被机器占领的部门的手工业和工场手工业转变为附属于机器工业的一部分，随后机器进一步占领这些部门，使工场手工业、传统手工业、家庭劳动彻底归于消灭。在这个过渡时期，手工业形式的资本主义为了自身的生存，充分展现了资本对劳动的各种残酷剥削方式。在机器逐渐占领工业部门的过程中，传统手工业基础上的分工协作已被破坏，表面上仍存在着的手工业生产性质已经发生变化。机器进入了传统手工业的一些环节，使得其他环节必须按照与机器生产的要求相适合的方式进行生产，这样就使它们成了已有机器生产的附属物。同时，手工业中工人的构成也发生了变化，由妇女、儿童、非熟练劳动力组成的“廉价劳动”成为被改造的手工业中劳动力的主要组成部分。传统的家庭工业性质也发生了变化。“这种所谓的现代家庭工业，与那种以独立的城市手工业、独立的农民经济，特别是以工人家庭的住宅为前提的旧式家庭工业，除了名称，毫无共同之处。现在它已经转化为工厂、手工工场或商店的外部分支机构。”③ 这就使得“资本除了把工厂工人、手工工场工人和手工业工人大规模地集中在一起，并直接指挥他们，它还通过许多无形的线调动着另一支居住在大城市和散居在农村的家庭工人大军”④。

在转变为工厂制度附属物的工场手工业、手工业以及家庭工业中，工人受到的剥削比在工厂中更加严重。这是因为在这些机构中技术基础不发达，工人要用体力劳动与以机器为技术基础的工厂相适应、相竞争；在家庭工业中，雇主和工人之间又加入了承包商对工人进行层层剥削；被排挤的工人在手工业和家庭工业领域也进行着激烈的竞争。所以，在这些领域工人阶级的状态更加糟糕。在这里，马克思用实例展现了在作为机器生产附属物的“现代工场手工

① 《马克思恩格斯文集》第 5 卷，人民出版社 2009 年版，第 522 页。

② 《马克思恩格斯文集》第 5 卷，人民出版社 2009 年版，第 522 页。

③ 《马克思恩格斯文集》第 5 卷，人民出版社 2009 年版，第 531 页。

④ 《马克思恩格斯文集》第 1 卷，人民出版社 2009 年版，第 531 页。

业”中工人的过度繁重劳动和不断恶化的健康情况，展现了“现代家庭工业”中工人及其家属受到的残酷剥削。手工业生产作为落后的生产力的存在形式，尽管它们以残酷剥削妇女和未成年劳动力、剥夺正常劳动条件等方式与机器工业竞争，但这种剥削与剥夺终究不能抵挡大工业的竞争。因此，当这种剥削方式所遇到的不可逾越的自然界限到来时，“采用机器和把分散的家庭劳动（还有工场手工业）迅速转化为工厂生产的时刻就来到了”①。

手工业生产向工厂生产的转化，采取了逐渐过渡的形式。首先是工场手工业、手工业和家庭工人转变为由工厂支配的附属物，由大工业供给原材料，由被大工业排挤出的工人充当劳动者，他们在工资极低、劳动时间很长的情况下进行生产。当依靠对工人的残酷剥削来维持自身存在的条件受到人身所能承受的剥削程度的限制时，机器开始在这些手工业中使用。机器的使用使以往的手工业生产和家庭工人的生产向工厂生产转化。主要原因是机器生产要求生产的集中化，个体生产抵挡不了工厂的竞争，从而迫使个体生产者出卖生产资料。这样，个体生产在竞争中被消灭，生产资料和劳动力就在工厂中被大规模地集结起来。其间，工厂法对妇女和儿童劳动的限制加速了以剥削妇女和儿童为主要手段的手工业的解体。在这个过渡期间内，资本不断创新技术和剥削手段，从而使手工业的技术基础被机器所替代，在机器生产中仍能够加大对工人的剥削。这样，就使资本采用机器更加有利可图，从而促进手工业向机器工厂制度的转化。

九、工厂立法

在机器大工业条件下，资本主义剥削的高度强化不仅给劳动者带来灾难，也损害了资本主义社会再生产正常进行的条件。因此，作为资产阶级代表的英国政府不得不通过立法限制资本对劳动的过度剥削。马克思说：“工厂立法是社会对其生产过程自发形态的第一次有意识、有计划的反作用。正如我们讲过的，它像棉纱、走锭纺纱机和电报一样，是大工业的必然产物。”②

在马克思对工厂法及其实行情况的描述中，反映了没有限制的资本主义生产方式自发地发展给工人阶级带来的危害，反映了当工厂法对资本肆无忌惮的

① 《马克思恩格斯文集》第1卷，人民出版社2009年版，第541页。
② 《马克思恩格斯文集》第5卷，人民出版社2009年版，第553页。

剥削行为进行限制时所遇到的抵制，反映了资本家如何百般回避工厂法的限制，对工人实施工厂法所不容许的剥削。在这里，他讨论了与工厂卫生、工人教育以及劳动条件相关的工厂立法。

（一）关于卫生条款

当时工厂法中的卫生条款“内容也是非常贫乏的，实际上只是就粉刷墙壁和其他几项清洁措施，通风和危险机器的防护等做出一些规定”①。但即使是这样，也遇到了工厂主的疯狂反对。他们为了资本价值增殖的利益，不顾工人的健康甚至生命危险，竭力维护可以节省不变资本的恶劣生产条件。马克思讽刺道：“这里再一次光辉地证实了自由贸易论者的信条：在一个存在着对抗利益的社会里，人人追逐私利，就会促进公共福利。”② 资本家追逐自身资本价值增殖的私利时，并不能促进公共利益，而是以牺牲工人为代价的。

卫生条款对工厂主提出的并不是什么超出常规的要求，如果是一种合理的生产，恐怕没有法律的强制也是应当并可以做到的。但是，这些简单的要求却需要由法律强制施行。马克思说：“为了迫使资本主义生产方式建立最起码的清洁卫生设施，必须由国家颁布强制性的法律。还有什么比这一点能更好地说明资本主义生产方式的特点呢?”③ 资本主义企业自己是不会主动去做到这些规定和要求的，甚至连起码的内容都做不到。这就清楚地表明，资本主义生产方式不是一个按照人的要求进行活动的方式，它的内在要求是牺牲人的要求来实现价值增殖。尽管工厂法中规定的卫生条款内容简单且基本，但是只要它妨碍了资本的价值增殖，就会遇到资本的抵制。“工厂法的这个部分清楚地表明，资本主义生产方式按其本质来说，只要超过一定的限度就拒绝任何合理的改良。”④ 马克思在列举了工人在狭小空间内劳动的条件后指出：“他们实际上就是宣布，工人的肺结核和其他肺部疾病是资本生存的一个条件。”⑤

（二）关于教育条款

工厂法把初等教育规定为劳动的一个强制条件，这些条款的实行是有利于儿童和少年的成长的。马克思引用了当时工厂视察员的报告，说明教育与生产

① 《马克思恩格斯文集》第 5 卷，人民出版社 2009 年版，第 553 页。
② 《马克思恩格斯文集》第 5 卷，人民出版社 2009 年版，第 553 页。
③ 《马克思恩格斯文集》第 5 卷，人民出版社 2009 年版，第 554 页。
④ 《马克思恩格斯文集》第 5 卷，人民出版社 2009 年版，第 554 页。
⑤ 《马克思恩格斯文集》第 5 卷，人民出版社 2009 年版，第 555 页。

劳动相结合的可能性，并且预见“从工厂制度中萌发出了未来教育的幼芽，未来教育对所有已满一定年龄的儿童来说，就是生产劳动同智育和体育相结合，它不仅是提高社会生产的一种方法，而且是造就全面发展的人的唯一方法”①。马克思认为，资本主义机器大工业生产方式内部存在着这样一个矛盾：一方面大工业的技术基础是革命的，“大工业的本性决定了劳动的变换、职能的更动和工人的全面流动性。另一方面，大工业在它的资本主义形式上再生产出旧的分工及其固定化的专业”②。这个矛盾不断地破坏着工人生活的安宁、稳定和保障，当工人被抛出工作岗位时又没有能够适合新岗位的技能。因此，大工业要求用全面发展的个人代替被分工局限在一种职业中的个人，培养全面发展的个人将是未来教育的一个重要特征。

（三）关于劳动者和劳动条件的规定

工厂法在对资本剥削劳动作出限制的同时，对于家庭劳动来说也限制着家长对子女劳动力的滥用，促使着家庭劳动的解体。马克思认为，在家庭劳动中，对子女劳动力的滥用是由资本主义剥削方式造成的。家庭劳动的解体，使工人的家庭成员，妇女、少年和儿童在社会化的生产组织中形成新关系，从而对传统的资本主义生产关系笼罩下的家庭关系形成改造。大工业造成的劳动者在合理的社会生产关系下，“必然会反过来转变成人道的发展的源泉”③。

工厂法最初只是在纺织业中实施，以后发展成为整个社会生产中的普遍法律。马克思认为：“这种必然性……是从大工业的历史发展进程中产生的。”④资本的行为在推动工厂法的普遍实行方面起了决定性作用。因为，如果工厂法只是在社会范围的个别点上实行，那么在那些法律空白处由于国家监督不到，资本就会加倍地对工人进行剥削；同时，那些受到工厂法限制的工厂主也会要求按照平等的原则剥削劳动。这样，必然推动国家对生产的法律监督覆盖全社会的生产。

工厂法的实施在历史上对资本主义生产方式的形成和确立起到了推动的作用。工厂法本身是作为工人阶级的身体和精神的保护手段而出现的，它的普遍实施限制了旧的生产方式下的小规模分散劳动，促进了生产劳动向集中化大规

① 《马克思恩格斯文集》第5卷，人民出版社2009年版，第556—557页。
② 《马克思恩格斯文集》第5卷，人民出版社2009年版，第560页。
③ 《马克思恩格斯文集》第5卷，人民出版社2009年版，第563页。
④ 《马克思恩格斯文集》第5卷，人民出版社2009年版，第564页。

模生产转变，从而使资本的积聚和作为资本存在的组织形式——工厂制度在社会上占据统治地位；工厂法破坏了前资本主义阶段形成的旧的生产方式，使资本主义生产方式成为普遍的生产方式，这也就使资本主义阶级构成简单化，使工人阶级反对资本主义的斗争直接化、普遍化；它限制了工作日的延长，同时又刺激了技术的巨大进步，这也加剧了资本主义生产的无政府状态；它消灭了旧的生产方式，同时消灭了过剩人口的避难所，这也消灭了社会原有的安全阀。总之，"它在使生产过程的物质条件和社会结合成熟的同时，也使生产过程的资本主义形式的矛盾和对抗成熟起来，因此也同时使新社会的形成要素和旧社会的变革要素成熟起来"①。

十、大工业和农业

马克思对资本主义机器工业的发展在农业领域的影响进行了如下分析。

第一，机器在农业中的使用，同在工业领域一样排挤了劳动者，对过剩人口的形成起到了更强烈的作用。

第二，机器的应用消灭了农业领域传统的生产关系，使农业领域也采取了资本主义生产方式。这一影响也就预示着传统的农业与工业之间的差别正在消失，因此有可能在更高级的形式上形成农业与工业的结合。

第三，资本主义机器工业的发展，使人口聚集到城市，割断了传统农业中人与土地之间的物质变换，同时也使这种变换的必要性更加明显起来。马克思认为："资本主义生产通过破坏这种物质变换的纯粹自发形成的状况，同时强制地把这种物质变换作为调节社会生产的规律，并在一种同人的充分发展相适合的形式上系统地建立起来。"② 大工业要求人们在生产中自觉地实现人与土地之间的良性物质循环，以使环境适应生产持续发展的需要。

第四，资本主义使工业在城市集中，一方面使城市工人生活脱离自然，从而破坏了城市工人的身体健康，另一方面使农村生活单调，破坏了农村工人的精神生活。

第五，农业领域资本主义生产力的发展也像在工业中一样，是以劳动力本身的破坏和衰退为代价的。

---

① 《马克思恩格斯文集》第 5 卷，人民出版社 2009 年版，第 576—577 页。

② 《马克思恩格斯文集》第 5 卷，人民出版社 2009 年版，第 579 页。

第六，“资本主义农业的任何进步，都不仅是掠夺劳动者的技巧的进步，而且是掠夺土地的技巧的进步，在一定时期内提高土地肥力的任何进步，同时也是破坏土地肥力持久源泉的进步。”① 这是因为，以剩余价值生产为目的的资本主义生产，倾向于使用能够在短期发挥土地肥力从而增加剩余价值的技术，而那些需要长期投入涵养土地资源的技术，由于不能在近期给资本带来剩余价值的增加，因而不被资本所重视。

总之，马克思指出：“资本主义生产发展了社会生产过程的技术和结合，只是由于它同时破坏了一切财富的源泉——土地和工人。”②

思考题：

1. 相对剩余价值是如何生产出来的？
2. 为什么在资本主义生产方式中协作劳动产生的生产力表现为资本的生产力？
3. 为什么资本主义管理具有二重性？
4. 社会内部分工与工场手工业内部分工的区别和联系是什么？
5. 资本家使用机器的目的是什么？它给工人阶级带来了哪些影响？
6. 资本主义工厂制度如何在机器生产力的基础上强化资本对劳动的统治？为什么说机器和大工业是最适合资本需要的物质生产方式？

① 《马克思恩格斯文集》第5卷，人民出版社2009年版，第579—580页。
② 《马克思恩格斯文集》第5卷，人民出版社2009年版，第580页。

第五章　绝对剩余价值和相对剩余价值的生产

本章介绍《资本论》第一卷第五篇的主要内容。在第三篇和第四篇的基础上，马克思在这里把两种剩余价值生产方法综合起来研究，在整体上考察了绝对剩余价值生产和相对剩余价值生产，分析了这两种剩余价值生产方法的异同和相互关系，对剩余价值生产方法的分析做了概括和总结。此外，他还研究了资本主义制度下的生产劳动、剩余价值和自然条件的关系等重要理论问题。第五篇既是前两篇的综合，又是对它们的补充，对于完整、准确地理解剩余价值学说具有重要意义。

第一卷第五篇包括第 14 章至第 16 章。第 14 章从不同角度说明了资本和剩余价值生产是一种特殊的和历史的社会生产关系，其中两种剩余价值生产方法的辩证关系是第五篇的重点。第 15 章从工作日长度、劳动强度和劳动生产力三个因素，综合考察了劳动力价格和剩余价值量的变化规律。第 16 章分析了剩余价值率的各种公式，指出了古典经济学关于剩余价值率公式的错误。

第一节　绝对剩余价值和相对剩余价值

一、资本主义的生产劳动

承接《资本论》第一卷第 5 章，马克思首先撇开各种历史形式，从人与自然之间的关系来考察劳动过程："如果整个劳动过程从其结果的角度加以考察，那么劳动资料和劳动对象二者表现为生产资料，劳动本身则表现为生产劳动。"① 从这个定义看，生产劳动就是借助于生产资料，生产某种物质产品的劳动。马克思指出："这个从简单劳动过程的观点得出的生产劳动的定义，对于资本主义生产过程是绝对不够的。"② 因为它只是表明了生产劳动的一般或抽象的性质，适用于一切社会生产方式，而没有说明资本主义生产方式赋予生产劳动的特殊规定性。因此，要明确资本主义条件下的生产劳动概念，还必须从社

① 《马克思恩格斯文集》第 5 卷，人民出版社 2009 年版，第 581 页。
② 《马克思恩格斯文集》第 5 卷，人民出版社 2009 年版，第 581 页。

会生产关系角度考察资本主义劳动过程。

马克思指出，从资本主义劳动过程的协作性质的发展来看，生产劳动的概念扩大了。当劳动过程是纯粹的个人行为时，劳动者把后来彼此分离的一切职能结合在一起。劳动者占有生产资料并支配劳动成果，脑力劳动和体力劳动是结合在一起的。随着资本主义从简单协作、工场手工业向机器大工业发展演变，劳动者沦为雇佣工人，成为被支配者，脑力劳动和体力劳动分离并处于对立状态。产品也从个体生产者的直接产品，转化为社会产品，转化为总体工人即结合劳动者的共同产品。为了从事生产劳动，现在不一定要亲自动手，直接作用于劳动对象，而只要成为总体工人的一个器官，完成他所属的某一职能就够了。或者说，直接或间接从事物质资料生产的劳动都是生产劳动。但是，应当注意的是，这个定义只有在劳动者成为总体工人的一分子的条件下才成立。因此，“上面从物质生产性质本身中得出的关于生产劳动的最初的定义，对于作为整体来看的总体工人始终是正确的。但是，对于总体工人的每一个单个成员来说，它就不再适用了”①。这不仅是由于部分工人不直接从事物质产品生产，还在于单个工人承担的只是片面职能和局部产品，不能独立生产完整的产品。

马克思接着指出，从资本主义生产关系看，生产劳动的概念缩小了。这是因为资本主义生产不仅是商品生产，它实质上是剩余价值的生产。工人不是为自己生产，而是为资本家生产。而对资本家来说，只有创造剩余价值的劳动才是生产劳动，也只有能够为他生产剩余价值，或者为资本增殖服务的工人，才是生产工人。按照划分生产劳动的这个资本主义的标准，生产工人不仅限于物质生产领域。马克思以教员为例说明，虽然不生产物质产品，但只要他为投资教育的资本家带来剩余价值，他就是生产工人。生产工人这个概念不只包含活动和效果之间的关系、工人和劳动产品之间的关系，还包含一种历史地产生的特殊社会生产关系。这种生产关系把工人变成资本增殖手段，因而“成为生产工人不是一种幸福，而是一种不幸”②。

在后来准备作为《资本论》第四卷出版的剩余价值理论史（《1861—1863年经济学手稿》的一部分）中，马克思对生产劳动做了更为详细的分析，指出

① 《马克思恩格斯文集》第5卷，人民出版社2009年版，第582页。
② 《马克思恩格斯文集》第5卷，人民出版社2009年版，第582页。

生产劳动和劳动借以实现的社会生产关系有关，和劳动的物质规定性毫无关系。“劳动作为生产劳动的特性只表现一定的社会生产关系。”① 仅从劳动的物质规定性看，同一种劳动可以是生产劳动，也可以是非生产劳动。这是因为，无论具体劳动的特殊性，还是劳动产品使用价值的特殊性，都只是借以实现交换的手段，本身并不反映特定的社会生产关系。例如，厨师和侍者由于他们的劳动转化为饭店老板的剩余价值，因而他们的劳动是生产劳动。但如果这些人作为家仆就是非生产劳动者，因为他们并没有为雇主创造剩余价值。

二、绝对剩余价值与相对剩余价值的关系

绝对剩余价值和相对剩余价值既有同一性，又有差别。资本主义现实生产过程都是两种剩余价值生产方法的综合，因此既要看到二者的区别，又不能割裂二者的联系。

第一，绝对剩余价值的生产构成资本主义制度的一般基础，并且是相对剩余价值生产的起点。这是因为，绝对剩余价值的生产只同工作日长度有关，并以工作日长度超过工人生产自身劳动力价值的必要劳动时间为前提。相对剩余价值则是以工作日已经分为必要和剩余劳动时间为起点，通过劳动的技术过程和社会组织的变革，不断缩短必要劳动时间。

第二，剩余价值生产的两种方法又分别同劳动对资本的两种从属关系对应。“对于绝对剩余价值的生产来说，只要劳动在形式上从属于资本就够了”②，而“相对剩余价值的生产以特殊的资本主义的生产方式为前提；这种生产方式连同它的方法、手段和条件本身，最初是在劳动在形式上从属于资本的基础上自发地产生和发展的。劳动对资本的这种形式上的从属，又让位于劳动对资本的实际上的从属”③。

要理解劳动对资本的两种从属关系，就必须了解资本主义生产方式的历史演变。资本主义经历了简单协作、工场手工业和机器大工业三个阶段。在前两个阶段中，手工工人或工匠集中在资本家的手工工场中，在资本家的直接监督下劳动。由于手工工人拥有劳动技能和经验，甚至拥有部分生产工具的所有权，从而确保了工人在劳动过程中具有一定的独立性，是人使用工具，而不是

---

① 《马克思恩格斯文集》第 8 卷，人民出版社 2009 年版，第 219 页。
② 《马克思恩格斯文集》第 5 卷，人民出版社 2009 年版，第 584 页。
③ 《马克思恩格斯文集》第 5 卷，人民出版社 2009 年版，第 583 页。

工具控制人。因此，劳动只是从形式上或者说只是在资本主义生产关系中从属于资本。但当工场手工业发展到机器大工业阶段，由于生产技术和劳动组织都发生了变化，工人成为局部劳动者，成为机器的附属物，不是工人控制机器，而是机器控制工人。基于机器大工业的分工协作，使得工人离开工厂后就不能独立地进行生产。这意味着劳动不仅在社会生产关系形式上，而且在其技术基础上也从属于资本。由生产的技术基础决定的这种劳动对资本的从属，被马克思称为实际的从属。从简单协作、工场手工业到机器大工业，以技术和劳动组织变革为推动力的相对剩余价值生产，使劳动对资本的从属关系从形式从属强化为实际从属。此外，马克思还分析了劳资关系的“中间形式”，如高利贷资本和商业资本（包卖商）对从事手工业和农业的独立的小生产者的剥削。之所以称其为“中间形式”，是因为资本在这里没有直接支配劳动过程，剩余劳动不是用直接强制的办法从独立的生产者那里榨取的，生产者也没有在形式上从属于资本。这类“中间”剥削形式具有前资本主义时代的特征，最终还是要演变为资本主义生产方式。

第三，生产相对剩余价值的方法同时也是生产绝对剩余价值的方法。不仅资本主义初期存在绝对剩余价值生产，在大工业阶段同样存在绝对剩余价值生产，无限度地延长工作日在大工业阶段也很普遍。马克思指出，资本主义生产方式一旦掌握了一个生产部门，或者掌握了所有决定性的生产部门，就不再单纯追求相对剩余价值，同时也要绝对延长劳动时间，榨取绝对剩余价值。机器的使用就是一个例子。在机器取代手工劳动的过程中，机器生产的优越性主要体现在提高劳动生产力，缩短必要劳动时间。然而，一旦特殊的资本主义生产方式掌握整个生产部门，则绝对延长劳动时间就成为整个部门的选择，如果资本主义生产方式掌握了所有决定性的部门，情形就更是如此。这时，机器作为生产相对剩余价值的特殊方法，只在两种情况下还起作用。一是向以前只在形式上从属于资本的那些产业扩张，即资本主义生产方式扩大其作用范围；二是已经受它支配的产业出现了技术革新和劳动组织的变革。因此，可以将这两种情况分别看作相对剩余价值生产的广化和深化。

第四，绝对剩余价值和相对剩余价值的区别。从静止的角度看，绝对剩余价值和相对剩余价值具有表面上的同一性。“相对剩余价值是绝对的，因为它以工作日超过工人本身生存所必要的劳动时间的绝对延长为前提。绝对剩余价值是相对的，因为它以劳动生产率发展到能够把必要劳动时间限制为工作日的一个部分为前提。”① 但如果从运动的角度看，二者表面的同一性就会消失。资本主义生产方式一旦确立并成为普遍的生产方式，如果想进一步提高剩余价值率，绝对剩余价值和相对剩余价值两种生产方法的区别就表现出来了。一方面，如果劳动生产力和劳动强度已定，在劳动力按其价值支付的条件下，剩余价值率就只有通过工作日的绝对延长才能提高；另一方面，如果工作日的长度已定，剩余价值率就只有通过改变工作日的两个组成部分，即通过必要劳动时间和剩余劳动时间的相对量的变化才能提高。在工资不降低到劳动力价值以下时，要提高剩余价值率，就必须提高劳动生产率或者劳动强度。

三、劳动生产率、自然条件与资本主义生产方式

马克思分析剩余价值生产与劳动生产率和自然条件之间的关系，是为了明确剩余价值的生产只能由资本主义生产关系决定，而不能由自然条件以及由其制约的劳动生产率决定，尽管后两者都是剩余价值生产的客观基础。

第一，剩余价值的生产是以一定程度的劳动生产率为前提的。如果劳动生产率极其低下，以至于工人需要用他的全部劳动时间来生产维持他自己和家庭所必要的生活资料，那么就没有剩余劳动，就不可能有资本家。因此“可以说剩余价值有一个自然基础”②。但这只是从最一般意义来说的，即基于良好自然条件的劳动生产率使剩余劳动成为可能，或者不存在妨碍剥削产生的绝对的自然障碍。

第二，自然条件既不促进也不阻碍剥削关系的形成，它只是提供了剩余劳动的可能性而非现实性。这种可能性只有在一定社会历史条件下才能成为现实性。只有在发生社会分工，从而劳动本身达到一定程度的社会化的历史条件下，剩余劳动才成为现实性。社会分工越细，劳动的社会化程度越高，社会生产力的水平越高，满足交换目的的剩余劳动以及依靠他人剩余劳动来生活的那部分人也就越多。此外剩余劳动成为现实性还需要一定的外部强制，这种强制在前资本主义条件下是超经济的，在资本主义条件下则是以雇佣劳动的纯粹经济形式出现的。

第三，劳动生产率受自然条件影响。不考虑社会生产形态的发展，自然条

---

① 《马克思恩格斯文集》第 5 卷，人民出版社 2009 年版，第 584 页。
② 《马克思恩格斯文集》第 5 卷，人民出版社 2009 年版，第 585 页。

件和劳动生产率之间也存在着一定的联系。马克思将自然条件分为人本身的自然和人的周围的自然。人的周围的自然也就是外界的自然条件，它在经济上可以分为两大类：一类是生活资料的自然资源，比如肥沃的土壤、渔产丰富的湖泊等。另一类是劳动资料的自然资源，如森林、金属、煤炭等。第一类自然资源在人类文明发展的初期具有决定意义。第二类自然资源在人类较高的发展阶段上具有决定性意义。总之，自然条件总是影响劳动生产力高低的一个重要因素。

第四，在优良的自然条件下进行的劳动有较高效率，从而可以给资本家带来较多的剩余价值，但绝不能反过来说，资本主义制度是优越的自然条件的天然产物。资本主义生产方式虽然以人对自然的支配为前提，但这种生产方式是人类为满足自身需要而发展生产力的结果，并不是自然的恩赐。“资本的祖国不是草木繁茂的热带，而是温带”①，这本身就表明自然条件对资本主义生产方式的产生不起决定性作用。马克思指出，不是土壤的绝对肥力，而是它的差异性和自然产品的多样性，形成社会分工的自然基础，使人类的需要、能力、劳动资料和生产方式趋于多样化。但这依靠社会有意识有目的地控制、节约地利用自然力，用人力兴建大规模工程来征服自然力。因此，“良好的自然条件始终只提供剩余劳动的可能性，从而只提供剩余价值或剩余产品的可能性，而决不能提供它的现实性”②。自然条件差异会导致各国必要劳动时间的不同，但这只是作为自然界限影响剩余劳动，或者只是确定开始为别人劳动的起点。正因为如此，马克思指出：“同历史地发展起来的社会劳动生产力一样，受自然制约的劳动生产力也表现为合并劳动的资本的生产力。”③

在以上分析的基础上，马克思批判了资产阶级经济学关于剩余价值的起源和性质的错误观点。马克思认为，李嘉图从来没有考虑到剩余价值的起源，而把剩余价值看作资本主义生产方式固有的东西，把资本主义生产方式看作社会生产的自然形式。李嘉图在谈到劳动生产率的时候，不是在其中寻找剩余价值存在的原因，而只是寻找决定剩余价值量的原因。马克思指出：“这些资产阶级经济学家实际上具有正确的本能，懂得过于深入地研究剩余价值的起源这个爆炸性问题是非常危险的。”④ 在李嘉图以后半个世纪，约翰·斯图亚特·穆勒

---

① 《马克思恩格斯文集》第 5 卷，人民出版社 2009 年版，第 587 页。

② 《马克思恩格斯文集》第 5 卷，人民出版社 2009 年版，第 588 页。

③ 《马克思恩格斯文集》第 5 卷，人民出版社 2009 年版，第 589 页。

④ 《马克思恩格斯文集》第 5 卷，人民出版社 2009 年版，第 590 页。

把李嘉图的学说进一步庸俗化，马克思也对其错误进行了批判。

第二节　劳动力价格和剩余价值的量的变化

一、决定劳动力价格和剩余价值的相对量的三个因素

在资本主义现实经济中，绝对剩余价值生产和相对剩余价值生产是结合在一起的，因此在考察剩余价值率变化时，必须将影响剩余价值量的三个因素，即工作日长度、劳动强度和劳动生产力综合起来进行分析。从理论上看，庸俗政治经济学颠倒了劳动力价值和剩余价值之间的关系，没有看到劳动力价值变化是剩余价值量绝对和相对变化的前提，试图否认资本对劳动的剥削。古典政治经济学则机械地认为，劳动生产力提高会降低劳动力价值，进而导致工人生活水平的绝对下降。马克思通过综合分析，科学地阐明了劳动力价格和剩余价值量之间变化的关系，说明不论采用何种生产方法，剩余价值都来自对工人剩余劳动的剥削。但劳动力价格和剩余价值量之间也不完全是此消彼长的关系，在某些情况下，劳动力价格和剩余价值量可以同时增长，因而在资本主义的发展过程中，工人的生活状况可以得到改善，但这种改善取决于工人阶级的斗争以及劳资力量的对比。

马克思认为，劳动力价值有三个决定因素，即工人通常必需的生活资料价值、劳动力的发展费用以及劳动力的自然差别。为便于分析，马克思撇开了后两个因素，同时考虑到劳动力价格和劳动力价值之间的关系，做了两个假定：一是商品按照它的价值出售，二是劳动力的价格不低于它的价值。在这两个假定条件下，劳动力价格和剩余价值的相对量（即剩余价值率）就取决于三种情况：一是工作日的长度，二是正常的劳动强度，三是劳动生产力。显然，只有根据三个因素的不同组合，才能明确劳动力价格和剩余价值相对量的关系。

二、劳动力价格与剩余价值量的几种变化组合

（一）工作日长度和劳动强度不变，劳动生产力可变

在这个假定条件下，劳动力价值和剩余价值是由三个规律决定的。

一是不论劳动生产率如何变化，从而不论产品数量和单个商品的价格如何变化，一定长度的工作日总是表现为相同的价值产品。换句话说，劳动生产率

的变化只会使一个工作日内生产的使用价值数量发生变化，一个工作日内形成的价值却不变，而是分摊在或多或少的商品上。

二是劳动力的价值和剩余价值按照相反的方向变化。如果劳动生产力发生变化，则它的提高或降低，按照相反的方向影响劳动力的价值，按照相同的方向影响剩余价值。当一个工作日的价值产品是一个不变量时，其两个组成部分即剩余价值和劳动力价值的变化趋势必然是此消彼长，一部分不减少，另一部分就不能增加。在这种情况下，如果没有它们的相对量或比例量的同时变化，劳动力价值或剩余价值的绝对量是不可能变化的。劳动力价值和剩余价值不可能同时提高或同时降低。如果劳动生产力不变，劳动力价值就不能降低，剩余价值就不能提高。从这个规律得出的基本结论是：劳动生产率的提高会降低劳动力的价值，从而提高剩余价值。相反，劳动生产率的下降会提高劳动力的价值，降低剩余价值。

三是剩余价值的增加或减少始终是劳动力价值相应地减少或增加的结果，而绝不是这种减少或增加的原因。换句话说，剩余价值率的变化只能以劳动生产力的变化所引起的劳动力价值的变动为前提，剩余价值量变化的界限是由劳动力价值的界限所决定的。在实际中，即便这个规律发生作用，也有中间情况出现，即提高劳动生产率虽然会导致劳动力价值、劳动力价格下降，但只要劳动力价格高于劳动力价值，工人阶级是能够从劳动生产力的提高所增加的使用价值中受益的。当然，劳动力价格下降的程度取决于资本家同工人的力量对比。

劳动力的价值是由一定量的生活资料价值决定的。在劳动生产力提高时，工人和资本家的生活资料量可以按照同样的比例增长，而劳动力价格和剩余价值之间不发生任何量的变化。这样，即便劳动力的价格下降，但仍有可能高于其价值。例如，劳动力价值是 3 先令，必要劳动时间是 6 小时，剩余价值也是 3 先令，剩余劳动时间也是 6 小时。劳动生产力提高一倍，意味着生活资料的数量增加一倍而商品的单位价值却下降了。如果劳动力价格和剩余价值不变，那么，同样的劳动力价格能够消费比以前更多的生活资料。即便劳动力价格下降，但只要不低于劳动力的新价值，本例中就是新必要劳动时间 3 小时×活劳动在单位时间内创造的新价值$\left(\frac{3\text{ 先令}}{6\text{ 小时}}\right)=1\frac{1}{2}$先令，下降了的劳动力价格还是代表着生活资料的增加。不过，由于劳动生产力的提高，同剩余价值比较起来，劳动力的价值实际上是不断下降的，从而工人和资本家之间生活状况的鸿沟越来越深。关于这个规律，马克思既批判了像麦克库洛赫这样的庸俗经济学家没有看到劳动力价值变化是剩余价值绝对和相对量变化的前提，进而否认剩余价值的增加来自剩余劳动，也批判了李嘉图的错误观点，即虽然意识到劳动力价值的变化是剩余价值量变化的前提，但却认为劳动生产力的提高会降低劳动力价值，从而绝对地恶化了工人的生活状况。

这三个规律是李嘉图最先严密地表述出来的。在这里，马克思批判了李嘉图三个规律的缺点。第一，李嘉图把这些规律所适用的各种特殊的条件看作是资本主义生产的理所当然的、普遍的和唯一的条件，没有认识到工作日长度的变化以及劳动强度的变化都会影响到剩余价值量。因此，在他看来，劳动生产力自然就成了唯一可变的因素。第二，李嘉图从不研究剩余价值本身，或者说总是把剩余价值的特殊形式，如利润、地租等和剩余价值混同在一起进行研究。这在很大程度上影响了其分析的科学性。比如，剩余价值率是剩余价值同可变资本之比，而利润率则等于剩余价值与全部预付资本之比。因此，利润率在数值上总是小于剩余价值率且永远不会超过 100%。第三，李嘉图没有注意到，利润率的变化还要受到许多与剩余价值无关的因素的影响。

（二）工作日和劳动生产力不变，劳动强度可变

第一，劳动强度的提高意味着在同一时间内要消耗更多的劳动并生产出更多的产品。劳动生产力不变意味着单位产品耗费的劳动同以前一样，因而单位产品价值量不变。仅仅提高劳动强度的最终结果是单位产品价值量不变，产品数量和价值总量扩大。总之，仅劳动强度可变的情况下，单位产品价值量不变，产品数量和价值总量可变。

第二，劳动强度提高导致同样的工作日内产生更多的价值产品。价值产品即劳动力价格和剩余价值可以按照相同或不同的程度增加。这里的问题在于，提高劳动强度虽然能够增加价值产品量，进而提高剩余价值量，但劳动力价格与劳动力价值的关系并不确定。因为提高劳动强度意味着劳动力损耗的增加，这要求消耗更多的生活资料加以补偿。如果没有生产工人生活必需品部门的劳动生产率的提高，或者说劳动力价值的降低，即便劳动力价格提高了，也有可能低于劳动力价值。当劳动力价格的提高不足以补偿劳动力的加速损耗时，这种情况是经常发生的。因此，剩余价值量的变化不一定要决定于纳入工人日常消费的产品部门的劳动生产率的变化，以及进而由此引起的劳动力价值的变

化。换句话说，不是只有在劳动生产力提高的情况下才存在剩余价值的增加。马克思指出："这种限制在这里是不适用的。"① 因为，即便没有劳动生产率变化，不论劳动量在外延（延长工作日）还是在内涵上（提高劳动强度）发生变化，劳动的价值产品量（劳动力价值和剩余价值）和劳动量的变化总是相适应的。

第三，马克思从整个产业和国别角度分析了劳动强度变化的影响。当所有产业部门的劳动强度同时相等地提高时，新的劳动强度就成为普遍的社会正常劳动强度。由于提高劳动强度是一种变相地延长工作日，也可以看作实质上的劳动的外延量，因而率先提高劳动强度的企业或部门的劳动强度，现在成了社会平均的劳动强度，就不被看作是外延量。但是，由于各国平均劳动强度仍然不同，价值规律使一国劳动强度较大的工作日，比另一国劳动强度较小的工作日表现为更大的价值产品，或更大的货币额。

（三）劳动生产力和劳动强度不变，工作日可变

从工作日缩短和延长两个假设进行分析，可以得出如下结论。

在劳动生产力和劳动强度不变的条件下，工作日的缩短不会使劳动力价值从而必要劳动时间发生变化，只会减少剩余劳动和剩余价值。随着剩余价值绝对量的下降，它与劳动力价值的相对量，也就是剩余价值率也会降低。资本家为了避免损失就只有把劳动力价格压低到它的价值以下。因此，随着工作日的缩短，提高劳动生产率或者劳动强度就成为资本家挽救剩余价值损失的办法。

在延长工作日的情况下，会增加剩余价值量，劳动力价值绝对量不变但相对量降低。由于劳动生产力和劳动强度不变，工作日的延长不会改变劳动力价值的绝对量。在不考虑劳动力价格的条件下，工作日延长的那部分时间创造出的价值都表现为剩余价值，因而剩余价值的绝对量会增加。同时，由于劳动力价值的绝对量不变，剩余价值的相对量也会增加。

工作日延长导致价值产品增加，作为价值产品的两个部分，劳动力价格和剩余价值也会等量或不等量地增长。随着工作日的延长，劳动力的价格尽管在名义上不变，甚至有所提高，但还是有可能降到劳动力价值以下。工作日的延长意味着更大的劳动力损耗。如果这种损耗不能得到足够的补偿，劳动力再生产和发挥作用的一切正常条件就会遭到破坏。

---

① 《马克思恩格斯文集》第5卷，人民出版社2009年版，第600页。

（四）劳动的持续时间、劳动生产力和劳动强度同时变化

这三个因素可以有许多种组合，可以是两个变化，一个不变，也可以是三个都变化。马克思在这里分析了其中较重要的两种。

第一，劳动生产力降低，同时工作日延长。这里所说的劳动生产力降低，是指决定劳动力价值的部门，或者说是生产工人必要生活资料的部门的劳动生产力降低。这些部门的劳动生产力降低导致劳动力价值提高。在劳动生产力降低和工作日同时延长的情况下，即使剩余价值的相对量降低，它的绝对量仍可保持不变；即使剩余价值的绝对量增加，它的相对量仍可保持不变；工作日延长到一定的程度时，剩余价值的相对量和绝对量都可能增加。马克思指出，这个分析符合 1799—1815 年英国的经济状况。生活资料价格的上涨引起名义工资的提高，但用生活资料表示的实际工资却下降了。李嘉图等人由此得出了农业劳动生产率下降导致生活资料价格上涨，引起剩余价值率下降的结论，并将其作为分析工资、利润和地租的相对关系的出发点。而实际情况是，由于劳动强度的提高和劳动时间的延长，剩余价值也绝对地和相对地增加了。针对李嘉图纠结于劳动生产率和劳动力价值关系的机械性错误，马克思指出了无限度延长工作日、机器的异常使用、大量妇女和儿童投入雇佣劳动队伍的事实。马克思还指出，工作日无限度延长的时期的特点是：一方面资本加速增长，另一方面需要救济的贫民也加速增长。

第二，劳动强度和劳动生产力提高，同时工作日缩短。

首先，资本家以提高劳动生产力和劳动强度应对工作日缩短有一定界限。劳动生产力的提高和劳动强度的增加，都会增加一定时间内的产品总额，因而都能够缩短必要劳动时间。必要劳动时间是工作日的最低界限，如果整个工作日缩小到这个必要的部分，也就没有剩余劳动了，这在资本主义制度下是不可能的。考虑到劳动力价值的历史和道德因素，必要劳动也将会不断扩大自身的范围。一方面，是因为工人的生活条件会更加丰富，他们的生活需求日益增长。另一方面，是因为现在的剩余劳动的一部分将会列入必要劳动，即形成社会准备基金和社会积累基金所必要的劳动。

其次，资本主义的无序竞争和浪费限制着劳动生产力的提高和工作日的缩短。劳动生产力越是增长，工作日就越能缩短。从社会发展的角度看，劳动生产率的增长伴随着劳动的节约。这种节约不仅包括生产资料的节约，还包括免除一切无用劳动。资本主义生产方式，比如追求剩余价值的动机虽然迫使每个

企业实行节约，但它的无政府状态的竞争导致了社会生产资料和劳动力的极度浪费。

最后，劳动的普遍化是工作日缩短的绝对界限。马克思指出，在劳动强度和劳动生产力已定的情况下，劳动在一切有劳动能力的社会成员之间分配得越平均，一个社会阶层无偿占有别人劳动的可能性就越小。社会工作日中用于物质生产的必要部分就越小，从而用于个人自由活动、脑力劳动和社会活动的时间部分就越大。因此，“工作日的缩短的绝对界限就是劳动的普遍化”①。在资本主义社会里，资产阶级之所以享有更多的自由时间，是由于广大劳动群众的全部生活时间都转化为劳动时间了。

第三节 剩余价值率的各种公式

一、剩余价值率的公式

在综合分析了绝对剩余价值和相对剩余价值生产，揭示了劳动力价格和剩余价值量之间的变化规律后，马克思转入对剩余价值的数量分析，提出了剩余价值率的科学公式，并对古典政治经济学掩盖剥削关系、用利润率替代剩余价值率的公式进行了批判。

关于剩余价值率，马克思在第一卷第7章就提出了正确的计算公式：

$$\frac{\text{剩余价值}}{\text{可变资本}}\left(\frac{m}{v}\right)=\frac{\text{剩余价值}}{\text{劳动力价值}}=\frac{\text{剩余劳动}}{\text{必要劳动}}$$

其中，前两个公式是价值的比率，最后一个公式表示生产这些价值所需时间的比率。它们表示同一个东西。这些互相替代的公式在概念上是严格的。

剩余劳动和必要劳动是工作日的两个组成部分。剩余价值和可变资本（劳动力价值）是工作日价值产品的两个组成部分。剩余价值率应只按剩余价值对可变资本量的比例，或者说用剩余劳动与必要劳动的比例来计算。剩余价值与可变资本之比，“表示剩余价值对这样一种资本的比例，这个资本的变化就是剩余价值；这是价值的比例。在剩余劳动对必要劳动的比例中，两个价值，即可变资本与剩余劳动，归结为计量它们两者的根本比例，因为这两个价值的比

① 《马克思恩格斯文集》第5卷，人民出版社2009年版，第605页。

例是由它们所包含的劳动时间决定的，于是上述两个价值彼此作为包含在它们中的劳动时间的量发生关系”①。所有这些比例都是同一个关系的严格表述，即工人活劳动创造的两个价值组成部分在工人和资本家之间分配的比例，这反映了资本家对工人的剥削程度。

二、派生的各种公式及其对剥削率的掩盖

马克思指出，尽管上述公式的实质在古典政治经济学那里已经制定出来，但还不是有意识地制定的。古典政治经济学存在如下的相关派生公式：

$$\frac{\text{剩余劳动}}{\text{工作日}}=\frac{\text{剩余价值}}{\text{产品价值}}=\frac{\text{剩余产品}}{\text{总产品}}$$

上述公式的错误是显而易见的。

首先，公式中的概念及其对应关系是混乱的。上述公式中的三个比率分别代表着时间比率、价值比率和产品量比率。正如马克思指出的那样，“这里，同一个比率交替地在劳动时间的形式上，在劳动时间借以体现的价值的形式上，在这些价值借以存在的产品的形式上表现出来”②。由于古典经济学的剩余劳动概念表述得不清楚，导致总产品和产品价值的内涵也非常混乱，因而在他们那里，没有能够反映剩余价值率本质的范畴，如可变资本、劳动力价值、必要劳动。古典经济学的上述公式中，总产品和产品价值中包括了不变资本价值。但是，“这里所说的产品价值只能理解为工作日的价值产品，产品价值的不变部分不包括在内”③。马克思指出：“正如必要劳动和剩余劳动作为总工作日的组成部分的表现方式，是$\frac{\text{剩余劳动}}{\text{必要劳动}}$或$\frac{\text{有酬劳动}}{\text{无酬劳动}}$的比例的派生形式完全一样，工资和剩余价值作为总产品（即总产品的价值）的组成部分的表现方式，也是$\frac{\text{剩余价值}}{\text{可变资本}}$的概念比例的派生形式。”④ 虽然产品价值=不变资本+（可变资本+剩余价值），但这里假定不变资本为零，也就是把不变资本价值抽象掉，“因为它不影响剩余价值和可变资本之间的比例关系，即不触及新加的劳动赋予产品的价值。这时，总产品的价值就等于可变资本的价值加上剩余价值，等

---

① 《马克思恩格斯全集》第47卷，人民出版社1979年版，第622页。
② 《马克思恩格斯文集》第5卷，人民出版社2009年版，第607页。
③ 《马克思恩格斯文集》第5卷，人民出版社2009年版，第607—608页。
④ 《马克思恩格斯全集》第47卷，人民出版社1979年版，第624页。

于工资加上剩余价值”①。

其次，在上述公式中实际的剥削程度或剩余价值率是虚假地被表现出来的。两个派生公式实际上表示工作日或其价值产品按怎样的比例在资本家和工人之间进行分配。因此，如果把这些公式看作是资本自行增殖程度的直接表现，就会得出一个虚假的规律：剩余价值率绝不能达到100%。这是因为剩余劳动只能是工作日的一个部分，或者说剩余价值始终只能是价值产品的一个部分。

最后，上述公式掩盖了资本关系的特殊性，也就是掩盖了可变资本与劳动力的交换，以及与此相适应的工人与产品的分离。资本对劳动的剥削被一种协同关系的假象所替代，“似乎资本家与雇佣工人建立了某种同事关系，并且按照他们在参加产品的生产中各自具有的不同因素来分配产品”②。

接下来，马克思又谈到了第三个容易引起误解的公式：

$$\frac{\text{剩余价值}}{\text{劳动力价值}}=\frac{\text{剩余劳动}}{\text{必要劳动}}=\frac{\text{无酬劳动}}{\text{有酬劳动}}$$

其中$\frac{\text{无酬劳动}}{\text{有酬劳动}}$，这个公式就容易产生资本家是在向劳动，而不是向劳动力支付报酬的误解。马克思指出，只要把$\frac{\text{无酬劳动}}{\text{有酬劳动}}$看作$\frac{\text{剩余劳动}}{\text{必要劳动}}$的通俗表述，这个误解是可以消除的。资本家通过购买劳动力，取得对活劳动本身的支配权，工人利用工作日的一部分，即必要劳动时间生产出与劳动力价值或报酬相等的价值。在这个意义上，必要劳动称为有酬劳动，在剩余劳动时间内，劳动力的利用为资本家创造出无须他付出代价的价值。资本家无偿地获得了对劳动力的这种利用。从这个意义上说，剩余劳动可以称为无酬劳动。

因此，资本不像斯密所说的那样，是对劳动的支配权。按其本质来说，它是对无酬劳动的支配权。一切剩余价值，不论它后来在利润、利息、地租等哪种特殊形态上产生，实质上都是无酬劳动时间的化身。资本自行增殖的秘密归结为资本对别人的一定数量的无酬劳动的支配权。

思考题：

1. 试说明绝对剩余价值生产和相对剩余价值生产的同一性和差别性。

① 《马克思恩格斯全集》第47卷，人民出版社1979年版，第624页。
② 《马克思恩格斯全集》第47卷，人民出版社1979年版，第625页。

2. 什么是劳动对资本的形式从属和实际从属？
3. 为什么说剩余价值的生产是由资本主义生产关系决定的，而不是由自然条件或劳动生产率决定的？
4. 试综合工作日、劳动强度和劳动生产力三个因素，分析劳动力价格和剩余价值的量的变化规律。
5. 古典政治经济学的剩余价值率公式的错误是什么？

第六章　工　资

本章介绍《资本论》第一卷第六篇的主要内容。本篇在资本的直接生产过程范围内，把工资当作资本家在生产过程中对工人进行统治和剥削的手段来考察，是对前两篇阐述的剩余价值生产理论的补充。需要指出的是，本篇并未包括马克思关于工资理论的全部内容。马克思在前几篇阐述过的劳动力价值理论、劳动力价格与剩余价值的关系，以及在第七篇里将要涉及的工资运动规律，都应看作是《资本论》中有关工资的理论的重要内容。研读本篇，可以使我们透过现象抓住资本主义雇佣劳动关系的本质，加深对剩余价值理论的理解，正确认识当代资本主义经济中工资形式的具体变化。此外，本篇在分析工资的国民差异时提出的名义工资和实际工资、国际价值和国际价值规律，以及相对劳动力价格和货币的相对价值的理论，对于观察现代国际经济问题，也都具有重要的指导意义。

第一卷第六篇包括第 17 章至第 20 章。第 17 章考察了劳动力的价值或价格转化为工资，为后面第 18 章和第 19 章的分析提供了理论前提。第 18 章和第 19 章分析了计时和计件这两种基本的工资形式，说明了这两种工资形式如何成为资本家加强对工人进行统治和剥削的手段。第 20 章考察了工资的国民差异，阐明了应当如何看待不同资本主义国家之间的工资差异。

第一节　劳动力的价值或价格转化为工资

一、资本主义工资呈现出的假象

在资产阶级社会，工人的工资表面上表现为劳动的价格，表现为对一定量劳动支付的一定量货币。在这里，人们说劳动的价值，并把它的货币表现叫作劳动的必要价格或自然价格。另一方面，人们说劳动的市场价格，也就是围绕着劳动的必要价格上下波动的价格。实际上，这是一个虚幻的用语。但是，这类虚幻的用语是从生产关系本身产生的。它们是本质关系的颠倒表现形式。

作为所谓“劳动的价格”，“工资”这一范畴的不合理性是十分明显的。

第一，商品的价值无非就是耗费在商品生产上的社会必要劳动，商品的价值量用商品所包含的劳动量来计量。因此，说一定量劳动的价值是由这一定量劳动决定的，这在逻辑上就成了无谓的同义反复。

第二，劳动要作为商品在市场上出卖，必须在出卖以前就已存在。但是，如果工人能使他的劳动独立存在，他就是一个自主的小生产者，而不是从属于资本家的雇佣劳动者。作为独立的小生产者，他出卖的是作为自己的劳动的产品的商品，而不是劳动。

第三，“撇开这些矛盾不说，货币即对象化劳动同活劳动的直接交换，也会或者消灭那个正是在资本主义生产的基础上才自由展开的价值规律，或者消灭那种正是以雇佣劳动为基础的资本主义生产本身”。① 因为，如果资本和劳动是等价物相交换，那么工人的劳动的价格就会等于他的产品的价格，他就没有为资本家生产剩余价值。如果是不等价交换，那么，“不等量的这种相等，不仅消灭了价值规定。这种自我消灭的矛盾甚至根本不可能当作规律来阐明或表述”②。

第四，实际上，在商品市场上同货币占有者直接对立的不是劳动，而是工人。工人出卖的是他的劳动力。当工人的劳动实际上开始了的时候，它就不再属于工人了，因而也就不再能被工人出卖了。劳动是价值的实体和内在尺度，但是它本身没有价值。

通过以上的辨析，马克思指出：“劳动的价值或价格”是一个“虚幻的用语”③。“在‘劳动的价值’这个用语中，价值概念不但完全消失，而且转化为它的反面。……但是这类虚幻的用语是从生产关系本身中产生的。”④ 如果不存在雇佣劳动关系，如果不存在导致这类虚幻的用语产生的条件，就不会产生出“劳动的价值”这类“虚幻的用语”。而“事物在其现象上往往颠倒地表现出来”⑤，在工资这一范畴上也是如此。

马克思接下来分析了资产阶级政治经济学在这一问题上陷入误区的原因，指出：资产阶级古典政治经济学毫无批判地从日常生活中借用了“劳动的价格”这个范畴，然后就像对其他商品的价格的决定一样，去探寻劳动的价值，

---

① 《马克思恩格斯文集》第 5 卷，人民出版社 2009 年版，第 614 页。
② 《马克思恩格斯文集》第 5 卷，人民出版社 2009 年版，第 615 页。
③ 《马克思恩格斯文集》第 5 卷，人民出版社 2009 年版，第 616 页。
④ 《马克思恩格斯文集》第 5 卷，人民出版社 2009 年版，第 616 页。
⑤ 《马克思恩格斯文集》第 5 卷，人民出版社 2009 年版，第 616 页。

亦即重农学派所说的必要价格，或者斯密所说的自然价格。但它却从来没有发现，分析的进程不仅已从劳动的市场价格推移到它的假想的价值，而且又把这个劳动价值本身化为劳动力的价值。但是古典政治经济学却没有意识到自己的分析所得出的这个结果，而是毫无批判地采用“劳动的价值”“劳动的自然价格”等范畴，把它们当作所考察的价值关系的最后的、适当的用语，结果就陷入了无法解决的混乱和矛盾中，同时替庸俗经济学在原则上只忠于假象的浅薄理论提供了活动基础。

二、工资掩盖了资本主义剥削关系

马克思在批判了古典经济学的错误观念之后，又具体地说明了劳动力的价值或价格在工资这个形式中是如何表现出来的。马克思在这里主要强调了以下两个方面。

第一，工资把劳动力的价值或价格表现为劳动的价值或价格，导致一个荒谬的结果。因为劳动力的日价值和劳动在一个工作日内创造的价值即价值产品是两个不同的量。如果把劳动力的日价值当作日劳动的价值来表现，那么“劳动的价值”就必定总是小于劳动的价值产品。这样，我们就会得到一个一看就是荒谬的结果：创造 6 先令价值的劳动有 3 先令价值。

第二，工资的形式消灭了工作日分为必要劳动和剩余劳动、有酬劳动和无酬劳动的一切痕迹，全部劳动都表现为有酬劳动。这与在徭役劳动和奴隶劳动下的情况不同。在徭役劳动下，服徭役者为自己的劳动和为地主的强制劳动在空间上和时间上都是明显地分开的。在奴隶劳动下，奴隶用来补偿他本身的生活资料的价值的工作日部分，即他实际上为自己劳动的工作日部分，也表现为好像是为主人的劳动。奴隶的全部劳动都表现为无酬劳动。相反地，在雇佣劳动下，工人的全部劳动都表现为有酬劳动。所以，正如马克思所说的：“在奴隶劳动下，所有权关系掩盖了奴隶为自己的劳动，而在雇佣劳动下，货币关系掩盖了雇佣工人的无代价劳动。”①

总之，在掩盖无代价占有他人劳动这一资本主义的剥削制度本质这一点上，劳动力的价值和价格转化为工资形式，即转化为劳动本身的价值和价格，具有决定性的重要意义。这种表现形式掩盖了现实关系，正好显示出它的反

① 《马克思恩格斯文集》第 5 卷，人民出版社 2009 年版，第 619 页。

面。工人和资本家的一切法的观念，资本主义生产方式的一切神秘性，这一生产方式所产生的一切自由幻觉，庸俗经济学的一切辩护遁词，都是以这个表现形式为依据的。至今，西方主流经济学中的“劳动的价格”这个用语，在掩盖剥削方面，仍然起着重要的作用。

三、劳动力的价值和价格表现为工资的必然性

马克思写道：“如果说世界历史需要经过很长时间才揭开了工资的秘密，那么相反地，要了解这种表现形式的必然性，存在的理由，却是再容易不过的了。”①

第一，从一般商品交换当事人的角度来看，这种必然性是明显的。首先，资本和劳动的交换，在人们的感觉上，最初完全同其他一切商品的买卖一样。买者付出一定量的货币，卖者付出与货币不同的物品。其次，因为交换价值和使用价值本身是不可通约的量，所以“劳动的价值”“劳动的价格”这种用语，似乎并不比“棉花的价值”“棉花的价格”这种用语更不合理。况且，工人是在提供自己的劳动以后被支付报酬的。而货币在它的作为支付手段的职能上，是在事后实现所提供的物品的价值或价格的，从而在这里就是实现所提供的劳动的价值或价格。最后，工人提供给资本家的“使用价值”，实际上不是他的劳动力，而是劳动力的职能，即一定的有用劳动。至于这种劳动另一方面又是形成价值的一般要素，具有一种使它同一切其他商品相区别的属性，这一点却是普通意识所不能领会的。

第二，从工人的立场上来看，他以一个工作日的劳动获得相当于劳动力的日价值的价值产品，对他说来，他的一个工作日的劳动实际上是这个价值产品的购买手段。无论他的劳动力的价值或价格怎样变化，他付出的始终是一个工作日的劳动。因此，在他看来，他所获得的等价物的量的任何变化，都必然表现为他的一个工作日的劳动的价值或价格的变化。

第三，资本家也不了解他所付给工人的不是劳动的价值。因为对资本家来说，他无疑希望用尽量少的货币换取尽量多的劳动。但是，他也力图尽可能便宜地购买一切商品，并且总是把低于价值购买和高于价值出售这一纯粹的欺诈行为说成是他的利润的来源。因而，他理解不到，如果劳动的价值这种东西确

① 《马克思恩格斯文集》第5卷，人民出版社2009年版，第619页。

实存在，而且他确实支付了这一价值，那么资本就不会存在，他的货币也就不会转化为资本。

第四，工资的实际运动显示出的一些现象，似乎也证明被支付的不是劳动力的价值，而是它的职能即劳动本身的价值。这些现象可以归纳为两大类：一是工资随着工作日长度的变化而变化，二是执行同一职能的不同工人的工资间存在着个人的差别。

最后，马克思总结道：“就‘劳动的价值和价格’或‘工资’这个表现形式不同于它所表现的本质关系，即劳动力的价值和价格而言，我们关于一切表现形式和隐藏在它们背后的基础所说的话，也是适用的。前者是直接地、自发地、作为流行的思维形式再现出来的，而后者只有科学才能揭示出来。古典政治经济学几乎接触到事物的真实状况，但是没有自觉地把它表述出来。只要古典政治经济学附着在资产阶级的皮上，它就不可能做到这一点。”①

第二节 工资的基本形式

一、计时工资

在第一卷第 18 章开头，马克思首先对以下问题做了说明：一是在资本主义社会的现实经济生活中，工资采取各种各样的具体形式，“但是，阐述所有这些形式是属于专门研究雇佣劳动的学说的范围”②，而不是《资本论》的任务，因此这里考察的是仅限于工资的占统治地位的两种基本形式。二是关于计时工资的概念。马克思指出：“劳动力总是按一定时期来出卖的。因此，直接表现劳动力的日价值、周价值等等的转化形式，就是‘计时工资’的形式，也就是日工资等等。”③ 三是关于工资变化的规律。马克思指出，第一卷第 15 章叙述过的关于劳动力价格和剩余价值的量的变化的规律，只需改变一下形式，就转化为工资规律。四是说明了名义工资和实际工资的概念。马克思指出，在《资本论》的前几篇中提到的劳动力的交换价值和由这个价值转变成的生活资料的量之间的区别，现在则表现为名义工资和实际工资之间的区别。在有了以

① 《马克思恩格斯文集》第 5 卷，人民出版社 2009 年版，第 621—622 页。
② 《马克思恩格斯文集》第 5 卷，人民出版社 2009 年版，第 623 页。
③ 《马克思恩格斯文集》第 5 卷，人民出版社 2009 年版，第 623 页。

上的说明之后，第 18 章只限于说明计时工资的若干特点。

第一，同样的日工资、周工资等可以代表极不相同的劳动价格，也就是说，可以代表对同量劳动所支付的极不相同的货币额。由此而导致的必然结果就是：即便不减少名义上的日工资或周工资，也可以用各种方法来降低劳动价格，从而增加资本家所得到的剩余价值。

工人的名义的即按价值计算的工资额，就是工人的按照日劳动、周劳动等得到的货币额，而实际的劳动价格则是劳动力的平均日价值除以平均工作日的小时数而得出的平均劳动价格。这种劳动小时的价格就是劳动价格的单位尺度。这样，仅仅由于工人的工作日的延长，就会存在着不减少名义上的日工资或周工资而降低劳动价格的各种方法。而一般规律就是：如果日劳动、周劳动等的量已定，那么日工资或周工资就决定于劳动价格，而劳动价格本身或者是随着劳动力的价值而变化，或者是随着劳动力的价格与其价值的偏离而变化。反之，如果劳动价格已定，那么日工资或周工资就决定于日劳动或周劳动的量。而劳动价格的降低和日劳动或周劳动的量的增加，就意味着资本家所得到的剩余价值的相对或者绝对的增加。

第二，在就业不足的情况下，它可以成为资本家破坏就业的规则性，迫使工人过度劳动而不给相应补偿的手段。

因为计时工资的计量单位，即一个劳动小时的价格，是劳动力的日价值除以普通工作日的小时数所得之商，所以，如果工人的劳动时间达不到规定的工作日的小时数，就得不到足额的日工资。这样，资本家就能使工人工作的时间少于原先作为计算小时工资或劳动价格的计量单位的基础的那个时间。而一旦工作日不再包含一定的小时数，$\frac{\text{劳动力的日价值}}{\text{工作日}}$这个计量单位自然就失去了意义。而在资本家不承担支付日工资或周工资的义务，只是愿意雇佣工人多少劳动小时就支付多少小时的报酬的情况下，资本家即便不让工人做满维持自身生存所必需的劳动时间，也能从工人身上榨取一定量的剩余劳动。资本家可以破坏就业方面的任何规则性，完全按照自己的方便、意愿和眼前利益，使最惊人的过度劳动同相对的或完全的失业互相交替。资本家还可以在支付“正常的劳动价格”的借口下，把工作日延长到超过正常的限度，而不给工人任何相应的补偿。

第三，计时工资可以使资本家通过对超出正常工作日的“额外劳动时间”

支付“额外报酬”的办法，来降低劳动价格，延长工作日。

这是因为，劳动力的消耗和工作日的长度并不是成比例的。工作日超过一定的长度，劳动力的消耗就会加速地增大，从而劳动力的价值也就需要得到加倍的补偿，否则就会减少劳动者的寿命。因此，即使为了保证劳动力的供给不致枯竭，资本家也不得不把达到一定长度的工作日当作是正常的。超过这个界限的劳动时间形成额外时间，并且以小时为计量单位付以额外报酬。尽管这种额外报酬往往低得可怜，然而由此必然延长了工人的劳动时间，并且导致所谓“正常工作日”中的劳动价格降低。由此就造成了如下恶性循环：在一个产业部门内，工作日越长，工资就越低；而劳动价格越低，工人为了保证得到哪怕是可怜的平均工资而付出的劳动量必然越大，或者说，工作日必然越长。劳动价格的低廉在这里又起了刺激劳动时间延长的作用。

第四，劳动时间的延长反过来又会引起劳动价格的下降，从而引起日工资或周工资的下降。

如果没有任何补偿，单是工作日的延长就会降低劳动价格。而那些使资本家能够长期延长工作日的情况，最初使他能够，最后则迫使他也在名义上降低劳动价格，以致劳动时数增加了，但总价格即日工资或周工资反而下降了。马克思在这里主要指出了两种情况：一是由于一部分在业工人的过度劳动而造成劳动供给的相对增加，由此造成工人之间的竞争，使资本家能够压低劳动价格，而劳动价格的降低反过来又使他能够进一步延长劳动时间。二是这种对异常的即超过社会平均水平的无酬劳动量的支配权，很快又会成为资本家本身之间的竞争手段。因为商品价格的一部分是由劳动价格构成的，而没有支付的那部分劳动价格不需要计算在商品价格内。竞争迫使完成的第二步是，至少把延长工作日而产生的异常的剩余价值的一部分也不包括在商品的出售价格中。异常低廉的商品出售价格就是以这样的方式形成的，最初是偶然的，以后就逐渐固定下来，并且从此成为劳动时间过长而工资极低的不变基础，而原先它却是这些情况所造成的结果。

在分析了计时工资的上述特点之后，马克思以伦敦的一些面包房老板的言论为例说明，由于不可能了解计时工资的实质，所以反映在资本家头脑中的只是生产关系的假象。资本家不知道，正常价格的劳动包含着一定量的无酬劳动，并且正是这种无酬劳动是他们的利润的正常源泉。为了对付低价出售的竞争者，他们甚至主张对工人的额外劳动时间支付额外报酬。但是他们仍然不知道，这种额外报酬，和普通的劳动小时的价格一样，也包含着无酬劳动。

二、计件工资

资本主义工资的第二种基本形式是计件工资。马克思在第 19 章揭示了计件工资的实质和特点，并且考察了资本家阶级和工人阶级之间围绕计件工资展开的阶级斗争。

计件工资无非是计时工资的转化形式。这是因为：第一，两种工资形式在同一些行业中同时并存的事实，说明工资支付形式的区别并没有改变工资的本质。第二，工资的这两种形式都不改变资本主义的剥削程度即剩余价值率。只不过，在计时工资的场合，这一关系或比率是用剩余劳动时间和必要劳动时间的比率来表示，而在计件工资的场合，则是用价值产品中的两个部分的关系来表示的。第三，计件工资的形式同计时工资的形式一样是不合理的。因为它们都是把劳动力的价值或价格歪曲地表现为劳动的价值或价格。而“劳动时间本身的价格最终决定于这个等式：日劳动价值=劳动力的日价值。因此，计件工资只是计时工资的转化形式”①。

在说明计件工资不过是计时工资的转化形式之后，马克思进一步考察了计件工资的特点。

第一，计件工资是克扣工资和进行资本主义欺诈的手段。因为在这里，劳动的质量是由产品本身来控制的，产品必须具有平均的质量，计件工资才能得到完全的支付。资本家往往以产品未达到质量标准为借口，克扣工人的工资。

第二，计件工资给资本家提供了一个十分确定的计算劳动强度的尺度。只有体现在一个预先规定的并由经验确定的商品量中的劳动时间，才被看作是社会必要劳动时间，才能支付报酬。如果工人没有平均的工作效率，因而不能提供最低限度的日劳动，他就会被解雇。

第三，计件工资使对劳动的监督大部分成为多余的，并且成为现代家庭劳动及层层剥削和压迫制度的基础。后一种制度有两种基本形式。一方面，计件工资使资本家和雇佣工人之间的寄生者的中间盘剥（即包工制）更容易实行。中间人的利润，完全来自资本家支付的劳动价格和中间人实际付给工人的那部

① 《马克思恩格斯文集》第 5 卷，人民出版社 2009 年版，第 635 页。

分劳动价格之间的差额。在英国，这种制度有一个特别的称呼（血汗制度）。另一方面，计件工资使资本家能与工头签订按件计酬的合同，以便工头按照合同规定的价格自己负责招募帮手和支付给他们工资。在这里，资本对工人的剥削是通过工人对工人的剥削来实现的。

第四，计件工资有利于提高工人的劳动强度和延长工作日。因为实行了计件工资，工人的个人利益就会使他尽可能紧张地发挥自己的劳动力，而这又使资本家更容易提高劳动的正常强度和降低劳动价格。同样，延长工作日也是工人的个人利益之所在，因为这样可以提高他的日工资或周工资。

第五，计件工资加剧工人竞争和降低工资水平。在实行计件工资时，不同工人的实际收入，会因工人之间个人素质的差别而变化，即因工人的技能、体力、精力、耐力等的不同而有很大的差别。尽管这绝不会改变资本和雇佣劳动之间的一般关系，但是计件工资一方面促进了工人个性的发展，从而促进了自由精神、独立性和自我监督能力的发展，另一方面也促进了他们之间的互相竞争。因此，计件工资有一种趋势，就是在把个别工资提高到平均水平以上的同时，把平均水平本身降低。而在某种计件工资根据长期的传统已经固定下来，因而特别难以降低的地方，雇主就会破例地把计件工资强行改成计时工资。最后，计件工资也是第一卷第 18 章叙述的计时制（小时工资制）的一个主要支柱。

从以上考察可以看出：计件工资巧妙地掩盖了资本主义生产方式的剥削实质，同时又巧妙地诱导工人提高劳动强度从而强化了资本主义剥削，因而被马克思称为“最适合资本主义生产方式的工资形式”①。

马克思最后考察了计件工资发展的历史，计件工资随着劳动生产率的提高而降低的趋势，以及资本家和工人之间围绕计件工资而进行的斗争。马克思指出，虽然计件工资绝不是什么新东西，在 14 世纪，它就已经与计时工资一起正式列入英、法两国的劳工法中，但是只是在真正的工场手工业时期，它才得到比较广阔的应用场所。在大工业的狂飙时期，计件工资成了延长劳动时间和降低工资的手段。而随着计件工资的实行而增加的劳动强度和长度，对农业无产阶级毫无好处。在受工厂法约束的工场内，一般都采用计件工资，因为在这里，资本只能从强度方面扩大工作日。

---

① 《马克思恩格斯文集》第 5 卷，人民出版社 2009 年版，第 640 页。

随着劳动生产率的改变，同一产品量代表的劳动时间减少，计件工资也会下降。这种下降是与耗费在同一件产品上的劳动时间的减少成比例的。虽然这种变动纯粹是名义上的，但也会引起资本家和工人之间经常不断的斗争。斗争的具体起因，或者是因为资本家以此为借口来降低实际的劳动价格；或者是因为在劳动生产力提高的同时也提高了劳动强度；或者是因为工人当真看清计件工资的假象，认为被支付的是他的产品，而不是他的劳动力。而资本家阶级却认为，资本有权拒绝工人提出的反对工资降低的要求，认为这是对雇佣劳动的性质的粗暴歪曲，断然宣称劳动生产率的变化与工人毫不相干。

第三节　工资的国民差异

一、比较国民工资时应该考虑的各因素

在第一卷第 15 章中，马克思已经考察了引起劳动力价值发生变化的因素的种种组合的情况。同时，他还指出，劳动力价格借以实现的生活资料量，又可以发生与这一价格的变动无关或不同的运动。在第一卷第 18 章中，马克思又指出，只要把劳动力的价值或价格换成外在的工资形式，那里的一切规律就会转化为工资运动的规律。而在这一运动中表现为各种变动着的组合的情况，对于不同的国家说来，就表现为国民工资同时存在的差异。因此，在比较国民工资时，必须考虑决定劳动力价值量变化的一切因素。马克思所列举的这些因素包括：（1）自然地和历史地发展起来的首要的生活必需品的价格和范围；（2）工人的教育费；（3）妇女劳动和儿童劳动的作用；（4）劳动生产率；（5）劳动的外延量和内涵量。在这五个因素中，前三个是直接决定着劳动力价值或价格。第四个因素“劳动生产率”，一方面关系到必要消费资料的价格，另一方面又涉及货币的相对价值和相对工资。最后一个因素“劳动的外延量和内涵量”，则涉及在第 18 章中所分析过的实际的劳动价格。

马克思还指出：对于不同国家的工资，即使作最肤浅的比较，首先也要求把这些国家同一行业的平均日工资化为长度相等的工作日。而在对日工资作了这样的换算以后，还必须把计时工资换算为计件工资，因为只有计件工资才是计算劳动生产率和劳动内涵量的尺度。在做了以上说明之后，马克思对工资的

国民差异问题做了进一步的分析。

二、价值规律在国际上的应用与工资的国民差异

在使用相同的世界货币的情况下，各国名义工资的差异主要是由于价值规律在国际上的应用而形成的。不过这种名义工资的差异，并不完全等同于实际工资的差异。导致这些差异的因素包括国民劳动强度、国民劳动生产率、国际价值以及货币的相对价值。

（一）国民劳动强度与世界劳动的平均单位

每一个国家都有一个中等的劳动强度，在这个强度以下的劳动不能算作正常质量的劳动。在一个国家内，只有高于国民平均水平的强度，才会改变单纯以劳动的持续时间来进行的价值计量。但在以各个国家作为组成部分的世界市场上，情形就不同了。国家不同，劳动的中等强度也就不同。这些不同的国家的平均数形成一个阶梯，它的计量单位是世界劳动的平均单位。因此，强度较大的国民劳动比强度较小的国民劳动，会在同一时间内生产出更多的价值，而这又表现为更多的货币。但是，强度较大的国民劳动包含着更多的劳动的内涵量，从而可以折合为更多的劳动时间。这势必会影响到这些国民劳动的单位劳动价格，即平均劳动价格。

（二）国民劳动生产率与国际价值

价值规律在国际上的应用，还会由于下述情况而发生更大的变化：只要生产效率较高的国家，没有因竞争而被迫把它们的商品的出售价格降低到和商品的价值相等的程度，生产效率较高的国民劳动在世界市场上也被算作强度较大的劳动。马克思这里所讲的，实际上涉及国际价值的实现。因为既然生产效率较高的国民劳动在世界市场上也被算作强度较大的劳动，因而也就可以实现为更多的国际价值。

（三）货币的相对价值与名义工资和实际工资

马克思指出："一个国家的资本主义生产越发达，那里的国民劳动的强度和生产率，就越超过国际水平。因此，不同国家在同一劳动时间内所生产的同种商品的不同量，有不同的国际价值，从而表现为不同的价格，即表现为按各自的国际价值而不同的货币额。所以，货币的相对价值在资本主义生产方式较发达的国家里，比在资本主义生产方式不太发达的国家里要小。"① 这里所说的

---

① 《马克思恩格斯文集》第5卷，人民出版社2009年版，第645页。

"货币的相对价值"，是指通过一定量其他商品相对地表现出来的货币的价值，而且是就货币在不同国家内所代表的国内价值而言的。我们可以用一个例子来解释这段话。假设某种商品的国际价格为 1 英镑，这也就是说，1 英镑的相对价值由一件产品表现出来。再假设：生产较发达的某国 1 小时生产 10 件这种产品，这 10 件产品的国际价值为 10 英镑，而在该国 1 英镑通过 1 件产品表现出来的相对价值为 1/10 小时；某个欠发达国家 1 小时只能生产 1 件这种产品，其国际价值为 1 英镑，在这个国家 1 英镑通过 1 件产品表现出来的相对价值为 1 小时。从这个例子可以清楚地看出，货币的相对价值在较发达的国家里，比在不太发达的国家里要小。

马克思由此得出的结论是："名义工资，即表现为货币的劳动力的等价物，在前一种国家会比在后一种国家高；但这决不是说，实际工资即供工人支配的生活资料也是这样。"① 为什么这样说？虽然同一货币额在较发达国家所代表的价值比在不发达国家内所代表的要少，但是，对于商品来说，由于同类商品在同一国际市场上只能有一个共同的市场价值，所以资本主义生产比较发达的国家所生产的商品，虽然所包含的实际的价值量较少，却可以实现为高于它的实际价值的国际价值和价格，即实现为更多的货币，因而这些商品的交换价值即价格，也就是它们的"相对价值"，反而会比较高。因此，这些国家中的工人的名义工资虽然会比在后一种国家高，但却并不一定意味着实际工资即供工人支配的生活资料也是这样。

三、相对劳动价格

在考察工资的国民差异时需要考察的另一个因素是相对劳动价格，即同剩余价值和产品价值相比较的劳动价格。如果说，上面所考察的国民劳动强度、国民劳动生产率以及货币的相对价值，都是从价值规律及其在国际上的应用出发来考察的，那么，相对劳动价格则是从剩余价值规律的角度来进一步说明工资的国民差异。

马克思指出，即使撇开不同国家货币价值的这种相对的差异，也常常可以发现，日工资、周工资等在较发达国家比在不发达国家高，"而相对的劳动价格，即同剩余价值和同产品价值相比较的劳动价格，在后一种国家却比在前一

① 《马克思恩格斯文集》第 5 卷，人民出版社 2009 年版，第 645—646 页。

种国家高”①。马克思还引用英国、俄国等欧洲国家以及亚洲的实际材料来说明这一点，指出：即使工资水平多少同中等劳动强度相符，但是劳动的相对价格（同产品相比较的价格）通常是按相反方向变动的。

四、对资产阶级经济学家凯里的工资理论及“和谐”理论的批判

马克思结合自己提出的相对劳动价格理论，批判了美国庸俗经济学家凯里的错误的工资理论以及与之相关的“和谐”理论。

凯里在他的经济学著作《论工资率》中企图证明，不同的国民工资同各国工作日的生产率水平成正比，以便从这种国际的对比中得出结论说，工资总是随着劳动生产率的升降而涨落。凯里试图以此证明，资本主义社会是各个社会阶级和谐一致的美妙社会，工人与资本家之间的利益冲突是不存在的。马克思指出：“即使凯里……论证了自己的前提，我们关于剩余价值生产的全部分析还是证明，他的这个推论是荒谬的。”②

凯里还荒谬地认为，他所说的正比关系是一种自然关系，但受到国家税收的破坏，因此在计算国民工资时，应当将国家税收计入。可是，他在咒骂国家干预破坏资本主义社会的天然和谐之后，又鼓吹由美国政府征收贸易保护关税来对抗英国的影响，以维护他所说的自然关系。同时，他还发现，英国古典经济学的代表李嘉图等人用来表述现存社会的阶级对立和矛盾的定理，并不是现实经济运动的反映，相反地，英国和其他地方的资本主义生产中的现实对立倒是李嘉图等人的理论的结果。最后，他又发现，破坏资本主义生产方式固有的优美与和谐的，归根结底是贸易。凯里这个资本主义剥削制度的拙劣辩护士的论述杂乱无章，前后矛盾，语无伦次，难怪马克思要对他加以辛辣的嘲讽。

思考题：

1. 资本主义工资的实质是什么？
2. 试述资本主义计时工资的主要特点和变化趋势，以及计时工资对工人阶级的主要影响。

---

① 《马克思恩格斯文集》第5卷，人民出版社2009年版，第646页。

② 《马克思恩格斯文集》第5卷，人民出版社2009年版，第648—649页。

3. 如何看待名义工资额与实际劳动价格之间的区别？资本主义的额外工资如何进一步加深了对工人的剥削？
4. 试述计件工资的实质。为什么说计件工资是最适合资本主义生产方式的工资形式？
5. 在考察工资的国民差异时应当考虑的主要因素有哪些？
6. 什么是相对的劳动价格？资本主义生产发达与不发达的国家相比，它们的相对劳动价格是一种什么关系？

第七章　资本的积累过程

本章介绍《资本论》第一卷第七篇的主要内容。在这里，马克思在直接生产过程范围内，阐述了剩余价值转化为资本即资本的积累过程；阐述了资本主义简单再生产和资本积累即扩大再生产的基本原理；论述了资本主义积累的一般规律和历史趋势，以及包含在资本积累的一般规律之中的相对过剩人口理论；揭示了资本主义生产关系与社会生产力发展的冲突及其必然为新的社会经济制度取代的历史趋势。在马克思的这些论述中，包含了不仅适用于资本主义生产方式，同时也适用于其他社会生产方式的再生产过程的一般原理。学习本篇，对于深刻认识资本主义生产方式的本质，以及资本主义经济运动的矛盾和规律，正确认识当代资本主义的本质和长期发展趋势，具有重要的理论和实际意义。同时，这些论述对于我们探索社会主义初级阶段和社会主义市场经济条件下的经济运动规律，正确认识社会经济生活中的矛盾和问题，具有十分重要的意义。

第一卷第七篇除引言外包括第 21 章至第 25 章。第 21 章研究资本主义的简单再生产，揭示了其中显示出来的资本主义生产方式的特征。第 22 章研究扩大再生产，揭示了资本积累的本质，阐述了商品生产所有权规律如何转化为资本主义占有规律。第 23 章研究资本积累的一般规律，分析了资本有机构成提高对工人阶级的影响，揭示了资本的积累和集中的趋势，说明了资本积累必然导致贫富两极分化。第 24 章研究资本的原始积累，以西欧国家的史实为根据，说明了资本主义经济是怎样从前资本主义社会产生出来的，并揭示了资本主义积累的历史趋势就是资本主义生产方式的自我否定和生产资料归全社会共同占有的公有制的建立。第 25 章批判了资产阶级政治经济学的现代殖民理论，进一步说明了资本主义生产方式的形成是以劳动者被剥夺土地等生产资料，以自己劳动为基础的私有制的消灭为前提的。

在本篇引言中，为了纯粹地从直接生产过程的角度来考察资本的积累过程，马克思首先简要地提出了资本流通的概念，并且做出了以下几个假定：一是假定资本按正常的方式完成自己的流通过程；二是既不研究资本在流通领域里所采取的那些新形式，也不研究这些形式所包含的再生产的具体条件，而是假定资本家按照商品的价值出售商品；三是把资本主义的生产者当做全部剩余价值的所有者，或者把他当做所有参加分赃的剥削者的代表。马克思指出："剩余价值的分割和流通的中介运动模糊了积累过程的简单的基本形式。因此，对积累过程的纯粹的分析，就要求我们暂时抛开掩盖它的机制的内部作用的一切现象。"①

第一节　简单再生产

一、再生产过程的若干一般原理

在考察资本主义的简单再生产过程之前，马克思首先简要地提到了有关再生产的一些一般原理。

在第一卷第 21 章开头，马克思就给出了再生产的一般概念："不管生产过程的社会形式怎样，生产过程必须是连续不断的，或者说，必须周而复始地经过同样一些阶段。一个社会不能停止消费，同样，它也不能停止生产。因此，每一个社会生产过程，从经常的联系和它不断更新来看，同时也就是再生产过程。"②

接着，马克思说明了再生产过程的一般条件，说明生产的条件同时也就是再生产的条件，指出："任何一个社会，如果不是不断地把它的一部分产品再转化为生产资料或新生产的要素，就不能不断地生产，即再生产。在其他条件不变的情况下，社会在例如一年里所消费的生产资料，即劳动资料、原料和辅助材料，只有在实物形式上为数量相等的新物品所替换，社会才能在原有的规模上再生产或保持自己的财富，这些新物品要从年产品总量中分离出来，重新并入生产过程。因此，一定量的年产品是属于生产的。"③

马克思之所以强调生产的条件同时就是再生产的条件，是与自从斯密以来形形色色的资产阶级经济学中贯穿的一个十分荒谬的见解有关的，就是认为一个国家每年的全部产品都会"分解为"个人的"收入"，即全部都会用于个人消费。但是如果真是这样的话，那就不仅不会有扩大再生产，而且连简单再生产也不能正常进行了。马克思在本篇以及第二卷和第三卷中，多次批判了这一

① 《马克思恩格斯文集》第 5 卷，人民出版社 2009 年版，第 652 页。
② 《马克思恩格斯文集》第 5 卷，人民出版社 2009 年版，第 653 页。
③ 《马克思恩格斯文集》第 5 卷，人民出版社 2009 年版，第 653 页。

荒谬的教条。

在说明再生产的物质条件之后，马克思又进一步指出：“生产具有资本主义的形式，再生产也就具有同样的形式。在资本主义生产方式下，劳动过程只表现为价值增殖过程的一种手段，同样，再生产也只表现为把预付价值作为资本即作为自行增殖的价值来再生产的一种手段。”① 这里所说的虽然是资本主义的再生产，但却同样也包含了从生产一般的角度来看待的再生产过程的如下一般原理，即：第一，生产具有什么样的形式，再生产也就具有同样的形式；第二，生产过程和再生产过程都具有二重性，都是劳动过程和生产的社会形式的统一；第三，生产过程的性质，决定再生产过程的性质。所有这一切，对于认识其他社会的再生产过程的性质和形式也是适用的，具有十分重要的方法论上的意义。

二、简单再生产的资本主义形式的新特征

在资本主义的再生产过程中，剩余价值作为资本价值的周期增加额，取得了来源于资本的收入的形式。如果这种收入只是充当资本家的消费基金，周期地获得，也周期地消费掉，那么，在其他条件不变的情况下，这就是简单再生产，即资本主义生产过程在原有规模上的重复。马克思指出了考察这种重复或连续的意义，即它赋予这个过程以某些新的特征，消除了资本主义生产仅仅作为孤立过程所具有的虚假特征。

第一，简单再生产消除了可变资本由资本家私人基金预付的假象。事实上，工人只是在他的劳动力发挥了作用以后，才得到报酬。因此，工人不仅为资本家生产了剩余价值，而且也生产了付给他自己报酬的基金即可变资本，而这个基金是在以工资形式流回到工人手里之前生产的，只有当他不断地再生产这种基金的时候，他才被雇佣。工人今天或下半年所获得的报酬是用他昨天或上半年的劳动来支付的。只是产品的商品形式和商品的货币形式掩盖了这种交易。因此，可变资本不过是劳动者为维持和再生产自己所必需的生活资料基金或劳动基金的一种特殊的历史的表现形式，这种基金在一切社会生产制度下都始终必须由劳动者本身来生产和再生产。劳动基金所以不断以工人劳动的支付手段的形式流回到工人手里，只是因为工人自己的产品不断以资本的形式离开

① 《马克思恩格斯文集》第5卷，人民出版社2009年版，第653页。

工人。但是劳动基金的这种表现形式丝毫没有改变这样一个事实：资本家把工人自己的对象化的劳动预付给工人。

第二，简单再生产还消除了整个资本都是资本家私人基金预付的假象。马克思举例分析指出，在某个孤立生产过程表现为一定价值量的原预付资本，如果它所产生的剩余价值全部（即便是部分也不影响结论）用于资本家个人消费，经过若干连续的生产过程后，资本家总是会消费掉相当于原预付资本的价值量，原预付资本价值消失了。虽然资本家手里还有最初投入的机器、厂房等，但它们的价值已经过生产损耗而转移完毕，原有价值不复存在。马克思指出，这里的问题不在于资本的物质组成部分，而在于资本的价值。如果资本家把自己预付资本的等价物消费掉，他现在拥有的相当于预付资本价值的资本不过是他在若干年内无偿占有的剩余价值总额，他的原有资本的任何一个价值原子都不复存在了。因此，“撇开一切积累不说，生产过程的单纯连续或者说简单再生产，经过一个或长或短的时期以后，必然会使任何资本都转化为积累的资本或资本化的剩余价值。即使资本在进入生产过程的时候是资本使用者本人挣得的财产，它迟早也要成为不付等价物而被占有的价值，成为无酬的他人劳动在货币形式或其他形式上的化身”①。

第三，资本主义简单再生产再生产出劳动力和劳动条件的分离。劳动力和劳动条件的分离，作为资本主义生产过程的基础和起点，在再生产过程中表现为资本主义生产本身的结果而不断重新生产出来并且永久化。马克思指出，在资本主义再生产过程中，“工人本身不断地把客观财富当做资本，当做同他相异己的、统治他和剥削他的权力来生产，而资本家同样不断地把劳动力当做主观的、同它本身对象化在其中和借以实现的资料相分离的、抽象的、只存在于工人身体中的财富源泉来生产，一句话，就是把工人当做雇佣工人来生产。工人的这种不断再生产或永久化是资本主义生产的必不可少的条件”②。在这里，马克思揭示了雇佣工人的个人消费的资本主义性质。首先，工人阶级的个人消费，在绝对必需的限度内，只是把资本用来交换劳动力的生活资料再转化为可供资本重新剥削的劳动力。这种消费是资本家最不可少的生产要素即工人本身的生产和再生产，并且始终是资本再生产的条件。因此，这种消费对工人自己

① 《马克思恩格斯文集》第5卷，人民出版社2009年版，第657　658页。

② 《马克思恩格斯文集》第5卷，人民出版社2009年版，第659页。

来说是非生产的，但对资本家来说是生产的，因为它生产了创造别人财富的力量。其次，从社会角度来看，即使在直接劳动过程以外，工人阶级也同死的劳动工具一样是资本的附属物。“罗马的奴隶是由锁链，雇佣工人则由看不见的线系在自己的所有者手里。他的独立性这种假象是由雇主的经常更换以及契约的法律拟制来保持的。”① 最后，马克思以事实为依据，指出了资本家阶级如何强制地和毫无掩饰地表明了资本对劳动力的所有权。

马克思总结道：“资本主义生产过程，在联系中加以考察，或作为再生产过程加以考察时，不仅生产商品，不仅生产剩余价值，而且还生产和再生产资本关系本身：一方面是资本家，另一方面是雇佣工人。”②

第二节 剩余价值转化为资本

一、规模扩大的资本主义生产过程及商品生产所有权规律转变为资本主义占有规律

前面已经谈到，从简单再生产的角度来考察的资本主义再生产，经过一个或长或短的时期以后，必然会使任何资本都转化为积累的资本或资本化的剩余价值。第一卷第22章是从积累和扩大再生产的角度考察资本运动，研究剩余价值向资本的转化所引起的资本主义生产方式和生产关系的新变化，以及资本积累和扩大再生产的性质、条件和规律。其中的第1节包括互相联系的两部分内容：前半部分考察的是规模扩大的资本主义生产过程，从资本主义生产过程二重性的角度，分析了资本积累与现实的资本扩大再生产的过程；后半部分论述了商品生产所有权规律转变为资本主义占有规律。

（一）规模扩大的资本主义生产过程

首先，马克思从资本和剩余价值的关系的角度，阐述了资本积累的概念。马克思指出：“我们以前考察了剩余价值怎样从资本产生，现在我们考察资本怎样从剩余价值产生。把剩余价值当做资本使用，或者说，把剩余价值再转化

① 《马克思恩格斯文集》第5卷，人民出版社2009年版，第662页。引文中“法律拟制”的含义见注释54（第901页）。

② 《马克思恩格斯文集》第5卷，人民出版社2009年版，第666—667页。

为资本，叫做资本积累。”①

其次，马克思考察了剩余价值在货币形式上转化为资本的过程。马克思举例指出，要实现这种转化，资本家事实上只需要把他的包含资本价值和剩余价值的产品卖掉，再转化为它们的货币形式，其中资本价值重新回到它最初的预付价值的形式，而剩余价值则改变了自己最初的存在方式。但从这时起，资本价值和剩余价值二者就都成了货币额，并且以完全相同的方式重新转化为资本。资本家把这二者都用来购买商品，以便能够重新开始制造自己的产品，而这次是在扩大规模上进行的。但是，他要买到这些商品，就必须在市场上找到这些商品。

再次，马克思进一步阐明了剩余价值实际转化为资本的条件。马克思指出，资本家自己的商品所以能流通，只是因为他也像其他所有的资本家一样把自己的商品投入了市场。但这些商品在进入市场以前，就已经存在于年生产基金，即由各个单个资本的总额或社会总资本在一年中转化成的各种物品的总额中了，而每个资本家只占有其中的一个相应部分。市场上的交易过程只是实现年生产的各个组成部分的交换，这既不能增大年生产的总额，也不能改变产品的本性。可见，全部年产品能有什么用途，取决于它本身的构成，而绝不取决于流通。由此可见，剩余价值转化为资本的物质条件就是全社会的一部分年剩余劳动必须用来制造追加的生产资料和生活资料。正如马克思所说的：“要积累，就必须把一部分剩余产品转化为资本。但是，如果不是出现了奇迹，能够转化为资本的，只是在劳动过程中可使用的物品，即生产资料，以及工人用以维持自身的物品，即生活资料。所以，一部分年剩余劳动必须用来制造追加的生产资料和生活资料，它们要超过补偿预付资本所需的数量。总之，剩余价值所以能转化为资本，只是因为剩余产品（它的价值就是剩余价值）已经包含了新资本的物质组成部分。”②

最后，马克思指出，要使这些组成部分真正执行资本的职能，资本家阶级还需要追加劳动。如果他从延长劳动时间和提高劳动强度两方面都不能增加对就业工人的剥削，那就必须雇佣追加的劳动力。而资本主义的生产机制就是把工人阶级当做依靠工资过活的阶级再生产出来，让他们的通常的工资不仅够用

---

① 《马克思恩格斯文集》第 5 卷，人民出版社 2009 年版，第 668 页。

② 《马克思恩格斯文集》第 5 卷，人民出版社 2009 年版，第 670 页。

来维持自己，而且还够用来进行繁殖。资本只要把工人阶级每年向它提供的各种年龄的追加劳动力同已经包含在年产品中的追加生产资料合并起来，剩余价值向资本的转化就完成了。因此，简单再生产的循环改变了，积累就是资本的规模不断扩大的再生产过程。

（二）商品生产所有权规律转变为资本主义占有规律

在以上分析的基础上，马克思进而说明在资本积累过程中商品生产所有权规律是如何转变为资本主义占有规律的。

马克思首先说明新的追加资本就是“资本化了的剩余价值”，“它一开始就没有一个价值原子不是由无酬的他人劳动产生的”①，从而揭示了这一现象与“商品生产所有权规律”的矛盾。

所谓商品生产所有权规律，是指商品交换的当事人必须承认对方是不同的私有者，每一方都只有让渡自己的商品，才能取得对方的商品；只有通过双方一致的意志行为（即契约），才能实现这种交换；而且，这种交换必须遵循等价原则，即交换双方的产品包含的社会必要劳动量必须相等，谁也不能无偿占有他人的劳动产品。

在资本主义积累过程中，资本家要将一部分剩余价值当做追加的可变资本来购买追加的劳动力。在这种购买行为中，资本家和工人一方让渡货币而另一方出卖劳动力，双方的行为都始终符合商品交换的规律：一个愿买，一个愿卖，都实施了基于所有权的自由意志；一个付出一定货币额得到一定时间内劳动力的支配权，另一个在出让劳动力的同时获得与自己劳动力的价值相当的货币额。

但是，资本对劳动力的购买，只是在形式上符合商品生产所有权规律，而实质上是对工人无偿劳动的占有。因为：第一，资本家用来购买工人劳动力的追加的货币资本，是由剩余价值转化而来的，其实是资本家无代价占有的剩余产品的一部分，资本家与工人的交易实质上是工人用自己生产的产品来补偿自己的劳动力的价值；第二，已付给工人的那部分资本价值，不仅要由工人来补偿，而且还要带来剩余价值。正如马克思所说：“这样一来，资本家和工人之间的交换关系，仅仅成为属于流通过程的一种表面现象，成为一种与内容本身无关的并只是使它神秘化的形式。劳动力的不断买卖是形式。其内容则是，资

① 《马克思恩格斯文集》第5卷，人民出版社2009年版，第672页。

本家用他总是不付等价物而占有的他人的已经对象化的劳动的一部分，来不断再换取更大量的他人的活劳动。最初，在我们看来，所有权似乎是以自己的劳动为基础的。至少我们应当承认这样的假定，因为互相对立的仅仅是权利平等的商品占有者，占有他人商品的手段只能是让渡自己的商品，而自己的商品又只能是由劳动创造的。现在，所有权对于资本家来说，表现为占有他人无酬劳动或它的产品的权利，而对于工人来说，则表现为不能占有自己的产品。所有权和劳动的分离，成了似乎是一个以它们的同一性为出发点的规律的必然结果。”①

不论资本主义占有方式好像同最初的商品生产规律如何矛盾，这种占有方式的产生决不是由于这些规律遭到违反，相反地，是由于这些规律得到应用。这里的关键是劳动力成为商品。马克思在第一卷第二篇就已经告诉我们，货币转化为资本是以商品生产所有权规律在劳动力这个特殊商品的买卖上的运用为条件的。

接下来，马克思通过对于以资本主义积累为终点的各个依次发生的运动阶段的简要回顾，进一步阐明了上述转化的必然性。

首先，一个价值额最初转化为资本是完全按照交换规律进行的。契约的一方出卖自己的劳动力，他方购买劳动力。前者取得自己商品的价值，从而把这种商品的使用价值即劳动让渡给后者。后者就使用现在已归他支配的劳动，把已经归他所有的生产资料转化为一种新产品，这个产品在法律上也归他所有。这既不触犯商品生产的一般规律，也不违背商品交换的规律。因此这是完完全全符合商品生产的经济规律以及由此产生的所有权的。尽管这样，这种转化仍然有以下的结果：（1）产品属于资本家，而不属于工人；（2）这一产品的价值除包含预付资本的价值外，还包含剩余价值，后者要工人耗费劳动，而不要资本家耗费任何东西，但它却成为资本家的合法财产；（3）工人保持了自己的劳动力，只要找到买者就可以重新出卖。这样，马克思就深刻地揭示出，即使在最初的货币到资本的转化中，也已经出现了与商品生产所有权规律相对立的结果，而这又是在丝毫也并不触犯这些“规律”（法则和权利）的情况下发生的。

其次，简单再生产仅仅是这种最初的活动的周期反复。因此，规律并没有遭到违反，相反地，只是得到不断发生作用的机会。然而，简单再生产已经足

---

①《马克思恩格斯文集》第5卷，人民出版社2009年版，第673—674页。

以使这种最初的活动具有一种与把它当做孤立过程来考察时完全不同的性质。

再次，如果简单再生产转化为规模扩大的再生产，为积累所代替，事情也还是一样。现在执行职能的资本，不管它经过的周期的再生产和先行积累的系列多么长，总是保持着它本来的性质。尽管每一个单独考察的交换行为仍遵循交换规律，但占有方式却会发生根本的变革，而这丝毫不触犯与商品生产相适应的所有权。同一所有权，产品归生产者所有，生产者用等价物交换等价物，在只能靠自己劳动致富的初期，是有效的；在社会财富越来越多地成为那些能不断地重新占有别人无酬劳动的人的财产的资本主义时期，也是有效的。

最后，马克思从商品生产与资本主义生产方式的必然联系的角度，进一步总结和阐明了这一转化的必然性，并从资本积累的角度揭示了资产阶级经济学关于资本定义的现实基础和实质。马克思指出，一旦劳动力由工人自己作为商品自由出卖，这种结果就是不可避免的。但只有从这时起，商品生产才普遍化，才成为典型的生产形式。只有当雇佣劳动成为商品生产的基础时，商品生产才被加之于整个社会，但也只有这时，它才能发挥自己的全部潜力。说雇佣劳动的介入使商品生产变得不纯粹，那就等于说，商品生产要保持纯粹，它就不该发展。商品生产按自己本身内在的规律越是发展成为资本主义生产，商品生产的财产法则也就越是转变为资本主义的占有法则。

甚至在简单再生产的情况下，全部预付资本，不管它的来源如何，都转化为积累资本或资本化的剩余价值。而在生产的巨流中，全部原预付资本，与直接积累的资本即重新转化为资本（不论它是在积累者手中，还是在别人手中执行职能）的剩余价值或剩余产品比较起来，总是一个近于消失的量。所以，资产阶级政治经济学一般都把资本说成是“重新用来生产剩余价值的积累起来的财富”（转化了的剩余价值或收入）或把资本家说成是“剩余产品的所有者”。这种看法还有另一种表述方式，即全部现存的资本是积累起来的或资本化的利息，因为利息不过是剩余价值的一部分。在这里，马克思不但揭示出了资产阶级政治经济学的这种看法的现实基础、依据或根源，同时也批判了资产阶级政治经济学家们在资本问题上的拜物教观念。因为正是在生息资本的运动中，资本才获得了一种最具有拜物教性质的形式。

二、资产阶级政治经济学关于规模扩大的再生产的错误见解

马克思在第一卷第 22 章第 2 节批判了古典经济学提出的一种错误观点，即

把积累仅仅看成剩余价值转变为劳动力。

马克思首先讨论了资产阶级经济学上述观点产生的客观原因。资本家为自己的消费而用一部分剩余价值购买的商品，对他不能起生产资料和价值增殖手段的作用，也不起生产劳动的作用。资本家没有通过购买这种商品和劳动，把剩余价值转化为资本，相反地，而是把它作为收入消费掉了。因此，在资产阶级经济学家看来，积累资本是公民的首要义务。他们谆谆告诫人们，如果把全部收入吃光用尽，而不把其中相当一部分用来雇佣追加的生产工人，让他们带来的东西超过他们耗费的东西，就不能积累。另外，资产阶级经济学又不得不同一般人的偏见作斗争，这种偏见把资本主义生产和货币贮藏混为一谈，以为积累财富就是使财富现有的实物形式免遭破坏，也就是不被消费掉，或者说，使财富避免进入流通。其实，把货币贮藏起来不加入流通，同把货币作为资本而增殖，恰恰是相反的两回事，从货币贮藏的意义上进行商品积累，是十足的愚蠢行为。大量商品的积累是流通停滞或生产过剩的结果。

马克思接着辩证地分析了古典经济学关于这一问题的见解，指出，古典经济学强调积累过程的特点是剩余产品由生产工人消费，而不由非生产工人消费，这一点是对的，但它的错误也正是从这里开始。特别是斯密使人们形成一种流行的看法，把积累仅仅看成剩余产品由生产工人消费，或者说，把剩余价值的资本化仅仅看成剩余价值转变为劳动力。李嘉图和一切以后的经济学家追随斯密一再重复地说："加入资本的那部分收入，是由生产工人消费的"①，这就更加大错特错了。因为，根据这种看法，所有转化为资本的剩余价值都要成为可变资本了。其实，剩余价值和原预付价值一样，分成不变资本和可变资本，分成生产资料和劳动力。劳动力是可变资本在生产过程中的存在形式。在生产过程中，它本身被资本家消费了。它通过自己的职能——劳动——去消费生产资料。同时，购买劳动力所付出的货币，转化为不是由"生产劳动"而是由"生产工人"消费的生活资料。斯密则根据自己错误的分析得出了以下的荒谬结论：虽然每一单个资本分成不变组成部分和可变组成部分，但社会资本只分解为可变资本，或者说，只用来支付工资。事实上，斯密正是在困难开始的地方中止了他的研究。

马克思还谈到进一步研究这一问题的意义：要是我们只考察年总生产基

---

① 《马克思恩格斯文集》第6卷，人民出版社2009年版，第432页。

金，每年的再生产过程是容易理解的，但年生产的各个组成部分都必须投入商品市场，而困难就在这里开始；各个资本的运动和个人收入的运动交错混合在一起，消失在普遍的换位中，即消失在社会财富的流通中，这就迷惑了人们的视线，给我们的研究提出了极其复杂的问题需要解决。马克思提前告诉我们，在《资本论》第二卷第三篇中，他将对实际的联系进行分析。他还指出："不言而喻，政治经济学不会不利用亚·斯密的所谓纯产品中转化为资本的部分完全由工人阶级消费这一论点，来为资本家阶级的利益服务。"① 马克思指出的这一点，我们在本篇后面的分析中将会谈到。

三、剩余价值分为资本和收入

第22章第3节考察剩余价值分为资本和收入，并且批判了资产阶级庸俗经济学家的"节欲论"。应当注意，在这里，收入一词有两种含义：第一是指全部剩余价值，第二是指剩余价值中用于资本家个人消费的部分。这里是后一种意义上的收入概念。马克思所要分析的，是与剩余价值分割为资本家的积累基金和消费基金相关的问题。

（一）剩余价值分为资本和收入以及资产阶级经济学在这个问题上的争论

在积累和扩大再生产的条件下，剩余价值或剩余产品既不是全部转化为资本，也不是全部转化为资本家的个人消费基金，而是二者兼而有之。剩余价值一部分由资本家作为收入消费，另一部分用作资本或积累起来。在一定量的剩余价值中，这两部分中的一部分越大，另一部分就越小。而在其他一切条件不变的情况下，这种分割的比例决定着积累量。明确这一点，对于正确理解整个资本积累的理论具有十分重要的意义。

在说明资本积累与资本家个人消费的关系之后，马克思阐述了积累是由资本主义生产关系决定的客观必然性的重要观点："资本家只有作为人格化的资本，他才有历史的价值，才有……历史存在权。也只有这样，他本身的暂时必然性才包含在资本主义生产方式的暂时必然性中。但既然这样，他的动机，也就不是使用价值和享受，而是交换价值和交换价值的增殖了。作为价值增殖的狂热追求者，他肆无忌惮地迫使人类去为生产而生产，从而去发展社会生产力，去创造生产的物质条件；而只有这样的条件，才能为一个更高级的、以每

① 《马克思恩格斯文集》第5卷，人民出版社2009年版，第682页。

一个个人的全面而自由的发展为基本原则的社会形式建立现实基础。只有作为资本的人格化，资本家才受到尊敬。作为资本的人格化，他同货币贮藏者一样，具有绝对的致富欲。但是，在货币贮藏者那里表现为个人的狂热的事情，在资本家那里却表现为社会机制的作用，而资本家不过是这个社会机制中的一个主动轮罢了。此外，资本主义生产的发展，使投入工业企业的资本有不断增长的必要，而竞争使资本主义生产方式的内在规律作为外在的强制规律支配着每一个资本家。竞争迫使他不断扩大自己的资本来维持自己的资本，而他扩大资本只能靠累进的积累。"[①] 总之，资本主义的生产目的和竞争作为一种客观必然性驱使资本家无休止地进行积累，使得资本不断增殖和不断积累成为资本家无法克制的欲求。

剩余价值中用于积累和消费的两部分看似是矛盾和对立的。资本家追求扩大积累是资本职能的意识和意志的反映。"他的私人消费，对他来说也就成了对他的资本积累的掠夺，就像在意大利式簿记中资本家的私人开支被记在资本家的借方来同资本相对立一样。积累是对社会财富世界的征服。它在扩大被剥削的人身材料的数量的同时，也扩大了资本家直接和间接的统治。"[②] 实际上，对资本家而言，扩大积累和挥霍消费并不矛盾，而是统一于资本积累过程。资本积累不是建立在"节制"和"禁欲"基础上的。资本主义生产方式的确立使致富欲和贪欲作为绝对的欲望占统治地位。但资本主义生产的进步也创立了一个享乐世界。投机和信用事业的发展扩大了资本积累的途径。习以为常的挥霍，作为炫耀富有从而取得信贷的手段，甚至成了资本家营业上的一种必要。奢侈成为资本的交际费用。此外，与货币贮藏者不同，资本家财富的增长，"是同他榨取别人的劳动力的程度和强使工人放弃一切生活享受的程度成比例的。因此，虽然资本家的挥霍从来不像放荡的封建主的挥霍那样是直截了当的，相反地，在它的背后总是隐藏着最肮脏的贪欲和最小心的盘算；但是资本家的挥霍仍然和积累一同增加，一方决不会妨害另一方"[③]。

积累和节俭实质上都是把剩余价值或剩余产品中尽可能大的部分重新转化为资本。作为新兴资产阶级的理论代表，古典经济学用"为积累而积累，为生产而生产"这个公式表达了资产阶级时期的历史使命，尽管它从未低估过牺牲

---

① 《马克思恩格斯文集》第5卷，人民出版社2009年版，第683页。

② 《马克思恩格斯文集》第5卷，人民出版社2009年版，第683—684页。

③ 《马克思恩格斯文集》第5卷，人民出版社2009年版，第685页。

无产者的资本积累所带来的社会后果，但对此并不感到痛惜。在古典经济学看来，无产者不过是生产剩余价值的机器，而资本家也不过是把剩余价值转化为追加资本的机器，从而为资本家的这种历史职能进行辩护。作为没落的封建地主阶级代表的马尔萨斯，则主张“把支出欲和积累欲分开”[①]，让实际从事生产的资本家承担积累的任务，而让另一些参加剩余价值分配的人，例如土地贵族、领受国家和教会俸禄的人等来承担挥霍的任务。马尔萨斯的这些主张受到了李嘉图学派的一本小册子的抨击。不过，尽管这本小册子的作者认为，靠吸掉工业资本家汤里的油水的办法来刺激工业资本家去积累是不公正的，但作为资产阶级的代言人，他显然意识到，要使工人勤勉地劳动，必须尽可能地把工人的工资减到最低限度。他从来也不隐瞒资本家的生财之道就在于占有无酬劳动。

（二）对庸俗经济学家西尼耳“节欲论”的批判

19 世纪 30 年代，随着欧洲无产阶级革命运动和社会主义运动的发展，资产阶级的统治受到威胁，为资产阶级服务的庸俗经济学家，已经失去其前辈所具有的学术良心和勇气，千方百计企图隐瞒生财之道就在于占有无酬劳动这个事实。英国庸俗经济学家西尼耳的“节欲论”因此应运而生。西尼耳声称要“用节欲一词来代替被看做生产工具的资本一词”[②]。马克思对此批判道：“这真是庸俗经济学的‘发现’的不可超越的标本！它用阿谀的词句来替换经济学的范畴。如此而已。”[③] 西尼耳之流无法回答这样的问题：在早期的社会状态下，劳动资料如何和为何没有资本家的“节欲”也被制造出来了？事实上，只是随着资本主义生产方式的产生和发展，劳动过程的一切条件才如数转化成所谓资本家的“节欲”行为。在西尼耳等庸俗经济学家们看来，把生产工具同劳动力合并在一起作为资本来增殖，而不把它们“吃光”，或者按照庸俗经济学家的幼稚说法，不把“它们的价值”变成奢侈品和其他消费资料挥霍掉，这就是资本家在节制自己的欲望。然而资本家阶级究竟怎样能做到这一点，至今仍然是庸俗经济学严加保守的秘密。马克思挖苦道：“所以很明显，单是人道就要求把资本家从殉道和诱惑中解救出来，其办法同不久前佐治亚州的奴隶主所采取的一样，后者通过废除奴隶制而摆脱了这样一种左右为难的境地：是把鞭

---

① 《马克思恩格斯文集》第 5 卷，人民出版社 2009 年版，第 687 页。

② 《马克思恩格斯文集》第 5 卷，人民出版社 2009 年版，第 688 页。

③ 《马克思恩格斯文集》第 5 卷，人民出版社 2009 年版，第 688—689 页。

打黑奴所得的全部剩余产品消耗在香槟酒上，还是把其中一部分再转化为更多的黑人和更多的土地。”①

马克思指出，在各种不同的经济社会形态中，不仅都有简单再生产，而且都有规模扩大的再生产，虽然程度不同。生产和消费会累进地增加，因此，转化为生产资料的产品也会累进地增加。但是，只要工人的生产资料，从而他的产品和生活资料，还没有以资本的形式同他相对立，这个过程就不会表现为资本积累，因而也不会表现为资本家的职能。例如，印度的自耕农的产品、劳动资料和生活资料从来就不具有“从别人的收入中节约下来从而要经过一个预先的积累过程的基金的形式”②。而在印度的一些旧制度被英国统治破坏最小的省份，虽然没有“禁欲的”资本家介于其间，生产和规模扩大的再生产也仍在照常进行。

四、几种同剩余价值分为资本和收入的比例无关但决定资本积累量的情况

我们已经知道，剩余价值分割为资本和收入的比例对于积累量具有决定作用。现在要考察的是“几种同剩余价值分为资本和收入的比例无关但决定积累量的情况”③。很明显，如果假设剩余价值分为资本和收入的比例已定，那么积累的资本量显然取决于剩余价值的绝对量，因而决定剩余价值量的一切情况也影响着积累的量。对这些情况，马克思在前两篇已经分析过。这里，他主要是从为积累问题的研究提供新观点的意义上，对它们再一次做了总括的说明。

（一）劳动力的剥削程度

资产阶级的古典政治经济学非常重视剥削程度对积累的影响，以至有时把由于提高劳动生产力而造成的积累的加速和由于加强对工人的剥削而造成的积累的加速等同起来。马克思主要从以下两个方面说明了劳动力的剥削程度对于积累量的作用。

第一，把工资强行压低到劳动力价值以下。前面在论述剩余价值的生产的时候，马克思都是假定工资至少和劳动力的价值是相等的。但在实际生活

① 《马克思恩格斯文集》第5卷，人民出版社2009年版，第690页。
② 《马克思恩格斯文集》第5卷，人民出版社2009年版，第690页。
③ 《马克思恩格斯文集》第5卷，人民出版社2009年版，第691页。

中，把工资强行压低到劳动力价值以下，却起着极为重要的作用。在一定限度内，这也就是把工人的必要消费基金转化为资本的积累基金。为了说明这一点，马克思先后引用了许多文献和实际资料。从这些文献和资料可以看到，为资本家服务的学者是如何想方设法压低工资、削减工人的消费以增大积累的源泉的。

第二，由提高劳动力的紧张程度而获得的追加劳动。马克思指出，虽然在一切产业部门里，由劳动资料构成的不变资本部分，必须足够供由设备规模决定的一定数量的工人使用，但是它完全不必总是同所使用的劳动量按同一比例增加。只要延长工人的工作日，现有的劳动资料就足够使用了，只是损耗得快一些罢了。可见，由提高劳动力的紧张程度而获得的追加劳动，没有不变资本部分的相应增加，也能够增加剩余产品和剩余价值，即积累的实体。为了说明这一点，马克思分别举出了采掘工业（矿业）、农业和制造业中的例子。他的结论是：资本一旦合并了形成财富的两个原始要素——劳动力和土地，它便获得了一种扩张的能力，这种能力使资本能把它的积累的要素扩展到超出似乎是由它本身的大小所确定的范围，即超出由体现资本存在的、已经生产的生产资料的价值和数量所确定的范围。

（二）劳动生产力

影响资本积累的另一个重要的因素是社会劳动生产力的水平。

劳动生产力的提高对于积累量的作用，首先表现在剩余产品的量的增加和追加资本的量的增加上。这是因为：随着劳动生产力的提高，体现一定量价值从而一定量剩余价值的产品量会增大。这样，在剩余价值率不变甚至下降，但其下降比劳动生产力的提高缓慢的情况下，剩余产品量也会增加。因此，在剩余产品分为收入和追加资本的比例保持不变的情况下，资本家的消费可以增加，而积累基金并不减少，甚至还可以增加。与此同时，工人的实际工资从来不会和劳动生产率按同一比例增加。这样，同一可变资本价值会推动更多的劳动力，从而推动更多的追加劳动；同一不变资本价值会表现为更多的追加生产资料，即表现为更多的劳动资料、劳动材料和辅助材料，从而会提供更多的形成产品和价值的要素，或者说，提供更多的吮吸劳动的要素。因此，在追加资本的价值不变甚至降低的情况下，积累仍然可以加快。不仅再生产的规模在物质上扩大了，而且剩余价值的生产也比追加资本的价值增长得更快。

其次，劳动生产力的提高对于积累量的作用还表现在“劳动生产力的发展也会对原资本或已经处于生产过程中的资本发生反作用”①。这主要表现在科学技术的进步对于不变资本的作用上：一是由机器等劳动工具构成的那部分不变资本可以被效率更高、更便宜的工具所代替，即旧资本会以生产效率更高的形式再生产出来；二是这也适用于由原料和辅助材料等构成的另一部分不变资本；三是科学技术的进步还会增加有用物质的种类和用途，从而扩大资本的投资领域；四是技术进步还教会人们将消费和生产的废料投回到生产过程的循环当中，从而节约预付资本。总之，正如马克思所说的：“科学和技术使执行职能的资本具有一种不以它的一定量为转移的扩张能力。……这种扩张能力对原资本中已进入更新阶段的那一部分也发生反作用。资本以新的形式无代价地合并了在它的旧形式背后所实现的社会进步。”② 这种扩张能力使资本能够推动比原先的数量大得多的劳动，从而促进资本的积累。当然，技术进步同时会使正在执行职能的资本部分地贬值。只要这种贬值通过竞争被人们痛切地感觉到，主要负担就会落到工人身上，因为资本家会用加强对工人剥削的办法来弥补自己的损失。

最后，随着劳动生产力的提高，同量劳动会把更多的生产资料的价值转移到产品上去。因为一定量的劳动所推动的生产资料的价值和数量是同劳动的生产效率的提高成比例地增加的。因此，虽然同量的劳动始终只是给自己的产品增加同量的新价值，但是，随着劳动生产率的提高，同时由劳动转移到产品上的旧资本的价值仍会增加。这些旧价值以新的有用形式保存在产品中，因而又可以重新执行资本的职能。因此，随着劳动的生产资料的效能、规模和价值的增长，从而随着劳动生产力的发展而造成的积累的增长，劳动在不断更新的形式中把不断膨胀的资本的价值保存下来并使其永久化。

（三）所使用的资本和所消费的资本差额的增大

随着资本的增长，所使用的资本和所消费的资本之间的差额也在增大。马克思这里所说的这种现象，是由在第二卷中将要进一步分析的固定资本周转的特点决定的。正如马克思这里所说的：随着资本的增长，劳动资料如建筑物、机器等的价值量和物质量都会增加，这些劳动资料在或长或短的一个时期里，

---

① 《马克思恩格斯文集》第 5 卷，人民出版社 2009 年版，第 698 页。

② 《马克思恩格斯文集》第 5 卷，人民出版社 2009 年版，第 699 页。

在不断反复进行的生产过程中，用自己的整体执行职能，而在价值上，它们却是逐渐损耗的，因而是一部分一部分地丧失自己的价值，也就是一部分一部分地把自己的价值转移到产品中去。这些劳动资料越是作为产品形成要素发生作用而不把价值加到产品中去，也就是说，它们越是整个地被使用而只是部分地被消费，它们就越像自然力如水、空气等那样，提供无偿的服务①。被活劳动抓住并赋予生命的过去劳动的这种无偿服务，会随着积累规模的扩大而积累起来。这种“无偿服务”越多，就越能推动更多的活劳动和剩余劳动，因而更能推动资本积累。

马克思在这里附带地批判了资产阶级及其经济学家在这一问题上的拜物教观念和辩护论本质。在资本主义生产方式下，作为过去劳动的产物的生产资料总是采取资本的社会形式，即马克思所说的“过去劳动总是装扮成资本”②。所以，资产阶级经济学家对过去劳动的功绩赞扬备至。英国的麦克库洛赫甚至认为，过去劳动应当以利息、利润等形式得到特殊的报酬。这样，剩余价值（利息、利润都是其特殊形式）就不是被无偿占有的工人劳动，而是“过去劳动”即生产资料的报酬，资本家对他人劳动的无偿占有这个事实就被似是而非地掩盖起来了。“于是，那种以生产资料的形式参与活劳动过程的过去劳动所取得的不断增长的重要性，就被归功于这种劳动的同工人本身相异化的形态，即它的资本的形态，虽然这种劳动是工人的过去的和无酬的劳动。就像奴隶主不能把劳动者本身和他的奴隶身份分开来考虑一样，资本主义生产的实际当事人及其胡说八道的思想家不能把生产资料和它们今天所具有的对抗性的社会化装分开来考虑。”③

（四）预付资本的量

在劳动力的剥削程度已定的情况下，剩余价值量就取决于同时被剥削的工人人数，而工人人数与预付资本的量是相适应的，虽然它们的比例是变动的。所以，资本由于连续的积累而增加得越多，分为消费基金和积累基金的价值额

① 在现实的资本主义生产中，资本家在计算固定资本的磨损或折旧的时候，除了把固定资本的价值按照实际损耗（也就是按照其预付价值和寿命）分摊到产品价格中去的做法以外，还存在一种“加速折旧”的做法，就是在固定资本的实际寿命还没有完结、还在继续作为劳动资料使用的情况下，把其价值提前全部收回。这样，那些在价值上已经“报废”的固定资本，在物质上就更加是为资本家无偿地提供“服务”了。——本书编者注。

② 《马克思恩格斯文集》第5卷，人民出版社2009年版，第702页。

③ 《马克思恩格斯文集》第5卷，人民出版社2009年版，第702页。

也就增加得越多。因此，资本家既能过更优裕的生活，又能更加“禁欲”。并且，生产的规模越是随着预付资本量一同扩大，生产的全部发条也就运作得越是有力。

五、所谓劳动基金

第一卷第22章的最后一节，为了进一步揭示资本积累的本质，马克思批判了资产阶级代言人的所谓“劳动基金”理论。

首先，马克思指出，我们在研究的进程中已经知道，资本不是一个固定的量，而是社会财富中一个有弹性的、随着剩余价值分为收入和追加资本的比例而不断变化的部分。① 其次，即使执行职能的资本的量已定，资本所合并的劳动力、科学和土地（经济学上所说的土地是指未经人的协助而自然存在的一切劳动对象），也会成为资本的有弹性的能力，这种能力在一定的限度内使资本具有一个不依赖于它本身的量的作用范围。然而，古典经济学从来就喜欢把社会资本看成一个有固定作用程度的固定量。庸俗经济学家边沁和马尔萨斯、詹姆斯·穆勒、麦克库洛赫等人利用这一教条以达到辩护的目的。特别是为了把可变资本说成是一个固定的量而利用这个教条。可变资本的物质存在，即它所代表的工人生活资料的量或所谓劳动基金，被虚构为社会财富中受自然锁链束缚的而且不能突破的特殊部分。

马克思针对这种学说指出，为了推动作为固定资本，或从物质方面说，作为生产资料执行职能的那一部分社会财富，必须有一定量的活劳动。这个量是由工艺学所确定的；但是，推动这一劳动量所需要的工人人数是不定的，因为这个数目随着单个劳动力的剥削程度而变化；这个劳动力的价格也是不定的，所知道的只是它的具有很大弹性的最低界限。这一教条所根据的事实不过是：一方面，工人对社会财富分为非劳动者的消费品和生产资料这一点无权过问；另一方面，工人只有在幸运的例外情况下才有可能靠牺牲富人的“收入”来扩大所谓“劳动基金”。马克思还以庸俗经济学家福塞特的谬论为例，揭露了他们的这一说法造成了多么荒唐的同义反复和矛盾。马克思的分析告诉我们，劳动基金学说的实质，是“把劳动基金的资本主义界限改写成劳动基金的社会的

① 参见《马克思恩格斯文集》第5卷，人民出版社2009年版，第682—685页。

自然界限”①，以证明工人争取提高工资的斗争是徒劳的。

第三节 资本主义积累的一般规律

一、资本构成不变，对劳动力的需求随积累的增长而增长

（一）资本的构成

第一卷第23章研究资本的增长对工人阶级的命运产生的影响。马克思指出，在这种研究中，最重要的因素就是资本的构成和它在积累过程进行中所起的变化。因此，马克思首先阐述了资本构成的有关概念。

马克思指出，资本的构成要从双重的意义上来理解。从价值方面来看，资本的构成是由资本分为不变资本和可变资本的比例，或者说是由资本分为生产资料的价值和劳动力的价值即工资总额的比例来决定的。从在生产过程中发挥作用的物质方面来看，则是由所使用的生产资料量和为使用这些生产资料而必需的劳动量之间的比例来决定的。马克思把前一种构成叫做资本的价值构成，把后一种构成叫做资本的技术构成。二者之间有密切的相互关系。为了表达这种关系，马克思把由资本技术构成决定并且反映技术构成变化的资本价值构成，叫做资本的有机构成。他还指出，有了以上的说明之后，凡是简单地说资本构成的地方，始终就应当理解为资本的有机构成。马克思接着还提出了生产部门总资本的构成和一个国家的社会资本的构成的概念。前者是指投入一定生产部门的许多单个资本的构成的平均，后者则是一国的一切生产部门的平均构成的总平均。以下要谈的归根结底只是这种社会资本的构成。

（二）资本构成不变的情况下，对劳动力的需求随积累的增长而增长

资本积累对工人阶级影响的第一种情况，是在资本构成不变的情况下，对劳动力的需求随积累的增长而增长。

马克思首先分析了形成这种情形的原因和机制。第一，在资本的构成不变的情况下，资本的增长本身就包含它的可变部分即转化为劳动力的部分的增长。如果其他情况也不变，那么，对劳动的需求和工人的生存基金，就会按照

① 《马克思恩格斯文集》第5卷，人民出版社2009年版，第705页。

资本增长的比例而增长，资本增长得越快，它们也增长得越快。第二，资本每年都要积累，并且积累的规模还会随着已经执行职能的资本规模的扩大而扩大。特别是在特殊的致富欲的刺激下，例如，在由于新发展起来的社会需求而开辟了新的市场、新的投资领域等情况下，只要改变剩余价值或剩余产品分为资本和收入的比例，积累的规模就能突然扩大。所以，资本的积累需要，能够超过劳动力或工人人数的增加；对工人的需求，能够超过工人的供给。这样一来，工资就会提高。例如，在整个15世纪和18世纪上半叶，在英国就可以听到资本家在这方面的怨言。

但是，马克思立即指出，这些多少有利于雇佣工人的维持和繁殖的情况，丝毫不会改变资本主义生产的基本性质。首先，从资本和雇佣劳动关系的角度看，这种情况只不过意味着再生产出了规模扩大的资本关系：一极是更多的或更大的资本家，另一极是更多的雇佣工人。所以，资本的积累就是无产阶级的增加。其次，从工人自身的角度看，在以上所假定的对工人最有利的积累条件下，工人对资本的从属关系不过是采取了可以忍受的形式。随着资本的增长，这种关系不是更为加强，而只是更为扩大。在工人自己所生产的日益增加的并且越来越多地转化为追加资本的剩余产品中，会有较大份额以支付手段的形式流回到工人手中，使他们能够扩大自己的享受范围，有较多的衣服、家具等消费基金，并且积蓄一小笔货币准备金。但是，吃穿好一些，待遇高一些，财产多一些，不会消除奴隶的从属关系和对他们的剥削，同样，也不会消除雇佣工人的从属关系和对他们的剥削。“由于资本积累而提高的劳动价格，实际上不过表明，雇佣工人为自己铸造的金锁链已经够长够重，容许把它略微放松一点。”① 生产剩余价值或赚钱，是资本主义生产方式的绝对规律。即使完全撇开工资提高而劳动价格同时下降等情况不说，工资的提高至多也不过说明工人必须提供的无酬劳动量的减少而已。

此外，工资的提高和剩余劳动的相对减少永远也不会达到威胁资本主义制度本身的程度。这无非有以下两种情况：一种情况是，劳动价格继续提高，因为它的提高不会妨碍积累的进展。另一种情况是，积累由于劳动价格的提高而削弱，但是随着积累的减少，使积累减少的原因，即资本和可供剥削的劳动力之间的不平衡，也就消失了。而资本主义生产过程的机制会自行排除它暂时造

① 《马克思恩格斯文集》第5卷，人民出版社2009年版，第714页。

成的障碍。于是劳动价格重新降到适合资本增殖需要的水平，而不管这个水平现在是低于、高于还是等于工资提高前的正常水平。

（三）资本构成不变的情况下资本主义积累规律

接着以上的分析，马克思揭示了在资本构成不变的情况下作为所谓“自然人口规律”的基础的资本主义生产规律的实质。

马克思指出，在劳动价格提高的情况下，并不是劳动人口增长的减缓引起资本的过剩，而是资本的增长引起可供剥削的劳动力的不足；在劳动价格上升，削弱资本积累的情况下，也并不是劳动人口增长的加速引起资本的不足，而是资本的减少使可供剥削的劳动力过剩，或者不如说使劳动力价格过高。然而，“正是资本积累的这些绝对运动反映为可供剥削的劳动力数量的相对运动，因而看起来好像是由后者自身的运动引起的。用数学上的术语来说：积累量是自变量，工资量是因变量，而不是相反”①。因此，“作为所谓‘自然人口规律’的基础的资本主义生产规律，可以简单地归结如下：资本、积累同工资率之间的关系，不外是转化为资本的无酬劳动和为推动追加资本所必需的追加劳动之间的关系。因此，这决不是两个彼此独立的量，即资本量和工人人口数量之间的关系；相反地，归根到底这只是同一工人人口所提供的无酬劳动和有酬劳动之间的关系。如果工人阶级提供的并由资本家阶级所积累的无酬劳动量增长得十分迅速，以至只有大大追加有酬劳动才能转化为资本，那么，工资就会提高，而在其他一切情况不变时，无酬劳动就会相应地减少。但是，一旦这种减少达到这样一点，即滋养资本的剩余劳动不再有正常数量的供应时，反作用就会发生：收入中资本化的部分减少，积累削弱，工资的上升运动受到反击。可见，劳动价格的提高被限制在这样的界限内，这个界限不仅使资本主义制度的基础不受侵犯，而且还保证资本主义制度的规模扩大的再生产。可见，被神秘化为一种自然规律的资本主义积累规律，实际上不过表示：资本主义积累的本性，决不允许劳动剥削程度的任何降低或劳动价格的任何提高有可能严重地危及资本关系的不断再生产和它的规模不断扩大的再生产。在一种不是物质财富为工人的发展需要而存在，相反是工人为现有价值的增殖需要而存在的生产方式下，事情也不可能是别的样子”②。马克思的这些论述，对于我们正确地认

---

① 《马克思恩格斯文集》第 5 卷，人民出版社 2009 年版，第 715 页。

② 《马克思恩格斯文集》第 5 卷，人民出版社 2009 年版，第 716—717 页。

识当代雇佣劳动关系条件下工资变动的本质，具有显而易见的现实意义。

二、在积累和伴随积累的积聚的进程中资本可变部分相对减少

以上只考察了资本积累过程的一个特殊阶段，即在资本技术构成不变的情况下资本增长的阶段。但是资本积累过程会越出这一阶段。一旦资本主义制度的一般基础奠定下来，在积累过程中就一定会出现一个时刻，此时社会劳动生产率的发展成为积累的最强有力的杠杆。而劳动生产力的提高，表现为在积累过程中资本构成的提高和可变资本的相对减少。

（一）社会劳动生产力的提高表现为资本构成的提高

首先，劳动生产率的提高表现为资本技术构成的提高。如果撇开自然条件和分散劳动的独立生产者的技能，那么，社会劳动生产率的提高就表现为，一个工人在一定时间内以同样的劳动力强度使之转化为产品的生产资料的相对量的增加，而不管这种增加是劳动生产率提高的条件还是结果。因而，劳动生产率的增长，表现为劳动的量比它所推动的生产资料的量相对减少，或者说，表现为劳动过程的主观因素的量比它的客观因素的量相对减少。

其次，资本技术构成的提高必然表现为资本价值构成的提高。即资本价值的不变组成部分靠减少它的可变组成部分而增加。这一规律，在每一步上都由商品价格的比较分析所证实。不过，马克思也指出，资本价值构成的这种变化，只是近似地表示出资本的物质组成部分构成上的变化。随着劳动生产率的提高，同量生产资料的价值也会下降，因此在积累过程中，尽管资本的技术构成和价值构成都会提高，但后者比前者要慢得多。同时，资本可变部分的相对减少，决不排斥它的绝对量的增加。

（二）资本积累与资本主义的大规模生产方式相互推动导致可变资本相对减少

社会劳动生产力的发展是以大规模的协作为前提的，但是商品生产的基础只有在资本主义的形式上才能担负起大规模的生产。所以，单个商品生产者手中一定程度的资本积累，是资本主义的生产方式的前提。但是，一切在这个基础上生长起来的提高社会劳动生产力的方法，同时也就是资本生产资本或加速资本积累的方法。资本积累的这种增长又成为不断扩大生产规模的基础，成为随之出现的提高劳动生产力和加速剩余价值生产的方法的基础。可见，一定程度的资本积累表现为资本主义的生产方式的条件，而资本主义的生产方式又反过来引起资本的加速积累。因此，资本主义的生产方式随着资本积累而发展，

资本积累又随着资本主义的生产方式而发展。马克思指出："这两种经济因素由于这种互相推动的复合关系，引起资本技术构成的变化，从而使资本的可变组成部分同不变组成部分相比越来越小。"①

（三）资本的积聚和集中加快了可变资本的相对减少

在这里，马克思首先分析了"直接以积累为基础的或不如说和积累等同的积聚"②。这种积聚有两个方面的特征。第一，在其他条件不变的情况下，社会生产资料在单个资本家手中积聚的增进，受社会财富增长程度的限制。第二，积累一方面表现为生产资料和对劳动的支配的不断增长的积聚，另一方面又表现为许多单个资本的互相排斥。

其次，马克思又分析了已经形成的各个资本的集中。其特点在于，它仅仅以已经存在的并且执行职能的资本在分配上的变化为前提，因而，它的作用范围不受社会财富的绝对增长或积累的绝对界限的限制。随着资本主义生产和积累的发展，竞争和信用——集中的两个最强有力的杠杆，也以同样的程度发展起来。在一个社会里，只有当社会总资本或者合并在唯一的资本家手中，或者合并在唯一的资本家公司手中的时候，集中才算达到极限。而集中补充了积累的作用，并且在加强和加速积累作用的同时，又扩大和加速资本技术构成的变化。

（四）积累过程中旧资本的更新进一步加速可变资本的相对减少

马克思指出，在正常的积累进程中形成的追加资本，主要是充当利用工业改良的手段。但是，随着时间的推移，旧资本总有一天也要从头到尾地更新，并且同样会以技术上更加完善的形式再生出来。这样，"一方面，在积累进程中形成的追加资本，同它自己的量比较起来，会越来越少地吸引工人。另一方面，周期地按新的构成再生产出来的旧资本，会越来越多地排斥它以前所雇用的工人"③。

以上分析表明：在资本积累过程中，必然会存在着可变资本与不变资本相比的相对减少。

三、相对过剩人口或产业后备军的累进生产

资本主义积累的过程中，可变资本的相对减少甚至绝对减少导致了相对过

---

①《马克思恩格斯文集》第5卷，人民出版社2009年版，第721页。

②《马克思恩格斯文集》第5卷，人民出版社2009年版，第721页。

③《马克思恩格斯文集》第5卷，人民出版社2009年版，第724页。

剩人口或产业后备军的累进生产。

（一）对劳动的需求随总资本的增长而递减

在以上的分析中，马克思已经指出资本的积累中可变资本相对减少的趋势，这里则进一步强调：资本构成的这一变化不只同积累的增进或社会财富的增长相同步，而是要快得多。因为总资本的绝对扩大会伴随有总资本的各个分子的集中，追加资本的技术变革也伴随有原资本的技术变革，使更新以后的资本有机构成不断提高。此外，积累表现为生产在一定技术基础上的单纯扩大的那种间歇时间缩短了。因此，总资本的可变组成部分的相对减少随着总资本的增长而加快，而且比总资本本身的增长还要快。但是，这一事实在另一方面却相反地表现为，好像工人人口的绝对增长总是比可变资本即工人人口的就业手段增长得快。事实是，资本主义积累不断地并且同它的能力和规模成比例地生产出相对的，即超过资本增殖的平均需要的，因而是过剩的或追加的工人人口。

（二）资本主义生产方式所特有的人口规律

就社会总资本来考察，时而它的积累运动引起周期的变化，时而这个运动的各个因素同时分布在各个不同的生产部门。在不同的部门，这些变动也有不同的形式。但在一切部门中，资本可变部分的增长，从而就业工人人数的增长，总是同过剩人口的激烈波动，同过剩人口的暂时产生结合在一起的。随着已经执行职能的社会资本量的增长及其增长程度的提高，随着生产规模和所使用的工人人数的扩大，随着他们劳动的生产力的发展，随着财富的一切源流的更加广阔和更加充足，资本对工人的更大的吸引力和更大的排斥力互相结合的规模也不断扩大，资本有机构成和资本技术形式的变化速度也不断加快，那些时而同时地时而交替地被卷入这些变化的生产部门的范围也不断增大。所以，马克思说："工人人口本身在生产出资本积累的同时，也以日益扩大的规模生产出使他们自身成为相对过剩人口的手段。这就是资本主义生产方式所特有的人口规律，事实上，每一种特殊的、历史的生产方式都有其特殊的、历史地发生作用的人口规律。抽象的人口规律只存在于历史上还没有受过人干涉的动植物界。"①

但是，相对过剩的工人人口不仅是积累或资本主义基础上的财富发展的必

① 《马克思恩格斯文集》第5卷，人民出版社2009年版，第727—728页。

然产物，而且反过来又成为资本主义积累的杠杆，甚至成为资本主义生产方式存在的一个条件。因为，过剩的工人人口形成一支绝对地从属于资本的、可供支配的产业后备军，并且不受人口实际增长的限制，从而为不断变化的资本增殖需要创造出随时可供剥削的人身材料。特别是随着积累和伴随积累而来的劳动生产力的发展，资本的突然扩张力也增长了。这首先是因为执行职能的资本的弹性和绝对财富增长了；其次是因为信用每当遇到特殊刺激会在转眼之间把这种财富的非常大的部分作为追加资本交给生产支配；最后是因为生产过程本身的技术条件，机器、运输工具等，有可能以最大的规模最迅速地把剩余产品转化为追加的生产资料。其结果就是：随着积累的增进而膨胀起来的并且可以转化为追加资本的大量社会财富，疯狂地涌入那些市场突然扩大的旧生产部门，或涌入那些由旧生产部门的发展而引起的新兴生产部门。在所有这些场合，都必须有大批的人可以突然地被投到决定性的地方去，而又不至于影响其他部门的生产规模。这些人就由过剩人口来提供。现代工业特有的生活过程具有周期性，每个周期由中常活跃、生产高度繁忙、危机和停滞这几个阶段构成。穿插着较小波动的十年一次的周期，就是建立在产业后备军或过剩人口的不断形成、或多或少地被吸收、然后再形成这样的基础之上的。而工业周期的阶段变换又补充新的过剩人口，并且成为过剩人口再生产的最有力的因素之一。

马克思进一步指出了这一人口规律的历史性，以及它与资本主义生产方式发展之间的必然联系：现代工业这种独特的生活过程，我们在人类过去的任何时代都是看不到的，即使在资本主义生产的幼年时期也不可能出现。那时资本构成的变化还极其缓慢。因此，对劳动的需求的增长，总的说来是同资本的积累相适应的。在稍后的发展中它最初碰到的是可供剥削的工人人口的自然限制，这些限制是通过资本的原始积累过程用暴力手段加以清除的。只是到了现代工业的时期，才会出现这种不是“取决于人口绝对增长”的相对过剩人口的增加。工人的这种增加，是通过使一部分工人不断地被“游离”出来的简单过程，通过使就业工人人数比扩大的生产相对减少的方法造成的。因此，现代工业的整个运动形式来源于一部分工人人口不断地转化为失业的或半失业的人口。而资产阶级政治经济学的肤浅性也表现在，它把信用的膨胀和收缩，把工业周期各个时期更替的这种单纯的症状，看作造成这种更替的原因。

总之，“对资本主义生产来说，人口自然增长所提供的可供支配的劳动力数量是绝对不够的。为了能够自由地活动，它需要有一支不以这种自然限制为转移的产业后备军"①。

（三）产业后备军是资本主义生产的条件

相对过剩人口的形成和增长不仅与可变资本的相对减少相一致，而且即使在可变资本没有减少甚至绝对增加的情况下，也会增长。这是因为，可变资本在它所指挥的工人人数不变或甚至减少的情况下也会增长。因此，可变资本的增长就只是劳动增加的指数，不是就业工人增加的指数。每一个资本家的绝对利益在于，从较少的工人身上，而不是用同样低廉或甚至更为低廉的花费从较多的工人身上榨取一定量的劳动。生产规模越大，这种动机就越具有决定意义。这也就是"产业后备军以比可变资本的相对减少更快的速度增长"的一般原因。

马克思指出了这种现象产生的条件和途径：一是通过从外延方面或内涵方面加强对单个劳动力的剥削，即延长劳动时间和提高劳动强度；二是用不大熟练的工人排挤较熟练的工人，用女劳动力排挤男劳动力，用少年或儿童劳动力排挤成年劳动力，也可以用同样多的资本买到更多的劳动力。所以，在积累的进程中，一方面，较大的可变资本无须招收更多的工人就可以推动更多的劳动；另一方面，同样数量的可变资本用同样数量的劳动力就可以推动更多的劳动。另外，通过排挤较高级的劳动力可以推动更多低级的劳动力。因此，"相对过剩人口的生产或工人的游离，比生产过程随着积累的增进而加速的技术变革，比与此相适应的资本可变部分比不变部分的相对减少，更为迅速"②。

相对过剩人口的增加比可变资本的减少更快这一点，还会由于工人阶级中就业工人和产业后备军之间的竞争而加剧。劳动生产力越是增长，资本造成的劳动供给比资本对工人的需求越是增加得快。工人阶级中就业部分的过度劳动，扩大了它的后备军的队伍，而后者通过竞争加在就业工人身上的增大的压力，又反过来迫使就业工人不得不从事过度劳动和听从资本的摆布。工人阶级的一部分从事过度劳动迫使它的另一部分无事可做，反过来，它的一部分无事可做迫使它的另一部分从事过度劳动，这成了各个资本家致富的手段，同时又按照与社会积累的增进相适应的规模加速了产业后备军的生产。马克思以英国

① 《马克思恩格斯文集》第5卷，人民出版社2009年版，第731页。

② 《马克思恩格斯文集》第5卷，人民出版社2009年版，第732—733页。

的情况为例，说明了这种现象的不合理性。英国“节约”劳动的技术手段是十分强大的。但是，如果明天把劳动普遍限制在合理的程度，并且把工人阶级的各个阶层再按年龄和性别进行适当安排，那么，要依照现有的规模继续进行国民生产，今天的工人人口是绝对不够的。目前“非生产”工人的大多数都不得不转化为“生产”工人。

（四）对于资产阶级经济学的“劳动供求规律”的批判

马克思首先分析了资本主义基础上的工资变动和劳动供求变动的实际情况：大体说来，工资的一般变动仅仅由同工业周期各个时期的更替相适应的产业后备军的膨胀和收缩来调节。因此，决定工资的一般变动的，不是工人人口绝对数量的变动，而是工人阶级分为现役军和后备军的比例的变动，是过剩人口相对量的增减，是过剩人口时而被吸收、时而又被游离的程度。

然而资产阶级经济学却一厢情愿地把这看作资本的运动依存于人口量的绝对运动。这正是资产阶级经济学的“劳动供求规律”。按照这个教条，工资因资本的积累而提高，工资的提高刺激工人人口更快地增加，这种增加又引起资本同工人的供给比较而相对不足，于是事情走向反面，工资下降；而工资的下降又会引起工人人口减少，以致资本同工人人口比较又相对过剩了，这样一来，就又出现劳动供不应求、工资提高等情况。对此，马克思讽刺道：“这对于发达的资本主义生产是一个多么美好的运动方法啊！可是，在真正有劳动能力的人口因工资提高而可能出现某种实际增长以前，已经一再经过了这样一个时期，在这个时期必然发生工业战，展开厮杀，并且决出胜负。”①

马克思指出，资产阶级经济学的上述虚构，把调节工资的一般变动或调节工人阶级即总劳动力和社会总资本之间的关系的规律，同在各个特殊生产部门之间分配工人人口的规律混为一谈了。事实上，他所看到的，只是某一特殊生产部门的劳动市场的局部波动，只是工人人口按照资本变化不定的需要而在各投资部门之间分配的现象。

（五）对“被机器排挤的工人会得到补偿”理论的再批判

结合相对人口过剩规律，马克思又回过头来批判前面谈到过的“被机器排挤的工人会得到补偿”的理论。

实际的劳动供求规律以相对过剩人口作为运动的背景。产业后备军在停滞

---

① 《马克思恩格斯文集》第5卷，人民出版社2009年版，第735页。

和中等繁荣时期向现役劳动军施加压力，在生产过剩和亢进时期又抑制现役劳动军的要求。所以，相对过剩人口把这个规律的作用范围限制在绝对符合资本的剥削欲和统治欲的界限之内。然而经济学辩护论者的一大“业绩”却是把由于采用新机器或扩大旧机器，一部分可变资本转化为不变资本这种“束缚”资本并从而“游离”工人的活动，说成是为工人游离资本。其实，被游离出来的，不仅有直接被机器排挤的工人，而且还有他们的代替者和企业在原有基础上实行一般扩大时通常会吸收的追加人员。如果这些寻求投资场所的资本，刚好足以从市场上雇走被机器抛到市场上的那么多工人，那么对劳动的总需求的影响就等于零；如果它雇佣的人数较少，过剩的人数就会增加；如果它雇佣的人数较多，劳动总需求增加的幅度也只不过等于就业的人超过“被游离的人”的那个差额。可见，资本本来会激起的劳动总需求的增加，在以上每一种场合都会按照工人被机器抛向街头的程度而受到抵消。因此，资本主义生产的机构已安排好，不让资本的绝对增长伴有劳动总需求的相应增加。而实际上，劳动的需求同资本的增长并不是一回事，劳动的供给同工人阶级的增长也不是一回事，这里不是两种彼此独立的力量互相影响。“资本在两方面同时起作用。它的积累一方面扩大对劳动的需求，另一方面又通过‘游离’工人来扩大工人的供给，与此同时，失业工人的压力又迫使就业工人付出更多的劳动，从而在一定程度上使劳动的供给不依赖于工人的供给。劳动供求规律在这个基础上的运动成全了资本的专制。因此，一旦工人识破秘密……试图通过工联等等在就业工人和失业工人之间组织有计划的合作，来消除或削弱资本主义生产的那种自然规律对他们这个阶级所造成的毁灭性的后果，这时，资本和它的献媚者政治经济学家就大吵大叫起来，说这是违反了‘永恒的’和所谓‘神圣的’供求规律。也就是说，就业工人和失业工人之间的任何联合都会破坏这个规律的‘纯粹的’作用。”① 时至今日，仍然可以在许多西方经济学著作中，看到如“工会垄断造成的工资的黏性和刚性破坏了市场对劳动供求的调节”等类似词句，将那些已有100多年历史的陈旧理论又炒作一番。

四、对资本主义积累的一般规律的总结

第一卷第23章第4节在前面各节分析的基础上，对资本主义积累的一般规

① 《马克思恩格斯文集》第5卷，人民出版社2009年版，第737页。

律作了总结性的论述。

(一) 相对过剩人口的各种存在形式

相对过剩人口是形形色色的。每个工人在半失业或全失业的时期，都属于相对过剩人口。但是如果撇开工业周期阶段的更替所造成的相对过剩人口具有的显著的、周期反复的形式，那么，过剩人口经常具有三种形式：流动的形式、潜在的形式和停滞的形式。

第一，流动的过剩人口。这是指在现代工业的中心时而被排斥、时而再被吸引，处于流动状态的那部分工人人口。这种形式的相对过剩人口显示出资本运动的下述矛盾：一是工人数量的自然增长不能满足资本积累的需要，但同时又超过这种需要；二是在成千上万的人流落街头的同时，却有人抱怨人手不足。此外，资本消费劳动力是如此迅速，以致工人过快衰老而落入过剩者的队伍，或者从较高的等级被排挤到较低的等级。在这种情况下，这部分无产阶级的绝对增长就需要采取这样一种形式：它的成员迅速耗损，但是它的人数不断增大。

第二，潜在的过剩人口。这主要是指，由于资本主义生产对农业的占领，一部分被游离出来的农村人口。这些人口经常准备着转入城市无产阶级或制造业无产阶级的队伍，经常等待着有利于这种转化的条件。相对过剩人口的这一源泉是长流不息的。但是，它不断地流向城市是以农村本身有经常潜在的过剩人口为前提的，因此，农业工人的工资被压到最低限度，他们总是有一只脚陷在需要救济的泥潭里。

第三，停滞的过剩人口。它是现役劳动军的一部分，但就业极不规则。这些人口为资本提供了一个贮存着可供支配的劳动力的取之不竭的蓄水池。这种劳动力的生活状况降到了工人阶级的平均正常水平以下，正是这种情况使它成为资本的特殊剥削部门的广泛基础。它的特点是劳动时间最长而工资最低。它的数量随着“过剩”工人的增长而增加。但是，它同时又是工人阶级中一个会自行再生产和繁衍不息的部分，它在工人阶级的增长总额中所占的比重大于其他部分。实际上，不仅出生和死亡的数量，而且家庭人口的绝对量都同工资的水平，即各类工人所支配的生活资料量成反比。马克思在这里极其尖锐地指出了资本主义社会中的一个极其荒谬的现象，即贫穷产生人口。

第四，相对过剩人口的最底层是陷于需要救济的赤贫境地的人们。撇开真正的流氓无产阶级不说，这个社会阶层由三类人组成。第一类是有劳动能力的人。他们的人数每当经济危机发生时就增大，每当经济复苏时就减少。第二类是孤儿和需要救济的贫民的子女。他们是产业后备军的候补者。第三类是衰败的、流落街头的、没有劳动能力的人。属于这一类的，主要是因分工而失去灵活性以致被淘汰的人、超过工人正常年龄的人，以及由于现代工业的发展而人数日益增多的工业牺牲者。需要救济的赤贫人口形成现役劳动军的残疾院，像运输工具的自重成为所装载货物的"死荷重"① 一样，形成产业后备军的"死荷重"。这种需要救济的赤贫人口的生产包含在相对过剩人口的生产中，它的必然性包含在相对过剩人口的必然性中，它和相对过剩人口一起，形成财富的资本主义生产和发展的一个存在条件。它是资本主义生产的一项非生产费用，但是，资本知道怎样把这项费用的大部分从自己的肩上转嫁到工人阶级和下层中产阶级的肩上。

（二）资本主义积累的一般规律

马克思用一段经典的论述概括了资本主义积累的一般规律："社会的财富即执行职能的资本越大，它的增长的规模和能力越大，从而无产阶级的绝对数量和他们的劳动生产力越大，产业后备军也就越大。可供支配的劳动力同资本的膨胀力一样，是由同一些原因发展起来的。因此，产业后备军的相对量和财富的力量一同增长。但是同现役劳动军相比，这种后备军越大，常备的过剩人口也就越多，他们的贫困同他们所受的劳动折磨成反比。最后，工人阶级中贫苦阶层和产业后备军越大，官方认为需要救济的贫民也就越多。这就是资本主义积累的绝对的、一般的规律。"②

资本主义积累的一般规律反映出资本主义积累的对抗性质。

第一，这一规律揭示了资本积累与工人阶级的贫困之间的必然联系。资本主义生产和积累的机制在不断地使工人人数适应资本增殖的需要。这种适应的结果是创造出不断增大的相对过剩人口或产业后备军以及他们的贫困。但是生产资料和劳动生产率比生产人口增长得快这一事实，在资本主义制度下却相反地表现为：工人人口总是比资本的增殖需要增长得快。因此，当庸俗经济学的智者们向工人说教，要工人使自己的人数去适应资本增殖的需要时，他们的愚蠢是很清楚的。

---

① "死荷重"是运输业的用语，指运输工具自身的重量。

② 《马克思恩格斯文集》第5卷，人民出版社2009年版，第742页。

第二，这一规律进一步表明了剩余价值的生产与资本积累和工人阶级的贫困之间的必然联系。在资本主义生产方式的基础上，一切提高社会劳动生产力的方法都是靠牺牲工人个人来实现的。但是，一切生产剩余价值的方法同时就是积累的方法，而积累的每一次扩大又反过来成为发展这些方法的手段。由此可见，不管工人的报酬高低如何，工人的状况必然随着资本的积累而日趋恶化。最后，使相对过剩人口或产业后备军同积累的规模和能力始终保持平衡的规律，把工人钉在资本上，比赫菲斯托斯的楔子把普罗米修斯钉在岩石上钉得还要牢。这一规律制约着同资本积累相适应的贫困积累。因此，在一极是财富的积累，同时在另一极，即在把自己的产品作为资本来生产的阶级方面，是贫困、劳动折磨、受奴役、无知、粗野和道德堕落的积累。

资产阶级的政治经济学家们以各种不同的形式说出了资本主义积累的这种对抗性质，虽然他们把它同资本主义以前的生产方式的那些尽管部分地相类似但本质上不同的现象混同起来，或者把资本主义生产的对抗性理解为社会财富的普遍的自然规律。

五、资本主义积累一般规律的例证

在第 23 章第 5 节中，马克思利用大量资料，分 6 个部分为资本主义积累的一般规律提供了实际例证。

（一）1846—1866 年的英格兰

这里列举了 1846—1866 年英格兰资本主义积累的一般规律的例证。所列举的材料包括：（1）人口的绝对增长和相对增长（即增长率）与财富增长的比较，用以证明人口的增长远远赶不上财富和资本的增长；（2）社会的两极分化及工人阶级的相对和绝对贫困的增加；（3）官方认为需要救济的贫民，也就是工人阶级中丧失了出卖劳动力这个生存条件而靠社会施舍度日的那部分人。马克思还指出，一方面，这种贫民人数的增减运动反映着工业周期各阶段的变换；另一方面，随着资本的积累，阶级斗争日益发展，工人的觉悟日益提高，关于需要救济的贫民实际人数的官方统计也就越来越带有欺骗性。

其中特别值得注意的是，马克思在谈到工人阶级的相对贫困时，批判了资产阶级政客格莱斯顿关于“富人虽然更富了，穷人至少也不那么穷了”① 的辩

① 《马克思恩格斯文集》第 5 卷，人民出版社 2009 年版，第 751 页。

护言论。马克思指出："多么拙劣的诡辩！如果说工人阶级仍然'穷'，只是随着他们给有产阶级创造的'财富和实力的令人陶醉的增长'而变得'不那么穷'了，那也就是说，工人阶级相对地还是像原来一样穷。如果说穷的极端程度没有缩小，那么，穷的极端程度就增大了，因为富的极端程度已经增大。"①

（二）不列颠工业工人阶级中报酬微薄的阶层

这里考察了不列颠工业工人阶级中报酬微薄的阶层的状况。所列举的材料主要涉及英国工人阶级中营养最差的那部分人的贫困状况，以及工人和贫民在居住方面的恶劣状况。马克思所揭露的一系列事实和阐述的原理，对于我们观察当今世界各国的贫困问题和居住问题，对于正确认识资本主义的城市化和房地产开发业的性质，仍然具有现实意义。

（三）流动人口

这里考察的流动人口，是指来自农村而大部分在工业中就业的居民阶层。他们是资本的轻步兵，资本按自己的需要把他们时而调到这里，时而调到那里。当不行军的时候，他们就"露营"。这种流动的劳动被用在各种建筑工程和排水工程、制砖、烧石灰、修铁路等方面。马克思考察了他们的卫生、居住以及所受的多重剥削。在同社会舆论甚至同警察发生冲突时，资本家总是恬不知耻地对这些工人不得不在其中劳动和居住的、既危险又使人堕落的条件进行辩护，说这是为了更有利地剥削工人所必需的。

（四）危机对工人阶级中报酬最优厚的部分的影响

这里列举了危机对工人阶级中报酬最优厚的部分即工人阶级的贵族所产生的影响。所列举的材料包括1866年危机期间伦敦大工业中失业的技术工人及其家庭，以及比利时的工人的悲惨状况。

（五）不列颠的农业无产阶级

这部分考察不列颠农业无产阶级的状况。马克思指出，资本主义生产和积累的对抗性质，在任何地方再也没有比在英格兰农业（包括畜牧业）的进步和农业工人的退步上表现得更为残酷的了。他所引用的材料包括：资本主义历史发展不同阶段上农业工人生存状况的比较、被判处流放和强制劳动的犯人的饮食状况和农业工人劳动状况的比较、英格兰各郡农业工人的居住状况、农业相对过剩人口以及"帮伙"制度等。

---

① 《马克思恩格斯文集》第5卷，人民出版社2009年版，第751页。

（六）爱尔兰

这部分考察了资本积累对爱尔兰工人阶级的影响。内容涉及爱尔兰的人口减少和外流，农业生产的变动，地主、大租地农场主和工业资本家的财产的变动，相对过剩人口，工人实际工资的下降，农业工人的居住状况，农村短工、工业工人的状况，等等。

第四节　所谓原始积累

一、原始积累的秘密

从第一卷第 4 章“货币转化为资本”开始，马克思对资本主义生产方式的研究，都是以资本主义生产关系或雇佣劳动关系已经存在为前提的，即一方面已经存在手握大量货币的资本家，另一方面已经存在丧失了生产资料而不得不靠出卖劳动力为生的雇佣工人。至于货币最初是如何集中在少数人手中的，劳动者最初是如何丧失生产资料的，即资本主义形成的历史前提问题，他一直未加论述。而现在马克思考察“资本原始积累的秘密”，就是要回答这些问题。

（一）资本原始积累的概念和资产阶级经济学家的虚构

在第一卷第 24 章开头，马克思首先引出了所谓“原始积累”的概念，并且揭穿了资产阶级经济学家关于这一过程的虚构。马克思指出，这里所说的“原始积累”，不是指作为资本主义生产方式自身的结果，而是作为它的起点的那种积累，也就是发生在第 21 章至第 23 章阐述过的周而复始地进行着的资本主义积累过程之前的积累。亚当·斯密称之为“预先积累”。马克思说：“这种原始积累在政治经济学中所起的作用，同原罪在神学中所起的作用几乎是一样的。亚当吃了苹果，人类就有罪了。人们在解释这种原始积累的起源的时候，就像在谈过去的奇闻逸事。在很久很久以前有两种人，一种是勤劳的，聪明的，而且首先是节俭的精英，另一种是懒惰的，耗尽了自己的一切，甚至耗费过了头的无赖汉。……于是出现了这样的局面：第一种人积累财富，而第二种人最后除了自己的皮以外没有可出卖的东西。”① 按照马克思所指出的资产阶级经济学家的这种虚构，似乎正义和“劳动”自古以来就是唯一的致富手段。然

① 《马克思恩格斯文集》第 5 卷，人民出版社 2009 年版，第 820—821 页。

而“在真正的历史上，征服、奴役、劫掠、杀戮，总之，暴力起着巨大的作用”①。事实上，原始积累的方法绝不是田园诗式的东西。

（二）资本原始积累的实质

货币通过资本主义的雇佣劳动关系转化为资本，是以劳动者和劳动实现条件的所有权之间的分离为前提的。因此，创造资本关系的过程，只能是劳动者和他的劳动条件的所有权相分离的过程，这个过程一方面使社会的生活资料和生产资料转化为资本，另一方面使直接生产者转化为雇佣工人。“因此，所谓原始积累只不过是生产者和生产资料分离的历史过程。这个过程所以表现为‘原始的’，因为它形成资本及与之相适应的生产方式的前史。”②

（三）资本原始积累的历史背景和过程

资本主义社会的经济结构是从封建社会的经济结构中产生的，随着后者的解体，前者的要素得到解放。其中，从劳动者的角度看，使生产者转化为雇佣工人的历史运动，一方面表现为生产者从对封建领主的从属地位和行会束缚下解放出来，另一方面则表现为这些被解放的人被剥夺了一切生产资料和旧封建制度给予他们的一切生存保障。对他们的这种剥夺的历史，是用血和火的文字载入人类编年史的。对工业资本家这些新权贵来说，他们的兴起是战胜了封建势力及其令人愤恨的特权，以及战胜了行会及其对生产的自由发展和人对人的自由剥削所加的束缚的结果。

（四）资本原始积累的起点和首要的因素

劳动者的奴役状态是产生雇佣工人和资本家的发展过程的起点。这一发展过程是劳动者受奴役状态的形式变换，不过是用资本主义剥削制度取代了封建剥削制度。在原始积累的历史中，首要的因素是：大量的人突然被强制地同自己的生存资料分离，被当作不受法律保护的无产者抛向劳动市场。对农民的土地的剥夺，形成全部过程的基础。这种剥夺的历史在不同的国家带有不同的特点，按不同的顺序、在不同的历史时代通过不同的阶段。然而只有在英国，它才具有典型的形式。

二、对农村居民土地的剥夺

马克思在第 24 章第 2 节中，叙述了从 15 世纪最后 30 多年直到 19 世纪中

① 《马克思恩格斯文集》第 5 卷，人民出版社 2009 年版，第 821 页。
② 《马克思恩格斯文集》第 5 卷，人民出版社 2009 年版，第 822 页。

叶，在英国所经历的、持续数百年的对农村居民土地剥夺的残酷的历史过程。14世纪末和15世纪初，英国的农奴制实际上已经消亡。在人口中占绝大多数的是自耕农，农村中还不存在资本主义的雇佣劳动关系。15世纪末，羊毛价格由于毛纺织业发展而上涨，这刺激英国新贵族和资产阶级采用暴力剥夺农民的土地，将耕地变为牧场。在16世纪的宗教改革过程中，教会占有的大量土地或者被送给国王的宠臣，或者被贱卖给租地农场主和市民，世袭佃农因而失去土地而沦为无产者。在18世纪的最后几十年，英国国会先后通过了一系列圈地法令，村社的公有土地被消灭，土地进一步集中在少数大土地所有者手里。到19世纪，又进行了领地清扫，对农村居民土地的剥夺达到顶点。经过这次清扫，许多农民连居住的小屋也失去了，不得不加入雇佣劳动者的行列。这些历史事实说明，资本原始积累的过程，就是凭借暴力和欺诈手段，剥夺农村居民土地，使劳动者与生产资料分离而转变为雇佣工人的过程。

三、惩治被剥夺者的立法和压低工资的法律

马克思在第24章第3节叙述了从15世纪末到19世纪初持续数百年间，在英、法两国资本原始积累期间所实行的惩治被剥夺者的立法和压低工资的法律。前者的目的在于使被暴力剥夺了土地、被驱逐出来而变成了流浪者的农村居民，被迫习惯于雇佣劳动制度所必需的纪律。后者则在于运用国家权力和警察手段加强对劳动的剥削程度来提高资本积累。新兴的资产阶级为了“规定”工资，即把工资强制地限制在有利于赚钱的界限内，为了延长工作日并使工人本身处于正常程度的从属状态，需要并且运用了国家权力。这是所谓原始积累的一个重要因素。资产阶级为了反对工人阶级的阶级斗争，还千方百计地阻碍工人结社。所有这一切都充分反映出资产阶级国家权力和劳工法的阶级本质。

四、资本主义租地农场主的产生

第24章第4节考察资本主义租地农场主即农业资本家阶级的产生。这是一个延续了许多世纪的漫长过程。在英国，则经历了从本身也是农奴的管事到租地农民，再到分成农和半租地农场主，最后到真正的租地农场主的历史过程。在15世纪大部分时间，租地农场主的境况和生产范围都是中等的。15世纪最后30多年开始的、几乎在整个16世纪继续进行的农业革命，在使农村居民破

产的同时，使租地农场主致富。

五、农业革命对工业的反作用和工业资本的国内市场的形成

第 24 章第 5 节考察农业革命对工业的反作用，以及工业资本的国内市场的形成。马克思指出，伴随土地所有权关系革命而来的，是耕作方法的改进、协作的扩大、生产资料的积聚，等等。这样，农业雇佣工人不仅被迫提高了劳动强度，而且他们为自己进行劳动的生产范围也日益缩小了，所以随着一部分农村居民的游离，他们以前的生活资料也被游离出来。这些生活资料现在变成可变资本的物质要素。国内农业提供的工业原料也同生活资料一样变成了不变资本的一个要素。这同时也为资本建立了自己的国内市场。只有消灭农村家庭手工业，才能使一个国家的国内市场获得资本主义生产方式所需要的范围和稳固性。但是只有大工业才用机器为资本主义农业提供了牢固的基础，才为工业资本征服了整个国内市场。

六、工业资本家的产生

第 24 章第 6 节考察工业资本家的产生。在这一节中，马克思首先指出了工业资本家的产生过程与租地农场主产生方式的不同，即工业资本家不是像租地农场主那样逐渐地产生的。毫无疑问，有些小行会师傅和更多的独立小手工业者，甚至雇佣工人，变成了小资本家，并且由于逐渐扩大对雇佣劳动的剥削和相应的积累，成为不折不扣的资本家。但是这种方法的蜗牛爬行般的进度，无论如何也不能适应 15 世纪末各种大发现所造成的新的世界市场的贸易需求。

马克思还说明了中世纪所留下来的高利贷资本和商人资本在工业资本家产生过程中的作用。中世纪已经留下两种不同形式的资本，而且在资本主义生产方式时期到来以前，就被当作资本了，这就是高利贷资本和商人资本。而从高利贷资本和商人资本向工业资本家的转化，首先经历了与封建制度和行会制度的斗争。

马克思特别强调工业资本家的产生过程是一个利用社会暴力的过程。他指出，美洲金银产地的发现，土著居民的被剿灭、被奴役和被埋葬于矿井，对东印度开始进行的征服和掠夺，非洲变成商业性地猎获黑人的场所，这一切标志着资本主义生产时代的曙光。接踵而来的是欧洲各国以地球为战场而进行的商业战争。这场战争以尼德兰脱离西班牙开始，在英国的反雅各宾战争中具有巨

大的规模，并且在对中国的鸦片战争中继续进行下去，等等。

马克思紧接着指出，原始积累的不同因素，多少是按时间顺序特别分配在西班牙、葡萄牙、荷兰、法国和英国。在英国，这些因素在17世纪末系统地综合为殖民制度、国债制度、现代税收制度和保护关税制度。这些方法一部分是以最残酷的暴力为基础，例如殖民制度就是这样。但所有这些方法都利用国家权力，也就是利用集中的有组织的社会暴力，来大力促进从封建生产方式向资本主义生产方式的转变过程，缩短过渡时间。马克思以大量的无可辩驳的事实，深刻揭露了工业资本家产生过程中的这些血腥暴力。

第一，殖民制度。殖民制度大大地促进了贸易和航运的发展。“垄断公司”是资本积聚的强有力的手段。殖民地为迅速产生的工场手工业保证了销售市场，保证了通过对市场的垄断而加速的积累。在欧洲以外直接靠掠夺、奴役和杀人越货而夺得的财宝，源源流入宗主国，在这里转化为资本。

第二，国债制度。在所谓国民财富中，真正为人民所共有的唯一部分，就是他们的国债。因此，一个国家的人民负债越多就越富这一原始积累时代出现的理论，是完全合乎逻辑的。公共信用成了资本的信条。国债成了原始积累的最强有力的手段之一。它像挥动魔杖一样，使不生产的货币具有了生殖力，这样就使它转化为资本，而又用不着承担投资于工业，甚至投资于高利贷时所不可避免的劳苦和风险。于是就出现了有闲的食利者阶级，充当政府和国民之间中介人的金融家就大发横财。撇开这些不说，国债还使股份公司、各种有价证券的交易、证券投机，总之，使交易所投机和现代的银行统治兴盛起来。用国家的名义装饰起来的大银行，从一产生起就只不过是私人投机家的公司，它们支持政府，依靠取得的特权能够把货币贷给政府。此外，随着国债同时产生的，还有国际信用制度。国际信用制度常常隐藏着这个或那个国家原始积累的源泉。今天出现在美国的许多身世不明的资本，仅仅在昨天还是英国的资本化了的儿童即童工和贫困工人家庭中的子女的血液。

第三，现代税收制度。由于国债是依靠国家收入来支付年利息等开支，所以现代税收制度就成为国债制度的必要补充。借债使政府可以抵补额外的开支，而纳税人又不会立即感到负担，但借债最终还是要求提高税收。另外，政府在遇到因增税发生的新的额外开支时，总是要借新债。因此，以对最必要的生活资料的课税（因而也是以它们的昂贵）为轴心的现代财政制度，本身就包含着税收自行增加的萌芽。过重的课税并不是一件偶然的事情，倒不如说是一个原则。它不仅对雇佣工人状况造成破坏性影响，而且引起对农民、手工业者，一句话，对一切下层中产阶级分子的暴力剥夺。

第四，保护关税制度。保护关税制度是制造工厂主、剥夺独立劳动者、使国民的生产资料和生活资料变成资本、强行缩短从旧生产方式向现代生产方式的过渡的一种人为手段。欧洲各国间接通过保护关税和直接通过出口补助金等来掠夺本国人民，而且还要强制地摧毁其附属邻国的一切工业，例如英格兰摧毁了爱尔兰的毛纺织工场手工业。在欧洲大陆上，工业家的原始资本有一部分直接来自国库。

马克思最后总结道："殖民制度、国债、重税、保护关税制度、商业战争等等——所有这些真正工场手工业时期的嫩芽，在大工业的幼年时期都大大地成长起来了。"① 要使资本主义生产方式的"永恒的自然规律"充分表现出来，要完成劳动者同劳动条件的分离过程，要在一极使社会的生产资料和生活资料转化为资本，在另一极使人民群众转化为雇佣工人，转化为自由的"劳动贫民"这一历史的杰作，就需要经受这种苦难。可见，"资本来到世间，从头到脚，每个毛孔都滴着血和肮脏的东西"②。

七、资本主义积累的历史趋势

马克思在第 25 章第 7 节说明了资本主义积累的历史趋势。

马克思首先指出，资本的原始积累既然不是奴隶和农奴直接转化为雇佣工人，因而不是单纯的形式变换，那么它就只是意味着直接生产者的被剥夺，即以自己劳动为基础的私有制的解体。而私有制作为社会的、集体的所有制的对立物，只是在劳动资料和劳动的外部条件属于私人的地方才存在。但是私有制的性质，却依这些私人是劳动者还是非劳动者而有所不同。劳动者对他的生产资料的私有权是小生产的基础。这种生产方式是以土地及其他生产资料的分散为前提的。它既排斥生产资料的积聚，也排斥协作，排斥同一生产过程内部的分工，排斥对自然的社会统治和社会调节，排斥社会生产力的自由发展。它只同生产和社会的狭隘的自然产生的界限相容。它发展到一定的程度，就造成了消灭它自身的物质手段。这种生产方式必然要被消灭，而且已经在消灭。它的

---

① 《马克思恩格斯文集》第 5 卷，人民出版社 2009 年版，第 868 页。

② 《马克思恩格斯文集》第 5 卷，人民出版社 2009 年版，第 871 页。

消灭，个人的分散的生产资料转化为社会的积聚的生产资料，从而多数人的小财产转化为少数人的大财产，广大人民群众被剥夺土地、生活资料、劳动工具，人民群众遭受的这种可怕的残酷的剥夺，形成资本的前史。对直接生产者的剥夺，是用最残酷无情的野蛮手段，在最下流、最龌龊、最卑鄙和最可恶的贪欲的驱使下完成的。靠自己劳动挣得的私有财产，即以各个独立劳动者与其劳动条件相结合为基础的私有制，被资本主义私有制，即以剥削他人的但形式上是自由的劳动为基础的私有制所排挤。

一旦这一转化过程使前资本主义的旧社会在深度和广度上充分瓦解，一旦劳动者转化为无产者，他们的劳动条件转化为资本，一旦资本主义生产方式站稳脚跟，劳动的进一步社会化，土地和其他生产资料的进一步转化为社会地使用的即公共的生产资料，从而对私有者的进一步剥夺，就会采取新的形式。现在要剥夺的已经不再是独立经营的劳动者，而是剥削许多工人的资本家了。这种剥夺是通过资本主义生产本身的内在规律的作用，即通过资本的集中进行的。一个资本家打倒许多资本家。随着这种集中或少数资本家对多数资本家的剥夺，规模不断扩大的劳动过程的协作形式日益发展，科学日益被自觉地应用于技术方面，土地日益被有计划地利用，劳动资料日益转化为只能共同使用的劳动资料，一切生产资料因作为结合的社会劳动的生产资料使用而日益节省，各国人民日益被卷入世界市场网，从而资本主义制度日益具有国际的性质。随着那些掠夺和垄断这一转化过程的全部利益的资本巨头不断减少，贫困、压迫、奴役、退化和剥削的程度不断加深，而日益壮大的由资本主义生产过程本身的机构所训练、联合和组织起来的工人阶级的反抗也不断增长。资本的垄断成了与这种垄断一起并在这种垄断之下繁盛起来的生产方式的桎梏。“生产资料的集中和劳动的社会化，达到了同它们的资本主义外壳不能相容的地步。这个外壳就要炸毁了。资本主义私有制的丧钟就要响了。剥夺者就要被剥夺了。”①

最后，马克思指出：“从资本主义生产方式产生的资本主义占有方式，从而资本主义的私有制，是对个人的、以自己劳动为基础的私有制的第一个否定。但资本主义生产由于自然过程的必然性，造成了对自身的否定。这是否定的否定。这种否定不是重新建立私有制，而是在资本主义时代的成就的基础

---

① 《马克思恩格斯文集》第5卷，人民出版社2009年版，第874页。

上，也就是说，在协作和对土地及靠劳动本身生产的生产资料的共同占有的基础上，重新建立个人所有制。”① 这句话中的“重新建立个人所有制”，是以协作和对土地及靠劳动本身生产的生产资料的全体社会成员共同占有为基础的。这就是说，在资本主义条件下失去了生产资料的所有劳动者，都将通过公有制的形式重新占有生产资料。1877 年，马克思在《给〈祖国纪事〉杂志编辑部的信》中谈到资本主义积累的历史趋势时说：“资本主义生产的历史趋势归结成这样：……它本身已经创造出了新的经济制度的因素，它同时给社会劳动生产力和一切生产者个人的全面发展以极大的推动；实际上已经以一种集体生产方式为基础的资本主义所有制只能转变为社会所有制。”② 在《资本论》第三卷中谈到股份公司作为资本转化为生产者的财产的过渡点时，他也指出：“不过这种财产不再是各个互相分离的生产者的私有财产，而是联合起来的生产者的财产，即直接的社会财产。”③ 由这两段话也可以看出，马克思所说的“重新建立个人所有制”，只能理解为每一个劳动者都通过公有制而实现对生产资料的占有。显然，马克思绝没有重建劳动者个人的生产资料私有制的意思。

第五节 现代殖民理论

第 25 章是第一卷的最后一章，它是对第 24 章“所谓原始积累”的补充，也是《资本论》第一卷的总结。

在这一章中，马克思批判了韦克菲尔德的“系统的殖民”理论，通过资产阶级为在殖民地推广资本主义生产方式而遇到的矛盾和障碍，揭露和批判了资产阶级政治经济学在看待资本主义的与非资本主义的生产方式之间的关系问题上的资产阶级偏见，进一步揭示了资本原始积累的实质。

马克思首先指出了资产阶级政治经济学在看待资本主义生产方式问题上的错误，即它在原则上把两种极不相同的私有制混同起来了：一种是以生产者自己的劳动为基础，另一种是以剥削别人的劳动为基础。它忘记了，后者不仅与前者直接对立，而且还是在前者的坟墓上成长起来的。在作为殖民地的宗主国

① 《马克思恩格斯文集》第 5 卷，人民出版社 2009 年版，第 874 页。
② 《马克思恩格斯文集》第 3 卷，人民出版社 2009 年版，第 465 页。
③ 《马克思恩格斯文集》第 7 卷，人民出版社 2009 年版，第 495 页。

的西欧国家，原始积累的过程多少已经完成，但是，资产阶级经济学家出于辩护的目的，却将以剥削他人劳动为基础的私有制与以自己的劳动为基础的私有制等同起来。正如马克思所说："事实越是明显地反对政治经济学家的意识形态，政治经济学家就越是热心地起劲地把资本主义以前世界的法的观念和所有权观念应用到这个已经完成的资本世界。"①

资产阶级经济学的这种做法在殖民地却碰了壁。马克思指出，在那里，资本主义制度到处都碰到这样一种生产者的阻碍，这种生产者是自己劳动条件的所有者，靠自己的劳动使自己变富，而不是使资本家变富。这两种完全对立的经济体系之间的矛盾，在它们的斗争中实际地得到证实。在资本家有宗主国的力量作后盾的地方，他们就企图用暴力清除以自己的劳动为基础的生产方式和占有方式。而作为资本的献媚者的政治经济学家，同样为了资产阶级的利益，他们在宗主国把资本主义生产方式和它的对立面说成是同一的，在殖民地却"公开揭露事实"，大声宣布这两种生产方式是对立的。这类经济学家证明，不剥夺劳动者，不相应地把他们的生产资料转化为资本，劳动的社会生产力的发展，协作、分工以及机器的大规模使用，等等，都是不可能的。为了所谓国民的利益，他要寻找那些制造人民贫困的人为的手段。

在以上分析的基础上，马克思概括地指出了韦克菲尔德的"现代殖民理论"在理论上的"发现"和错误。他指出，韦克菲尔德的巨大功绩，并不是他关于殖民地有什么新发现，而是他在殖民地发现了关于宗主国的资本主义关系的真理，即：一方面，韦克菲尔德在殖民地发现，拥有货币、生活资料、机器以及其他生产资料等财产，而没有雇佣工人这个补充物，没有被迫自愿出卖自己的人，还不能使一个人成为资本家。他实际上发现，资本不是一种物，而是一种以物为中介的人和人之间的社会关系。另一方面，在政治经济学家的头脑中，它们的这个资本主义灵魂和它们的物质实体非常紧密地结合在一起，以致在任何情况下，甚至当它们正好是资本的对立面的时候，他也把货币、生活资料、机器以及其他生产资料等财产称为资本。韦克菲尔德也是这样。此外，他把生产资料为许多互不依赖而独立经营的劳动者个人所有这种分散的现象，称为资本的均分。

然后，马克思批判了韦克菲尔德把资本原始积累的秘密归结于"原始的社

---

① 《马克思恩格斯文集》第 5 卷，人民出版社 2009 年版，第 876 页。

会契约”的错误见解。韦克菲尔德说：“人类把自己分为资本所有者和劳动所有者……这种划分是自愿协商和结合的结果。”① 马克思指出，事实上，我们已经知道，剥夺人民群众的土地是资本主义生产方式的基础。而资本主义生产最美妙的地方，就在于它不仅不断地再生产出雇佣工人本身，而且总是与资本积累相适应地生产出雇佣工人的相对过剩人口。这样，劳动的供求规律就保持在正常的轨道上，工资的变动就限制在资本主义剥削所容许的范围内，最后，工人对资本家必不可少的社会从属性即绝对的从属关系得到了保证。政治经济学家在本国，即在宗主国，可以花言巧语地把这种绝对的从属关系描绘成买者和卖者之间的自由契约关系，描绘成同样独立的商品所有者即资本商品所有者和劳动力商品所有者之间的自由契约关系。但是在殖民地，这个美丽的幻想破灭了。

最后，马克思批判了韦克菲尔德关于殖民地的使生产者和国民财产“分散的野蛮制度”的说法，以及他的所谓“系统的殖民”的主张。马克思指出，韦克菲尔德之所以指责这种状况，是因为生产资料分散在无数独立经营的所有者之间，这就既破坏了资本集中，也破坏了结合劳动的一切基础。韦克菲尔德所开出的应对这种状况的药方就是：政府应当对土地规定出一种不以供求规律为转移的价格，即人为的价格，迫使移民在赚到足够的钱购买土地从而成为独立农民以前，必须从事较长时期的雇佣劳动。此外，政府应当用那个因土地按雇佣工人较难支付的价格出售得来的基金，即靠违背神圣的供求规律而从工资中榨取来的货币基金，并依据这个基金增长的程度，从欧洲把穷人输入殖民地，为资本家充实雇佣劳动市场。马克思说，这就是“系统的殖民”的最大秘密。而由国家强行规定的这种“充分的土地价格”，无非是工人为了能从雇佣劳动市场回到土地上而付给资本家赎金的一种婉转的说法。他先是必须为资本家创造“资本”，使资本家能够剥削更多的工人，然后又必须牺牲自己，使政府能为他原来的资本家从海外把他的“替身”送到劳动市场上来。最能说明问题的是，韦克菲尔德制定的这个专门用于殖民地的“原始积累”方法，英国政府采用了好多年，但它终于遭到了失败。结果只是使移民潮从英国殖民地转向美国。同时，欧洲资本主义生产的进步，以及随之而来的政府压迫的加重，使韦克菲尔德的方案成为多余。

---

① 《马克思恩格斯文集》第5卷，人民出版社2009年版，第879页。

韦克菲尔德“系统的殖民”理论的破产，进一步暴露了资产阶级政治经济学在新大陆发现并大声宣布的，不过是发生在欧洲旧大陆原始积累的秘密：资本主义的生产方式和积累方式，从而资本主义的私有制，是以那种以自己的劳动为基础的私有制的消灭、以劳动者的被剥夺为前提的。

思考题：

1. 什么是资本主义的简单再生产？马克思通过分析资本主义简单再生产得出了哪些新的结论？
2. 什么是资本积累？资本积累转化为现实的扩大再生产需要具备什么前提条件？
3. 影响资本积累量的主要因素有哪些？依据马克思的分析，试说明资本积累的发展对工人阶级产生了什么影响。
4. 资本主义积累一般规律的实质是什么？
5. 资本原始积累的实质和秘密是什么？资本原始积累的途径主要有哪些？
6. 马克思是如何阐明资本主义积累的历史趋势的？结合实际，谈谈你对马克思的这一论述的理解。

第二卷 资本的流通过程

《资本论》第二卷的研究对象是资本的流通过程。资本的整个运动过程是生产过程和流通过程的统一。在这里，马克思对资本流通的研究主要包括资本循环和周转理论、社会资本再生产理论。这些理论深刻揭示了单个资本和社会总资本在流通中的运动规律，说明了资本主义经济危机产生的根源和机制。对于社会主义市场经济来说，掌握有关个别资本循环周转的理论，有利于提高各种经济形式企业的经营管理水平和运转效率。而马克思在分析社会资本流通时提出的社会再生产模型，对于搞好政府宏观管理与调控，具有重要的指导意义。

第二卷共3篇21章，可分为两个部分。第一部分即前两篇，研究个别资本的流通，即资本的循环和周转，说明单个资本循环的形式和条件，资本周转的速度与意义。第二部分即第三篇，研究社会总资本的再生产和流通，说明社会总资本实现的条件，揭示了资本主义经济危机的现实性和必然性。

第八章　资本的形态变化及其循环

本章介绍《资本论》第二卷第一篇的主要内容。马克思在这里主要分析了资本在其运动的不同阶段具有的不同形态，即货币资本、生产资本和商品资本的形态，以及由这三种形态的连续变换构成的资本循环。

第一篇包括第 1 章至第 6 章。第 1 章至第 3 章依次考察了货币资本的循环、生产资本的循环和商品资本的循环，第 4 章则将三种循环结合起来考察，全面地分析了资本循环的特征，说明了产业资本的总循环。第 5 章和第 6 章则分别考察了流通时间和流通费用。与第一卷一样，第二卷仍然将产业资本作为资本典型的和一般的形式加以考察。

第一节　货币资本的循环

马克思在第二卷第 1 章中把货币资本的循环作为资本循环的一般形态进行考察，其中前三节分别考察货币资本循环的三个阶段或环节，即购买、生产和销售，分析了它们的内容和形式，说明了它们对于资本增殖的意义。第四节从整体上认识货币资本的循环，说明了货币资本循环的性质和货币资本循环形式的特点。

《资本论》第一卷通过考察剩余价值的生产过程，揭示了资本主义生产方式的本质。这种考察是以暂时撇开流通过程或假定流通过程能够顺利进行为前提的。但在现实中，流通过程在资本运动中有着重要作用：通过资本流通，资本家才能购买生产所需的生产资料和劳动力，才能通过售卖实现产品的价值包括剩余价值。产业资本循环就是指单个资本在其运动过程中依次采取三种形态（货币资本、生产资本、商品资本），经过三个阶段（购买阶段、生产阶段、销售阶段）又回到最初起点的过程。

货币是资本运动的起点，因此，货币资本的循环不仅是产业资本循环的三种形式之一，而且也是产业资本循环采取的第一个也是最典型的形式。这里首先分析货币资本的循环。货币资本的循环可以用公式表示为：

$$G—W\cdots P\cdots W'—G'$$

在这个公式中，G 和 W 分别表示货币和商品，P 表示生产，实线表示流通过程，虚线表示流通过程的中断，W′和 G′表示由于包含剩余价值而增大了的 W 和 G。公式表明，资本循环过程具有三个不同的阶段或环节。

一、第一阶段：G—W

G—W 是资本循环的第一个阶段，是由货币资本到生产资本的转化。从形式上看，G—W 是由货币转化为商品，是一般商品流通，但从内容上看，它是资本循环的一个特定阶段，因为资本家在这个阶段购买的不是一般的商品，而是生产的物质要素，即生产资料 Pm 和劳动力 A，具体可表示为：

$$G-W<\begin{matrix}A\\Pm\end{matrix}$$

在这里，货币到商品的转化，不仅表示所购买的商品有质的区别，而且还表示一种量的关系，即用在劳动力 A 上面的货币部分和用在生产资料 Pm 上面的货币部分的量的关系。“这种量的关系一开始就是由一定数量的工人所要耗费的超额即剩余劳动的量决定的。”① 在任何情况下，耗费在生产资料上的货币部分必须是充分的，从而使生产资料的数量足以吸收包括剩余劳动的劳动量，足以通过这个劳动量转化为产品。如果生产资料不足，买者所支配的超额劳动就不能得到利用，他对于这种超额劳动的支配权就没有用处。相反，如果现有生产资料多于可供支配的劳动，生产资料就不能被劳动充分利用，不能转化为产品。

在这个阶段，产业资本首先以货币的形式出现。这里的货币同普通消费者手里的货币似乎没有什么不同，它同样执行着购买手段和支付手段的职能。但是，资本家手里的货币同一般消费者手中的货币又有本质的不同，这种差别就在于资本家不是用货币进行个人消费，他买的是生产资料和劳动力。其中，最重要的是劳动力的购买 G—A，它体现着资本主义生产方式的特征。第一卷第二篇已经分析过，劳动力要成为商品，必须以劳动者与生产资料的分离为前提。因此，G—A 这一行为的发生，实际上是以资本主义生产关系的存在为前提的。“不是由于货币的性质产生了这种关系；相反，正是由于这种关系的存在，单纯的货币职能才能转化为资本职能。”②

---

① 《马克思恩格斯文集》第 6 卷，人民出版社 2009 年版，第 33 页。

② 《马克思恩格斯文集》第 6 卷，人民出版社 2009 年版，第 39 页。

G—W 这一转化，为生产资料和劳动力的结合提供了条件。而使用劳动力的界限，和劳动力本身价格的再生产所必需的劳动量的界限，又绝不是一致的。因此，资本家用货币购买劳动力和生产资料，就为剩余价值生产准备了条件。由于这里的货币执行了为剩余价值生产准备条件的特殊职能，从而成为资本的一种形式，即货币资本。G—W 在形式上表现为货币到商品的转化，其实质则是货币资本到生产资本的转化。

上述分析表明，G—W 作为资本运动的第一个阶段，它具有必然性，即资本首先必须采取货币的形式。因为只有通过 G—W 这个阶段，货币购买生产要素，货币资本才能转化为生产剩余价值的物质条件。但是，绝不能认为货币本身就是资本。货币只有在购买劳动力和购买为使用劳动力所需要的生产资料的时候，才成为资本，表现为货币资本。

二、第二阶段：生产资本的职能

第一阶段的结果是资本以生产资料和劳动力的形式进入第二阶段，即资本的生产阶段。从形式上来说，这里的生产过程与一般的生产过程一样，也是一个生产物质产品的劳动过程，但是，这里的生产过程又是资本家的生产资料与雇佣劳动者的劳动力的特殊结合，从而在实质上是剩余价值的生产过程。正因为如此，生产资料和劳动力在这里成为资本的存在形式，即生产资本。

资本只有采取生产资料和劳动力的形式，并在生产过程中实现它们的结合，才能生产出商品和剩余价值，因此，劳动力和生产资料是资本所必然采取的形式。但是，劳动力和生产资料本身并非天然是资本。“不论生产的社会的形式如何，劳动者和生产资料始终是生产的因素。但是，二者在彼此分离的情况下只在可能性上是生产因素。凡要进行生产，它们就必须结合起来。实行这种结合的特殊方式和方法，使社会结构区分为各个不同的经济时期。”① 只有在资本主义条件下，生产资料和劳动力的结合才采取资本的形式，表现为生产资本。

资本的生产过程是生产资料和劳动力在资本家手中的特殊结合，因而，生产过程中生产出来的产品，“不只是商品，而且是包含着剩余价值的商品。它的价值=P+M，等于生产这种商品所耗费的生产资本的价值 P，加上这个生产

① 《马克思恩格斯文集》第 6 卷，人民出版社 2009 年版，第 44 页。

资本产生的剩余价值 M”①。

三、第三阶段：W′—G′

第二个阶段的结果是生产出来的商品，它是已经增殖的资本价值的实物存在形式，即商品资本。作为资本的商品与一般的商品一样，都是为市场生产的，必须卖掉，转化为货币，即经历 W—G 运动。从形式上看，W′—G′与一般的商品出卖并没有什么不同，都是商品与货币的交换。在这个交换过程中，商品的使用价值和价值量都没有发生任何变化，只是商品的价值发生了形式变化。那么，是什么使一切商品流通的这个简单行为同时成为一种资本职能呢？马克思指出：“商品能够执行资本的职能，只是由于在它的流通开始以前，它已经现成地从生产过程中取得了资本性质。”② 这就是说，在第三阶段商品所具有的资本的性质和职能，是由第二阶段的生产过程决定的。资本生产的结果不仅是商品 W，而且是商品 W′，它不仅包含着预付资本的价值，而且包含着剩余价值。“W′表示一种价值关系，表示商品产品的价值和生产它所消耗的资本的价值的关系，就是说，表示它的价值是由资本价值和剩余价值构成的。”③

因此，商品资本的职能是实现预付资本的价值和剩余价值。只要现在已经增殖的资本保留商品资本的形式，停滞在市场上，生产过程就会停止。这个资本既不会作为产品形成要素起作用，也不会作为价值形成要素起作用。可见，商品资本转化为货币资本是整个资本运动中极为重要的一环。马克思在谈到这一点时强调说：“由于资本抛弃它的商品形式和采取它的货币形式的速度不同，或者说，由于卖的速度不同，同一个资本价值就会以极不相同的程度作为产品形成要素和价值形成要素起作用，再生产的规模也会以极不相同的程度扩大或者缩小。”④ 在第一卷中，马克思讨论过若干与资本的价值量无关但影响积累的因素。在这里，他又指出：“流通过程推动了和资本的价值量无关的新的潜能，即资本的作用程度的新的潜能，资本的扩张和收缩的新的潜能。”⑤ 对此，马克思还将在后面关于资本周转的考察中具体地加以分析。

---

① 《马克思恩格斯文集》第 6 卷，人民出版社 2009 年版，第 45 页。
② 《马克思恩格斯文集》第 6 卷，人民出版社 2009 年版，第 46 页。
③ 《马克思恩格斯文集》第 6 卷，人民出版社 2009 年版，第 47 页。
④ 《马克思恩格斯文集》第 6 卷，人民出版社 2009 年版，第 48 页。
⑤ 《马克思恩格斯文集》第 6 卷，人民出版社 2009 年版，第 48 页。

不仅如此，商品量 W′作为已经增殖的资本价值的承担者，还必须全部经历形态变化 W′—G′。在这里，出售商品的数量，成为决定性的事情。第一卷第三篇已经指出过，资本生产出来的商品总量可以分为三个部分，这些商品的价值量可以用来代表商品价值总量中的不变资本、可变资本和剩余价值。因此，随着商品销售数量的增加，资本所有者可以逐步收回不变资本、全部预付资本和剩余价值。假如商品只能销售出一部分而不是全部，那么，就不能实现已经生产出来的全部或部分剩余价值，甚至连预付资本的价值量也得不到补偿。只有全部商品都得到实现，预付资本价值和剩余价值才能得到完全实现。

从 W′的实际内容来看，它包含着 W 和 w 两个不同的部分，其中 W 表示预付资本价值部分，而 w 则表示剩余价值部分。与此相适应，G′也由 G 和 g 这两个不同的部分所构成。因此，W′—G′的转化过程，实际上也包含着 W—G 和 w—g 这样两个部分。而这两个部分含义的差别在于：W—G 表示的是资本价值的第二形态变化，即 G—W 之后的一个相反的形态变化，但 w—g 则是剩余价值的第一形态变化。与此相联系，“在这里，货币形式起了双重作用。一方面，它是原来以货币预付的价值的复归形式，就是说，回到过程开始时的价值形式。另一方面，它又是原来以商品形式进入流通的价值的第一转化形式”①。

资本价值在过程终结时，又处在它进入过程时的相同的形式中，因而能够重新作为货币资本开始并完成这个资本的循环过程。正因为这个过程的开始形式和终结形式都是货币资本的形式，所以，马克思把这个循环过程的形式叫作货币资本的循环。

货币资本的循环本身表现为 G…G′。从作为这个循环的结果的 G′本身，是看不到它的形成过程的。但是，“G′是作为资本关系存在的；G 已经不再是单纯的货币，而是明显地成了货币资本，它表现为一个已经自行增殖的价值，因而也具有自行增殖即比原有价值生出更多价值的属性”②。G′表现出的只是结果，而没有表现出造成这个结果的过程。由于 g（剩余价值的货币形式）包含在 G′中，而 G′表现为流通的产物，“因此，已经实现的资本在这里，在过程终结时具有的货币表现，是资本关系的没有概念的表现”③。这就是说，过程终结时的货币资本形式掩盖了剩余价值的真正来源，把剩余价值表现为单纯货币循

① 《马克思恩格斯文集》第 6 卷，人民出版社 2009 年版，第 51—52 页。
② 《马克思恩格斯文集》第 6 卷，人民出版社 2009 年版，第 53 页。
③ 《马克思恩格斯文集》第 6 卷，人民出版社 2009 年版，第 54 页。

环的结果。“只有在 G′本身执行商品资本职能的地方，在它本身就是生产过程的直接产物而不是这个产物的转化形式的地方，就是说，在货币材料本身的生产上，它的奇怪的形式才会消失。例如，金的生产的公式就是：

$$G-W<\begin{matrix}A\\Pm\end{matrix}\cdots P\cdots G'\ (G+g)$$

在这里，G′是商品产品，因为和在第一个 G 即货币资本中为金的生产要素预付的金相比，P 会提供更多的金。因此，在这里，一个货币额的一部分成了同一货币额的另一部分的母体这样一种 G…G′（G+g）表现的不合理性就消失了。”①

四、总循环

在分别考察了货币资本循环的各阶段之后，马克思接着分析货币资本的总循环过程。马克思首先比较了货币资本总循环的公式和第一卷第 4 章研究过的资本运动的总公式。货币资本总循环的公式是 G—W…P…W′—G′，资本运动的总公式是 G—W—G′。这两个公式的不同之处在于：第一，前者既包含流通过程又包含生产过程，而后者只包含流通过程。第二，后者也有两个流通阶段，但出现在两个流通过程中的是同一个商品；而在前一个公式中，由于两个流通过程之间存在生产过程，两个流通过程中的商品表现为性质上不同的东西：第一个流通过程中的商品 W 是生产资料和劳动力，第二个流通过程中的商品 W′则是产品。但是，这两个公式也有共同点：第一阶段都是货币转化为商品，第二阶段都是商品转化为更多的货币。第一阶段支出的货币在第二阶段流回来，而且流回的货币多于支出的货币。就这一点来说，G—W…W′—G′已经包含在总公式 G—W—G′中了。

在做了上述比较之后，马克思进一步指出，在总循环过程中，“资本表现为这样一个价值，它经过一系列互相联系的、互为条件的转化，经过一系列的形态变化，而这些形态变化也就形成总过程的一系列阶段。在这些阶段中，两个属于流通领域，一个属于生产领域。在每个这样的阶段中，资本价值都处在和不同的特殊职能相适应的不同形态上。在这个运动中，预付的价值不仅保存了，而且增长了，它的量增加了。最后，在终结阶段，它回到总过程开始时它

① 《马克思恩格斯文集》第 6 卷，人民出版社 2009 年版，第 59 页。

原有的形式。因此，这个总过程是循环过程”①。

资本价值在流通阶段采取货币资本和商品资本两种形式，在生产阶段则采取生产资本的形式。“在总循环过程中采取而又抛弃这些形式并在每一个形式中执行相应职能的资本，就是产业资本。这里所说的产业，包括任何按资本主义方式经营的生产部门。”② 马克思强调指出：“产业资本是唯一的这样一种资本存在方式，在这种存在方式中，资本的职能不仅是占有剩余价值或剩余产品，而且同时是创造剩余价值或剩余产品。因此，产业资本决定了生产的资本主义性质；产业资本的存在，包含着资本家和雇佣工人之间的阶级对立的存在。随着产业资本支配社会的生产，技术和劳动过程的社会组织就会发生变革，从而社会的经济历史类型也会发生变革。那几种在产业资本以前，在已成过去的或正在衰落的社会生产状态中就已出现的资本，不仅要从属于产业资本，并且要改变其职能机制来和产业资本相适应，而且只能在产业资本的基础上运动，从而要和它们的这个基础同生死共存亡。”③

在货币资本的循环中，货币资本、生产资本和商品资本，并不是三种独立的资本种类，而只是产业资本的三种特殊的职能形式。产业资本是依次采取所有这三种形式的。资本的循环，只有不停顿地从一个阶段转入另一个阶段，才能正常进行，否则就会发生循环的停滞或中断。如果资本运动在 G—W 阶段停顿下来，货币资本就会凝结成贮藏货币；在生产阶段停顿下来，就会出现两种情况，一是生产资料闲置不起作用，二是劳动力会失业；在 W—G 阶段，如果资本运动停顿下来，商品就会堆积起来，阻塞流通。另一方面，循环本身又要求资本在各个阶段中在一定的时间内固定下来，以完成相应的职能。

以上马克思是将货币资本循环作为资本循环的一般过程进行研究的，接着他又专门针对以货币形式为起点和终点的货币资本的特殊性进行了讨论。把 G—W…P…W′—G′作为和生产资本循环、商品资本循环并列的一种特殊循环形式来看，它有四个特点：第一，无论是《资本论》第一卷第 4 章第 1 节谈到的 G—W—G′，还是第二卷中的 G—W…P…W′—G′，都可以归结为 G—G′，以实在货币为起点和终点的流通形式最明白地表示出资本主义生产的动机是赚钱，不可缺少的中间环节不过是不得不干的倒霉事。因此，一切资本主义生产

① 《马克思恩格斯文集》第 6 卷，人民出版社 2009 年版，第 60 页。

② 《马克思恩格斯文集》第 6 卷，人民出版社 2009 年版，第 63 页。

③ 《马克思恩格斯文集》第 6 卷，人民出版社 2009 年版，第 66 页。

方式的国家，都周期性地患一种狂想病，企图不用生产过程作中介而赚钱。第二，G—G′表明，生产过程只是简单流通的中介，也就是说，发财致富才是生产的目的。第三，G—G′显示出了两端的价值差额，而从生产资本的循环 P…P 和商品资本的循环 W′…W′则看不出两极之间有价值差额。货币资本循环的出发点是资本价值，它的复归点是已经增殖的资本价值。预付资本价值是整个运动的手段，已经增殖的资本价值则是整个运动的目的。这样，货币资本就表现为能够生出货币的货币。第四，货币资本的循环，就其形式来考察，只表现出价值增殖过程和积累过程，没有表现出它的前提，即劳动力不断地再生产。在这里，只有表现为生产消费的 G—W（A+Pm）包含在单个资本的这个循环中，因而资本家购买劳动力的 G—A 即对工人来说的 A—G 当然也就包含在这个循环中，但是工人用货币购买商品即 G—W 不包含在单个资本的循环中。资本家的消费也同工人的消费一样，不包含在这个循环中。

马克思说："货币资本的循环，是产业资本循环的最片面，从而最明显和最典型的表现形式。"① 因为产业资本的目的和动机——价值增殖、赚钱和积累，在货币循环公式上表现得最为醒目。同时，货币资本循环又是"产业资本循环的特殊形式"，因为产业资本的循环总是从货币的付出开始、在循环结束时以货币形式收回。也就是说，每一次产业资本的循环都必须经过 G—W 和 W′—G′这两个属于流通领域的运动阶段。而货币资本循环公式 G—W—G′的片面性，就在于它过于简单地突出流通过程对资本运动的作用，把资本的循环片面地表现为以较少的钱赚得较多的钱，而没有显示出发生在生产领域的价值增殖或剩余价值创造过程，没有表明生产过程是投入资本循环的货币由少变多的基础。用马克思的话来说，"这个公式强调的不是价值的增殖，而是这个过程的货币形式，强调的是最终从流通中取出的货币形式的价值，大于原来预付到流通中去的货币形式的价值，也就是说，强调的是资本家所有的金银数量的增加"②。

处于资本主义萌芽时期的早期重商主义，即马克思提到的"货币主义"，认为货币财富的增加源于流通，贱买贵卖、多卖少买是发财致富的途径。所以，马克思认为"货币主义，不过是 G—W—G′这个没有概念的形式的表

① 《马克思恩格斯文集》第 6 卷，人民出版社 2009 年版，第 70 页。
② 《马克思恩格斯文集》第 6 卷，人民出版社 2009 年版，第 72 页。

现”①。到了资本主义发展初期，工场手工业兴盛起来。随着生产规模的扩大，不仅产品销售规模，而且物质生产要素和劳动力的购买规模，都空前增大。这时，重商主义发展到晚期（马克思称之为“发展的重商主义体系”）。晚期重商主义者认识到，除流通即买卖之外，生产也是增加货币财富的手段，因而不仅要扩大卖的规模，也要大量地买；只要使卖大于买，就能使一国的货币财富增加；为了使卖大于买，政府应当实行贸易保护政策。显然，G—W—G′这个缺少生产资本和生产过程的货币资本循环的简单公式，是不能成为晚期重商主义的理论基础的。马克思指出，G—W…P…W′—G′这个货币资本循环的总公式才是“发展的重商主义体系的基础”，“因为在重商主义体系那里，不仅商品流通，而且商品生产，也表现为必要的要素。”② 但是这并不意味着晚期重商主义是正确的。它的错误在于把 G—W…P…W′—G′肯定为唯一的和一次性的形式，而不是将资本循环的形式看作流动的、不断更新的，这样它也就无法看到资本运动除了货币循环之外，还存在商品资本循环、生产资本循环这两种形式，也看不到资本循环的这些形式在统一的、周而复始的资本运动中的交错和联系。因此，晚期重商主义还是无法消除和摆脱“货币主义”对 G—G′公式的理解的虚幻性质及其关于货币资本的增加通过流通发生的虚幻解释。

虽然把 G—W…P…W′—G′肯定为资本循环的唯一的和一次性的形式是错误的，但这个公式本身已经包含了资本循环的其他形式。如果把货币资本的循环看作“流动的、不断更新的”，那么，G—G′形式造成的假象就会消失。这时我们就可以看到：第一，这一循环是以生产过程的资本主义性质为前提的。其中的 G—W 不仅是购买生产资料，而且包含对工人劳动力的购买，即雇佣劳动关系。货币资本转化为生产资本并进入生产过程执行职能，是资本循环得以展开的条件。第二，G—G′反复进行，货币形式的复归就是转瞬即逝的。在不断更新的资本循环中，货币的反复预付和这种预付货币的不断复归，一样都表现为转瞬即逝的要素。第三，货币资本的反复循环，

G—W…P…W′—G′. G—W…P…W′—G′. G—W…P…等等

① 《马克思恩格斯文集》第 6 卷，人民出版社 2009 年版，第 72 页。

② 《马克思恩格斯文集》第 6 卷，人民出版社 2009 年版，第 72 页。

表明它把生产资本的循环和商品资本的循环包含在自身之中了。第四，既然我们把货币资本的循环看作产业资本循环的一般形式，那么，对于一个新投资的单个资本来说，它购买生产资料和劳动力这个流通行为的前提，在它的第一次循环之前就已经存在了。

虽然周而复始的货币资本的循环本身已经包含了生产资本循环和商品资本循环，但这两种资本循环形式各自又有不同于货币资本循环的特点，所以还需要对它们进行具体的考察和分析。

第二节 生产资本的循环

生产资本循环的总公式是 P…W′—G′—W…P。这个循环表示生产资本职能的周期更新，也就是表示再生产，即表示剩余价值的再生产。

从生产资本循环中间的流通过程 W′—G′—W 来看，它实际上包含着两个不同的部分的流通，即预付资本价值和剩余价值的流通。其中，G′—W 的转化，原来的 G—W 的重复或者扩大，决定着再生产是简单再生产还是扩大再生产。马克思分别从简单再生产和扩大再生产两个不同的角度对生产资本循环及其特点进行具体的考察和说明。

一、简单再生产

马克思首先考察了 P…P 二极之间在流通领域内进行的过程，即 W′—G′—W。W′=W+w，即生产资本加剩余价值。当 W′转化为 G′时，包含在商品资本中的剩余价值就实现为货币。G′中包含了预付资本价值 G 和剩余价值 g，即 G′=G+g。如果剩余价值 g 全部用于资本家的个人消费，那么只能进行简单再生产，G 作为资本经过流通进入再生产过程，而 g 则进入一般商品流通。这可以表示为：

$$W'\begin{pmatrix}W\\+\\w\end{pmatrix}\begin{matrix}\text{——————}\\\text{———— }G'\\\text{——————}\end{matrix}\begin{pmatrix}G\\+\\g\end{pmatrix}\begin{matrix}—W<\begin{matrix}A\\Pm\end{matrix}\\ \\—w\end{matrix}$$

其中，W—G—W 表示资本的循环，而 w—g—w 表示全部剩余价值用于资本家个人消费的商品流通，其第一阶段 w—g 包含在资本的循环中，第二阶段

g—w 则完全属于一般商品流通。同时，由于满足资本家个人消费的 g—w 是 W′—G′的组成部分和它的结果，因而，资本家个人的消费的规模以及能否正常进行，完全取决于资本循环。w 本身的存在是和资本价值的循环联结在一起的，循环一旦停顿，W—G 不能完成或者 W 中只有一部分能卖出，那么不仅 w 的消费，而且用来代替 w 的一系列商品的销售都会受到限制，甚至完全停止。另一方面，由于 w—g—w 和 W—G—W 就一般形式来说，都属于普通商品流通的范围，所以很容易像庸俗经济学家那样，把资本主义生产过程单纯地看作商品生产，看作用于某种消费的使用价值的生产。马克思指出：“庸俗经济学把不进入资本循环的流通，即价值产品中作为收入消费的那个部分的流通，说成是资本特有的循环，这就典型地说明他们是多么痴呆。”①

G—W—A 表示资本循环中资本家对于工人劳动力的再购买。在这里，与货币资本的循环不同的是，资本家不是用自己预付的货币资本，而是用工人自己已经生产出来的一部分价值支付工人的劳动力价值。工人的过去劳动形成的劳动力商品价值转化成的那部分货币，也就是用 A 表示的工资。马克思指出，“这个货币不仅是工人过去劳动的货币形式，同时还是取得正在实现的同时劳动或将来实现的未来劳动的凭证”②。这里所谓“取得正在实现的同时劳动或将来实现的未来劳动”，是指工人用作为其部分过去劳动代表形式的工资，来购买工人通过自己现在或将来的劳动已生产出来或即将生产出来的商品。所以，马克思又说：“资本家用工人过去劳动的一部分，作为工人取得自己未来劳动的凭证付给工人。”③

当 G—W（A+Pm）完成时，G 再转化为生产资本 P，循环又重新开始。因此，P…W′—G′—W…P 的详细形式是：

$$P\cdots W'\begin{pmatrix}W\\+\\w\end{pmatrix}\begin{matrix}\text{———}\\\text{——}\ G'\\\text{———}\end{matrix}\begin{pmatrix}G\\+\\g\end{pmatrix}\begin{matrix}\text{—}W<\begin{matrix}A\\Pm\end{matrix}\cdots P\\ \\\text{—}w\end{matrix}$$

从生产资本的循环形式上来看，即使是简单再生产，也包含着发生经济危机的潜在条件。首先，在 W—G—W 中，货币资本的职能只是商品资本再

① 《马克思恩格斯文集》第 6 卷，人民出版社 2009 年版，第 82 页。
② 《马克思恩格斯文集》第 6 卷，人民出版社 2009 年版，第 84 页。
③ 《马克思恩格斯文集》第 6 卷，人民出版社 2009 年版，第 84 页。

转化为生产资本的中介。“循环要正常进行，W′就必须按它的价值全部卖掉。其次，W—G—W不仅是一种商品由另一种商品代替，而且是按同一价值比例来代替。我们假定这里的情况就是这样。但是生产资料的价值实际上是会变动的；劳动生产率的不断变动是资本主义生产的特征，因此，价值比例的不断变动，正好是资本主义生产的固有现象。”① 这就使资本循环经常受到影响和破坏。同时，“如果第二形态变化G—W遇到障碍（例如市场上缺乏生产资料），循环，再生产过程的流，就会中断”②。再次，单个资本的循环必须以其他单个资本的再生产过程为条件。另外，对于资本循环来说，“工人阶级的经常存在是必要的，因此，以G—W为中介的工人的消费，也是必要的”③。最后，在资本主义大生产中，直接购买者除了别的产业资本家外，只能是大商人。大商人对产品的大批量购买，可以使产业资本的产品在实际进入消费领域前就能实现其价值。因此，在一定的界限内，尽管再生产过程生产出的商品还没有实际进入个人消费或生产消费，再生产过程还可以按相同的或扩大的规模进行。马克思在谈到这种情况时指出：“整个再生产过程可以处在非常繁荣的状态中，但商品的一大部分只是表面上进入消费，实际上是堆积在转卖者的手中没有卖掉，事实上仍然留在市场上。这时商品的潮流一浪一浪涌来，最后终于发现，以前涌入的潮流只是表面上被消费吞没。商品资本在市场上互相争夺位置。后涌入的商品，为了卖掉只好降低价格出售。以前涌入的商品还没有变成现金，支付期限却已经到来。商品持有者不得不宣告无力支付，或者为了支付不得不给价就卖。这种出售同需求的实际状况绝对无关。同它有关的，只是支付的需求，只是把商品转化为货币的绝对必要。于是危机爆发了。它不是表现在消费需求，即个人消费需求的直接缩减上，而是表现在资本对资本的交换，即资本再生产过程的缩减上。”④

在生产资本的循环中的G—W中断时，货币资本采取贮藏货币的形式。有两种不同的货币贮藏。一种是正常情况下的贮藏，即一部分货币暂时处于贮藏状态，是为了分期分批地购买生产资料和支付劳动力。马克思指出：“货币的

① 《马克思恩格斯文集》第6卷，人民出版社2009年版，第85页。
② 《马克思恩格斯文集》第6卷，人民出版社2009年版，第86页。
③ 《马克思恩格斯文集》第6卷，人民出版社2009年版，第88页。
④ 《马克思恩格斯文集》第6卷，人民出版社2009年版，第89页。

贮藏形式在这里成了货币资本的职能……这是因为资本价值在这里是以货币形式存在，货币状态在这里是由循环的联系所规定的、产业资本在它的一个阶段上所采取的状态。”① 另一种是特殊情况，即因市场状况等外部情况造成 G—W 中断而被迫形成的贮藏。这是非自愿的货币贮藏。

二、积累和规模扩大的再生产

资本主义生产是规模不断扩大的再生产，为了实现扩大再生产，剩余价值不能全部用于消费，必须把其中一部分资本化，经过资本积累，作为追加的资本投入生产资本的循环。

规模扩大的生产资本的循环可以用公式表示为：

$$P\cdots W'—G'—W<\begin{matrix}A\\Pm\end{matrix}\cdots P'$$

终点的 P′，包含着已经积累的资本价值，它比起点的 P 大，表示生产规模扩大了。只要进入第二次循环，那么，P′就会成为新的起点。但是，在下一次循环中，作为新的起点，P′又将作为 P 来出现。因此，扩大的生产资本的循环在形式上总是 P…P′。应当注意，在这个公式中，已经增大的生产规模只是由 W′表示出来，而不是由 A′和 Pm′表示出来。首先，这是因为 W 是 A 和 Pm 之和，W′已经表示出其中包含的 A 和 Pm 之和大于原来的 P。其次，马克思在第一卷第七篇已经指出过，在资本积累的过程中通常伴有资本有机构成的提高，因而，A 并不总是越来越大，而是相对地甚至有时是绝对地越来越小，因此，在上列公式中，“如果使用 A′和 Pm′这样的符号，那是错误的”②。

第一卷第七篇的分析已经表明，剩余价值只有达到一定数量时才能资本化，在这以前形成货币贮藏或货币积累。处于贮藏状态的货币是暂时的，它不能执行资本职能。“在这里，货币贮藏表现为一种包含在资本主义积累过程中，随着它发生，但同时又和它有本质区别的要素。因为潜在的货币资本的形成并不使再生产过程本身扩大。正好相反，潜在的货币资本在这里形成，倒是因为资本主义生产者不能直接扩大他的生产的规模。”③

在生产资本的循环中，一方面必须有货币的积累，另一方面还必须有准备

---

① 《马克思恩格斯文集》第 6 卷，人民出版社 2009 年版，第 90 页。

② 《马克思恩格斯文集》第 6 卷，人民出版社 2009 年版，第 95—96 页。

③ 《马克思恩格斯文集》第 6 卷，人民出版社 2009 年版，第 91 页。

金。在这两方面，货币起着不同的作用。

三、货币积累

为了进行资本积累，货币首先必须作为贮藏货币，执行贮藏手段的职能以达到积累所需要的数量。但是，作为资本积累而进行的货币贮藏，与一般的货币贮藏是不同的。

在资本积累中形成的货币积累，是为了使货币额达到能够实际投入使用的规模，因而，它是一种潜在的货币资本。货币在这里执行贮藏手段的职能，但是，它只是“表现为随着现实积累即产业资本作用规模的扩大而暂时发生的过程”①。虽然货币贮藏的过程本身，是一切商品生产所共有的，但“只有在不发达的、资本主义以前的商品生产形式中，才为贮藏货币而贮藏货币”②。

四、准备金

货币积累基金既可以作为潜在的货币资本，也可以作为准备金，以应对产业资本循环过程中因各种原因而引起的现金流中断。作为准备金，它具有与货币积累不同的“特殊的附带的职能”③。准备金和 P…P 循环中看到的购买手段或支付手段的基金不同，它“是处在积累的预备阶段中的资本的组成部分，是还没有转化为能动资本的剩余价值的组成部分”④。因而，它不像货币积累那样可以使再生产规模扩大，相反，它只是保证资本循环和再生产过程的照常进行。

第三节　商品资本的循环

一、商品资本循环的总公式

商品资本循环的公式是：

---

① 《马克思恩格斯文集》第 6 卷，人民出版社 2009 年版，第 97 页。
② 《马克思恩格斯文集》第 6 卷，人民出版社 2009 年版，第 97 页。
③ 《马克思恩格斯文集》第 6 卷，人民出版社 2009 年版，第 98 页。
④ 《马克思恩格斯文集》第 6 卷，人民出版社 2009 年版，第 99 页。

$$W'—G'—W\cdots P\cdots W'$$

首先，这个公式的起点和终点都是包含着资本价值和剩余价值的商品资本 W′。W′不仅是货币资本循环和生产资本循环的产物，同时又是这两种循环的前提。“因为，只要生产资料本身至少有一部分是另一些处在循环中的单个资本的商品产品，一个资本的 G—W 就已经包含另一个资本的 W′—G′。”① 例如，炼钢厂将钢卖给机器厂，对前者来说，钢是作为生产过程结果的商品资本，而对于后者来说，这是已经购买来的生产资料，是它的生产资本。其次，前面关于货币资本循环的分析表明，还在 G…G′第一次反复时，还在货币资本第二个循环完成之前，不仅 P…P 而且 W′…W′就已作为前提存在了。因此，一种资本的循环，就意味着另外两种资本的循环，三种形式的循环互为前提。如果是规模扩大的再生产，终点上的商品资本就应该用 W″来表示，它大于起点的 W′。

二、商品资本循环的特点

商品资本循环与前两种资本循环的区别主要有：

第一，在商品资本循环中，循环是从总流通 W′—G′—W′开始的。而在货币资本循环中流通被生产所中断，在生产资本循环中，总流通则是生产过程的中介。在 G…G′中，流通的形式是 G—W—G。在 P…P 中则相反，流通形式是 W—G—W，在 W′…W′中，流通的形式也是 W—G—W。

第二，三个循环的起点不同。在货币资本循环和生产资本循环中，即使终点是 G′和 P′（扩大再生产），但在继续循环时，循环仍从 G 和 P 开始，而不是从 G′和 P′开始，它们分别以能够带来增殖的资本价值 G 和作为能够生产剩余价值的资本 P 开始循环。商品资本循环则不然，一开始就从包含了剩余价值的商品形式的资本开始，即总是从 W′开始它的循环。商品资本的价值=资本价值+剩余价值。W′绝不能作为单纯的商品来开始它的循环。作为商品资本，W′具有双重属性：从使用价值来看，它是生产资本执行职能的产物，即生产的产品；从价值的观点看，它是资本价值 P 加上 P 执行职能时产生的剩余价值 m。只有在 W′本身的循环中，资本价值才能够并且必须和 W′中的剩余价值借以存在的部分（包含剩余价值的剩余产品）相分离，而不管这两

---

① 《马克思恩格斯文集》第 6 卷，人民出版社 2009 年版，第 101 页。

部分在实际上是否可以分离，例如，在棉纱中这两者可以分离，在机器中则这两者不可分离。一旦 W′转化为 G′，商品变成货币，资本价值和剩余价值就是可以分离的了。

在商品资本的循环中，W′转化为 G′，其目的或意义正在于收回预付并已消耗的资本价值，同时实现剩余价值。而在这一转化过程中，资本价值的回收与剩余价值的实现可以有不同的方式。一种方式是把 W′价值的三个不同部分即 C、V 和 M 分别表现为一定的商品量，通过这些商品的销售，依次实现产品总量中的 C、V 和 M。另一种方式则是随着每一个商品的销售，同时实现该产品中所包含的 C、V 和 M。无论采取哪一种方式，最后的结果都是收回资本并实现剩余价值。但是，商人的实际经验却是将这种商品不同部分的价值实现的方式误解为商品价值本身的构成，从而产生了第一卷已经批判过的西尼耳的“最后一小时”的错误理论。虽然产品的不同价值部分可以分别表现为一定的产品价值量，但是，这只是一种数量上的表现，而绝不是说一部分产品只是资本价值，而另一部分产品才具有剩余价值。事实上，资本生产的每一个商品中都既包含着资本价值也包含着剩余价值。

第三，“第三种形式和前两种形式的区别在于：只有在这种循环中，表现为资本价值增殖的起点的，是已经增殖的资本价值，而不是原来的有待增殖的资本价值。在这里，W′作为资本关系是起点，并且作为这种关系，对整个循环起决定性的作用”。① 这种“决定性的作用”表现在：W′作为循环的起点，使得商品资本循环的第一个阶段不仅包含资本的循环，而且包括剩余价值的循环。在 W′—W′循环中，全部商品产品的消费是资本本身循环正常进行的条件。全部个人消费包括工人的个人消费和剩余产品中非积累部分的个人消费，即资本家的个人消费。因此，消费是全部作为条件进入 W′的循环的。这就表明，虽然个人消费表现为单个资本循环之外的社会行为，实际上它不仅是资本循环的结果，而且也是资本循环最重要的条件之一。与此相联系，W′循环已经包含了社会总产品的分配。“只是在这个商品资本转化为货币以后，这个运动才分成资本的运动和收入的运动。在这个形式上，社会总产品的分配已经包含在资本的循环中，它同任何单个商品资本的产品的特殊分配一样，一方面分为个人消

---

① 《马克思恩格斯文集》第 6 卷，人民出版社 2009 年版，第 108 页。

费基金，另一方面分为再生产基金。”①

第四，商品资本循环从 W′开始，如果资本循环正常进行，就必须把 W′转化为再生产商品的各种形式的生产要素。在商品资本循环中，商品形式的资本是生产的前提。商品资本循环要以另一个 W（A+Pm）形式上存在的产业资本为前提，它表明了单个资本家之间的相互联系。

三、商品资本循环与社会总资本的运动形式

在分析商品资本循环的上述特点的基础上，马克思提出了一个重要思想：“正因为 W′…W′循环在进行中要以另一个在 W（=A+Pm）形式上的产业资本为前提（并且 Pm 包括各种其他资本，用我们的例子来说，包括机器、煤炭、润滑油等等），所以，这个循环本身就要求我们不仅把它看做循环的一般形式，即能够用来考察每一个单个产业资本（第一次投资的场合除外）的社会形式，因而不仅看做一切单个产业资本共有的运动形式，而且同时看做各单个资本的总和即资本家阶级的总资本的运动形式，在这个运动中，每一个单个产业资本的运动，都只表现为一个部分运动，和其他部分运动交织在一起，并且受它们制约。”②

事实上，在资本的三种循环形式中，G…G′表明预付资本价值的增殖是全部过程的目的，P…P（P′）表明资本主义生产和再生产过程，只有 W′…W′既包括用来补偿生产资本那一部分产品的运动，又包括形成剩余价值的产品运动。而且，W′…W′不仅包括生产消费，还包括个人消费。因此，马克思强调：“W′…W′既然在它的始极上已经表明是资本主义商品生产的形态，所以一开始就把生产消费和个人消费包括在内；生产消费和其中包含的价值增殖，不过表现为 W′…W′运动的一个分支。”③

因为在 W′…W′的循环中总产品（总价值）是起点，它表明在不考虑对外贸易和生产率不变的条件下，扩大再生产只有在剩余产品的待资本化的部分已经包含追加生产资本的物质要素时才能进行。法国重农学派的代表人物魁奈的《经济表》正是以商品资本循环这个形式来和 G…G′这个重商主义孤立地坚持

---

① 《马克思恩格斯文集》第 6 卷，人民出版社 2009 年版，第 109 页。
② 《马克思恩格斯文集》第 6 卷，人民出版社 2009 年版，第 112 页。
③ 《马克思恩格斯文集》第 6 卷，人民出版社 2009 年版，第 113 页。

的形式相对立，“这就显示出他的伟大的正确的见识”①。

第四节 循环过程的三个公式

一、产业资本的总循环是三种循环的现实的统一

以上的分析表明，资本循环的不同形式（三种形式即货币资本循环、生产资本循环、商品资本循环，用公式表示分别是G…G′、P…P、W′…W′），分别从不同侧面反映出资本运动的特点，也各有其片面性。因此，只有将它们统一起来，才能全面地、正确地认识资本运动的规律。在第二卷第4章中，马克思把产业资本的循环当作由三种循环形式组成的统一整体来研究。

从前面对于资本循环的三种形式的分别考察可以看出，这三种循环在形式上有许多共同点：第一，三种循环的前提都表现为它们的结果，又表现为过程本身所产生的前提。G、P、W都表现为出发点、经过点和复归点。第二，总过程都表现为生产过程和流通过程的统一。第三，三种循环都表明资本主义生产目的是价值增殖。在G…G′中，价值已经增殖是资本循环的目的；在P…P中，循环是以价值增殖过程开始的；在W′…W′中，以已经增殖了的价值开始，并以重新增殖的价值结束。第四，三种循环都从不同的侧面反映了单个产业资本的循环，但每种循环又只是社会资本循环中的一个环节。

三种循环不仅有许多共同点，而且相互联系，互为前提，每一种循环的周而复始，已经包含着另外两种形式的资本循环的进行。所谓三种循环的区别也仅仅是形式上的区别，事实上，“任何一个单个产业资本都是同时处在所有这三种循环中。这三种循环，三种资本形态的这些再生产形式，是连续地并列进行的”②。“可见，在这里，总循环是资本的三个形式的现实的统一。”③ 只有从这种统一出发，才能够认识和发现产业资本连续循环的条件。

二、产业资本连续循环的条件

在三种资本循环形式中，资本的不同部分都依次经过三个阶段，完成一个

① 《马克思恩格斯文集》第6卷，人民出版社2009年版，第115页。
② 《马克思恩格斯文集》第6卷，人民出版社2009年版，第117页。
③ 《马克思恩格斯文集》第6卷，人民出版社2009年版，第117页。

循环。但是，假如这三个阶段不是同时并存而只是相继转化的，那么，资本运动就会发生间歇性的中断。例如，资本价值按照它们的价值总量全部分别作为货币资本、生产资本和商品资本出现，因此，当资本表现为货币资本时，生产资本和商品资本也都不存在，反之，当资本都表现为生产资本时，货币资本和商品资本也不存在。这种循环的间歇性中断不仅与资本增殖的内在要求相矛盾，而且与资本主义再生产的实际不相符合。

资本主义生产是建立在机器大工业技术基础上的生产，机器生产在技术上要求生产具有连续性，这样机器生产力才能得到有效的使用。在现实的资本循环中，为了实现生产的连续性，资本价值并不是按照它们的价值总量依次采取货币资本、生产资本和商品资本的形式，而是将资本价值总量按照一定的比例同时分配在这三种职能形式上，使它们同时处在循环的不同阶段。只有这样，资本的循环才能保持连续性。这里的连续性具有双重的含义：一方面是指不同阶段依次进行的连续转化，另一方面是指每一个阶段自身的连续进行。每个阶段自身的连续进行也就意味着不同阶段或环节是同时并存的。显然，不同阶段的依次转化而形成的连续性与这些阶段的同时并存是互为条件的。没有不同阶段的依次转化，也就没有每个不同阶段自身的连续进行及其并存。例如，如果商品销售不出去，资本就不能从商品资本转化为货币资本，从而也就不能进行下一阶段的购买，购买这个环节就会中断。反之，如果某个环节发生了中断，不同阶段的依次转化也将发生中断。例如，如果生产由于各种原因而停止，那么，资本就停留在生产资本形态上，不能转化为商品资本。

总之，资本运动作为一个整体，在循环中依次采取不同形式同时又处于不同阶段，并依次转化，这就是资本连续循环的基本条件。

需要进一步指出的是，产业资本各种资本职能形式的依次转化和同时并存，同时也意味着三种资本循环形式的有机统一。只要任何一种资本循环发生中断，就会使整个单个资本总循环发生或大或小的停滞。因此，“只有在三个循环的统一中，才能实现总过程的连续性”①。

在资本循环的连续性上，社会总资本与单个资本是有所不同的。社会总资本的循环是由各个单个资本的循环所构成的运动整体，虽然其中的一些单个资本可能会发生循环的中断，但从社会总资本的循环来看，它却“始终具有这种

---

① 《马克思恩格斯文集》第6卷，人民出版社2009年版，第121页。

连续性，而它的过程始终是三个循环的统一”①。然而，“就各个单个资本来说，再生产的连续性有时或多或少地会发生中断”②。这是因为：第一，“价值总量在不同的时期往往以不等的部分分配在各个不同阶段和职能形式中”③。这种不同时期存在的职能资本形式上的价值差额就会形成一定程度的循环困难。第二，“这些部分可以按照所生产的商品的性质，即按照资本投入的特殊的生产领域，进行不同的分配”④。这种由于生产不同商品而必须将资本价值按不同的比例在不同职能形式上进行分配的客观要求，同样会造成单个资本的循环困难。第三，“在有季节性的生产部门，不论是由于自然条件（如农业、捕鲱鱼等），还是由于习惯（例如在所谓季节劳动上），连续性可能或多或少地发生中断”⑤。

三、价值的独立性和价值革命对资本循环的影响

作为在运动中自行增殖的价值，资本在循环中无论如何改变自己的形态，无论采取货币资本、生产资本还是商品资本的形式，在性质上它都是抽象劳动的凝结，在数量上都由社会必要劳动决定，货币、商品和生产要素只是处在循环过程中的资本价值的互相交替的形式。资本在循环中的价值增殖，是通过对过去的价值量和现在的价值量的比较显现出来的。这就是所谓价值的独立化或资本价值的同一性的含义。马克思指出，只有资本价值在其相继进行的不同的循环阶段，“保持着它自身的同一性，并且和它自身进行比较，它才作为资本价值或资本执行职能”。⑥ 价值革命又称价格革命，是指商品价值量剧烈变动，造成商品价格大涨大跌。⑦ 马克思针对英国学者贝利因不懂得价值和交换价值的区分而做出的不同时期的商品价值不能比较的错误论断，指出价值革命或价格革命不会影响价值的独立化或同一性。他说：“那些把价值的独立化看做是单纯抽象的人忘记了，产业资本的运动就是这种抽象的实现。在这里，价值经

---

① 《马克思恩格斯文集》第 6 卷，人民出版社 2009 年版，第 121 页。
② 《马克思恩格斯文集》第 6 卷，人民出版社 2009 年版，第 121 页。
③ 《马克思恩格斯文集》第 6 卷，人民出版社 2009 年版，第 121 页。
④ 《马克思恩格斯文集》第 6 卷，人民出版社 2009 年版，第 121 页。
⑤ 《马克思恩格斯文集》第 6 卷，人民出版社 2009 年版，第 121 页。
⑥ 《马克思恩格斯文集》第 6 卷，人民出版社 2009 年版，第 123 页。
⑦ 16 世纪 30 年代，欧洲人在美洲发现大量金银矿藏，大量廉价的金银流入欧洲，引起粮食和其他商品价格大幅上涨，当时称为价值革命或价格革命。

过不同的形式，不同的运动，在其中它保存自己，同时使自己增殖，增大。”①

价值革命虽然不会影响价值的独立化，却会对资本循环产生干扰和影响。这是因为，价值的剧烈变动会使处于循环中的资本价值发生变动，这种变动可能使资本的循环受到阻碍，从而使资本的价值增殖过程中断，最终导致资本主义生产无法继续，因而只有在价值革命按某种方式得到克服和抵消时，资本的循环和价值增殖才能继续下去。价值革命对产业资本循环的三种形式的影响是不同的，主要有以下几种：（1）在 G…G′循环中，受影响的只是新要投入的货币资本的数量。如果原料、辅助材料等生产资料价值降低，维持相同规模生产所需要花费的货币资本量就会减少，反之则增加。（2）在 P…P 和在 W′…W′循环中，如果它们的循环同时也是资本积累时，价值革命对它们的影响与 G…G′相同。（3）如果不考虑价值变动对已经处于生产过程的资本组成部分的影响，对 P…P 和 W′…W′循环而言，受到价值革命直接影响的，就不是原来花费的资本，而是处于再生产过程中的产业资本，即 W′…W（A+Pm）的再转化。在价值（或价格）降低时，可能会出现三种情况：其一，再生产过程以相同规模继续进行，原有货币资本的一部分被游离出来，从而发生货币资本的积累，但没有发生现实的积累，即不进行扩大再生产；其二，进行扩大再生产；其三，形成更多的原料储备等。如果价值提高，情况则相反。（4）在 P…P 和在 W′…W′循环中，还有可能因为价值革命发生如下情况：例如，如果资本家的生产资本的一大部分都是原料储备，那么，原料价格上涨时，他的生产资本的这部分价值就会提高；如果资本家的大量资本是商品资本的形态，那么，在原料价格上涨时，他的处于循环过程中的商品资本价值就会增加。

四、资本循环和商品流通的交错

资本循环和一般商品流通有本质区别：前者的流通主体是资本的价值，目的是价值增殖；而后者的流通主体是商品，目的是使用价值。但是，在资本主义的实际经济生活中，资本循环和商品流通是交错在一起，在商品的流通中完成的。马克思着重从两个方面考察了这个问题。

第一，产业资本不论作为货币资本还是商品资本的循环，往往同各种不同的社会生产方式的商品流通交错在一起。也就是说，即使是非资本主义生产方

---

① 《马克思恩格斯文集》第 6 卷，人民出版社 2009 年版，第 122 页。

式下生产的商品，也会被纳入资本流通的轨道，转变为生产资本和商品资本。例如，19 世纪英国的产业资本家购买的生产资料或个人消费品，就有可能是本国或欧洲大陆的小生产者的产品，也有可能是美国南方的奴隶种植园的产品。这说明，资本主义生产方式受到其他生产方式的制约。为了打破这种制约，资本主义发展的趋势就是破坏旧的生产关系，建立资本主义生产关系。此外，进入产业资本循环的非资本主义生产方式的产品，一般都要以商业资本或商人资本的形式进入流通，可见商业的存在是资本主义生产的前提。

第二，研究产业资本循环的职能上确定的阶段时，一般商品流通的规律是不适用的。资本流通既然是商品流通的一部分，第一卷第 3 章所阐述的一般商品流通规律和货币流通规律，对于资本流通就同样适用。例如，货币的流通速度越快，单个资本经过它的形态变化序列就越快，同一货币量就越能使更多的产业资本进入流通；货币越是作为支付手段执行职能，支付期越短，同量资本价值的流通所需要的货币量就会越小；在流通速度和其他条件不变时，货币流通量同商品价格总额成正比，而在商品价格总额不变时，货币流通量同货币流通速度成反比，同货币自身的价值也成反比。但是，马克思强调："一般商品流通的规律，只有在资本流通过程形成简单流通行为的序列时，才是适用的，而在简单流通行为的序列形成单个产业资本循环的职能上确定的阶段时，却是不适用的。"① 例如，在简单商品流通中，价值会发生形态变化：从商品到货币，又从货币到商品。在资本流通中，也会发生价值形态变化：从货币到商品，又从商品到货币。但前者仅仅是单纯的商品价值形态变化，而后者则是资本价值形态变化，会实现价值增殖，反映了不同的社会生产关系。以 G—W（Pm）为例，它既可以表现为资本之间形态变化的交错，又可以不表现为资本形态变化的交错（假如 Pm 并非资本主义生产方式的生产物）。又如 G—A，它并不表现为资本形态变化的交错，因为劳动力固然是工人的商品，但只有卖给了资本家，才变为资本。再如，在 W′—G′中，从商品买方来看，他们付给资本家的 G′也不一定代表已经转化为货币的商品资本，它可以是劳动力商品转化成的货币（工资），也可以是任何非资本主义生产方式所生产的产品转化成的货币。马克思指出："即使我们假定世界市场的全部生产都是按资本主义方式经营的，对于在一个单个资本流通过程内发生的任何形态变化所起的职能上确定

① 《马克思恩格斯文集》第 6 卷，人民出版社 2009 年版，第 129—130 页。

的作用来说，也决不要求这种形态变化代表另一个资本的循环上的相应的相反形态变化。”①

通过以上分析，马克思得出了一个重要结论：“社会总资本——单个资本在社会总资本中只是独立执行职能的组成部分——的各个不同组成部分在流通过程中怎样互相补偿的问题（无论说的是资本还是剩余价值），不能从商品流通的简单的形态变化的交错得到说明，这种交错是资本流通行为和其他一切商品流通所共有的，这里需要用另一种研究方式。”② 这里所说的“另一种研究方式”，我们将在第二卷第三篇对“社会总资本的再生产和流通”的分析中看到。

五、自然经济、货币经济和信用经济

对产业资本循环的分析表明，资本主义经济的特征之一是：生产资料要到市场上买进，产品也要作为商品在市场上卖出，因而极大程度地依赖市场交易，依赖商品交换和商品流通。同时，在现实的资本主义生产和流通中，资本流通和一般商品流通交错在一起，呈现出纷繁复杂的局面。德国旧历史学派代表希尔德布兰德以此为根据，把交易方式当作区分经济时期的标准，将社会的经济发展划分为三个阶段：自然经济（物物交换）、货币经济（货币为媒介的交换）和信用经济（通过信用完成交换）。马克思认为这是错误的，因为：第一，这三个形式并不代表对等的经济发展阶段。所谓信用经济只不过是货币经济的一种形式，是在货币经济基础上，随着社会信用的发展而产生的一种特殊的货币经济形式。与其说货币经济和信用经济反映和代表不同的经济发展时期，不如说信用经济是适应资本主义生产的发展而出现的新的货币经济形式。第二，历史学派的根本错误在于不是按生产方式，而仅仅按交易方式（交换方式）来划分经济时期。殊不知，在生产和再生产过程中，生产是决定性的因素，交易方式必然与生产方式相适应，生产方式决定交易方式。退一步说，即使按交易方式进行划分，自然经济只应该是没有市场交易的自给自足的经济，怎么能用按交易方式来划分这种经济？第三，货币经济是一切商品生产所共有的一般特征。按照历史学派的划分方法，资本主义社会的特征似乎只是商品生

---

① 《马克思恩格斯文集》第 6 卷，人民出版社 2009 年版，第 131 页。

② 《马克思恩格斯文集》第 6 卷，人民出版社 2009 年版，第 131—132 页。

产的范围比较广泛而已，完全抹杀了资本流通和商品流通之间的本质区别。

事实上，资本主义条件下商品生产之所以普遍化，根本原因在于劳动力成为商品，而劳动力之所以成为商品，可以买卖，从而形成工人和资本家之间的雇佣关系，其原因是资本主义私有制条件下劳动者和生产资料的分离，是生产资料的资本主义私有制。马克思指出："这种关系的基础是生产的社会性质，而不是交易方式的社会性质；相反，后者是由前者产生的。然而，不是把生产方式的性质看做和生产方式相适应的交易方式的基础，而是反过来，这是和资产阶级眼界相符合的，在资产阶级眼界内，满脑袋都是生意经。"①

六、需求和供给相抵

资本家投入到生产中的资本价值是c+v，而他从流通中取出的价值是c+v+m。可见，"资本家以货币形式投入流通的价值，小于他从流通中取出的价值，这是因为他以商品形式投入流通的价值，大于他以商品形式从流通中取出的价值"②。这就是说，资本家对市场的商品供给从价值上大于他对于市场的需求。原因在于：第一，资本家作为人格化的资本，而不是非资本家的消费者，他的目的是追求价值增殖，如果供给和需求价值相抵，就不能获得价值差额。相反，供给越超过需求，就越能使资本家供给的商品价值超出他所需求的商品价值，差额越大，资本增殖率就越高。第二，资本家对Pm的需求等于c（假设为800镑），而他对劳动力的需求，也就是间接地对消费资料的需求等于v（假设为200镑），因而资本家需求的最大界限是c+v（1 000镑）。但是，在资本主义生产过程中，资本家的供给却是c+v+m（假设剥削率是100%，则为1 200镑），显然，c+v+m（1 200镑）>c+v（1 000镑）。第三，即使考虑到资本家的个人消费，也不会改变供给大于需求的基本格局。因为如果资本家把剩余价值全部用于个人消费，似乎总供给和总需求在价值上会相抵，但问题在于这不符合资本主义生产的基本规律。追求尽可能多剩余价值的内在动机与竞争的外在压力，迫使每一个资本家必然通过资本积累（包括必要的储蓄）实现扩大再生产，以获取更大规模的剩余价值。

这里的论述，是恩格斯从马克思1877年或1878年的一个笔记本中的读书

① 《马克思恩格斯文集》第6卷，人民出版社2009年版，第133页。

② 《马克思恩格斯文集》第6卷，人民出版社2009年版，第133—134页。

摘要中找到的一份手稿片段，恩格斯将其题为“有关流通 $G—W<\begin{matrix}A\\Pm\end{matrix}\cdots P\cdots W'\cdots G'$的补充注释”。马克思在这段手稿里仅从单个资本循环的视角展开分析。对于社会总资本流通中供求失衡的矛盾，在第二卷第二篇和第三篇还要做全面的论述。

第五节 流通时间

我们已经看到，马克思在第二卷前 4 章从总体上研究了资本的循环形式。在第 5 章，他要研究的是资本经历一次循环所需要的时间。资本循环过程是生产过程和流通过程的统一。“资本在生产领域停留的时间是它的生产时间，资本在流通领域停留的时间是它的流通时间。所以，资本完成它的循环的全部时间，等于生产时间和流通时间之和。”① 这就是说，资本循环时间等于生产时间加流通时间。

生产时间由劳动时间、原材料和辅助材料的储备时间、生产过程的正常中断以及自然力作用的时间等部分构成。

显然，劳动时间包括在生产时间内，但生产时间并非都是劳动时间。这是因为：第一，劳动过程会发生周期性中断，比如夜间停工，或正常的节假日期间劳动资料职能的中断；第二，固定资产需要正常的检修、维修或防止过度磨损；第三，劳动过程中断，但自然力作用还在继续，从而使劳动资料和劳动对象继续发挥职能，例如地窖中酒的发酵、农田里种子的发芽和生长等。

但是，生产时间的不同构成部分对使用价值生产和价值形成以及剩余价值生产有不同的作用。储备时间是为剩余价值生产准备条件；自然力作用时间生产使用价值；而生产过程的中断时间则既不生产使用价值也不生产价值和剩余价值；只有劳动过程才既生产使用价值，又创造价值，并创造剩余价值。

不难看出，对资本家来说，生产时间和劳动时间越吻合，资本的生产效率就越高，价值增殖就越大。正因为如此，“资本主义生产的趋势，是尽可能缩短生产时间超过劳动时间的部分”②。

---

① 《马克思恩格斯文集》第 6 卷，人民出版社 2009 年版，第 138 页。
② 《马克思恩格斯文集》第 6 卷，人民出版社 2009 年版，第 141 页。

资本停留在流通领域中的时间是流通时间。资本无论停留在G—W阶段，还是停留在W′—G′阶段，都是价值形态发生变化的过程，并不创造使用价值，也不会创造价值和剩余价值，属于简单商品流通范畴。因此，为了实现更大的资本增殖，资本家总是努力缩短流通时间。在资本流通两个构成部分G—W（买）和W—G′（卖）中，W—G′的实现最为困难，而且占用的流通时间比例会更大。资本处于货币状态时，作为一般等价物随时可以实现形态变化；但处于商品形态的资本价值，却可能因为W′的实现困难而延长流通时间。W′—G′对于资本家而言具有绝对重要的意义，因为W′—G′的转化速度决定着资本价值的回流和剩余价值的实现效率。而商品本身的存在形式使商品资本的流通即W′—G′受到一定的限制，如果商品的使用价值丧失了，它的价值和剩余价值也就丧失了。由于商品体的自然属性不同，使用价值变坏的快慢也不同。“由商品体本身会变坏所决定的商品资本流通时间的界限，就是流通时间的这一部分或商品资本作为商品资本能够经过的流通时间的绝对界限。”①

第六节 流 通 费 用

资本在流通中不仅需要时间，而且需要耗费一定的费用。在流通领域所发生的费用就是流通费用。流通费用包括纯粹流通费用、保管费用和运输费用等。

一、纯粹流通费用

纯粹流通费用不加入商品价值，它是对耗费在生产上的资本的扣除。纯粹流通费用主要包括以下几方面：

第一，买卖时间。资本由商品到货币，又从货币到商品，在这里，资本价值只是发生形态变化，并不改变自己的价值量。“状态的变化花费时间和劳动力，但不是为了创造价值，而是为了使价值由一种形式转化为另一种形式。在这里，事情并不因双方都想借此机会占有超额的价值量而发生变化。”② 资本家

① 《马克思恩格斯文集》第6卷，人民出版社2009年版，第145页。

② 《马克思恩格斯文集》第6卷，人民出版社2009年版，第147页。

在买卖行为中所耗费的时间，是他的一种纯粹流通费用。

第二，簿记（会计）。簿记是在观念上对资本价值运动的一种记录、监督和分析，它本身并不改变资本价值量，因此耗费在簿记上的活劳动和物化劳动也是纯粹的流通费用。

簿记所产生的费用和买卖时间有共同之处，它们的功能既不形成产品也不形成价值，因而它们所耗费的活劳动和物化劳动是对生产的时间和生产用的劳动资料的扣除，是纯粹流通费用。但二者在产生的原因上是有区别的。单纯买卖时间的费用，完全由单纯的价值形式的变化所引起，是由商品生产的特殊方式决定的。而簿记则起因于一般生产过程，而且生产越是成为社会化的生产，簿记就越是必要。"过程越是按社会的规模进行，越是失去纯粹个人的性质，作为对过程的监督和观念上的总括的簿记就越是必要；因此，簿记对资本主义生产，比对手工业和农民的分散生产更为必要，对公有生产，比对资本主义生产更为必要。"①

第三，货币。货币是固定充当一般等价物的特殊商品。金和银作为货币在流通中执行价值尺度和流通手段职能，纯粹是商品生产过程的产物，是生产过程的一定社会形式的产物。在资本主义条件下，随着商品生产和商品交换的普遍化，执行货币职能的金和银的数量也在不断增加。不仅如此，金和银在使用中还会发生磨损，需要不断得到补充。然而，执行货币职能的金和银是特殊商品，既不进入个人消费，也不进入生产消费，仅仅只是服务于价值形式的变化，因此，从社会的角度看，货币的生产所引起的一切耗费表现为一种纯粹流通费用。"这是商品生产的非生产费用，这种费用，随着商品生产，特别是随着资本主义生产的发展而增大。它是社会财富中必须为流通过程牺牲的部分。"②

二、保管费用

保管费用是生产过程在流通中的继续引起的费用，虽然它并不生产也不增加使用价值，但它却和使用价值的保存有关，因此，保管费用可以追加价值并成为单个资本家致富的源泉。当然，保管费用只是一定程度地加入商品价值，保

① 《马克思恩格斯文集》第 6 卷，人民出版社 2009 年版，第 152 页。
② 《马克思恩格斯文集》第 6 卷，人民出版社 2009 年版，第 153—154 页。

管费用是与商品的储备联系在一起的，对此，马克思做出了如下分析。

第一，储备形成一般。在任何社会经济中，为了再生产的持续进行，都要有生产资料和生活资料的储备。在资本主义社会，产品作为商品资本停留在市场的时候就形成商品储备。商品储备实际上执行双重功能：一是服务于 W′—G′，二是服务于 G—W。前者关系到生产过程中生产出的使用价值和价值以及剩余价值能否尽可能实现，后者关系到再生产顺利进行的前期准备能否完成。马克思说："生产过程和再生产过程的不断进行，要求相当数量的商品（生产资料）不断处在市场上，也就是形成储备。生产资本还包括对劳动力的购买，在这里，货币形式只是生活资料的价值形式，这种生活资料的大部分，工人必须在市场上找到。"① 可见，商品储备包括生产资料和生活资料两类商品。在商品的储备过程中，为了防止商品变质和损毁必须支付费用。储备费用不属于生产领域，从这个意义上讲，它算作流通费用或非生产费用。但是，它又和纯粹流通费用不同。引起这些费用的不是价值的形式转化，而是价值的保存，而价值存在于作为产品和使用价值的商品中，因而只有通过产品和使用价值本身的保存，价值才能得到保存。虽然在储备过程中使用价值会有所减少，但这种减少受到了限制。同时，商品中存在的预付价值也没有增加，但是，加进了新的物化劳动和活劳动。"它们在一定程度上加入商品价值，因此使商品变贵。"② 保管和保存商品储备的劳动必须从社会产品中得到补偿。这种补偿所产生的影响，就像劳动生产率降低一样，即取得一定量的使用价值现在要花费更多劳动。虽然对于社会来说，用在商品储备上的劳动是非生产的，但是，在资本主义基础上追加价值的劳动也会追加剩余价值，因而，使商品变贵而不追加使用价值的这种非生产劳动，"对单个资本家来说，则可以成为发财致富的源泉"③。

一般来说，储备有三种形式：生产基金（在资本主义条件下是生产资本）的形式、个人消费基金的形式和商品储备（在资本主义条件下是商品资本）的形式。虽然就绝对量来说，这三部分在数量上可以同时增加，但是一种形式的储备会在另一种形式的储备增加时相对减少。

在自然经济条件下，商品形式的储备很有限，储备的绝大部分作为备用的

---

① 《马克思恩格斯文集》第 6 卷，人民出版社 2009 年版，第 155 页。
② 《马克思恩格斯文集》第 6 卷，人民出版社 2009 年版，第 156 页。
③ 《马克思恩格斯文集》第 6 卷，人民出版社 2009 年版，第 154 页。

生活资料和生产资料保存在所有者手中。在资本主义社会，储备是作为商品资本和生产资本存在的。生产资本形式的储备，是以生产资料的形式存在的。随着生产力的发展和资本有机构成的提高，以及资本主义生产规模的扩张，无论是固定资产（建筑物、机器等）还是原材料和辅助材料等生产资料的储备规模都在不断地扩大。但是，就不变资本中的原材料和辅助材料的储备而言，“这种储备虽然绝对地增大了，但是可以相对地减少”①。在下列条件下，以生产资本的形式存在的这类储备的数量会减少：（1）某种原材料和辅助材料的生产规模和能力很大，有稳定的供应，它们的使用者不必在生产场所大量加以储备；（2）由交通运输条件改善决定的这类生产资料进入生产过程的速度加快；（3）信用制度的发展使得这类生产资料的使用者不必等到自己的产品售出，就可以取得它们，因而为预防出售上的偶然不利情况的储备就可以减少；（4）由于运输条件改善等原因，产业资本家的储备减少，同时商人手中储备相应增大。这些条件下生产储备的减少，“只是储备的形式变换……而就社会资本来考察，储备形式的产品量，现在仍然和以前一样多”②。

无论前资本主义社会还是资本主义社会，都需要有储备。但是，古典经济学家斯密却误以为储备是资本主义特有的。这种观点不仅否定了其他社会中储备的必要性，而且将储备的资本主义形式（商品资本）同储备一般混同起来。这是一种幼稚可笑的误解。庸俗经济学家莱勒则认为储备增加是资本主义社会的最大优点。他看到待加工的原材料等储备由于供给条件、运输手段和信用制度等的改善而发生形式变换，就误以为全社会的储备减少了，觉得资本主义社会的最大优点没有充分发挥出来。这种见解显然也是荒谬的。小资产阶级经济学家西斯蒙第的见解正好与莱勒相反，认为商品储备的存在是生产扩大超过消费的结果，是资本主义生产的一个缺陷。虽然他对资本主义生产过剩的批评是有道理的，但他不懂得必要的储备是存在于任何社会的经济现象，也不懂得必要的储备是资本主义社会再生产的条件。

第二，真正的商品储备。真正的商品储备就是指商品资本形式的储备。在资本主义条件下，真正的商品储备规模迅速扩大。这是因为：（1）资本主义社会商品生产普遍化。任何商品都是商品储备的要素，随着资本主义扩大再生

---

① 《马克思恩格斯文集》第6卷，人民出版社2009年版，第159页。

② 《马克思恩格斯文集》第6卷，人民出版社2009年版，第161页。

产，商品储备不断增大。（2）随着资本主义发展，生产规模的扩张和对产品需求相对下降的矛盾必然引起商品储备的增加。（3）随着资本主义发展，阶级分化不断加剧，人数越来越多的工人阶级为了随时能够用工资买到生活资料，进行劳动力再生产，客观上要求商品储备不断增加。

商品储备可以区分为自愿的储备和非自愿的储备。非自愿的储备是因为流通停滞而造成的商品积压或滞留，由此引起的费用（包括长时间积压造成商品损失或质量变坏），只是和商品资本的价值能否实现有关，不会把价值加到商品上去。这种非自愿的储备是违背商品生产者意志的，但是无法控制。自愿的商品储备则是为了保障包括流通在内的再生产过程连续不断地进行而必须进行的储备。这种储备或者是再生产过程的必要的前期准备，或者是一个生产过程结束后的商品使用价值和价值得以实现的必要条件。显然，正常的、自愿的储备所产生的费用会把价值加到商品中去。储备费用主要包括三个方面：（1）产品总量的数量减少；（2）存货质量变坏；（3）保管储备所支付的活劳动和物化劳动。

三、运输费用

生产出来的产品进入消费之前，在销售的过程中需要商品在空间中移动，从而产生了商品运输，并发生运输费用。

运输和商品的使用价值有关，它实际上是生产过程在流通领域中的继续。因此运输劳动是生产性劳动，运输费用是一种生产性费用。运输劳动作为生产性劳动，不仅创造价值，而且创造剩余价值。既然运输劳动是生产性劳动，因此，运输业中的生产活动也受价值规律的支配。“在其他条件不变的情况下，由运输追加到商品中去的绝对价值量，和运输业的生产力成反比，和运输的距离成正比。”① “在其他条件不变的情况下，由运输费用追加到商品价格中去的相对价值部分，和商品的体积和重量成正比。”② 而“运输费用追加到一个物品中去的相对价值部分和该物品的价值成反比”③。

随着资本主义的发展，由于运输工具的改进、交通的改善和运输规模的扩大，单个商品平均运输费用递减，但整个商品运输费用却随着市场的扩大和商

① 《马克思恩格斯文集》第6卷，人民出版社2009年版，第168—169页。
② 《马克思恩格斯文集》第6卷，人民出版社2009年版，第169页。
③ 《马克思恩格斯文集》第6卷，人民出版社2009年版，第169页。

品规模的增加而递增。运输业成为独立于农业、工业、采掘业以外的另一个产业。运输业也是物质生产领域，是成为生产资本的一个特殊的投资领域，“它表现为生产过程在流通过程内的继续，并且为了流通过程而继续”①。

思考题：

1. 资本循环的三个阶段和三种职能形式各是什么？为什么说货币资本循环是资本循环的最典型、最片面和最一般的形式？
2. 生产资本循环形式的特点是什么？
3. 商品资本循环形式的特点是什么？
4. 资本循环的三种形式之间是什么关系？
5. 生产时间和流通时间各是什么？
6. 流通费用是如何划分的？

---

① 《马克思恩格斯文集》第6卷，人民出版社2009年版，第170页。

第九章　资本周转

本章阐述《资本论》第二卷第二篇的主要内容。马克思这样概括本篇的内容："在第二篇，循环是作为周期的循环，也就是作为周转来考察的。这里一方面指出了，资本的不同组成部分（固定资本和流动资本）怎样在不同的时间以不同的方式完成各种形式的循环；另一方面又研究了决定劳动期间和流通期间长短不同的各种情况。我们还指出了，循环期间及其组成部分的不同比例，对生产过程本身的范围和年剩余价值率有怎样的影响。事实上，第一篇主要是考察资本在它的循环中不断地依次采取和抛弃的各种形式，而第二篇研究的，是在各种形式的这种运动和相继更替中，一定量的资本怎样同时（尽管按不同的比例）分成生产资本、货币资本和商品资本这些不同的形式，以致不仅这些形式互相交替，而且总资本价值的不同部分也不断地并存于这些不同的状态中，并执行职能。"① 本篇阐述的资本周转理论，说明了资本运动速度对资本价值增殖的影响，深化了人们对资本运动规律的认识。该理论对我国社会主义市场经济中各种经济形式的企业加快资本金周转、提高经济效率具有现实的指导意义。

第二篇包括第 7 章至第 17 章。第 7 章提出了衡量资本周转速度的两种方法，即周转时间和周转次数。第 8 章至第 14 章研究了影响资本周转速度的两种主要因素，即生产资本的构成（固定资本与流动资本）和周转时间的构成（生产时间与流通时间），其中第 10 章和第 11 章批判了古典经济学关于固定资本与流动资本的错误理论，第 12 章至第 14 章研究了资本周转时间的构成及比例。第 15 章至第 17 章说明了资本周转速度对预付资本量、年剩余价值和资本积累的作用和影响。

第一节　周转时间和周转次数

一、三种循环形式与资本周转

单个资本在运动和循环的过程中要经过不同的阶段，采取不同的形式，形

① 《马克思恩格斯文集》第 6 卷，人民出版社 2009 年版，第 391 页。

成三种不同的资本循环形式。这三种循环形式各有特点，适用于研究的不同需要。具体来说，在 G…G′和 P…P 这两种形式中，预付资本经过循环之后，又会回到它开始的形式，即货币或生产要素，因此预付资本（不论采取货币形式还是生产要素的形式）既是出发点，也是复归点。但是在 W…W′的循环形式中，作为起点和终点的 W 都不是预付的资本价值，而是作为生产过程结果的、以商品财富形式存在并增殖了的资本价值。

资本的周转总是以货币形式或商品形式的资本价值的预付开始，并且总是使循环中的资本价值回到它的预付时的形式。因此，要考察资本周转，采用货币资本和生产资本的循环形式，都是适当的。如果要研究资本周转对剩余价值形成的影响，可以考察货币资本的循环形式；如果要研究资本周转对产品形成的影响，则可以考察生产资本的循环形式。但是，商品资本的循环形式对于考察资本周转是不适用的，因为作为这种循环的始点和终点的并不是预付资本价值，而是包含预付资本价值和剩余价值的产品总价值。

二、周转时间和周转次数

单个资本家投入的总资本价值在完成循环以后，就重新回到原来的形式上。要实现资本价值的永久保持和增殖，它就必须重复这个过程。资本周转就是一个循环接着一个循环不断重复的资本运动。马克思给资本周转下了一个定义："资本的循环，不是当做孤立的过程，而是当做周期性的过程时，叫做资本的周转。"① 由此可见，资本周转与资本循环既有联系又有区别。联系在于，二者都是资本的运动，并且周转包含了连续进行的循环。区别在于，资本循环表现的中心问题是资本运动的连续性，资本周转的中心问题是资本运动的速度。

资本周转的时间由生产时间与流通时间组成。它是资本价值从一个循环周期到下一个循环周期的间隔时间，包含了资本实现价值增殖以及生产过程实现更新与重复的时间。资本周转时间越短，资本周转速度越快，资本在一定时间内的周转次数越多。用 U 表示资本周转时间（计量单位是年），用 u 表示资本周转一次的时间，用 n 表示资本周转次数，则资本周转次数的公式是 $n=\frac{U}{u}$。

① 《马克思恩格斯文集》第 6 卷，人民出版社 2009 年版，第 174 页。

资本周转速度对资本的价值增殖具有重要的影响。而不同的生产部门资本周转速度之所以不同，不但取决于资本周转时间的长短，而且取决于生产资本的构成即固定资本与流动资本的比例。

第二节 固定资本与流动资本

一、形式区别

生产资本按其价值周转方式可以划分为固定资本与流动资本。

（一）固定资本

在第一卷中，资本的不同部分根据它们在价值增殖过程中的作用，被划分为不变资本和可变资本。不变资本价值在生产过程中通过工人的具体劳动被转移到新产品的价值中。从资本循环和周转的角度来看，不变资本的不同部分又具有不同的特点。其中表现为劳动资料的那部分生产资料（厂房、机器等）在一定期间内，在反复进行的劳动过程中，始终保持着开始时的物质形态，反复执行相同的职能，并与产品保持相对的独立。与此同时，这部分劳动资料的价值则在这一期间内逐步转移到产品的价值中去。当产品最终完成并进入流通领域以后，这部分劳动资料仍然停留在生产领域当中。只要它还具有使用价值，还没有完全损耗掉，还不需要被新的物品替换，这一部分资本价值就总是固定在它的物质形式上。

一般来说，劳动资料越是耐用，损耗越是缓慢，不变资本的价值停留或固定在其中的时间就越长。它把多少价值转移到产品中去，应该根据它发挥作用的持续时间来计算。也就是说，它每次转移到产品中去的价值与它发挥作用的持续时间成反比。假如有两台价值相同的机器，一台五年磨损掉，另一台十年磨损掉，在平均折旧的情况下，前者每年转移到产品中去的价值就是后者的两倍。

可见，不变资本的这一部分具有自身独特的流通形式——“不是在它的使用形式上进行流通，进行流通的只是它的价值，并且这种流通是逐步地、一部分一部分地进行的”①。根据这种特性，我们把这部分不变资本称为固定资本。

① 《马克思恩格斯文集》第6卷，人民出版社2009年版，第177页。

固定资本在完全损耗以前一直保持着自身的物质形式和使用价值。它只是被生产地消费，一般不进入个人消费。不过也有例外，比如运输工具在执行其固定资本的职能的同时，也会进入旅客的个人消费。

固定资本的流通方式决定了它的周转方式。它的一部分价值束缚、保留在其实物形式上，而另一部分价值采取折旧的方式被转移到产品的价值中去，再经过流通转化为货币形式。随着固定资本保留在实物形式中的价值部分不断减少，转化为货币形式的价值部分不断增加，在其使用寿命完结的时候，它的全部价值都转化成了货币形式，再经过购买转化为新的劳动资料。固定资本在周转期间内，价值逐次转化为货币，并以折旧基金的形式逐渐积累。

马克思之前的经济学家，除了把不变资本和可变资本的区别混同于固定资本与流动资本的区别以外，对固定资本也存在着概念混乱的认识：（1）错误地把劳动资料的某些物质属性（例如房屋的物理不动性）当成固定资本的属性。其实，飞机、火车等交通工具虽然处在不断的运动中，但它们也是固定资本。（2）错误地把劳动资料等同于固定资本。实际上劳动资料只有在资本主义生产方式下才成为资本。（3）错误地把生产期间的长短作为划分固定资本与流动资本的标准。但是有的生产资料（例如种子）长期处于劳动过程中，和固定资本一样要求资本家进行较长时间的预付，却并不是固定资本（种子只是原料）。

（二）流动资本

不变资本中的另一部分的周转方式不同于固定资本，被称为流动资本。它们在生产过程中被全部消费掉，或者构成产品的物质实体（例如原材料），或是起协助生产的作用（例如辅助材料）。每个新的劳动过程都要求全部替换或更新流动资本。

除了投在非固定资本上的那部分不变资本外，投在劳动力上的可变资本也是流动资本。原料和辅助材料在生产中全部消耗掉自身的实物形式，同时又把自身的全部价值转移到产品的价值中去，再经过流通转化为货币形式。要保持生产的连续性，这部分货币就必须再转化为生产资料，从而不断地周转。流动资本中的可变资本部分用于购买劳动力。劳动力在生产中把自身价值的等价物和剩余价值加到产品的价值中去，再经过流通转化为货币形式。要使生产连续进行，这部分货币也必须再转化为劳动力，从而不断地周转。由此可见，这两个资本部分的周转方式是一样的。它们共同构成了流动资本。

不过要注意，虽然流动资本这两个部分的周转方式一样，但是它们在价值形成中的作用却完全不同。其中，不变资本部分的价值是通过工人的（具体）劳动转移到产品价值中去的，可变资本部分的价值则是通过工人的活劳动再生产出来的，不能因为它们具有相同的价值周转方式而将它们混为一谈。

马克思关于固定资本与流动资本的基本结论如下。

第一，之所以会产生固定资本与流动资本的不同规定，是因为生产资本的不同组成部分具有不同的价值周转方式，一部分在生产中被全部消费掉，另一部分只是逐渐消耗掉，同时它们按照不同的方式把自身的价值转移到产品的价值中去。固定资本与流动资本的划分仅限于在生产过程中执行职能的生产资本，对于产业资本的另外两种形式——商品资本和货币资本——是不适用的。

第二，固定资本周转一次，流动资本能够同时周转多次。

第三，作为固定资本的生产资料必须一次购买或更新，资本家必须一次预付其全部价值。但是在生产过程中，这个预付价值只是逐次转移到产品的价值中去，再经过流通转化为货币形式。用收回的货币重新购买固定资本，一般要等固定资本完全损耗掉，价值全部转移完之后才会进行。

第四，为使生产过程连续进行，流动资本必须反复周转，不断更新。而固定资本在其发挥作用的整个期间都不需要更新。

二、固定资本的组成部分、补偿、修理和积累

固定资本由使用寿命不同从而周转时间不同的各个部分组成。有的部分多年都不需要更新。有的部分则比较容易磨损。磨损的原因包括：（1）使用。磨损程度往往由使用程度决定。（2）自然力的影响，比如空气的腐蚀作用。（3）无形磨损。一是由于技术进步和劳动生产率提高，使已处于生产过程中的具有同样使用价值的生产资料贬值。二是由于发明和创新，出现了性能更好的新产品和替代品，使原来的固定资本报废。固定资本通常具有一定的平均寿命。但是由于技术进步，固定资本一般会不断革新。竞争，特别是决定性的变革，往往迫使旧的劳动资料在其自然寿命完结之前就被新的劳动资料所替换。

固定资本的补偿和更新包括以下情况：（1）自然消耗，直至使用价值完全丧失，被全部替换或更新。（2）各组成部分因为使用程度不同从而损耗不同，要在不同期间内进行部分更新。（3）各组成部分寿命不同，要在不同期间内进行补偿或更新。其中，（2）、（3）两种情况属于固定资本的周期补偿和局部更新。在谈到固定资本局部更新时，马克思又附带提到，企业可能在局部更新中

扩大规模：虽然固定资本的实物形式还在生产中发挥作用，但它的一部分价值已经转移到产品的价值中去了，并已经过产品流通转化成了货币（折旧基金），以便用于将来更新固定资本。但是在更新之前，企业可以用这部分货币扩大生产规模或改良机器设备，即扩大再生产的规模。“如果生产场所扩大了，就是在外延上扩大；如果生产资料效率提高了，就是在内涵上扩大。”① 不过，这种扩大再生产并不是由资本积累——把剩余价值转化为资本——引起的，而是由企业把固定资本收回的那部分价值转化为追加资本或更高效的固定资本引起的。

固定资本在使用中还需要各种特别的维持费用。首先，正如机器需要正常使用才能保持正常的功能，“固定资本的维持，部分地是依靠劳动过程本身；固定资本不在劳动过程内执行职能，就会损坏”②。其次，固定资本的维持还要求有一部分直接的劳动支出（比如擦洗机器）。在计算固定资本的正常寿命时，是以它在使用期间保持正常功能为前提的，因此投在这种劳动上的资本价值——虽然它不进入产品的直接制造过程——也必须由产品的价值来补偿。这种资本属于流动资本中的非生产费用。不过，资本家常常让工人利用休息时间无偿地进行这种劳动。

维修是确保固定资本平均寿命的条件。虽然用于修理的实际支出往往和事故一样具有偶然或不规则的特点，但是生产者可以凭借经验找出固定资本在平均寿命期间所需的平均维修劳动量，并将这部分支出分配在固定资本的平均寿命期间内，将其加入产品价格，通过出售产品得到补偿。通过这种方式获得补偿的资本（例如维修工人的工资）应该算作流动资本。但是，许多企业把这种修理费用与固定资本的实际损耗混在一起。假定固定资本价值 15 000 镑，使用寿命 15 年，按照平均折旧，每年的损耗应该是 1 000 镑。假定为了确保固定资本的使用寿命，每年在修理等项目上需要支出 500 镑。企业每年就会将 1 500 镑的折旧加入商品价格。这看起来就好像企业是按照 10 年的使用寿命来计算固定资本损耗的。

与损耗的补偿和维修费用不同，用于火灾、水灾等自然破坏的保险费用是对剩余价值的一种扣除。这一点从整个社会的角度来看很容易理解——为了消

---

① 《马克思恩格斯文集》第 6 卷，人民出版社 2009 年版，第 192 页。

② 《马克思恩格斯文集》第 6 卷，人民出版社 2009 年版，第 193 页。

除偶然事件和自然力造成的破坏，生产规模必须大于仅够补偿和再生产现有财富所需的规模。

现实中，“真正的修理和补偿之间、维持费用和更新费用之间的界限，带有一定的伸缩性”①。某些支出属于修理还是补偿，应该算作经常支出还是投资，往往取决于不同的计算方法。例如，有的机器使用太久，通过维修也不能满足生产的需要，必须彻底更新。而有的机器经过修理，可以具有和新机器一样的使用价值，在这种情况下，修理和补偿就很难区分。不过，从整个产业或社会的角度来看，固定资本的更新是一部分一部分实现的，是和修理交错进行的。

为了将来全部或局部地更新固定资本，单个资本家必须设置折旧基金，积累货币。如果不考虑信用制度，就意味着社会现有的货币总额分为贮藏货币和流通手段职能的比例是变化的。随着信用制度的发展，这种货币就不再执行贮藏货币的职能，而是成为借贷资本或生息资本。

第三节 预付资本的总周转及周转周期

一、固定资本与流动资本在周转上的差别

固定资本与流动资本是按不同的方式并在不同的期间内实现周转的。固定资本的不同组成部分根据各自不同的寿命，有不同的周转期间。流动资本在生产过程中把它的全部价值转移到产品中去，必须通过产品的出售不断地进行实物补偿。固定资本只把它的一部分价值（损耗）转移到产品中去，尽管有损耗，但是要经过一段或长或短的时间才需要进行实物补偿。另外，对固定资本的不同组成部分来说也有量的差别。有的部分需要一年或不到一年就进行一次实物补偿，有的只是在固定资本寿命终结时进行一次补偿。因此，计算预付生产资本的总周转时，必须把固定资本不同组成部分的周转化为同种形式，使它们只有量的差别，即周转时间的差别。为此，我们只能考察其价值形式或货币形式的周转。马克思说：“在计算预付生产资本的总周转时，我们把它的全部要素固定在货币形式上，这样，回到货币形式就是周转的终结。我们总是把价

① 《马克思恩格斯文集》第6卷，人民出版社2009年版，第198页。

值看做是以货币预付的，甚至在价值的这种货币形式只是以计算货币形式出现的连续性生产过程中，也是如此。这样，我们就可以计算出平均数。”①

二、预付资本价值周转与各组成部分的现实周转相分离

即使预付资本大部分都由固定资本构成，但是因为流动资本可以在一年内反复周转，所以在一年内周转的资本价值可以大于预付资本的总价值。假定预付资本是 10 000 镑，其中固定资本 8 000 镑，使用寿命 10 年，流动资本 2 000 镑，每年周转 5 次。每年周转的固定资本是 800 镑，周转的流动资本则是 5×2 000＝10 000 镑。一年内周转的资本价值就是 10 800 镑，比预付资本的总价值多了 800 镑。

预付资本总周转的计算方法是固定资本与流动资本在一年内完成的周转总额与预付资本之比。在上面的例子中，价值 10 000 镑的预付资本在一年内实现的周转总额是 10 800 镑，相当于在一年内周转了 1. 08 次。由此可见，预付资本的周转次数（1. 08 次）与它各组成部分的现实周转次数（固定资本的 0. 1 次和流动资本的 5 次）是不同的。

一方面，固定资本的寿命会随着资本主义生产方式的发展而增加。但是另一方面，资本主义生产方式的发展使得生产资料的变换也加快了，固定资本因无形损耗而在寿命终结之前就要不断补偿的必要性也增加了。这种由各个固定资本寿命决定的相互联系的资本周转组成了长达若干年的周期，为资本主义生产方式周期性的经济危机造就了物质基础。“在周期性的危机中，营业要依次通过松弛、中等活跃、急剧上升和危机这几个时期。虽然资本投入的那段期间是极不相同和极不一致的，但危机总是大规模新投资的起点。因此，就整个社会考察，危机又或多或少地是下一个周转周期的新的物质基础。”②

三、资本的不同部分的周转上的实际差别和表面差别

对单个资本家来说，支付期限和信用关系等因素可能造成流动资本的不同组成部分的周转时间存在差别，主要有：(1) 生产资料储备量差异引起的周转时间差别。生产的连续性要求对生产资料进行储备。在不同生产部门甚至同一

---

① 《马克思恩格斯文集》第 6 卷，人民出版社 2009 年版，第 205 页。

② 《马克思恩格斯文集》第 6 卷，人民出版社 2009 年版，第 207 页。

生产部门，这种储备可能会有所不同。对这些材料进行实物补偿的次数取决于现有的储备量大小和储备可用多久。(2) 工资支付期限长短不同引起的周转时间差别。(3) 必需的成品储备。如尚未全部完成的订单生产中已经生产出来的那部分产品、等待销售的产品等。这些因素都会导致资本周转时间不同，但这些差异都属于资本的表面差异，它并不改变其流动资本的性质，不能把这种差别与固定资本与流动资本的实际差别混为一谈，后者是按资本不同部分价值周转方式的差异来划分的。固定资本与流动资本的差异是资本不同部分的周转上的实际差别。

第四节 关于固定资本与流动资本的理论

一、重农学派

魁奈是法国古典经济学的代表人物。“在魁奈那里，固定资本和流动资本的区别表现为‘原预付’和‘年预付’。他正确地把这种区别说成是生产资本即并入直接生产过程的资本内部的区别。”① 这两种预付的区别只存在于生产资本中，它们是同货币和市场上的商品相对立的。不仅如此，“在魁奈那里，生产资本的这两种要素的区别，被正确地归结为它们加入成品价值的不同方式，从而归结为它们的价值随产品价值而流通的不同方式，并从而归结为它们的补偿或再生产的不同方式”②。

因此，魁奈是第一位基本上正确地提出固定资本与流动资本的划分的经济学家。但是，魁奈关于“原预付”和“年预付”的划分仅限于农业资本，表现出重农学派的局限性。

二、亚当·斯密

与魁奈相比，斯密在固定资本与流动资本理论上的“唯一进步是把上述范畴普遍化”，使“这种区别已经不仅涉及一种特殊形式的资本，即租地农场主的资本，而且涉及每一种形式的生产资本”。③ 但是，斯密关于固定资本与流动

---

① 《马克思恩格斯文集》第 6 卷，人民出版社 2009 年版，第 211 页。
② 《马克思恩格斯文集》第 6 卷，人民出版社 2009 年版，第 211 页。
③ 《马克思恩格斯文集》第 6 卷，人民出版社 2009 年版，第 212 页。

资本的理论却远远落在魁奈的后面，造成了一系列糊涂观念。

首先，斯密以商人资本为例来说明流动资本。斯密所说的流动资本实际上是与生产资本相对立的流通资本，即处在流通领域的商品资本和货币资本。他认为改良土地、购买机器和劳动工具的资本是固定资本，因为它们无须更换所有者或进入流通就可以为其所有者提供收入或利润。但是，对机器生产者来说，机器作为产品，必须经过流通才能为生产者提供利润，如果按照斯密的理论，这时机器就不是固定资本。马克思指出，斯密之所以会出现这样的混乱和矛盾，原因在于他把生产资本与流通资本的区别混同于固定资本与流动资本的区别。和重农学派相比，这是一个巨大的退步。

其次，斯密又把生产要素在劳动过程中发生的物质变化作为划分固定资本与流动资本的依据，认为有的生产资料在保持原有形态时能为其所有者带来利润，有的只能在丧失原有形态时为其所有者带来利润。然而，生产资料是否能够保持独立的形态并不是划分固定资本与流动资本的标准。资本之所以成为固定资本，不是因为它固定在劳动资料中，而是因为当它的一部分价值已经进入产品的价值并随之流通时，另一部分价值仍然固定在劳动资料中。

最后，斯密错误地认为固定资本在生产过程中产生利润，流动资本离开生产进入流通产生利润。在流动资本这个共同的名称下，可变资本以及不变资本中的流动部分（原料和辅助材料）虽然具有相同的周转形式，但是它们在剩余价值形成上的本质区别却被掩盖了，资本主义生产的全部秘密也更加隐蔽了。

此外，斯密还把固定资本与流动资本的性质看做物品固有的天然性质。然而，物品到底是流动资本还是固定资本，要看它在劳动过程中具体执行什么职能。例如牲畜，作为役畜（劳动资料）是租地农场主的固定资本，但是作为为出售而肥育的牲畜（原料）却是租地农场主的流动资本。再如房屋，用作劳动场所是固定资本，用作住宅就不是资本，而是消费资料。但是斯密在列举流动资本的要素时，不自觉地把流通资本当成流动资本，认为流动资本由四个部分构成：（1）货币；（2）租地农场主等人拥有的食品储备；（3）没有加工过的材料或经过部分加工的材料；（4）待售的成品。事实上，除了（3）之外的其他三项既不是流动资本也不是固定资本，而是流通资本。

斯密在列举流动资本的组成部分时忘记了劳动力。这是因为他把流动资本混同于商品资本，认为工人的生活资料才是流动资本。他效法重农学派，把生活资料和生产资本的其他要素（比如原料）相提并论，认为它们对于价值形成的作用没有区别，都是把自己的价值加到产品中去。但是，进入生产过程的是劳动力，而不是工人所需的生活资料。如果把工人购买的生活资料的价值——而不是把投在劳动力上的价值——规定为生产资本的流动组成部分，就无法理解可变资本与不变资本的区别，从而无法理解剩余价值生产过程。

三、大卫·李嘉图

李嘉图没有系统地说明固定资本与流动资本的理论。“他考察固定资本和流动资本的区别，一般只是限于说明，同量资本投在不同生产部门时分为固定资本和流动资本的不同比例对价值规律会发生什么影响，并且由这种情况引起的工资涨落对价格会发生多大影响。”①

李嘉图承袭了斯密的糊涂观念，对固定资本与流动资本的理解犯了两个错误：第一，把固定资本耐久程度的差别与资本构成（不变资本和可变资本）的差别等量齐观；第二，把固定资本与流动资本的对立同不变资本与可变资本的对立等同起来，李嘉图为此把劳动材料给去掉了，它既不出现在固定资本一方，也不出现在流动资本一方。马克思指出，不是资本家向工人预付工资，相反，是工人向资本家预付劳动。李嘉图的错误在于：首先，劳动力不仅生产出自己的价值，还生产出剩余价值，劳动力的这一属性使投在工资上的资本部分与不变资本完全不同。如果把可变资本与不变资本的对立等同于流动资本与固定资本的对立，这个属性就会消失。其次，可变资本的本质是指一个既定的价值量与创造价值的劳动力交换，即一个既定的价值量与价值的自行增殖相交换。剩余价值既不是产生于工资的货币形式，也不是产生于工资的实物形式，而是产生于从一个不变量到一个可变量的转化。

李嘉图还认为固定资本与流动资本的区别在于固定资本消费得慢，流动资本消费得快。而固定资本消费得慢是因为它的材料耐久程度高。马克思指出，劳动资料的耐用程度是由它在生产过程中的职能决定的，在或长或短的期间内，在反复进行的劳动过程中，它必须不断地发挥作用。

马克思接着又从流动资本的角度考察了投在劳动力上的那部分资本。他指出，投在劳动力上的资本是流动资本只是一种次要的规定。如果把这一次要规定看做是投在劳动力上的那部分资本的本质规定，就会把这部分资本说成是由

---

① 《马克思恩格斯文集》第6卷，人民出版社2009年版，第250页。

工人的生活资料构成的，而固定资本则是由损坏较慢、补偿也较慢的劳动资料构成的。如此一来，“投在劳动力上的资本和投在生产资料上的资本之间的任何特征性区别，就自然都被抹杀了”①，剩余价值的起源就完全被掩盖了。资产阶级经济学特有的拜物教也由此完成了。它把物在社会生产过程中获得的社会经济性质，变为一种由物的本性产生的自然性质。此外，如果认为生活资料是投在工资上的资本的属性，就会以为没有资本就不能维持劳动力。但是，生活资料的资本性质恰恰在于它是通过别人的劳动来维持的资本。

马克思指出，斯密以后的经济学家关于固定资本与流动资本的问题主要有几点错误：第一，把固定资本与流动资本的区别混同于生产资本与商品资本的区别。第二，把流动资本等同于投在工资上的可变资本。第三，在巴顿、李嘉图、拉姆赛等人那里，可变资本与不变资本的区别混同于流动资本与固定资本的区别。第四，麦克劳德、帕特森等英国经济学家从银行的角度出发，“把固定资本和流动资本的区别变成‘随时可以提取的存款’和‘预先通知才可以提取的存款’的区别”②。

第五节　劳动期间、生产时间和流通时间

一、劳动期间

不同生产部门存在生产行为持续时间的差别，即劳动期间的差别。马克思这样定义劳动期间：“我们讲工作日，指的是工人每天必须耗费劳动力，每天必须劳动的劳动时间的长短。而我们讲劳动期间，指的是一定生产部门为提供一件成品所必需的互相连接的工作日的数目。”③ 假定有两个工作日一样长的生产部门，一个是棉纺业，一个是机车制造业。前者每天都生产出一定量的成品棉纱，后者需要经过三个月的劳动才能制成一台机车。尽管这两个生产部门每天的劳动持续时间（工作日的长度）一样，但是生产行为的持续时间——完成产品，使它从生产资本转化为商品资本所需的劳动持续时间——却有着明显的差别。即使两个部门使用固定资本与流动资本的比例完全相同，上述差别仍然

① 《马克思恩格斯文集》第 6 卷，人民出版社 2009 年版，第 249—250 页。

② 《马克思恩格斯文集》第 6 卷，人民出版社 2009 年版，第 254 页。

③ 《马克思恩格斯文集》第 6 卷，人民出版社 2009 年版，第 257 页。

存在。在同一个生产部门内，由于产品性质、规模大小和技术条件不同，这种差别也会发生。比如在建筑部门，建筑一所普通住宅比建筑一个大工厂需要的时间少，从而需要的连续劳动过程也少。再比如在农业部门，谷物的生产周期不到一年，而树木的生产周期却可长达几十年。

生产持续时间的差别会造成资本周转速度的差别，进而造成资本的预付时间和预付量的差别。还是以上面的纺纱厂和机车制造厂为例。假定二者使用的预付资本一样，不变资本与可变资本的划分、固定资本与流动资本的划分也都相同。二者的工作日一样长，工作日分为必要劳动与剩余劳动的比例也一样。假定二者的流通时间都可以忽略不计。一周以后，纺纱厂的厂主就可以售出棉纱，收回流动资本和固定资本的损耗（撇开剩余价值不说）。机车制造厂的厂主却必须在3个月内，每周都要在工资和原料上投入新的资本，只有在3个月以后才能出售机车并收回在此期间逐渐投入的流动资本以及机器在这3个月内的全部损耗。也就是说，机车制造厂厂主投入的流动资本将是纺纱厂厂主的12倍。

从这个例子可以看出：(1) 劳动期间的长短与资本周转的快慢成反方向变化。(2) 劳动期间的长短差别对固定资本的周转没有影响，但是对流动资本的周转有直接影响。(3) 劳动期间的长短差别会影响流动资本的预付量（虽然每天或每周使用的资本相同）。因此，“在资本主义生产不太发达的阶段，那些需要很长劳动期间，因而需要在较长时间内大量投资的企业，特别是只能大规模经营的企业，例如筑路、开凿运河等等，或者完全不是资本家经营，而由地方或国家出资兴办……举办劳动期间相当长而规模又很大的事业，只有在资本积聚已经十分显著，另一方面信用制度的发展又为资本家提供方便的手段，使他可以不用自己的资本而用别人的资本来预付、来冒险的时候，才完全成为资本主义生产的事情”①。

缩短劳动期间的主要途径包括协作、分工和使用机器等。例如，使用机器可以缩短房屋和桥梁的建筑时间。这些改良措施通常与追加固定资本的支出联系在一起。在这种情况下，预付资本的量会随着劳动期间和资本预付时间的缩短而增加。当信用引起或加快和扩大资本积聚时，劳动期间和周转时间往往会缩短。不过，缩短劳动期间的方法只能按不同的程度适用于不同的产业部门。

---

① 《马克思恩格斯文集》第6卷，人民出版社2009年版，第260—261页。

比如有的生产部门（例如畜牧业）的劳动期间——不管是连续的还是间断的——是由自然条件决定的，就不能采取以上办法得以缩短。

二、生产时间

“预付资本的生产时间由两个期间构成：第一个期间，资本处在劳动过程中；第二个期间，资本的存在形式——未完成的产品的形式——不是处在劳动过程中，而是受自然过程的支配。……生产期间比劳动期间长。但是，产品只有到生产期间结束以后，才能完成、成熟，因而才能从生产资本的形式转化为商品资本的形式。所以，资本的周转期间，也要随着不是由劳动时间构成的生产时间的长度而延长。”①

生产过程中的非劳动期间指的是劳动过程的某些中断期间。在此期间，劳动对象受自然过程支配，要经历物理的、化学的、生理的变化，而劳动过程则全部或者局部停止。例如，酿造葡萄酒的过程就包含发酵和存放的时期。如果非劳动期间的长短不是受不可改变的自然规律支配的，人们通常可以通过技术进步使之缩短。生铁炼钢史就是最好的例子。炼钢法由1780年前后发现的搅拌炼铁法，变为贝氏炼钢法和以后采用的各种最新方法，就使得生产时间大大缩短。

如果生产规模相同，预付的流动资本也相同，劳动时间和生产时间有较大差别的部门与具有连续的劳动期间的部门相比，必须为更长的时间预付更多的资本。

农业部门不仅劳动期间较长，而且劳动时间和生产时间之间也存在着较大的差别。所以农业会采取很多方法，一方面在一年之内比较均衡地分配工资和劳动资料的支出，另一方面通过轮作、间作等缩短周转时间。

生产过程中的储备也会影响资本周转。以生产储备的形式存在的资本往往有一个最低限额，它对资本的预付时间、预付量的大小以及该资本的周转都会产生影响。有的生产储备处在生产过程之中，例如木材生产要求有成材林储备。有的生产储备只是作为潜在的生产资本，将来才逐渐加入生产过程，例如原料和辅料的储备。储备的量取决于更新的困难程度、供应市场的相对距离和交通工具的发展情况等。

---

①《马克思恩格斯文集》第6卷，人民出版社2009年版，第267页。

总之，生产时间和劳动时间的差别存在各种情况。“有时，流动资本在进入真正的劳动过程以前，已经处在生产时间内（鞋楦制造）；有时，流动资本在通过真正的劳动过程以后，仍然处在生产时间内（葡萄酒、谷种）；有时，生产时间间或有劳动时间插进来（农业、造林）；有时，能流通的产品的很小一部分进入常年的流通，而大部分仍然处在现实的生产过程中（造林和畜牧业）；流动资本必须以可能的生产资本形式投入的时间的长短，从而，这个资本必须一次投入的量的大小，部分地取决于生产过程的种类（农业），部分地取决于市场远近等等，总之，取决于流通领域内的情况。”①

三、流通时间

流通时间是除了生产时间之外的资本周转时间。流通时间的差别也会造成资本周转时间长短不一。

流通时间的第一个组成部分是产品的出售时间。在此期间，资本处在商品资本的状态。流通时间，从而整个周转期间，是按照这个时间的相对的长短而延长或缩短的。商品销售市场与生产地点之间的距离通常会影响出售时间，而且会影响流通时间的第二个组成部分——（原材料和劳动力等生产要素的）购买时间。改良交通工具、增加其数量和运行次数等办法都可以加快商品资本的流通，缩短流通时间和周转时间。另外，流通时间还受到支付习惯、支付期限以及买卖双方供货契约的具体规定等因素的影响。

流通时间的第二个组成部分是生产要素的购买时间。在此期间，资本由货币资本再次转化为生产资本。影响购买时间的主要因素包括原料供应地的距离、原料投放市场的周期、生产储备更新的时间等。

第六节 周转时间对预付资本量的影响

一、周转时间的构成对预付资本量的影响

因为周转时间既包括生产时间，也包括流通时间，所以预付资本量不仅要满足生产期间所需的资本，还要满足流通期间对资本的要求，否则生产过程就

① 《马克思恩格斯文集》第6卷，人民出版社2009年版，第274页。

会在流通期间中断或停顿。“生产过程的这样一种有规则的中断，是和现代大工业的经营根本不相容的。这种连续性本身就是一种劳动生产力。”①

使资本在流通时间内和生产时间内能够保持连续性有两种方法。一是在保持预付资本量不变的情况下，通过减少生产资本（缩小生产规模），把节约出来的资本用作流通时间内的资本，使原预付资本同时处于生产和流通两个阶段或环节。用作流通时间内的资本与全部预付资本之比应该等于流通时间与周转时间之比。不过，投资往往有一个最低限额，达不到这个限额，企业就没有竞争力。而且这个最低限额本身是随着资本主义生产的发展而不断提高的。所以缩小生产规模并不一定可行。如果不能缩小生产规模，但是又要保持生产与流通连续进行，就只有在预付资本量的基础上追加资本。“追加资本只有这样一个目的，就是把劳动过程中因流通时间而引起的空隙填补起来。”②

马克思强调：“生产要不间断地进行，产业资本就始终只能有一部分实际上加入生产过程。当一部分处在生产期间的时候，另一部分必须总是处在流通期间。换句话说，资本的一部分，只有在另一部分脱离真正的生产而处于商品资本或货币资本形式的条件下，才能作为生产资本执行职能。忽视这一点，也就完全忽视了货币资本的意义和作用。”③

二、周转时间的不同构成影响预付资本量的三个例子和结论

马克思通过三个具体的例子，分析了周转时间的不同构成是如何影响预付资本量的。在分析这个问题的时候，我们暂时撇开剩余价值和信用的问题。假定生产时间只包括劳动期间。每周所需的预付资本是 100 镑。周转时间为 9 周。此外，还假定生产资本全部都是流动资本。因为这里涉及的问题与固定资本和流动资本的区别无关，只要固定资本的使用寿命比流动资本的周转期间长，就不需要在流动资本的周转期间内重新预付固定资本。

（一）劳动期间和流通期间相等

这种情况最简单。由于劳动期间和流通期间相等，各 4 周半，因此预付资本的两个部分——为第一个劳动期间预付的资本Ⅰ，在资本Ⅰ的流通期间执行生产资本职能的追加资本Ⅱ——数量也相等（各 450 镑）。我们可以把这两个

---

① 《马克思恩格斯文集》第 6 卷，人民出版社 2009 年版，第 312 页。
② 《马克思恩格斯文集》第 6 卷，人民出版社 2009 年版，第 291 页。
③ 《马克思恩格斯文集》第 6 卷，人民出版社 2009 年版，第 294 页。

部分的资本看成是完全独立的两个资本。它们的劳动期间和流通期间互相交替，不会出现交叉的情况。

从中可以看到一个规律：“不断执行职能的生产资本的量由流通时间和周转时间之比决定。”① （1）预付资本的周转次数等于两个资本的周转总额除以预付总额。在劳动期间和流通期间相等的情况下，刚好等于两个资本的周转次数的平均数。（2）对资本Ⅰ和Ⅱ所使用的平均计算法，也可以“把社会资本的不同的独立部分的周转年度，还原成一个统一的周转年度”②。

（二）劳动期间大于流通期间

假定劳动期间为6周，流通期间为3周。在资本Ⅰ的3周流通期间内需要资本Ⅱ的加入。因为每周所需的预付资本是100镑，所以资本Ⅰ是600镑，资本Ⅱ是300镑。在这种情况下，资本Ⅰ和资本Ⅱ的劳动期间和周转期间互相交叉，但是不会互相交替。

这时还会发生资本游离的情况。因为资本Ⅱ只能填补3周即一半的劳动期间，而此时资本Ⅰ已经通过商品流通转化为货币资本，可以满足下一个劳动期间所需。所以只要劳动期间大于流通期间，在每个劳动期间结束的时候，总会有一个等量于资本Ⅱ的货币资本游离出来。

总资本的周转次数仍然等于两个周转额之和除以两个预付资本之和。

（三）劳动期间小于流通期间

假定劳动期间为3周，流通期间为6周，这6周需要600镑的追加资本，把这600镑又分成两个300镑，分别用于一个劳动期间。这样就有了3个300镑的资本，其中总有一个300镑用于生产，同时有600镑处于流通。这和劳动期间等于流通期间的情况十分相似，区别在于现在不是2个而是3个等量的资本互相交替而不交叉，并且没有任何资本游离出来。

如果流通期间不是恰好等于劳动期间的整数倍，在每个劳动期间结束的时候就会发生资本游离，其数量等于用来填补流通期间超出劳动期间（或其整数倍）那段期间的资本部分。

（四）结论

第一，为了避免资本在流通期间中断生产，必须有追加的资本。不同部分

---

① 《马克思恩格斯文集》第6卷，人民出版社2009年版，第297页。

② 《马克思恩格斯文集》第6卷，人民出版社2009年版，第299页。

的资本犹如独立的私人资本。存在两种情况，这些资本会互相交替，同时没有资本游离：（1）劳动期间和流通期间相等；（2）流通期间是劳动期间的整数倍。

第二，如果劳动期间大于流通期间，或者流通期间大于劳动期间但不等于劳动期间的整数倍，全部流动资本从第二个周转期间开始，在每个劳动期间结束的时候就会有一部分不断地、周期地游离出来。游离出来的资本，当劳动期间大于流通期间，就等于总资本中为流通期间预付的资本Ⅱ；当流通期间大于劳动期间，就等于填补流通期间超出劳动期间（或其整数倍）那段期间的资本部分。

第三，对社会总资本的流动部分而言，资本的游离是常态，完全交替则是例外。因为劳动期间和流通期间相等或流通期间刚好等于若干倍的劳动期间都属于偶然情况。因此，社会的流动资本有相当一部分周期地处于游离形式。游离资本的大小和劳动过程的范围或生产规模一起增大，和资本主义生产的发展一起增长。

第四，相当一部分的游离资本采取货币资本的形式。这部分货币资本（还有由固定资本依次流回而形成的货币资本，以及用于购买每个劳动过程所需的可变资本的货币资本）也是信用制度的基础之一。如果流通时间缩短，市场上就会有更多可供支配的货币资本。相反，如果流通时间延长，就需要从货币市场中取出追加资本。总之，“一方面，产业资本的一个可观的部分必须不断处于货币形式；另一方面，一个更加可观的部分必须暂时取得货币形式”①。

三、价格变动的影响

以上分析是假定价格不变、生产规模不变。现在，反过来假定周转期间的长短和生产规模不变，再来分析价格变动对预付资本量的影响。

首先，假定流动资本要素的价格下跌，但是生产按照相同的规模和相同的周转期间进行。一部分预付资本就会作为货币资本分离出来，出现在货币市场上。另外，生产规模（撇开固定资本）也可以扩大。

其次，如果流动资本要素的价格上涨，企业要按照相同的规模继续经营，就需要追加资本，从而对货币市场产生或大或小的压力。

---

① 《马克思恩格斯文集》第6卷，人民出版社2009年版，第316页。

假定当生产规模已定、周转速度不变、流动资本要素的价格也不变，但是企业的产品的价格发生了变动。如果企业的产品价格下跌，预付资本就不能从流通中全部收回（暂不考虑商品已经包含的剩余价值）。要使生产按照原来的规模进行，就必须追加资本。如果企业的产品价格上涨，就会有货币资本通过流通过程游离出来。

概括来讲，影响预付资本量的基本情况有三种：一是生产规模不变，生产要素和产品的价格不变，周转期间发生了变动。二是生产材料的价格发生了变动，其他条件不变。三是产品本身的市场价格发生了变动。

第七节 可变资本的周转

一、年剩余价值率

在预付资本的周转中，只有流动资本中的可变资本部分才创造价值和剩余价值。所以，要考察资本周转对价值增殖的影响，就要考察可变资本的周转。为方便起见，假定流动资本全部都是可变资本。

为了反映资本周转对资本价值增殖的影响，马克思提出了年剩余价值率的概念。年剩余价值率是指一年内生产的剩余价值总额与预付的可变资本价值之比。同时，它又等于剩余价值率与预付可变资本周转次数的乘积。马克思通过对两个除周转时间外其他情况都相同的资本的比较，来说明可变资本的周转如何影响年剩余价值率。

假定可变资本 A 是 500 镑，它在一个周转期间（5 周）生产的剩余价值是 500 镑，即剩余价值率是 100%。它在 1 年内（假定等于 50 周）可以周转 10 次，因此可以生产 5 000 镑的剩余价值总额，年剩余价值率就是 1 000%。假定另一个可变资本 B 是 5 000 镑，剩余价值率同样是 100%，但是 1 年只周转 1 次，每年生产的剩余价值总额也是 5 000 镑，但是它的年剩余价值率却只有 100%。

资本 A 和资本 B 的剥削量、剥削程度或剩余价值率都一样，年剩余价值率却有很大的差异，其中的原因在于：对这两个资本来说，因为实际使用的资本和剥削率相等，所以二者的绝对剥削量相等。但另一方面，由于预付资本量不同，因而实际使用的资本占预付资本的比例不同，所以二者的年剩余价值率不同。预付的可变资本数量再大，如果没有被使用，没有作为可变资本执行职能，对生产剩余价值就没有影响。从周转的角度看，二者在 1 年内周转的价值总额（实际执行职能的可变资本总额）都是 5 000 镑，因此 1 年内生产的剩余价值总额相等。对资本 A 来说，每 5 周预付 500 镑，每周使用其中的 100 镑。对资本 B 来说，在第一个 5 周内就要预付 5 000 镑，但是每周也只使用其中的 100 镑。

"预付可变资本，只是在它被实际使用时，在它被实际使用的时间内，才作为可变资本执行职能"①。我们用实际的剩余价值率来表示一定时间内实际使用的可变资本与同一期间生产的剩余价值的比率。只有当预付资本每年只周转 1 次，年剩余价值率才会与实际的剩余价值率一致。如果周转次数大于 1，年剩余价值率就大于实际的剩余价值率。如果周转次数小于 1，年剩余价值率就小于实际的剩余价值率。

如果年剩余价值率为 M′，实际剩余价值率为 m′，预付可变资本为 v，一年内的周转次数为 n，则 $M'=\frac{m'vn}{v}=m'n$；只有当 n=1 时，M′=m′。

二、单个可变资本的周转

从单个资本再生产的角度来看，可变资本的周转会直接影响年剩余价值率。沿用上面的例子。资本 A 和资本 B 在 1 年内耗费了同样多的可变资本，支付了同样多的劳动力报酬，消耗了同样多的劳动力。但是，资本 B 必须用一个等于它们的总价值的预付资本 5 000 镑来支付。资本 A 却可以依次用每 5 周生产的价值来支付。其中的区别就来自周转期间的差别。对资本 A 和资本 B 来说，虽然实际使用的可变资本都会在同一期间（不论是 1 周、5 周还是 50 周）补偿同样的价值，并增殖同样的剩余价值。但是对 B 来说，虽然和 A 一样，每 5 周补偿 500 镑的不变资本价值并加上 500 镑的剩余价值，然而这 1 000 镑并未形成新的资本（商品资本或货币资本）。对 A 来说，预付资本的价值不仅由新的资本价值得到补偿，而且还恢复为货币形式，因而成为了新的可预付的资本。马克思在这里还特别指出，资本 A 在每一个周转期间使用的 500 镑资本都不是上一个周期使用的那 500 镑，而是工人在上一个生产过程中创造出来的新

① 《马克思恩格斯文集》第 6 卷，人民出版社 2009 年版，第 332 页。

价值，不是同一个价值可以反复消费，而是使用了一个新价值。

对不同的单个资本而言，预付资本形成补偿价值并再转化为货币或新的预付资本的周期不同，这一点与剩余价值生产本身（或者实际的剩余价值率）无关。剩余价值的生产只和使用的可变资本量以及资本对劳动的剥削程度有关。但是，可变资本的周转速度会影响预付的货币资本的量，从而影响年剩余价值率。

三、从社会的角度考察的可变资本的周转

从社会的角度来看，资本的周转期间越短，预付的可变资本部分就转化得越快，资本家预付货币的时间就越短，他越是可以多次用工人创造的价值产品的货币形式重新购买工人。因此，当生产规模一定，预付的可变资本按照周转期间缩短的比例减少，年剩余价值率则按照这个比例提高。为了推动等量的流动资本和等量的劳动而必须预付的货币资本量因周转期间的长短不同而极不相同。

从社会的观点或者单个资本的相互联系来看，资本 B 的工人在 1 年没有结束之前，没有把任何产品投入市场。他虽然用自己的工资向生活资料的卖者提供了货币，但却没有提供可供后者购买的商品。相反，资本 A 的工人却以 5 周为一个周期向市场提供商品，其价值等于他从市场中取得的生活资料的价值。这种差别使资本主义社会必然会不断发生巨大的紊乱。因为在有支付能力的需求增加的同时，这种需求本身尚未提供任何产品。一方面，货币市场会受到压力；另一方面，社会可供支配的生产资本也会受到压力。生活资料和生产材料的价格都会上涨。这也会影响劳动力市场，把大量潜在的相对过剩人口和甚至已经就业的工人吸引到新的产业部门中去。工资普遍上涨，直到不可避免的崩溃再把工人后备军游离出来，把工资再压低到最低限度或这个限度以下。

“如果我们设想一个社会不是资本主义社会，而是共产主义社会，那么首先，货币资本会完全消失，因而，货币资本所引起的交易上的伪装也会消失。问题就简单地归结为：社会必须预先计算好，能把多少劳动、生产资料和生活资料用在这样一些产业部门而不致受任何损害，这些部门，如铁路建设，在一年或一年以上的较长时间内不提供任何生产资料和生活资料，不提供任何有用效果，但会从全年总生产中取走劳动、生产资料和生活资料。相反，在资本主

义社会，社会的理智总是事后才起作用，因此可能并且必然会不断发生巨大的紊乱。"①

第八节　剩余价值的流通

一、简单再生产

资本周转的差别不仅影响剩余价值的生产，还会影响剩余价值的流通（实现）和积累。从个人消费的角度看，对于周转快的资本 A 来说，资本家的个人消费可以用实现了的剩余价值支付。而周转慢的资本家 B 则必须用自己的基金支付他的个人消费，因为他占有的剩余价值在此期间还无法实现。同理，维修固定资本所需的追加资本也因资本周转和剩余价值流通的差别而有所不同。从积累的角度看，剩余价值转化为资本就是规模扩大的再生产。生产规模的扩大可以逐步地进行，比如把一部分剩余价值用作追加的流动资本，用于改良或提高劳动的生产力。随着资本主义生产的发展和信用制度的发展，剩余价值的实现更加频繁，剩余价值生产的规模更加扩大，货币资本投入市场的比例也会增加，其中大部分会重新被吸收来扩大生产。马克思在分析了剩余价值流通的一般情况之后，又分别考察了在简单再生产和扩大再生产这两种情况下剩余价值的流通（或实现）与货币之间的关系。

这里首先要研究的问题是：资本家不断从流通中取出的货币怎么会比他投入流通的货币多？这个问题不是剩余价值的形成问题，而是剩余价值借以货币化的货币从何而来的问题。

按照已经阐明的简单商品的流通规律，一个国家现有的金属货币量，不仅要够商品流通使用，还必须够应付货币流通的变动。现有的货币总量等于贮藏货币和流通货币的总和。这个金属货币量是逐渐积累起来的社会的贮藏货币。流通中的金属货币的磨损，由新生产出来的金属补偿。如果流通商品的总额的增加不能被流通的加速和支付手段职能的扩大所抵消，那时就必须增加贵金属的生产。因为这里的前提是简单再生产，所以金银生产的规模只限于补偿贵金属货币的平均磨损。

① 《马克思恩格斯文集》第 6 卷，人民出版社 2009 年版，第 349 页。

对于上述问题，有些人提出了一些似是而非的遁词来回避：（1）资本家A出售商品，取得货币，买者B的货币资本取得A所生产的生产资料的形式。A再向C购买，等等。这种遁词是站不住脚的，因为它以货币已经存在为前提。（2）有人会说，资本家A的商品由资本家B消费，B的货币使A的商品资本货币化，同时又使B的剩余价值货币化。这样的解决办法仍然以问题已经解决为前提。（3）有人会说，资本家支付工人的工资有一部分总是保留在资本家的手中，因此在他支付出去工资和工资回流之前的时间内，可以用来使剩余价值货币化。对此，只要指出一点，即整个资本家阶级及依赖于他们的非生产人员的消费，是和工人阶级的消费同时进行的。按照这种说法，只会减少而不会消除这个必要的货币量。（4）有人会说，投入固定资本的货币逐渐地在若干年内由投入的人再从流通中取出，难道这个金额不足以使剩余价值货币化吗？然而，也许在投入的例如500镑金额（也包括作为必要的准备金的贮藏货币）中，已经包含着把这个金额作为固定资本来使用，即使不是由投入这个金额的人使用，也会由另外的人使用。此外，这里的前提是用来购置作为固定资本使用的产品的金额，也已经对这些商品中包含的剩余价值进行了支付，而问题恰好在于用做这种支付的货币又从何而来？

因此可以说，这个问题是根本不存在的。如果说有问题，那么这个问题就是这样一个总的问题："一个国家的商品流通所必需的货币额从何而来？"① 从资本主义的观点来看，的确存在着这样一个"特殊问题的假象"②：货币投入的起点在这里是资本家。工人购买生活资料的货币是资本家投入流通的，不变的固定资本与流动资本也是资本家投入流通的。这是两个起点：工人和资本家。"所有第三种人，或者是为这两个阶级服务，从他们那里得到货币作为报酬，或者是不为他们服务，而在地租、利息等形式上成为剩余价值的共有者。"③ 但剩余价值全部归产业资本家所有还是与其他人共享，这与当前的问题无关。工人为购买生活资料投入的货币也是资本家支付给他的，所以工人只是第二步的起点，资本家才是唯一的起点。但是，资本家不能无中生有。"实际上，说资本家阶级自己把用于实现商品中包含的剩余价值的货币投入流通，乍看起来好像是一种悖论。但是请注意，资本家阶级不是把它作为预付货币即作

① 《马克思恩格斯文集》第6卷，人民出版社2009年版，第368页。
② 《马克思恩格斯文集》第6卷，人民出版社2009年版，第368页。
③ 《马克思恩格斯文集》第6卷，人民出版社2009年版，第368—369页。

为资本投入流通的。这个阶级只是把它作为个人消费品的购买手段花费的。因此，这不是资本家阶级预付的，虽然这个阶级是这种流通的起点。”① 接着，马克思以一个租地农场主为例，说明他为实现剩余价值而投入的货币会在年终时流回到他手里。从第二年起，他为此所投入的货币就始终是他所生产的剩余价值的转化形式，即货币形式。“资本家把这些货币不是作为资本投入流通的。但是，能够靠自己拥有的资金生活到剩余价值流回的时候，这也正是资本家的一个特点。”②

到这里为止，我们假定贵金属的全部生产只够补偿货币的磨损。那么，当生产普通商品的资本家投入流通的商品价值大于他们预付的货币资本，即多了剩余价值，实现剩余价值货币化的货币从何而来呢？这时，生产黄金的资本家投入流通的货币价值就会大于他们为生产金而不断从流通中取出的商品价值，也就是多了以黄金或货币的形式存在的剩余价值。“以商品形式生产出来的剩余价值之所以能在流通中找到自己货币化所需要的货币，是因为另一方面剩余价值每年以金的形式生产出来。”③ 由此可以得出结论，资本家以货币形式花掉的剩余价值，他们以货币形式预付的可变资本和其他生产资本，实际上都是工人的产品，也就是从事金的生产的工人的产品。

马克思接着研究了流通货币量的问题。关于这一问题的研究主要有以下几个方面的内容。

（1）在其他条件不变的情况下，价值产品的两个部分即工资和剩余价值的分配发生变化，流通货币量会不会发生变化呢？按照货币流通的一般规律，这两个部分，前者增加，后者就会减少，反之亦然。因此这种变化不会影响流通货币量。有人会说，在货币价值不变的情况下，可变资本支出增加，工人手里的货币量也会增加，结果是工人对商品的需求提高，从而商品价格会提高。还有人会说，工资提高，资本家会提高价格。在这两种情况下，都必须有更大的货币量才能使商品流通。对第一种说法的回答是：由于工资提高，工人对必要生活资料的需求会增加，从而必要生活资料的价格会提高。但是，由于生活资料价格的提高，社会资本中生产必要生活资料的生产部分会增大，生产奢侈品的部分会缩小。奢侈品的价格将会由于剩余价值的减少而跌落。“工资提高是

① 《马克思恩格斯文集》第6卷，人民出版社2009年版，第369—370页。

② 《马克思恩格斯文集》第6卷，人民出版社2009年版，第371页。

③ 《马克思恩格斯文集》第6卷，人民出版社2009年版，第373页。

商品价格提高的结果，不是它的原因。”①

（2）货币的循环与货币流通是不同的。周转加速，实现剩余价值的那部分货币也会流通得更快，但是反过来，货币流通加速，不一定包含资本周转的加快。货币流通的技术设施的变化也可能加快流通，有的情况下，例如交易所里的买空卖空可以使交易数量增加，但不表现为实际的商品交换。

（3）“资本主义生产是和它的条件同时发展的，其中条件之一就是贵金属有足够的供给。因此，16 世纪以来贵金属供给的增加，在资本主义生产的发展史上是一个重要的因素。”② 资本主义生产的历史起点是国内的现有货币量能充分满足流通和由流通决定的货币贮藏。还有一个条件是金属有足够的供应。金银可以不通过交换，而通过生产本身投入流通。

二、积累和扩大再生产

如果积累以规模扩大的再生产的形式发生，追加的货币资本首先就是由一部分实现了的剩余价值提供的。如果追加了生产资本从而生产出追加的产品，为了实现这个追加的商品就需要有追加的货币。这就引出了和前面一样的问题：用来实现追加的剩余价值（或商品）的追加货币从何而来？

马克思指出：“要取得使这个具有较大价值的较大的商品量流通所需要的追加货币，就必须或者更多地节约流通货币量——要么使支付等等互相抵消，要么采用加速同一个货币流通的手段——或者把货币由贮藏形式转化为流通形式。”③ “如果所有这些手段还不够，那就必须进行追加的金的生产，或者——其结果一样——用一部分追加产品同贵金属出产国的产品即金直接地或间接地进行交换。”④

每年耗费在生产金银这种流通工具上的劳动力和生产资料对于资本主义生产方式和以商品生产为基础的任何生产方式来说，都是一项巨大的非生产费用。如果能减少这种费用，社会劳动的生产力就会提高。在这个意义上，信用制度可以增加资本主义的财富。“这样也就解决了一个毫无意义的问题，即资本主义生产按它现在的规模，没有信用制度（甚至只是从这个观点来看），只

---

① 《马克思恩格斯文集》第 6 卷，人民出版社 2009 年版，第 377 页。
② 《马克思恩格斯文集》第 6 卷，人民出版社 2009 年版，第 380 页。
③ 《马克思恩格斯文集》第 6 卷，人民出版社 2009 年版，第 381 页。
④ 《马克思恩格斯文集》第 6 卷，人民出版社 2009 年版，第 382 页。

有金属流通，能否存在。显然，不能存在。相反，它会受到贵金属生产的规模的限制。另一方面，我们对于信用制度在它提供货币资本或使货币资本发生作用时所具有的生产力，也不应该有任何神秘的观念。”①

一部分已经实现的剩余价值会在或长或短的期间内作为货币准备金进行积累（尚未发生实际的积累），也可以成为追加货币的来源。在这种情况下，一部分资本家以货币形式进行积累，形成潜在的货币资本，另一部分资本家则从事实际的积累，扩大他们的生产资本。但是，如果我们的前提是资本家阶级的普遍的货币资本积累，那么，整个资本家阶级要怎样才能把货币积累起来呢？马克思指出，在实际情况中，银行存款、公债券、股票都是为了以后的使用而积累的潜在的货币资本。但是“在所有这些场合，都没有货币的积累，而是一方面表现为货币资本的积累，另一方面表现为不断的实际的货币支出”②。因为贮藏货币本身从来都不是资本主义生产的目的。贮藏货币的目的是要执行生产资本的职能。“因此，如果一方面从流通中取出了实现为货币的剩余价值的一部分，把它作为贮藏货币积累起来，那么，同时会不断地把剩余价值的另一部分转化为生产资本。除了追加的贵金属在资本家阶级之间的分配以外，从来不会在所有地方同时发生货币形式的积累。”③

思考题：

1. 资本周转与资本循环有什么联系和区别？
2. 固定资本和流动资本的划分与不变资本和可变资本、生产资本和流通资本的划分有何联系与区别？
3. 如何计算预付资本的总周转？
4. 周转时间包括哪些组成部分？它们如何影响资本的预付量？
5. 生产周期长短不同的部门及其比例对国民经济发展提出了什么要求？
6. 如何从周转的角度理解货币资本对于社会再生产的重要性？

① 《马克思恩格斯文集》第 6 卷，人民出版社 2009 年版，第 383 页。
② 《马克思恩格斯文集》第 6 卷，人民出版社 2009 年版，第 386 页。
③ 《马克思恩格斯文集》第 6 卷，人民出版社 2009 年版，第 386 页。

第十章　社会总资本的再生产和流通

本章介绍《资本论》第二卷第三篇的主要内容。马克思在第三篇分析了社会总资本的再生产和流通，阐述了社会资本再生产理论，并通过考察社会总资本再生产的形式和实现条件，从社会资本再生产能否顺利和持续地进行的角度深刻揭示了资本主义经济的周期波动和发生危机的必然性。从当前世界经济的现实来看，马克思甚至直接谈到了当时尚不多见，而今天已经时常发生的金融危机和经济危机相交织的情况。① 这一理论对于资本主义经济危机发生机理的科学解释，是从经济运行的连续性角度解释经济危机的。同时，这一理论对于把握社会主义市场经济条件下的社会再生产规律，正确认识国家宏观调节与计划指导的地位和作用，自觉处理好生产与消费的关系以及各产业部门之间的关系，搞好结构调整、综合平衡和统筹协调，保持国民经济持续健康、平稳协调发展，也具有极为重要的意义。

第三篇包括第 18 章至第 21 章。第 18 章为“导言”，说明本篇的研究对象以及货币资本在社会总资本再生产中的作用。第 19 章剖析古典经济学家在社会资本再生产理论上的错误。第 20 章和第 21 章先后考察社会总资本的简单再生产和扩大再生产过程，阐释了全篇的主要问题，揭示了社会总资本运动的各种实现条件，说明了社会资本再生产的基本原理，从社会资本再生产和流通能否顺利进行的角度揭示了资本主义经济危机的必然性。

第一节　导　　言

一、研究的对象

第二卷第三篇的研究对象是社会总资本的再生产和流通，即“社会资本的运动”。“社会资本的运动，由社会资本的各个独立部分的运动的总和，即各个单个资本的周转的总和构成。正如单个商品的形态变化是商品世界的形态变化系列——商品流通——的一个环节一样，单个资本的形态变化，它的周转，是

① 参见《马克思恩格斯文集》第 6 卷，人民出版社 2009 年版，第 396 页。

社会资本循环中的一个环节。"① 应当注意，这里所说的"总和"，并不是单个资本运动的简单加总。马克思指出："各个单个资本的循环是互相交错的，是互为前提、互为条件的，而且正是在这种交错中形成社会总资本的运动。"② 这是因为，资本主义经济是以社会分工为基础的商品经济，生产不同产品的个别产业资本之间存在互为需求和供给的相互依赖关系。

社会总资本是由所有单个资本构成的，因而，它的运动具有与单个资本运动相同的一些特征：从运动的目的和结果来看，都是资本的价值增殖；从运动的形式和过程来看，都是三种循环形式的统一以及生产过程与流通过程的统一。但从另一方面看，社会总资本的运动又具有不同于单个资本运动的特点，即"这个总过程，既包含生产消费（直接的生产过程）和作为其中介的形式转化（从物质方面考察，就是交换），也包含个人消费和作为其中介的形式转化或交换"③。这就是说，社会资本再生产过程既包含资本的直接生产过程，也包含资本的流通过程，而且正是通过流通过程，工人和资本家的个人消费以及媒介这种消费的一般商品流通过程成为社会总资本运动的重要组成部分。马克思指出："就社会资本的总体来考察的循环，不仅包括资本的流通，而且也包括一般的商品流通。后者本来只能由两部分构成：1. 资本本身的循环；2. 进入个人消费的商品的循环，也就是工人用工资，资本家用剩余价值（或其中的一部分）购买的那些商品的循环。当然，资本的循环也包括剩余价值的流通，因为剩余价值构成商品资本的一部分，而且还包括可变资本向劳动力的转化，工资的支付。但是，这个剩余价值和工资耗费在商品上，并不构成资本流通的环节，虽然至少工资的耗费是这个流通所不可缺少的。"④

可见，社会总资本的运动比单个资本的运动复杂得多。所以，本篇要专门对社会总资本运动进行独立的考察和分析。这里不仅要考察社会总资本的再生产过程本身，而且要"把流通过程作为社会再生产过程的中介来考察"⑤。

二、货币资本的作用

分析社会总资本的再生产过程，需要分析商品资本的循环，而货币资本在

---

① 《马克思恩格斯文集》第6卷，人民出版社2009年版，第390页。
② 《马克思恩格斯文集》第6卷，人民出版社2009年版，第392页。
③ 《马克思恩格斯文集》第6卷，人民出版社2009年版，第390页。
④ 《马克思恩格斯文集》第6卷，人民出版社2009年版，第390—391页。
⑤ 《马克思恩格斯文集》第7卷，人民出版社2009年版，第29页。

商品资本的循环中，从而在社会总资本的循环和再生产中具有重要的作用。因此，马克思先对这个问题作了一些必要的说明。

在单个资本的循环和周转中，货币资本具有两种作用：第一，它是每一个单个资本所采取的第一种形式，是所有单个资本运动的起点，因而，“它表现为发动整个过程的第一推动力”①。第二，在资本的再生产过程中，必须经常保持一部分货币资本，用来补充和更新生产资本，否则生产就无法连续进行。用这部分货币资本购买的原材料和劳动力的数量或者价值量，即马克思所说的“必须不断以货币形式预付和更新的那部分预付资本价值”，制约着“能够不断执行生产资本职能的那部分处在过程中的资本价值”②。总之，“资本主义的商品生产——无论是社会地考察还是个别地考察——，要求货币形式的资本或货币资本作为每一个新开办的企业的第一推动力和持续的动力”③。“在这里，就单个资本说是如此，就社会资本说也是如此。”④

虽然对于社会总资本而言，货币资本也是第一推动力和持续的动力，但社会生产规模的绝对界限并不是由预付资本的数量决定的。马克思指出：“要预付的资本的价值量是确定的。但这个资本作为价值形成要素和产品形成要素的作用大小是有弹性的，可以变化的。”⑤ 在不增加货币资本的情况下，生产规模也可以扩大，其途径是：第一，从外延和内涵方面充分利用生产要素；第二，利用自然力、自然科学的进展和劳动协作来提高劳动生产力；第三，缩短周转期间。

但从社会总资本再生产的连续过程来看，实际上是需要追加货币资本的，这就需要有货币。在金属货币时代，社会劳动和生产资料中每年都必须有一部分用来生产或购买货币，以补偿磨损掉的铸币。不言而喻，这对社会生产的规模相应地是一种消减，但却是社会再生产所必需的。

信用制度的发展和与之相联系的联合经营会打破单个资本家可支配货币资本数量的限制。由于信用制度的发展，资本家可以通过贷款来经营大企业；由于实行联合经营，即举办股份公司等，也可以集中大量货币资本。这样，单个

① 《马克思恩格斯文集》第6卷，人民出版社2009年版，第393页。
② 《马克思恩格斯文集》第6卷，人民出版社2009年版，第393页。
③ 《马克思恩格斯文集》第6卷，人民出版社2009年版，第393页。
④ 《马克思恩格斯文集》第6卷，人民出版社2009年版，第393页。
⑤ 《马克思恩格斯文集》第6卷，人民出版社2009年版，第395—396页。

资本家所受到的自有资本较小的限制就被打破了。但是，正因为如此，“货币市场的混乱会使这类企业陷于停顿，而这类企业反过来也会引起货币市场的混乱”①。

不同的生产部门周转时间的长短不同，推动生产资本所必要的货币资本量也就有大有小。历时较长、范围较广的事业，要求为较长的时间预付较大量的货币资本。而另一些生产部门不仅在一年内不断地或者多次地取走劳动力和生产资料，而且也提供生活资料和生产资料。马克思指出：“这种情况是由各该劳动过程的物质条件造成的，而不是由这个过程的社会形式造成的。”② 在取代资本主义私人生产的社会生产基础上，必须确定那些在较长时间内取走劳动力和生产资料，而且不提供任何有效用产品的部门按什么规模进行，才不致有损于那些在一年内不断地或多次取走劳动力和生产资料，而且也提供生活资料和生产资料的生产部门。据此，马克思还设想了未来共产主义社会中的情况。他说：“在社会的生产中，货币资本不再存在了。社会把劳动力和生产资料分配给不同的生产部门。生产者也许会得到纸的凭证，以此从社会的消费品储备中，取走一个与他们的劳动时间相当的量。这些凭证不是货币。它们是不流通的。”③

三、对古典政治经济学相关理论的批判

第 19 章批判地分析了资产阶级古典政治经济学的再生产学说，在这里，马克思重点剖析了法国重农学派的魁奈和英国古典经济学家亚当·斯密的有关理论。

（一）重农学派

法国重农学派的魁奈最早创造性地用《经济表》系统阐释了社会资本再生产问题。在《经济表》的图形中，他用几根粗线条表明了一国的年产品怎样通过流通进行分配，使简单再生产得以进行。魁奈和重农学派将农业部门看做唯一能够提供剩余产品（纯产品）的部门，并依此将社会成员划分为三个阶级。魁奈在《经济表》中将众多单个的流通行为综合为具有社会特征的宏观活动，

① 《马克思恩格斯文集》第 6 卷，人民出版社 2009 年版，第 396 页。
② 《马克思恩格斯文集》第 6 卷，人民出版社 2009 年版，第 397 页。
③ 《马克思恩格斯文集》第 6 卷，人民出版社 2009 年版，第 397 页。

即社会资本在三个经济上各有不同职能的社会阶级间的流通。[①] 但魁奈仅把农业看做唯一的生产部门有很大的局限性，而且他的理论还具有封建的外观。

马克思认为魁奈的《经济表》表现了“极有天才的思想”，“毫无疑问是政治经济学至今所提出的一切思想中最有天才的思想”[②]。具体而言，其贡献表现在：第一，将上一年度农业的总产品作为《经济表》的出发点，实际上就是找到了以商品资本循环来分析社会资本再生产的正确途径。第二，第一次尝试将资本的整个生产过程表现为再生产过程，把流通表现为仅仅是再生产过程的形式，并且包括了社会各阶级收入的起源，以及资本和收入的交换、生产消费和个人消费的关系，还把生产者和消费者间的流通包括到资本流通中，把工业和农业间的流通表现为再生产的要素。这对后人研究社会资本的再生产很有启发。第三，马克思对重农学派作出如下评价：“重农主义体系是对资本主义生产的第一个系统的理解”[③]。在《经济表》中，总产品的一部分并不投入流通，而是用来补偿已经消耗掉的资本。这表明，魁奈已经注意到生产过程中所包含的再生产的条件。这为科学地阐述再生产原理提供了重要的前提，为分析两大部类的交换提供了有益的启示。

（二）亚当·斯密

斯密克服了重农学派的局限性，第一次提出了固定资本与流动资本的概念，并意识到生产生产资料的劳动和生产消费资料的劳动之间的区别，但是他不仅在某些方面重犯了重农学派的错误，而且陷入了另外的错误，以至于在理论上反而出现了退步。

马克思在第19章第2节通过对“斯密教条”的批判性阐述，说明了正确地研究再生产问题的理论前提。马克思首先指出了斯密在这一理论上的二重性，即一方面提出了一些接近于解决问题的片段的思想，另一方面“斯密教条”又妨碍他正确解决再生产问题。斯密认为，无论个别商品还是全部商品，其价值都可以分解为工资、利润和地租。马克思将斯密这一观点称为“斯密教条”。显然，“斯密教条”遗漏了商品价值中的不变资本价值部分，因而是错误的。不仅如此，斯密反过来还认为工资、利润和地租是一切收入和一切交换价值的三个原始源泉，显然这一观点与他自己关于商品价值来源于生产商品的劳

---

① 参见《马克思恩格斯文集》第9卷，人民出版社2009年版，第262页。

② 《马克思恩格斯全集》第33卷，人民出版社2004年版，第415页。

③ 《马克思恩格斯文集》第6卷，人民出版社2009年版，第399页。

动的观点是相矛盾的，也是错误的。

为了弥补在商品价值中丢掉补偿已消耗掉的用在生产资料上的不变资本这一漏洞，斯密通过“总收入”和“纯收入”这两个概念，又把资本因素偷偷塞了进来。斯密所说的“总收入”包括了“资本收入”和工资、利润、地租等“日常生活中所说的收入”，后者即斯密所说的“纯收入”。因此，“在把商品价值分解为它的组成部分时除掉的东西，就又从后门——通过‘收入’这个词的双重含义——引了进来”①。

在关于“纯收入”的分析中，马克思认为斯密实际“碰上了一种非常重要的区别，即生产生产资料的工人和直接生产消费资料的工人之间的区别”②，但斯密并没有明确划分出社会生产的两大部类。斯密没能正确认识生产资料生产部门的所有产品都不能进入个人消费（不仅代表工人消费的工资所对应的产品如此，而且代表资本家利润的那部分产品也是如此），他对于直接生产消费资料的工人的规定“是不十分确切的”。斯密认为，在这种劳动中，劳动的价格加入工人的消费储备，而产品则加入另一些人的消费储备。③ 事实上，工资即“劳动的价格”构成工人的消费基金，工资对应的产品即消费资料，有一部分可能由他自己生产的商品构成。另一方面，这些工人的产品，可能是只加入剥削劳动的人消费的产品，例如工人生产的奢侈品。所以，笼统地说工人的工资所对应的产品都只加入“另一些人的消费储备”是不确切的。

斯密认为流动资本不是用来生产生产资料、转化为社会的固定资本，就是用来生产消费资料、转化为直接消费的储备，成为社会纯收入的一部分。斯密还认为单个人的流动资本要从其纯收入中排除掉，但又会成为社会的流动资本的一部分。马克思归纳了斯密的观点：第一，任何单个资本家的流动资本都不能包括在由利润构成的纯收入中，就是说，商品产品中补偿资本的部分不能分解为任何形式的收入。第二，任何单个资本家的流动资本都形成社会流动资本的一部分。第三，单个资本家的流动资本和社会的流动资本的性质不同。前者不形成资本家收入的一部分，后者的一部分（即消费资料构成的部分）可以同时形成社会收入的一部分。马克思指出，斯密所说的流动资本其实是生产消费资料的资本家投入流通的商品资本，反映出斯密混同了流动资本和流通资本。

---

① 《马克思恩格斯文集》第6卷，人民出版社2009年版，第403页。

② 《马克思恩格斯文集》第6卷，人民出版社2009年版，第405页。

③ 参见《马克思恩格斯文集》第6卷，人民出版社2009年版，第406页。

在分析斯密关于社会资本再生产理论错误的基础上，马克思从中得出了自己的几点结论：第一，社会年产品由生产资料和消费资料两大类构成，对二者应该分别考察。第二，由生产资料构成的年产品总价值可以分解为c+v+m。c只能作为资本，不能作为收入。v+m对单个资本家来说，可以形成参加这种生产的人的收入（第一部类的工资、利润和地租），但是，对于社会则只能作为资本，因为该部分价值的实物形式大部分只能在其使用者（即生产消费资料的资本家）手中作为生产资料（补偿其已经消耗的不变资本），不能用于个人消费。第三，第二部类年产品价值中的不变资本部分，不能形成单个资本家的收入。这部分价值以消费资料的形式存在第二部类资本家手中，从全社会的角度看，它会成为第一部类工人和资本家实现其收入的消费基金。

接着，马克思对上述结论进行了引申：第一，一切资本的商品价值都可以分解为c+v+m，但这些价值组成部分在社会再生产过程中具有不同的表现形式。第二，即便在社会简单再生产条件下，也有工资和剩余价值的再生产，以及不变资本的再生产。从价值形成的观点看，劳动日分为必要劳动时间和剩余劳动时间，好像没有创造出新的不变资本价值。但从使用价值形成的观点看，在生产资料生产上耗费的劳动都是新投入的劳动，它创造出了新的（为补偿消费资料生产部门的不变资本的）价值。

对于斯密通过层层分解的办法将不变资本从商品价值中排除出去的错误，马克思认为是斯密不懂得劳动二重性，将年产品价值和年价值产品混同的结果。年价值产品（v+m）只是当年新创造的价值，而年产品价值（c+v+m）却包括生产它们时耗费掉的生产资料的价值。斯密混淆了二者，其根源在于不懂得抽象劳动在创造年价值产品时，具体劳动同时转移了生产资料的价值，从而形成年产品价值。

马克思指出，斯密关于价值论的“内在的见解”是科学的，“外在的见解”是庸俗的，但占主导地位。斯密价值理论的混乱主要是由于“他的‘内在的’见解不断和他的在广度上占优势的外在的见解纠缠在一起”①。

对于斯密混同资本和收入，并把商品价值中相当于可变资本或工资的等价看做由收入组成或分解为收入的错误，马克思进行了分析和批判。他指出，商品中工人新创造的一部分价值成为工人收入的源泉，“但是，这并不改变商品

---

① 《马克思恩格斯文集》第6卷，人民出版社2009年版，第419页。

的这部分价值的性质或大小”①。这部分价值实际上是劳动力的价值，是由生产它所必要的劳动量决定的，而不是由工人的收入决定的。当然，它也不会分解为收入。工人不断创造的新价值形成工人收入的源泉，它的大小决定工人收入的多少，但不能反过来说他的收入是他生产的新价值的组成部分。另外，这部分新价值形成工人的收入，只是说明这部分新价值变成什么，用来干什么，它本身是分配的结果，与这部分价值的形成没有关系。斯密的混乱表现在，他不断把商品价值分解为收入，又不断把收入作为商品价值的源泉，恰恰丢掉了劳动力的性质和作用的关键问题。马克思认为，斯密的有关叙述中唯一有意义的是他认为年劳动新创造的价值等于 v+m，但并不了解劳动的二重性作用。

在第 19 章的最后部分，马克思指出了“斯密教条”错误的根源在于，他混淆了资本主义商品生产和一般商品生产，把资本主义商品生产当做了一般商品生产。其实，资本主义商品生产和一般商品生产在价值形成上是没有区别的。价值实体始终是生产商品时所消耗的抽象劳动的凝结。价值生产就是这种抽象劳动的耗费过程。而资本主义商品生产的特点和实质是，通过劳动力的买卖来生产和占有剩余价值。不管将商品的价值如何划分，对于其形成的源泉是没有影响的，既不会影响它的质，也不会影响它的量。

此外，价值的性质不会受到资本主义生产性质的影响：第一，补偿不变资本的价值是生产过程中已经消耗的生产资料以新的形式再现的价值，是过去劳动的结晶，并非新生产的。它只是在生产中改变了表现形式。它是资本家组织生产时预付的不变资本的等价物。出售商品后，它又会重新转化为生产资料，执行资本的职能。所以，这部分价值的资本职能绝不会影响商品价值的性质。第二，商品价值中包含的劳动力价值，也是在劳动力进入生产过程之前就已经决定了的。生产过程中工人生产出的、用来补偿资本家预付在工资上的可变资本的劳动力的等价物，也不会影响这部分商品的价值。其性质也不会因为对工人来说采取收入的形式，并使工人不断以雇佣劳动者的身份被再生产出来而有所改变。第三，商品中包含的剩余价值部分是工人在生产过程中无偿劳动的凝结。不管资本家如何支配和使用它，剩余价值是无偿劳动的结晶这一性质，并不能改变它的量。所以，资本主义商品价值分为不变资本、可变资本和剩余价值三部分，绝不会影响商品价值由生产商品时所耗费的劳动量决定这一性质，

① 《马克思恩格斯文集》第 6 卷，人民出版社 2009 年版，第 423 页。

也不会改变它的量。由于斯密站在狭隘的资产阶级立场，将资本主义商品生产与一般的商品生产等同起来，所以产生了“斯密教条”。

分析社会资本再生产的主要困难在于对简单再生产的考察方面。斯密已经接触到了再生产的实质问题，但没有正确地解决问题。这主要是因为“斯密教条”的影响。“斯密教条”的错误主要在于，在分析再生产时把商品的价值分解为工资、利润和地租，即商品价值等于 v+m。这样，一是在价值构成上丢掉了不变资本的价值，二是从社会产品的实现看，混淆了生产消费和生活消费。斯密的这个错误成为资产阶级政治经济学在相当长一段时间内（至少到马克思写作《资本论》的 19 世纪中后期）的正统信条。也恰恰是因为“纠正了斯密的上述两点错误（从产品价值中抛掉不变资本，把个人消费和生产消费混同起来），才使马克思有可能建立起他的关于资本主义社会中社会产品实现的卓越理论”①。

第二节 简单再生产

第三篇第 20 章分析的是社会总资本的简单再生产。该章共有 13 节，在内容上分为三个部分。第一部分是第 1 节和第 2 节，进一步分析了第三篇研究的对象，确立了分析社会资本再生产的前提，并提出了简单再生产的图式。这相当于第 20 章的绪论。第二部分是第 3 节至第 8 节，以Ⅰ（v+m）=Ⅱc 为中心，说明了简单再生产的实现过程，阐述了简单再生产的实现条件。这是第 20 章的核心部分。第三部分是第 9 节至第 13 节，论述了有关的其他问题，并进一步批判了资产阶级经济学家的再生产理论。

一、问题的提出

在第 20 章第 1 节，马克思提出了社会总资本再生产的核心问题是实现问题。

在前面研究商品资本的循环时，马克思曾谈到，考察社会总资本的再生产过程，应当选用商品资本的循环形式，即：

① 《列宁专题文集 论资本主义》，人民出版社 2009 年版，第 19 页。

$$W'—\begin{cases}G—W\cdots P\cdots W'\\ g—w\end{cases}$$

商品资本的循环从 W′开始。它包括不变资本、可变资本和剩余价值，还包括生产消费和个人消费。通过分析 W′的各个组成部分卖给谁、怎样消费，才能说明社会资本再生产的条件。因此，分析社会资本再生产必须以商品资本的循环公式为基础。

分析社会总资本的再生产过程，也就是要分析 W′的各个组成部分如何进行价值补偿和物质补偿，即年产品的价值补偿和实物补偿问题。其中，价值补偿是通过商品的销售来实现的，而实物补偿则是通过商品的购买来完成的。只有首先实现价值补偿，使资本家垫支投入的资本回到他的手中，他才能去购买商品以补偿其实物损耗。因而，价值补偿是实物补偿的前提。W′在价值上由 c、v、m 三个部分组成：c 的补偿，意味着耗费在生产资料上的资本部分得到更新；而 v 的补偿则意味着工人的消费得以维持，从而劳动力的再生产得以实现；m 的补偿则意味着资本实现了价值增殖的目的，从而使资本积累和资本家的个人消费能够进行。只有当 W′的所有这些组成部分都得到实现和补偿，社会总资本的再生产才能继续进行。列宁曾经对此概括说：“实现问题就是：如何为每一部分资本主义产品按价值（不变资本、可变资本和额外价值）和按物质形态（生产资料，消费品，其中包括必需品和奢侈品）在市场上找到替换它的另一部分产品。”①

马克思对社会资本再生产的分析是从简单再生产开始的。资本主义是以扩大再生产为特征的生产方式。马克思之所以从简单再生产入手，是基于两点考虑：第一，在研究社会再生产时，“直接摆在我们面前的问题是：生产上消费掉的资本，就它的价值来说，怎样由年产品得到补偿？这种补偿的运动怎样同资本家对剩余价值的消费和工人对工资的消费交织在一起？因此，首先要研究原有规模的再生产”②。这就是说，考察社会再生产，首先要解决的问题是原有资本的补偿及其如何与资本家和工人的消费相交错的问题，而这属于简单再生产的范畴。第二，“只要有积累，简单再生产总是积累的一部分，所以，可以就简单再生产本身进行考察，它是积累的一个现实因素”③。也就是说，扩大再

① 《列宁选集》第 1 卷，人民出版社 2012 年版，第 172 页。

② 《马克思恩格斯文集》第 6 卷，人民出版社 2009 年版，第 436 页。

③ 《马克思恩格斯文集》第 6 卷，人民出版社 2009 年版，第 438 页。

生产总是在原有生产规模基础上的扩大，原有规模的维持即简单再生产是扩大再生产的现实基础。

为了便于分析，马克思还假定产品按照它们的价值交换，生产资本的组成部分没有发生任何价值革命。事实上，这两种情况对考察的结论都不会有实质性的影响。

二、社会生产的两个部类

由于社会总资本再生产的核心问题是年总产品的实现问题，因此，对年总产品的分析就是进一步分析的出发点。在第二卷第 20 章第 2 节，马克思从商品二因素出发，提出了社会总资本再生产理论的两个基本前提：第一，根据产品的最终用途把社会的年总产品分为生产资料和消费资料两大类，进而把社会生产分为两大部类，即生产生产资料的第Ⅰ部类和生产消费资料的第Ⅱ部类。第二，由于每个商品的价值都可以分为 c、v 和 m 三个组成部分，相应地，社会的生产资料和消费资料的价值也分别划分为 c、v、m 三个部分。为简化起见，首先假定 c 的价值会在一年中全部转移到产品中，并需要在实物上进行补偿，这样就把固定资本的折旧问题暂时撇开了。

从社会总资本再生产理论的上述两个基本前提，马克思以数字例子的形式提出了简单再生产的基本图式：

Ⅰ. 4 000c+1 000v+1 000m=6 000 生产资料

Ⅱ. 2 000c+500v+500m=3 000 消费资料

马克思指出，在简单再生产条件下，如果不考虑作为媒介的货币流通，就会得出关于两大部类年产品基本交换关系的三大要点：

第一，第Ⅱ部类工人的工资 500v 和资本家的剩余价值 500m 都必须用于消费资料，而他们的价值也存在于消费资料的使用形式中。所以，第Ⅱ部类的工资和剩余价值，即Ⅱ（v+m）可以通过第Ⅱ部类内部的交换而得到实现和补偿。

第二，第Ⅰ部类的 1 000v 和 1 000m 在价值上要用于消费资料，但它们在使用价值上却表现为生产资料，所以，需要与第Ⅱ部类中剩下的 2 000c 相交换。这样，第Ⅰ部类可以得到需要的消费资料，第Ⅱ部类可以得到相应的生产资料。Ⅰ（v+m）和Ⅱc 通过两大部类之间的交换来实现和补偿。

第三，剩下的 4 000Ⅰc 由生产资料构成，要通过第Ⅰ部类内部各个资本家之间的交换来实现和补偿。

三、两个部类之间的交换

接着，马克思分析了两个部类之间的交换。他着重考察了以货币为媒介的两个部类之间的交换过程。在市场上，各种交换都是以货币流通为媒介进行的。可变资本必须不断表现为货币的形式来购买劳动力，因而两个部类的所有可变资本都必须以货币的形式预付。

先分析 1 000 Ⅰv 和 1 000 Ⅱc 之间的交换。第Ⅰ部类资本家支付第一部类工人的工资，比如说 1 000 镑；这些工人用它向第Ⅱ部类的资本家购买生活资料，这 1 000 镑就流到第Ⅱ部类资本家手中；第Ⅱ部类资本家再用它向第Ⅰ部类资本家购买生产资料；于是，1 000 镑又回到了第Ⅰ部类资本家手中。

接着分析 1 000 Ⅰm 和 1 000 Ⅱc 之间的交换。实际上，这里的流通包括两大部类之间各单个资本家之间无数个别的买和卖。而媒介流通所需要的货币既可以由第Ⅰ部类的资本家预付，也可以由第Ⅱ部类的资本家预付，还可以由双方各预付一部分。如果第Ⅰ部类资本家预付 500 镑，其流通过程与结果与前面所说预付 1 000 镑的结果一样。如果第Ⅱ部类的资本家垫支 500 镑向第Ⅰ部类资本家购买生产资料，第Ⅰ部类的资本家又用这笔钱向第Ⅱ部类的资本家购买消费资料，这 500 镑就会流回到第Ⅱ部类资本家手中。

总之，价值 4 000 镑的商品交换是通过 2 000 镑货币流通来实现的。最后的结果不仅是完成了两大部类之间的交换，而且，资本家为媒介流通所垫付的货币，总是会按照原来的数额回到原资本家的手中。第Ⅱ部类资本家预付的可变资本可以直接在本部类内流回，而第Ⅰ部类资本家预付的可变资本要经过部类间的迂回途径流回来。第Ⅱ部类资本家垫付向第Ⅰ部类资本家购买生产资料（不变资本）的部分也会间接回到自己手中。

在分析基础上，马克思指出："由此得出结论：在简单再生产中，第Ⅰ部类的商品资本中的 v+m 价值额（也就是第Ⅰ部类的总商品产品中与此相应的比例部分），必须等于不变资本Ⅱc，也就是第Ⅱ部类的总商品产品中分出来的与此相应的部分；或者说，Ⅰ（v+m）＝Ⅱc。"① 这就是社会总资本简单再生产

①《马克思恩格斯文集》第 6 卷，人民出版社 2009 年版，第 446 页。

的基本实现条件。

四、第Ⅱ部类内部的交换及必要生活资料和奢侈品

马克思在把社会生产分为两大部类的基础上，又把第Ⅱ部类分为两个分部类。由于工人和资本家收入状况的差距悬殊，社会消费品可分为必要的生活资料和奢侈品两类，与之相适应，第Ⅱ部类就可以划分为生产必要生活资料的分部类（Ⅱa）和生产奢侈品的分部类（Ⅱb）。因而，前面提到的第Ⅱ部类的构成图式就具体化为：

$$\text{Ⅱ}\,2\,000c+500v+500m=3\,000\begin{cases}(\text{Ⅱa})\ 1\,600c+400v+400m=2\,400\\(\text{Ⅱb})\ 400c+100v+100m=600\end{cases}$$

假如资本家都用剩余价值的3/5购买必要生活资料，另外的2/5购买奢侈品，那么，第Ⅱ部类内部的两个分部类之间就必须进行交换。其交换图式为：

$$(\text{Ⅱa})\ 400v+240m+\boxed{160m}$$

$$(\text{Ⅱa})\ \boxed{100v+60m}+40m$$

这里，（Ⅱa）分部类中的400v+240m在（Ⅱa）分部类内部实现，其价值与表现形式在资本家和工人对生活资料的供求上是完全一致的。（Ⅱb）分部类中的40m也在本分部类内部实现，其价值与表现形式在本分部类资本家对奢侈品的供求上也是完全一致的。于是，在（Ⅱa）分部类和（Ⅱb）分部类之间需要交换的就是（Ⅱa）160m和（Ⅱb）100v+60m了。这是因为（Ⅱa）分部类的资本家需要向（Ⅱb）分部类购买160m的奢侈品，而（Ⅱb）分部类的工人和资本家需要向（Ⅱa）分部类购买100v+60m的必要生活资料。

与第Ⅱ部类分为两个分部类相适应，以消费资料形式存在同时需要与第Ⅰ部类的2 000（v+m）交换的第Ⅱ部类的2 000c中，有1 600将用来交换生产必要生活资料的生产资料，有400将用来和生产奢侈品的生产资料相交换。

第Ⅰ部类的生产资料生产包括制造生产资料的生产资料和制造生活资料的生产资料，而后者又可分为制造生活必需品的生产资料，以及制造奢侈品的生产资料。所有第Ⅰ部类的资本家都将其剩余价值分为两部分：一部分用于购买必要生活资料（假定也是3/5），另一部分用于购买奢侈品（假定也是2/5）。

实际上，“不仅真正的劳动资料，而且原料和辅助材料等等，在两个分部

类中，有很大部分是相同的”①，于是，整个社会总资本在简单再生产条件下的图式，在社会生产分为两大部类、第Ⅱ部类又进一步分为两个分部类的情况下，可以表示如下：

Ⅰ.　4 000c+[1 000v+600m]+[400m]=6 000

Ⅱ.　(a) [1 600c]+400v+240m+[160m]=2 400

　　 (b) [400c]+[100v+60m]+40m=600

第Ⅱ部类内部的交换表明，为进行简单再生产，必须做到：第一，使两大部类之间保持一定的比例关系，即Ⅰ（v+m）必须等于Ⅱc。这个比例关系对于社会总产品的实现，具有决定性的意义。第二，第Ⅱ部类内部在（Ⅱa）分部类和（Ⅱb）分部类之间也保持一定的比例关系。从图式中可以看到，（Ⅱb）v必须小于（Ⅱa）m，因为（Ⅱa）m中一部分必须用作第Ⅱ部类资本家的必要生活资料，只能以剩余的部分和（Ⅱb）v交换。马克思指出：“必要消费资料的生产和奢侈品的生产之间的比例关系，是以Ⅰ（v+m）在Ⅱa和Ⅱb之间的分割为条件的，从而也是以Ⅱc在（Ⅱa）c和（Ⅱb）c之间的分割为条件的。因此，这种分割从根本上影响着生产的性质和数量关系，对生产的总形态来说，是一个本质的决定因素。”②

马克思在分析第Ⅱ部类的两个分部类的交换时，批判了将经济危机归结为有支付能力的消费不足的观点。马克思指出，年产品中的奢侈品比例越大，（Ⅱb）v的可变资本再转化为货币资本，以及在（Ⅱb）中就业的劳动者阶级的生存和再生产就越依赖于资本家的浪费。每次经济危机都会暂时减少奢侈品的消费，使（Ⅱb）v再转化为货币资本的过程延缓和停滞，使这种转化只能部分地进行。生产奢侈品的劳动者将有一部分会失业，这又会影响生活必需品的出售。在繁荣时期，情况则完全相反。事实上，每次危机发生之前，都有一个时期，工资会高一些，但那只是暂时的和相对的繁荣，是危机风暴的预兆。

五、货币流通在交换中的中介作用

在前面的分析中，暂时舍弃了对货币流通过程的分析。在阐述清楚两大部

① 《马克思恩格斯文集》第6卷，人民出版社2009年版，第452页。

② 《马克思恩格斯文集》第6卷，人民出版社2009年版，第457页。

类之间及第Ⅱ部类内部的交换过程之后，马克思进一步分析了货币流通在交换中的媒介作用。

马克思首先分析货币流通在各类生产者之间的交换中的媒介作用。在概括回顾了两大部类之间及第Ⅱ部类内部的交换过程之后，马克思指出，对于商品流通来说，投入流通的商品和货币是始终必要的两样东西。商品流通不能离开货币，必须以货币流通为媒介。

在商品流通正常进行的情况下，商品生产者投入流通的货币会回到他自己的手里。“如果站在商品生产者背后的是一个货币资本家，这个货币资本家又把货币资本（这个字最精确的含义就是货币形式的资本价值）预付给产业资本家，那么，这种货币的真正复归点就是这个货币资本家的钱袋。”①

第Ⅰ部类的资本家和第Ⅱ部类中第二分部类的资本家以货币形式预付的可变资本都不能直接流回到他们手中。其预付的可变资本都必须通过工人购买生活必需品，经过第Ⅱ部类中第一分部类资本家才能流回来。只有生产必要生活资料的第Ⅱ部类第一分部类的资本家预付在可变资本上的货币资本，才会直接流回来。

马克思重点说明了预付在工资上的货币在货币流通中具有的重要作用。因为，通过支付劳动力的报酬，产业资本家才能够把劳动力合并到资本中去，由于这种流通行为，资本家“才作为产业资本家而和作为他的雇佣工人的工人相对立”②。从货币流通本身来说，预付在工资上面的货币由于两个原因而显得特别重要：第一，工人阶级的收入都被消费掉，不能给资本家长期信贷，可变资本必须在一个短期内以货币形式预付。而预付在工资上的货币，在资本主义国家的货币流通中占很大比重。第二，预付的可变资本在流回出发点之前会在各种流通渠道中当做流通手段来执行职能。

对于货币流通在两大部类间的流通中的作用和特点，马克思也进行了具体分析。他把两大部类之间的交换分为两部分，共七个流通行为。

第一部分是1 000Ⅰv和1 000Ⅱc（即2 000Ⅱc中的一半）之间的交换。具体交换过程是：

（1）第Ⅰ部类资本家支付给工人1 000镑购买其劳动力。

---

① 《马克思恩格斯文集》第6卷，人民出版社2009年版，第459页。

② 《马克思恩格斯文集》第6卷，人民出版社2009年版，第461页。

（2）工人以这 1 000 镑向第Ⅱ部类购买消费资料。

（3）第Ⅱ部类资本家再以这 1 000 镑向第Ⅰ部类购买生产资料。1 000 镑货币就流回第Ⅰ部类资本家手中。

第二部分是 1 000 Ⅰm 和 1 000 Ⅱc（即 2 000 Ⅱc 中的另一半）相交换。

（4）第Ⅱ部类用 500 镑向第Ⅰ部类购买生产资料。

（5）第Ⅰ部类用这 500 镑向第Ⅱ部类购买消费资料。

（6）第Ⅱ部类用 500 镑再向第Ⅰ部类购买生产资料。

（7）第Ⅰ部类又用这 500 镑向第Ⅱ部类购买消费资料。

这样，第Ⅱ部类投入流通的 500 镑也就流回了。七次流通共交换商品总额 5 000 镑，流通中使用的货币为 1 500 镑。

通过交换，第Ⅰ部类的资本家既收回了预付的货币额，又换回了与 1 000 镑等价的消费资料，用作个人消费。同时，第Ⅰ部类的工人也得到了维持，他们为生活必须重新出卖劳动力，也就再生产了雇佣工人和资本家之间的关系。第Ⅱ部类资本家投入的 500 镑也流回了，而且也使第Ⅱ部类的不变资本得到了实物补偿。

可见，正是货币流通媒介了两大部类的交换。对第Ⅰ部类工人而言，流通是简单商品流通，出卖劳动力获得的等价物又购买了必要生活资料。对第Ⅱ部类的资本家而言，出卖消费资料是从商品资本转化为货币资本，再用货币向第Ⅰ部类购买生产资料，又从货币资本再转化为生产资本。第Ⅱ部类资本家预付 500 镑向第Ⅰ部类购买生产资料，从货币资本转化为生产资本，第Ⅰ部类出售的生产资料则从商品资本转化为货币资本。第Ⅰ部类资本家的这部分商品是剩余价值部分，出售后获得的货币将用来购买第Ⅱ部类的消费资料用作个人消费。“这些货币并不代表第Ⅰ部类的资本价值的任何组成部分，而代表只是用在消费资料上的货币化的剩余价值。”①

这里，马克思再一次强调了实现剩余价值的货币是资本家阶级自己投入的。因为不管由哪个部类的资本家投入货币，最后这个货币额总是会回到他的手里。流通货币量的减少需要由流通次数的增加来补充。不过，马克思指出，当第Ⅰ部类的资本家用货币购买消费资料时，这部分货币就被支出了，不再流回来，他所以能够从流通中取回货币，是因为他不仅投入了货币而且投入了生

① 《马克思恩格斯文集》第 6 卷，人民出版社 2009 年版，第 464 页。

产资料。

马克思说："对整个资本家阶级来说，它必须自己把实现它的剩余价值（同时也为了使他们的资本即不变资本和可变资本流通）的货币投入流通这样一种说法，不仅不是奇谈怪论，而且还是整个机制的必要条件，因为在这里只有两个阶级：只能支配自己劳动力的工人阶级；对社会生产资料和货币拥有垄断权的资本家阶级。"① 但是，现实过程往往被两种情形所掩盖：一是商业资本家和货币资本家的出现。二是土地所有者、食利者等剩余价值的分割者，对产业资本家来说，他们是作为买者出现的。"这时，人们总是忘记，他们最初得到并不断地重新得到的货币的来源是什么。"②

六、第Ⅰ部类的不变资本

在第20章第6节，马克思对第Ⅰ部类的不变资本的实现问题展开了更详细的分析。

马克思首先分析了4 000Ⅰc在本部类内部实现的过程。从价值上看，Ⅰc等于第Ⅰ部类商品生产物中再现的生产资料价值。这部分价值不是新创造的，而是从消耗的生产资料价值转移过来的。从使用价值看，Ⅰc存在于生产资料的形式上，只能用于生产消费。第Ⅰ部类资本家包括生产生产资料的全体资本家。4 000Ⅰc这部分社会产品不能和别的部分交换，年产品的其他部分已经被处理了。Ⅰc只能在本部类的内部实现。马克思说："只要我们注意到，第Ⅰ部类的全部商品产品，按其实物形式来说，是由生产资料即不变资本本身的物质要素构成的，困难就很容易解决。"③

由于4 000Ⅰc的自然形态是可以补偿不变资本消耗的生产资料，所以，它完全可以在第Ⅰ部类内部实现。Ⅰc是通过两种方式在第Ⅰ部类内部实现的。一部分当做生产资料直接加入生产它的生产部门，绝大部分要在本部类内部交换后，进入第Ⅰ部类的其他部门的生产。这只是这些产品的换位。这种交换是一种实物形式的不变资本和另一种实物形式的不变资本相交换，也就是一种生产资料和另一种生产资料相交换。这也可以理解为，第Ⅰ部类的每个单个资本家，按照他作为4 000c共有者所占有的比例，从这个商品总量中，取出他所需

① 《马克思恩格斯文集》第6卷，人民出版社2009年版，第469页。
② 《马克思恩格斯文集》第6卷，人民出版社2009年版，第470页。
③ 《马克思恩格斯文集》第6卷，人民出版社2009年版，第471页。

要的相应的生产资料。

在这里马克思还特别谈到，在公有制的社会里，Ⅰc 产品如何在第Ⅰ部类内部交换的问题。他说："如果生产是社会的，而不是资本主义的，那么很明显，为了进行再生产，第Ⅰ部类的这些产品同样会不断地再作为生产资料在这个部类的各个生产部门之间进行分配，一部分直接留在这些产品的生产部门，另一部分则转入其他生产场所，因此，在这个部类的不同生产场所之间发生一种不断往返的运动。"①

七、两个部类的可变资本和剩余价值

接下来，马克思转到对简单再生产的另一个条件的分析。这个条件是："每年生产的消费资料的总价值，等于当年再生产的第Ⅱ部类的可变资本价值和新生产的第Ⅱ部类的剩余价值（即等于第Ⅱ部类当年生产的价值），加上当年再生产的第Ⅰ部类的可变资本价值和新生产的第Ⅰ部类的剩余价值（也就是加上第Ⅰ部类当年生产的价值）。"② 这个条件可以用公式表示为：Ⅱ(c+v+m)= Ⅰ(v+m)+Ⅱ(v+m)。

该条件或公式是由基本条件Ⅰ(v+m)= Ⅱc 派生出来的，只要在该公式两端都加上Ⅱ(v+m)就可得出Ⅱ(c+v+m)= Ⅰ(v+m)+Ⅱ(v+m)。该条件说明消费资料的生产和两大部类的工人与资本家对消费资料的需要之间的联系。在简单再生产条件下，剩余价值全部用于资本家的个人消费，所以该条件或公式成立。

Ⅰv 和Ⅱv 是社会总劳动日中的必要劳动所创造的，Ⅰm 和Ⅱm 是社会总劳动日中的剩余劳动创造的。"因此，一年生产的消费资料的总价值，等于社会总工作日在当年生产的总价值，等于社会可变资本的价值加上社会剩余价值，等于当年的全部新产品。"③

马克思认为，对该公式要有正确的理解。第Ⅱ部类生产物的总价值虽然等于社会总劳动日的价值生产物，但绝不意味着消费资料的总价值是在第Ⅱ部类新生产的。第Ⅱ部类实际上只生产了Ⅱ(v+m)，而Ⅱc 只是再现的不变资本价值。恰恰是由于第Ⅱ部类再现的那些价值等于第Ⅰ部类新创造的价值，才可以

① 《马克思恩格斯文集》第 6 卷，人民出版社 2009 年版，第 473 页。
② 《马克思恩格斯文集》第 6 卷，人民出版社 2009 年版，第 474 页。
③ 《马克思恩格斯文集》第 6 卷，人民出版社 2009 年版，第 474 页。

得出公式Ⅱ(c+v+m)= Ⅰ(v+m)+Ⅱ(v+m)。马克思说："这就表明，为什么尽管对第Ⅱ部类的资本家来说，他们的产品价值分成 c+v+m，但是从社会的角度来考察，这些产品的价值却可以分成 v+m。"① 从社会观点看，第Ⅱ部类的消费资料产品是用来满足两个部类个人和资本家的个人消费的，其价值等于两个部类的 v+m。

正是这种情况使斯密认为年产品的价值仅仅分解为 v+m。不过，这种看法仅仅适用于第Ⅱ部类的生产物（消费资料），不适用于第Ⅰ部类的生产物（生产资料）；而且，其所以能够适用，并不是指这全部价值都是由第Ⅱ部类新生产的，因而第Ⅱ部类的产品价值等于 v+m，只是指Ⅱ(c+v+m)= Ⅱ(v+m)+Ⅰ(v+m),因为Ⅱc= Ⅰ(v+m)。

从另一方面说，虽然年劳动的价值产品等于消费资料的总价值，但是这个年劳动的 2/3 却是用于生产资料的生产。社会总劳动日和每个单个的劳动日一样，也要分为必要劳动和剩余劳动，它所生产的价值也只分为可变资本的价值和剩余价值。但是从使用价值上看，社会劳动日不是全部用来生产消费资料的，其中有一部分要用来生产生产资料，作为新的不变资本。在马克思的图式中，社会劳动日有 1/3 用来生产消费资料，2/3 用来生产生产资料以便替换生产中消耗的不变资本。马克思着重强调，再生产过程中，两个部类新创造的价值是 v 和 m。c 的价值只是再现，而不是新创造的。c 的价值是在工人创造新价值的同时转移到产品中去的。所以，社会工作日没有任何部分用来生产两大部类的不变资本价值。第Ⅰ部类生产的使用价值是生产资料，它将在物质上替换两大部类消耗掉的不变资本，但并没有新创造Ⅰc 的价值。第Ⅱ部类 c 的价值，原来体现在生产资料的形式上，现在表现在消费资料的形式上。

第Ⅱ部类生产的消费资料是活劳动和生产资料相结合的结果，也就是活劳动和物化劳动的相结合的产物。Ⅰ(v+m)与Ⅱc 交换，实质上是当年的工作日与过去的工作日之间的交换。这就进一步说明，"尽管整个社会工作日的 2/3 不是用来生产那些实现可变资本或剩余价值的物品，而相反的是用来生产生产资料，以补偿当年所消费的资本，但为什么整个社会工作日的价值产品却可以分解为可变资本价值加上剩余价值"②。总之，两部类的社会产品，从使用价值

① 《马克思恩格斯文集》第 6 卷，人民出版社 2009 年版，第 474 页。
② 《马克思恩格斯文集》第 6 卷，人民出版社 2009 年版，第 477 页。

看是本年劳动的年产品。但是从价值上看，只有Ⅰ(v+m)和Ⅱ(v+m)才是新生产的。

八、两个部类的不变资本

第20章第8节，马克思进一步分析了两大部类不变资本的交换而形成的简单再生产条件。马克思将其概括为："生产资料（Ⅰ）的总价值，等于以生产资料（Ⅰ）形式再现的不变资本价值同以消费资料（Ⅱ）形式再现的不变资本价值之和"①。该条件可以用公式表示为：Ⅰ(c+v+m)= Ⅰc+Ⅱc。该公式表明了整个社会的生产资料的生产与两大部类对生产资料需要之间的联系。

在这里，马克思揭露了再生产中的另一个假象：似乎社会并未耗费任何工作日在生产资料的生产上。实际上，对社会总产品的价值组成的分析并不困难，"困难是在于把社会产品的价值组成部分和它的物质组成部分作比较时产生的"②。两部类再现的不变资本的价值，等于生产资料的价值并体现在这部分产品中。一年新生产的价值产品则等于消费资料的价值，并体现在这部分产品中，于是，就产生了两个互相联系的假象：一方面好像社会的全部工作日都用于消费资料的生产，另一方面好像没有任何工作日用于生产资料的生产。马克思在前面的内容中已经解释了前一个问题，这里重点分析了后一个问题。马克思说，对于单个资本家来说，并不会产生这后一个假象，因为单个资本家都需要经过一定的具体劳动才能将消耗的生产资料的价值转移到新的生产资料中去。但在社会资本的运动中假象就产生了。

首先，对于生产生产资料的单个资本家来说，他所生产的生产资料不一定能在自然形态上补偿消耗的不变资本，只要对社会有用就可以。但是，对于整个第Ⅰ部类来说，它所生产的生产资料必须能够替换两个部类所消耗的不变资本，"因此，在简单再生产的前提下，由生产资料构成的那部分产品的价值，必须等于社会资本的不变价值部分"③。

其次，在单个资本家的生产过程中，抽象劳动创造新价值，具体劳动转移旧价值的事实非常清楚。但从社会资本的再生产过程来看，这种性质似乎被模糊了。生产生产资料所消耗的工作日（它既把新价值加到生产资料中，又把消

① 《马克思恩格斯文集》第6卷，人民出版社2009年版，第480页。
② 《马克思恩格斯文集》第6卷，人民出版社2009年版，第479页。
③ 《马克思恩格斯文集》第6卷，人民出版社2009年版，第482页。

耗掉的生产资料的价值转移到生产资料中）不外是生产新的不变资本，用来补偿两部类在生产中消耗的不变资本。所以，第Ⅰ部类产品的价值从社会的角度考察，它既不分解为可变资本，也不分解为剩余价值。另一方面，生产消费资料的社会工作日所生产的产品只能用来实现两大部类的可变资本和剩余价值。

九、对于亚当·斯密、施托尔希和拉姆赛的回顾

马克思在论述了简单再生产的基本条件和交换过程之后，对亚当·斯密等人的错误观点的另一种形式进行了剖析和批判。

施托尔希已经看到社会总产品中只有一部分可以作为个人和资本家的消费基金，而另一部分必须作为生产基金来补充消耗的不变资本。施托尔希的表述是，年产品的价值可以分为资本和利润两个部分，以便维持一国的资本和更新其消费基金。构成一国资本的产品是不能消费的。施托尔希的问题是，他不能证明他的观点。

对于“斯密教条”的另一种形式，即消费者必须最终把全部产品价值支付给生产者，马克思也进行了剖析。他说，如果斯密在这里说的是消费资料，那是正确的。“全体消费者能够支付这个价值额的全部，因为尽管每个单个商品的价值是由 c+v+m 构成的，但是，一切进入消费基金的商品的价值总额，最大限度也只能等于分解为 v+m 的那部分社会产品价值，也就是等于由当年耗费的劳动加到原有生产资料——不变资本价值——中去的价值。”① 而不变资本的价值是按照两种方式由社会总产品中得到补偿的。一是通过两个部类之间的交换来补偿；二是第Ⅰ部类的不变资本是在本部类的内部实现的，其中一部分需要在第Ⅰ部类资本家之间交换，另一部分直接加入本企业的生产。可见这部分不变资本的价值根本不由消费者来支付。所以，斯密关于全部年产品价值最终必须由消费者来支付的说法，只有所谓消费者既包括个人消费者又包括生产消费者才是正确的。而产品的一部分由生产进行消费，就是说这部分产品必须作为资本来执行职能，不能作为收入来消费，这一部分产品的价值不能由消费者支付。所以，“斯密教条”的这一通俗说法是错误的。

马克思还提出，如果把他图式中的 3 000（v+m）只作为收入来考察，而没有注意到其中的 1 500v 也是资本家为继续雇佣劳动力而不得不使被消耗的劳动

① 《马克思恩格斯文集》第 6 卷，人民出版社 2009 年版，第 485 页。

能力得以恢复和保持所花费的资本（当然也是直接雇佣劳动力所花费的资本），似乎可变资本就消失了，就社会的角度来考察，似乎资本只由不变资本构成。拉姆赛就提出过这样的观点。他把可变资本叫做流动资本，把固定资本认为是不变资本。由于斯密把不变资本和可变资本的区别淹没在固定资本与流动资本的区别中，“拉姆赛所说的不变资本是由劳动资料构成的，他所说的流动资本是由生活资料构成的；二者都是有一定价值的商品；其中一个和另一个一样，都不能生产剩余价值”①。

十、资本和收入：可变资本和工资

在第20章第10节中，马克思分析和批判了资产阶级经济学的一种流行的错误观点，即：对一个人是资本的东西，对另一个人就是收入，反过来也是一样。马克思主要从四个方面来加以阐述。

第一，说明资本主义社会的年劳动大部分用来生产生产资料（即不变资本）。产品价值大于价值产品，其差额是不变资本价值的再现。在马克思的图式中，年产品价值是9 000，而价值产品是3 000。其中，2 000Ⅰ（v+m）将以生产资料的实物形式为第Ⅱ部类补偿2 000Ⅱc。可见，占有年劳动支出2/3的这部分，生产了新的不变资本，以便补偿在生产消费资料上所花费的不变资本价值。马克思说：“资本主义社会把它所支配的年劳动的较大部分用来生产生产资料（即不变资本），而生产资料既不能以工资形式也不能以剩余价值形式分解为收入，而只能作为资本执行职能。”② 可见，资产阶级经济学家所说的一个人的资本并不等于另一个人的收入。对此，马克思说资产阶级经济学家流行的、与“斯密教条”含义相同的“这种看法部分地说是正确的，如果使它具有普遍意义，那就是完全错误的”③。

第二，马克思对于可变资本在资本家手中作为资本执行职能，在雇佣工人手中则作为收入执行职能的说法，也进行了一般性的批评。他指出，这种观点是错误的。因为可变资本在资本家手中先是作为可能的货币资本，只有在转化为劳动力之后，才成为生产资本的组成部分，成为现实的可变资本。这时，资本家手中作为可变资本的货币形式的货币，在工人手中成为工资的货币形式。

① 《马克思恩格斯文集》第6卷，人民出版社2009年版，第487页。
② 《马克思恩格斯文集》第6卷，人民出版社2009年版，第489页。
③ 《马克思恩格斯文集》第6卷，人民出版社2009年版，第489—490页。

工人在用工资购买生活资料时，这些货币是作为收入的货币形式执行职能的。所以，并不是可变资本有两种职能，而是货币有两种用途。这是一切商品买卖都有的现象：同一货币在买者手中有一种用途，在卖者手中有另一种用途。一些资产阶级经济学家却把问题歪曲了，把货币的两种用途说成是同一货币实现了两种资本。资本家固然可以通过购买劳动力进行生产，将其货币作为可变资本，但劳动力却只是工人的财产而不是工人的资本。劳动力只有到资本家手中才能作为生产资本来发挥作用。

第三，一些流行的观点认为，在两大部类的交换中，对一方是不变资本的东西，对另一方就是可变资本和剩余价值，也就是收入，反过来说也是一样。马克思指出这种看法是似是而非的。对此，马克思着重分析了Ⅰv 和Ⅱc 之间的交换。第Ⅰ部类的劳动者将其劳动力出卖给第Ⅰ部类的资本家获得工资，然后再用所得的工资向第Ⅱ部类资本家购买消费资料。其间，工人出卖劳动力商品完成的流通是简单商品流通。其工资则在消费资料中实现，作为收入花掉。他的收入从货币形式转化为实物形式。对第Ⅱ部类资本家来说，必须把一部分消费资料出售给第Ⅰ部类的工人，将其转化为货币，然后才能用这些货币向第Ⅰ部类资本家购买生产资料作为生产资本。这里流通的形式是 W—G—W，但却是资本的运动。在 W—G 阶段，第Ⅱ部类的资本家以消费资料形式再生产出来的不变资本价值的一部分卖给了第Ⅰ部类的工人，使它重新转化为了货币形式。所以，使第Ⅱ部类不变资本发生形态转化的并不是第Ⅰ部类的可变资本，而是第Ⅰ部类工人的货币或者货币形式的收入。而第Ⅰ部类的资本家最初以可变资本的货币形态购买劳动力，将货币资本转化为生产资本，工人为第Ⅰ部类生产了生产资料，其中一部分是可变资本的等价物。第Ⅰ部类资本家通过向第Ⅱ部类资本家出售生产资料，将商品资本转化为货币资本。这个运动就是可变资本的循环，只是其间插入了生产过程。结果，第Ⅰ部类资本家重新以货币形式拥有其可变资本，另一方面工人必须继续出卖劳动力才能生存。可见，在社会资本再生产过程中的确存在资本流通和一般商品流通的交错，货币在其中起媒介作用。货币有时是资本所采取的形式，有时却是收入的形式。所以，不能说对一个人是资本的东西，对另一个人就是收入。

第四，马克思还从年劳动的结果上批评了上述错误观点。从年劳动的结果上看，第Ⅰ部类的可变资本经过了三种转换和三种形态，顺序为货币形态向生产资本形态的转换、生产资本形态向商品资本形态的转换，以及商品资本形态向货币资本形态的转换。“因为可变资本总是以某种形式保留在资本家手中，所以无论如何也不能说，它会转化为某人的收入。”① 而形成劳动者收入的，并不是资本家的资本，而是劳动者的货币工资。

十一、固定资本的补偿

在最初分析简单再生产的条件时，为了使核心问题简化，马克思假定了不变资本的价值在一年中全部转移到产品中，这实际上等于暂时撇开了固定资本的补偿问题。分析清楚简单再生产的条件后，在第 20 章第 11 节，马克思回过头来分析社会资本再生产过程中的固定资本补偿问题。固定资本价值补偿和实物补偿的不一致，使得社会资本的再生产和流通变得更加复杂。马克思通过对该问题的分析，进一步揭露了资本主义社会资本再生产过程中的矛盾。马克思在这里从两个角度展开分析。

首先，分析固定资本损耗的价值部分在货币形式上的补偿。按照马克思的图式，简单再生产条件下两大部类之间的平衡，以 2 000 Ⅱc 全部需要在物质上用第Ⅰ部类生产的生产资料进行替换作为前提。但是，2 000 Ⅱc 中有一部分是补偿固定资本价值损失的要素，它不需要立即以实物进行补偿，而要转化为货币逐渐积累起来。这样，两大部类之间的交换就会发生困难。假定Ⅰ（1 000v+1 000m）需要全部出售换取消费资料，但是第Ⅱ部类却只向第Ⅰ部类购买 1 800 的生产资料，其余 200 是货币贮藏。这样，2 000 Ⅱc＝1 800c+200c(d)。d 在这里代表损耗。

这样，需要考虑的交换就是：

Ⅰ. 1 000v+1 000m

↓

Ⅱ. 1 800c+200c(d)

两大部类彼此交换了 1 800 商品后，第Ⅰ部类还剩下 200m（生产资料），第Ⅱ部类还剩 200c（d）（消费资料）。假如第Ⅰ部类用相当于 200m 价值的货币向第Ⅱ部类购买消费资料 200c（d），但是第Ⅱ部类不向第Ⅰ部类购买生产资

① 《马克思恩格斯文集》第 6 卷，人民出版社 2009 年版，第 500 页。

料，那么，200 Ⅰm 就不能实现，对应于 200m 价值的货币也不能回到第Ⅰ部类。这种假定不仅与简单再生产的原理相矛盾，而且与预付的货币必然会回到起点的规律相矛盾。“当再生产（无论是简单的，还是规模扩大的）正常进行时，由资本主义生产者预付到流通中去的货币，必须流回到它的起点（无论这些货币是他们自己的，还是借来的）。这是一个规律，它永远排除了关于 200 Ⅱc（d）是靠第Ⅰ部类预付的货币来实现货币化的这一假设。”①

其次，分析固定资本的实物补偿。马克思认为，除去上面的假设后，“显然只剩下一个看起来更荒谬的假设：第Ⅱ部类自己把货币投入流通，以便商品中补偿固定资本损耗的价值组成部分得以转化为货币”②。这种假设的不合理只是表面的，因为第Ⅱ部类各个资本的固定资本处在再生产的完全不同的期限中。一部分资本家的固定资本需要在实物形态上进行更新，而另一部分资本家的固定资本还不需要用实物更新，只是以货币形式储存固定资本损耗的价值。

马克思对具体数字例子进行了分析。在马克思的图式中，除去两个部类之间彼此相抵的具有同等价值的商品额之后，余额可以表现为：

Ⅰ. 200m 商品

Ⅱ.（1）200c 货币+（2）200c 商品

这里，第Ⅱ部类的第一部分用 200 货币向第Ⅰ部类购买固定资本，第Ⅰ部类又用这些货币向第Ⅱ部类的第二部分购买消费资料。结果，第Ⅰ部类的余额 200m 实现了，第Ⅱ部类的第一部分在自然形态上更新了它的固定资本，第Ⅱ部类的第二部分则在货币形式上沉淀了固定资本损耗的价值。可见，为了使简单再生产顺利进行，第Ⅱ部类第一部分资本家需要在实物上进行更新的固定资本额必须等于第Ⅱ部类第二部分资本家需要折旧的固定资本价值额。“在这里先决条件显然是：第Ⅱ部类不变资本的这个固定组成部分，即按自己的全部价值再转化为货币，因而每年要用实物更新的固定组成部分（第一部分），应该等于第Ⅱ部类不变资本中另一个固定组成部分的年损耗，也就是等于以旧的实物形式继续执行职能，而其损耗（即转移到所参与生产的商品中去的价值损失）先要用货币来补偿的那个固定组成部分的年损耗。”③ 在第Ⅰ部类供给第

① 《马克思恩格斯文集》第 6 卷，人民出版社 2009 年版，第 511 页。
② 《马克思恩格斯文集》第 6 卷，人民出版社 2009 年版，第 512 页。
③ 《马克思恩格斯文集》第 6 卷，人民出版社 2009 年版，第 520 页。

Ⅱ部类的生产资料中，既包括不变资本的流动组成部分，又包括不变资本的固定组成部分；第Ⅰ部类在两种生产之间必须保持一定不变的比例。如果在Ⅱc（1）和Ⅱc（2）之间出现了不平衡，在Ⅱc（1）大于Ⅱc（2）时，就需要从外国输入商品；在Ⅱc（1）小于Ⅱc（2）时，就需要输出消费资料。这两种情况都需要对外贸易。

在上述分析的基础上，马克思进行了小结。在其他一切条件不变，即不仅生产规模不变，而且劳动生产率也不变的前提下，如果Ⅱc的固定资本要素，今年比去年有更大的部分要用实物更新，也就是Ⅱc（1）大于Ⅱc（2），就会引起下列情况：第一，如果第Ⅰ部类为第Ⅱ部类生产的固定资本增加了，供给第Ⅱ部类的流动资本就会相应减少，因为第Ⅰ部类为Ⅱc生产的总额不变。要使流动资本不减少，就要增加第Ⅰ部类的生产总额。第二，会有更多的货币作为单纯的购买手段从第Ⅱ部类流到第Ⅰ部类；对第Ⅱ部类来说，第Ⅰ部类单纯作为买者向它购买的商品则较少。因此，Ⅰm就会有一部分不能转化为消费资料，而是要保留在货币形式上。相反，如果第Ⅱ部类的Ⅱc中需要用实物更新的部分减少，即Ⅱc（1）小于Ⅱc（2），Ⅰm就会有一部分无法实现为货币，从而，Ⅱc也会有一部分相应地不能实现为货币。“因此，尽管是规模不变的再生产，但危机——生产危机——还是会发生。”①

总之，只要Ⅱc（1）和Ⅱc（2）之间失去平衡，就会出现矛盾。Ⅱc（1）大于Ⅱc（2）时，第Ⅰ部类的生产总额必须增加，否则就会出现生产不足。而在Ⅱc（1）小于Ⅱc（2）时，第Ⅰ部类的生产总额必须减少，否则就会出现生产过剩。这两种情况都可以通过对外贸易来弥补。“但是，对外贸易既然不是单纯补偿各种要素（按价值说也是这样），它就只会把矛盾推入更广的范围，为这些矛盾开辟更广阔的活动场所。”②

马克思指出，再生产的资本主义形式一旦废除，那么，社会再生产中，在消费资料生产中执行职能的固定资产需要在实物上进行更新的数量也会逐年不同，为了保证社会再生产的顺利进行，也必须有一定的储备（固定资产、原料、生活资料等）。“这种生产过剩等于社会对它本身的再生产所必需的各种物质资料的控制。但是，在资本主义社会内部，这种生产过剩却是一个无政府状

① 《马克思恩格斯文集》第6卷，人民出版社2009年版，第524页。

② 《马克思恩格斯文集》第6卷，人民出版社2009年版，第525页。

态的要素。”①

十二、货币材料的再生产

在第20章第12节，马克思分析了作为货币材料的金的再生产和流通，并且分析了一些人对于图克的责难，回答了流通中的货币量的问题。马克思是从三个问题的角度进行分析的。

首先，马克思在假定只有金是货币材料并且不考虑国际贸易的条件下，分析了作为货币材料的金的再生产和流通。马克思指出，金的生产和一般金属生产一样，都属于第Ⅰ部类。假定每年生产的金为30，其价值可分解为Ⅰg20c+5v+5m=30。其中，Ⅰg20c在第Ⅰ部类内部交换，（5v+5m）Ⅰg则与Ⅱc进行交换。在这里，5v表示金生产者以自己原有的货币支付给工人的工资，工人以它向第Ⅱ部类购买消费资料，这部分货币就流到第Ⅱ部类资本家手中。假如第Ⅱ部类的资本家只向Ⅰg购买价值2的金作为生产资料，Ⅰg手中就会流回2。这样，Ⅰg可以照样进行再生产，因为他生产的是金而不是普通商品。他可以将5v中的3铸成货币或换成银行券，与流回的2一起购买劳动力。至于Ⅰg5m，Ⅰg生产的金是货币材料，能直接用来向第Ⅱ部类购买消费资料。第Ⅱ部类将其中一部分用作生产资料，其余的“就作为Ⅱm中保留货币形式的部分，再形成货币贮藏的要素”②。所以，简单再生产必须包括货币积累或货币贮藏。这个现象每年不断重复，说明“再生产开始时，就有一个在数量上和商品交换相适应的货币资料存在于第Ⅰ部类和第Ⅱ部类的资本家阶级手中。即使扣除了由于流通货币的磨损而损失的金，这样的贮存也还是会发生的”③。

其次，马克思概括了对于英国古典经济学家托马斯·图克的责难：既然归根结底必须把资本家阶级本身看作投入流通的全部货币的源泉，每个资本家怎么能够从年产品中取出货币形式的剩余价值，也就是说，他从流通中取出的货币怎么能够比他投入的货币多呢？马克思曾在第17章谈到过这个问题。在这里，他对17章的阐述进行归纳后，给出了回答：

（1）这里唯一必要的前提是：有足够的货币可供年产品的不同要素进行交换。这个前提与商品价值中是否包含剩余价值无关。应该说明的是，总产品借

---

① 《马克思恩格斯文集》第6卷，人民出版社2009年版，第526页。
② 《马克思恩格斯文集》第6卷，人民出版社2009年版，第531页。
③ 《马克思恩格斯文集》第6卷，人民出版社2009年版，第531页。

以货币化的货币从何而来，而不是剩余价值借以货币化的货币从何而来。造成问题理解困难的原因是：第一，只考察资本的流通和周转，只把资本家看做人格化的资本，就会忽视资本家也是消费者和享受者，看不到资本家为了剩余价值的消费把货币投入流通。第二，资本家以收入的形式把一定量的货币投入流通会给人以假象，似乎他为剩余价值支付了等价物，并没有无偿占有剩余价值。实际上，货币流通决不能改变资本家无偿占有剩余价值的事实。它只是说明资本家不是以自己的实物形式占有剩余产品，而是从社会剩余产品总额中取出了相当于他占有剩余价值的量的商品。

（2）每个产业资本家开始营业时，为了购买固定资本的要素，都会一次性向流通中投入大量货币，但这些货币要在好几年内通过出售产品逐步流回。所以，在这个角度上看，一年中从流通中取出的货币比投入的货币少。在生产周期长的产业部门，资本家在生产期间要不断地将货币投入流通来购买劳动力和生产资料，而起初并没有任何商品投入市场。“在这期间，他们投入流通的货币就会使商品价值（包括其中所包含的剩余价值）转化为货币。”①

（3）生产金的资本家不断地把货币投入流通，但是只从流通中取出商品。

（4）至于并非当年生产的各种东西（如房屋）以及生产期间不止一年的产品（如牲畜、木材等）的流通，那就要靠贮藏货币发挥媒介作用。马克思指出：“对于这种现象和其他现象，重要的是掌握住一点：除了直接流通所需要的货币额外，总有一定量货币处于潜在的、不执行职能的状态，一旦遇到某种推动就可以执行职能。”② 另一方面，并非再生产过程的一切运动都必须以货币流通为媒介（如农业工人获得的实物报酬）。

根据以上分析，马克思得出的结论是：“年产品借以流通的货币量，是社会原有的，是逐渐积累起来的。这个货币量不是当年的价值产品，但是，用来补偿已经磨损的铸币的金是例外。”③

在这一节的最后，马克思强调了货币对于资本主义经济的重要作用。他说，假定流通中只有现金买卖，这不仅仅是分析方法上的需要。因为，对于这种“以自然形式表现的货币流通”的最简单的考察就已经表明：（1）“在发达的资本主义生产的前提下，从而在雇佣劳动制度占统治地位的前提下，货币资

① 《马克思恩格斯文集》第 6 卷，人民出版社 2009 年版，第 535 页。
② 《马克思恩格斯文集》第 6 卷，人民出版社 2009 年版，第 536 页。
③ 《马克思恩格斯文集》第 6 卷，人民出版社 2009 年版，第 536 页。

本显然起着主要的作用，因为它是可变资本借以预付的形式。雇佣劳动制度越发展，一切产品就越要转化为商品，因此，除了几个重要的例外，产品全都必须经过转化为货币这样一个产品运动的阶段。”① （2）在资本主义生产的基础上，货币在年产品交换中自发地流出和流入。对于这种自发运动中的各种复杂因素，“只有通过经验才会被人察觉、引人注意，以便有计划地既用来采取信用制度的各种机械性的辅助手段，又用来实际捞取现有的可贷资本”②。

十三、德斯杜特·德·特拉西的再生产理论

在第 20 章第 13 节，马克思批判了法国学者德斯杜特·德·特拉西的再生产理论。特拉西把在成本价格之上出售商品说成是利润的来源。他还认为，资本家致富有三个途径：资本家之间彼此出售商品，向雇佣工人出售商品，向有闲资本家（地主和放贷取息的资本家）出售产品。

马克思指出，首先，资本家之间的互相欺诈不是发财致富的源泉。资本家之间超过价值出售商品只会抬高商品的名义价格，以卖者身份获得的利润又会以买者的身份丧失，而且还会增加流通费用。其次，资本家也不能靠欺骗劳动者来获取利润。工人只能以他们得到的收入来向资本家购买消费品，希望少付给工人报酬，抬高对其售价是根本做不到的。如果工人得到的报酬无法维持生存，资本主义也就无法存在了。最后，通过向有闲资本家出售产品来获取利润也是荒谬的。购买商品要以其购买力为限，有闲资本家的地租和利息要靠他们与产业资本家之间对剩余价值的分割获得，产业资本家多得，有闲资本家就要少得，反之亦然。

第三节 积累和扩大再生产

在进入正式分析之前，马克思说明了资本积累的价值前提和物质前提。他指出，资本积累就是剩余价值的资本化。资本家首先要把生产的商品转化为货币，再把其中代表剩余价值的货币转化为追加资本的生产要素。剩余价值转化

① 《马克思恩格斯文集》第 6 卷，人民出版社 2009 年版，第 537 页。
② 《马克思恩格斯文集》第 6 卷，人民出版社 2009 年版，第 539 页。

为资本需要两个条件：其一，在一定的技术条件下，追加的货币额应该达到足以适应扩大再生产的需要。其二，生产在事实上已经按照扩大的规模进行，从而市场上已经存在追加资本所需要购买的生产要素，即生产资料和劳动力（消费资料）。马克思强调，货币能够引起扩大再生产，“这是由于再生产扩大的可能性在没有货币的情况下就已经存在”①。

为了进一步说明货币贮藏（积累）和实际积累的关系，马克思指出，由剩余价值积累起来的货币贮藏并不代表新的社会财富，它只代表过去的财富，“但是由于它贮存后所要执行的职能，它还是代表着新的可能的货币资本”②。货币贮藏不是实际的积累，必须在价值前提和物质前提都具备的情况下才有实际的积累发生，但货币贮藏后的职能是要转化为追加的生产资本要素。从这个意义上说，它已经是资本，但不是实际的资本，而是可能的资本，不是原有的资本，而是新的追加资本。所以，货币积累只是实际积累的一个条件，是实际积累的开始。

积累的货币从哪里来呢？马克思说，假定社会再生产各部分之间的流通没有交错，是直线进行的，那么，所有的资本家都要积累货币，就得假定把商品都卖给金的生产者，金生产者只买不卖，他生产的剩余价值量就要相当于要作为贮藏货币的社会年剩余价值量，而这显然是荒谬的，既不符合再生产的要求，也不符合再生产的实际。

一、第Ⅰ部类的积累

在解决货币积累这个表面的困难之前，需要对两大部类的积累进行分别考察。马克思在第21章第1节首先考察了第Ⅰ部类的积累。在这里，他首先分析了货币积累，然后分析了现实生产要素的积累，其中重点分析了存在相对过剩人口条件下追加的不变资本积累的问题。

（一）货币贮藏

马克思通过对第Ⅰ部类资本家进行货币贮藏的条件进行分析，回答了该章引言中提出的问题，进而揭示了货币贮藏如何加深资本主义再生产的对抗性矛盾。他指出，为贮藏货币而单方面的卖和为追加生产资本要素而单方面的买之

① 《马克思恩格斯文集》第6卷，人民出版社2009年版，第551页。
② 《马克思恩格斯文集》第6卷，人民出版社2009年版，第552页。

间保持平衡，是货币贮藏的条件。

积累首先从第Ⅰ部类开始。第Ⅰ部类是由许多部门和企业组成的。它们分别处在积累的不同阶段，不可能同时扩大生产规模。马克思把第Ⅰ部类的资本家分为A和B两部分。当一部分资本家A、A′、A″等处在货币贮藏阶段，另一部分资本家B、B′、B″等则处于将贮藏的货币转化为生产资料，即实际积累阶段。前者只卖不买，后者只买不卖。于是，A、A′、A″等出卖的商品，按其用途要作为B、B′、B″等追加不变资本的要素，即作为生产资料来使用。一部分资本家为贮藏货币的单方面出卖，与另一部分资本家为追加生产资本要素的单方面购买在价值上相等，这是第Ⅰ部类资本家能够进行货币贮藏的条件。所以，贮藏的货币是由进行实际贮藏的资本家提供的。但是，货币贮藏的前提却是剩余产品的连续生产。A、A′、A″等能够片面出卖的正是这个剩余产品。无此前提，货币贮藏就是无源之水。因此，流通的条件归根结底是由生产的条件决定的。

流通领域实际上有许多资本家同时进行货币贮藏，这能否造成流通障碍呢？马克思说，早在资本主义之前的简单商品流通就已有货币贮藏了，因此，社会现有货币量总是大于实际流通的货币量，不同的只是资本主义下的货币贮藏已经成为“资本主义生产过程的一个内在因素”①。资本主义的信用制度则使贮藏货币积累在银行等手中，成为能够增殖的资本。

马克思还批判了资产阶级政治经济学关于商品流通必然造成买卖平衡的观点。他说：“年产品的不同组成部分的交换，也就是这些组成部分之间的流通（……），其前提决不是接着以卖为补充的商品的单纯的买，或者接着以买为补充的商品的卖”②。接着，马克思以简单再生产条件下Ⅱc中的固定资本如何进行价值补偿和实物更新的例子，进一步论证了货币贮藏的条件必须是单方面的售卖与单方面的购买相适应。其实，固定资本在它执行职能的全部时间内用不着更新，它磨损的价值通过折旧逐渐地以货币形式沉淀下来；只是在它的使用寿命结束时，才进行实物更新。Ⅱc的固定资本周期更新的前提是，一方面Ⅱc中的一部分固定资本要进行实物更新，因而用货币进行单纯的买，这同时就是Ⅰm单纯的卖；另一方面Ⅱc中的另一部分固定资本用不着进行实物更

① 《马克思恩格斯文集》第6卷，人民出版社2009年版，第554页。
② 《马克思恩格斯文集》第6卷，人民出版社2009年版，第555页。

新，因而它磨损的价值通过相应数量的产品的单纯的卖，换回货币沉淀下来，这同时就是Ⅰm 的单纯的买。这里的交换得以正常进行的条件是，Ⅱc 的单纯的买，按价值量来说，必须和Ⅱc 的单纯的卖相等；同样，Ⅰm 对Ⅱc 单纯的卖，也必须与Ⅰm 对Ⅱc 单纯的买相等。不然，简单再生产就会遭到破坏。同理，在扩大再生产条件下，第Ⅰ部类中进行货币积累的资本家 A、A′、A″等单方面的卖在价值量上也必须要和进行实际积累的资本家 B、B′、B″等单方面的买相等。

接下来，马克思指出，货币贮藏增加了危机的可能性。由于资本主义经济现实中的交换是单方面的买和单方面的卖，只有当二者在价值量上相等时，买卖才能保持平衡。而这种平衡是资本主义正常再生产的必要条件。事实上，买卖脱节在简单商品流通中已经存在，它包含了危机的可能性。在资本主义经济中，货币是作为资本来流通的，货币贮藏一方面造成再生产能够正常进行的某些条件，另一方面这些条件由“转变为同样多的造成过程失常的条件，转变为同样多的危机的可能性”①。实际上，在这种再生产的自发形式中，平衡本身就是一种偶然现象，货币贮藏与实际积累的经常不平衡，更增加了买卖脱节，使危机的可能性必然随之增大。马克思还指出，Ⅰv 和Ⅱc 相应价值额的交换，尽管在结果上是等额价值的 W（Ⅰ）和 W（Ⅱ）的交换，但这并不直接发生在两大部类资本家之间。这是由第Ⅰ部类的资本家、工人和第Ⅱ部类的资本家三方面单纯的买和单纯的卖来实现的：第Ⅰ部类的资本家对第Ⅰ部类的工人（购买和出卖劳动力），第Ⅰ部类的工人对第Ⅱ部类的资本家（购买和出卖消费品），第Ⅱ部类的资本家对第Ⅰ部类的资本家（购买和出卖生产资料）。这三者彼此独立又互为条件，形成相互交错的极为复杂的过程。交换过程的复杂性，“呈现出同样多的造成过程失常的原因”②。过程越复杂，比例失调的可能性越大。

（二）追加的不变资本

分析过货币积累问题后，马克思又来分析追加的不变资本，从而说明扩大再生产的物质基础是在简单再生产内部生产出来的。马克思的说明分为两个层次。

---

① 《马克思恩格斯文集》第 6 卷，人民出版社 2009 年版，第 557 页。

② 《马克思恩格斯文集》第 6 卷，人民出版社 2009 年版，第 558 页。

第一个层次的分析说明追加的不变资本来源于第Ⅰ部类工人的剩余劳动。

第Ⅰ部类追加的不变资本是本部类工人的剩余劳动创造的剩余产品中的一部分，其实物形态是生产生产资料的生产资料。一部分资本家通过不断地把这个剩余产品出售给另一部分资本家来进行货币贮藏，形成追加的可能的货币资本。这个剩余产品在其购买者手中才执行追加的不变资本的职能，但在其出售者手中只是潜在的追加不变资本。为了说明扩大再生产和简单再生产的区别与产品价值的绝对量无关，马克思假定第Ⅰ部类的资本和劳动量都没有增加，“在这里，区别只在于所使用的剩余劳动的形式，只在于它的特殊的有用方式的具体性质”①。在简单再生产条件下，这个剩余劳动支出在生产消费资料的生产资料上，而在扩大再生产条件下，它是支出在生产生产资料的生产资料上。因此，为了从简单再生产过渡到扩大再生产，第Ⅰ部类要多为本部类生产不变资本的要素，少为第Ⅱ部类生产不变资本的要素。

所以，如果只考察价值量的话，扩大再生产的物质基础是在简单再生产内部生产出来的，是“直接用在第Ⅰ部类生产资料的生产上的、用在第Ⅰ部类潜在的追加资本的创造上的第Ⅰ部类工人阶级的剩余劳动”②。所以，马克思所说的第Ⅰ部类中出售剩余产品所得到的潜在的追加货币资本，在这里不过是追加地生产出来用于第Ⅰ部类的生产资料的货币形式。这里，生产规模并未改变，只是生产过程中工人的剩余劳动支出追加在第Ⅰ部类不变资本要素的生产上。因此，经过流通领域逐渐沉淀下来的潜在的货币资本的生产，只是潜在的追加生产资本多方面生产的结果和表现。这种生产资本的形成，产业资本家并没有支出任何追加货币。一些资本家手中的潜在的货币资本（货币贮藏），是由他们的剩余产品单方面的出售形成的，是从流通中取出的货币转化为货币贮藏的，它绝不意味着贵金属财富的增加，只是改变了流通中的货币的职能。对此，马克思说：“追加货币资本的形成和一个国家现有贵金属的数量彼此之间是没有任何因果关系的。”③

由于积累的现实基础是剩余产品的生产，一国已经执行职能的生产资本越多，劳动生产率越高，科技越发达，剩余产品的量就越大。因而，在生产生产资料的资本家手中以剩余产品形式存在的、潜在的追加生产资本及其转化为潜

① 《马克思恩格斯文集》第6卷，人民出版社2009年版，第559页。

② 《马克思恩格斯文集》第6卷，人民出版社2009年版，第559页。

③ 《马克思恩格斯文集》第6卷，人民出版社2009年版，第560页。

在的货币资本的量也越大。所以，在资本主义制度下货币资本过剩的原因在于生产过剩。马克思指出，潜在的货币资本作为贮藏货币，是绝对非生产的，但资本家总是设法利用这种潜在的货币资本取得利润和收入，而信用制度和有价证券则是主要手段。潜在的货币资本借此会很快地转化为职能资本，对资本主义生产产生巨大的影响。当然，随着执行职能的资本的增大，每年再生产的潜在的货币资本的量也会增大，从而有利于资本的分裂。这种资本可以更迅速地投入到企业中，加快资本主义生产的发展。

在第二个层次中，马克思分析了进行实际积累的资本家购买生产资本要素的货币来源。

直接生产生产资料的资本家为生产并占有剩余产品，只需要在生产上垫支可变资本和不变资本，不需要支出其他货币，其生产的结果直接为扩大再生产提供了潜在的追加资本。但另一部分不直接生产生产资料的资本家则必须用货币购买前者的剩余产品，才能实际追加不变资本。但他们的货币从何而来呢?

前面说过，由于历史上的原因，每个部类的资本家手中必定都有一定量的货币来交换彼此的剩余产品。在简单再生产条件下，第Ⅰ部类资本家把剩余产品全部拿来与Ⅱc 相交换，预付的货币仅仅作为收入用于购买消费品。在扩大再生产条件下，流通中的商品总量并未增加，只是改变了用途，第Ⅰ部类资本家只将剩余产品中的一部分在本部类的内部交换。在简单再生产条件下第Ⅰ部类资本家以前为购买消费品而预付的货币，现在却有一部分为购买生产资料预付出去了。以前货币是当做收入的流通手段，现在是当做资本的流通手段。这说明在价值量不变的条件下，追加不变资本不会增加流通中的货币量，改变的只是货币的职能。这里唯一的前提是，国内的现有的货币量不仅要适应流通的需要，而且还要适应贮藏货币的储备需要。这个前提在简单商品流通中也是必须具备的，只是现在一方面贮藏货币的职能改变了，另一方面这种货币的需要量会随着资本主义生产的发展而日益增加。

最后，马克思强调，在考察扩大再生产时，要假定贵金属充当流通手段，这样才能排除信用制度对流通的人为调节，“事物才会以自然形式，而不是以后来所反映的形式表现出来”①。

（三）追加的可变资本

在分析追加的可变资本时，马克思说明了资本主义生产本身准备了随时可

---

① 《马克思恩格斯文集》第 6 卷，人民出版社 2009 年版，第 564 页。

供剥削的劳动力，因而对可变资本不必多加考察，重要的是要有生产的实际扩大以提供追加的不变资本要素。

由于资本主义下相对过剩人口的存在，追加的劳动力总是会有的，甚至不必追加劳动力，只要延长劳动时间或提高劳动强度就可扩大再生产。马克思说，这里，“只要假定，新形成的货币资本中可以转化为可变资本的部分，在应该转化时总会找到劳动力”，① 就可以了。马克思还指出，以积累为基础的扩大再生产，如果从价值方面考察，金生产者生产的剩余价值，作为潜在的货币资本的积累，只要达到一定量，既可以直接转化为新的可变资本，也能够直接转化为不变资本；但是从实物形态考察，追加劳动力是现成的，而追加生产资料却必须在生产实际扩大的条件下才有可能。

二、第Ⅱ部类的积累

在第21章第2节，马克思主要说明了第Ⅰ部类单方面的积累会造成第Ⅱ部类实现的困难。从整个社会资本再生产的角度考察积累，要求两大部类各要素必须重新组合。对这个问题，马克思也分两个层次加以说明。

第一个层次解释在第Ⅰ部类单方面积累的条件下，第Ⅱ部类实现所遇到的困难。马克思分析说，在考察第Ⅰ部类积累时，曾经抽象假定A（Ⅰ）把剩余产品卖给B（Ⅰ）。现在假定A（Ⅰ）把剩余产品卖给B（Ⅱ），但是不会紧接着购买消费资料。这样，从A（Ⅰ）方面看，尽管形成了潜在的追加货币资本，但是，从B（Ⅱ）角度看，则有同等价值额的一部分商品卖不出去，这部分商品就发生了生产过剩。这使不变资本不能全部得到更新，以至第Ⅱ部类连简单再生产也不能维持。所以，从整个社会再生产来考察，A（Ⅰ）的片面售卖，就会造成B（Ⅱ）的生产过剩。这只是简单再生产的情况，还不是实际的扩大再生产。

从简单再生产过渡到扩大再生产，Ⅱc方面遇到的第一个困难是，第Ⅱ部类的商品资本的一部分如何转化为本部类不变资本的实物形式。按照Ⅰ(1 000v+1 000m)和2 000Ⅱc交换的公式考察，如果第Ⅰ部类的剩余产品的一半即500Ⅰm用于本部类追加的不变资本，则第Ⅰ部类只有Ⅰ(1 000v+500m)和2 000Ⅱc交换，而有500Ⅱc不能实现。Ⅱc发生生产过剩的程度恰好与第Ⅰ

① 《马克思恩格斯文集》第6卷，人民出版社2009年版，第564页。

部类已经扩大的程度相适应。而且，第Ⅱ部类的生产过剩也许还会严重地反映到第Ⅰ部类上来。“第Ⅰ部类的资本家将会发觉，仅仅因为他们有扩大再生产的企图，就连规模不变的再生产也会受到阻碍。”① 所以，要使再生产能够顺利进行，就要求两大部类各要素之间的组合必须互相适应。

第二个层次指出，用简单再生产的公式不能说明积累。有人认为，Ⅱc 卖不出去的 500 是第Ⅱ部类所需要的储备。马克思指出，这种说法是回避困难，而不是科学地说明问题，原因有三个：第一，两个部类都必须有商品储备，只是储备的商品种类不同。“如果我们忽视了一方面的这种储备，也就必定忽视另一方面的储备。但是，如果我们把两方面都考虑到，问题就不会发生任何变化。”② 第二，如果第Ⅱ部类在年终为下一年留储备，那么去年年终同样要为今年年初留储备，两者抵消，仍然一样。第三，分析简单再生产时没有遇到这个困难，这表明它是一种特殊的现象。“这种现象之所以发生，只是由于第Ⅰ部类的各要素之间（就再生产来说）有了不同的组合，没有这种组合的变化，就根本不可能发生规模扩大的再生产。”③ 要克服这个困难，就要求第Ⅱ部类的各要素之间的组合相应地发生变化。

三、用公式来说明积累

在第 21 章第 3 节，马克思主要阐述了扩大再生产条件下社会总产品实现的条件，进一步揭示了两大部类之间的关系以及资本主义生产方式的内在矛盾。这是全篇和全章的重点。

马克思首先用生产各要素的重新组合来说明积累。他用新的公式来说明扩大再生产：

$$\left.\begin{array}{l}\text{Ⅰ}.\ 4\ 000c+1\ 000v+1\ 000m=6\ 000\\ \text{Ⅱ}.\ 1\ 500c+376v+376m=2\ 252\end{array}\right\}=8\ 252 \qquad (1)$$

和以前的简单再生产公式相比，公式（1）的产品价值总额小于简单再生产的公式，前者是 8 252，后者是 9 000。马克思在这里选择了不一样的数值，是为了说明扩大再生产与产品价值的绝对量无关，主要是改变了生产各要素的

① 《马克思恩格斯文集》第 6 卷，人民出版社 2009 年版，第 567 页。

② 《马克思恩格斯文集》第 6 卷，人民出版社 2009 年版，第 568—569 页。

③ 《马克思恩格斯文集》第 6 卷，人民出版社 2009 年版，第 569 页。

组合关系，“这种改变是以后随着发生的规模扩大的再生产的物质前提”①。马克思为进一步说明这个问题，列举了公式（2）与公式（1）进行比较。

$$\left.\begin{aligned}&\text{Ⅰ}.4\ 000c+875v+875m=5\ 750\\&\text{Ⅱ}.1\ 750c+376v+376m=2\ 502\end{aligned}\right\}=8\ 252 \qquad (2)$$

公式（1）和公式（2）的产品价值总额不变，但由于各种要素的组合不同，公式（1）的组合包含了扩大再生产的物质基础，Ⅰ（1 000v+1 000m）与1 500Ⅱc 相交换后还留下 500Ⅰm 可供两个部类进行积累。而公式（2）中Ⅰ（875v+875m）与 1 750Ⅱc 交换后就没有剩余可供积累了。可见，Ⅰ(1 000v+1 000m)>1 500Ⅱc 正是扩大再生产的基础。两大部类生产要素的这种重新组合，解决了前面提到的Ⅱc 遇到的困难。

接着，马克思说明了第Ⅱ部类积累所需要的货币的来源。他首先假定两大部类都把 m 的一半用于积累。这样就有Ⅰ（1 000v+500m）与 1 500Ⅱc 交换，这在简单再生产部分已经分析过。第Ⅰ部类的 4 000c 重新转化为不变资本，也不必再分析。只需要考察 500Ⅰm 和Ⅱ（376v+376m）。“一方面要考察第Ⅰ部类和第Ⅱ部类各自的内部关系，另一方面要考察两个部类之间的运动。”② 马克思先考察了第Ⅱ部类的积累。假定第Ⅱ部类 376m 的一半即 188 用于积累，其中有 1/4 即 47 用于追加可变资本，以整数计，可以说有 48 用于追加可变资本，而剩下 140 用于追加不变资本。追加的可变资本 48 在第Ⅱ部类内部交换，而追加的不变资本 140 需要和Ⅰm 中的相同价值额进行交换。但由于 500Ⅰm 全部用于第Ⅰ部类的积累上，便不能用来和第Ⅱ部类的商品交换。所以，第Ⅱ部类必须用现金购买 140Ⅰm。这就产生了一个新问题：第Ⅱ部类所需的货币从哪里来？马克思将这个问题放在稍后一些进行分析，而首先从理论上对几种关于货币来源的错误观点加以排除。

马克思先指出，第Ⅱ部类资本家预付的 376v 可通过工人购买消费品流回来，但货币不会增加。所以，这不会成为货币积累的来源。而“这个货币也不能从这个流通中取出，以便形成贮藏起来的、潜在的新的货币资本”③。马克思还排除了另外两种关于货币来源的错误观点：一是把工资降低到劳动力价值以下。他说，按正常工资支付是在一定关系下不得不支付的，而不是出于资本家

① 《马克思恩格斯文集》第 6 卷，人民出版社 2009 年版，第 570 页。
② 《马克思恩格斯文集》第 6 卷，人民出版社 2009 年版，第 571 页。
③ 《马克思恩格斯文集》第 6 卷，人民出版社 2009 年版，第 572 页。

的好心。所以，这种说法应该排除。二是以抬高物价来降低实际工资。这不过是变相降低工资，应该和前者一样被排除。马克思说："在对资本主义机制进行客观分析时，不能利用这个机制所具有的某些特别的污点作为借口，来排除理论上的困难。"① 至于想从 376m 中找到货币来源的想法，似乎更不行。因为第Ⅱ部类资本家之间互相出售消费资料，货币只是起到流通手段的作用。在正常情况下，等价交换的原则既不会增加也不会减少货币。最后，用第Ⅱ部类内部的资本家之间互相欺骗来说明货币的来源，也解决不了问题。对于用Ⅱm 中代表必要生活资料的部分直接转化为第Ⅱ部类新的可变资本的说法，马克思在后面部分进行了分析。

马克思用两个例子来分析积累和扩大再生产的实现过程。

（一）第一例

假定规模扩大的再生产的开始公式是：

$$\left.\begin{array}{l}\text{Ⅰ}.\ 4\,000c+1\,000v+1\,000m=6\,000\\ \text{Ⅱ}.\ 1\,500c+750v+750m=3\,000\end{array}\right\}=9\,000$$

再假定：积累条件下资本有机构成 c∶v 不变，Ⅰ为 4∶1，Ⅱ为 2∶1；m′也不变，都是 100%。m 分为三部分：追加的不变资本 Δc+追加的可变资本 Δv+资本家的消费基金$\frac{m}{x}$。此外，还假定积累率$\left(\text{追加资本 }\Delta c+\Delta v\text{ 占剩余价值的比例}\frac{\Delta c+\Delta v}{m}\right)$第一部类为 1/2。因此，首先有Ⅰ（1 000v+500m/x）即 1 500Ⅰ（v+m）和 1 500Ⅱc 交换，这是简单再生产过程。Ⅰ有 1 000m/2 即 500 用于积累，其中，400 转化为ⅠΔc，100 转化为ⅠΔv。与此相适应，第Ⅱ部类需要拿出 750m/5 即 150 用于积累，其中，100 转化为ⅡΔc，50 转化为ⅡΔv。于是，为积累而改变的组合为：

$$\text{Ⅰ}.\ (4\,000+400)\,c+(1\,000+100)\,v+500m=6\,000$$

$$\text{Ⅱ}.\ (1\,500+100)\,c+(750+50)\,v+600m=3\,000$$

由于生产是在这个积累基础上进行的，因此，在第二年结束时，就得到：

$$\left.\begin{array}{l}\text{Ⅰ}.\ 4\,400c+1\,100v+1\,100m=6\,600\\ \text{Ⅱ}.\ 1\,600c+800v+800m=3\,200\end{array}\right\}=9\,800$$

假定第Ⅰ部类的积累率不变，仍为 1/2，第三年在新的基础上扩大再生产，

① 《马克思恩格斯文集》第 6 卷，人民出版社 2009 年版，第 573 页。

则第Ⅰ部类就有Ⅰ（1 100v+1 100m/2）= 1 650 要和第Ⅱ部类交换，但是Ⅱc 只有 1 600，因此 $\text{I}\left(v+\frac{m}{2}\right)>\text{II}c$。

为使两大部类的市场保持平衡，首先，第Ⅱ部类要从 800Ⅱm 中取出 50 转化为ⅡΔc，使Ⅰ（1 100v+550m/x）=（1 600+50）Ⅱc。为了推动 50ⅡΔc，第Ⅱ部类相应地还要从余下的 750Ⅱm 中取出 25 转化为ⅡΔv，可变资本的这个追加部分对第Ⅱ部类来说是直接的积累。于是，第Ⅱ部类的构成就变为：Ⅱ（1 650c+825v+725m）。

再看第Ⅰ部类积累的 550，也要分为两部分：440 转化为ⅠΔc，110 转化为ⅠΔv。110ⅠΔv 要与第Ⅱ部类相交换才能实现，因此，第Ⅱ部类就要从 725Ⅱm 中再取出 110 转化为ⅡΔc，同时还要相应地取出 55 转化为ⅡΔv。这样，第三年两大部类的重新组合就是：

Ⅰ.（4 400+440）c+（1 100+110）v+550m/x = 6 600

Ⅱ.（1 600+50+110）c+（800+25+55）v+560m/x = 3 200

其中，Ⅰ（1 210v+550m/x）= 1 760Ⅱc。

两大部类的积累互相适应，扩大再生产得以顺利进行，到第三年结束时，就得到：

$$\left.\begin{array}{l}\text{I}.\ 4\,840c+1\,210v+1\,210m=7\,260\\ \text{II}.\ 1\,760c+880v+880m=3\,520\end{array}\right\}=10\,780$$

由此可见，在扩大再生产过程中，如果 $\text{I}\left(v+\frac{m}{2}\right)>\text{II}c$，第Ⅱ部类就要从Ⅱm 中取出相应的部分弥补Ⅱc，使 $\text{I}\left(v+\frac{m}{2}\right)=\text{II}c$。弥补的部分对第Ⅱ部类来说就是直接的积累，从这点来看，第Ⅱ部类就需要比第Ⅰ部类积累得快，扩大再生产才能顺利进行。否则，两大部类之间就会出现不平衡。这也进一步说明，Ⅰ（v+m）>Ⅱc 只是扩大再生产的前提，而不是扩大再生产的平衡条件或实现条件。

根据以上方法，马克思共计算了五年，到第六年结束时的全部社会产品为：

$$\left.\begin{array}{l}\text{I}.\ 6\,442c+1\,610v+1\,610m=9\,662\\ \text{II}.\ 2\,342c+1\,172v+1\,172m=4\,686\end{array}\right\}=14\,348$$

总结五年的扩大再生产，社会资本由 7 250 增加到 11 566，增加了 60%。总剩余价值由 1 750 增加到 2 782，其中，资本家用于消费的剩余价值由 1 100

增加到 1 477，增加了 34%。这也进一步揭穿了资产阶级经济学家“节欲论”的谬误。图例表明，随着生产的扩大，资本家用于个人消费的剩余价值量也不断增加。

（二）第二例

$$\left.\begin{array}{l}\text{Ⅰ}.5\ 000c+1\ 000v+1\ 000m=7\ 000\\ \text{Ⅱ}.1\ 430c+285v+285m=2\ 000\end{array}\right\}=9\ 000$$

和第一个例子相比，这个例子的特点是：第一，资本有机构成较高，c∶v=5∶1。其前提是资本主义生产比以前有显著发展。第二，$\text{Ⅰ}\left(v+\frac{m}{2}\right)>\text{Ⅱ}c$，第一个例子中$\text{Ⅰ}\left(v+\frac{m}{2}\right)=\text{Ⅱ}c$。

马克思在这个例子中着重考察积累过程中两大部类的平衡条件或实现条件。这里简单再生产依然是扩大再生产的一个要素。假定第Ⅰ部类的积累率为1/2，1 000Ⅰm 中 500 用于积累，就有Ⅰ（1 000v+500m/x）= 1 500 要和Ⅱc 相交换，但Ⅱc 只有 1 430，必须从Ⅱm 中取出 70 补上，285Ⅱm 减去 70，还剩 215Ⅱm。于是，得到：

Ⅰ.5 000c+500m（待资本化的剩余价值）+1 000v+500m/x=7 000

Ⅱ.1 430c+70m（待资本化的剩余价值）+285v+215m=2 000

为了推动追加的 70ⅡΔc，相应要有追加的ⅡΔv=14，于是Ⅱm 又从 215 减少为 201。因此得出：Ⅱ（1 430+70）c+（285+14）v+201m。

Ⅰ(1 000v+500m/x)=(1 430+70)Ⅱc 是简单再生产过程，但具有一个特点，即对第Ⅱ部类来说，已经包括一部分积累。这“是由于在有积累的再生产中，$\text{Ⅰ}\left(v+\frac{1}{2}m\right)$不是单单由Ⅱc 来补偿，而是由Ⅱc 加Ⅱm 的一部分来补偿”①。马克思指出，由于Ⅱc 小于$\text{Ⅰ}\left(v+\frac{m}{2}\right)$，由Ⅱm 中补上的 70 在和Ⅰ(v+m)交换时，会立即得到实现。追加的 70 对第Ⅱ部类来说是直接的积累过程，是一部分剩余产品由消费资料的形式转化为不变资本的形式，而不是简单再生产过程中第Ⅱ部类不变资本的更新。如果第Ⅱ部类不将出售 70Ⅱm 得到的货币购买生产资料，即不进行现实的扩大再生产，而是将其作为货币资本贮藏起来，第Ⅰ部

① 《马克思恩格斯文集》第 6 卷，人民出版社 2009 年版，第 580 页。

类就会有 70 的生产资料卖不出去。"因此，第Ⅰ部类会发生相对的生产过剩，这是同第Ⅱ部类方面的再生产不同时扩大相适应的。"[①] 另外，70Ⅱm 合并到第Ⅱ部类的不变资本，同时要求第Ⅱ部类的可变资本相应增加 14。这种扩大又要以第Ⅱ部类由必要生活资料构成的那部分剩余产品的增长为前提。以上考察的积累过程中 $\mathrm{I}\left(v+\frac{m}{x}\right)$ 与Ⅱc 的关系说明，在有积累的再生产中两大部类之间的交换首先必须满足简单再生产的要求，而在 $\mathrm{II}c<\mathrm{I}\left(v+\frac{m}{x}\right)$ 的情况下，第Ⅰ部类的简单再生产已经包含了第Ⅱ部类的扩大再生产。

再来看积累部分，第Ⅰ部类积累的 500Ⅰm 分为两部分：5/6 即 417 转化为ⅠΔc，1/6 即 83 转化为ⅠΔv；相应地，第Ⅱ部类就要从 201Ⅱm 中取出 83 转化为ⅡΔc，为了推动 83ⅡΔc，又要从剩下的 118Ⅱm 中再取出 83 的 1/5 即 17 转化为ⅡΔv。这样，两大部类经过积累后的组合改变如下：

$$\mathrm{I}.\ (5\,000+417)\ c+\ (1\,000+83)\ v+500m/x=7\,000$$

$$\mathrm{II}.\ (1\,430+70+83)\ c+\ (285+14+17)\ v+101m/x=2\,000$$

两大部类正好平衡：Ⅰ（1 083v+500m/x）= 1 583Ⅱc。

马克思指出："不言而喻，既然把积累作为前提，Ⅰ（v+m）就大于Ⅱc，而不像简单再生产那样，和Ⅱc 相等。"[②] Ⅰ（v+m）必须大于Ⅱc 有两个原因：第一，为了积累，首先要有追加的生产资料的生产，因而Ⅰ（v+m）在扣除和Ⅱc 交换的部分之外，必须有余额用于追加第Ⅰ部类的不变资本；第二，这个余额的一部分还要为第Ⅱ部类追加不变资本提供材料。马克思的分析表明，第Ⅰ部类生产资料的生产在整个再生产过程中起主导作用，而且，Ⅰ（v+m）大于Ⅱc 的部分必须满足以上两项要求才包含两大部类之间的平衡条件。

马克思接下来分析了第Ⅱ部类消费资料的生产在整个再生产过程中对第Ⅰ部类生产的制约作用。他指出，第Ⅰ部类追加的实际可变资本是由劳动力构成的，一旦资本家把这些劳动力并入他们的资本，货币对于这种劳动力就成为对第Ⅱ部类商品的购买手段，因此，这种劳动力必须找到现成的消费资料。所以，"就像第Ⅰ部类必须用它的剩余产品为第Ⅱ部类提供追加的不变资本一样，

① 《马克思恩格斯文集》第 6 卷，人民出版社 2009 年版，第 584 页。
② 《马克思恩格斯文集》第 6 卷，人民出版社 2009 年版，第 580 页。

第Ⅱ部类也要同样为第Ⅰ部类提供追加的可变资本”[①]。第Ⅰ部类的积累离不开第Ⅱ部类的积累。可变资本的实物形式是必要消费资料，当第Ⅱ部类以必要消费资料的形式生产它的总产品的大部分，特别是剩余产品的大部分时，就同时为两大部类进行积累了。这里，马克思还驳斥了资产阶级报刊鼓吹工人应该“借助自己智力和德性的完善来提高自己的地位并成为一个合理消费者”[②] 的谬论，指出其实质是企图用延长劳动时间和降低工资来加强对工人的剥削，扩大资本家的消费品市场。

根据两大部类的积累要互相适应的原理，马克思得出了扩大再生产的实现条件或平衡条件：“Ⅰ（v+m）必须=Ⅱc 加上再并入资本的那部分剩余产品，加上第Ⅱ部类扩大生产所必需的不变资本的追加部分；而第Ⅱ部类扩大生产的最低限度，就是第Ⅰ部类本身进行实际积累，即实际扩大生产所不可缺少的最低限度。”[③] 其公式为：Ⅰ（v+m）=Ⅱc+ⅠΔc+ⅡΔc。

从两大部类的关系看，直接影响扩大再生产实现的就是它们相互交换的产品在价值上是否相等。撇开可以在第Ⅰ部类内部实现的追加的不变资本ⅠΔc，一方面，第Ⅰ部类要拿出来交换的就是原有的可变资本 v 和追加的可变资本 Δv，以及资本家的消费基金$\frac{m}{x}$，即Ⅰ$\left(v+\Delta v+\frac{m}{x}\right)$；另一方面，第Ⅱ部类要拿出交换的是原有的不变资本 c 和追加的不变资本 Δc，即Ⅱ（c+Δc）。只有Ⅰ$\left(v+\Delta v+\frac{m}{x}\right)$=Ⅱ（c+Δc），两大部类的产品才能全部实现。所以Ⅰ$\left(v+\Delta v+\frac{m}{x}\right)$=Ⅱ（c+Δc）就是两大部类平衡的基本条件。这个等式是作为Ⅰ（v+m）=Ⅱc+ⅠΔc+ⅡΔc 的基础被包含在其中的。我们可以通过下面的演算看出：如果把Ⅰm分解为$\Delta c+\Delta v+\frac{m}{x}$，则Ⅰ（v+m）=Ⅰ$\left(v+\Delta c+\Delta v+\frac{m}{x}\right)$=Ⅰ$\left(v+\Delta v+\frac{m}{x}\right)$+ⅠΔc，又Ⅰ（v+m）=Ⅱc+ⅠΔc+ⅡΔc，代入上式就有Ⅰ$\left(v+\Delta v+\frac{m}{x}\right)$+ⅠΔc=Ⅱ（c+Δc）+ⅠΔc，约去等式两边的ⅠΔc，就得到Ⅰ$\left(v+\Delta v+\frac{m}{x}\right)$=Ⅱ（c+Δc）。

① 《马克思恩格斯文集》第 6 卷，人民出版社 2009 年版，第 583 页。
② 《马克思恩格斯文集》第 6 卷，人民出版社 2009 年版，第 581 页。
③ 《马克思恩格斯文集》第 6 卷，人民出版社 2009 年版，第 583 页。

从扩大再生产实现的条件分析第二个例子可以看到，两大部类的平衡关系是：Ⅰ（1 000v＋83Δv＋500m/x）＝Ⅱ1 430c＋（70＋83）Δc＝Ⅱ（1 430c＋153Δc）。这样，第一年年终积累后的资本组成就是：

$$\left.\begin{aligned}&\text{Ⅰ}.\ (5\,000+417)\ c+\ (1\,000+83)\ v=5\,417c+1\,083v=6\,500\\&\text{Ⅱ}.\ (1\,430+70+83)\ c+\ (285+14+17)\ v=1\,583c+316v=1\,899\end{aligned}\right\}=8\,399$$

第Ⅰ部类的资本由6 000增加到6 500，增加1/12，第Ⅱ部类的资本由1 715增加到1 899，增加近1/9。以此类推，扩大再生产三年后，第Ⅰ部类的总资本由6 000增加到7 629，第Ⅱ部类的总资本由1 715增加到2 229，社会总资本由7 715增加到9 858。

经过对上面马克思所举的两个例子的分析，可以得出扩大再生产的基本原理：第一，简单再生产是扩大再生产的现实基础和出发点。Ⅰ（v+m）>Ⅱc是实现扩大再生产的条件，但它首先包含着Ⅰ（v+m）＝Ⅱc这个简单再生产的条件，只有在实现简单再生产的基础上，扩大再生产才能顺利进行。第二，积累要从第Ⅰ部类开始，它决定第Ⅱ部类的积累。它既为第Ⅱ部类提供追加的生产资料，同时也规定着第Ⅱ部类的积累规模。第三，第Ⅱ部类的积累反过来是第Ⅰ部类积累的条件和前提，没有它为第Ⅰ部类提供追加的消费资料，第Ⅰ部类的扩大再生产也难以实现。所以，两大部类的扩大再生产是互为条件、互相制约的。

（三）积累时Ⅱc的交换

首先，马克思分析了积累时与Ⅱc交换的几种情况。他指出，考察积累首先要确定积累率，即Ⅰm中有多少用于积累。假设积累率为1/2，然后讨论Ⅰ（v+m）和Ⅱc交换的三种情况：

第一，$\text{Ⅰ}\left(v+\frac{m}{2}\right)=\text{Ⅱ}c$，就像第一个例子那样。Ⅱc总是小于Ⅰ（v+m），这是扩大再生产的必要条件，否则第Ⅰ部类无法积累。

第二，$\text{Ⅰ}\left(v+\frac{m}{2}\right)>\text{Ⅱ}c$，如第二个例子。这时，为顺利实现第Ⅰ部类的积累，首先要完成Ⅰ（v+m）的补偿，因此要求Ⅱm拿出相应部分加到Ⅱc中去，使$\text{Ⅱ}c=\text{Ⅰ}\left(v+\frac{m}{2}\right)$。该增加部分是用剩余产品交换生产资料，是第Ⅱ部类的直接积累。这个积累同时还包括从本部类剩余产品中取出相应部分来增加可变资本。

第三，$\text{I}\left(v+\frac{m}{2}\right)<\text{II}c$。这时，第Ⅱ部类必须用现金向第Ⅰ部类购买一部分生产资料，才能使不变资本全部得到补偿。这种情况不是对Ⅱc的追加，因而不需要相应追加Ⅱv。另一方面，第Ⅰ部类中为了贮藏追加货币资本的那部分资本家，通过这种交换进行了货币积累。

其次，马克思指出，扩大再生产要求“$\text{I}\left(v+\frac{m}{x}\right)$必须总是小于Ⅱ（c+m）”①。我们知道，在积累条件下，Ⅰ（v+m）为两个部类提供追加的不变资本，两大部类之间才能实现平衡，因而Ⅰ（v+m）必须大于Ⅱc。同样，在积累条件下，第二部类除了补偿第一部类原有的可变资本并满足两个部类的资本家的个人消费之外，还必须为两大部类提供追加的可变资本，因而$\text{I}\left(v+\frac{m}{x}\right)$必须总是小于Ⅱ（c+m）。这反过来说，就是Ⅱ（c+m）必须总是大于$\text{I}\left(v+\frac{m}{x}\right)$，其差额等于第Ⅱ部类资本家在Ⅱm中用于自身消费的部分，再加上两个部类追加的可变资本。② 马克思强调，即便资本主义再生产周期内个别时期生产下降，但资本主义的常态是扩大再生产，这就排斥了Ⅱc=Ⅰ（v+m）的可能性。

马克思还指出，Ⅰ（v+m）和Ⅱc的关系不会因为第Ⅱ部类自己再生产一部分不变资本而有所改变，也不会因为第Ⅱ部类有一部分产品可以作为生产资料进入第Ⅰ部类而改变，因为这部分产品可以和第Ⅰ部类提供的一部分生产资料互相抵消。对两大部类之间的交换进行纯粹的考察时，就应该将这个部分从两个部类中剔除。

四、补充说明

在第21章的最后，马克思对积累过程中的货币来源作了三点补充说明。

第一，第Ⅱ部类的原始货币源泉是第Ⅰ部类内金的生产者用来和Ⅱc的一部分进行交换的v+m。只有金的生产者为进行实际积累而用作追加可变资本的那部分剩余价值，才会投入到第Ⅱ部类形成新的贮藏货币。换言之，第Ⅱ部类

---

① 《马克思恩格斯文集》第6卷，人民出版社2009年版，第588页。

② 原文为“其差额就是第Ⅱ部类的资本家阶级在Ⅱm中无论如何必须由自己消费的部分”（《马克思恩格斯文集》第6卷，人民出版社2009年版，第588页），漏掉了两个部类追加的可变资本。

的货币积累是由第Ⅰ部类内黄金的生产者对追加劳动力的购买或追加可变资本转化而来。

第二，为了扩大再生产，两大部类间的交换会在下列场合出现暂时的货币贮藏：对第Ⅰ部类来讲，当Ⅰm的一部分单方面出售给第Ⅱ部类作追加的不变资本而没有相应的购买时，会出现货币贮藏；对第Ⅱ部类而言，当第Ⅰ部类为取得追加可变资本而向第Ⅱ部类单方面购买，或第Ⅰ部类资本家用于个人消费的部分剩余价值不能由Ⅱc相抵，从而Ⅱm就会有一部分单方面在销售给第Ⅰ部类时，也会发生货币贮藏。

第三，第Ⅱ部类内部积累所需货币，可以由不同资本家处于不同的积累阶段来说明。在实际经济中，总是有一部分资本家处在只卖不买的货币贮藏阶段，而另一部分资本家则处在只买不卖的实际积累阶段。前一部分资本家的货币积累来自后一部分资本家，他们先前积累了货币，现在付出货币进行实际投资，付出货币的一部分要用来在本部门购买新增劳动力所需的生活资料，这部分货币又成为前一部分资本家的货币积累的来源。可见，货币积累的条件是单方面的卖和单方面的买总是处于不同的阶段。这对于第Ⅰ部类同样是适用的。

思考题：

1. 社会资本再生产的特点是什么？其核心问题是什么？
2. 什么是“斯密教条”？它的错误是什么？
3. 社会资本简单再生产的实现条件是什么？其具体含义是什么？
4. 社会资本扩大生产的前提条件是什么？实现条件是什么？其具体含义各是什么？
5. 货币流通在社会资本再生产中的作用是什么？有何特点？
6. 资产阶级经济学家不能正确理解社会再生产问题的原因是什么？

第三卷 资本主义生产的总过程

《资本论》第三卷研究作为生产过程与流通过程统一的资本主义生产的总过程。马克思这样概括："至于这个第三册的内容，它不能是对于这个统一的一般的考察。相反地，这一册要揭示和说明资本运动过程作为整体考察时所产生的各种具体形式。"① 在这里，他揭示了剩余价值在各种职能资本家之间分割的形式及数量界限，并按四个逻辑层次展开对剩余价值分割的解析。马克思还从总体上考察了资本主义社会的工资、利润和地租，批判了庸俗经济学家的三位一体的公式以及作为其来源的"斯密教条"。恩格斯为《资本论》第三卷写的序言，介绍了第三卷原稿情况及编辑过程，说明只有以劳动价值论为基础创建的平均利润和生产价格理论，才在政治经济学史上对这一问题第一次作了由本质到现象的系统的科学解答。

《资本论》第三卷共7篇52章，其内容大体上可分为四个部分。第一部分为第一篇至第三篇，研究一般利润率的形成及其变化的规律，也就是研究剩余价值在各个产业部门间分配的规律。第二部分为第四篇和第五篇，研究资本和剩余价值的各种具体形式，也就是研究剩余价值在资本家阶级内部进行分配的规律。第三部分为第六篇，研究作为剩余价值另一种转化形式的资本主义地租，也就是研究地主阶级参与剩余价值分配的规律。第四部分为第七篇，综合研究资本主义社会的各种收入及其源泉。

---

① 《马克思恩格斯文集》第7卷，人民出版社2009年版，第29页。

第十一章　剩余价值转化为利润和剩余价值率转化为利润率

本章介绍《资本论》第三卷第一篇的主要内容。在这一篇中，马克思说明了资本主义利润的本质是剩余价值，以及作为表层现象的利润如何歪曲地表现了资本和剩余价值的本质，分析了资本周转、不变资本的节约以及价格变动等因素对利润率的影响。利润理论深化了对于资本主义剥削关系的认识，破除了各种资本拜物教观念，揭示了各种为资本主义剥削辩护的理论的虚伪性。其中关于成本价格、利润、利润率及其影响因素的分析，对研究社会主义市场经济中的相关问题也有借鉴意义。

第三卷第一篇共 7 章。第 1 章和第 2 章阐述剩余价值如何转化为利润，剩余价值率如何转化为利润率，利润和利润率这个现象形态如何掩盖了剩余价值和剩余价值率的本质。第 3 章至第 6 章，着重研究影响利润率变动的因素，如剩余价值率的高低、资本周转速度的快慢、不变资本是否节省、生产资料价格的变化等。第 7 章则是对第一篇所研究问题的补充说明。

第一节　成本价格和利润

一、不变资本和可变资本价值转化为成本价格

在资本主义生产的商品价值中，补偿所费资本的价值部分颠倒地表现为商品价值的形成要素，并且采取成本价格的形式，而剩余价值表现为产品价值超过成本价格的余额，并且进一步表现为全部预付资本的产物，即表现为利润。这样，商品价值就表现为成本价格加上利润。

所谓的成本价格是商品价值中扣除剩余价值之后剩下的、在生产资料和劳动力上耗费的资本价值的等价物或补偿价值，即不变资本和可变资本价值之和 $c+v$。如果我们将成本价格表示为 k，则商品价值 $W=c+v+m$ 就转化为 $W=k+m$，即商品价值=成本价格+剩余价值。“商品价值的这个部分，即补偿所消耗的生产资料价格和所使用的劳动力价格的部分，只是补偿商品使资本家自身耗费的东西，所以对资本家来说，这就是商品的成本价格。”①

---

① 《马克思恩格斯文集》第 7 卷，人民出版社 2009 年版，第 30 页。

但是，成本价格反映的只是资本家的资本耗费，而不是生产商品的实际耗费，“商品使资本家耗费的东西和商品的生产本身所耗费的东西，无疑是两个完全不同的量”①。“商品的资本主义费用是用资本的耗费来计量的，而商品的实际费用则是用劳动的耗费来计量的。”② 因此，商品的实际费用或商品的实际成本价格，不仅包括耗费的各种生产资料即物化劳动，而且包括工人耗费的活劳动，因而商品的资本主义费用，即成本价格，在数量上小于商品价值。成本价格之所以按照商品生产上耗费的资本价值（不变资本和可变资本价值）来规定，这是由资本主义生产的特殊性决定的。资本家作为剥削者，在商品生产上只花费资本，工人的劳动在加入生产过程后，被资本家当做资本的一个要素来发挥作用。

成本价格的两个组成部分，不变资本和可变资本，虽然都是商品价值中补偿预付资本的部分，但是却存在本质的区别。

首先来看所耗费的生产资料的价值即不变资本。在商品生产过程中，生产资料的价值作为旧价值是被转移到新产品中去的，因此“这个旧价值是作为产品价值的组成部分再现出来的，而不是在这个商品的生产过程中产生的”③。在商品生产之前，这个价值已经作为预付资本的组成部分存在于生产资料之中；商品生产出来之后，它又形成商品价值的一个组成部分。“因此，所耗费的不变资本，是用它本身加到商品价值上的那部分商品价值来补偿的。”④ 就不变资本对产品价值的影响而言，“因为所耗费的不变资本会把它本身的价值转移到产品中去，所以在其他条件不变的情况下，产品价值将会随着这个资本价值的绝对量的增减而增减”⑤。

其次来看成本价格的另一个组成部分即耗费的劳动力价值或可变资本价值。在所生产的产品的新价值中，其中一部分将补偿预付的可变资本或劳动力的价格。但是，与不变资本价值不同，这个预付的可变资本价值却不参加新价值的形成。在生产过程中，劳动力作为价值形成的要素执行职能，而预付的可变资本价值，“在实际执行职能的生产资本中，为形成价值的活的劳动力自身

---

① 《马克思恩格斯文集》第 7 卷，人民出版社 2009 年版，第 30 页。
② 《马克思恩格斯文集》第 7 卷，人民出版社 2009 年版，第 33 页。
③ 《马克思恩格斯文集》第 7 卷，人民出版社 2009 年版，第 34 页。
④ 《马克思恩格斯文集》第 7 卷，人民出版社 2009 年版，第 34 页。
⑤ 《马克思恩格斯文集》第 7 卷，人民出版社 2009 年版，第 37 页。

所代替"[①]。因此，预付的可变资本不会将自身的价值加到产品中去，而用于补偿的是由劳动创造的新价值。"可变资本的绝对价值量的变化，只要仅仅表现劳动力价格的变化，就丝毫不会改变商品价值的绝对量，因为它并不改变由活动的劳动力创造的这个新价值的绝对量。"[②]

成本价格在资本主义实际活动中具有重要作用。一方面成本价格作为生产商品所耗费的生产要素价格必须得到补偿，商品生产才能继续下去。另一方面成本价格也是企业盈亏和竞争能力大小的标志。马克思说："政治经济学迄今没有理解的关于资本主义竞争的基本规律，即调节一般利润率和由它决定的所谓生产价格的规律，就是建立在商品价值和商品成本价格之间的这种差别之上的，建立在由此引起的商品低于价值出售也能获得利润这样一种可能性之上的。"[③]

由于商品生产上所耗费的不变资本和可变资本，被笼统地归结为成本价格，这两种资本在价值增殖中的不同作用便被掩盖起来了。在成本价格下，不论是不变资本还是可变资本，都一律表现为资本的支出。从这里能看到的唯一差别，是前者支付在生产资料上，而后者则支付在劳动力上。但是，对资本家来说，这种差别只不过是形式上的，因为如没有后一种资本支出，他固然不能取得剩余价值，而没有前一种资本支出，他同样也不能达到价值增殖的目的。如果再考虑到资本家实际上是在固定资本和流动资本的名义下计算商品成本价格的，那么，就连上述仅有的形式上的差别也会从他们的视野里消失掉。正是由于在成本价格形态下，不变资本和可变资本对价值增殖的不同作用被抹杀，"资本的增殖过程的神秘化也就完成了"[④]，资本主义的剥削关系也因此被掩盖起来了。

二、剩余价值转化为利润

以上说明了商品价值的一个组成部分，即成本价格。下面来说明商品价值的另一个组成部分，即超过成本价格的余额或剩余价值。

我们知道，剩余价值并不是由生产上所耗费的全部资本（c+v）带来的，

① 《马克思恩格斯文集》第 7 卷，人民出版社 2009 年版，第 34 页。
② 《马克思恩格斯文集》第 7 卷，人民出版社 2009 年版，第 37 页。
③ 《马克思恩格斯文集》第 7 卷，人民出版社 2009 年版，第 45 页。
④ 《马克思恩格斯文集》第 7 卷，人民出版社 2009 年版，第 40—41 页。

而是由其中的可变资本（v）带来的。可变资本购买的是劳动力，劳动力的使用即劳动乃是价值和剩余价值的唯一源泉。但是，资本家却不是这样看待问题的，他把剩余价值看做是在生产过程中所费的全部资本所带来的，是由这些资本本身生产出来的。这样一来，剩余价值就表现为资本家全部所费资本的一个价值增加额。而原来的那个能够清楚表明剩余价值真实来源的公式 c+（v+m）——它表示 m 只是由 v 所带来的，是 v 的一个增加量——也就变成了（c+v）+m，即剩余价值变成了所费资本的一个价值增加额。

不仅如此，对于资本家来说，剩余价值不但是他的全部所费资本的一个增加额，而且也是他的那些未曾耗费的预付资本的一个增加额。换句话说，剩余价值乃是他的全部所用资本的一个增加额，是由他的全部所用资本带来的。因为在他看来，那些未曾耗费的资本虽然不能参加商品的成本价格的形成，但由于它们作为生产的物质要素，同样参加了商品的生产过程，因而它们也就同样地“参加了”剩余价值的形成过程。马克思在阐述资本家对剩余价值来源的看法时指出：“总资本在物质上是产品的形成要素，不管它作为劳动资料，还是作为生产材料和劳动，都是如此。总资本虽然只有一部分进入价值增殖过程，但在物质上总是全部进入现实的劳动过程。或许正是由于这个原因，它虽然只是部分地参加成本价格的形成，但会全部参加剩余价值的形成。不管怎样，结论总是：剩余价值是同时由所使用的资本的一切部分产生的。”① 当人们不把剩余价值看做是可变资本的产物，而把它看成为全部预付资本的产物或增加额时，剩余价值便取得了另一个形态，即利润形态。

利润和剩余价值本来是一个东西，所不同的只是，剩余价值是对可变资本而言的，而利润则是对全部预付资本而言的。剩余价值是利润的本质，利润则是剩余价值的转化形式。如果我们以 p 表示利润，则商品价值的公式 W=c+v+m=k+m，就变成了 W=k+p，即商品价值=成本价格+利润。由于剩余价值采取了利润的形式，因而关于它如何产生的问题，便神秘起来，仿佛它就是资本自行产生出来的。剩余价值之所以会采取利润的形式，表现为全部资本的产物，并不是起因于人们的错觉，而是资本主义生产方式的现象形态在生产当事人头脑中的反映，“这个神秘化的形式必然会从资本主义生产方式中产

① 《马克思恩格斯文集》第 7 卷，人民出版社 2009 年版，第 43 页。

生出来”①。

在资本主义社会，利润之所以在观念上被当做全部预付资本的产物，首先由于商品价值中的不变资本和可变资本之和采取了成本价格的形式，因此，剩余价值就好像不是由可变资本产生，而是由全部预付资本产生的了。“因为在成本价格的表面的形成上，不变资本和可变资本之间的区别看不出来了，所以在生产过程中发生的价值变化的起源，必然从可变资本部分转移到总资本上面。”② 此外，由于工资表现为劳动的价值，好像工人的全部劳动都得到了报酬，因此，剩余价值就好像是由资本产生的了。“因为在一极上，劳动力的价格表现为工资这个转化形式，所以在另一极上，剩余价值表现为利润这个转化形式。”③

总之，所谓成本价格，不过是商品价值中的不变资本和可变资本，利润不过是商品价值中的剩余价值，但是正是由于不变资本和可变资本转变为成本范畴，商品生产过程中的劳动耗费被资本耗费替代，可变资本作为价值增殖唯一源泉的作用被抹杀，才使得剩余价值转化为利润。在成本价格和利润的形式下，剩余价值的真正来源，资本家对工人的剥削关系，就被掩盖了。

第二节 利 润 率

一、利润率的含义

利润率是剩余价值与总资本的比率。用公式表示，即 $p'=\frac{m}{C}$。“其中 C 表示总资本。这样我们就得到了一个与剩余价值率$\frac{m}{v}$不同的利润率$\frac{m}{C}=\frac{m}{c+v}$。”④

可以从利润率范畴的形成过程揭示出利润率的内涵。资本运动的总公式 G—W—G′表明，资本主义生产的目的是为了获取剩余价值。资本家把资本预付出去，购买生产资料，雇佣工人，组织生产，不仅是为了再生产出预付资

① 《马克思恩格斯文集》第 7 卷，人民出版社 2009 年版，第 44 页。
② 《马克思恩格斯文集》第 7 卷，人民出版社 2009 年版，第 44 页。
③ 《马克思恩格斯文集》第 7 卷，人民出版社 2009 年版，第 44 页。
④ 《马克思恩格斯文集》第 7 卷，人民出版社 2009 年版，第 51 页。

本，更为重要的是为了生产出超过预付资本的价值余额。至于这个余额到底是由预付可变资本产生的，还是由预付不变资本产生的，或者说，预付资本的各个组成部分在剩余价值生产的作用上到底有何区别，这对他来说是无关紧要的。并且，“因为资本家只有预付不变资本才能对劳动进行剥削，因为他只有预付可变资本才能使不变资本增殖，所以在他的心目中，这两种资本就完全混同在一起了”①。也就是说，对于资本家来说，不管剩余价值或利润从何而来，总归是超过成本价格以上的余额，从而也是超过预付总资本的余额。这个余额和总资本的比率，就是利润率。可见，利润率不是利润与可变资本之比，也不是与所费资本之比，而是与预付总资本即所用资本之比。

二、利润率是剩余价值率的转化形式

剩余价值率和利润率是同一剩余价值量以不同计算方法而得出的不同的比率。“用可变资本来计算的剩余价值的比率，叫做剩余价值率；用总资本来计算的剩余价值的比率，叫做利润率。”② 剩余价值率和利润率在量上是不一致的，利润率总是小于剩余价值率。

剩余价值率和利润率这两个比率具有性质上的区别。剩余价值率所要表示的是资本家对工人的剥削程度，利润率则反映的是预付总资本价值的增殖程度，所以，它不能表示反而会掩盖资本对雇佣劳动的剥削程度。可见，剩余价值率是比利润率更为本质的东西，而利润率是表象，是剩余价值率的转化形式。

三、剩余价值率到利润率的转化与剩余价值到利润的转化

剩余价值率到利润率的转化与剩余价值到利润的转化存在着一个孰先孰后的问题。马克思指出：“应当从剩余价值率到利润率的转化引出剩余价值到利润的转化，而不是相反。”③

从剩余价值率到利润率的转化引出剩余价值到利润的转化，这包括两方面的原因：首先，资本家关心的是剩余价值和预付总资本的比率，即资本价值增殖程度。所以，从理论上分析，是先有剩余价值与预付总资本的比率，即利润

---

① 《马克思恩格斯文集》第 7 卷，人民出版社 2009 年版，第 50 页。
② 《马克思恩格斯文集》第 7 卷，人民出版社 2009 年版，第 51 页。
③ 《马克思恩格斯文集》第 7 卷，人民出版社 2009 年版，第 51 页。

率，由于在利润率中剩余价值与预付总资本相联系，所以就被当成预付总资本的产物，从而转化为利润范畴。其次，从历史上说，利润率也是出发点。“剩余价值和剩余价值率相对地说是看不见的东西，是要进行研究的本质的东西，而利润率，从而剩余价值作为利润的形式，却会在现象的表面上显示出来。”①

四、利润和利润率使资本关系神秘化

利润和利润率掩盖了资本主义剥削关系，是歪曲了资本关系本质的形式，使资本关系神秘化。马克思说：“剩余价值通过利润率而转化为利润形式的方式，只是生产过程中已经发生的主体和客体的颠倒的进一步发展。”②

首先，利润率实际上只表示预付总资本的增殖程度。按照剩余价值的性质和内在的联系来说，剩余价值只能与可变资本发生关系，它与全部预付资本没有任何直接的内在关系。利润率作为剩余价值与全部预付资本的比率，实际上，它所表示的是可变资本的变动量与全部预付资本量之间的关系，也就是表示全部预付资本的增殖程度。

其次，总资本与剩余价值没有直接的内在联系。就总资本的物质要素来说，每个生产资本都具有特定的技术构成，劳动量和生产资料量之间存在着一定的技术关系，在这个限度内剩余价值量或剩余劳动量与生产资料量之间，也存在着一定的关系。但是，生产资料的数量及其价值的大小，都不影响剩余劳动时间所创造的剩余价值量。可见“在不变资本价值和剩余价值之间，从而在总资本价值（=c+v）和剩余价值之间，没有任何内在的、必然的关系”③。

再次，利润率不能表明剩余价值的来源。如果从利润率出发，就会把剩余价值看做是全部预付资本的产物，那么就根本不可能推论出剩余价值与可变资本之间的特殊关系，从而可变资本与不变资本之间的区别也就被抹杀了。唯一显示出来的，是固定资本与流动资本的区别。利润率在剩余价值转化为利润中的特殊作用，在于它把已经转化为商品成本价格余额的剩余价值，进一步转化为全部预付资本在一定的流通时间内所创造的超过它自身的余额。因而，剩余价值在利润率中最后完成了向利润的转化。

最后，利润率和剩余价值率在数量上不同，而剩余价值和利润实际上是一

① 《马克思恩格斯文集》第7卷，人民出版社2009年版，第51页。
② 《马克思恩格斯文集》第7卷，人民出版社2009年版，第53页。
③ 《马克思恩格斯文集》第7卷，人民出版社2009年版，第55页。

回事，并且数量相等。剩余价值率转化为利润率以后，不仅剩余价值与可变资本的关系被抹杀，从而剩余价值的真正源泉被掩盖了，而且由于利润率和剩余价值率在量上也不等了，这就进一步掩盖了资本主义的剥削。“因此，尽管利润率和剩余价值率在数量上不同，而剩余价值和利润实际上是一回事并且数量上也相等，但是利润还是剩余价值的一个转化形式，在这个形式中，剩余价值的起源和它存在的秘密被掩盖了，被抹杀了。”① 在剩余价值中，资本和劳动的关系暴露无遗，而在利润中，资本表现为一种对自身的关系，在这个关系中，预付资本在它的运动中创造出一个新价值，好像这是由资本自身固有的秘密性质发生的。

第三节 利润率和剩余价值率的关系

一、利润率和剩余价值率在数量上的基本关系式

在前面分析的基础上，马克思首先假定一定量的资本所取得的利润总额和它产生的剩余价值总额相等。然后在这种假设前提下，剖析影响利润率变化的因素和变量，分别阐述剩余价值率不变和变化条件下各因素对利润率的影响。

马克思认为如果将剩余价值在观念上作为全部预付资本的产物时，剩余价值便转化为利润，而利润率则是剩余价值或利润与全部预付资本的比例。可以表示为：

$$p'=\frac{m}{c+v}$$

由于 $m=m'v$，同时假定 $C=c+v$，这样，上式可以表达为：

$$p'=m'\frac{v}{C}=m'\frac{v}{c+v}$$

从这个公式我们可以看到，决定利润率的主要因素是剩余价值率（m'）和资本构成$\left(\frac{v}{c+v}\right)$。

上述公式还可以用如下比例来表示：

$$p':m'=v:C$$

① 《马克思恩格斯文集》第7卷，人民出版社2009年版，第56页。

即利润率（p′）与剩余价值率（m′）之比等于可变资本（v）与总资本（C）之比。由于可变资本（v）总是小于总资本（C），所以，利润率（p′）总是小于剩余价值率（m′）。

此外，还要考虑其他因素对不变资本（c）、可变资本（v）和剩余价值（m）的影响，这些因素有货币的价值、周转的时间、劳动生产率、工作日长度、劳动强度和工资。

马克思指出，这一部分的研究方法是以利润率的基本公式 $p'=m'\frac{v}{C}$ 为根据，依次让 $m'\frac{v}{C}$ 中的各个因素发生变化，来分析这些变化对利润率的影响。为此，他把 $m'\frac{v}{C}$ 分成两个因素，即剩余价值率（m′）和资本构成 $\left(\frac{v}{C}\right)$，接着分析了这两个因素的各种不同组合。

二、剩余价值率不变，资本各部分的变化对利润率的影响

由于利润率（p′）主要是由剩余价值率（m′）和资本构成 $\left(\frac{v}{C}\right)$ 来决定的，那么，如果剩余价值率（m′）不变，利润率（p′）就随着资本构成 $\left(\frac{v}{C}\right)$ 的变化而变化，这又包含许多派生情况。

第一种情况：剩余价值率（m′）不变，可变资本（v）变化，资本构成 $\left(\frac{v}{C}\right)$ 变化对利润率（p′）的影响。

如果（m′）不变，资本构成 $\left(\frac{v}{C}\right)$ 变化，利润率（p′）就会发生变化。我们用 p_1' 代表发生变化的利润率，利润率的变动率为：

$$p' : p_1' = m'\frac{v}{C} : m'\frac{v_1}{C_1} = \frac{v}{C} : \frac{v_1}{C_1}$$

假设 $\frac{C_1}{C}$ 之值为 E，$\frac{v_1}{v}$ 之值为 e，这样，$C_1=EC$，$v_1=ev$，得公式：

$$p_1' - m'\frac{ev}{EC}$$

把$\frac{v}{C}$和$\frac{v_1}{C_1}$还原为百分数，使 C 和 C_1两者都等于 100，公式变为：

$$p' : p'_1 = v : v_1$$

这个公式揭示一个规律："就任何两个以相同的剩余价值率发生作用的资本来说，利润率之比，等于按各自总资本以百分比计算的可变资本部分之比。"①

这种变化可能是两种情况的结果：一是劳动生产率发生变动引起资本的技术构成发生了变动；二是生产要素的价值或价格发生了变动，从而资本的价值构成发生变动。

第二种情况：剩余价值率（m′）不变，可变资本（v）变化对利润率（p′）的影响。这里情况与上述情况一样，仍然是利润率（p′）随着可变资本（v）而变化。

这种变动有两种：一种是可变资本（v）变化，总资本（C）不变。对这种状况，上述规律也适用，即"在剩余价值率和总资本不变时，原利润率和由可变资本的变化而产生的利润率之比，等于原可变资本和变化以后的可变资本之比"②。可变资本的变化，可以是增加，也可以是减少。所以，马克思分别考察了可变资本增加和减少两种情况。在可变资本增加的情况下，如果可变资本的增加是由于使用的工人人数增多，在总资本不变的假设下，劳动生产率的降低就会和不变资本的同时减少联系在一起。如果可变资本的增加是由于工资提高，要满足剩余价值率不变的假设，就只有使工作日相应延长。在总资本不变的假设下，工资提高之后，要使数量不变的工人所使用的劳动资料数量不变，意味着劳动资料价格的降低。但是，"资本家由于他的不变资本贬值可能遭受的损失，至少会由较大的利润，得到某种程度的补偿"③。在可变资本减少的情况下，利润率的变动与可变资本成正比。另一种是可变资本（v）变化，总资本（C）也随着变化，这种情况与上述情况没有本质区别，只有程度上的区别。

第三种情况：剩余价值率（m′）和可变资本（v）不变，不变资本（c）变动从而总资本（C）变动。这时利润率（p′）与总资本（C）的变动成反比。这可用公式表达为：

---

① 《马克思恩格斯文集》第 7 卷，人民出版社 2009 年版，第 63 页。

② 《马克思恩格斯文集》第 7 卷，人民出版社 2009 年版，第 65 页。

③ 《马克思恩格斯文集》第 7 卷，人民出版社 2009 年版，第 67 页。

$$p_1' : p' = C : C_1$$

由此，马克思得出的规律为："在剩余价值率相等，可变资本部分也相等时，利润率和总资本成反比。"① 在这里，"不变资本的变化，不论是由 c 的物质组成部分的增加或减少引起，还是由 c 的物质组成部分的单纯价值变化引起，都同样会对利润率发生影响"②。

第四种情况：剩余价值率（m′）不变，可变资本（v）、不变资本（c）和总资本（C）都变化对利润率（p′）的影响。马克思认为，这种情况"没有提出任何新的观点。它最后总是化为只有一个因素可变的情况"③。

例如这种情况会有三个状态：第一，由于上述变化使资本有机构成提高，这时利润率下降；第二，由于上述变化不会引起资本有机构成变化，利润率不变；第三，由于上述变化使资本有机构成降低，利润率提高。

上述这三种状态用利润率总公式 $p'1 = m'\frac{ev}{EC}$来表达，则：如果 E>e，说明不变资本比可变资本增加得快，利润率会下降；如果 E = e，说明$\frac{v}{C}$的值不变，利润率也不变；如果 E<e，说明不变资本比可变资本增加得慢，利润率会提高。

三、剩余价值率对利润率的影响

以上是在假定剩余价值率不变的条件下，分析其他因素对利润率的影响，而剩余价值率的变化对利润率的影响有以下三种情况。

第一种情况：剩余价值率（m′）可变，资本构成$\left(\frac{v}{C}\right)$不变。这时，利润率的变动率公式为：

$$p' : p_1' = m'\frac{v}{C} : m_1'\frac{v}{C} = m' : m_1'$$

这个公式表明："具有相同构成的两个资本的利润率之比，等于它们的剩余价值率之比。"④ 这时剩余价值率的变动受以下三个因素影响：（1）工资水平；（2）劳动强度；（3）工作日长度。"工资的提高或降低会以相反的方向，劳动

① 《马克思恩格斯文集》第 7 卷，人民出版社 2009 年版，第 69 页。
② 《马克思恩格斯文集》第 7 卷，人民出版社 2009 年版，第 71 页。
③ 《马克思恩格斯文集》第 7 卷，人民出版社 2009 年版，第 72 页。
④ 《马克思恩格斯文集》第 7 卷，人民出版社 2009 年版，第 75 页。

强度的提高或降低和工作日的延长或缩短会以相同的方向，影响剩余价值率，从而在$\frac{v}{C}$不变时，影响利润率。”①

第二种情况：总资本（C）不变，可变资本（v）和剩余价值率（m′）的变化对利润率（p′）的影响。这又有三种状态：（1）可变资本（v）和剩余价值率（m′）按相反方向，但以相等数量发生变化；（2）可变资本（v）和剩余价值率（m′）按相反方向，但以不相等数量发生变化；（3）可变资本（v）和剩余价值率（m′）按相同方向变化，并且一种变化会加强另一种变化。

这三种状态都适用“利润率之比，等于相应的剩余价值量之比”② 的规律。这个规律可用公式表示为：

$$p' : p_1' = m'\frac{v}{C} : m_1'\frac{v_1}{C} = m'v : m_1'v_1 = m : m_1$$

这说明在总资本不变，剩余价值率和可变资本可变的条件下，利润率是提高还是降低，要看由剩余价值率和可变资本变化所引起的剩余价值量是增加还是减少。

第三种情况：剩余价值率（m′）、可变资本（v）与总资本（C）都变化对利润率（p′）的影响。马克思认为这仍然可以用剩余价值率（m′）可变的总公式来解决。

总之，剩余价值率对利润率的影响可以综合为下面五种情况：

第一，如果资本构成$\left(\frac{v}{C}\right)$不变，那么，利润率（p′）和剩余价值率（m′）会按相同的比率提高或降低。

第二，如果资本构成$\left(\frac{v}{C}\right)$和剩余价值率（m′）按相同方向变化，那么利润率（p′）会比剩余价值率（m′）按更大的比率提高或降低。

第三，如果资本构成$\left(\frac{v}{C}\right)$和剩余价值率（m′）按相反方向变化，但资本构成$\left(\frac{v}{C}\right)$比剩余价值率（m′）按更小的比率变化，利润率（p′）会比剩余价值率（m′）按更小的比率提高或降低。

① 《马克思恩格斯文集》第7卷，人民出版社2009年版，第77页。
② 《马克思恩格斯文集》第7卷，人民出版社2009年版，第77页。

第四，如果资本构成$\left(\frac{v}{C}\right)$和剩余价值率（m′）按相反方向变化，但资本构成$\left(\frac{v}{C}\right)$比剩余价值率（m′）按更大的比率变化，那么，剩余价值率（m′）提高，利润率（p′）仍会降低；剩余价值率（m′）降低，利润率（p′）仍会提高。

第五，如果资本构成$\left(\frac{v}{C}\right)$和剩余价值率（m′）按相反方向变化，但恰好比率相同，那么不论剩余价值率（m′）提高还是降低，利润率（p′）都不变。

四、结论

在第 3 章末尾，马克思综合前面的分析内容，得出结论："可见，利润率取决于两个主要因素：剩余价值率和资本的价值构成。"① 他将这两个因素的作用概括如下：

第一，两个资本的利润率或同一个资本在两个连续的、不同的状态下的利润率，在下列情况下是相等的：（1）资本的百分比构成相等，剩余价值率也相等。（2）资本的百分比构成不等，剩余价值率也不等，但是剩余价值率和按百分比计算的可变资本部分（m′和 v）的乘积相等，也就是说，按总资本的百分比计算的剩余价值量（m=m′v）相等，换句话说，在这两个场合 m′和 v 两个因素互成反比。

第二，两个资本的利润率或同一个资本在两个连续的、不同的状态下的利润率，在下列情况下是不等的：（1）资本的百分比构成相等，但是剩余价值率不等。这时，利润率之比等于剩余价值率之比。（2）剩余价值率相等，资本的百分比构成不等。这时，利润率之比等于可变资本部分之比。（3）剩余价值率不等，资本的百分比构成也不等。这时，利润率之比等于 m′v 的乘积即按总资本的百分比计算的剩余价值量之比。

第四节 周转对利润率的影响

一、资本周转对利润率的影响

在马克思的手稿中，第三卷第一篇第 4 章只有一个标题，是后来由恩格斯

① 《马克思恩格斯文集》第 7 卷，人民出版社 2009 年版，第 81 页。

补写的。恩格斯在《资本论》第三卷序言中指出："第四章只有一个标题。但是，因为这一章研究的问题即周转对利润率的影响极为重要，所以由我亲自执笔写成，因而全章的正文都放在括号内。同时我又发现，第三章的利润率公式实际上需要作一些修改才能普遍适用。"① 这是因为，第2、3章中的利润率计算公式假定了资本每年只周转一次，而实际上利润率或年利润率会受到资本周转的影响。

资本周转速度对利润率的高低有很大的影响，在其他条件不变时，在一年中资本周转的次数越多，其中的可变资本的周转次数也就越多，因而同量资本所带来的剩余价值量便越大，利润率也就会越高。

资本周转时间的缩短会提高利润率。周转时间由生产时间和流通时间两部分组成，其中任何一个部分的缩短，都可以增加剩余价值量，从而提高利润率。这是因为，在全部资本中，只有一部分资本用作生产资本，生产剩余价值，而另一部分资本则属于流通资本，采取货币资本和商品资本的形式。这两部分资本的周转时间缩短，也就是处在闲置中的资本越少，直接发挥作用的资本越多，因而，它所生产的剩余价值也就越多。由于利润率是剩余价值与预付总资本的比率，因此剩余价值量增加，利润率也就提高。

为了把总资本的周转对利润率的影响纯粹地表示出来，在资本的百分比构成、剩余价值率、工作日、工资等相等的条件下，资本的利润率与它们的周转时间成反比。也就是周转时间长，利润率低；周转时间短，利润率高。因此，缩短周转时间会提高利润率。

缩短周转时间主要有两种方法：一种是缩短生产时间，主要途径就是提高劳动生产率，因为劳动生产率提高可以引起生产时间的缩短，从而缩短周转时间提高利润率。当然，如果由于提高劳动生产率要添置昂贵的机器，从而引起总投资的大大增加，也可能会降低利润率。但是，由于劳动生产率提高的企业的产品个别价值低于社会价值，可以取得超额利润，其利润率仍然有可能提高。另一种是缩短流通时间，其主要途径是改进交通。恩格斯论述了从18世纪下半叶到19世纪上半叶交通运输的发展在缩短流通时间方面所起的巨大作用。

加快资本周转能提高利润率的原因在于：一定量预付可变资本所实际支配的劳动量增加，从而可以生产更多的剩余价值。这是因为，剩余价值是由实际

① 《马克思恩格斯文集》第7卷，人民出版社2009年版，第8页。

使用的可变资本产生的，因此周转时间越快，实际使用的可变资本量就越大，生产的剩余价值量就越多，利润率也就越高。例如，有两个资本，预付资本都是 500 镑（不变资本）+500 镑（可变资本）= 1 000 镑，但资本甲 1 年周转 1 次，而资本乙 1 年周转 10 次。假设剩余价值率都是 100%，则资本甲 1 年生产的剩余价值只有 500 镑，利润率为 50%；而资本乙 1 年生产剩余价值 5 000 镑，利润率为 500%。可见，资本的构成相同，剩余价值率相同，工资和工作日相同的两个资本，因周转速度不同会有不同的利润率。恩格斯指出："一年内占有的剩余价值量，等于可变资本一个周转期间所占有的剩余价值量乘以一年内可变资本周转的次数。"①

二、年剩余价值率转化为年利润率

把周转因素考虑进去的利润率，就是年利润率。按照之前的公式，利润率是：

$$P' = m'\frac{v}{C} = m'\frac{v}{c+v}$$

如把这个公式当做年利润率的公式，只有分母——预付的可变资本 v 和分子——所用的可变资本 v 一致时，才是正确的。也就是说，只有在可变资本一年周转一次时，年剩余价值率才和现实的剩余价价值率一致。换而言之，$P' = m'\frac{v}{C}$这个利润公式只适用于可变资本一年周转一次的情况。如果可变资本一年周转一次以上或以下，这时分子的 v 和分母的 v 就不等了。因为年利润率的计算应依据年剩余价值率，不是现实的剩余价值率。

年剩余价值率是现实剩余价值率转化为利润率的中间环节。年剩余价值率掩盖了预付的可变资本和使用的可变资本之间的区别，使剩余价值看起来不仅取决于对劳动力的剥削，也取决于可变资本的流通速度。这样，使现实剩余价值率通过年剩余价值率显现在利润率上，不变资本和可变资本的区别也消失了，利润似乎是预付总资本本身运动的产物。

年剩余价值率不仅在质的方面，而且在量的方面，也是现实剩余价值率转化为利润率的中间环节。因为年剩余价值率是以年来计算的。因此，"要使年利润率的公式完全正确，我们必须用年剩余价值率代替简单的剩余价值率，即

① 《马克思恩格斯文集》第 7 卷，人民出版社 2009 年版，第 87 页。

用 M′或 m′n 代替 m′。换句话说，我们必须让剩余价值率 m′——或者让 C 中所含的可变资本部分 v——乘以这个可变资本在一年内周转的次数 n。这样我们就得到：$P'=m'n\frac{v}{C}$，这就是年利润率的计算公式”①。因此，如果其他条件相同，年利润率的高低就会与资本周转的速度成正比。利润的获得总是离不开时间这个因素，只有把时间因素考虑进去才可以确切判明资本的增殖程度，而在实践中通常是以一年为期计算利润率的，所以资本家最关心的是年利润率的高低。

但现实中，资本家并没有把 m′和年 m′区别开来。在资本家看来，资本的唯一区别是固定资本和流动资本。而要把现实的剩余价值率和年剩余价值率区别开来，必须把预付的可变资本和使用的可变资本区别开来，并必须用马克思在第一卷中说明过的一种特别的计算方法。但对于这一点资本家是不关心的，也不会把现实的 m′和年 m′进行区别，因为一般来说，年剩余价值率比实际剩余价值率高得多。

第五节　不变资本使用上的节约

一、概论

第三卷第一篇第 5 章包括五部分内容。第一部分对不变资本使用上的节约进行了理论概括，阐述了各种节约形式，揭露了形式背后的本质。其余四部分以大量的实际材料对第一部分的理论进行证明。

在其他因素不变的条件下，通过节约不变资本，可以使剩余价值同总资本的比例提高。节约不变资本的途径主要有以下几种。

一是通过延长工作日节约固定资本。工作日的延长可以通过充分利用固定资本而使不变资本相对节约，并由此提高利润率。这是因为工作日延长从而绝对剩余价值的增加，并不需要增加固定资本的支出。工作日延长从而提高设备的利用率，还可以缩短固定资本的更新时间，也就是可以缩短资本为获得一定利润所必需的预付时间。所以，资本家一方面要不断更新固定资本来提高劳动生产率，在竞争中打败对手并获取超额利润；另一方面，他又要尽可能地延长

① 《马克思恩格斯文集》第 7 卷，人民出版社 2009 年版，第 88 页。

工作日来生产绝对剩余价值，并提高设备等固定资本的利用率以提高利润率。

二是通过延长工作日节约非生产费用。延长工作日不仅可以节约固定资本，而且可以节约其他经常性非生产费用。因为企业中许多支出，如监督费用、税款、保险费、雇员工资、机器贬值和工厂的其他非生产费用，一般不会随劳动时间的长短而变化。因此，同利润相比，这些费用就相对减少了。

三是通过扩大生产规模相对节约不变资本支出。在劳动社会化的条件下，生产设备是由总劳动共同消费的，因而大规模的协作可以节省发动机、传动设备、机器、建筑物、燃料、灯光等各种支出。“这种由生产资料的集中及其大规模应用而产生的全部节约，是以工人的聚集和协作，即劳动的社会结合这一重要条件为前提的。因此，如果说剩余价值来源于单独地考察的每一个工人的剩余劳动，那么，这种节约来源于劳动的社会性质。”① 同时，总体工人在协作生产中取得的社会经验和观察，可以不断地改良现有生产资料及其组合。

四是利用生产的废料。在生产规模扩大时，生产中产生的大量废料和边角料，“重新成为贸易的对象，从而成为新的生产要素”②。这种废料，既可以作为新的生产要素起作用，又可以通过重新出售降低原料的费用。“因为正常范围内的废料，即原料加工时平均必然损失的数量，总是要算在原料的费用中。”③ 废料的利用会减少原材料费用，其数额等于出售这些废料所获得的价值总额。因此，如果剩余价值量和剩余价值率保持不变的话，由于不变资本价值的减少，利润率也会提高。

五是机器改良引起的不变资本的节约。在资本主义生产发展的过程中，不变资本的绝对量在增长：简单的或不完善的机器被价值更大的、复杂的和更完善的机器所代替。

由机器改良引起的不变资本节约又可以分为四种情况：一是机器的材料改良了，机器更加耐用；二是由于机器制造的改良，机器便宜了；三是改良现有机器，使它们的使用更便宜和更有效；四是由于机器改良，废料减少了。这种节约主要是使用机器的部门利用了生产机器部门劳动生产率提高和科技发展的好处。“在这里，一个产业部门利润率的提高，要归功于另一个产业部门劳动生产力的发展……生产力的这种发展，最终总是归结为发挥着作用的劳动的社会性质，归

---

① 《马克思恩格斯文集》第 7 卷，人民出版社 2009 年版，第 93 页。
② 《马克思恩格斯文集》第 7 卷，人民出版社 2009 年版，第 94 页。
③ 《马克思恩格斯文集》第 7 卷，人民出版社 2009 年版，第 94 页。

结为社会内部的分工，归结为脑力劳动特别是自然科学的发展。在这里，资本家利用的，是整个社会分工制度的优点。在这里，劳动生产力在其他部门即为资本家提供生产资料的部门的发展，相对地降低资本家所使用的不变资本的价值，从而提高利润率。"① 以上几种不变资本使用上的节约，"部分地只是生产资料作为结合工人的共同生产资料执行职能和被消费的结果，所以这种节约本身表现为直接生产劳动的社会性质的产物；但是部分地又是那些为资本提供生产资料的部门的劳动生产率发展的结果"②。在这里，资本家"不仅从他自己的工场的劳动生产率中，而且也从其他工场的劳动生产率中得到利益"③。资本攫取社会劳动生产率的好处，颠倒地表现为资本本身固有的力量和作用。

六是靠牺牲劳动者而实现劳动条件的节约。资本主义生产方式还以牺牲工人的生命和健康、压低劳动安全防护等工人生存的正常条件，作为节约不变资本从而提高利润率的手段。"资本主义生产尽管非常吝啬，但对人身材料却非常浪费，正如另一方面，由于它的产品通过贸易进行分配的方法和它的竞争方式，它对物质资料也非常浪费一样；资本主义生产一方面使社会失去的东西，就是另一方面使各个资本家获得的东西。"④ 在资本主义经济中，由于追求利润的内在冲动和竞争的外在压力，迫使资本节约生产商品的各种费用。因此，"资本有一种趋势，要在直接使用活劳动时，把它缩减为必要劳动，并且要利用劳动的各种社会生产力来不断缩减生产产品所必要的劳动，因而要尽量节约直接使用的活劳动，同样，它还有一种趋势，要在最经济的条件下使用这种已经缩减到必要程度的劳动，也就是说，要把所使用的不变资本的价值缩减到它的尽可能最低的限度……这样一来，商品的价格就缩减到它的最低限度，因为生产商品所需要的劳动的每一个部分都缩减到它的最低限度了"⑤。

二、不变资本节约的资本主义特征

概论之后的几小节，马克思列举事实，说明不变资本节约的资本主义特征。

---

① 《马克思恩格斯文集》第7卷，人民出版社2009年版，第96页。
② 《马克思恩格斯文集》第7卷，人民出版社2009年版，第99页。
③ 《马克思恩格斯文集》第7卷，人民出版社2009年版，第99页。
④ 《马克思恩格斯文集》第7卷，人民出版社2009年版，第101页。
⑤ 《马克思恩格斯文集》第7卷，人民出版社2009年版，第101—102页。

第一，靠牺牲工人而实现的劳动条件的节约。马克思用煤矿、工厂和室内劳动作为实例，以资本主义的工矿企业中毫无安全设备，以及空间狭小又缺乏通风设备等状况来说明牺牲工人而实现的劳动条件的节约。他指出："资本主义生产对已经实现的、对象化在商品中的劳动，是异常节约的。相反地，它对人，对活劳动的浪费，却大大超过任何别的生产方式，它不仅浪费血和肉，而且也浪费神经和大脑。在这个直接处于人类社会实行自觉改造以前的历史时期，人类本身的发展实际上只是通过极大地浪费个人发展的办法来保证和实现的。"①

第二，动力生产、动力传送和建筑物的节约。要节约动力，就要在动力生产、动力传送、动力所到达的地点以及使用动力的工作机等一系列环节上采取措施。具体说来就是：动力生产的节约，一方面要节约能源，使燃料不浪费，另一方面要改良动力机，使燃料高效能发挥作用；为此，还要改良动力传送装置和工作机，以减少动力在传送过程中和使用过程中的消费；并要求合理布局机器安装以及相应地合理布局建筑物。这不仅可以缩短动力传送过程，减少传送装置，而且可以节约生产上其他方面使用的物化劳动和活劳动。

第三，生产废料的利用。废料的利用会随着资本主义生产的发展而扩大。废料有生产废料和消费废料，前者指工农业生产产生的废气、废液、废渣等，后者指人身排泄物和消费品消费以后残留的东西等。人身的排泄物对农业很重要，但资本主义经济却不能合理应用。至于生产废料的利用，由于原料日益昂贵，自然成为废料利用的刺激。总的来说，这种利用的条件是：这种废料必须大量产生；机器必须改良，使这些废料得以再利用；科学特别是化学必须进步，让那些废料的有用性质表现出来。

第四，由于发明而产生的节约。这里指的是由于力学和化学上各种发明在工艺上的应用而产生的不变资本的节约。这种节约只有在大规模生产中才有可能；也只有结合劳动者的经验，才能发现和得以实现。

第六节　价格变动的影响

一、原料价格的波动及其对利润率的直接影响

价格是影响利润率的重要因素，其中主要包括原料、固定资本和劳动力的

① 《马克思恩格斯文集》第7卷，人民出版社2009年版，第103页。

价格。这些要素的价格变动对于新投入的资本和已经成为职能资本的资本的影响是不同的。对于新投入的资本，价格的变化直接影响剩余价值率和利润率，对于已经进入生产领域和流通领域的资本而言，价格的变化是通过资本价值的变化而对利润率产生影响的。

原料价格是利润率的重要影响因素，这里所说的原料，“既不是指制造作为劳动资料来执行职能的机器所用的原料，也不是指机器使用时所用的辅助材料，而是指加入商品的生产过程的原料”①。

原料是不变资本（c）的重要组成部分，由于利润率可以表示为 $p'=\frac{m}{c+v}$，因此原料价格的波动会直接影响到利润率，具体可以分为以下两种情况：第一种情况，“在其他条件不变的情况下，利润率的高低和原料价格成反比”②。因此，原材料价格低廉对于工业国具有重要意义。第二种情况，对外贸易影响一国工业和农业所使用的原料和辅助材料的价格，因此即使不考虑它通过生活资料对工资造成的影响，对外贸易也会影响一国的利润率水平。因此，在制定关税制度时，让原料尽可能自由流入是一个重要的原则。

原料价格对于利润率的影响比固定资本要大得多，这主要是由以下原因造成的：首先，“原料和辅助材料的价值全部一次加入由于它们被消耗才生产出来的产品的价值，而固定资本各要素的价值只是按其损耗的程度，因而只是逐渐加入产品”③；其次，“随着劳动生产力的发展，原料的价值会在商品产品的价值中形成一个越来越大的组成部分，这不仅因为原料会全部加入商品产品的价值，而且因为在总产品的每一部分中，由机器磨损形成的部分和由新的追加劳动形成的部分会越来越小”④；最后，“原料和辅助材料完全同工资一样是流动资本的组成部分，必须不断地从产品的每次出售中全部得到补偿，而机器只有磨损部分才需要补偿，并且首先是以准备金的形式补偿”⑤。

此外，废料引起的费用也会影响利润率，并且它与原料价格成正比。“原料价格提高，它就提高；原料价格下降，它就下降。”⑥ 同时，废料的再使用或

---

① 《马克思恩格斯文集》第 7 卷，人民出版社 2009 年版，第 121 页。
② 《马克思恩格斯文集》第 7 卷，人民出版社 2009 年版，第 122 页。
③ 《马克思恩格斯文集》第 7 卷，人民出版社 2009 年版，第 123 页。
④ 《马克思恩格斯文集》第 7 卷，人民出版社 2009 年版，第 124 页。
⑤ 《马克思恩格斯文集》第 7 卷，人民出版社 2009 年版，第 124 页。
⑥ 《马克思恩格斯文集》第 7 卷，人民出版社 2009 年版，第 124 页。

者通过改进工艺而减少，也就相当于原料价格下降，从而可以提高利润率。

二、资本的增殖和贬值、游离和束缚

以上分析得到的利润率与原料价格成反比的结论是针对新投入企业的资本而言的。已经执行职能的资本，其中很大一部分处于流通领域，而另外一部分处于生产领域，需要进一步的考察。如原料、固定资本和劳动力等价格的变化会导致已投入的职能资本价值的增殖或者贬值，从而发生资本的游离和束缚，并且影响利润率。如果说上一节所分析的影响是直接的，那么以下分析的影响就是间接的。

资本的增殖和贬值是指“现有资本由于某些一般的经济情况（因为这里说的不是任何一个私人资本的特殊遭遇）在价值上增加或减少了，也就是说，预付在生产中的资本，撇开它所使用的剩余劳动造成的增殖不说，在价值上提高或降低了”①。资本的束缚是指“当生产要按照原有的规模继续进行时，产品总价值中的一定部分必须重新转化为不变资本或可变资本的各种要素”②。资本的游离是指“当生产要在原有规模的限度内继续进行时，产品总价值中一个一直必须再转化为不变资本或可变资本的部分，现在成为可以自由支配和多余的了”③。资本的增殖或贬值可以发生在不变资本上，也可以发生在可变资本上，或者同时发生在二者上。

关于不变资本，马克思考察了原料及辅助材料（包括半成品），机器和其他固定资本。首先，原料价格提高时，半成品、在制品和成品就会随之涨价，那么现有资本的价值将增加，从而利润率会下降。但是利润量并不一定下降，因为这种资本的增殖，“可以补偿单个资本家，甚至资本的整整一个特殊生产部门由原料价格提高引起的利润率下降而遭受的损失，甚至补偿之后还有余”④。如果原料价格降低，就会出现相反的情况，利润率将会提高。但是这种资本的贬值可能会导致利润量的降低，“从而对同时发生的利润率的提高起相反的作用”⑤。其次，对于机器不断进行的改良，“会相对地减低现有机器、工

---

① 《马克思恩格斯文集》第 7 卷，人民出版社 2009 年版，第 126 页。
② 《马克思恩格斯文集》第 7 卷，人民出版社 2009 年版，第 126 页。
③ 《马克思恩格斯文集》第 7 卷，人民出版社 2009 年版，第 126 页。
④ 《马克思恩格斯文集》第 7 卷，人民出版社 2009 年版，第 128 页。
⑤ 《马克思恩格斯文集》第 7 卷，人民出版社 2009 年版，第 128 页。

厂设备等等的使用价值，从而减低它们的价值”①。资本家为了减少已有固定资本贬值造成的损失，就会想尽办法再生产出现有机器等固定资本减少的这部分价值。此外，机器制造业劳动生产率提高使机器更加便宜，会使资本家节约不变资本，从而提高利润率。

至于可变资本，再生产劳动力所必需的生活资料价值的提高或者降低，会使劳动力的价值发生相同趋势的变化，从而导致可变资本的增值或者贬值，最终会降低或提高利润率，这与原料价格波动对于利润率的影响是相类似的。但是，和这种现象同时联系在一起的还可能有别的情况——资本的游离和束缚。

就可变资本的游离和束缚来看：(1) 如果工资因为劳动力价值降低而降低了，那么以前投在工资上面的资本就会有一部分游离出来。这时，不仅剩余价值率和利润率会提高，这部分资本还可以当做新的投资用于扩大同一企业或者投入另外一个生产部门。(2) 如果工资因劳动力价值提高而上涨，不仅剩余价值率和利润率下降，要想使生产按照之前的规模进行，就需要追加可变资本，这就需要束缚更多的资本，同时每个工人提供的剩余价值却减少了。(3) 如果劳动力价值从而工资不变，资本的游离和束缚还会发生。因为劳动生产率的提高推动同量不变资本所必要的劳动人数减少了，可变资本也会游离出来，反之，就会出现可变资本束缚。需要指出的是：“由可变资本的游离产生的利益和由可变资本的束缚造成的损失，只有对已经投入的、因而是在一定关系下进行再生产的资本来说，才是存在的。对于新投入的资本来说，利益和损失这两方面，只涉及剩余价值率的提高或降低，以及利润率的相应的、但决不是按比例的变动。”②

就不变资本的游离和束缚来看：(1) 如果是价值变动，在价值上升时，有更多资本被束缚，反之则有游离；(2) 如果劳动生产率提高，同量劳动可以推动更多不变资本，则有更多资本被束缚，反之则有游离；(3) 在农业中会有特殊情况，如由于自然灾害导致劳动生产率降低则有更多资本被束缚。

原料价格的剧烈变动会使再生产过程中断，发生巨大的冲突，甚至灾难。这是因为：首先，原材料的价值是一次性地全部转移到产品中去，通过产品出售来补偿其价值，如果原材料价格上涨了，在扣除工资之后，原材料就不能从

① 《马克思恩格斯文集》第7卷，人民出版社2009年版，第129页。

② 《马克思恩格斯文集》第7卷，人民出版社2009年版，第132页。

商品的价值中得到完全补偿，从而会引起再生产的中断。其次，有些原材料的供应量受自然条件制约，其价格变动较大，从而影响再生产。“按照事物的本性，植物性材料和动物性材料不能和例如机器和其他固定资本、煤炭、矿石等那样按同样的程度突然增加，因为前二者的生长和生产必须服从一定的有机界规律，要经过一定的自然时段，而后面这些东西在一个工业发达的国家，只要具备相应的自然条件，在最短时间内就能增加。因此，由固定资本即机器等组成的不变资本部分的生产和增加，可能会并且在发达的资本主义生产中甚至不可避免地会比由有机原料组成的不变资本部分快得多，结果对有机原料的需求会比它的供给增长得快，因此，它的价格会提高。”① 最后，由于固定资本生产增长比有机原料生产增长快从而造成对有机原料的需求大于其供给，因而引起这些原料价格的上涨，其结果：（1）有机原料会从远处运来，运费增加带来价格增加；（2）有机原料的生产会增加；（3）代用品和废品会被利用。

原料价格的剧烈变动也反映了资本主义生产的特点，即：“资本主义生产越发达，因而，由机器等组成的不变资本部分突然增加和持续增加的手段越多，积累越快（特别是在繁荣时期），机器和其他固定资本的相对生产过剩也就越严重，植物性原料和动物性原料的相对生产不足也就越频繁，上面所说的这些原料价格上涨的现象以及随后产生的反作用也就越显著。因此，由再生产过程的一个主要要素的这种剧烈的价格波动引起的激变，也就越频繁。”②

由于原料价格剧烈变动影响了资本主义生产，因此，“在原料昂贵时期，产业资本家就联合起来，组成协会，来调节生产”③。但是，直接的刺激一旦过去，自发的价格调节这个市场竞争的一般原则又会重新取得统治地位。对原料生产进行共同的、全面的、有预见的控制，始终只是一种善良的愿望，或者只是在面临巨大危险和走投无路时例外采取的一种共同步骤。因为，“这种控制整个说来是和资本主义生产的规律根本不相容的”④。恩格斯在为这个问题写的一个注释中指出，虽然在 19 世纪后期出现了整个生产部门的工厂主组成卡特尔或托拉斯来调节生产从而调节价格和利润的情况，但这种试验只有在经济气候有利时才能进行，风暴一来就会被抛弃。这说明，“虽然生产需要调节，但

---

① 《马克思恩格斯文集》第 7 卷，人民出版社 2009 年版，第 134 页。
② 《马克思恩格斯文集》第 7 卷，人民出版社 2009 年版，第 135 页。
③ 《马克思恩格斯文集》第 7 卷，人民出版社 2009 年版，第 136 页。
④ 《马克思恩格斯文集》第 7 卷，人民出版社 2009 年版，第 136 页。

是负有这个使命的，肯定不是资本家阶级”①。

在这里，马克思还用了1861—1865年的棉业危机作了一般的例证。1861—1865年发生在英国的棉业危机是一个由于原料供给匮乏导致价格昂贵，最终使利润率降低和生产中断的例证：1845—1860年，当棉花价格很低时，棉纺织业出现繁荣景象。1861—1864年，由于美国南北战争，出现了棉荒，棉花价格高涨。资本家通过各种途径将棉花价格上涨造成的损失转嫁给工人：（1）降低工人工资；（2）利用有害工人健康的废棉花和不卫生的原料进行生产；（3）开工不足；（4）从工人身上榨取房租。

第七节 补充说明

第三卷第7章是对前6章所作的补充，主要包括三部分内容。

第一，说明为什么在利润量与剩余价值量相等的情况下，资本家仍然不会把利润和剩余价值看做同一个东西。马克思认为，原因有两点：首先，资本家在流通中忘记了生产过程，把商品价值实现等同于价值创造。其次，剩余价值率相同的企业利润率却可以不同，也会使资本家看不到利润与剩余价值的内在联系。利润不仅取决于剩余价值率的大小，还取决于预付资本总量，以及由经营管理水平等因素决定的不变资本的利用效率。这样，就造成了利润来自于资本家个人活动的假象。

第二，批判洛贝尔图斯认为资本量不影响利润率的错误观点。利润率是剩余价值与预付总资本之比，剩余价值量已定，则利润率显然取决于包括不变资本和可变资本在内的预付总资本的数量。马克思指出，只有在两个特殊场合，洛贝尔图斯的观点才是正确的：（1）包括剩余价值率在内的其他一切条件不变，仅仅由货币价值变化引起的预付资本价格变化，不会影响利润率。（2）在资本有机构成和剩余价值率不变的情况下，资本价值量的变化不会影响利润率。在实际生活中，这两种情况有可能发生，但不能由此引出在一切情况下资本量都不会影响利润率的观点。

第三，提出了四个关于利润率变化的命题。（1）利润率的提高，总是由剩

---

① 《马克思恩格斯文集》第7卷，人民出版社2009年版，第136页，注（16）。

余价值量同预付资本相比的绝对量或相对量的增加引起的，或者说，是由于利润率和剩余价值率的差额缩小了。(2) 资本的有机构成和绝对量不变，生产某些产品的劳动生产率的变化会使这些产品的价值发生变化，从而引起预付资本价值量的变化，进而导致利润率的变化。(3) 其他条件不变，资本有机构成发生变化，利润率会随可变资本的相对增减而增减。(4) 在预付资本价格因货币价值变化而变化时，剩余价值的货币表现会按相同的比例提高或降低，利润率则保持不变。

思考题：

1. 试述剩余价值率和剩余价值是如何转化为利润率和利润的。为什么这种转化使资本关系神秘化了？
2. 试说明成本价格及其补偿如何掩盖了资本与劳动的本质关系。
3. 试述影响利润率的各种因素及各自对利润率的影响。
4. 资本的各个组成部分的变化怎样影响利润率的变化？
5. 周转如何影响利润率？计算利润率的正确公式是什么？为什么？
6. 原材料价格变动对利润率和再生产有什么影响？

第十二章　利润转化为平均利润

本章介绍《资本论》第三卷第二篇的主要内容。在这里，马克思研究了平均利润和生产价格通过部门内部和部门之间竞争形成的机理，说明利润转化为平均利润如何进一步掩盖了利润与剩余劳动之间、价值与社会必要劳动之间的本质联系；同时，揭示出存在于资本家之间竞争背后的是他们作为一个阶级整体与工人阶级的利益对立。在社会主义市场经济中也存在竞争以及由此产生的利润平均化趋向。马克思在这里阐述的观点，对于分析社会主义市场经济中的相关问题，具有实际的指导意义。

第三卷第二篇包括第 8 章至第 12 章。第 8 章分析了利润转化为平均利润的出发点和基本因素。第 9 章通过分析平均利润和生产价格的形成过程，解决了第 8 章提出的问题，是马克思关于平均利润和生产价格理论的核心。第 10 章更详细地考察了利润转化为平均利润、价值转化为生产价格的经济形式、具体途径和实现条件。第 11 章和第 12 章对本篇中心问题作了补充说明。

第一节　不同生产部门的资本的不同构成和由此引起的利润率的差别

一、假设前提：各部门的剩余价值率相同

利润率平均化的前提是不同生产部门及其企业的利润率存在差别。在剩余价值率和工作日长度相同的条件下，不同企业的利润率也存在着差别，第三卷第 8 章对资本有机构成和周转时间的差别怎样引起不同生产部门及其企业的利润率差别进行了阐释。

马克思首先假定社会劳动的各部门的剩余价值率相同，其根据为：(1) 不同部门的剥削程度固然有差别，但在自由竞争的资本主义阶段，劳动力和资本都可以在不同部门间自由流动，这就造成一种要求一切部门的工作日长度和工资相等，从而剥削率一致的长期趋势。(2) 简单劳动和复杂劳动的区别是形成部门间工资差别的基础，但这决不会影响不同部门的剥削程度。“如果金匠的劳动报酬高于短工的劳动报酬，那么，金匠的剩余劳动所创造的剩余价值，也

会按相同的比例大于短工的剩余劳动所创造的剩余价值。”① （3）马克思指出，不同国家的剩余价值率的差别，“对于我们当前的研究是无关紧要的。我们在这一篇中要说明的恰恰是，一般利润率在一个国家内是通过什么方式形成的。”②

在假定剩余价值率相同的前提下，不同生产部门的利润率仍然可以不同，其原因主要有两个：一是资本有机构成，二是资本周转时间。因此，马克思得出结论：“如果其他条件不变，不同生产部门所使用的资本的周转时间不同，或者这些资本的有机组成部分的价值比率不同，那么，同时并存的不同生产部门的利润率就会不同。”③

二、由于资本有机构成不同，不同部门会有不同的利润率

马克思在第一卷论述过资本有机构成的概念。他认为，与资本有机构成密切联系的比率有两个：一是资本使用的生产资料数量与劳动力数量的比率。它表明一定量的生产资料必须有一定数目的工人与之相适应。这个比率在不同产业中是极不相同的，甚至在同一产业的不同部门中，也是极不相同的。由于这个比率是建立在一定的技术基础之上的，代表了生产力发展的一定阶段，因此被称为资本的技术构成，是形成资本有机构成的基础。二是资本使用的生产资料价值和劳动力价值的比率，也就是不变资本与可变资本的比率，因此被称为资本的价值构成。它是由资本的技术构成决定的，并且会随着技术构成的变化发生相应的变化。

由于生产资料价值和劳动力价值都是会变化的，因而“在技术构成不变时，资本的两个部分的价值比率可以发生变化，在技术构成发生变化时，资本的两个部分的价值比率可以保持不变”④。所以，资本的价值构成并不能完全反映资本技术构成的变化。如果把以上两个比率结合起来，就可得到资本有机构成的完整定义：由资本技术构成决定并且反映这种技术构成变化的资本价值构成。对于资本有机构成，马克思在第一卷中是从资本积累的角度加以研究的，这里则是从它对利润率的影响的角度进行研究，这就需要注意在技术构成不变

① 《马克思恩格斯文集》第7卷，人民出版社2009年版，第159—160页。
② 《马克思恩格斯文集》第7卷，人民出版社2009年版，第160页。
③ 《马克思恩格斯文集》第7卷，人民出版社2009年版，第161页。
④ 《马克思恩格斯文集》第7卷，人民出版社2009年版，第163页。

时价值构成可能发生变化、在技术构成变化时价值构成也可能不变这两种情况，因为它们对利润率的影响是不同的。

在假定剩余价值率和工作日长度不变的前提下，资本价值构成中的可变资本只代表所能推动的活劳动的数量，而不同部门不变资本的差别可以来源于所需生产资料的数量的不同，也可能来源于不同生产资料的价值的差异。马克思特别强调可变资本对利润率的影响。他通过考察可变资本得出如下论点：(1)“可变资本不仅是它本身所包含的劳动的指数；在剩余价值率已定时，它同时还是超出这个限度所推动的超额劳动或剩余劳动的指数。”① (2) 即使资本额相等，由于有机构成不同，因而利润率也不同。“因为在剩余价值率相等时，由于所推动的活劳动量不等，所生产的剩余价值量就不等，因而利润也就不等。”② (3) 即使资本的技术构成相同，由于资本的价值构成不同，也会导致利润率的不同。“如果一个生产部门的技术条件和另一个部门相同，但前者所使用的不变资本的要素的价值大于或小于后者，实际上也会产生相同的结果。”③

由这些论述可见，在工作日长度相同、劳动剥削程度相等时，不同的生产部门由于资本有机构成不同，以及资本的可变部分不同，它们所推动的活劳动量也就不同，“因而所创造的剩余价值从而利润也不等，所以，它们的利润率，即那个正好由剩余价值对总资本用百分比计算得出的利润率也就不同”④。因此，在商品按价值出售的条件下，不同部门的等量资本不可能具有相同的利润率。

三、由于周转时间不同，不同部门也会有不同的利润率

马克思指出：“利润率的不等还有另外一个源泉，即不同生产部门资本的周转时间不同。”⑤ 在其他条件相同的前提下，利润率与周转时间成反比。由于利润率是剩余价值与预付资本的比率，因此，资本周转时间不同所引起的利润率不同，可以从两个角度来分析。一方面，从预付资本量来说，资本的周转时间越长，其占用和耗费的预付资本的总量就越大，在剩余价值相同的前提下，

① 《马克思恩格斯文集》第 7 卷，人民出版社 2009 年版，第 165 页。
② 《马克思恩格斯文集》第 7 卷，人民出版社 2009 年版，第 165 页。
③ 《马克思恩格斯文集》第 7 卷，人民出版社 2009 年版，第 165—166 页。
④ 《马克思恩格斯文集》第 7 卷，人民出版社 2009 年版，第 167 页。
⑤ 《马克思恩格斯文集》第 7 卷，人民出版社 2009 年版，第 169 页。

其利润率就越小，反之则越大；另一方面，从年剩余价值量来说，如果可变资本的周转时间缩短，周转次数增加，意味着一年中工人提供的剩余劳动和剩余价值增加，其利润率也会相应提高，反之利润率则会下降。因此，马克思指出："如果同一个可变资本的周转时间不同，它生产的年剩余价值量就会不等。所以，周转时间的差别，是等量资本在不同生产部门在相等时间内生产出不等量利润的另一个原因，因而也是这些不同生产部门利润率不等的另一个原因。"①

值得注意的是，固定资本和流动资本的比率本身不会影响利润率。因为这一比率的变化，在不改变剩余价值量和预付资本量的前提下，是不会改变利润率的；相反，这一比率只有在影响周转时间，并影响到"同一资本在一定时间内所能占有和实现的剩余劳动量的时候"②，才会改变利润率。

第二节　一般利润率（平均利润率）的形成和商品价值转化为生产价格

一、平均利润率和生产价格的形成

在考察平均利润率的形成时，马克思首先假定所有不变资本全部加入年产品，其次假定不同生产部门不存在周转时间的差别。然后以五个资本有机构成不同的生产部门为例，来说明平均利润率和生产价格的形成，如表 12-1 所示。③

表 12-1　五个生产部门的资本有机构成比较

资本	剩余价值率	剩余价值	商品价值	利润率
Ⅰ. 80c+20v	100%	20	120	20%
Ⅱ. 70c+30v	100%	30	130	30%
Ⅲ. 60c+40v	100%	40	140	40%
Ⅳ. 85c+15v	100%	15	115	15%
Ⅴ. 95c+5v	100%	5	105	5%

① 《马克思恩格斯文集》第 7 卷，人民出版社 2009 年版，第 169 页。

② 《马克思恩格斯文集》第 7 卷，人民出版社 2009 年版，第 170 页。

③ 参见《马克思恩格斯文集》第 7 卷，人民出版社 2009 年版，第 174 页。

从表 12-1 中可以看到，不同的生产部门，在劳动的剥削程度相同的情况下，由于资本有机构成的不同，会有不同的利润率。如果把这五个部门的投资 500 看作一个资本，那么它们的平均构成是 390c+110v，用百分比表示是 78c+22v，由于剩余价值率都是 100%，即每 100 投资的平均剩余价值是 22，因此平均利润率是 22%。

值得注意的是，在资本有机构成相同的部门内，每个企业的成本价格可以不同，这是由于不同企业的产品价值中的不变资本 c 所包含的固定资本和流动资本的比例不同，并且不同资本中的固定部分加入产品的比例也不同，但是这并不影响它们具有相同的利润率。为了说明这一点，马克思在为上述五个资本编制的表格中，假定各个资本“用掉的 c”不同，即它们的不变部分以不同的量加入产品的价值，如表 12-2 所示。①

表 12-2　五个资本的成本价格比较

资本	剩余价值率（%）	剩余价值	利润率（%）	已经用掉的 c	商品价值	成本价格
Ⅰ. 80c+20v	100	20	20	50	90	70
Ⅱ. 70c+30v	100	30	30	51	111	81
Ⅲ. 60c+40v	100	40	40	51	131	91
Ⅳ. 85c+15v	100	15	15	40	70	55
Ⅴ. 95c+5v	100	5	5	10	20	15
合计 390c+110v	—	110	—	—	—	—
平均 78c+22v	—	22	22	—	—	—

如果我们再把资本Ⅰ—Ⅴ看作一个总资本，那么仍和以前一样，平均剩余价值也是 22。把它平均分配给Ⅰ—Ⅴ，就会得到如表 12-3 所示的商品价格。②

表 12-3　五个资本的商品价格比较

资本	剩余价值	商品价值	成本价格	商品价格	利润率（%）	价格同价值的偏离
Ⅰ. 80c+20v	20	90	70	92	22	+2
Ⅱ. 70c+30v	30	111	81	103	22	−8
Ⅲ. 60c+40v	40	131	91	113	22	−18
Ⅳ. 85c+15v	15	70	55	77	22	+7
Ⅴ. 95c+5v	5	20	15	37	22	+17

① 参见《马克思恩格斯文集》第 7 卷，人民出版社 2009 年版，第 175 页。

② 参见《马克思恩格斯文集》第 7 卷，人民出版社 2009 年版，第 176 页。

从表 12-3 可见，虽然不同商品的售价，有的在其价值以上，有的在其价值以下，其中一部分商品的售价加起来比价值高 2+7+17=26，另一部分商品的售价加起来比价值低 8+18=26，发生了价格与价值的偏离。但是，由于剩余价值的平均分布，这种偏离就相互抵消了。这时五个部门的利润率平均化为 22%，即形成平均利润率。马克思指出："求出不同生产部门的不同利润率的平均数，把这个平均数加到不同生产部门的成本价格上，由此形成的价格，就是生产价格。"①

由于投在不同生产部门的资本有不同的有机构成，等量资本就会生产不等量的剩余价值，因而有不相同的利润率，而平均利润率是所有不同生产部门的利润率的平均数，在平均利润率存在的条件下，虽然不同部门的资本家在出售商品时收回了他们所用掉的资本价值，但是他们不是得到本部门所生产的剩余价值或利润，而是得到按资本平均分配到的那部分剩余价值或利润，即只得到平均利润。因此，对不同资本家来说，他们的利润量之所以有差别，只是因为他们投入的资本量不同。

二、全社会各部门商品的生产价格总和与价值总额相等

在分析了平均利润率和生产价格的形成之后，马克思提出了一个对解决等量资本获得等量利润与价值规律的矛盾具有重要意义的命题："如果把社会当做一切生产部门的总体来看，社会本身所生产的商品的生产价格的总和等于它们的价值的总和。"② 在这句话之后，他又指出："这个论点好像和下述事实相矛盾：在资本主义生产中，生产资本的要素通常要在市场上购买，因此，它们的价格包含一个已经实现的利润，这样，一个产业部门的生产价格，连同其中包含的利润一起，会加入另一个产业部门的成本价格，就是说，一个产业部门的利润会加入另一个产业部门的成本价格。"③ 如果这样，就会导致利润似乎在各部门中的成本价格的重复计算，全社会各种商品的生产价格的总和就可能不等于它们的价值总和。针对这个问题，马克思指出："如果我们把全国商品的成本价格的总和放在一方，把全国的利润或剩余价值的总和放在另一方，那么

① 《马克思恩格斯文集》第 7 卷，人民出版社 2009 年版，第 176 页。
② 《马克思恩格斯文集》第 7 卷，人民出版社 2009 年版，第 179 页。
③ 《马克思恩格斯文集》第 7 卷，人民出版社 2009 年版，第 179 页。

很清楚，我们就会得到正确的计算。”① 事实上，对于各个部门的资本家来说，“谁也不会把自己的利润算到自己的成本价格中”，因此，“从总的计算来看，只要一个生产部门的利润加入另一个生产部门的成本价格，这个利润就已经算在最终产品的总价格一方，而不能再算在利润一方”。②

此外，还有另一个看似与“全社会商品生产价格与商品总价值相等”这一命题相矛盾的现象，即由剩余价值率与平均利润率的差别造成的生产价格与价值的不一致。既然商品的生产价格与价值相偏离，那么全社会生产价格和总价值还会相等吗？对此，马克思的回答是：“不过这一切总是归结为这样的情形：加入某种商品的剩余价值多多少，加入另一种商品的剩余价值就少多少，因此，商品生产价格中包含的偏离价值的情况会互相抵消。总的说来，在整个资本主义生产中，一般规律作为一种占统治地位的趋势，始终只是以一种极其错综复杂和近似的方式，作为从不断波动中得出的、但永远不能确定的平均数来发生作用。”③

三、影响平均利润率的因素

虽然资本的周转时间对不同部门的利润率有决定作用，是形成平均利润率的基础，但是因为平均利润率是在一定时期比如说一年内不同部门的利润率的平均数，“所以，在一般利润率中，由不同资本的周转时间的差别引起的差别，也就消失了”④。

那么，决定平均利润率的因素是哪些呢？这里，马克思用数字例子说明，在平均利润率的形成上，不仅要考虑到不同生产部门利润率的差别，而且要考虑到不同部门所投资本在总资本中所占的比重。他的结论是：“一般利润率取决于两个因素：1. 不同生产部门的资本的有机构成，从而各个部门的不同的利润率；2. 社会总资本在这些不同部门之间的分配，即投在每个特殊部门因而有特殊利润率的资本的相对量；也就是，每个特殊生产部门在社会总资本中所吸收的相对份额。”⑤ 如果利润率高的部门的资本所占的比重较大，那么平均利润

① 《马克思恩格斯文集》第 7 卷，人民出版社 2009 年版，第 179 页。
② 《马克思恩格斯文集》第 7 卷，人民出版社 2009 年版，第 179 页。
③ 《马克思恩格斯文集》第 7 卷，人民出版社 2009 年版，第 181 页。
④ 《马克思恩格斯文集》第 7 卷，人民出版社 2009 年版，第 181 页。
⑤ 《马克思恩格斯文集》第 7 卷，人民出版社 2009 年版，第 182 页。

率就会高些；反之则会低些。

四、生产价格与价值的关系

生产价格形成以后，一方面，成本价格从商品价值中分离出来；另一方面，商品价值转化为生产价格，即由不变资本加可变资本加剩余价值（c+v+m），转变为成本价格加平均利润（$k+\bar{p}$）。虽然不变资本加可变资本之和（c+v）等于成本价格 k，但是，由于剩余价值 m 与平均利润 $\bar{p}$ 在大多数情况下不相等，因此，商品价值与生产价格也就不相等。当 $m>\bar{p}$ 时，商品价值大于生产价格；当 $m<\bar{p}$ 时，商品价值就小于生产价格；只有在 $m=\bar{p}$ 时，商品价值才与生产价格相等。我们把不变资本与可变资本的比例高于平均水平的资本，叫做高构成的资本，相反的则叫做低构成的资本，而把和社会平均资本有同样构成的资本，叫做平均构成的资本。那么，在平均利润率形成以后，在一年周转一次的前提下，资本执行职能的结果马克思用一个数字序列进行了说明，如表 12-4 所示。①

表 12-4　资本构成不同部门的生产价格与价值的比较

有机构成	资本	剩余价值率（%）	剩余价值	平均利润率（%）	生产价格	价值	生产价格与价值的差额
平均构成	Ⅰ. 80c+20v	100	20	20	120	120	0
高构成	Ⅱ. 90c+10v	100	10	20	120	110	-10
低构成	Ⅲ. 70c+30v	100	30	20	120	130	+10
合计	240c+60v	—	60	—	360	360	0

表 12-4 中，资本Ⅰ代表平均构成，因此平均利润率为 20%。这样，就资本Ⅱ生产的商品来说，价值小于生产价格，就资本Ⅲ生产的商品来说，生产价格小于价值。只有资本构成恰好是社会平均构成的资本Ⅰ，价值才等于生产价格。由于所有商品的价值已经转化为生产价格，因此，现在由生产价格构成的成本价格，与原来由价值构成的成本价格会有差异。“对我们现在的研究来说，这一点没有进一步考察的必要。无论如何，商品的成本价格总是小于商品的价值这个论点，在这里仍然是正确的。”② 这里我们可以把三者的区别归纳如下：

---

① 参见《马克思恩格斯文集》第 7 卷，人民出版社 2009 年版，第 184 页。

② 《马克思恩格斯文集》第 7 卷，人民出版社 2009 年版，第 185 页。

商品的成本价格，只包含有酬劳动的量（v）；价值则包含有酬劳动和无酬劳动的总量（v+m）；生产价格只包含有酬劳动与平均化了的无酬劳动之和（$v+\bar{p}$）。

在每个特殊的生产部门，商品生产价格的变动，可以由以下三种情况引起：（1）商品价值不变，但平均利润率发生了不以该部门为转移的变化；（2）平均利润率不变，但商品价值（由于该部门的生产技术或该部门不变资本价值发生变化所致）发生了变化；（3）商品价值和平均利润率同时变化，即上述两种情况同时发生。平均利润率的变化一般需要经历很长时期才能确定下来，因此，“在任何一个较短的时期内（把市场价格的波动完全撇开不说），生产价格的变化显然总是要由商品的实际的价值变动来说明”①。而平均利润率的变化则要以加入生产过程的不变资本和可变资本变动，或加入二者的商品价值变动为前提。这里有两种情况：（1）如果商品价值不变，而劳动的剥削程度发生变动，那么平均利润率就会发生变动；（2）如果劳动的剥削程度不变，而由于劳动过程的技术变化，所使用的劳动总额同不变资本的比例发生变动，那么平均利润率就会发生变动。

五、平均利润和生产价格的形成进一步掩盖了剩余价值的来源

在分析剩余价值转化为利润时，剩余价值是利润的来源，因此它们在量上没有区别，而剩余价值率和利润率在量上是有区别的，因为它们的计算方法不同。剩余价值率是剩余价值与可变资本之比$\left(\frac{m}{v}\right)$，而利润率是剩余价值与全部资本（不变资本加可变资本）之比$\left(\frac{m}{C}=\frac{m}{c+v}\right)$。由于分子相同，分母不同，所以分母大的分数值较小，而分母小的分数值较大。因此，利润率总是小于剩余价值率。进一步分析表明，即使在剩余价值率不变时，利润率也可以提高或降低；或者反过来，即使在剩余价值率提高或降低时，利润率也可以不变。

剩余价值率和利润率的这种区别，以及利润率总是小于剩余价值率的特点，掩盖了资本对劳动的剥削程度，掩盖了剩余价值的真正来源。但是，剩余价值率转化为利润率，只在一定程度上掩盖了资本对劳动的剥削程度。到这里为止，虽然剩余价值率与利润率是不同的，但是剩余价值与利润在量上仍然是相同的，因此资本对劳动的剥削关系还不能被完全掩盖起来。可是，当平均利

① 《马克思恩格斯文集》第7卷，人民出版社2009年版，第186页。

润率形成以后，情况就不同了。现在，不仅利润率与剩余价值率在量上是不同的，而且平均利润与剩余价值在量上也是不同的。因此，“一个特殊生产部门生产的剩余价值量，对社会资本的总平均利润，从而对整个资本家阶级，比直接对每个生产部门的资本家更重要”①。因为每个资本家只能得到平均利润，而不是本企业生产的全部剩余价值。在每个生产部门内部，平均利润与剩余价值在量上的差别，“把利润的真正性质和起源完全掩盖起来……随着价值转化为生产价格，价值规定的基础本身就被掩盖起来”②。在资本家眼里，商品的成本价格与利润不是商品总价值的两个部分，不是由包含在商品中的总劳动构成的，利润是存在于商品价值以外的东西。由于平均利润的形成，这种看法似乎完全得到确认，并且固定和僵化起来，使人们更难认识商品价值的内在本质了。

马克思指出，关于部门的个别利润率的一切规律，实际上都具有双重意义。第一，个别利润率的变动不会直接引起平均利润率的变化。利润率“在每个特殊生产部门中都发生变动，都发生同一般利润率的偏离，但一方面，它们在一定时间内互相抵消，因此不会影响一般利润率；另一方面……因为一般利润率不仅由每个部门的平均利润率决定，而且还由总资本在不同特殊部门之间的分配决定”③。而这些分配比例的变动，也会抵消对一般利润率变动的影响。因此，一般利润率在一定时期内是相对稳定的。第二，在每个生产部门中，利润率的波动会持续或长或短的时期，直到充分固定下来以后，才会影响一般利润率。平均利润率的这种稳定性，也使得平均利润与利润和剩余价值的联系变得难以直接观察。

在平均利润率形成以后，“不管一个产业资本的构成怎样，不管它推动的是 1/4 死劳动，3/4 活劳动，还是 3/4 死劳动，1/4 活劳动，以致在一个场合比在另一个场合吸收大两倍的剩余劳动，生产大两倍的剩余价值……它在这两个场合都会提供相等的利润”④。因此，资本家有理由认为，他的利润不只是来自他所雇佣的劳动。“既然生产上所必要的劳动量的减少，看来不仅不会损害利润，而且在某些情况下反而会表现为增加利润的直接源泉……那么，活劳动又

① 《马克思恩格斯文集》第 7 卷，人民出版社 2009 年版，第 188 页。
② 《马克思恩格斯文集》第 7 卷，人民出版社 2009 年版，第 188 页。
③ 《马克思恩格斯文集》第 7 卷，人民出版社 2009 年版，第 189 页。
④ 《马克思恩格斯文集》第 7 卷，人民出版社 2009 年版，第 190 页。

怎么能是利润的唯一源泉呢?”① 可见，平均利润率的形成，完全掩盖了剩余价值的来源。

在第 9 章的最后，马克思还分析了利润转化为平均利润、价值转化为生产价格，如何将劳动生产力变化引起价值变化这个事实掩盖起来。生产资料生产部门的劳动生产力的变化，显然会对不变资本的价值发生影响。消费资料生产部门的劳动生产力的变化，虽然不会影响可变资本即工资总额，但由于工资总额要分摊在更多或更少的使用价值上，单位商品价值中的工资部分也会发生变化。可见，劳动生产力的变化会对一定部门的商品的成本价格发生影响，而这种影响又会传导到商品的生产价格上。但对资本家来说，无论成本价格和生产价格随劳动生产力如何变化，反正投入同量资本就取得同量利润，于是形成平均利润只与资本相关而与劳动生产力无关的观念。此外，马克思指出，劳动生产力的变化对可变资本的影响，不仅在于单位商品分摊到的工资即有酬劳动的变化，而且会使同量可变资本推动的无酬劳动从而剩余价值及利润的数量发生变化。但是，由于平均利润是由社会规定的，资本家会以为这与他自己占有了多少无酬劳动无关。这样，商品价值由劳动决定、利润源于剩余劳动的事实真相，就完全看不见了。利润由资本的一切部分产生这样一个生意人的错觉就是这样产生的。而且，这个错觉还被庸俗经济学家当做要素价格理论的基础来阐述。

第三节　一般利润率通过竞争而平均化

一、商品按生产价格交换需要资本主义发展到一定高度

马克思首先简要地回顾了第三卷第 9 章的主要内容。主要有以下几点：(1) 中等资本构成或接近中等资本构成的生产部门的生产价格等于价值，其利润与这些部门生产的剩余价值一致，而较高或较低构成部门的生产价格和利润则往往与其商品价值和剩余价值不一致。(2) 市场竞争会把社会资本这样地分配在各生产部门中，以致每个部门的产品价格都以中等资本构成部门的生产价格为样板来确定，即用各自的成本价格加上按中等构成部门的利润率计算出来

① 《马克思恩格斯文集》第 7 卷，人民出版社 2009 年版，第 190—191 页。

的平均利润，每个资本都只能按照等于或接近中等生产部门的利润率来取得利润，因而一切部门的利润率趋于一致。“所以一切资本，不管它们本身生产多少剩余价值，都力求通过它们的商品的价格来实现平均利润，而不是实现这个剩余价值，也就是说，力求实现生产价格。”① （3）因为一切部门的利润率一样，“一切不同生产部门的利润的总和，必然等于剩余价值的总和；社会总产品的生产价格的总和，必然等于它的价值的总和”②。（4）在利润平均化条件下，“只要资本的量相等，那就不管资本的构成如何，它们都会从社会总资本所生产的总剩余价值中分到相等的份额（可除部分）”③。

随后，马克思进一步指出：“在这里，真正困难的问题是：利润到一般利润率的这种平均化是怎样进行的，因为这种平均化显然是结果，而不可能是起点。”④ 那么，转化过程的起点在哪里呢？马克思认为，在分析这种过程时，“全部困难是由这样一个事实产生的：商品不只是当做商品来交换，而是当做资本的产品来交换。这些资本要求从剩余价值的总量中，分到和它们各自的量成比例的一份，或者在它们的量相等时，要求分到相等的一份”⑤。这里所说的事实，实际上就是转化的起点。因为，商品不仅当做商品，而且当做资本的产品来交换，意味着资本主义生产方式已经成为社会生产的普遍形式，而这正是转化发生的历史前提。在劳动者自己占有生产资料的小商品生产或简单商品生产条件下，交换的目的是使用价值，作为手工业者和独立小农的生产者要求的是等价交换，而不可能是等量资本取得等量利润。只有在以利润、以资本价值增殖为目的资本主义生产方式下，才会产生这样的要求。当然，这种要求并不是一旦提出就立即实现的，而是随着资本主义生产方式的发展逐步实现的。这种要求的实现，是以资本主义生产方式破坏了一切以使用价值为目的的传统生产方式，覆盖了整个社会生产，从而资本和劳动力都可以在各个生产部门自由转移为条件的。

因此，马克思指出：“商品按照它们的价值或接近于它们的价值进行的交换，比那种按照它们的生产价格进行的交换，所要求的发展阶段要低得多。按

---

① 《马克思恩格斯文集》第 7 卷，人民出版社 2009 年版，第 194 页。
② 《马克思恩格斯文集》第 7 卷，人民出版社 2009 年版，第 193 页。
③ 《马克思恩格斯文集》第 7 卷，人民出版社 2009 年版，第 194 页。
④ 《马克思恩格斯文集》第 7 卷，人民出版社 2009 年版，第 195 页。
⑤ 《马克思恩格斯文集》第 7 卷，人民出版社 2009 年版，第 196 页。

照它们的生产价格进行的交换，则需要资本主义的发展达到一定的高度。”①

二、部门内部的竞争与市场价值、市场价格及供求关系

马克思说明了价值规律是如何通过部门内的竞争，以价格在供求变动作用下围绕价值或生产价格波动的形式实现的。

第一，市场价值、生产价格与市场价格及价值规律作用的形式。马克思认为，要使商品按其价值进行交换，必须满足以下条件：（1）商品交换不再是偶然或一时的现象；（2）商品的供求大致相等，也就是说，交换双方借助长期的经验，能够按对方需要的数量提供商品；（3）没有任何自然的和人为的垄断能够使商品按高于或低于其价值的价格出售。在这种情况下，商品价值成为价格波动的中心，价格总是趋向价值。这里要把市场价值和不同生产者的个别价值区分开来。“市场价值，一方面，应看做一个部门所生产的商品的平均价值，另一方面，又应看做是在这个部门的平均条件下生产的并构成该部门的产品很大数量的那种商品的个别价值。”② 个别价值决定于个别劳动者生产商品的实际劳动耗费。作为价格波动中心的价值当然是市场价值。当商品的个别价值高于市场价值时，生产者的利润会减少，甚至出现亏损；当商品的个别价值低于市场价值时，生产者就会获得正常利润以上的超额利润。因此，部门内部不同生产者之间的竞争会提高劳动生产力，从而降低商品个别价值。

当平均利润形成以后，生产价格就代替商品价值起市场价值的作用，成为价格波动的中心。马克思得出如下结论：（1）价值规律仍然支配着价格运动，生产商品的必要劳动时间的减少或增加，会使生产价格降低或提高。因此，以生产价格为中心的价格波动，并不是对价值规律的否定，而是价值规律在更高发展阶段上的表现。（2）平均利润总是与按照资本的相应部分分得的剩余价值接近相等。“既然商品的总价值调节总剩余价值，而总剩余价值又调节平均利润从而一般利润率的水平……那么，价值规律就调节生产价格。”③ 因此，生产价格规律不过是价值规律的转化形式，平均利润形成以后，价值规律并没有消失，而是通过生产价格继续发挥它的作用和实现它的要求。

第二，部门内部的竞争使商品的不同个别价值形成相同的市场价值和价

① 《马克思恩格斯文集》第7卷，人民出版社2009年版，第197页。
② 《马克思恩格斯文集》第7卷，人民出版社2009年版，第199页。
③ 《马克思恩格斯文集》第7卷，人民出版社2009年版，第201页。

格。马克思指出："竞争首先在一个部门内实现的，是使商品的不同的个别价值形成一个相同的市场价值和市场价格。"① 他从价值和使用价值两个方面研究了商品按价值出售的条件是如何通过竞争形成的。

从价值的角度来看，商品的不同的个别价值，必须平均化为一个社会价值，即市场价值。为此，就需要同种的商品生产者之间发生竞争，并且要有一个供这些生产者出售商品的共同市场。在这个市场的供给和需求一致的条件下，商品的市场价格就会与市场价值相等。如果市场上的供给量超过需求量，卖者之间就会发生降价销售的竞争，商品的价格就会降到其市场价值之下；反之，商品的价格就会升到其市场价值之上。市场价格在供求关系的作用下，发生围绕市场价值的波动。这里应当强调的是，供求变动调节的是市场价格，而不是市场价值。市场价值是由部门平均的生产条件下生产的、占该部门产品大多数的产品的个别价值调节的。如果部门的平均生产条件发生变化，从而产品的市场价值发生了变化，供求状况也会发生相应变化。如果市场价值降低了，社会需求就会扩大；如果市场价值提高了，社会需求就会减少。供求的这种变化，又会引起价格的变化。因此，马克思指出："如果供求调节市场价格，或者确切地说，调节市场价格同市场价值的偏离，那么另一方面，市场价值调节供求关系，或者说，调节一个中心，供求的变动使市场价格围绕这个中心发生波动。"②

从使用价值角度来看，商品的生产量要符合社会的需求量，即消费者有支付能力的需要量。如果这个商品的生产量大于或小于它的需要量，市场价格就会偏离市场价值。商品的生产量与销售量之间的差额可以由双重原因产生。或者是需求不变，仅仅是供给变了，这样就会产生相对的生产过剩或生产不足；或者供给不变，仅仅是需求变了，结果会出现和第一种方向相反的情形。最后，如果供求都发生变化，结果可归结为上述两种情况中的一种。

第三，需求和供给及二者的相互关系。马克思认为由于供求不平衡引起的市场价格同市场价值的偏离是容易理解的，真正的困难是对供求一致的理解。如果供求一致，供求关系就不再对商品价格产生影响，商品就按照它的市场价值销售。只有在这种情况下，才能正确地理解商品价值的真正来源，才能认识

---

① 《马克思恩格斯文集》第7卷，人民出版社2009年版，第201页。

② 《马克思恩格斯文集》第7卷，人民出版社2009年版，第202页。

“资本主义生产的实际的内在规律”即价值规律，“因为这种规律只有在供求不再发生作用时，也就是互相一致时，才纯粹地实现”。① 也就是说，由供求双方的力量相互抵消时市场价格等于商品价值这个事实，可以看出商品的价格是由价值决定的，而不是由供求关系决定的，供求变动只是使价格与价值发生偏离。事实上，即便供求一致，商品的市场价格也会因市场价值的变化而变化。因此，某些庸俗经济学家主张供求决定市场价格、市场价格又决定供求，只是错误的循环论证。马克思强调，应当将供求一致理解为一种趋势。“虽然在任何一个场合供求都是不一致的，但是它们的不平衡的接连发生……从一个或长或短的时期的整体来看，使供求总是互相一致；然而这种一致只是作为过去的变动的平均，并且只是作为它们的矛盾的不断运动的结果。”② 这种趋势的存在表明，耗费在某种商品的总量上的社会劳动的总量，必须同这种商品的社会需要量相适应。“竞争，同供求比例的变动相适应的市场价格的波动，总是力图把耗费在每一种商品上的劳动的总量归结到这个标准上来。”③

马克思指出，供给就是某种商品的卖者或生产者的总和，需求是这同一种商品的买者或消费者（包括个人消费和生产消费）的总和，“而且，这两个总和是作为两个统一体，两个集合力量来互相发生作用的。个人在这里不过是作为社会力量的一个部分，作为总体的一个原子来发生作用”④。所谓供给，就是出现在市场上的可以满足人类需要的使用价值或商品的数量，且这个商品量还有一定的市场价值。由于使用价值量与它的市场价值之间唯一的联系，就是在一定劳动生产率基础上，每个特殊生产部门生产一定量的物品都需要一定量的社会劳动时间，而社会总劳动在不同生产部门间的分配比例是不同的，且与这些物品的使用价值没有任何内在联系，从而导致耗费在一种社会物品上的社会劳动的总量，也就是这种物品的生产在总生产中所占的数量，与社会要求用这种特定物品来满足的需要的规模之间，没有任何必然的联系，而只有偶然的联系。马克思指出，“只有在生产受到社会实际的预定的控制的地方，社会才会在用来生产某种物品的社会劳动时间的数量和要由这种物品来满足的社会需要

---

① 《马克思恩格斯文集》第7卷，人民出版社2009年版，第211页。
② 《马克思恩格斯文集》第7卷，人民出版社2009年版，第211页。
③ 《马克思恩格斯文集》第7卷，人民出版社2009年版，第214页。
④ 《马克思恩格斯文集》第7卷，人民出版社2009年版，第215页。

的规模之间，建立起联系”①。

在需求方面，从表面上看，生产者和消费者都对商品有需求，存在着某种数量的一定社会需要，只是“从量的规定性来说，这种需要具有很大的弹性和变动性。它的固定性是一种假象”②，商品价格的下降或工资的提高，都会导致产生更大的“社会需要”，但是市场上出现的对商品的需要即需求，与实际的“社会需要”是不相同的，二者间存在数量差异。马克思指出，“‘社会需要’，也就是说，调节需求原则的东西，本质上是由不同阶级的互相关系和它们各自的经济地位决定的，因而也就是说，第一是由全部剩余价值和工资的比率决定的，第二是由剩余价值所分成的不同部分（利润、利息、地租、赋税等等）的比率决定的。这里再一次表明，在供求关系借以发生作用的基础得到说明以前，供求关系绝对不能说明什么问题”③。具体地说，就是“供求以价值转化为市场价值为前提；当供求在资本主义基础上发生的时候，当商品是资本的产品的时候，供求以资本主义生产过程为前提，因而以和单纯的商品买卖完全不同的复杂化了的关系为前提……如果作进一步的分析，供求还以不同的阶级和阶层的存在为前提，这些阶级和阶层在自己中间分配社会的总收入，把它当做收入来消费，因此造成那种由收入形成的需求；另一方面，为了理解那种由生产者自身互相造成的供求，就需要弄清资本主义生产过程的全貌”④。

由此我们可以看出，马克思在对供求进行分析时，不仅揭示了供求与资本主义生产方式的内在联系，还把市场供求现象进一步深化为社会总劳动的分配规律在市场经济下的表现，并根据这一思想批判了市场经济的无政府性，展望了未来社会的生产的计划性，还指出了社会需要的社会属性和阶级属性。

三、部门之间的竞争与平均利润和生产价格

如果商品都按照它们的价值出售，那么投入不同生产部门的资本，由于有机构成不同，会产生极不相同的利润率。但是，资本会从利润率低的部门抽走，投入利润率较高的其他部门。“通过资本在不同部门之间根据利润率的升

① 《马克思恩格斯文集》第7卷，人民出版社2009年版，第208页。
② 《马克思恩格斯文集》第7卷，人民出版社2009年版，第209—210页。
③ 《马克思恩格斯文集》第7卷，人民出版社2009年版，第202页。
④ 《马克思恩格斯文集》第7卷，人民出版社2009年版，第216—217页。

降进行的分配，供求之间就会形成这样一种比例，使不同的生产部门都有相同的平均利润，因而价值也就转化为生产价格。”① 因此，平均利润和生产价格是不同生产部门之间竞争的必然结果。

马克思指出，利润平均化需要具备两个条件：（1）资本有更大的灵活性，更容易从一个部门转移到另一个部门；（2）劳动力能够更快地从一个部门转移到另一个部门。他说明了决定这两个条件的前提。“第一个条件的前提是：社会内部已有完全的贸易自由，消除了自然垄断以外的一切垄断……其次，信用制度的发展已经把大量分散的可供支配的社会资本在各个资本家面前集中起来；最后，不同的生产部门都受资本家支配……最后还必须有很高的人口密度。”② “第二个条件的前提是：废除了一切妨碍工人从一个生产部门转移到另一个生产部门，或者从一个生产地点转移到另一个生产地点的法律；工人对于自己劳动的内容是不关心的；一切生产部门的劳动都已尽可能地化为简单劳动；工人抛弃了一切职业的偏见；最后，特别是：工人受资本主义生产方式的支配。”③

在利润平均化条件下，“每一单个资本家，同每一个特殊生产部门的所有资本家总体一样，参与总资本对全体工人阶级的剥削，并参与决定这个剥削的程度”④。“资本的每一个特殊部门和每一个资本家，都同样关心总资本所使用的社会劳动的生产率。”⑤ “因此，我们在这里得到了一个像数学一样精确的证明：为什么资本家在他们的竞争中表现出彼此都是假兄弟，但面对整个工人阶级却结成真正的共济会团体。”⑥

四、恩格斯的增补：价值规律和利润率

恩格斯在编辑《资本论》第三卷期间和第三卷出版以后，作为第三卷的增补，写过两篇文章。后来在《资本论》第三卷再版时，这两篇文章以“弗·恩格斯《资本论》增补”为题放在第三卷的最后。其中《价值规律和利润率》一文，恩格斯去世不久，发表在德国社会民主党机关报《新时代》上。这篇文

① 《马克思恩格斯文集》第7卷，人民出版社2009年版，第218页。
② 《马克思恩格斯文集》第7卷，人民出版社2009年版，第218页。
③ 《马克思恩格斯文集》第7卷，人民出版社2009年版，第218—219页。
④ 《马克思恩格斯文集》第7卷，人民出版社2009年版，第219页。
⑤ 《马克思恩格斯文集》第7卷，人民出版社2009年版，第220页。
⑥ 《马克思恩格斯文集》第7卷，人民出版社2009年版，第220页。

章写于 1895 年 4 月初—6 月初，针对的是意大利学者洛里亚对马克思价值理论的攻击，以及德国学者施米特和桑巴特两人对平均利润理论的误解。为了与马克思关于平均利润的论述相衔接，我们提前在这里介绍这篇文章。

第三卷问世后，洛里亚就攻击第三卷的生产价格理论与第一卷的劳动价值论有矛盾，是马克思的“重大的理论上的破产”。他甚至造谣说，马克思本人根本没打算写第二卷和第三卷，它们是恩格斯编造的。他断言商品从来就没有按照劳动决定的价值来出售，认为一个商品有多少个价格就有多少个价值，价值就是价格，而价格是在供求关系影响下偶然形成的商品交换比例，因而社会商品的总价值是不存在的。这些说法的荒谬是显而易见的。对此，恩格斯嘲讽道：“在这里，我们看到我们的南方人卡利奥斯特罗如此这般把价值概念化为乌有的拿手好戏，不禁要再一次惊叹起来。这就是庸俗经济学的完成！”①

恩格斯认为桑巴特在书评中对马克思理论体系的轮廓作了大体正确的描述，不同意第三卷与第一卷有矛盾。但是，桑巴特认为价值只是理论家观念和逻辑上的虚构，不是经验中的事实，则是他的错误观念。谈到施米特，虽然恩格斯认为他关于《资本论》第三卷的文章是精辟的，但也指出他一方面说价值规律是理论上必要的虚构和假设，另一方面又说这是研究资本主义的必要的理论上的出发点，是对马克思理论理解上的错误。恩格斯说：“价值规律对于资本主义生产来说远比单纯的假说，——更不用说比虚构，即使是必要的虚构，——具有更重大得多、更确定得多的意义。”②

桑巴特和施米特的错误有共同性，即“都没有充分注意到：这里所涉及的，不仅是纯粹的逻辑过程，而且是历史过程和对这个过程加以说明的思想反映，是对这个过程的内部联系的逻辑研究”③。马克思在讨论利润平均化时曾不止一次谈到，价值向生产价格的转化是与历史发展的实际进程相一致的，但没有展开详细的论述。恩格斯在引证了马克思的一段相关的重要论述之后说：“如果马克思来得及把这个第三册再整理一遍，他毫无疑问会把这段话大大加以发挥。”④ 为了澄清对马克思的误解，恩格斯根据经济史，详细地说明了价值是如何随着商品经济和资本主义的发展，一步一步地转化为生产价格的。他的

① 《马克思恩格斯文集》第 7 卷，人民出版社 2009 年版，第 1008—1011 页。
② 《马克思恩格斯文集》第 7 卷，人民出版社 2009 年版，第 1013 页。
③ 《马克思恩格斯文集》第 7 卷，人民出版社 2009 年版，第 1013 页。
④ 《马克思恩格斯文集》第 7 卷，人民出版社 2009 年版，第 1015 页。

论述完善了劳动价值论，是理解《资本论》有关思想的重要材料。

思考题：

1. 在资本主义经济中，部门内部的竞争与部门之间的竞争有何区别？
2. 试述马克思关于市场价值与市场价格理论的基本内容。
3. 什么是平均利润和生产价格？它们是怎样形成的？
4. 马克思是如何说明价值与生产价格、剩余价值与平均利润之间的关系的？
5. 为什么说生产价格规律是价值规律的转化形式？
6. 如何理解马克思的生产价格和平均利润理论在经济思想史上的革命意义？

第十三章　利润率趋向下降的规律

本章介绍《资本论》第三卷第三篇的主要内容。马克思在这里研究了平均利润率变化的趋势，说明了由于积累过程中资本有机构成提高的作用，在资本利润绝对量增大的同时利润率趋向下降，是资本主义发展的长期规律；这一规律的作用加剧了资本主义的价值增殖与生产扩大、资本过剩与人口过剩、生产与消费等各种矛盾，清楚地显示了资本主义经济发展固有的局限性。这一理论对于科学认识当代资本主义经济发展中出现的周期性经济衰退问题，具有重要的指导意义。同时，它也可以作为研究社会主义市场经济条件下平均利润率变化趋向的重要参考。

第三卷第三篇包括第 13 章至第 15 章。第 13 章在抽象形式上研究了利润率趋向下降规律的实质及其内在矛盾。第 14 章具体分析了阻碍利润率下降的各种因素。第 15 章进一步研究了利润率趋向下降规律对资本主义生产方式的影响，揭示了资本主义生产方式的基本矛盾及其历史局限性。

第一节　规 律 本 身

一、平均利润率因资本有机构成提高而下降的规律

马克思首先说明了平均利润率趋向下降具有客观必然性。在资本主义生产方式中，社会生产力的发展表现为等量可变资本比过去推动更多的不变资本量，即表现为资本有机构成的不断提高。由于剩余价值量的大小在剩余价值率相同条件下主要取决于可变资本所使用的活劳动量的大小，因此，资本总量虽然会因资本积累而增大，但是可变资本在总资本中的比重却因资本有机构成提高而相对下降，从而引起利润率的下降。马克思用假设的数字序列对此加以说明，如表 13-1 所示。①

表 13-1　平均利润率与资本有机构成的关系

资本	不变资本	可变资本	资本有机构成	剩余价值率（%）	剩余价值	利润率（%）
Ⅰ. 150	50	100	1∶2	100	100	66. 67

① 参见《马克思恩格斯文集》第 7 卷，人民出版社 2009 年版，第 235—236 页。

续表

资本	不变资本	可变资本	资本有机构成	剩余价值率（%）	剩余价值	利润率（%）
Ⅱ.200	100	100	1∶1	100	100	50
Ⅲ.300	200	100	2∶1	100	100	33.33
Ⅳ.400	300	100	3∶1	100	100	25
Ⅴ.500	400	100	4∶1	100	100	20

上述资本有机构成提高引起利润率下降的情况，不仅发生在个别生产部门，而且也必然会发生在社会总资本上。如果把表 13-1 中的五种情况看作社会总资本发展的不同阶段，它们就分别代表不同发展阶段社会资本的平均有机构成，利润率分别为各阶段的平均利润率，那么上述各阶段的平均利润率就呈现了一个下降的趋势。马克思指出："一般利润率日益下降的趋势，只是劳动的社会生产力的日益发展在资本主义生产方式下所特有的表现。这并不是说利润率不能由于别的原因而暂时下降，而是根据资本主义生产方式的本质证明了一种不言而喻的必然性。"①

马克思接着以上的分析指出，平均利润率的下降趋势同剩余价值在资本主义社会各剥削者集团之间的分割无关。因为，平均利润率下降的原因是资本有机构成提高导致社会剩余价值总额与社会预付资本总额的比率下降，因此，无论剩余价值是由产业资本家全部独占，还是由各剥削者集团瓜分为产业利润、商业利润、利息、地租，只要资本有机构成在提高，这种平均利润率下降趋势就不会改变。

马克思以上的研究，是从一国的不同发展阶段来看平均利润率变动趋势的。在此基础上，他又进一步指出，利润率趋向下降的规律也体现在经济发展水平不同的国家平均利润率的差别上，对这个规律的说明也可以用来解释为什么发达国家的一般利润率要低于不发达国家。这是因为不发达国家资本平均有机构成低，其平均利润率就高；发达国家资本平均有机构成高，其平均利润率就低。但是，应当注意，这个结论是建立在不发达国家和发达国家的剩余价值率相同的假定前提之上的。然而，发达国家因为资本平均有机构成提高而导致的平均利润率下降，会通过剩余价值率的提高得到补偿，其平均利润率甚至会比不发达国家还要高。但是，只要发达国家剩余价值率的提高不足以抵消它与

① 《马克思恩格斯文集》第 7 卷，人民出版社 2009 年版，第 237 页。

不发达国家在资本平均有机构成方面的差距，资本平均有机构成提高而引起平均利润率下降的规律，就会在发达国家显现出来。此外，在比较发达国家和不发达国家的平均利润率时还必须注意两个事实：一是不能用一个国家的利息率水平来衡量另一个国家的平均利润率。这是因为发达国家的利息率是由平均利润率来调节的，而不发达国家的利息率则与高利贷和地租有关，与平均利润率无关。二是正常工作日较短的发达国家，其剩余价值率会因为劳动强度高而比工作日较长的不发达国家要高，这一点对平均利润率的高低也有重大影响。

二、利润率下降同时利润量增长的二重规律

马克思分析平均利润率下降趋势之后，又强调指出，平均利润率下降并不排斥利润绝对量的增大。对此，他还是用一个数字例子来说明，如表 13-2 所示。①

表 13-2 平均利润率与资本有机构成的关系

资本	不变资本	可变资本	资本有机构成	剩余价值率（%）	剩余价值	平均利润率（%）
Ⅰ. 600	400	200	2∶1	100	200	33. 33
Ⅱ. 1 200	1 000	200	5∶1	100	200	16. 67
Ⅲ. 1 800	1 500	300	5∶1	100	300	16. 67

表 13-2 显示，在剩余价值率不变条件下，资本有机构成提高导致了平均利润率的下降（33. 33%下降至 16. 67%），但是利润量却没有变，甚至还提高了。这里有两种需要特别研究的情况。第一种情况是可变资本推动的活劳动量不变，资本占有的剩余价值量也不变，但是，等量活劳动推动的不变资本量的增多引起社会总资本量的相应增大（资本Ⅱ），使得平均利润率由于不变的剩余价值量与增大的社会总资本量相比而下降。在这种情况下，虽然可变资本推动的活劳动绝对量和资本占有的利润绝对量都未变，但是资本有机构成的提高，却降低了资本推动的活劳动相对量和其占有的利润相对量。第二种情况是可变资本推动的活劳动量和资本占有的剩余价值量均增加 50%，但与此同时，不变资本总量却增加了 275%，资本总量也相应增加了 200%（资本Ⅲ）。在该种情况下，资本有机构成的提高不仅增大了不变资本的绝对量和相对量，而且在降低可变资本相对量的同时增加了可变资本的绝对量。结果，尽管平均利润

① 参见《马克思恩格斯文集》第 7 卷，人民出版社 2009 年版，第 241—242 页。

率（33.33%）因资本有机构成的提高而下降（16.67%），但由于可变资本绝对量从200增加到300，它使资本所推动的活劳动量和所占有的剩余劳动与利润的绝对量从200增加到300。这表明，在资本主义经济的发展过程中，平均利润率的下降和利润绝对量的增加是可以同时并存的。

这种并存是什么原因造成的呢？马克思指出，这是资本积累规律作用引起的双重结果。在资本积累过程中，一方面，资本积累以及资本积聚成为提高生产力的物质手段，它使活劳动能够推动比过去更多的不变资本总量，从而引起资本有机构成提高，导致平均利润率下降；另一方面，资本积累也使资本支配的活劳动绝对量增加，它使资本可以推动更多的活劳动去占有更多的剩余劳动量，从而使社会资本占有的利润量增加。此外，在资本积累的过程中，即使可变资本推动的活劳动数量不变，资本积累的动机和手段也会驱使资本家通过工作日的延长或劳动强度的加大，以及劳动生产力的发展，来提高剩余价值率，增加利润量。“所以，尽管利润率不断下降，资本所使用的工人人数，即它所推动的劳动的绝对量，从而它所吸收的剩余劳动的绝对量，从而它所生产的剩余价值量，从而它所生产的利润的绝对量，仍然能够增加，并且不断增加。事情还不只是能够如此。在资本主义生产的基础上，撇开那些暂时的波动，事情也必然如此。”①

接下来，马克思说明，资本总量和可变资本绝对量的增加，是平均利润率下降与利润量同时增加的条件。平均利润率下降与资本占有的利润量同时增加，只有在总资本的增加比平均利润率的下降更为迅速的时候才能表现出来。为了说明这个条件，马克思分析了三个例子。首先，假定社会总资本为100，剩余价值率为100%，资本有机构成逐步提高，结果不仅平均利润率逐步降低，而且资本占有的利润量也逐步降低，如表13-3所示。②

表13-3　平均利润率与利润量的关系（1）

资本总量	不变资本	可变资本	资本有机构成	剩余价值或利润量	利润率（%）
Ⅰ.100	60	40	3∶2	40	40
Ⅱ.100	70	30	7∶3	30	30
Ⅲ.100	80	20	4∶1	20	20

① 《马克思恩格斯文集》第7卷，人民出版社2009年版，第242页。

② 参见《马克思恩格斯文集》第7卷，人民出版社2009年版，第245—246页。

如果在剩余价值率相同、资本有机构成提高导致平均利润率下降的条件下，要使资本占有的利润量保持不变，“表示总资本增加的乘数，就必须和表示利润率下降的除数相等”①。马克思用第二个例子说明这种情况，如表 13-4 所示。②

表 13-4 平均利润率与利润量的关系（2）

资本总量	不变资本	可变资本	资本有机构成	剩余价值或利润量	利润率（%）
Ⅰ.100	60	40	3∶2	40	40
Ⅱ.200	160	40	4∶1	40	20
Ⅲ.500	460	40	11.5∶1	40	8

如果在上述相同条件下要使资本占有的利润量增加，那么“资本增加的比例就必须大于利润率下降的比例”③。马克思用第三个例子来说明这种情况，如表 13-5 所示。④

表 13-5 平均利润率与利润量的关系（3）

资本总量	不变资本	可变资本	资本有机构成	剩余价值或利润量	利润率（%）
Ⅰ.100	60	40	3∶2	40	40
Ⅱ.220	176	44	4∶1	44	20

上述分析表明，平均利润率下降与利润量同时增加这个二重规律，是以资本总量和可变资本绝对量的增加为前提条件的，也就是以资本总量增长比例超过资本有机构成提高比例为条件的。

三、二重规律的表现形式

平均利润率趋于下降和利润量增加同时并存这个二重规律，在形式上也表现为单个商品价格的下降和通过商品销售所实现的利润量增加同时并存。

随着社会生产力的发展和资本有机构成的提高，一方面，活劳动在一定时间内所生产的商品数量增多了，同时它所推动的生产资料数量也相应增多了；但另一方面，由于劳动生产率的高低并不影响同一劳动在相同时间内创造的新

① 《马克思恩格斯文集》第 7 卷，人民出版社 2009 年版，第 247 页。

② 参见《马克思恩格斯文集》第 7 卷，人民出版社 2009 年版，第 247 页。

③ 《马克思恩格斯文集》第 7 卷，人民出版社 2009 年版，第 247—248 页。

④ 参见《马克思恩格斯文集》第 7 卷，人民出版社 2009 年版，第 246—247 页。

价值总量，因此不变的新价值总量体现在更多的商品数量上，必然导致单个商品中包含的活劳动创造的新价值量减少。同时，由于劳动生产率的提高也会降低所使用的生产资料价值，从而引起单位商品中由生产资料转移过来的物化劳动量同时减少。这种由于劳动生产率提高所带来的、单位商品中包含的物化劳动量和活劳动量的减少，必然引起单位商品价值量的减少和价格的相应下降。这会对利润量发生怎样的影响呢？马克思指出："尽管如此，单个商品中包含的利润量，在绝对剩余价值率或相对剩余价值率提高时仍能增加。它包含较少的新追加劳动，但是这种劳动的无酬部分同有酬部分相比却增加了。"① 也就是说，在剩余价值率提高的情况下，单个商品价值量的下降并不必然排斥利润量的增加，因为在剩余价值率提高的情况下，单个商品包含的新创造价值中归工人所有的必要劳动部分减少，而归资本家占有的剩余劳动创造的利润量则相应增大。不过，如果剩余价值率没有提高，或者提高的程度低于新创造价值减少的程度，单位商品中的利润量还是会减少的。

在单个商品价值和价格因劳动生产率提高而下降时，虽然利润量仍有可能增大，但是，即便剩余价值率提高，除了个别情况（例如劳动生产力同样地使不变资本和可变资本的一切要素变便宜的时候），利润率还是会下降。这是因为，单个商品价值和价格下降，意味着同样数量的劳动体现在多于过去的商品量中，从而使得：（1）单个商品中包含的剩余劳动比以前少了；（2）在单个商品中代表新追加劳动的价值部分，同其中代表生产资料的价值部分相比已经减少，体现在单个商品上的可变资本与不变资本之比变小了，或者说，单个商品的资本构成提高了。

总之，随着单个商品价值和价格因劳动生产率提高而下降，利润率会下降，而单个商品中的利润量，却有可能因剩余价值率提高而增加。

恩格斯在为第三卷第 13 章补写的一段相关论述②中指出，在这里，要注意按成本价格计算的利润率与通常所说的利润率的区别。资本年周转次数不同，一年内所使用的总资本与所耗费的资本在量上会有所不同。因此，同一数量的利润与量上不同的预付总资本或所费资本来计算，会得到两种不同的利润率：一种是按成本价格计算的利润率，即按年利润量与一年生产的商品所耗费的资

① 《马克思恩格斯文集》第 7 卷，人民出版社 2009 年版，第 251 页。

② 参见《马克思恩格斯文集》第 7 卷，人民出版社 2009 年版，第 252—254 页。

本或成本价格计算的利润率；另一种就是通常所说的利润率，它是指一年内获得的剩余价值量或利润量与总资本的比率。按成本价格计算的利润率和实际利润率只有在成本价格 = 总资本，即资本恰好一年周转一次时，才能互相一致。按成本价格计算的利润率与通常所说的利润率的区别表明，在资本主义生产中，不能把商品当做单纯的商品孤立地进行考察，而必须把它作为预付资本的产物，从这个商品和生产它的总资本的关系来进行考察。

无论是按总资本计算的利润率还是按成本价格计算的利润率，单个商品中的利润量都是一样的。但是，劳动生产率提高引起单个商品价值的下降，对单个商品中包含的利润量的影响，与对商品总额中包含的利润量的影响是不同的。可以有如下两种不同情况。一种情况是，劳动生产率提高时，不变资本数量增加而可变资本数量不变，同时，剩余价值率也不变。这时，随着商品生产总量的增加，单个商品的价值会降低，单个商品的利润量也会减少，但是商品总额中的利润量仍不变。这是因为劳动生产率提高虽然使一定时间内生产的商品量增加了，但由于一定劳动时间内所创造的新价值总量是一定的，当劳动者人数和剥削程度都不变时，这个一定量的新价值分解为工资和利润的比例不变，那么这个商品总额中的利润量分配在更多的商品中，导致单个商品的价值量和利润量减少了，但是更多的单个商品利润量的总和，仍然等于原有的总利润量。另一种情况是，当劳动生产率提高时，不变资本和可变资本都增加，或者剩余价值率也提高。这样，虽然单个商品价值和其中的利润量都减少，但商品总额中的利润量却还会增加。造成这种情况的原因是，虽然劳动生产率提高使单个商品的价值和利润量都下降了，但是由于总资本和其中的可变资本都增加了，所以资本可以通过增加被剥削的工人数，或者通过提高对工人的剥削程度，或者通过二者同时发生作用，增加所使用的活劳动量以占有更多的剩余劳动量。这时，尽管单个商品的利润量减少了，但商品总额中的利润量仍能增加。可见，在劳动生产率提高引起单个商品价值下降的同时，商品总额中实现的利润量还会同时增加，其关键是因为可变资本绝对量在总资本增加的同时也得到了增加，以及剩余价值率的提高。

在第三卷第 13 章的最后，马克思批评了庸俗经济学家对利润量在商品价格下降时也能增加这个现象的错误解释。他们不懂得这一现象是平均利润率下降和利润量增加同时并存这个二重规律的反映。例如，有人认为，资本家愿意在出卖单个商品时取得较少的利润，目的是为了通过卖出更大量的商品以获得更多的利润量，即所谓的薄利多销。这种解释的错误，一方面在于把利润误认为是来自流通，另一方面是因为把竞争中的假象当做客观经济规律来理解。确实，在竞争中，单个资本家通过薄利多销能够使他获取更多的利润量；而且他们也是先确定单个商品的价格和利润，然后再乘上出售商品的总量来计算他们全部商品的总价格和总利润。资产阶级庸俗经济学把竞争中的这种假象理论化，不懂得在商品价格下降时，如果没有可变资本绝对量的增加或者剩余价值率的提高，即使出售的商品数量增加了，资本家得到的利润总量也是不会增加的。

第二节 起反作用的各种原因

一、劳动剥削程度的提高

第三卷第 14 章主要分析了阻碍平均利润率下降的因素。随着资本主义社会劳动生产力的发展，资本积累和资本有机构成的不断提高必然导致平均利润率下降。但是，由于存在各种起反作用的因素，平均利润率具有趋于下降的性质，而不是很快下降。

平均利润率是社会利润总量与社会资本总量之间的比率，这说明平均利润率的高低要取决于社会利润总量和社会资本总量这两个因素。一般来说，平均利润率与社会利润总量同方向变动、与社会资本总量反方向变动，即当社会利润总量增加或社会资本总量减少时，平均利润率就会提高；当社会利润总量减少或社会资本总量增加时，平均利润率就会下降。劳动剥削程度的提高可以增加社会利润总量，但是它对利润率的影响在不同场合是不同的。

首先，在通过劳动的强化来提高劳动剥削程度的场合，有两种情况。一种情况是同一个工人必须看管更多的机器。在这种情况下，由机器和原材料等构成的不变资本将大大增加，因此，即使一个工人创造的剩余价值量增加了，剩余价值率也提高了，但是增加的利润量相对于已经大大增加的不变资本总量与未变的可变资本量而言的利润率却会下降。另一种情况是提高机器的运转速度。在这种情况下，由原材料构成的流动不变资本数量会增加，但机器、厂房等固定不变资本以及可变资本都无须增加，因此，资本占有的剩余价值量增加了，剩余价值率和利润率都会提高。

其次，在通过延长工作日来提高对劳动剥削程度的场合，虽然会因为剩余劳动时间的延长而需要增加一些原材料等流动不变资本，但此时却不仅不需要增加机器、厂房等固定不变资本，反而因为生产了更多的商品，降低了转移到单个商品中的固定资本价值，使不变资本相对减少。工作日中剩余劳动时间的延长，必然使资本占有的剩余价值量增多，使剩余价值率和利润率提高。

再次，在大规模使用妇女和儿童劳动的场合，可变资本量不仅没有增加，反而由于资本扩大了剥削范围，压低了工资水平，而可以获得更多的剩余劳动，增加占有的剩余价值量；即使由于使用妇女和儿童劳动使可变资本量有所增加，但只要资本为此占有的剩余价值量大于可变资本的增加，剩余价值率和利润率就会提高。

通过绝对剩余价值生产或相对剩余价值生产来提高劳动剥削程度，虽然都可以增加剩余价值量，提高剩余价值率，但是它们对利润率的影响却是有差别的。在绝对剩余价值生产的情况下，资本家通过工作日的延长，会增加所占有的剩余劳动的量，但不会使所使用的劳动力数量与不变资本数量的比率发生实质性变化，实际上反而会使不变资本相对减少，剩余价值率也会因此提高，平均利润率的下降趋势则会因为剩余价值率的提高而减弱。而在相对剩余价值生产的情况下，一方面由于使用一定量劳动可以生产更多的剩余价值，从而提高了剩余价值率，但另一方面又会提高资本有机构成，导致利润率下降。虽然一般来说，相对剩余价值生产具有导致利润率下降的作用，但是它在那些增加剩余价值量而没有增加资本总量的场合（如农业中生产技术得到改良），或者在剩余价值量增加而资本有机构成并没有相应提高的场合（如现有生产设施因所受的各种限制被克服而发挥出更高的生产效率），也会导致利润率的提高，减弱平均利润率的下降趋势。

资本对劳动剥削程度的提高会增加剩余价值量或利润量，并在资本有机构成没有随利润量增长而提高，或者提高比例低于利润量增长时，促使利润率提高。但是利润率的这种增长只能阻碍、延缓和减弱平均利润率下降规律的作用程度，而不会取消这个一般规律。这是因为，促使剩余价值率提高的同一些原因，也会促使资本有机构成提高，从而使利润率趋向下降。也就是说，资本对劳动剥削程度的提高，一方面使同一工人创造了更多的利润量，从而提高了利润率，延缓了平均利润率下降的趋势；但在另一方面，它也会使一定量资本使用的劳动力减少，从而降低利润率，使平均利润率趋向下降。正因为相同的原因会引起二重结果，因此，平均利润率下降规律只是作为一种趋势发生作用。

最后，需要强调的是，在资本量已定情况下，剩余价值率的提高不一定必然引起剩余价值量的增加。如果剩余价值率提高，但可变资本因资本有机构成提高而减少，剩余价值量会下降；当剩余价值率下降时，如果可变资本因资本有机构成下降而增大，剩余价值量也会增加。这是因为，剩余价值量等于剩余价值率乘以可变资本，而剩余价值率等于剩余价值量除以可变资本。在资本量已定情况下，剩余价值量的变动会导致利润率随之发生相同方向的变动。利润率等于剩余价值量除以总资本，所以在资本量不变情况下，剩余价值量减少，利润率就会下降；剩余价值量增加，利润率就会提高。这进一步说明，资本对劳动的剥削程度，即剩余价值率的高低对剩余价值量即利润量，以及剩余价值量或利润量对利润率的变动的影响，会因资本有机构成的不同而不完全相同。

二、工资被压低到劳动力的价值以下

在一定时期内，由雇佣工人创造的新价值包括支付给工人的工资和归资本占有的利润两部分，它们之间存在着此消彼长的关系。由于平均利润率与社会利润总量成正方向变动、与社会资本总量成反方向变动，当工资被压低到劳动力价值以下时，一方面可以增加利润量，另一方面又可以减少预付可变资本，进而减少预付总资本，起到提高利润率的作用。因此，工资被压低到劳动力价值以下，就成为阻碍平均利润率下降最显著的原因之一。

三、不变资本各要素变得便宜

在资本主义发展的过程中，劳动生产率是不断提高的。当生产资料生产部门的劳动生产率提高时，生产资料的价值就会降低，不变资本要素就会变得便宜，从而会在两种情况下引起资本有机构成下降。一种情况是在购买新的生产资料时，由于其价值下降，资本可以用较少的不变资本购买到更多的生产资料，这样，资本的物质构成提高了，但资本的价值构成并没有相应地按同一比例提高。也就是说，在生产中使用的生产资料数量增加的同时，购买生产资料用的不变资本的价值却可以不按比例增加，或者会保持不变甚至下降。另一种情况是生产资料生产部门劳动生产率的提高使已在使用的生产资料价值贬值，从而使已在使用的资本的价值构成可以在物质构成不变的情况下降低。这两种由于生产资料价值下降而引起的资本有机构成下降，会引起利润率的上升，从

而阻碍平均利润率的下降。

四、相对过剩人口

相对过剩人口是资本积累的必然产物，它会从两方面延缓资本有机构成的提高，并通过剩余价值率的提高使资本占有更多的利润量。第一，相对过剩人口导致劳动力市场的供过于求，资本家会借机压低在业工人的工资，提高在业工人的劳动强度，从而加大对在业工人的剥削程度。这会使剩余价值率提高，抑制利润率下降的趋势。第二，相对过剩人口所造就的大量廉价劳动力，会使资本家宁愿使用手工劳动而不使用机器。在这种情况下，资本有机构成低的生产部门的出现或扩大，或多或少地抵消或延缓了平均利润率下降的趋势。

五、对外贸易

对外贸易对利润率的影响主要体现在两个方面。一方面是它具有提高利润率的作用。这是因为，资本通过对外贸易可以从国外获取廉价的不变资本要素，使购买等量生产资料所需要的不变资本量减少；同时，资本通过对外贸易还能从国外进口廉价的必要生活资料，它又可以减少购买等量劳动力所需的可变资本。这样，即使在剩余价值率不变的条件下，对外贸易由于减少了资本的支出总量，也会导致利润率提高。另一方面是它存在着降低利润率的作用。这是因为，对外贸易扩大了商品的销售市场，从而刺激了生产规模的扩大，为此，资本就必须加速积累，资本有机构成必然随之提高，结果就加速了利润率的下降。对外贸易同时具有提高利润率和降低利润率的二重作用。

对外贸易，特别是与经济落后国家的贸易能够带来较高的利润率。首先，发达资本主义国家的劳动生产率高，其单位商品的国别价值低，而经济落后国家的劳动生产率低，其单位商品的国别价值高，由于对外贸易中商品是按照其国际价值定价的，发达国家较低国别价值的商品可以实现为较高的国际价值，而落后国家较高国别价值的商品只能实现为较低的国际价值。这种情况类似于国内某些生产力特别高的企业，其商品的个别价值低于社会价值，在按社会价值出售时就能获得超额剩余价值。因此，发达国家可以通过进出口贸易获取超额利润，使资本获得较高的利润率。其次，经济落后国家的生产要素便宜、劳动反抗资本的力量较弱，这使发达国家投在经济落后国家的资本，不仅资本有机构成低，而且剩余价值率也高，从而具有较高的利润率。

发达资本主义国家通过对外贸易和对外投资所获得的超额利润提高了本国资本的利润率，用于对外贸易和对外投资的资本在自由竞争规律支配下会参与国内利润率的平均化过程，一定程度上可以缓和国内平均利润率的下降趋势。但与此同时，对外贸易也会使本国生产规模扩大，促使资本有机构成提高，再加上对外贸易推动的商品和资本输出会引起国外商品生产过剩，使商品与资本输出的利润量减少，从而对国内平均利润率下降趋势起推波助澜的作用。

为了避免误解，还有两点区别需要再次重申。一是随着劳动生产率的提高和单个商品价值的下降，一方面，单个商品中由生产资料转移过来的物化劳动中代表固定资本磨损的部分减少；另一方面，劳动生产率的提高是资本有机构成提高的结果，而社会资本有机构成的提高意味着不变资本价值与可变资本价值的比例提高。这两个方面不能混为一谈。因为，前一方面，即单个商品中由固定资本转移过来的物化劳动的减少，是指在不变资本的数量不变或增加时，它的价值同按日益下降的比例使用的可变资本相比相应地减少，即随着单位时间内产量的提高，单位产品中分摊到的固定资本价值日益减少。而每一次这种减少，“都具有提高利润率的利润率的作用”①；而后一方面，即社会资本有机构成提高，则会使利润率降低。

二是随着劳动生产率的提高和单个商品价值的下降，单个商品中包含的活劳动量相对于转移过来的物化劳动量减少了，但是却不能因此说剩余价值量也必然减少。因为单个商品中活劳动量的减少并不能决定活劳动中有酬劳动与无酬劳动的分割比例，资本家只要提高对劳动力的剥削程度，活劳动中的有酬劳动部分就会相对或绝对地减少，无酬劳动的部分则会相对或绝对地增长。这表明平均利润率下降和剩余价值率提高是结合在一起的，二者都是劳动生产率的提高在资本主义条件下借以表现的特殊形式。

六、股份资本的增加

随着资本主义生产的发展，一些经营规模巨大的企业往往采取股份公司的组织形式。股份公司在扣除了一切费用之后，提供给股东的不是平均利润而是或多或少的股息，股息通常低于平均利润。马克思指出：“这些资本不参加一

① 《马克思恩格斯文集》第7卷，人民出版社2009年版，第266页。

般利润率的平均化，因为它们提供的利润率低于平均利润率。如果它们参加进来，平均利润率就会下降得更厉害。”①

第三节　规律的内部矛盾的展开

一、概论

第三卷第 15 章主要分析利润率趋向下降规律的内部矛盾。这种矛盾是资本主义基本矛盾的具体表现形式。研究利润率趋向下降规律的意义在于揭示资本主义基本矛盾。资本主义基本矛盾激化，就会爆发经济危机。只有揭露资本主义基本矛盾，才能说明经济危机的必然性。关于经济危机问题，《资本论》中并无专章论述，但马克思对这个问题并不是到第三卷第 15 章才提起的。在第一卷第 3 章分析货币流通时，就已经讲到了危机的可能性；第一卷第七篇讲到了危机中工人失业和贫困的急剧增长；第二卷第 9 章讲到了危机的物质基础；第二卷第三篇讲到再生产比例关系的破坏会导致危机。在这里，马克思则进一步揭露了经济危机的根源。

马克思是从批判李嘉图的利润学说入手展开论述的。他批判李嘉图利润学说的目的是揭示资本主义的生产规律，说明在利润率下降的同时还会发生人口过剩、生产过剩和资本过剩以至经济危机，分析了李嘉图及其学派在对平均利润率下降趋势规律的认识上存在的种种错误。

第一，错误地把利润率混同于剩余价值率。李嘉图认为，利润的高低与工资的高低成反比。他以为自己考察的是利润率，但是他所分析的利润与工资之间的反向关系反映的却是剩余价值率，并且他还是在假定工作日的内涵和外延都不变的前提下进行分析的。因此，他无法正确理解剩余价值率与利润率会反向变动。

第二，错误地把平均利润率的下降和资本积累相对立。李嘉图认为利润率的下降会抑制资本积累。实际上，在资本主义生产发展过程中，一方面，资本积累会引起资本有机构成的提高，从而导致平均利润率的下降，但另一方面，平均利润率的下降又会促使资本进一步提高对雇佣工人的剥削程度，并通过剥

① 《马克思恩格斯文集》第 7 卷，人民出版社 2009 年版，第 268 页。

夺小资本家和小生产者，以加速资本的积聚和集中，从而加速资本的积累。“利润率的下降和积累的加速，就二者都表现生产力的发展来说，只是同一个过程的不同表现。”①

第三，错误地理解平均利润率下降的原因和结果。利润是资本主义生产发展的推动力，利润率的下降会延缓新资本的产生，对资本主义生产过程的发展形成威胁。而且，利润率的下降还会在促进人口相对过剩的同时，促进生产过剩和资本过剩。李嘉图意识到了利润率下降对资本主义生产方式发展的限制作用，但在分析的过程中却把利润率下降的原因归结为自然原因，认为是由于人口增加导致最差的土地投入耕种，造成了农业劳动生产率的下降，使得耕种土地的收益递减，从而引发谷物价格上涨，导致工资上涨所致。这是把平均利润率下降归咎于自然，将其视为对人类生产的一般限制。显然，李嘉图作为一个把资本主义生产方式视为永恒的经济学家，是不可能认识到平均利润率的下降是生产力的发展在资本主义生产关系中遇到的限制，是生产力的进一步发展与资本主义生产关系发生冲突的表现，是对资本主义生产方式局限性和历史过渡性的一种证明。

第四，错误地把利润率下降看作是产业利润与地租的分配变化所引起的。其实社会剩余价值总额除了产业利润和利息之外，还包含了地租，它们都是剩余价值的转化形式。因此，平均利润率趋于下降也会导致产业利润率、利息率和地租率出现下降趋势。同样，即使平均利润率下降了，只要社会资本总额和社会利润总额增加了，产业利润的绝对量、利息的绝对量和地租的绝对量也会相应提高。而且由于产业利润、利息和地租只是同一社会利润总额在不同资本集团之间的分配，因此，虽然不同资本集团在其中所占的数额，以及各自所得占总资本的比率会发生变化，但却不会影响社会利润总额和平均利润率的变化。

此外，马克思还顺便指出，李嘉图的这个假设从历史上和概念上也是错误的。因为，资本主义生产方式中的利润不同于前资本主义社会中的商业利润，它是先归产业资本家，然后再在产业资本家与商业资本家、借贷资本家之间进行分割。同样，资本主义地租也不同于封建地租，它只是在资本主义生产关系下，才作为社会剩余价值总额的一部分，以超额利润的形式归土地所有者

---

① 《马克思恩格斯文集》第7卷，人民出版社2009年版，第269页。

占有。

在批判李嘉图利润理论的错误之后，马克思说明了平均利润率下降规律显示出来的资本主义生产所受的限制，体现着这种生产方式所固有的剩余价值生产与剩余价值实现的矛盾以及生产与消费的矛盾。资本主义生产的实质或目的是剩余价值生产，而不是消费或资本家个人的享受。生产剩余价值，是资本主义生产“在其整个内在本质上表现的独特性质”①。在社会生产力有足够发展的前提下，只要有足够多的生产资料、必要的雇佣工人数量、相当高的劳动剥削程度，就具备了进行剩余价值生产的条件。一般说来，这些条件是不会构成资本主义生产的限制的。因为，在资本主义社会，资本家对剩余价值永无止境的追求使生产具有无限扩大的趋势，资本积累规律的作用必然造成相对过剩人口，而不断提高劳动剥削程度是资本的本能。

然而，“进行直接剥削的条件和实现这种剥削的条件，不是一回事。二者不仅在时间和地点上是分开的，而且在概念上也是分开的。前者只受社会生产力的限制，后者受不同生产部门的比例关系和社会消费力的限制”②。从直接生产中剥削来的剩余价值是物化在商品中的，必须通过商品的销售才能实现。但是，这需要一定的条件。首先，从商品供给的角度看，社会生产各部门应该保持一定的比例关系，以确保所生产的不同商品能符合社会的需求。但是在资本主义社会中，却存在着一个基本的矛盾，即社会化大生产客观上要求各部门的生产按一定比例来进行，但是生产资料资本家私有制以及竞争却使整个社会生产处在无政府状态，导致社会生产各部门之间的比例失衡，从而造成商品实现的困难。其次，从商品需求的角度看，生产出来的商品能否全部卖掉，取决于社会的消费能力。“但是社会消费力既不是取决于绝对的生产力，也不是取决于绝对的消费力，而是取决于以对抗性的分配关系为基础的消费力；这种分配关系，使社会上大多数人的消费缩小到只能在相当狭小的界限以内变动的最低限度。”③ 不仅如此，“这个消费力还受到追求积累的欲望，扩大资本和扩大剩余价值生产规模的欲望的限制”④。这就是说，劳资之间对抗性的分配关系和资本积累的欲望，导致了社会消费力不足，这就使包含剩余价值在内的商品实现

① 《马克思恩格斯文集》第 7 卷，人民出版社 2009 年版，第 272 页。
② 《马克思恩格斯文集》第 7 卷，人民出版社 2009 年版，第 272 页。
③ 《马克思恩格斯文集》第 7 卷，人民出版社 2009 年版，第 273 页。
④ 《马克思恩格斯文集》第 7 卷，人民出版社 2009 年版，第 273 页。

遇到了困难。资产阶级试图用扩大市场的办法来克服剩余价值实现的困难，结果，随着市场的扩大，社会生产的比例失调进一步扩大到更广的范围，对抗性的分配关系和积累的欲望使社会购买力受到进一步的抑制，剩余价值生产和实现的矛盾又和资本过剩与人口过剩结合在一起，进一步激化了生产和消费的矛盾，最终导致资本主义经济危机的爆发。

在分析了剩余价值生产与实现的矛盾之后，马克思接着研究了平均利润率下降趋势加速资本积聚和资本集中的问题。为什么会出现这种情况？这是因为：第一，在利润率已定情况下，资本积累量的大小取决于利润量的大小，而利润量的大小则取决于预付总资本的大小。因此，如果利润量不变，只要通过提高积累率就能增大资本积累量；如果预付资本量增大了，那么利润量就会增大，资本积累量也会随之增大。第二，在平均利润率下降的同时，资本往往会通过提高对劳动的剥削程度来增大利润量，从而增大资本的积累量。第三，平均利润率的下降又会反过来促使资本加速积累。因为在利润率下降时，为了获得和以前相同数量的利润，资本家就必须追加更大的资本量，这就进一步推动了资本的积聚和集中。可见，尽管平均利润率下降了，资本积累仍然会因为积累率的提高、对劳动剥削程度的提高以及增加预付资本量所带来的利润量增大而加速。

二、生产扩大和价值增殖之间的冲突

马克思在这里说明，平均利润率下降规律反映了资本主义生产扩大和价值增殖的矛盾，即资本主义生产目的和实现这一目的的手段之间的矛盾，以及这种矛盾如何引起经济危机。

在资本主义社会，劳动生产力的提高具有双重表现。在资本方面，它一是表现为生产资本的总量不断增加，二是表现为资本有机构成不断提高。劳动生产力的提高在资本上的这两点表现，必然引起平均利润率趋向下降。在劳动力方面，它一是表现为再生产劳动力价值所需要的必要劳动时间缩短，二是表现为推动一定量资本所使用的劳动者人数减少。必要劳动时间缩短意味着对劳动剥削程度的提高，它会使资本获得的剩余价值或利润量增加，使利润率提高；而资本需要的劳动者人数减少则意味着资本有机构成的提高，这会使利润率降低。虽然劳动者人数的减少可以由剥削程度的提高来补偿，但这里有着不可逾越的生理和道德界限，因而这种补偿虽然能够阻碍利润率的下降，但却不能抵消平均利润率下降的趋势。

随着资本主义生产方式的发展，平均利润率的下降和利润量的增加是同时并存的。如果利润率已定，所投入资本量越大，利润量就越大；如果所投入资本量已定，利润率越高，利润量越大。由于资本所获利润量的大小取决于所投入资本量的大小和利润率的高低，因此，在资本主义社会劳动生产力发展过程中，形成了资本贬值和资本增殖的矛盾。

资本要在利润率下降的情况下增加利润和积累量，就必须提高劳动生产力。但是提高劳动生产力，一方面会促使资本有机构成提高，进一步促使利润率下降；另一方面也会降低劳动力所需要的生活资料价值和资本所需要的生产资料价值，使资本家获得更多的相对剩余价值，实现资本的增殖。与此同时，那些已经投入使用的现有资本却因为其价值的下降而贬值。虽然现有资本贬值减少了资本周转回来的价值，但是利润率却因此得到了提高，利润也得到增加。只要利润增加的幅度大于资本贬值的幅度，资本价值就实现了增殖。此外，利润率的提高还会进一步刺激资本积累，增加资本投入，使资本获得更多的利润。

从利润增加的角度看，劳动生产力的提高虽然降低了单位商品的价值，引起现有资本贬值，但是它却增加了构成可变资本物质要素的生活资料的数量，以及构成不变资本物质要素的生产资料的数量。由于资本支配的劳动量是取决于构成资本所需要的生活资料和生产资料的数量，因此，这些增加了的生产要素又可以使同一资本支配更多的劳动，从而获得更多的剩余价值或利润。

李嘉图只是在静止状态下考察了资本积累过程中利润率和工资之间的矛盾，实际上，在资本主义生产力发展的过程中，存在着一系列对立性的要素，它们同时发生着互相对抗的作用。如资本积累一方面刺激工人人口的实际增加，另一方面又通过资本有机构成的提高创造出了相对过剩人口。再如当利润率下降时，资本要增加利润，就必须增加资本，为此就需要进行资本积累，而资本积累又会加速利润率的下降。如果资本家要在资本不变的条件下增加利润，那就必须提高劳动生产力，但是劳动生产力的发展，一方面会促进资本有机构成的提高引起利润率的下降，另一方面也会因为商品价值的下降导致现有资本贬值，阻碍利润率的下降。由于资本贬值提高了利润率，它又会刺激资本积累，进而推动资本有机构成的提高，从而反过来推动利润率再次下降。资本主义生产发展过程中存在的各种互相对抗性的要素，时而在空间中并行产生作用，时而在时间上相继发生作用，但它们之间的冲突则在周期性爆发的经济危机中集中地表现出来，并通过经济危机使各种冲突得到暂时的缓和。

生产扩大和价值增殖之间的冲突根源于资本主义生产方式内在的矛盾。在资本主义制度下，资本主义生产关系决定其生产目的是为了保存现有资本价值和最大限度地增殖资本价值，这使资本主义生产具有无限扩张的趋势。但是，生产的发展却导致现有资本的价值贬值，同时又使资本有机构成提高、利润率下降、相对过剩人口增加以及社会有支付能力的需求减少，从而引发生产相对过剩的经济危机。这显示出资本主义生产目的和实现这一目的的手段之间存在严重矛盾。在这个矛盾的制约下，资本家为了摆脱经济危机，减少利润的损失，只能继续增加资本积累、扩大生产规模以获取较多利润，结果又引起了利润率的进一步下降。可见，资本主义生产关系下用来克服生产力发展所遭到的限制的各种手段，却使这些限制以更大的规模重新表现出来。

最后马克思总结道："资本主义生产的真正限制是资本自身，这就是说：资本及其自行增殖，表现为生产的起点和终点，表现为生产的动机和目的；生产只是为资本而生产，而不是反过来生产资料只是生产者社会的生活过程不断扩大的手段。以广大生产者群众的被剥夺和贫穷化为基础的资本价值的保存和增殖，只能在一定的限制以内运动，这些限制不断与资本为它自身的目的而必须使用的并旨在无限制地增加生产，为生产而生产，无条件地发展劳动社会生产力的生产方法相矛盾。手段——社会生产力的无条件的发展——不断地和现有资本的增殖这个有限的目的发生冲突。因此，如果说资本主义生产方式是发展物质生产力并且创造同这种生产力相适应的世界市场的历史手段，那么，这种生产方式同时也是它的这个历史任务和同它相适应的社会生产关系之间的经常的矛盾。"①

三、人口过剩时的资本过剩

平均利润率下降的规律不仅激化了生产扩大与价值增殖的矛盾，而且还引起了人口过剩与资本过剩的矛盾。

资本为了能剥削劳动，需要达到一个最低的数量限制。随着资本主义积累的不断扩大，资本最低限额随着利润率的下降而不断提高。与此同时，资本的

① 《马克思恩格斯文集》第7卷，人民出版社2009年版，第278—279页。

积聚也增长了，并引起利润率的进一步下降，从而使资本最低限额进一步提高。这样，大量分散的小资本就无法投入生产，成为过剩资本，往往被迫走上股票投机和信用欺诈等冒险道路。马克思指出："所谓的资本过剩，实质上总是指利润率的下降不能由利润量的增加来抵消的那种资本——新形成的资本嫩芽总是这样——的过剩，或者是指那种自己不能独立行动而以信用形式交给大经营部门的指挥者去支配的资本的过剩。"① 资本过剩是由引起相对过剩人口的同一些情况产生的，它们都是资本积累的必然产物。两者在资本主义生产发展的过程中处在互相对立的两极，即一极是失业的资本，另一极是失业的雇佣劳动者。这凸显了资本主义生产方式的矛盾，鲜明地表现出它对社会生产力发展的限制。

资本过剩的实质是资本积累的过剩。在资本积累过程中，如果追加资本投入生产后，只能获得和已投入资本一样多甚至更少的剩余价值时，这些追加资本就不会被投入生产领域而成为过剩资本。如果这些过剩资本只是出现在几个重要的生产部门，它们还可以转移到其他生产部门；如果资本过剩发生在一切生产部门时，资本就在范围上成为绝对的过剩。可见，资本主义生产过程中出现的过剩资本并不是实际生产过程不需要它们，而是因为相对于不能最大限度地实现资本增殖这一生产目的而言，它们变得绝对或相对过剩了。

过剩资本的使用可能有两种情况：一种情况是，部分新积累的资本由于不能把已经执行职能的资本排挤出去而全部或部分地退出生产领域，转入投机、信用或股票投资；另一种情况则可能是，部分追加资本由于受到失业或半失业的资本压力而以较低的利润率来增殖。在后一种情况中，如果追加资本无论是按较低利润率还是继续按原来的利润率投入都不能增加利润总量的话，那么，不变的利润总量与由于追加资本而增大的资本总量相比，利润率必然下降。如果追加资本在利润率较低的情况下也能产生一定量利润，但由于利润量增加的幅度低于追加资本增长的幅度，旧资本和新追加资本合计的平均利润率仍然还是下降的。

资本过剩必然引起资本家之间的激烈竞争。过剩资本如果在较低的利润率情况下继续投入生产，不仅会使利润率进一步降低，而且还会使旧资本获得的利润量减少，导致资本价值损失。当一切顺利的时候，资本之间的竞争表现为

① 《马克思恩格斯文集》第7卷，人民出版社2009年版，第279页。

资本家按各自的投资比例分割工人创造的剩余价值；而当损失降临时，资本之间的竞争必然表现为每个资本家都力图把损失推给别人，尽量减少自己的损失。在避免和转嫁价值损失的竞争过程中，有的资本家为了避免已投入资本的价值损失，会把原来准备用来积累的资本暂时闲置起来；有的为了击败竞争对手，则宁愿承担暂时的损失，也要把积累的资本投入生产，以迫使竞争者将资本闲置起来。与此同时，那些准备进入的新资本家，为了排挤旧资本以取而代之，也想方设法地投入新资本。资本家之间激烈的竞争最后只能通过经济危机强制地解决，即依据各自在竞争中所处的地位和优势，一部分资本被闲置，一部分资本被毁灭，一部分资本受到暂时的价值损失，从而使同资本主义生产运动相适应的平衡关系重新建立起来。

资本主义经济危机起着双重作用：一方面，经济危机从物质实体和价值两个方面破坏了资本的作用。从物质实体方面看，经济危机使部分企业倒闭或者开工不足，引起一部分生产资料被闲置，它们不仅不能发挥资本的作用，甚至还会因为自然的侵蚀而丧失部分使用价值。从价值方面看，企业停工使企业股票、债券价值下跌，部分货币闲置。同时，大量商品滞销又引起价格下跌使现有资本贬值。此外，部分资本因为投入不能如期回收致使债务链中断，进而引发整个社会信用体系的崩溃，导致社会再生产过程的停滞和混乱，以及社会再生产规模的缩小。另一方面，经济危机的爆发对资本主义再生产从供求失衡逐步恢复为供需平衡起了积极的作用。首先，经济危机使大量工人失业，迫使在业工人只能接受更低的工资，从而增加了资本家获得的剩余价值量。其次，经济危机所引起的商品价格下降和竞争刺激资本家采用更先进的设备和技术，使商品的个别价值低于社会价值，从而使他们能够以超额剩余价值和相对剩余价值的形式占有更多的剩余价值。最后，劳动生产率提高导致单位商品价值下降，进而引起使用中的不变资本价值贬值，促进利润率的提高，等等。经济危机的这一系列作用，为生产在资本主义界限内的扩大准备好了条件。一旦生产扩大后，资本积累将再度引发资本过剩、劳动人口相对过剩和生产相对过剩，直至经济危机再次爆发，这就是资本主义经济运行的周期性。

资本绝对过剩、人口相对过剩、商品生产过剩之间具有不可分割的相互联系。第一，资本的绝对过剩，并不是指生产资料不被社会生产需要而形成的过剩，而是特指那些因为无法执行资本职能而形成的生产资料过剩。因为如果把这些过剩的生产资料当做资本来使用，不仅不能为它的所有者带来价值增殖，反而会加剧利润率的下跌，引起生产过程的混乱与停滞，爆发经济危机。因此，它对资本家而言是绝对过剩。第二，资本的这种绝对过剩必然伴随着劳动人口的相对过剩，因为引起资本过剩和人口相对过剩的原因都是资本积累。在资本积累的过程中，随着资本有机构成的提高，利润率趋于下降，一部分资本因为不能获得相应的利润变成了过剩资本。与此同时，资本也因为有机构成的提高而减少了对劳动力的需求，使一部分工人成为相对过剩人口。过剩资本和过剩人口都因为不能实现资本增殖目的而得不到合理的使用。如果过剩资本输往国外，这也不是说它们在国内绝对不能使用，而是因为它们输往国外能够比国内获得更多的利润，能按更高的利润率来使用。但是，这种资本对就业的工人人口和该国本身来说，都是绝对的过剩。这也说明，过剩资本和过剩人口是同时并存和互为条件的。第三，资本的生产过剩包含着商品的生产过剩。资本是由商品构成的，当利润率下降时，只有那些地位已经巩固的大资本家可以通过利润的增加得到补偿；而那些新的、独立执行职能的追加资本，以及大部分中小资本必须通过竞争，采用扩大生产规模的方法才能争得这种补偿。但这种扩大的生产规模在资本主义的有限消费面前，又必然导致商品的生产过剩。

一些资产阶级经济学家承认资本的绝对过剩，却又否认商品的生产过剩，这种观点是错误的。首先，他们没有看到资本主义生产的目的是获得利润，而获取利润的手段却是不断加强对雇佣工人的剥削，结果，受资本主义制度推动而不断绝对扩张的生产能力，与受资本主义制度限制而不断相对缩小的社会消费能力之间必然发生冲突，使商品的生产过剩不可避免。其次，他们不懂得社会化大生产在客观上要求的生产各部门之间的比例关系，由于生产资料的资本家私有制而经常被打破，必然导致商品的生产过剩。再次，他们只承认生产过剩是局部的和相对的，否认普遍的生产过剩。确实，如果单从需要的角度看，社会上还有很多人消费不足，但从有支付能力的需求角度看，则是普遍的和绝对的生产过剩，否则就不能解释为什么会有那么多商品在国内卖不掉，而必须到国外市场去寻找需求。最后，他们忘记了资本主义生产的性质是资本增殖而不是资本家的消费，也就是说，如果资本不能增殖，资本也就不会被生产地消费。因此，用资本家之间的商品交换和消费来否认商品的生产过剩，也是和事实不相符的。

上面所说的商品生产绝对过剩是从生产的资本主义性质的角度来说的，如果从现有人口及其需要角度来看，这些过剩的商品只能是相对的过剩。因为就生活资料而言，要使大量人口能够体面地生活，实际上不是生产得太多，而是生产得太少了。而且就生产资料而言，要使全部有劳动能力的人都能就业，现有生产资料的数量还远远不够；要使全部劳动者都能在生产效率最大的条件下劳动，还需要有更加先进的生产资料被不断地生产出来。但是，一旦劳动资料和生活资料被当做按一定利润率剥削工人的手段起作用时，它们就周期地生产得太多了。因此，"不是财富生产得太多了。而是资本主义的、对立的形式上的财富，周期地生产得太多了"①。

以上分析表明，资本主义生产方式本身存在着历史局限性，具体表现在：

第一，劳动生产力的发展使利润率的下降成为一个规律，这个规律作用到一定程度，必然和劳动生产力的发展产生最强烈的对抗，以致它必须不断地通过周期性的经济危机来克服。

第二，资本主义生产发展存在着内在的限制，这表现在：（1）资本主义生产的发展不是为了满足生产和社会的需要，而是取决于资本家能否获得足够多的利润，因此，当生产的发展不能满足资本获得一定量利润的要求时，尽管为满足社会需要生产还应该有更大的发展，生产仍然会停顿下来。（2）利润率是资本主义生产力发展的动力，因此只有那种能够提供利润的商品才会被生产出来，而那些社会需要但却不能提供足够利润的商品则没有资本家愿意生产，这样，社会供给和需求比例的失衡也就不可避免。（3）作为生产发展推动力的利润率，在资本主义生产发展的过程中却存在着下降的趋势，结果，大部分不能通过利润量的增加来弥补利润率下降的资本就会被闲置起来，或者退出生产领域，使社会生产陷于停滞。李嘉图对平均利润率下降深感不安，这说明他对资本主义生产条件有着深刻的理解，但是他并不懂得这是资本主义生产方式内在矛盾运动的必然结果，更没有认识到这体现了资本主义生产方式的历史过渡性。

四、补充说明

在第三卷第15章的最后一小节，马克思对资本主义生产关系对劳动生产力发展造成的种种限制，作了补充说明。

（一）劳动生产率的提高只是有条件地适合于资本主义

第一，不同产业部门劳动生产力的发展在程度、比例和方向上是极不相等

---

① 《马克思恩格斯文集》第7卷，人民出版社2009年版，第287页。

的。这是因为在社会生产竞争的无政府状态中，为了在竞争中处于有利地位，获取更多的利润，有实力的资本家必然会竞相改进生产技术，从而造成各产业部门劳动生产力发展的不平衡。因此，平均利润率必然会大大低于按最进步产业部门发展程度来推算的水平。另外，这种生产力发展的不平衡还与一定的自然条件和社会条件密切相关，如原料数量的季节影响，森林、煤矿、铁矿的枯竭等，也会导致有些产业部门的生产进一步发展或者出现倒退。

第二，劳动生产率的提高只有在活劳动有酬部分的节约比过去劳动的增加还要多，且剩余价值率得到提高时，才会被资本家认同。劳动生产率提高的主要标志是单个商品中所包含的劳动总量减少。由于单个商品的价值是由加入的过去劳动和活劳动构成的，因此，劳动生产率的提高，进一步表现为体现在单个商品价值中的活劳动的减少和过去劳动的增加，并且是活劳动的减少要大于过去劳动的增加。劳动生产率提高的这种标志在任何形式的社会生产中都是一样的，但对资本来说，如果新机器的采用会提高劳动生产率，也会减少单个商品中的活劳动，降低单个商品的价值，但是却不能增加利润率时，资本就会拒绝使用新机器。只有在活劳动有酬部分的减少大于过去劳动增加的幅度，使利润率得到提高的条件下，资本才会采用新机器。这进一步表明，资本主义推动劳动生产力发展的历史使命与其价值增殖的生产目的形成尖锐的冲突。

（二）资本积累在资本主义生产方式矛盾发展中的双重作用

资本积累从物质内容上看是剩余产品转化为新的生产要素，这是生产力发展所必需的，但从资本主义生产关系形式上分析，资本积累则是剩余价值资本化，因此，它在资本主义生产方式的矛盾运动中起着双重的作用。

第一，资本积累不一定都会引起利润率的下降。这是因为，一方面，在资本积累的过程中，随着生产技术的发展，较贵的生产设备普遍使用，这提高了投资生产所需的最低资本额，从而使一部分小资本被排挤出生产领域；另一方面，那些规模极大的企业如铁路之类的股份公司，由于不变资本比例巨大，很难实现自由竞争，因而它们不参加平均利润率的形成，再加上它们给股东提供的也只是低于平均利润的股息，因此，虽然其中存在着大量资本积累，也不会引起平均利润率的下降。此外，那些在一定时期内通过创办新企业、进行外延扩大再生产的资本积累，由于它是在原有资本有机构成基础上进行的，因而也不会导致平均利润率的下降。正是因为上述情况的存在，它们成为平均利润率的下降与社会总资本的增长程度不一致的原因之一。

第二，资本积累加深了资本主义生产发展中的对立。随着资本积累和有机构成的提高，有些部门的可变资本会相对减少，但是资本雇佣的工人绝对数量却仍然会增加；而在有些部门如农业中，可变资本和工人的绝对数却都是减少的。虽然资本积累与可变资本量之间的关系在不同生产部门是不同的，但只要是在生产力发展、技术进步和有机构成提高的基础上进行资本积累，就必然会形成相对过剩人口，它体现了资本主义在使用劳动力上的局限性，因为资本家实际关心的不是劳动力的使用，而是他能否占有工人的剩余劳动时间。一旦资本不能占有工人更多的剩余劳动时间，工人就沦为相对过剩人口。相对过剩人口不仅使现有的生产要素不能得到充分发挥，而且还抑制了劳动者的消费能力，进而激化了生产和消费的矛盾，导致生产过剩经济危机的周期性爆发。可见，资本主义生产绝不是发展生产力和生产财富的绝对形式，它只能在生产发展与停滞、资本与劳动、生产与消费等对立中运动。

第三，资本积累进一步激化了资本占有形式与生产力发展的矛盾。资本积累包含着资本积聚的增长，它一方面导致了资本支配社会化生产条件的权力在增长，另一方面又使日益社会化的生产条件与雇佣劳动者的分离在增长。这种由资本形成和支配的一般社会权力与资本家个人对社会生产条件私有权之间的矛盾变得越来越尖锐，以致要求社会化大生产的发展，必须将支配社会化生产条件的私人权利转化为社会权利，而这种转化完全是由生产力发展与资本主义生产关系的矛盾运动决定的。

（三）竞争在资本主义生产力发展中的双向作用

第一，竞争在促使生产力发展的同时也引起了利润率的下降。资本家进行生产的目的是为了获得更多的剩余价值。如果采用新技术会降低利润率，资本家肯定不愿意使用它。但是在争夺有利生产条件的竞争中，资本家却是千方百计地竞相采用新技术。这是因为最先采用新技术的资本家，其生产的商品的个别生产价格会低于社会生产价格，使他们可以在按等于或高于社会生产价格，甚至高于社会价值出售商品时，获得超额利润。但与此同时，竞争也会促使其他资本家这样做，结果又会引起生产商品的社会平均生产条件普遍提高和资本有机构成的提高，最终导致平均利润率的下降。资本主义竞争过程中对较高利润的追求导致利润率下降，是不以资本家的主观意志为转移的。

第二，竞争迫使所有生产部门的资本都相继采用新的生产方法。有些生产部门的产品，既不直接也不间接加入工人的消费，因此它们劳动生产率提高所引起的商品变得便宜不会增加相对剩余价值。但是，在采用新技术而展开的竞争中所产生的作用与结果对这些部门来说也是一样的。这是因为，不管生产什么商品，只要率先采用新的生产方法，就会使生产商品的个别劳动时间低于社会必要劳动时间，就会因此获得超额利润。如果竞争已经使新的生产方法普遍使用，那么，那些仍在使用旧的生产方法生产商品的资本，就会在竞争中处于不利的地位，最后只能被迫采用新的生产方法，从而推动生产力的发展。

第三，竞争在引起利润率下降的同时，也推动着资本积累欲望和能力的增加。资本家在竞争中采用更先进的生产技术与设备，会降低单位商品中活劳动的消耗量，降低转移过来的固定资本价值，并因此获得超额利润。但与此同时，它也会提高资本有机构成，导致利润率下降。不过在利润率下降的同时，也存在着推动资本积累欲望和能力的种种因素，如相对过剩人口的增加，劳动生产率的提高使资本物质要素的增加，生产部门的多样化，信用制度和股份公司的发展使货币转化为资本变得更容易，需要和致富欲望的增长，以及巨额固定资本投资的不断增长等，这些因素都会阻碍利润率的下降。同时，竞争也会驱使资本为获得更多的利润量，进行更多的积累。

（四）资本主义生产的三个事实

在补充说明的末尾，马克思列出了资本主义生产发展过程中存在的三个事实。

第一，生产资料集中在少数资本家手中，不再是劳动者的个人财产，而是相反地转化为社会的生产能力，尽管这种社会的生产能力表现为资本家的私有财产。这种生产能力的果实，也被资本家以社会委托人的身份装进私囊。

第二，劳动通过协作、分工以及和自然科学的结合，日益发展成为大规模的社会化的劳动。

马克思说："从这两方面，资本主义生产方式把私有财产和私人劳动扬弃了"。[①] 也就是说，资本主义取代小生产者的私有制，适应了生产社会化的一定发展水平的要求。但是，随着生产力的进一步发展，资本主义本身又成为生产力发展必须打破的桎梏。

第三，世界市场的形成。世界市场是资本主义生产方式发展的产物。它的出现虽然会暂时缓和国内市场中消费力不足和生产无限扩大之间的矛盾，但最

---

① 《马克思恩格斯文集》第7卷，人民出版社2009年版，第296页。

终结果却使这种矛盾更加扩大化和复杂化。

马克思从上述三个事实引出的结论是：在资本主义生产方式内发展起来的、与人口相比显得惊人巨大的生产力，以及比人口增长快得多的资本价值的增加，同这个生产力所采取的资本主义私有制的生产关系形式越来越不相容，而经济危机就是由这个资本主义社会的基本矛盾引起的。

思考题：

1. 为什么平均利润率会趋于下降？
2. 如何理解利润率下降的同时利润量增长这个二重规律？这个二重规律在商品价格和利润量变动上有哪些表现？
3. 对平均利润率趋于下降的规律起反作用的因素有哪些？它们对平均利润率各有什么作用？
4. 如何理解剩余价值生产与实现、生产扩大与价值增殖之间的矛盾？
5. 资本过剩、人口过剩、商品生产过剩之间的关系是怎样的？
6. 资本主义生产方式的内在矛盾与经济危机是什么关系？

第十四章　商品资本和货币资本转化为商品经营资本和货币经营资本（商人资本）

本章介绍《资本论》第三卷第四篇的主要内容。在这里，马克思主要阐述了关于商人资本（包括商品经营资本和货币经营资本两种形式）的理论，分析了在资本主义条件下商人资本的职能及其与产业资本的关系，说明了资本主义经济中的商业资本是产业资本的派生形式，揭示了商人资本的利润来源以及商业资本家对商业工人的剥削，以及产业资本家和商业资本家与产业工人和商业工人之间的阶级关系，同时从历史的角度考察了商业资本在瓦解封建生产方式中的作用。马克思这一思想，对于我们正确认识商业在社会再生产中的地位和作用，研究社会主义市场经济条件下如何通过流通管理体制改革加快商业现代化建设，具有重要的启示作用。

第三卷第四篇包括第 16 章至第 20 章。前 3 章考察了商人资本的商品经营资本。其中，第 16 章考察了商业资本独立化的条件、职能和特征，以及它和产业资本的关系。第 17 章考察了作为剩余价值特殊形式的商业利润。第 18 章考察了商业资本周转的特点和商业价格的形成。第 19 章分析商业资本的货币经营资本，考察了它的职能和历史发展。第 20 章考察了商业资本的历史。

第一节　商品经营资本

一、商品经营资本成为独立的资本形态

对于产业资本来说，它的一部分作为商品资本和货币资本存在于流通领域，其中一部分作为商品处在市场上，以便转化为货币（即 W—G）；另一部分以货币形式处在市场上，以便转化为商品（即 G—W）。不断处在流通过程中的资本的这种职能独立起来，就成为一种特殊资本的特殊职能，这种资本就是商品经营资本或商业资本。

商品经营资本或商业资本是商品资本职能的独立化，这种独立化表现为商业资本家的资本最初必须以货币的形式出现在市场上，他必须首先购买商品。

他不断地重复为卖而买的行为，即 G—W—G。本来，商品的出售是商品生产者必须完成的职能。现在商业资本家把出售商品的职能从生产者那里接了过来，成为商业资本家的特殊业务。这时候对生产者来说，商品已经卖掉，但实际上还是作为商品资本处在市场上，由商业资本家去完成出售的职能。正是从这个意义上，马克思指出了商业资本的职能："商人的活动不过是为了把生产者的商品资本转化为货币所必须完成的活动，不过是对商品资本在流通过程和再生产过程中的职能起中介作用的活动。"① 这样，商品经营者的专门活动，作为一种特殊的资本业务而独立起来。马克思从两个方面对于商业资本作为独立地执行职能的资本的性质作了说明。

第一，由于社会分工出现独立的商人。商品资本完成商品形态变化的职能是由独立的商人来进行的，而不是由商品的生产者来进行的，因此，这种商品形态变化就形成了一种与产业资本的其他职能相分离的、特别的、独立存在的业务。"这是社会分工的一种特殊形式，结果是，一部分本来要在资本再生产过程的一个特殊阶段（在这里就是流通阶段）中完成的职能，现在表现为一种和生产者不同的、特别的流通当事人的专门职能。"②

第二，商人预付货币资本。在商人预付资本向生产者购买商品时，对商人来说表现为 G—W—G 的行为。但对商品资本来说，只是完成 W—G，即由商品资本转化为货币资本。就是说，商人通过 G—W 和 W—G 的两个行为完成商品资本循环中的 W—G 这一个行为。可见，商人只是对这一商品资本的最终的出售起中介作用。

商业资本作为一种独立资本的形态是由于商人预付货币资本。这种资本之所以能作为资本自行增殖，能执行资本的职能，是因为它只从事一种活动，即作为媒介实现资本由商品形态向货币形态的转化。对商品的不断买和卖，是商业资本的唯一活动。这种资本只采取商品资本和货币资本的形式，而从来不采取生产资本的形式，并且总是处在资本的流通领域中，这是商业资本与产业资本的根本区别。

现实中的商业资本为了从事买卖活动，也同时要从事商品的运输、保管和分配等方面的业务，不是纯粹从事商品的经营。马克思认为这些职能是生产过

① 《马克思恩格斯文集》第 7 卷，人民出版社 2009 年版，第 301 页。
② 《马克思恩格斯文集》第 7 卷，人民出版社 2009 年版，第 303 页。

程在流通领域中的继续，因此将这些职能抽象掉，只是在纯粹形式上考察商品经营资本。

二、商人资本的作用

商业资本成为独立的资本形态后，形成了商人资本和产业资本的社会分工①，“生产者就可以把出售商品的时间节省下来用于监督生产过程，而商人则必须把他的全部时间用于出售商品”②。由于存在这种生产者和商人的分工，只要商人资本没有超过它的必要比例，就可以大大提高产业资本的效率，促进社会生产的发展，主要表现如下：

第一，节省社会资本。由于社会分工，专门用于商品买卖的资本，小于产业资本家必须亲自从事全部商业活动所需要的资本。社会分工使流通职能由多数人（生产者）的附带工作变为少数人（商人）的专门工作，变为他们的特殊行业，而且，流通职能由专门的商人来承担，与由生产者自己直接承担的重要区别还在于，“他的买卖规模较大，因而他作为流通当事人执行职能的范围较大”③，有利于实现规模效益，节省社会资本。

第二，缩短商品流通的时间，也就是加速商品向货币的变化。因为商人专门从事流通业务，不仅生产者可以把他的商品较早地转化为货币，而且商品资本可以比在生产者手中的时候更快地完成它的形态变化。在商人出现以前，生产者必须要等待消费者购买他的商品后才能收回预付资本，重新进行下一轮生产；商人出现以后，生产者可以依靠商人的货币实现商品的价值，由商人来实现商品的最终销售，因而加速了商品的形态变化。

第三，加快资本周转速度。产业资本的周转，不仅受流通时间的限制，也受生产时间的限制。而同一商业资本可以依次对投入同一个生产部门的各个资本的不同周转起中介作用，不受该部门的单个资本的生产范围的限制，或单个资本由生产时间决定的周转时间的限制。例如，某个麻布生产者提供一种商品，需要三个月才能生产出来，而商人在一个月内买进该种商品并且把它卖掉后，可以向另一个生产者购买同一种商品并把它卖掉。而且，商业资本不仅可以对同一生产部门中的不同资本的周转起中介作用，还可以有效地对不同部门

---

① 正是在这一意义上，马克思在许多场合对商业资本和商人资本是并用的。

② 《马克思恩格斯文集》第7卷，人民出版社2009年版，第306—307页。

③ 《马克思恩格斯文集》第6卷，人民出版社2009年版，第150页。

的周转起中介作用，也就是买卖不同种商品。

只要同一商人资本在不同的周转中依次将不同的商品买进和卖出，它所预付的货币资本对商品资本完成的职能，就和货币通过它在一定时期的多次流通对商品资本完成的职能相同。因此，商人资本预付的货币资本也有个周转速度问题。由于商人资本可以同时买卖不同部门生产的商品，周转速度可以加快。“商人资本周转得越快，总货币资本中充当商人资本的部分就越小；商人资本周转得越慢，总货币资本中充当商人资本的部分就越大。生产越不发达，商人资本的总额，同投入流通的商品的总额相比，就越大；但是绝对地说，或者同比较发达的状态相比，则越小。”①

商人资本预付的货币资本的流通速度取决于两个因素：一是生产过程更新的速度和不同生产过程互相衔接的速度，二是消费的速度。

商人资本自身也有加快资本周转速度的方式。其资本可以分为两部分。一部分由商品资本构成，另一部分由货币资本构成。他在这里买东西，又在那里卖东西。他一方面收回货币资本，在另一方面购入商品资本，两方面互相交替并互相平衡。信用制度发展起来后，货币的支付手段和流通手段结合应用，商人资本的货币资本部分同他完成的交易额相比，就会更加减少。“再生产过程进行得越迅速，货币作为支付手段的职能越发展，也就是说，信用制度越发展，这个部分同总资本相比就越小。”②

产业资本和商业资本都属于职能资本，即执行生产和实现剩余价值职能的资本。“商业资本只是由于它的实现价值的职能，才在再生产过程中作为资本执行职能，因而才作为执行职能的资本。”③ 虽然商人资本自身并不创造剩余价值，“但既然它有助于流通时间的缩短，它就能间接地有助于产业资本家所生产的剩余价值的增加。既然它有助于市场的扩大，并对资本之间的分工起中介作用，因而使资本能够按更大的规模来经营，它的职能也就会提高产业资本的生产效率和促进产业资本的积累。既然它缩短流通时间，它也就提高剩余价值对预付资本的比率，也就是提高利润率。既然它把资本的一个较小部分作为货币资本束缚在流通领域中，它就增大了直接用于生产的那

① 《马克思恩格斯文集》第 7 卷，人民出版社 2009 年版，第 308—309 页。

② 《马克思恩格斯文集》第 7 卷，人民出版社 2009 年版，第 310—311 页。

③ 《马克思恩格斯文集》第 7 卷，人民出版社 2009 年版，第 327 页。

部分资本”。①

第二节 商业利润

一、商业资本也获得平均利润

流通和生产一样，是社会再生产的必要阶段。产业资本的运动包含流通阶段，资本在流通阶段的运动具有实现价值和剩余价值的职能。所以，在流通过程中独立地执行职能的资本，也必须和在生产过程中执行职能的资本一样，获得平均利润。因此，商业资本也加入到对产业资本创造的剩余价值的分割之中，也同产业资本一道参与到平均利润的形成过程中来。商业资本是通过同其他资本的竞争得到平均利润的。“如果商人资本比产业资本带来百分比更高的平均利润，那么，一部分产业资本就会转化为商人资本。如果商人资本带来更低的平均利润，那么就会发生相反的过程。一部分商人资本就会转化为产业资本。没有哪一种资本比商人资本更容易改变自身的用途，更容易改变自身的职能了。”②

进一步的问题是：商人资本是如何获得平均利润的？从表面上看，商业利润等于商品的出售价格与其购买价格的差额。因此，人们往往认为商业利润是通过贱买贵卖实现的。马克思指出这是一种假象。在资本主义生产方式中，商品按生产价格出售是规律，商业利润不可能在高于生产价格的价格中产生。

对商业利润的来源，还是要从一般利润率的形成中来说明。马克思在第三卷第二篇分析平均利润率的形成时，暂时抽象掉商业资本的存在，平均利润只是各生产部门的产业资本的利润平均化。现在需要引入商业资本，而商业资本是一种不参加利润生产而只分享利润的资本，因此，必须对以前的研究进行补充，说明商业利润的形成。

商业资本和产业资本一样，都是执行资本职能的资本，都要参加利润率的平均化。马克思指出：“商人资本会按照它在总资本中所占的比例，作为一个决定的因素参加一般利润率的形成。”③ 这样，生产价格就有了一个“更确切

---

① 《马克思恩格斯文集》第 7 卷，人民出版社 2009 年版，第 312 页。
② 《马克思恩格斯文集》第 7 卷，人民出版社 2009 年版，第 314 页。
③ 《马克思恩格斯文集》第 7 卷，人民出版社 2009 年版，第 318 页。

的有限制的规定”①。用于计算平均利润率的社会总资本就不只是总产业资本，还要加上商业资本。因此导致对生产价格的补充和修正，出现了产业生产价格与实际生产价格的区别：原来生产价格=k（成本价格）+p（产业利润），这是产业资本家出售给商业资本家的产业生产价格。商业资本家卖给最后消费者的实际生产价格=k+p+h（商业利润）。实际生产价格大于产业生产价格，其中的差额就是商业利润。在这里，商品的实际价格等于商品的社会价值，商业资本没有在商品中追加任何价值。

可见，商业利润是对产业利润的一种扣除。从根本上说，它是产业资本家在生产商品时占有的剩余价值的一部分。由此得出的结论是，商人资本越大，平均利润率就越低。反过来，情况也就相反。而且，既然平均利润率本身在商人资本应得的份额计算进来时表现得更小，那么直接进行剥削的资本家的平均利润率就小于实际的利润率。

二、纯粹流通费用及其补偿

以上对商业利润的考察没有考虑商人资本所支付的各种流通费用。而在现实中，流通费用是必不可少的，现在需要将其引入并进行研究。

（一）生产性流通费用与纯粹流通费用

商人除了向生产者购买商品从而必须预付货币资本外，还要预付一个追加的资本来支付流通中发生的费用，这种费用就是商业流通费用。商业流通费用包括两类：第一类是纯粹流通费用，可归结为实现商品的价值、使之由商品转化为货币或由货币转化为商品，对商品交换起中介作用所必需的费用；第二类是生产性流通费用，属于生产过程在流通领域的继续，包括运输、保管等费用。生产性流通费用的补偿同直接生产过程的补偿一样，不存在理论上的困难，因此马克思在这里重点研究了纯粹流通费用的补偿问题。

流通费用分为两部分：一部分是商人要从别的流通当事人那里收回的费用，另一部分是直接从他的特有业务中产生的费用。不管这些流通费用属于什么种类，不管为支付流通费用而追加的资本是流动的还是固定的，都会参加一般利润率的形成。

纯粹流通费用是指纯粹的买和卖方面的费用，包括计算、簿记、市场、通

① 《马克思恩格斯文集》第7卷，人民出版社2009年版，第318页。

信等方面的开支。它们不加入直接的生产过程，但是加入流通过程，因而加入再生产的总过程。这些费用也是从产品作为商品的经济形式中产生的。纯粹流通费用不会生产任何价值，但必须从商品的价值中得到补偿。其方式就是作为生产价格的一部分在商品出售中得到补偿，实质上是对产业资本家占有的剩余价值的扣除。马克思对其必要性作了详细的分析。

由商品（产品）到货币和由货币到商品（生产资料）的转化，是产业资本的必要职能。这种职能既不会增加价值，也不会创造剩余价值。这些活动所花费的劳动时间（流通费用），是用在资本的再生产过程的必要活动上的。这些活动，无论是产业资本家自己进行，还是由商人来进行，还是商人资本家雇佣工人来进行，都是如此。流通费用增加，或者需要追加预付资本，或者减少利润。由商人专门从事流通业务，就能明显降低流通费用。马克思指出：“只要商人资本限制在必要限度以内，差别就只是在于：由于资本职能的这种划分，专门用在流通过程上的时间减少了，为流通过程预付的追加资本减少了，而且总利润中以商业利润的形式表现出来的损失也比在没有这种划分的情况下减少了。”①

当纯粹流通费用由商业资本家替产业资本家担负起来的时候，利润率也会减少，不过减少的程度小了，途径也不同了。具体地说，为担负纯粹流通费用，商业资本家要预付更多的资本，由此会有更多的商人资本同产业资本一起参加利润平均化，平均利润率会下降，但是，必须承认，“随着商人资本和产业资本的划分，会同时出现商业费用的集中，从而商业费用的减少”②。

（二）纯粹流通费用的补偿

在分析了包含商业雇佣工人费用的纯粹流通费用后，马克思又讨论了纯粹流通费用的补偿问题。

根据马克思的价值理论，流通领域不创造价值和剩余价值，因此流通费用的源泉是直接生产活动中创造的剩余价值，这种费用必须从剩余产品中得到补偿。对整个资本家阶级来说，这是对剩余价值或剩余产品的一种扣除。

马克思把商人资本直接投在商品买卖上的资本叫做 B，把在执行这个职能时消耗的不变资本叫做 K，把投入在雇佣工人上的可变资本叫做 b。包括这三

① 《马克思恩格斯文集》第 7 卷，人民出版社 2009 年版，第 324 页。

② 《马克思恩格斯文集》第 7 卷，人民出版社 2009 年版，第 326 页。

个部分的纯粹流通费用的补偿过程如下。

首先，B 的补偿。B 是商人预付的购买价格，在出售时会作为出售价格的一部分收回。此外，商人还会得到按平均利润率计算的 B 的利润。其次，K 的补偿。K 是商人资本消耗的不变资本，同样可以不断地从商品的出售价格中得到补偿，同时得到按平均利润率计算的这部分不变资本的利润。最后，b 的补偿。b 是商人资本购买的商业劳动，即作为工人的工资。这种劳动实现价值，不创造价值，但正是由于这种实现价值的活动才使商业资本执行职能，才能按照平均利润率从总利润中取得它的份额。因此商人需要从商品出售价格中得到所支付的劳动报酬的补偿 b，同时也要得到按平均利润率计算的 b 的利润。马克思用一个计算公式概括了纯粹流通费用的补偿：假定 $K=0$，$\overline{P}'$为平均利润率，则出售商品的价格$=B+B\times\overline{P}'+b+b\times\overline{P}'$。可见，通过商品价格的加价，纯粹流通费用得到了补偿。

最终，马克思做出结论：对产业资本来说，流通费用表现为并且确实是非生产费用。在商人看来，流通费用表现为他的利润的源泉。“因此，对商业资本来说，投在这种流通费用上的支出，是一种生产投资。所以，它所购买的商业劳动，对它来说，也是直接生产的。”① 马克思认为，商业资本家支付的可变资本，既不创造产品，也不创造价值，它只是流通费用的一部分，但它能减少在流通中耗费的劳动力。

（三）商业工人的劳动

研究纯粹流通费用必然涉及商业资本家雇佣工人的费用。商业工人同其他工人一样是雇佣劳动者。商业资本家雇佣工人的目的也是为了使预付在劳动力上的资本自行增殖，商业工人的工资和其他雇佣工人一样，是由劳动力的生产费用和再生产费用决定的。

商业工人与产业工人之间的差别就同商人资本与产业资本的差别一样，既不生产价值，也不生产剩余价值。商业工人的作用是为商业资本家买卖商品，实现商品中包含的价值和剩余价值。商业工人的无酬劳动使商业资本家占有剩余价值。因此，商业工人的劳动对商业资本来说是利润的源泉，由此产生的商业资本和产业资本在剩余价值占有上的区别在于：产业资本通过直接占有无酬的他人劳动来生产剩余价值；而商人资本使这个剩余价值的一部分从产业资本

---

① 《马克思恩格斯文集》第 7 卷，人民出版社 2009 年版，第 336 页。

手里转移到自己手里，从而占有这部分剩余价值，商业工人则为商业资本占有这部分剩余价值提供劳动。

不雇佣商业工人，商业就不可能大规模地经营，就不可能按资本主义的方式经营。马克思指出，如果每个商人所拥有的资本，只够他本人用自己的劳动来周转，那就会发生商人资本的无限分散的现象。其后果是，对产业资本家来说，面对无限分散的商人，产业资本家的纯粹商人业务，从而他的纯粹商业支出，因此会无限制地扩大。他要和 1 000 个商人打交道，而不是和 100 个商人打交道。除了纯粹的商业费用之外，别的流通费用也会增加。这样，产业资本家就不得不在他的业务的商业部分花费更多的劳动和流通费用，对商人资本来说，更是如此。100 个小事务所的费用比 1 个大事务所的费用多得无法比拟。同一商人资本，如果分给许多小商人，由于这种分散就需要多得多的工人来完成它的职能。由于这样一些原因，产生了雇佣商业工人，从而实现商人资本集中和大规模商业经营的必要性。这就是马克思说的："生产规模越扩展，产业资本的商业活动，从而，为实现价值和剩余价值而需要的劳动及其他流通费用也就越增加，虽然决不是按比例增加。因此，使用商业雇佣工人就成为必要了"。①

至于商业中需要的雇佣工人的数量和劳动量，与产业雇佣工人是不一样的。产业工人的劳动是生产性劳动，创造价值，因此，在其他条件不变时，产业工人越多，价值和剩余价值也越大。商业工人的劳动不是这种直接的生产劳动，不是作为创造价值的量的原因起作用，而是作为这些价值的量的结果起作用。因此，各种流通费用，包括所需要的商业工人劳动量以需要交易的商品的量为转移。

商业工人的劳动也要分必要劳动和剩余劳动。必要劳动即有酬劳动。和其他雇佣工人一样，他的劳动价格是由其劳动力价值决定的。他的剩余劳动即无酬劳动，不是创造剩余价值，而是实现剩余价值。"正如工人的无酬劳动为生产资本直接创造剩余价值一样，商业雇佣工人的无酬劳动，也为商业资本在那个剩余价值中创造出一个份额。"②

对商业工人的工资水平，马克思当时有这样一个判断：由于他们的劳动是熟练劳动，高于平均劳动，因而是属于报酬比较优厚的那一类雇佣工人。同时

---

① 《马克思恩格斯文集》第 7 卷，人民出版社 2009 年版，第 333 页。
② 《马克思恩格斯文集》第 7 卷，人民出版社 2009 年版，第 327 页。

他又预见到随着资本主义生产方式的进展，其工资也有下降的趋势。主要原因有三个：一是商业事务所内部出现分工，劳动能力只需要有片面发展；二是随着教学方法面向实践以及科学和教育的进步，“基础教育、商业知识和语言知识等等，就会越来越迅速地、容易地、普遍地、便宜地再生产出来”①；三是由于国民教育的普及，增加了这类工人的供给，加剧了就业竞争。这些原因归结起来就是降低了商业工人的教育培训费用，从而使这类劳动力贬值。

第三节 商人资本的周转和商品价格

一、商人资本周转的特点

商品经营业对商品的形态变化和商品交换起媒介的作用，它使商品资本形态变化的过程表现为一个由产业资本那里分离出来的资本的独立过程。因此，商品经营资本有一个独特的流通形式 G—W—G。这个流通形式虽然与商品的形态变化过程 W—G—W 不同，但是它表现出作为 G 到 G 的媒介的东西是商品的两次换位，使货币由此流回，商品经营业对商品形态变化和商品交换的媒介关系也由此表现出来。在货币经营资本那里，这样独特的流通形式就看不到了。由于货币经营资本是由一类特殊资本家来预付，他们预付的目的是获取利润，即产生出 $G+\Delta G$，所以资本的一般形式 G—G′也会在他们那里出现。但是，媒介 G 与 G′的东西，在这里不像商品经营资本那样与形态变化的物质要素有关，而只是与形态变化的技术要素有关。

商人资本周转的特点，可以从它与产业资本周转的区别得到说明。首先，产业资本的周转是它的生产时间和流通时间的统一，包括整个生产过程。而商人资本的周转只代表商品形态变化的第一阶段即 W—G，但商人资本为实现这个形态变化，需要预付货币资本，因此其周转就包括 G—W 和 W—G，也就是先买后卖，或者说为卖而买。其次，在流通中，产业资本的形态变化总是 W_1—G—W_2。即出售商品 W_1，得到货币，购买生产资料 W_2。在这里，是货币的运动对两种不同商品的交换起中介作用。而在商人资本那里，G—W—G′中两次转手的是同一种商品，是同一货币资本按其价值额反复买卖商品资本，并

① 《马克思恩格斯文集》第 7 卷，人民出版社 2009 年版，第 335 页。

反复得到剩余价值。

商人资本的反复周转，始终表示买和卖的反复。其周转是否顺畅取决于产业资本的周转状况。产业资本必须不断地把商品投入市场，并且从市场再取走商品，商人资本才能保持迅速周转。如果再生产过程是缓慢的，商人资本的周转也是缓慢的。因此生产时间不仅是对产业资本周转时间的一个限制，也是商人资本周转的一个界限。但是，由于商人资本的独立化，它的运动在一定界限内就不受再生产过程的限制，甚至还会驱使再生产过程越出它的各种限制，因为在现代信用制度下，商人资本支配着社会总货币资本的很大一部分，它可以在已买物品最终卖掉以前再进行购买，由此对生产者产生一种虚假的需求，掩盖了资本主义生产方式固有的生产和消费的矛盾。但是，生产和消费的矛盾发展到一定程度，商业资本造成的虚假需求就会破灭，最终爆发生产过剩的危机。马克思指出，在危机中可以看到的现象是："危机最初不是在和直接消费有关的零售业中暴露和爆发的，而是在批发商业和向它提供社会货币资本的银行业中暴露和爆发的。"[①] 这种危机的发生机制是，生产者把产品卖给批发商后，商品可能在某一个他看不见的点上堆起来卖不出去了，消费通常正好是在这个时候兴旺到了极点。在这种假象的刺激下，商人和产业资本家的经营业非常活跃。但是，流通最终要受个人消费的限制。一旦商人的资本回流放慢，银行催收贷款，资金链断裂，危机就会发生。"于是崩溃爆发了，它一下子就结束了虚假的繁荣。"[②]

二、商人资本周转速度与商人资本量的关系

在不同的商业部门，商人资本的周转有长有短。在同一个商业部门，在经济周期的不同阶段，周转也有快有慢。商人资本的周转不同于产业资本周转。在一定时间内，总产业资本的周转次数越多，利润量也就越大，在其他条件不变时，利润率也就越高。对商人资本来说，利润率是一个已定的量。它的周转速度，会作为一个决定的因素影响它和总资本的比率，也就是影响流通所必要的商人资本的相对量，而必要的商人资本的绝对量和它的周转速度成反比。假定其他一切条件不变，商人资本的相对量，是和它的周转速度成反比的，因

① 《马克思恩格斯文集》第 7 卷，人民出版社 2009 年版，第 339 页。
② 《马克思恩格斯文集》第 7 卷，人民出版社 2009 年版，第 340 页。

此，也是和再生产过程本身的活力成反比的。

发达的资本主义生产方式会对商人资本产生双重影响：一方面，同量商品可以借助一个数量较小的实际执行职能的商人资本来周转，运输工具的发展会相应减少商人资本的绝对量，商人资本周转的加速会缩小商人资本对产业资本的比率。另一方面，随着资本主义生产方式的发展，一切生产都会变成商品生产，因而一切商品都会落到流通当事人手中，从而增加商人资本的数量。

在前资本主义阶段，商人资本同它所周转的商品资本相比来说较大，绝对地说却较小。而在资本主义生产方式基础上，由于生产出较大量的商品，其中会有越来越多的部分进入商业，结果，“不仅商人资本的量会增加；而且投在流通中的一切资本，例如投在航运、铁路、电报等等上面的资本都会增加”①。

三、商人资本的利润和周转对商品出售价格的影响

对某个商人来说，采取薄利多销还是厚利少销的经营策略，似乎只取决于他自己的意志，但实际上这种行为的随意性只是表面的。从根本上说，商人出售商品的价格有两个界限：一是商品的生产价格，二是平均利润率。这两个界限都不是由商人决定的。他能够决定的只有一件事情，就是经营哪种商品，愿意经营昂贵的商品，还是经营便宜的商品。即便是这种选择，还要受他能支配的资本量和市场竞争状况影响。因此，“商人怎么干，完全取决于资本主义生产方式的发展程度，而不是取决于商人的愿望”②。当然，如果存在市场垄断，情况就不一样了。

现实中确实存在个别商人违背上述两个出售价格的界限出售商品的情况。例如，在竞争中，一个商人为了打败他的对手而廉价出售商品。再如，在生产价格下降时，需求比供给增加得更快，出售价格随之提高，从而提供大于平均利润的利润。再如，某个商人也可以压低出售价格以便有更多的资本更迅速地周转。“所有这一切都只和商人本身之间的竞争有关。”③

商品价格的高低，既不决定一定量资本所生产的剩余价值量，也不决定剩余价值率。对商业的出售价格来说，生产价格是一个既定的外部前提。在资本主义没有充分发展的时代，商业的商品出售价格高，是由于两个原因：一是劳

① 《马克思恩格斯文集》第7卷，人民出版社2009年版，第346页。
② 《马克思恩格斯文集》第7卷，人民出版社2009年版，第342页。
③ 《马克思恩格斯文集》第7卷，人民出版社2009年版，第343页。

动生产率低，因而商品的价格高；二是利润没有平均化，商人资本可以获得更高的利润。随着资本主义生产的发展，这两种造成商业的商品出售价格提高的状况就会逐渐消除。

对商人资本来说，利润率是一个已定的量（一般利润率），这一方面由产业资本所生产的利润量决定，另一方面由总商业资本在社会总资本中的相对量决定。但是，商人资本的周转速度会影响商人资本的相对量。各种会缩短商人资本平均周转速度的情况，如运输工具的发展，会相应减少商人资本的数量，减少其在总资本中的相对量，从而提高一般利润率。

如果商人资本的相对量是已定的，不同商业部门中周转的差别，就不会影响一般利润率。原因是，商人的利润，不是由他所周转的商品资本的量决定的，而是由他为了这种周转而预付的货币资本的量决定的。因此，不同商业部门，不论其资本周转速度有什么样的差别，等量商人资本的年利润率是相同的。

商人资本在其出售商品的价格（即商业价格）中如何加价以实现其商业利润？由于商人资本预付资本的利润是由年利润率决定的。因此，不同部门的商人资本的周转次数，会直接影响商品的商业价格。“商业加价的多少，一定资本的商业利润中加到单个商品的生产价格上的部分的大小，和不同营业部门的商人资本的周转次数或周转速度成反比。”① 假定年利润率为 15%，商人预付资本 100 镑，那么，当商人资本 1 年周转 1 次时，对商品加价的利润是 15%；如果 1 年周转 5 次，对商品每一次加价的利润是 3%。具体地说，资本 1 年周转 1 次时，他按 115 镑的价格出售；资本 1 年周转 5 次时，全年内就会 5 次按 103 镑的价格出售商品。这意味着一定量商人资本周转次数越多，加进的商业利润越少，商品的商业价格就越低。“薄利快销，特别对零售商人来说是他原则上遵循的一个原则。”②

进一步的研究发现，如果同一商业部门中的单个商人资本的周转速度快于该部门平均的周转速度，该商人就会赚到超额利润。如果为竞争所迫，他也可以卖得比他的伙伴便宜一些，但不会使他的利润降到平均水平以下。如果加速周转的条件是可以买卖的，例如，更好的店铺位置，他就要付出额外的租金，

① 《马克思恩格斯文集》第 7 卷，人民出版社 2009 年版，第 347 页。
② 《马克思恩格斯文集》第 7 卷，人民出版社 2009 年版，第 349 页。

他的一部分超额利润就会转化为地租。

第四节 货币经营资本

一、货币经营资本及其业务内容

第 19 章着重研究了商业资本的另一亚种——货币经营资本。由于货币经营资本的职能和商品经营资本的职能相类似，对商品经营资本的分析在一定意义上也适用于货币经营资本，因而马克思在本章中对货币经营资本只作了简略的研究。

货币经营资本是在产业资本和商品经营资本的流通过程中，从事由货币职能所引起的各种技术性业务（如记账、出纳、保管、兑换、汇兑等）的资本。这种资本是总资本在流通过程中以货币资本形态存在的部分，是处在再生产过程中的产业资本和商业资本的一个独立部分的运动形式。

货币经营资本执行货币流通手段和支付手段的职能。经营者要不断地把货币支付给许多人，并且不断地得到许多人支付给他的货币。这种单纯技术性的收付货币业务，使计算货币收支差额并进行结算的行为成为必要。这种业务由货币经营资本替整个产业资本家和商业资本家担负起来。

货币经营资本的另一项业务内容是贮藏货币。贮藏货币有两种形式。第一种形式是把那部分必须不断以货币形式充当支付手段和购买手段的准备金积攒起来。这种准备金以货币形式存在，是产业资本顺利运动的需要，也是商业资本在国内流通和国际流通中正常发挥作用的需要。这种贮藏货币不断地进入流通又不断地从流通中流回。第二种形式是在货币形式上闲置的、暂时不用的资本，其中也包括新积累的尚未投入的货币资本。这种货币贮藏使得除了收付货币和记账以外，贮藏货币的保管、记账等也成为必要的一些技术性业务。与此密切相连的还有购买时的支出货币，出售时的收入货币，支付中的付款和收款，支付的平衡等。这种业务实际上是使贮藏货币不断分解为流通手段和支付手段，并且使出售得到的货币和到期的进款重新形成贮藏货币。

总之，货币经营资本的业务来自货币的职能。货币资本作为流通手段，产生了现金出纳（收付）业务；作为支付手段，产生了结算和平衡的业务；这些业务互相联系、互相转化，如贮藏货币转化为购买手段和支付手段；出售商品得到的货币和到期的进款又暂时形成贮藏货币。货币资本作为流通手段，执行的是货币的职能，而不是资本的职能。这些不同的业务是从货币本身的各种规定性中，从货币的各种职能中，从而也是资本在货币资本形式上必须执行的各种职能中产生的，是与资本职能本身相分离的、作为货币而存在的资本部分的不断运动。

二、货币经营业的产生及其职能

所有来自货币职能的各种货币经营资本的业务，最初都是由货币经营者作为单纯的出纳业者替商人和产业资本家完成的。这些业务独立出来而成为特殊的行业，便产生了货币经营业。

从历史上来看，货币经营业首先是从国际贸易结算中发展起来的。在早期国际贸易的货币收支中，各国流通中的货币大多是铸币，不同的铸币要相互兑换，或者同作为世界货币的金银相交换，不同成色的金银要鉴定和折算，于是首先产生兑换业，并进而发展成汇兑业。早在古罗马时就已经出现这类汇兑业者，他们在不同国家间，在一地收款后通知另一地支付给旅行者以世界货币。以世界货币为基础的兑换业又同金银贸易联系在一起，把金银从一国运到另一国。这种运动一方面是为了平衡国际贸易结算的差额，并从这种移动中获取利息；另一方面，这种运动也是货币从贵金属产地流到世界市场，并把贵金属的供给分配给不同国家的过程。所以，兑换业和金银贸易是货币经营业最原始的形式，它产生于货币的双重职能：作为一国铸币的职能和作为世界货币的职能。作为世界货币，货币抛弃了它的国别性，一国的货币可以用另一国的货币来表现，因此，所有的货币都必须还原为它们的金或银的含量；同时，金和银这两种商品作为世界货币来流通时，又要归结为它们互相之间的不断变动的价值比率。货币经营者把这种中介作用变成了自己的特殊业务，从而产生了货币经营业最原始的形式。

就一国范围来看，随着商品生产和流通的发展，货币经营资本的各项业务，包括货币的收付、差额的平衡、往来账的登记、货币的保管等，也随之发展起来。这些不同的业务独立出来成为特殊的行业，以货币经营资本的形式独立起来，为产业资本家和商业资本家提供专业化、社会化的服务，从而大大提高了资本的周转速度。

货币经营业的产生，货币经营资本的独立化，促进了社会分工，提高了社会资本的使用效率。社会分工在这里具有了双重意义：第一，就社会资本来说，作为一种特殊的营业，货币经营业的出现，是为整个产业资本家和商业资本家服务的，所以它会集中起来大规模地进行。由于这种劳动由一类特殊的代理人或资本家替整个其余的资本家阶级担负起来，这种劳动的时间就缩短了。第二，这个货币经营业内部也实行了会计、出纳、保管等细密的分工。这种分工提高了货币资本的经营效率，使社会总资本中的作为货币资本被束缚在流通领域里的部分减少，从而有更多的资本投入直接生产领域。同时，还会节约社会的纯粹流通费用，从而进一步增加生产资本。

以货币为基础的兑换业与金银贸易有着密切的联系。这是由货币流通与商品流通之间的关系决定的。在商品流通中，作为购买手段和支付手段的货币流通的数量，是由商品形态变化的规模和速度决定的。作为世界货币，货币在国家之间的运动也是商品贸易的结果，货币经营业只是为这种结果作中介。至于贮藏货币，如果它是用于国内贸易或对外贸易的购买手段或支付手段的准备金，或者是暂时闲置的资本的单纯形式，那么，它在这两个场合都只是流通过程的一种沉淀物。

货币经营业作为货币流通的中介，“担任货币流通的各种技术性业务，使之集中、缩短和简化”①。

首先，货币经营资本不形成货币贮藏，它只是代为管理产业资本和商业资本已经形成的货币贮藏。不过，通过它提供的技术手段，可使这种货币贮藏减少到最低限度，“因为购买手段和支付手段的准备金，在对它的管理是为了整个资本家阶级的场合，不需要像它由每个资本家各自管理的场合那样大”②。

其次，金银作为世界货币在不同国家之间的流动，是通过在一国购买金银然后把它们运往另一国的方式进行的。在这里，货币经营者不购买金银，他只是在商品经营者买了金银以后，作为从事金银贸易的商人，对这些金银从一国到另一国的运送起媒介作用。

再次，在货币执行支付手段的职能时，各种互相支付的联系及其规模，也不是由货币经营业决定的，它们只是已经完成的各种交易的结果。比如说，在银行和票据交换所内互相交换的汇票和支票，就代表完全独立的营业，是已经

① 《马克思恩格斯文集》第 7 卷，人民出版社 2009 年版，第 358 页。
② 《马克思恩格斯文集》第 7 卷，人民出版社 2009 年版，第 358 页。

完成的各种活动的结果，货币经营业只是使这些结果的平衡在技术上更完善。货币经营业在这里的作用只是“使差额的平衡易于进行，并且会通过各种人为的结算机制减少平衡差额所需要的货币量”①。

最后，在货币执行购买手段职能时，买卖的规模和次数也与货币经营业毫无关系。“货币经营业只能缩短买和卖引起的各种技术活动，并由此减少这种周转所必要的货币现金量。”②

综上所述，货币经营业只与商品流通的一个要素即货币流通的技术以及由此产生的不同的货币职能有关。这是货币经营业和商品经营业在本质上的区别。“与信用制度相分离的货币经营业，只与商品流通的一个要素即货币流通的技术以及由此产生的不同的货币职能有关。”③

在以上分析的基础上，马克思进一步指出这样几点：第一，货币经营者所完成的各种活动和为此使用的货币资本总量，就是商人和产业资本家本来自己要完成的活动以及他们处在流通中的货币资本。第二，“像在商品经营业那里一样，在这里也发生了职能的二重化”④。商人和产业家不能完全摆脱这些活动。因为，同货币流通结合在一起的技术业务，有一部分必须由商品经营者和商品生产者自己去完成。第三，货币经营资本一般以收取手续费的形式来增殖自己，它的运动形式简单地表现为 G—G′。但是，“货币经营者的利润不过是从剩余价值中所作的一种扣除”⑤。货币经营者的活动既然只与货币的流通有关，那就是只与已经实现的价值有关，因而他们的利润不过是剩余价值的一种扣除。

第五节　关于商人资本的历史考察

一、商人资本的历史发展

历史上，不仅商业，而且商人资本也比资本主义生产方式出现得早，它是

① 《马克思恩格斯文集》第 7 卷，人民出版社 2009 年版，第 358 页。
② 《马克思恩格斯文集》第 7 卷，人民出版社 2009 年版，第 358 页。
③ 《马克思恩格斯文集》第 7 卷，人民出版社 2009 年版，第 358 页。
④ 《马克思恩格斯文集》第 7 卷，人民出版社 2009 年版，第 359 页。
⑤ 《马克思恩格斯文集》第 7 卷，人民出版社 2009 年版，第 359 页。

资本在历史上更为古老的自由的存在方式。这里考察资本主义以前的商人资本。因为商业资本的职能是专门对商品交换起中介作用，所以，简单的商品流通和货币流通所需要的条件就是商业资本存在的条件。产品进入商人之手的规模取决于生产方式。在任何一种生产方式的基础上，商业都会促进商品生产，使生产越来越具有为交换价值而生产的性质。因此，在资本主义生产充分发展时，产品只是作为商品来生产的规模达到自己的最大限度。

商人的财产总是作为货币财产而存在，他的货币也总是作为资本执行职能，其运动形式是 G—W—G′，增加交换价值是其独立的目的。因此，生产越是不发达，货币财产就越是集中在商人手中。

在资本主义以前是商业资本支配产业。资本作为商人资本而独立地、优先地发展，意味着生产还没有从属于资本。在商人资本占优势的地方，旧的生产方式占统治地位。资本作为资本，首先是在流通过程中出现的。货币流通和商品流通能够对组织极不相同、按其内部结构主要仍然是从事非商品交换的生产领域起中介作用。而在资本主义生产中，流通只是生产的一个要素，一个过渡阶段。商人资本只是资本的再生产运动的形式之一。商人资本从它原来的独立存在，下降为投资的一个特殊要素，而利润的平均化，又把其利润率化为一般的平均水平。在这里，商人资本不再具有决定的作用。

商人资本的独立发展与资本主义生产的发展程度成反方向变动的规律，在例如威尼斯商人、荷兰商人等经营的转运贸易的历史上表现得最为明显。在这种贸易中，主要利润的获取不是靠输出本国产品，而是靠对商业和一般经济都不发达的国家的产品交换起中介作用。只要商业资本是对不发达的共同体的产品交换起中介作用，商业利润的大部分就是从侵占和欺诈中产生的。但是随着这些国家的经济发展，这种转运贸易也就衰落下去，从而导致以转运贸易为基础的商业财富的衰落。

总之，在资本主义社会以前的阶段中，商业支配着产业；在这里占主要统治地位的商业资本，到处都代表着一种掠夺制度；在进入资本主义社会后，情况相反，是产业支配着商业。

二、商人资本的历史作用

商人资本存在和发展到一定水平，是资本主义生产方式发展的历史前提。原因有二：第一，它的存在和发展是货币财产集中的先决条件。第二，资本主义生产方式的前提是为贸易而生产，是大规模的销售。商人总是把许多人的购买行为集中到他那里，因而商人资本的任何一种发展都会促使生产越来越具有以交换为目的的商品生产的性质。

商业的发展使旧的前资本主义生产方式解体，使生产日益从属于交换价值。它使享受和生活日益依赖于出售，而不是依赖于产品的直接消费。它增进了货币流通，逐渐地侵蚀生产本身，使整个生产部门依附于它。商业和商业资本的发展，到处都使生产朝着交换价值的方向发展，使生产的规模扩大，使它多样化并具有世界化的性质，使货币发展成为世界货币。因此商业对各种已有的、自给自足的生产组织或多或少地起着解体作用。当然，商业对旧生产方式究竟在多大程度上起着解体作用，首先取决于这些生产方式的坚固性和内部结构。什么样的新生产方式会代替旧生产方式，这不取决于商业，而是取决于旧生产方式的性质。商人资本的发展就它本身来说，还不足以促成和说明一个生产方式到另一个生产方式的过渡，因而也不足以说明资本主义生产方式的产生。原因是，资本主义生产方式的产生，除了取决于商业的发展外，还取决于其他情况。

城市工业一旦和农业分离，它的产品一开始就是商品，因而它的产品的出售就需要有商业作为媒介。因此，商业依赖于城市的发展，而城市的发展也要以商业为条件。但是工业的发展不一定同商业的发展齐头并进。商业的突然扩大和新世界市场的形成，对旧生产方式的衰落和资本主义生产方式的勃兴，产生过压倒一切的影响。但是，商业的发展归根到底还是由生产方式的变革产生的。“在这里不是商业使工业发生革命，而是工业不断使商业发生革命。”①

马克思在这里有一段关于中国商业发展的论述：资本主义以前的、民族的生产方式具有的内部的坚固性和结构，对于商业的解体作用造成了多大的障碍，从英国人同印度和中国的交往中可以明显地看出来。在中国，小农业和家庭手工业的统一形成了生产方式的基础。商业对这种生产方式的解体进程极其缓慢，除了因为在这里没有直接政治权力的帮助外，就是因为农业和手工业的直接结合而造成的巨大的节约和时间的节省，对大工业产品形成了最顽强的抵抗。“因为在大工业产品的价格中，会加进大工业产品到处都要经历的流通过

---

① 《马克思恩格斯文集》第 7 卷，人民出版社 2009 年版，第 371 页。

程的各种非生产费用。”①

从封建生产方式向资本主义生产方式的过渡有两条途径：一是生产者变成商人和资本家，二是商人直接支配生产。前者是真正革命化道路；后者保存了旧的生产方式，把它当做自己的前提予以维持。商人仅仅作为商人来统治分散劳动的生产者，他不变革生产方式，只是使生产者的状况恶化，使他们最终沦为雇佣工人；同时，商人把商品价值的最大部分装进自己的腰包，积累起大量的货币财富。这一切为资本主义生产方式的产生准备了前提条件。

通过上述两条途径，发生了由商业资本统治到产业资本统治的“三重过渡”②：第一，商人直接成为工业家；第二，在生产方式不变的前提下，商人把小老板变成自己与生产者之间的中介人，或自己直接收购独立生产者的商品；第三，工业家成为商人，直接为商业进行大规模生产。

资本主义生产方式产生后，商业就成了工业的奴仆。而对大工业来说，不断扩大的市场是它的生存条件，于是它就为自己创造市场，用自己商品来夺取市场。限制大工业大量生产的不是商业，而是执行职能的资本的量和劳动生产力的发展水平。

最后，马克思指出，对资本主义生产方式进行最初的理论探讨的是重商主义，它从流通过程中的商业资本运动的表面现象出发，只抓住了假象。真正的现代经济科学，只是当理论研究从流通过程转向生产过程的时候才开始。

思考题：

1. 资本主义条件下的商业资本有什么特点？起什么作用？
2. 商业利润和商业工人工资的来源是什么？
3. 商业资本周转速度对产业资本、商人资本量和商品出售价格起什么作用？
4. 货币经营资本和货币经营业各有什么特点和作用？
5. 商业资本对封建生产方式的解体起到什么样的作用？

---

① 《马克思恩格斯文集》第7卷，人民出版社2009年版，第372页。
② 《马克思恩格斯文集》第7卷，人民出版社2009年版，第374页。

第十五章 生息资本

本章介绍《资本论》第三卷第五篇“利润分为利息和企业主收入。生息资本”的主要内容。马克思在这一篇研究了资本主义经济中的生息资本，即借贷资本，说明借贷资本不仅是产业资本的派生形式，也是商业资本的派生形式，揭示了这种资本的运动和参与剩余价值的分割的独特之处。同时，还研究了与借贷资本相关的一系列复杂问题。对这些问题的讨论，都是围绕生息资本以及利润分割为利息和企业主收入展开的。本篇阐述的理论，对于科学认识当代资本主义信用制度的本质，认识资本主义金融危机的实质，具有重要的理论和现实意义。同时，对于促进社会主义金融制度的健康发展，也具有指导意义。

第三卷第五篇包括第 21 章至第 36 章，分为正篇和续篇。正篇主要是从与产业资本的联系来考察生息资本的实质和信用制度的发展及其二重性质。续篇主要是考察信用及其对生息资本的影响。第五篇可分为五个部分：一是第 21 章至第 24 章。在这里，马克思暂时撇开信用机构，假定资产阶级只由货币资本家和职能资本家两个集团组成，货币资本家直接把货币资本贷给职能资本家使用。在这个前提下，他研究了什么是生息资本和利息，如何从量和质两方面把利润分割为利息和企业主收入，以及这种分割如何使资本关系的实质进一步被掩盖等一系列问题。二是第 25 章至第 29 章。这一部分以银行资本为中心，研究了由此引起的信用制度和股份公司的发展以及信用的重要作用等问题。三是第 30 章至第 32 章。这一部分进一步将信用的发展与其在生息资本上采取的各种形式联系起来，研究了信用制度对生息资本的影响，说明了现实资本运动与生息资本运动的关系，分析了商业信用和银行信用的联系和区别。四是第 33 章至第 35 章。这一部分从国内和国际两个方面研究了信用制度和货币流通的相互关系，阐明了信用制度下货币流通的原理。五是第 36 章。本章分析了前资本主义的高利贷资本和资本主义的生息资本之间的区别，指出了这种区别的根本原因在于生产方式的不同性质。

第一节 生息资本与利息

一、生息资本的性质及特有的流通形式

生息资本的产生与货币的使用价值相关。在资本主义生产方式下，货币除

了它所固有的使用价值以外，还取得了一种追加的使用价值，即作为资本来执行职能的使用价值。例如，一个手中拥有货币的人将100镑作为资本商品交给另一个人一段时间（如1年），后者将这100镑实际当作执行生产职能的资本即生产利润的手段来使用，后者在一定期限内将生产出的利润（如20镑）的一部分如5镑支付给前者。这5镑就是利息。“因此，利息不外是一部分利润的一个特殊名称，一个特殊项目；执行职能的资本不能把这部分利润装进自己的腰包，而必须把它支付给资本的所有者。”① 在这里，100镑作为资本由所有者转到使用者那里，是“暂时由它的所有者的占有物变为执行职能的资本家的占有物，这就是说，它既不是被付出，也不是被卖出，而只是被贷出”②。其回流采取偿还形式，因为它的预付和让渡具有贷放的形式，其核心是这部分货币资本只是改变使用权。“所有权没有被出让，因为没有发生交换，也没有得到等价物。”③ 所有者只是凭借其所有权定期取得利息。

从资本职能来考察，生息资本与产业资本一样不能停止运动，收回的货币资本只有不断贷放，才能不断地充当生息资本。“只要资本留在他手中，它就不会生出利息，并且不会作为资本起作用；只要它生出利息，并且作为资本起作用，它就不会留在他手中。”④ 把货币贷出一定时期，然后把它连同利息（剩余价值）一起收回，是生息资本所具有的运动形式。在这种运动中，包含着双重的支出和双重的回流。所谓双重的支出，一重是货币资本家贷款给职能资本家，一重是职能资本家购买劳动力和生产资料。所谓双重回流，一重是职能资本家卖出产品取得货币，一重是货币资本家收回本息。生息资本的运动公式是：

G—G—W—G′—G′

在这个公式中，两头的G和G′分别代表贷出的货币和收回的本息，中间的G—W—G′表示职能资本的活动，它采取的具体形式，或者是产业资本运动，或者是商业资本运动。但是，贷出的货币作为资本所进行的现实运动，如产业资本的运动和商业资本的运动，都是贷出者和借入者的借贷交易以外的事情。货币资本贷出后，贷出者就不能支配本金。贷出货币的回流只是表现为贷出者和借入者之间的一种特有的法律契约的结果。所以，生息资本的公式，也可以

① 《马克思恩格斯文集》第7卷，人民出版社2009年版，第379页。
② 《马克思恩格斯文集》第7卷，人民出版社2009年版，第384页。
③ 《马克思恩格斯文集》第7卷，人民出版社2009年版，第388—389页。
④ 《马克思恩格斯文集》第7卷，人民出版社2009年版，第416页。

简化为G—G′。可见，生息资本的运动，是一种脱离职能资本运动的特殊的资本运动形式。货币在这种运动中表现出魔术般的自行增殖的能力，资本对雇佣劳动的剥削一点也看不见了。

在《资本论》第三卷第21章中，马克思还批判了英国银行家和经济学家吉尔巴特关于“一个用借款来牟取利润的人，应该把一部分利润付给贷放人，这是不言而喻的天然正义的原则”① 的观点。马克思指出：“在这里，同吉尔巴特一起（见注）说什么天然正义，这是毫无意义的。生产当事人之间进行的交易的正义性在于：这种交易是从生产关系中作为自然结果产生出来的。这种经济交易作为当事人的意志行为，作为他们的共同意志的表示，作为可以由国家强加给立约双方的契约，表现在法律形式上，这些法律形式作为单纯的形式，是不能决定这个内容本身的。这些形式只是表示这个内容。这个内容，只要与生产方式相适应，相一致，就是正义的；只要与生产方式相矛盾，就是非正义的。在资本主义生产方式的基础上，奴隶制是非正义的；在商品质量上弄虚作假也是非正义的。”②

马克思的这段话，体现了历史唯物主义关于经济基础与上层建筑关系的思想。作为经济关系的反映的正义与非正义、善与恶等法律和伦理观念，并不是永恒不变的绝对理念，而是受生产关系影响的历史的范畴。判断一种经济关系是否具有正义性，要以它是否与生产方式具有适应性为标准：如果它与生产关系或生产方式相适应，就是正义的；如果与之相矛盾，则是非正义的。脱离开一定生产方式（社会经济关系）的、适用于一切时代的天然正义或永恒正义是不存在的。例如，在古代奴隶制条件下，奴隶买卖是合乎正义的，主人对奴隶的人身的任意处置也是符合正义的，受到法律的保护。只有在废除了奴隶制的社会条件下，蓄奴和奴隶买卖才是非正义的。生息资本的正义性也是这样：收取利息之所以被认为是正义的，是因为存在货币借贷关系，即存在财产私有制和货币，因而货币借出方可以凭借自己对货币的所有权对借入方索取本金之外的报酬。这种经济关系是历史地形成的社会关系，而不是亘古不变的自然现象。

二、利息与利息率

生息资本的古老形式是高利贷资本，现代形式则是借贷资本。借贷资本出现

---

① 《马克思恩格斯文集》第7卷，人民出版社2009年版，第379页脚注。
② 《马克思恩格斯文集》第7卷，人民出版社2009年版，第379页。

后，无论产业资本家还是商业资本家，并不都是拿自己的资本来经营，而是部分依靠借贷资本。这样，资本家就分为货币资本家和职能资本家。两者不仅在法律上有不同的身份，而且在再生产过程中起着完全不同的作用。一个只是把资本贷放出去，另一个则把资本用在生产或经营上；一个是资本的单纯所有者，另一个是资本的使用者。生息资本的存在，产生一种可能：即使是没有财产的人，由于相信他会用借来的资本执行资本家的职能，占有无酬劳动，而作为可能的资本家得到贷款。这种情况被当代庸俗经济学美化为他具有“人力资本”。

产业资本家不是用自有资本而是用借贷资本来获取利润，就需要将其利润的一部分作为利息支付给借贷资本的所有者。显然，利息只能是平均利润的一部分，而不是平均利润的全部，这同货币资本家让渡货币资本的内容相关。货币资本家向产业资本家的让渡行为只是货币资本的贷放，而不是出售，就是说，让渡的不是借贷资本的价值，而是其生产平均利润的能力，也就是货币作为资本的使用价值。这就是马克思说的：“货币资本家在把借贷资本的支配权出让给产业资本家的时间内，就把货币作为资本的这种使用价值——生产平均利润的能力——让渡给产业资本家。”① 这部分货币是在产业资本家那里执行职能并生产出平均利润的。因此，利息只能是他所实现的利润的一部分。这同时也说明，利息并不参加利润率的平均化，只是分割了一部分剩余价值，是平均利润的扣除。

借贷资本只是贷放，只是让渡其生产平均利润的能力，没有让渡其全部价值的所有权，利息只能是其货币资本所有权的实现，是其生产平均利润的能力这种使用价值的报酬。利息这个所谓的资本“价格”，不可能是借贷出去的货币资本的价值额。产业资本家执行资本职能所获得的利润，要有一部分作为使用资本的“价格”支付给货币资本家，这就是利息。对于货币资本所有者来说，利息是资本所有权的果实。

由于利息是利润的一部分，这个部分是由产业资本家支付给货币资本家的，因此利润表现为利息的最高限。对任何一个资本家来说，他所取得的利润必须大于所支付的利息，才能说真正赢利，这就是马克思说的：“资本的真正的特有产物是剩余价值，进一步说，是利润。但对用借入的资本从事经营的资本家来说，那就不是利润，而是利润减去利息，是支付利息以后留给自己的那

① 《马克思恩格斯文集》第7卷，人民出版社2009年版，第393页。

部分利润。”[①]

职能资本家支付利息的多少，或者说借贷资本在一定时期内获得利息的多少，取决于一定时期的利息率。利息率指一定时期内利息额与贷出货币资本额之比。在市场上，利息率是不断波动的。在马克思看来，不存在自然利息率，也就是说，一个国家中占统治地位的平均利息率，即根据产业周期的各个年份的市场利息率计算出来的平均数，不能由任何一般的规律来确定。其中一个重要原因是，货币（借贷）资本家和产业资本家，“这两种有权要求享有利润的人将怎样分割这种利润，本身是和一个股份公司的共同利润在不同股东之间按百分比分配一样，纯粹是经验的、属于偶然性王国的事情”[②]。事实上，平均利润分割出多大比例来作为利息，是由货币资本家和职能资本家之间的竞争决定的。“当竞争本身在这里起决定作用时，这种决定本身就是偶然的，纯粹经验的”。[③]

马克思分析了影响利息率变动的因素。首先是平均利润率，这是利息率的最高界限，利息率必须小于平均利润率；其次是借贷资本的供求状况，利息作为使用借贷资本的价格，像任何商品的价格一样，任何时候都受供求的影响。在第三卷第26章中，马克思还引证经济文献说明，货币资本积累的多少，决定借贷资本的供求变动，从而影响利息率。此外，传统和法律也会影响利息率。

虽然平均利息率不能由一般的规律来确定，市场利息率是随供求不断变动的，不同贷款项目、不同贷款时间的利息率存在差别，“但对每一种类来说，利息率在一定时刻是一致的。因此，这种差别不会损害利息率的固定的、一致的形态”[④]。也就是说，在每一既定的时刻，利息率就像商品价格一样，表现为同一的、确定的、明确的量。随着大工业的发展，出现在市场上的货币资本“越来越表现为一个集中的有组织的量，这个量和实际的生产完全不同，是受那些代表社会资本的银行家控制的”[⑤]。这样，利息率就成为银行利息率，而银行利息率在每一时刻会更为固定和一致。

既然利息率在每一时刻是确定的量，利息率就和商品价格一样调节货币资本的供求。在这里，利息率不仅是资本增殖的最低限，同时也是资本在产业资

① 《马克思恩格斯文集》第7卷，人民出版社2009年版，第418页。
② 《马克思恩格斯文集》第7卷，人民出版社2009年版，第408页。
③ 《马克思恩格斯文集》第7卷，人民出版社2009年版，第407页。
④ 《马克思恩格斯文集》第7卷，人民出版社2009年版，第410页。
⑤ 《马克思恩格斯文集》第7卷，人民出版社2009年版，第413页。

本和货币资本之间配置的调节手段。对单个资本家来说，当他拥有一定量货币资本时，是作为生息资本来使用，还是作为生产资本来使用，是由利息率的高低左右的。只要利润率能够超过利息率，就会有人把资本投入经营，使之作为职能资本来执行职能。相反，如果利润率小于或等于利息率，就不会有人将资本投入生产过程。显然，市场利息率和商品的市场价格一样是市场机制的重要组成部分，作为市场信号自动调节投资方向。

市场利息率不仅是调节微观经济活动的市场信号，也是宏观经济的晴雨表。在市场上，利息率的高低与货币资本的供求相关。在资本市场上，资本供不应求，利息率就高；反之，利息率就低。在经济周期的不同阶段上，资本供求是不一样的，因此就有不同水平的利息率。“低利息率多数与繁荣时期或有额外利润的时期相适应，利息的提高与繁荣转向急转直下的阶段相适应，而达到高利贷极限程度的最高利息则与危机相适应。”① 具体地说，在经济处于繁荣阶段，资本周转快，货币资本充裕，货币资本供过于求，这时的利息率处于低位。在由繁荣转向危机的急转直下阶段，商品滞销，支付困难，货币供不应求，利息率便上升。在危机阶段，利息率则高到极限，这时人们被迫不惜以任何代价借钱来应付支付的需要，同时银行紧缩信用，银行家借此机会推高利息率。马克思在研究经济周期不同阶段货币市场供求及由此引起的利息率波动时，还分析了资本市场上证券价格的相应变化，说明货币市场和资本市场有相关性，而利息率在其中起连接的作用。马克思认为，资本市场上的证券价格与货币市场上的利息率成反比。在危机阶段，“由于和利息的提高相适应的是有价证券价格的降低，这对那些拥有可供支配的货币资本的人来说，是一个极好的机会，可以按异常低廉的价格，把这种有息证券抢到手，而这种有息证券，在正常的情况下，只要利息率重新下降，就必然会至少回升到它们的平均价格”②。

第二节 资本关系在生息资本形式上的外表化

一、平均利润的量的分割转变为质的分割

马克思在第 23 章里揭示由利息范畴所带来的假象：资本创造利息、监督

① 《马克思恩格斯文集》第 7 卷，人民出版社 2009 年版，第 404 页。

② 《马克思恩格斯文集》第 7 卷，人民出版社 2009 年版，第 404—405 页。

劳动创造企业主收入。说明这两种收入形式都是剩余价值的转化形式，并且说明为什么同样以剩余价值为源泉的两种收入形式却表现为来自完全不同的源泉。

马克思首先说明了利息范畴的存在与利润在量上的分割问题。利息范畴的存在是由于货币资本的所有者和使用者的分离，由于资本家分为货币资本家和产业资本家，才使一部分利润转化为利息，产生出利息的范畴。无论是职能资本家还是货币资本家，只要他们的货币资本执行资本的职能，资本的所有权对于他们的意义只在于一部分剩余价值的归属。使用自有资本的职能资本家可以占有全部利润，而使用借入资本的资本家就必须支付利息。因此，后者的利润就必须分割成两部分。

“现在产生的问题是：利润分为纯利润和利息这种纯粹量的分割，怎么会转变为质的分割？换句话说，只使用自有资本，不使用借入资本的资本家，怎么也要把他的总利润的一部分，归入利息这个特殊的范畴，要特别把它作为利息来计算？从而进一步说，怎么一切资本，不管是不是借入的，都要作为生息的资本，和作为生出纯利润的资本的自身区别开来？”①

导致利润由量的分割转化为质的分割的原因有两个：第一，利息范畴的存在和货币资本家与职能资本家的分离。使用借入资本经营的资本家代表的是执行职能的资本，虽然资本执行职能的结果所形成的是全部剩余价值，但是他所获得的并不是全部利润，只是扣除利息以后剩余的利润。因此，在他的观念中，只有这部分利润才是他执行资本职能所产生的收入。第二，剩余价值的生产在实际过程中会受到多种因素影响，因此，除剩余价值率外，职能资本家在经营中的能动作用，如生产资料的购买价格、效率高于平均水平的生产方法、不变资本的节约、资本家的狡猾程度和钻营能力等，对于企业利润的多少有着直接的影响，这加强了企业利润与利息来自不同源泉的假象。由此导致总利润的量的分割在这里都会转化为质的分割，即总利润中属于资本所有权本身的部分——支付给贷出者的利息，而属于能动资本家的那部分利润，现在则表现为企业主收入。

由于这两部分利润的归属不同，而且又各自有着自己特有的数量决定规律，因此，“总利润的这两部分硬化并且互相独立化了，好像它们出自两个本

① 《马克思恩格斯文集》第 7 卷，人民出版社 2009 年版，第 417 页。

质上不同的源泉”①。而且，用自有的资本从事经营的资本家，同用借入的资本从事经营的资本家一样，每个资本的利润，从而以资本互相平均化为基础的平均利润，都被分成或被割裂成两个不同质的、互相独立的、互不依赖的部分，即利息和企业主收入。马克思指出，这种分割的基础在于社会上存在着资本主义的生产关系——雇佣劳动制度，它使得货币具有转化为资本的可能性。这样，即使借入者不把货币作为资本来使用，这种生产关系也使货币所有者要求借入者按照把货币作为资本使用的条件来支付利息，再度强化了利息是货币资本的产物的假象。

二、资本家的管理与“监督工资”

在资本主义生产过程中，产业资本家或商业资本家充当职能资本的代表，并不像充当生息资本的代表那样，是领干薪的闲职。马克思说：“在资本主义生产的基础上，资本家指挥生产过程和流通过程。对生产劳动的剥削也要花费气力，不管是他自己花费气力，还是让别人替他花费气力。因此，在他看来，与利息相反，他的企业主收入是同资本的所有权无关的东西，宁可说是他作为非所有者，作为劳动者执行职能的结果。”② 这些职能资本家的头脑中因而必然产生这样的观念：他的企业主收入不仅不是来自雇佣工人的劳动，相反，它本身就是工资，是监督工资，来自他所从事的监督劳动。这种看法，还由于在分工协作充分发展的部门中，一部分利润用于支付经理的特别工资而得到进一步加强。但是，资本家的监督劳动与雇佣工人的劳动性质不同，前者是进行剥削的劳动，后者是被剥削的劳动。马克思指出：“相对于货币资本家来说，产业资本家是劳动者，不过是作为资本家的劳动者，即作为对他人劳动的剥削者的劳动者。他为这种劳动所要求和所取得的工资，恰好等于他所占有的他人劳动的量，而且就他为进行剥削而亲自花费必要的精力来说，上述的工资直接取决于对这种劳动的剥削程度，而不是取决于他为进行这种剥削所付出的、并且在适当的报酬下可以让一个经理去承担的那种努力的程度。”③ 可见，所谓监督劳动就是从事剥削即执行资本的职能，监督工资其实就是资本家无偿占有的剩余价值，不过其中一部分被货币资本家作为利息拿走了。

① 《马克思恩格斯文集》第 7 卷，人民出版社 2009 年版，第 420—421 页。

② 《马克思恩格斯文集》第 7 卷，人民出版社 2009 年版，第 426—427 页。

③ 《马克思恩格斯文集》第 7 卷，人民出版社 2009 年版，第 435 页。

在这里，马克思又论及在第一卷中谈过的社会化生产中管理劳动的二重性质。一方面，“凡是有许多个人进行协作的劳动，过程的联系和统一都必然要表现在一个指挥的意志上，表现在各种与局部劳动无关而与工场全部活动有关的职能上，就像一个乐队要有一个指挥一样”①。另一方面，在资本主义生产方式中，这种监督劳动体现为资本对劳动的统治，体现直接生产的劳动者和生产资料所有者之间的对立。这种对立越严重，这种监督劳动所起的作用也就越大。在历史上存在过的剥削制度中，监督劳动都具有这种二重性质。例如，“它在奴隶制度下所起的作用达到了最大限度”②。但是，在不存在阶级对立的条件下，社会化生产组织中的指挥或管理劳动就不再是榨取他人劳动的手段。例如在工人合作社中，付给经理人员的管理劳动的工资，与从事直接生产的工人就没有性质上的区别。

随着资本所有权和经营管理的分离，又产生了商业经理和产业经理，管理工资就同企业主收入完全分开了。随着银行信用和股份企业的发展，一般地说也有一种趋势，就是使这种管理劳动作为一种职能越来越同自有资本或借入资本的占有权相分离。一方面，货币资本本身集中于银行，并且由银行贷出，而不再是由它的直接所有者贷出；另一方面，既不能以借贷也不能以别的方式占有资本的纯粹执行职能的经理，执行着本来应由职能资本家执行的职能。“留下来的只有执行职能的人员，资本家则作为多余的人从生产过程中消失了。”③但是，在这种情况下，资本家仍然能够取得企业主收入，可见企业主收入不是什么监督工资。

三、资本拜物教在生息资本形式上的完成

在生息资本上，资本关系取得了它的最表面和最富有拜物教性质的形式。在这里看到的G—G′仅仅是数量不等的两笔货币的关系即本金与本金加利息的关系，是货币的自行增殖，而看不到在其间起中介作用的生产过程和流通过程对价值增殖所起的作用。因此在生息资本形式上，资本“这个自动的物神，自行增殖的价值，会生出货币的货币，纯粹地表现出来了，并且在这个形式上再

---

① 《马克思恩格斯文集》第7卷，人民出版社2009年版，第431页。

② 《马克思恩格斯文集》第7卷，人民出版社2009年版，第431页。

③ 《马克思恩格斯文集》第7卷，人民出版社2009年版，第436页。

也看不到它的起源的任何痕迹了”[①]。呈现在人们眼前的，是一种颠倒现实关系的假象：利息原本只是利润即执行职能的资本家从工人身上榨取的剩余价值的一部分，现在却反过来表现为资本的真正的果实；而原本是平均利润的一部分的企业主收入，现在却表现为是在再生产过程中因资本家的“监督劳动”增加进来的东西。这样，“在生息资本的形式上，资本拜物教的观念完成了”。[②]“在这个形式上，利润的源泉再也看不出来了，资本主义生产过程的结果也离开过程本身而取得了独立的存在”[③]。

18世纪的英国学者普赖斯从上述资本拜物教观念出发，认为在复利条件下贷放出去的货币增殖得比单利条件下快，主张国家以单利借款、以复利放贷，以加速资本积累。当时英国的首相皮特按照这种主张设立还债基金，结果把经济搞得一团糟。类似普赖斯的幻想，在庸俗经济学家中十分流行。马克思在批判了这类观念后指出：“剩余价值和剩余劳动的同一，为资本的积累设置了一个质的界限：总工作日、生产力和人口（可以同时剥削的工作日数目由人口限定）在各个时期的发展。相反地，如果剩余价值在利息这个没有概念的形式上来理解，那么，界限就只是量的界限，并且会超出任何想象。”[④] 这就是说，资本积累量取决于剩余价值即剩余劳动的量，而剩余劳动的量取决于生产力的发展状况，而不是取决于幻想出来的货币天生的无限增殖的神秘性质。

第三节 信用与虚拟资本

一、商业信用与银行信用

第三卷第25章至第29章，研究资本主义信用和银行资本，以及生息资本的运动和职能资本的运动之间的关系。这样，对生息资本本质的研究就过渡到对其具体形式的研究。这里，不仅要分析新的经济关系和新的经济范畴，而且还将指出资本运动中出现的许多新情况，特别是由银行资本引起的虚拟资本问题。恩格斯在附在第三卷末尾的另一篇题为“交易所”的增补中，补充了马克思

---

① 《马克思恩格斯文集》第7卷，人民出版社2009年版，第441页。
② 《马克思恩格斯文集》第7卷，人民出版社2009年版，第449页。
③ 《马克思恩格斯文集》第7卷，人民出版社2009年版，第442页。
④ 《马克思恩格斯文集》第7卷，人民出版社2009年版，第449页。

关于虚拟资本的理论，在这里我们也一并加以介绍。至于马克思在第三卷第26章和第28章中对某些资产阶级学者的批判，则放在本书第17章统一论述。

信用指的是商品买卖中的延期付款或货币的借贷，是以定期还本付息为条件的价值运动。商业信用和银行信用是信用的两种主要形式。在第25章中，马克思主要说明了商业信用是银行信用的基础；在后面的第30章中，他还详细分析了这两种信用形式。

商业信用是指以赊账方式出售商品（或提供劳务）时买卖双方之间相互提供的信用。马克思指出，从事再生产的资本家互相提供的信用，“这是信用制度的基础”[①]。商业信用的发展与社会生产规模的扩大相适应。大规模生产的发展意味着：“1. 市场会扩大，并且会远离生产地点，2. 因而信用必须延长，并且3. 投机的要素必然越来越支配交易。”[②] 大规模生产和供应远地市场，意味着更大数量的产品进入商业，而商业又不可能用自有资本来经营这么大数量的产品买卖。这时，信用的发展就是不可避免的了。具体做法是，买卖采取汇票作为支付手段。汇票是一种有一定支付期限的债券，在这种票据到期之前，经债权人在背面作转让债权的签字即“背书”后，本身又会作为支付手段来流通。这种商业票据的流通便代替了货币流通。马克思说：“真正的信用货币不是以货币流通（不管是金属货币还是国家纸币）为基础，而是以票据流通为基础。”[③] 通过这种单纯流通手段的创造，产生出虚拟资本。商业信用的作用是能使生产和交易的扩张突破现有资本的限制，信用的数量会随着生产的价值量一起增长，信用的期限也会随着市场距离的增大而延长。经济的扩张和商业信用的发展是互相影响的。

商业信用和商业票据是银行信用和银行券的基础。汇票并不是在任何情况下都能当作流通手段和支付手段来使用，只有在汇票持有人拿它到银行去贴现，它才代替货币起作用。期票贴现，就是银行以按市场利率扣除从贴现日至到期日的利息为条件，购进没有到期的汇票。贴现时，银行不一定完全使用货币，而往往使用银行券。“银行券无非是向银行家签发的、持票人随时可以兑现的、由银行家用来代替私人汇票的一种汇票。”[④] 银行券的使用，意味着用真

---

① 《马克思恩格斯文集》第7卷，人民出版社2009年版，第542页。
② 《马克思恩格斯文集》第7卷，人民出版社2009年版，第544页。
③ 《马克思恩格斯文集》第7卷，人民出版社2009年版，第451页。
④ 《马克思恩格斯文集》第7卷，人民出版社2009年版，第454页。

正的信用货币来代替商业货币。马克思指出："就像生产者和商人的这种互相预付形成信用的真正基础一样，这种预付所用的流通工具，票据，也形成真正的信用货币如银行券等等的基础。"① 商业信用是职能资本家之间的信用，只能以商品资本的形式提供，商业票据也只能在有限范围内作为流通手段和支付手段使用。银行信用的出现克服了这种局限性。

银行信用是与货币经营业的发展联系在一起的。随着以存款形式集中在货币经营业者手中的货币增多，在原先的各种技术性业务之外，借贷业务发展起来了。于是，经营业者转变为银行家。"银行一方面代表货币资本的集中，贷出者的集中，另一方面代表借入者的集中。"② 根据马克思当时的观察，银行所集中的货币资本包括生产者和商人作为准备金保存的或在支付中得到的货币资本，和由银行贷放的厂商的存款。此外，人们的货币积蓄和暂时不用的货币，各种逐渐花费的收入，也都会存入银行。银行的贷放包括汇票的贴现，以个人信用为基础的直接贷款，以有息证券、国债券、各种股票作抵押的贷款，以提货单及其他各种证明商品所有权的单据作抵押的贷款，以及存款透支，等等。银行提供的许多形式的贷款，实际上是与商业信用相关的信用。纯粹的银行信用即银行家提供的信用，其形式包括向其他银行签发汇票和支票，开立同样的信用账户。对拥有钞票发行权的银行来说，则是发行本行的银行券。

银行信用是适应产业资本循环周转和再生产运动的需要而产生的。银行通过借贷关系，将再生产中游离出来的闲置货币资本和社会上的闲置货币集中起来，再把它们贷给需要货币资本的企业。银行信用具有以下特点：第一，银行信用的实质，是银行作为中介使货币资本所有者和职能资本家之间发生信用关系。银行能把社会上各种闲置资本集中起来，从而银行信用不受个别资本的数量和周转的限制。第二，银行信用突破了商业信用的局限性，从而扩大了信用的规模和范围。这是因为银行能够集中许多职能资本的闲置资本和食利者阶层的货币资本，以及其他阶级和阶层的货币收入及储蓄，资本的来源更加广泛，可以超出单个资本的限制，形成巨额的资本。银行信用也不像商业信用那样，受商品流转方向的限制。因为商业信用是以商品的形式提供的，而银行信用是

① 《马克思恩格斯文集》第7卷，人民出版社2009年版，第450—451页。
② 《马克思恩格斯文集》第7卷，人民出版社2009年版，第453页。

以货币形式提供的，前者受商品流转方向的限制，后者没有这种限制。

二、银行资本的组成部分与虚拟资本

马克思在第29章中说明，银行资本的大部分都是由虚拟资本组成的；同时也说明，随着信用的发展，资本关系进一步神秘化了。

马克思首先指出，银行资本是生息资本意义上的货币资本，它不同于职能资本意义上的货币资本。前者通过借贷而取得利息，后者通过购买劳动力和生产资料，在生产过程中直接发挥剥削工人的剩余价值的作用。但是，图克和富拉顿为代表的“银行学派”不懂得这种区别，将流通手段和支付手段的区别，看作是货币和资本的区别，认为货币是最典型的资本，银行付出的货币都被他们说成是资本。与此相反，古典经济学家魁奈和斯密，则把货币仅仅看成是流通手段，认为货币不是资本。这两种观点都是错误的。

在澄清了上述错误认识之后，马克思接着研究了银行资本的构成。从物质组成部分来看，银行资本包括现金和有价证券。有价证券分成两部分：一部分是商业证券即汇票；另一部分是公共有价证券，如国债券、国库券和股票。①由于有价证券可以买卖，因而从表面看，它们不仅变为可以买卖的商品，而且好像变成了现实的资本。但是，它们并不是现实的资本，而是虚拟资本。银行资本的大部分是国债和股票，它们是虚拟资本的主要形式。马克思指出，虚拟资本产生的基础是“每一个确定的和有规则的货币收入都表现为一个资本的利息，而不论这种收入是不是由一个资本生出”②。因此，“人们把虚拟资本的形成叫做资本化。人们把每一个有规则的会反复取得的收入按平均利息率来计算，把它算做是按这个利息率贷出的一个资本会提供的收益，这样就把这个收入资本化了”③。具体地说，股票、债券等一切资本所有权证书，虽然只是现实资本的纸制复本，但可以借此获得定期收入并且可以在证券市场自由买卖，实现价值增殖，于是也逐渐被视为可以独立地获取收入，从而被当作是具有不同于现实资本存在形式的虚拟资本。

从来源上看，银行资本包括银行家的自有资本和存款。存款不会留在银行的保险箱里，而总是作为生息资本贷放出去。事实上，存款只是在账簿上存

---

① 参见《马克思恩格斯文集》第7卷，人民出版社2009年版，第526页。

② 《马克思恩格斯文集》第7卷，人民出版社2009年版，第526页。

③ 《马克思恩格斯文集》第7卷，人民出版社2009年版，第528—529页。

在，因而作为银行存款的货币资本是有名无实的，也就是说是虚拟的。这与信用制度发达条件下银行所具有的存款创造功能有关。举例来说，今天存在A处的1 000镑货币，明天就会被支付出来形成B处的存款，后天又可能由B处再支付出来形成C处的存款，如此等等。这样，原来的1 000镑货币，通过一系列的转存，可以成倍地增长为一个几倍的存款总额。因此，同一笔货币，可以充当多项存款的工具，执行多次支付和流通手段的职能，并且执行多次借贷资本的职能，从而产生商品生产和流通突破实际的货币数量的限制而扩张的效应。

不仅存款，作为银行自有资本的准备金，也不是现实资本，而是虚拟资本。马克思以英国银行为例对此作了说明。第一，英国的每家私人银行都要将一定数量的准备金存入英格兰银行，成为英格兰银行的准备金。英格兰银行的准备金其实是别人的存款，并不是它自身所有的资本，因而具有虚拟资本的性质。第二，1844年的英国银行法规定，苏格兰银行发行1 400万镑无黄金准备的银行券。1844年银行法暂停之后，英格兰银行可以发行任何数量的无黄金准备的银行券。这些不能兑现为真金白银的银行券，显然也具有虚拟资本的性质。马克思指出："英格兰银行不用它的地库内的金属贮藏作准备金而发行银行券时，它创造了一些价值符号，它们不仅是流通手段，而且对英格兰银行来说，它们还按没有准备金的银行券的票面总额，形成了追加的——虽然是虚拟的——资本。并且这一追加的资本，会为它提供追加的利润。"① 第三，私人银行的准备金的绝大部分也属于虚拟资本，因为这种准备金大部分是没有黄金保证的银行券。

马克思概括了1844年银行法公布以来英国各银行创造信用和资本的方法："1. 发行本行的银行券；2. 签发以21天为期在伦敦兑付的汇票，但在签发汇票时，立即收进现金；3. 付出已经贴现的汇票，这种汇票之所以有信用能力，至少对有关地区来说，首先是并且主要是因为有了银行的背书。"② 只要再生产过程顺畅地进行，从而资本回流确有保障，这类信用就会不断发展，从而虚拟资本就会不断扩大。但是，信用产生虚拟资本的量是有边界的，它最终不能脱离现实经济。

三、信用在资本主义生产中的作用

马克思总结了信用在资本主义经济中的作用，概括起来主要有以下四个

① 《马克思恩格斯文集》第7卷，人民出版社2009年版，第614页。
② 《马克思恩格斯文集》第7卷，人民出版社2009年版，第615页。

方面。

第一，对利润率的平均化起中介作用。利润平均化的基本条件是资本能够在部门间自由流动，这种流动的前提是资本的货币化和证券化，通过银行信用和资本市场的渠道就可有效解决资本在部门间流动的技术问题。

第二，减少流通费用。（1）通过信用节约了货币。由于银行介入结算，相当大的一部分交易完全用不着货币，债权债务链条上有相当一部分可以直接相互抵消。同时，流通手段的运动也加速了。此外，银行券即纸币代替金币成为流通手段，也减少了流通费用。（2）由于信用，资本运动的各个阶段加快了，整个再生产过程也加快了，生产和流通的各个阶段所需的准备金缩小了。

第三，信用制度为成立股份公司提供基础。通过股份公司这种形式，将分散的资金集中为大规模的资本，个别资本不可能建立的巨型企业出现了，而且以前由政府经营的企业也可能成为公司性质的企业。这就是马克思讲的："信用制度是资本主义的私人企业逐渐转化为资本主义的股份公司的主要基础，同样，它又是按或大或小的国家规模逐渐扩大合作企业的手段。"①

股份公司的成立意味着产生了与私人资本相对立的社会资本。马克思指出："那种本身建立在社会生产方式的基础上并以生产资料和劳动力的社会集中为前提的资本，在这里直接取得了社会资本（即那些直接联合起来的个人的资本）的形式，而与私人资本相对立，并且它的企业也表现为社会企业，而与私人企业相对立。这是作为私人财产的资本在资本主义生产方式本身范围内的扬弃。"② 在股份公司中，实际执行职能的资本家转化为单纯的经理，资本所有者转化为单纯的所有者，由此产生资本所有权和资本职能的分离。由于这种分离，利润和利息表现为对他人剩余劳动的单纯占有。马克思指出："这种占有之所以产生，是因为生产资料已经转化为资本……已经作为他人的财产，而与一切在生产中实际进行活动的个人（从经理一直到最后一个短工）相对立。"③ 这就是说，股份公司是以资本主义私有制为基础的，但是，股份公司作为资本主义高度发展的结果，却成为向公有制转变的过渡点。马克思指出，股份公司内所有的生产职能与资本所有权的分离，"是资本再转化为生产者的财产所必需的过渡点，不过这种财产不再是各个互相分离的生产者的私有财产，而是联

---

① 《马克思恩格斯文集》第 7 卷，人民出版社 2009 年版，第 499 页。

② 《马克思恩格斯文集》第 7 卷，人民出版社 2009 年版，第 494—495 页。

③ 《马克思恩格斯文集》第 7 卷，人民出版社 2009 年版，第 495 页。

合起来的生产者的财产，即直接的社会财产”①。同时，这种分离还是再生产过程中一直与资本所有权结合在一起的职能转变为联合起来的生产者的职能、转变为社会职能的过渡点。

信用制度还是发展和扩大工人合作工厂的手段。没有从资本主义生产方式中产生的信用制度，合作工厂就不可能发展起来。马克思认为：“工人自己的合作工厂，是在旧形式内对旧形式打开的第一个缺口，虽然它在自己的实际组织中，当然到处都再生产出并且必然会再生产出现存制度的一切缺点。但是，资本和劳动之间的对立在这种工厂内已经被扬弃，虽然起初只是在下述形式上被扬弃，即工人作为联合体是他们自己的资本家，也就是说，他们利用生产资料来使他们自己的劳动增殖。这种工厂表明，在物质生产力和与之相适应的社会生产形式的一定的发展阶段上，一种新的生产方式怎样会自然而然地从一种生产方式中发展并形成起来。”② 资本主义的股份企业，也和合作工厂一样，应当被看作是由资本主义生产方式转化为联合的生产方式的过渡形式，只不过在前者那里，对立是消极地扬弃的，而在后者那里，对立是积极地扬弃的。因为，前一种扬弃虽然使资本具有了社会资本的性质，但并没有从根本上消灭私有制；而后一种扬弃则是用联合起来的劳动者的公有制取代了私有制。

第四，信用为支配和剥夺别人的资本提供权利。这里有两种情况。一是“信用为单个资本家或被当做资本家的人，提供在一定界限内绝对支配他人的资本，他人的财产，从而他人的劳动的权利”③。二是进行投机的批发商人拿社会的财产，而不是拿自己的财产来进行冒险。股票交易投机也是如此。“信用使这少数人越来越具有纯粹冒险家的性质。因为财产在这里是以股票的形式存在的，所以它的运动和转移就纯粹变成了交易所赌博的结果；在这种赌博中，小鱼为鲨鱼所吞掉，羊为交易所的狼所吞掉。”④ 正因为存在这种机制，出现对中小资本的剥夺，最终使社会财产为极少数人占有。归结起来，借助信用制度实现的向股份制的转化本身，还是局限在资本主义界限之内，“这种转化并没有克服财富作为社会财富的性质和作为私人财富的性质之间的对立，而只是在

① 《马克思恩格斯文集》第 7 卷，人民出版社 2009 年版，第 495 页。
② 《马克思恩格斯文集》第 7 卷，人民出版社 2009 年版，第 499 页。
③ 《马克思恩格斯文集》第 7 卷，人民出版社 2009 年版，第 497 页。
④ 《马克思恩格斯文集》第 7 卷，人民出版社 2009 年版，第 498 页。

新的形态上发展了这种对立”①。

基于以上分析，马克思明确认为，信用制度在资本主义条件下既加速了生产力的物质上的发展和世界市场的形成，又加速了危机的爆发，从而强化了使旧生产方式解体的各种要素。因此，信用制度具有二重性质：“一方面，把资本主义生产的动力——用剥削他人劳动的办法来发财致富——发展成为最纯粹最巨大的赌博欺诈制度，并且使剥削社会财富的少数人的人数越来越减少；另一方面，造成转到一种新生产方式的过渡形式。”②

四、恩格斯的增补：交易所

恩格斯在第三卷中关于“交易所”的这篇增补文章，写于1891年11—12月或1892年10—11月，实际上是一份包含七个要点的提纲。手稿的标题是《交易所。〈资本论〉第三卷补充说明》。这篇文章考察了19世纪后30年中，资本主义经济生活中所发生的重大变化。这个时期，正是自由资本主义阶段向垄断资本主义阶段过渡的时期，交易所的作用大大增强。恩格斯分析的重点并不是交易所本身，而是探讨这个时期交易所作用扩大的原因。

作为资本主义经济组织形式之一的交易所，早在资本原始积累的16世纪初就已经产生了。当时，在比利时安特卫普和法国里昂都出现了证券交易所。随着资本主义的发展，股票交易以及其他有价证券的交易日益增多，各种证券交易所也相继成立。17世纪的荷兰阿姆斯特丹证券交易所和18—19世纪的英国伦敦证券交易所，都是当时世界上主要的证券交易所。这些交易所主要是买卖股票即资本所有权证书的场所。在1865年之前，交易所在资本主义体系中还是一个次要的要素。当时，在交易所内买卖的主要是国债券，而国债券的数量也比较小；股份银行虽然在欧洲大陆和美国盛行，但在英国还未充分发展；铁路股票较少，生产企业很少采用股份形式。

但是，自1866年危机以后，情况完全不同了，交易所在资本主义经济生活中的作用大大增加了，这表现为：第一，积累很快地增加，以至于“生产的扩展赶不上积累的增长”③，因而积累的资本不能全部投到生产上去，出现了大量的过剩资本。第二，食利者的人数增加了。一些资本家不直接参加生产和流通

① 《马克思恩格斯文集》第7卷，人民出版社2009年版，第499页。

② 《马克思恩格斯文集》第7卷，人民出版社2009年版，第500页。

③ 《马克思恩格斯文集》第7卷，人民出版社2009年版，第1028—1029页。

的经营活动，成为坐食其利的剥削者。他们手上拥有大量资本，专门拿来从事股票买卖的投机活动。第三，为了使过剩资本得到使用，以及适应大企业发展对资本的需要，股份公司普遍地发展起来。

股份公司大量地迅速出现，使资本主义经济生活发生了突出的变化：（1）在工业中，由于重工业得到较快的发展，而钢铁业、机器制造业以及新兴的化学工业又都需要大量的资本，因而工业就逐渐变成了股份企业。首先是股份有限公司的出现，然后有托拉斯。“这种托拉斯创立了实行共同管理的巨大企业(例如联合制碱托拉斯)。”① 托拉斯的出现，垄断组织逐渐形成，引起工业生产上的巨大变化。（2）在商业中，股份公司也大大发展，几乎全都变成股份公司了，甚至连零售商店也是如此。（3）在银行业，信用大大发展，大批新设的银行都是股份有限公司。（4）在农业中，大大扩充了的银行日益成为抵押土地的持有者，“地产的实际的最高所有权被转移到了交易所手中”②。（5）“一切国外投资都已采取股份形式”，甚至达到用来瓜分殖民地的地步，“欧洲列强为了交易所的利益在几年前就把非洲瓜分了。”③

由于股份公司的发展和大垄断企业的出现，使得整个资本主义经济生活发生了显著的变化，这种变化正是向垄断资本主义阶段过渡的体现。虽然这个时期的垄断资本主义的特征还未完全充分地显现出来，但是，恩格斯运用《资本论》的基本原理，对向垄断阶段过渡中的一些新的经济因素进行了分析，丰富和发展了马克思的经济理论。

第四节 货币资本和现实资本

一、问题的提出

第三卷第30章至第32章都研究“货币资本和现实资本”这一主题，主要是从信用制度的角度考察了生息资本积累和现实资本积累或扩大再生产之间的区别和联系，而重点放在考察二者之间的区别上。马克思在第25章至第29章已经说明，由于银行信用的发展，生息资本的积累大大增加，这特别表现在各

① 《马克思恩格斯文集》第7卷，人民出版社2009年版，第1029页。
② 《马克思恩格斯文集》第7卷，人民出版社2009年版，第1030页。
③ 《马克思恩格斯文集》第7卷，人民出版社2009年版，第1030页。

种形式的虚拟资本上。现在这三章将进一步说明，在信用制度下发展起来的生息资本的积累在什么限度内是和现实资本的积累相一致，又在什么限度内和现实资本的积累按照相反的方向发展。同时，还要进一步考察信用制度从哪些方面促进了生息资本积累的增长。由于这三章研究同一个题目，各章之间很难断然分开，往往前一章中提出的问题，要在后一章里才能得到详细说明，必须把这三章的内容作为一个整体来把握，才能更好地理解这里所阐述的问题。

马克思在《资本论》中所讲的现实资本是指商品资本和生产资本。现实资本的积累，也就是规模扩大的再生产。货币资本则是指生息资本，即借贷资本。

借贷以货币为基本形态，但也可以通过商品形态进行，发生在再生产过程中的商业信用就采取商品形态。马克思把这种借贷称为商业信用。商业信用是企业之间以商品形式提供的信用，典型的商业信用是企业以商品形式提供给另一个企业的信用，即通常所说的赊销商品。在商业信用的运行过程中，商业信用一方面连接着商品的生产过程，另一方面也连接着商品在不同商人之间的交易过程。但无论在哪方面发挥媒介作用，都是处于再生产过程的某个阶段。“这种信用随着产业资本本身的规模一同增大。在这里，借贷资本和产业资本是一个东西；贷出的资本就是商品资本，不是用于最后的个人的消费，就是用来补偿生产资本的不变要素。”① 商业信用的数量与生产的价值量一起增长。生产过程的发展促使商业信用扩大，商业信用的扩大又促进了工商业活动的增长。商业信用资本与现实资本之间有着高度的一致性。

虽然商业信用与现实资本之间有着一致性，但是商业信用并不能完全满足经济运行的需要，于是银行信用在商业信用的基础上产生。银行信用是银行及各类金融机构以货币形式提供的信用。这种信用是银行通过信用方式，将再生产过程中游离出来的暂时闲置货币资金以及社会上的其他游离资金集中起来，以货币形式贷给企业。银行信用在很大程度上克服了商业信用的局限性，并使信用的功能在再生产过程中得到更为充分的发挥。商业信用只能发生在存在商品交换关系的职能资本家之间，而且存在着方向上的制约，这使得商业信用的运用范围受到很大的限制。和商业信用相比，银行信用的债权人是银行或其他金融机构，债务人是职能资本家。银行可以把货币资本贷放给任何一个需要的

① 《马克思恩格斯文集》第7卷，人民出版社2009年版，第545页。

部门或企业，这就克服了商业信用在范围和方向上的限制。银行信用是以货币形态提供的，银行贷放出去的已不是在产业资本循环过程中的商品资本，而是从产业资本循环中游离出来的暂时闲置的货币资本即借贷资本，另外还有食利者的资本和各阶层的货币储蓄，克服了商业信用在规模和数量上的局限性，因而具有规模大、范围广的特点。

银行信用在商业信用的基础上产生，一旦银行信用产生，信用对再生产过程的推动作用就发挥到最大限度。而正是这种最大限度的发挥，导致生产能力的过剩，从而引发经济危机。“信用的最大限度，等于产业资本的最充分的运用，也就是等于产业资本的再生产能力不顾消费界限而达到极度紧张。这些消费界限也会因再生产过程本身的紧张而扩大：一方面这种紧张会增加工人和资本家对收入的消费，另一方面这种紧张和生产消费的紧张是一回事。”①

信用尤其是商业信用对产业资本扩张的促进作用怎么会导致生产能力的过剩，并引发经济危机呢？这是因为，在商业信用的循环中，相互提供信用的资本家的债权和债务是联系在一起的。他们之间的债权的相互抵销，取决于资本的回流。举例来说，纺纱业者从棉织厂主那里得到一张汇票，这个棉织厂主只要能在到期之前，把他投放市场的棉布出售，就可以兑付这张汇票，纺纱业者以商业信用形式贷给棉织厂主的资本，就流回他手中。这种兑付以及资本的回流，取决于生产过程和消费过程的不断进行，或者说，它是以社会再生产的顺利进行为前提的。只要再生产过程不断进行，从而资本回流确有保证，商业信用就会持续下去和扩大起来，并且它的扩大是以再生产过程本身的扩大为基础的。但是，一旦产业资本的过度扩张导致产能过剩和商品滞销，汇票就不能如期兑现，商业信用的债权和债务链条就会崩坏，资本回流就会延迟甚至停止，社会再生产就会萎缩。商业信用对再生产过程的促进作用借助于银行信用得到了最大限度的发挥，而正是这种发挥加剧了再生产过程本身的扩张，进而引发生产能力的过剩。

二、借贷资本在有价证券上的积累

借贷资本一般以货币资本形式存在。在借贷资本的基础上虚拟资本得以产生。借贷资本运动的特点是：贷放的货币资本，按利息率计算，能定期带来一

---

① 《马克思恩格斯文集》第 7 卷，人民出版社 2009 年版，第 546 页。

定的利息收入。借贷资本产生利息，在现实经济运行中会表现出这样一种假象：一定的定期收入，按利息率倒算，可以得出一个资本额，但它在现实的生产和流通中并没有实在的对应物，因而叫虚拟资本。虚拟资本实质上是收入的资本化。由于有价证券能为其所有者带来一定的收益，因此具有资本的属性，但它们是一种幻想的、虚拟的资本。

有价证券的收益性和价值补偿性这两种特性使得有价证券成为借贷资本的重要投资形式，也正是因为如此，借贷资本的积累在很大程度上表现为对有价证券的投资，并因有价证券的虚拟性而有可能与现实资本积累发生背离。为什么会这样呢？马克思分别从国债和股票两个方面来加以说明。

国债是有价证券的主要组成部分，也是借贷资本的主要投资领域，借贷资本的积累也就表现为对国债的投资，但投入在国债上的资本已经由国家主要用于非生产性开支，已经不存在了，国债的积累只是债务的积累，而不是现实资本的积累。国债的积累，不过表明国债券发行量的增加。它一方面是国家债务的积累，说明国家的负债增加了；另一方面，它又说明国家债权人的增加，他们有权把国家收入的一部分事先划归自己所有。马克思认为，这种国家债务积累和现实资本的积累毫无关系。国家用发行债券借来的资本早已用掉，这些国债券不过是“代表已经消灭的资本的纸制复本”①，只是“在它们是可卖商品，因而可以再转化为资本的情况下，对它们的占有者来说，就作为资本执行职能”②。

在这里，马克思之所以说借贷资本对国债的投资并不形成现实资本，是假定国家发行债券所筹集的资金主要用于非生产性的财政开支，这种开支当然不会形成现实资本。但是，购买国债对借贷资本所有者来说是一种投资，它执行着资本的职能，表现为借贷资本的增加，这种增加当然与现实资本不一致。

马克思在分析国债的基础上，进一步分析了借贷资本投资于股票后与现实资本之间的关系。股票的积累与国债的积累具有不同的特点，它们的积累既可以代表现实资本的积累，也可以完全不代表现实资本的积累。股票是投在企业中的现实资本的所有权证书。但是，它的所有者有了这种证书并不能支配或提取现实的资本，而只是有权按期索取一定量的剩余价值。作为现实资本纸制复本的股票之所以会成为生息资本的形式，“不仅因为它们保证取得一定的收益，

---

① 《马克思恩格斯文集》第7卷，人民出版社2009年版，第540页。
② 《马克思恩格斯文集》第7卷，人民出版社2009年版，第540页。

而且因为可以通过它们的出售而能得到它们的资本价值的偿付”①。

马克思指出，在一定的情况下，股票的积累可以表示现实资本的积累。例如，为新建铁路、矿山等企业而发行股票，这时股票的积累就表示现实再生产的扩大，因而与现实资本的积累是一致的。

但是，在大多数情况下，股票资本的积累并不反映现实资本积累的变化。这是因为，股票价值的变动，“和它们有权代表的现实资本的价值变动完全无关”②。马克思举例说，股票在证券交易所的行情与利息率成反比，平均利润率下降是一种趋势，而平均利润率下降会导致利息率也下降，从而导致股票价格出现上涨的趋势。“所以，单是由于这个原因，这个想象的财富，就其原来具有一定名义价值的每个组成部分的价值表现来说，也会在资本主义生产发展的进程中扩大起来。”③ 由此可见，在大多数的情况下，股票资本的积累并不反映现实资本积累的变化。

马克思的分析表明，当作为现实资本的纸制复本的有价证券成为借贷资本的主要投资形式后，借贷资本就会因有价证券的虚拟性而有可能与现实资本发生背离。

三、借贷资本积累与现实资本积累的关系

借贷资本的积累并不都表示现实资本的积累，马克思为了说明这种关系，对借贷资本的积累过程进行了详尽的分析。

马克思首先指出，在萧条阶段，借贷资本的积累并不表示社会再生产过程的扩大。在萧条阶段，生产萎缩，市场不景气，交易减少，物价下跌，生产资本中有很大一部分不能发挥职能，商品的出售很困难。原先用在生产和商业上的货币资本被资本家从营业中抽取出来，大量存入银行，转化为借贷资本，因而使借贷资本的供给大为增加。但另一方面，对借贷资本的需求则反而会减少。这是因为：（1）萧条阶段，市场不景气，生产萎缩，企业开工不足，交易减少，工资降低，工人有支付能力的需求严重不足，因而使生产过程和流通过程所需的流通手段减少。（2）萧条阶段，再生产过程对商业信用的需求减少。例如，纺纱业者缩减了生产，并且还有大量卖不出去的棉纱堆在库房里，他无

---

① 《马克思恩格斯文集》第7卷，人民出版社2009年版，第540页。
② 《马克思恩格斯文集》第7卷，人民出版社2009年版，第541页。
③ 《马克思恩格斯文集》第7卷，人民出版社2009年版，第541页。

须通过信用来购买棉花；商人也无须通过信用来购买商品，因为他手中的商品已经过多了。商业信用的紧缩，引起汇票数目和汇票贴现范围缩小，这也会减少对货币的需求。（3）萧条阶段，大量固定资产闲置，企业家的信心丧失，新的投资大幅下降，投资对借贷资本的需要也相应减少。因此，对借贷资本的需求，不论是用于流通手段，还是用于支付手段，都会减少。这样，一方面借贷资本的供给大量增加，另一方面需求却减少了，因而造成了大量闲置不用的借贷资本积累。这种情况表明，在萧条阶段，借贷资本的增加不仅不表示现实资本的积累，相反，却是由现实资本积累的停顿和现实资本的收缩造成的。马克思以 1847 年经济危机后的英国为例，说明当时就曾发生过“交易紧缩，货币过多”① 的现象。

马克思接着指出，只有在萧条阶段之后，经济周期进入了复苏阶段，借贷资本的增加表示的才是产业资本的现实扩大。但是，在整个经济周期内，“这是唯一的这样一个时期”②。在经济周期的其他阶段，借贷资本的运动与现实资本的运动是按相反方向进行的。

在经济复苏阶段，经济好转，生产规模逐渐扩大，商业信用也随之活跃和扩张。由于这时商业信用扩张是和资本容易回流、信用期限比较短以及再生产的扩大结合在一起的，虽然银行的贴现业务会由于商业信用的扩大而增加，但总体来讲，经营者主要依赖自有资本开展生产经营活动，对银行信用的需要还比较少。此外，由于资本循环顺畅，不需要为了到期兑付汇票而留存巨额的准备金。而且，人们对经济的信心指数上升，信任增强，大量没有任何资本而完全依赖货币信用来进行经营的人也开始产生，这就使得借贷资本的需求虽然上升了，但相对于需求而言，其供给还是充裕的，利息率因而维持在一个较低的水平上。充裕的借贷资本，较低的利息率，促使各种形式的固定资产投资显著扩大和新型大企业的大批开设。因此，在这个阶段，充裕的借贷资本与产业资本的显著扩大结合在一起。

马克思进一步指出，借贷资本的增加，可以在现实资本没有任何增加的情况下，通过各种技术性的手段，如银行业务的扩大和集中，流通准备金或私人支付手段准备金的节约而实现。随着银行制度的建立和发展，从前的私人贮藏货币或

---

① 《马克思恩格斯文集》第 7 卷，人民出版社 2009 年版，第 550 页。

② 《马克思恩格斯文集》第 7 卷，人民出版社 2009 年版，第 553 页。

铸币准备金，都在一定时间内转化为借贷资本。银行等金融机构拥有众多的小额存款人，在正常情况下，他们是否提取存款主要取决于他们各自的情况，各个存款人的取款决定是相互独立的，银行可以应用大数定律，相当准确地预测在任一特定日期被提取金额的概率分布，银行只需掌握少量的存款作为准备金就可以应付存款人的提款要求，而把大量的存款转用于贷款，导致准备金的节约和借贷资本的增加。银行制度的存在还使得银行在吸收存款后发放贷款，贷款又可转为存款，进一步发放贷款，形成存款的派生机制。金融的这些技术性手段无疑使得借贷资本可以在现实资本没有扩大的情况而大规模地扩张。

借贷资本的增加不一定表示现实资本的增加，但现实资本的增加会导致借贷资本的迅速增加。马克思得出这一判断，主要有以下理由。

借贷资本积累的动力是利息，利息是再生产过程发展的结果，借贷资本通过高利率，靠同时牺牲产业资本家和商业资本家来加速积累。“如果利息率低，那么货币资本的这种贬值，主要是由存款人承担，而不是由银行承担。”[①] 同时，利息率的提高还会引起有价证券的价格下降，货币资本家则会乘机大量买进，等到有价证券价格回升并超过正常水平时再抛售，这样便吞食了公众的一部分货币资本。部分有价证券即使没有再卖出去，也能提供较高的利息，这也使得借贷资本家的货币积累加速进行。

产业资本家在再生产过程中形成的收入，无论是用于积累还是用于消费都会导致借贷资本的扩张。产业资本家用于积累的部分，不是作为个人的收入来花费，而是作为追加资本，用于扩大再生产，或兴办新企业。但是，要作为追加资本就必须达到一定的限额，在未达到进行新投资所需资本的最低额度之前，这部分利润就必须在货币形式上停留一段时间，表现为借贷资本的增加。即使是产业资本家用于消费的那部分，通常也不是一次就将其全部用完，而是逐渐消费的。这部分收入在被逐渐消费掉以前的那段时间内，也会被存入银行，表现为借贷资本的积累。而且这种积累会借助于银行的派生存款机制表现为借贷资本的加速积累。推而广之，在社会各阶层的货币收入中，总有一些是逐渐被消费掉的，在它们还未支出之前，也都是在一定时间内采取货币收入的形式，存入银行，从而表现为借贷资本的增加。

借贷资本的积累是现实资本积累的结果，但是，为什么借贷资本积累的量

---

① 《马克思恩格斯文集》第7卷，人民出版社2009年版，第569页。

总是超过现实资本积累的量，进而导致经济危机的爆发？马克思举例进行了说明。消费不是投资，消费并不直接形成现实资本。但是，正如前面所分析的，用于消费的那部分收入的扩大，在被消费之前的一段时间会作为银行存款而表现为借贷资本的积累，这就使得在借贷资本的积累中，加入了一个本质上和产业资本的现实积累不同的要素，即用于消费的那部分收入。另一方面，马克思指出，借贷资本的积累，还会由于有一部分从现实资本中游离出来的货币资本而增加，主要有以下“几种特殊的形式”：（1）由于生产要素价格的下降，致使一部分货币资本从循环过程中游离出来。（2）商业资本家在完成一系列交易后，营业暂时中断，要间隔一段时间再进行新的交易，这样已经实现了的货币就会从资本循环中游离出来，转化为借贷资本。（3）现实资本积累产生的利润越多，食利者阶层就可能越多。食利者因不愿再从事生产经营活动，把他们的资本存入银行赚取利息，也使借贷资本增加。

马克思进一步指出：“至于利润的另一部分，即不是作为收入来消费的部分，那么，它只有在不能直接用来扩大它从中产生的那个生产部门的营业的情况下，才会转化为货币资本。”[①] 这种情况的出现主要是由于以下两方面的原因，“或者因为这个部门的资本已经饱和，或者因为要能够执行资本的职能，积累必须首先达到该部门的新投资数量所要求的一定规模。因此，积累额首先转化为借贷货币资本，并用于扩大别的部门的生产”[②]。显然，如果借贷资本的积累仅仅是因为用于投资的积累没有能达到新投资所要求的最低规模，那么，这里的借贷资本积累的量，就取决于所获得的利润量，因而就取决于再生产过程本身的扩大。但是，如果这种借贷资本的积累是因为新的积累难以找到投资领域，也就是现有各生产部门都已经过度膨胀，无法吸纳现有的借贷资本供给，那么，货币危机、信用危机就会爆发。

第五节 信用制度下的流通手段

一、信用制度下的流通手段量规律

第三卷第33章至第35章研究的是信用制度和货币流通关系。第33章着重

---

① 《马克思恩格斯文集》第7卷，人民出版社2009年版，第573页。
② 《马克思恩格斯文集》第7卷，人民出版社2009年版，第573页。

研究了信用制度下的流通手段量规律和银行券的流通规律。第 34 章则运用第 33 章所阐述的基本原理，批判了通货学派的错误观点。第 35 章则从国际方面考察了信用和货币流通的关系。因此，这三章研究的主题是一致的，只是从不同角度、不同方面来展开研究。

马克思认为，资本主义的信用能够节省流通中所需要的货币量，这是由两方面的原因造成的。

一方面，营业完全在商业信用基础上进行，货币不再作为流通手段而只是作为支付手段发生职能。在货币的支付手段职能的基础上，产生商业信用。商业信用的主要形式是汇票（即期票），也可以说，汇票就是商业货币。这种汇票，可以通过背书，按期取得货币，执行支付手段的职能。汇票所代表的互相的债权，可以通过不同形式的结算互相对抵而使流通中所需要的货币量减少。一种形式是，“由同一个银行家结算，他只是把债权从一个户头转到另一个户头”①。例如，A 在甲银行有存款 1 000 镑，但 A 向 B 购买商品，要向 B 支付 1 000镑，B 又要向 C 支付到期的欠款 1 000 镑，C 又要向甲银行偿还到期贷款 1 000 镑，由于 A 和 C 的存款和欠款都在甲银行，通过银行对 A、B、C 的一系列划拨转账，彼此间的债务可以全部抵销，不需要使用现实的货币，这就节省了流通中的实际需要的货币量。另一种形式是，“由不同的银行家互相之间进行结算”②。如上例，如果 C 是要向乙银行而不是要向甲银行偿还到期贷款，那么，A、B、C 之间的划拨转账，就要通过甲、乙两个银行来进行了。像这一类需要在不同银行之间结算的划拨转账，往往要在票据交易所里进行，至于零星差额，也要用货币来支付。不过，不管是哪种形式，即不论通过同一银行或不同银行之间对互相的债权的划拨清算，“流通手段的效力通过这种节约而提高了，因为单纯结算差额需要的流通手段量变小了”③。

另一方面，银行信用的介入，通过存款和汇票贴现的业务活动，消除了现实商品交易和支付锁链的限制，加快了货币当做流通手段和支付手段的流通速度，从而使流通中的货币量大大节省。由于货币具有流通手段的职能，“作为流通手段的货币的流通速度（流通速度又节约流通手段），完全取决于买卖的顺畅进行，在支付依次以货币进行时，也取决于各种支付的衔接。但信用会作

① 《马克思恩格斯文集》第 7 卷，人民出版社 2009 年版，第 589—590 页。
② 《马克思恩格斯文集》第 7 卷，人民出版社 2009 年版，第 590 页。
③ 《马克思恩格斯文集》第 7 卷，人民出版社 2009 年版，第 590 页。

为中介促进并从而提高流通速度”①。这就是说，商品成交越快，作为商品交易中介的货币流通速度也就越快，而由于商业信用和银行信用的介入，又加快了货币流通速度。比如，假定在五天内，货币所有者 A 向 B 购买，B 向 C 购买，C 向 D 购买，D 向 E 购买，E 向 F 购买，经过这五次购买活动，同一货币就会流通五次，这是没有信用介入的一般货币流通速度。如果 B 把从 A 那里取得的 1 000 镑，存入甲银行，然后再向 C 购买 1 000 镑商品，开出一张向甲银行取款 1 000 镑的支票，C 向 D 购买，D 向 E 购买，E 向 F 购买，都拿这张支票去抵偿，最后由 F 向甲银行提取货币 1 000 镑，从 B 到 F 的一系列购买活动，都不必用货币来支付。流通中的这 1 000 镑货币，只是由 A 转到 B，由 B 转到银行，最后由银行转到 F，只需流通三次，从而加快货币在一系列现实买卖中的转手。从一定时间来说，流通的次数增加了，而流通的时间却相对地缩短了。这是由于信用的介入，加快了货币的流通速度，从而节省了流通中所需要的货币量。不仅如此，在信用加速货币流通从而节省流通中的货币量的同时，也增加了银行的存款和放款的数量，这会使银行的借贷资本增加。

二、银行券的流通规律

中央银行发行的银行券，通常是法定的支付手段，它在取代金属货币的同时能和硬通货一样流通，成为一种流通工具和支付工具。因此，货币流通量的规律对银行券的流通也起支配作用。信用不仅能够节省流通中所需要的货币量，而且能够节省流通中所需要的银行券。

在银行券可以自由兑换黄金的情况下，流通中所需要的银行券总量，是由流通中所需要的货币量来进行调节的。马克思指出，“银行券的流通也受这个规律的支配”②，即受货币流通量规律的支配。这就是说，流通中银行券的数量，也要由待销售的商品价格总额和货币的流通速度来调节。在流通速度不变的情况下，如果待销售商品价格总额增加了，商业票据总额和向银行要求贴现的商业票据的数量都会增加，因而银行券的发行量也会相应地增加；反之，如果待销售的商品价格总额缩小了，银行券的发行量也会相应地减少。但是由于银行券能够兑换黄金，所以在流通中的银行券不会过剩。一旦流通中的银行券

① 《马克思恩格斯文集》第 7 卷，人民出版社 2009 年版，第 590 页。
② 《马克思恩格斯文集》第 7 卷，人民出版社 2009 年版，第 591 页。

过剩，它就会向银行兑换黄金而流回到银行里。总之，流通中的银行券和流通中的货币起着同样作用，所以它要受流通中所需要的货币量的调节。

流通中银行券的数量，还要受货币的流通速度和支付方面的节约程度的调节。第三卷第 592 页的那张表，就说明了这个问题。该表证明英国在 1844—1857 年，尽管进出口营业额增加一倍以上，但流通中的银行券总额还是绝对减少了，即从 20 241 000 镑减为 19 467 000 镑。照理说，商品营业额增加，流通中的银行券也要相应地增加，为什么前者增加一倍多，后者却反而减少呢？这是货币流通速度的加快和支付方面节约程度的提高造成的。从该表可以看出，虽然银行券的小额券，已由 1844 年的 9 263 000 镑增加到 1857 年的10 659 000 镑，但大额券却由 1844 年的 5 253 000 镑减少到 1857 年的 3 241 000 镑。这说明，在使用大额银行券的大宗交易中，由于信用的发展，划拨清算的转账增加，从而使支付方面节约，流通速度加快，这就减少了流通中银行券的数量。因此，信用也可以节省银行券的流通量。

由于信用可以节约流通中的货币量和银行券，能不能说只有信用才能达到上述节约呢？答案是不能。因为信用只是达到上述节约的主要因素或因素之一，其他因素也可以造成上述节约。马克思曾经指出："各种改进了的交通工具，也有助于流通手段的节约。"①

"流通的银行券的数量是按照交易的需要来调节的"②。同货币流通规律一样，它由待销售的商品价格总额和货币流通速度来调节。如果银行券过剩，多余的部分就会向银行兑换黄金，从而返回银行，脱离流通领域。这说明，只要银行券可以随时兑换货币，发行银行券的银行就决不能任意增加流通的银行券的数目。也就是说，任何时候银行券的发行都不能超过交易的需要。因此，流通中银行券数量，既不以发行银行券的银行的意志为转移，也不以该行为保证这种银行券的兑现而贮藏在库中的黄金量为转移，只有交易的实际需要才会影响流通中的货币量和流通中的银行券的量。

流通手段总量同产业周期的不同阶段相适应的变动，最明显地证明了这个理论。"在危机以后的消沉时期，通货额最小，随着需求的复苏，又会出现对流通手段的较大的需要。这种需要随着繁荣的增进而增加；而在过度扩张和过

① 《马克思恩格斯文集》第 7 卷，人民出版社 2009 年版，第 593 页。
② 《马克思恩格斯文集》第 7 卷，人民出版社 2009 年版，第 594 页。

度投机的时期，流通手段量将达到最高点，——这时危机突然爆发了，昨天还是如此充足的银行券，一夜之间就从市场上消失了；随着银行券的消失，汇票贴现者，要有价证券作担保的贷款人，商品购买者，也消失了。”① 可见，在危机时期人们需要现金作为支付手段。为此，就会发生对市场上流通着的银行券的全面追逐。这说明货币流通的规律，在银行券的流通上也起着支配作用。

第六节　资本主义以前的状态

一、高利贷的产生及其特点和作用

第三卷第36章研究资本主义以前的生息资本形式——高利贷资本，着重分析了高利贷资本同借贷资本的历史关系和本质区别。生息资本是一种历史悠久的资本形式，它在不同的社会里具有不同的形式。在资本主义制度下的生息资本表现为借贷资本的形式；在资本主义以前的社会形态里，生息资本则表现为高利贷资本的形式。

高利贷资本是生息资本的古老形式。马克思称它和商人资本是一对“孪生兄弟”。作为资本的一种历史形式，高利贷资本远在资本主义生产方式之前就已经产生，并且存在于各种不同的社会经济形态中。

高利贷资本是在商品生产和商业有了一定程度的发展，从而货币的各种职能，特别是支付手段职能得到发展的基础上产生的。高利贷资本的发展，是和商人资本的发展，特别是和商人资本的亚种货币经营资本的发展，联结在一起的。商人借货币是为了把它作为资本来支出，并由此谋取利润。所以，即使是在前资本主义社会里，高利贷者对于商人的关系，也完全和资本主义社会中的银行家对于职能资本家的关系一样。

高利贷资本在资本主义以前的时期存在的典型形式有两种：“第一是对那些大肆挥霍的显贵，主要是对地主放的高利贷；第二是对那些自己拥有劳动条件的小生产者放的高利贷。这种小生产者包括手工业者，但主要是农民”②。高利贷者使挥霍无度的显贵遭受破产，使小生产者陷于贫困，从而造成大货币资

① 《马克思恩格斯文集》第7卷，人民出版社2009年版，第597页。
② 《马克思恩格斯文集》第7卷，人民出版社2009年版，第672页。

本的形成和集中。“高利贷资本作为生息资本的具有特征的形式，是同小生产，自耕农和小手工业主占优势的情况相适应的。”① 因为只有在劳动者自有生产资料的条件下，他才能够作为生产者同高利贷资本发生借贷关系。

在资本主义生产方式下，实际的生产者是资本家，工人只是出卖劳动力的雇佣劳动者，因此，工人既然不独立经营生产，也就无须作为生产者去求贷，如果他要借钱，例如去当铺，那是为了生活上的需要。资产阶级政论家纽曼肤浅地认为，银行家之所以受人尊敬，而高利贷者之所以受人憎恨和鄙视，是因为前者贷款给富人，而后者贷款给贫民。他没有看到高利贷者和银行家之间的区别是两个不同生产方式之间的区别。庸俗经济学家凯里则更荒谬地认为，资本主义制度下的利息率比资本主义以前时代的高利贷的利息率低，这对劳动者是有利的。这种对比是荒谬的，他完全忘记了，如果说高利贷者吞掉了小生产者的全部剩余价值，那么雇佣工人为资本家生产和提供了全部剩余价值；如果说高利贷者不仅吞掉了小生产者的全部剩余价值，进而侵吞了他们的生产资料本身，那么，小生产者劳动条件的这种完全被剥夺，正是资本主义生产方式产生的历史前提。这里的根本区别在于，高利贷资本会吞掉劳动者的全部剩余价值，但不改变生产方式，它以拥有生产资料的小生产者的存在为前提。“因而，在这里，资本不是直接支配劳动，从而不是作为产业资本同劳动相对立。”② 所以，高利贷资本使小生产者陷于永久贫困境地，不是像在资本主义生产中那样靠牺牲劳动者本身来发展社会生产力，相反它使生产力越来越萎缩。可见，生息资本，无论在高利贷资本这种古老的形式上，还是在银行借贷资本这种现代形式上，它们之间的区别，既不能从贷款的对象上来寻找，也不能从利息量的差别上来寻找，而是要到生产方式的不同性质上去寻找。

资本主义以前的高利贷资本，一方面破坏了直接生产者的生产资料的所有权，另一方面也对古代的或封建的所有制产生破坏和解体的作用。在前一种场合，它使生产方式陷于贫困和萎缩；在后一种场合，在旧的剥削者的位子上，出现了残酷的嗜钱如命的暴发户，并促使旧的剥削者榨取劳动的手段更加残酷。高利贷资本就是通过这两支吸血管把大量的货币财富集中起来，但这个过程会在多大程度上使旧的生产方式为新的生产方式所代替，则完全要视历史的

① 《马克思恩格斯文集》第 7 卷，人民出版社 2009 年版，第 672—673 页。
② 《马克思恩格斯文集》第 7 卷，人民出版社 2009 年版，第 674 页。

发展阶段和由此产生的各种条件而定。所以，高利贷资本在一切前资本主义生产方式内的革命作用，只在于它破坏旧的所有制形式并使它解体。只有在资本主义生产方式的其他条件已经具备的地方和时候，高利贷才表现为形成新生产方式的手段之一。这一方面是由于封建主和小生产者遭到毁灭，另一方面则是由于劳动条件集中为资本。

虽然高利贷资本有资本的剥削方式，却没有资本的生产方式，但它还是和封建主的消费财富不同，高利贷资本本身是资本的一个产生过程，所以在历史上是重要的，它和商人财产一起，促进了不依赖于土地所有权的货币财产的形成。商品生产和交换越是不发达，货币越是代表一般的社会财富而被贮藏。货币除当做贮藏货币和世界货币以外，还当做支付手段，特别是支付手段这个职能，使高利贷资本得到发展。地主要得到货币来作为购买手段和支付手段，小生产者要得到货币，首先是为了支付地租、贡赋等。小生产者由于种种原因和偶然事故，都会造成获得货币的困难。而高利贷者就乘隙而入，使小生产者陷入他的罗网中。随着商品生产的发展，支付时间和购买时间分离开来，货币作为支付手段的职能也就发展了。高利贷资本则在这个日益扩大的地盘上大获其利，从而把货币财产集中起来。

二、现代信用制度的产生

资本主义生产的发展，要求相应的资本主义信用制度的发展，而高利贷资本则与工商业资本的需要和利益相矛盾。因此，必须改造高利贷资本，使之适合于资本主义生产发展的需要。所以，资本主义信用制度与高利贷的斗争，本质上就是使生息资本服从于资本主义生产方式的条件和需要。但是，资本主义信用制度的建立和发展，并没有完全消除高利贷资本。高利贷资本仍然在当铺抵押借贷、供富有者挥霍需要的借贷、对小生产者的借贷、对小资本家的借贷等形式上存在着。

就生息资本是资本主义生产方式的一个重要因素来说，它和高利贷资本之间的区别，绝不在于这种资本本身的性质或特征，区别只是这种资本发生职能的条件已经变化，同货币贷出者相对立的货币的借入者的面貌已经完全改变。在资本主义生产方式下，取得贷款的已经不是穷兵黩武的国王和挥霍无度的封建贵族，也不是因种种原因而面临困境的小生产者，而是要通过雇佣劳动关系将借来的货币转化为榨取剩余价值手段的资本家。“即使得到贷款的产业家或商人是没有财产的人，那也是由于相信他会用借来的资本执行资本家的职能，占有无酬劳动。他是作为可能的资本家得到贷款的。”①

在历史上，资本主义性质的借贷资本和银行的形成，是与反对高利贷的斗争联系在一起的。撇开“公立当铺”（在古代和中世纪，除私营当铺之外，政府和地方自治团体也经营当铺，其初衷是以免息和无息的借款来帮助平民，但后来也演变成高利贷），以及曾在英国经议会通过短暂存在的农民银行（以土地做担保发行纸币，贷给土地所有者）这类试图摆脱高利贷盘剥的信用幻想不谈，早在12世纪和14世纪，在威尼斯和热那亚就出现了信用组合这种资本主义银行的雏形，这是经营海外贸易的商人为摆脱高利贷资本统治的一种尝试。及至17世纪，在荷兰，资本主义信用制度已经随着工场手工业和商业的发展而发展起来，高利贷资本的统治已经被推翻了，这一点已经表现在利息率的低微上。在17世纪最后30年和整个18世纪，倡议以荷兰为榜样压低利息率、反对高利贷的呼声，在英国一直很强烈。当时英国出版的一切论述银行制度的著作中都充满着使工商业和国家摆脱高利贷盘剥的要求，英格兰银行就是在17世纪末应运而生的。现代银行制度，一方面把一切闲置的货币准备金集中起来，并把它投入货币市场，从而剥夺了高利贷资本的垄断；另一方面又建立信用货币，从而限制了贵金属本身的垄断。

资本主义信用制度与银行制度的建立和发展，以及它们所起的奇迹般的作用，也使人们对信用制度的看法发生了巨大的错觉，好像资本主义信用制度是保证经济繁荣、消除危机的灵丹妙药。这种救世福音的信用幻想，由圣西门主义者埃米尔·贝列拉在法国创立动产信用公司而付之于实践。他们宣称在这种信用组织的指导下，能保证法国经济繁荣，避免危机，甚至能改造整个法国经济。而实际上这个信用组织的指导原则，“却不是在一个固定的方面进行投机活动，而是普遍地进行投机活动，并且把它集中起来的骗术推行到一切经济部门”②。

马克思对这种信用幻想，特别是对埃米尔·贝列拉的动产信用，进行了揭露和批判，进一步阐述了关于信用制度的性质和作用的基本原理。

第一，货币制度是信用制度的基础。就其本性来说，信用制度永远不能脱

① 《马克思恩格斯文集》第7卷，人民出版社2009年版，第679页。
② 《马克思恩格斯全集》第12卷，人民出版社1962年版，第54页。

离这个基础。在信用危机时，这一点就会明显地表现出来。并且，资本主义信用，是以生产资料的资本主义所有制为前提。因此，一方面，信用本身就是资本主义生产方式的一个固有形式；另一方面，它又作为一种力量，使资本主义生产方式发展到最高和最后的阶段。总之，信用制度是资本主义的产物，同时，它又促进资本主义的发展，从而促进资本主义固有矛盾的发展甚至激化。

第二，银行制度作为一种社会经济组织形式和集中形式来说，是资本主义生产方式创造的最精巧和最完善的果实。“银行制度同时也提供了社会范围的公共簿记和生产资料的公共分配的形式，但只是形式而已。”① 它使资本的社会性质得到最充分的表现和实现，并由此把资本的私人性质扬弃了，仅就其自身来说，它还包含着资本本身的扬弃。但是，它不能改变资本主义的本性，而且作为一种动力，使资本主义生产超出它本身固有的界限来进行，从而成为引起危机和欺诈的一种最有效的工具。

第三，银行制度之所以能用各种信用形式来代替金属货币，只是由于货币事实上是劳动及其产品的社会性的一种特殊表现。由于这种社会性和私人生产的基础相对立，它只能通过一个物来体现，表现为和其他商品并存的一种特殊商品——货币。所以，在通常的情况下，这种特殊商品（货币）可以用各种形式的信用符号来代表，而一旦出现风险，一切信用符号都必须立即兑现，信用主义必然转变为货币主义。

第四，在由资本主义生产方式向社会主义生产方式过渡时，信用制度会作为有力的杠杆发生作用，但“它仅仅是和生产方式本身的其他重大的有机变革相联系的一个要素”②。因此，圣西门主义者运用信用制度来帮助劳动者摆脱剥削的幻想，是由于不懂得资本主义生产方式是信用制度的前提，而信用制度本身又是资本主义生产方式的一种形式。只要资本主义制度还存在，信用制度也就会作为它的一种形式继续存在，并为资本主义生产的需要服务。只有像蒲鲁东这样的既要保存商品生产又要废除货币的小资产阶级代表，才会幻想出用无息信贷这个怪物，来消除资本主义给劳动人民带来的灾难。

生息资本和商人资本是资本的历史形式。但生息资本和商人资本不同，“在商人资本中存在着起中介作用的活动，而不管把它说成是欺骗，是劳动，

① 《马克思恩格斯文集》第7卷，人民出版社2009年版，第686页。

② 《马克思恩格斯文集》第7卷，人民出版社2009年版，第686—687页。

还是别的什么东西。相反，在生息资本中，资本自行再生产的性质，即自行增殖的价值，剩余价值的生产，却纯粹表现为一种神秘的性质。”① 因此，如果由此把生息资本看作资本的基本形式，那就必然会错误地理解资本主义生产方式的内部结构。

思考题：

1. 根据商业信用和银行信用的作用说明虚拟资本的产生。
2. 信用在资本主义生产中有哪些作用?
3. 根据马克思的虚拟资本理论说明2008年美国金融危机的原因。
4. 借贷货币在有价证券上的积累有怎样的特点?
5. 借贷资本积累与现实资本积累的关系是什么?
6. 信用制度下的流通手段量有什么规律?

① 《马克思恩格斯文集》第7卷，人民出版社2009年版，第688页。

第十六章　超额利润转化为地租

本章介绍《资本论》第三卷第六篇的主要内容。在第四篇和第五篇，马克思说明了平均利润如何在产业资本家、商业资本家和借贷资本家之间分割为产业利润、商业利润和利息。本篇阐述了资本主义土地所有权和地租理论，分析了土地所有者如何以地租的形式，从农业资本家那里割取超过平均利润的超额利润，并证明了这个超额利润依然是工人创造的剩余价值的一种派生形式，揭示了资本主义地租和农业资本主义生产关系的本质以及资本主义土地私有制的历史局限性。这一理论对于研究社会主义市场经济条件下的土地产权制度改革以及正确认识地租和地价问题，也具有指导意义。

第六篇包括第 37 章至第 47 章。第 37 章介绍了第六篇的研究对象和应注意的问题，分析了资本主义地租的一般原理，是本篇的总论。第 38 章至第 44 章研究了级差地租。第 45 章研究了绝对地租。第 46 章研究了建筑地段地租、矿山地租以及土地价格。第 47 章对资本主义地租的起源做了历史的分析。

第一节　概　　论

一、研究对象

第三卷第六篇的标题已经告诉我们，在资本主义制度下，地租是超额利润的转化形式。马克思在以后的论述中将证明，由于农产品的社会生产价格高于个别生产价格而产生的超额利润，形成级差地租；由于农产品的价值超过生产价格而产生的超额利润，形成绝对地租。一句话，资本主义地租是超过平均利润的超额利润部分。这种超额利润是一种派生形式，或者说是剩余价值的转化形式。因此，只有弄清楚剩余价值、利润、平均利润、生产价格等基本原理，才能理解资本主义地租理论。

地租是土地所有权在经济上的实现形式。一切形式的地租都是以土地所有权的存在为前提的。不同形式的土地所有权产生与之相应的地租形式。马克思在本篇只是在资本所产生的剩余价值的一部分归土地所有者所有的范围内，研究土地所有权的问题。

为了研究资本主义的土地所有权怎样决定资本主义的地租，马克思做了如下假定：第一，“农业和制造业完全一样受资本主义生产方式的统治”①。资本家不仅经营工业，而且也经营农业，农业资本家和工业资本家的区别仅仅在于投资的领域不同，没有本质的区别。这又意味着，“资本主义生产方式已经统治生产的和资产阶级社会的一切部门”②。资本主义的一些生产条件，如资本的自由竞争、资本的自由转移、平均利润等，不仅在工业部门中存在，而且在农业中也存在。第二，资本主义的土地所有权是“土地所有权的一个独特的历史形式”③，是封建的土地所有权或小农的土地所有权受资本主义生产方式影响转化而成的。所以，资本主义并没有废除土地的私人所有权，只是改造了私人所有权的传统形式，使其适合于资本主义的需要而转变为资本主义的土地所有权。马克思指出，“土地所有权的垄断是资本主义生产方式的一个历史前提，并且始终是它的基础”④。

资本主义土地所有权，既不是由人们的主观意志所决定，也不是产生于先验的法律规定，而是一定社会经济发展的结果。资本主义生产方式产生时遇到的封建的土地所有权或小农的土地所有权，是同这种生产方式不相适应的。同资本主义相适应的土地所有权形式，是资本主义生产方式使农业从属于资本之后产生的，它是通过或者剥夺农民、使土地集中到大土地所有者手里，或者把其他各种土地所有权的形式加以改造或破坏来实现的。

资本主义土地所有权有以下基本特征。一方面，资本主义的土地所有权已经摆脱了封建的人身依附和超经济强制，从而取得了纯粹经济的形式；另一方面，资本主义生产方式又使土地所有权和经营权完全相分离，资本主义社会的土地所有者，不像封建主既占有土地又经营土地，还得强迫农奴为自己服劳役，而是把土地出租给农业资本家去经营，自己则凭借土地所有权坐收地租。土地对土地所有者来说，只代表一定的货币税。这是他凭借他对土地的垄断权，从产业资本家即租地农场主那里征收来的。

资本主义生产方式下农业的发展取得了巨大成果。“它一方面使农业由社会最不发达部分的单凭经验的和刻板沿袭下来的经营方法，在私有制条件下一

---

① 《马克思恩格斯文集》第7卷，人民出版社2009年版，第693页。
② 《马克思恩格斯文集》第7卷，人民出版社2009年版，第693页。
③ 《马克思恩格斯文集》第7卷，人民出版社2009年版，第693页。
④ 《马克思恩格斯文集》第7卷，人民出版社2009年版，第696页。

般能够做到的范围内，转化为农艺学的自觉的科学的应用”①，“使农业合理化”②，从而使农业有可能按社会化的方式经营，大大促进了农业生产力的发展。当然，这种发展“首先也是以直接生产者的完全贫困化为代价而取得的”③。另一方面，它在使土地所有权从封建的统治和从属的关系下完全解脱出来的同时，又使土地所有权和经营权相分离，“把土地所有权变成荒谬的东西”④，把土地所有者变成完全脱离土地经营的寄生者，而经营土地的农业资本家却又不拥有土地所有权，而这终究会阻碍农业生产力的发展。

二、进一步的说明

马克思指出，为避免不必要的误解，在分析资本主义生产方式下的土地所有权问题之前有必要先做几点说明，这有利于认识资本主义地租的本质。

第一，区分资本主义地租和以前社会的地租，它们反映不同的生产关系。地租在资本主义社会之前就已存在。比如在封建社会里，地主占有土地，出租给农民耕种，农民按期缴纳地租。因此，封建地租体现了地主与农民之间的生产关系。而资本主义地租则完全不同。资本主义农业生产方式的前提是：实际耕作者是雇佣工人，他们受雇于从事农业经营的租地农场主，即农业中的产业资本家，同工业中的工人一样，完全靠出卖劳动力取得工资来维持生活。租地农场主把资本投于农业这个特殊生产部门，以攫取剩余价值，但他们自己没有土地，不得不向土地所有者租入土地进行耕种。农业资本家为了取得对土地的使用权，必须在一定期限内按契约规定支付给土地所有者一定量的货币额，作为土地使用权的报酬，这就是资本主义地租。这里的地租是土地所有权在经济上借以实现增殖价值的形式。资本主义地租反映着资本主义农业中的土地所有者、产业资本家和农业雇佣工人三者之间的生产关系。所以，不能把资本主义地租与封建地租混为一谈。

第二，区分地租和土地资本的利息。马克思认为，为投入土地的资本而支付的利息可能形成地租的一部分，“但这种地租不构成真正的地租。真正的地

---

① 《马克思恩格斯文集》第 7 卷，人民出版社 2009 年版，第 696—697 页。

② 《马克思恩格斯文集》第 7 卷，人民出版社 2009 年版，第 697 页。

③ 《马克思恩格斯文集》第 7 卷，人民出版社 2009 年版，第 697 页。

④ 《马克思恩格斯文集》第 7 卷，人民出版社 2009 年版，第 697 页。

租是为了使用土地本身而支付的"[①]，也就是为土地所有权支付的。马克思把投入土地、固定在土地上与土地合并的资本，称为土地资本。投入土地的资本，有的在比较短的时期内就能够收回，有的则要比较长的时期才能收回。这部分资本不仅要按期收回，而且要逐步取得利息。例如，因土地改良而增加的收益，就可看成是土地资本的利息。这种利息"可能形成租地农场主支付给土地所有者的地租的一部分"，但"不构成真正的地租"。[②] 这里，马克思说"可能"，是"因为这种利息在一定条件下由地租的规律来调节，因而，例如在自然肥力较高的新土地加入竞争时，这种利息就可能消失"[③]。不过，租地农场主无论是短期还是长期租地，只要租期一到，在土地上实行的各种改良就要作为与土地不可分离的附加物，变成土地所有者的财产。当土地所有者为再次出租这块土地而签订新租约时，他就会把投入资本的利息加到原有的地租额即真正的地租上。结果，由农业资本家对土地投资的资本而产生的利息最终会流入土地所有者的腰包。所以在租约期限谈判时，农业资本家会要求尽量延长租期，土地所有者则要求尽量缩短租期。上述情况，既是随着资本主义经济的发展，地租和地价不断上涨的秘密之一，也是农业资本家如果在租期内不能收回全部投资就不愿进行长期投资、进而阻碍农业发展的原因之一。

上述情况在建筑用地上表现得比在农业中更为明显。"建筑物的利息，和农业上租地农场主投入土地的资本的利息一样，在租约有效期间，属于产业资本家即建筑投机家或租地人，它本身和因利用土地而每年必须按一定期限支付的地租无关。"[④] 马克思引用史料证明："别人投入土地的资本，最终怎样和土地一起落入土地所有者手中，并且这种资本的利息最终使他的地租上涨。"[⑤]

如前所述，真正的地租和由土地资本而带来的利息是不同的，但是资产阶级经济学家总是试图把它们混同起来。以凯里为代表的一派为地主辩护。他认为，地租不是土地所有权垄断的结果，而是地主们过去对土地投资的报酬，因此，地租是土地资本的利息，即把地租完全等同于利息。以诺思和洛克为代表的一派则为资产阶级辩护。洛克认为，因为土地分配不平等，这就出现租佃关

---

① 《马克思恩格斯文集》第 7 卷，人民出版社 2009 年版，第 699 页。
② 《马克思恩格斯文集》第 7 卷，人民出版社 2009 年版，第 698—699 页。
③ 《马克思恩格斯文集》第 7 卷，人民出版社 2009 年版，第 698 页，注（29）。
④ 《马克思恩格斯文集》第 7 卷，人民出版社 2009 年版，第 701 页。
⑤ 《马克思恩格斯文集》第 7 卷，人民出版社 2009 年版，第 701 页。

系，从而导致地租的产生；而由于货币分配不平等引起借贷，于是产生了利息。这样，货币能提供利息和土地能提供地租就没有任何区别了。诺思认为，借贷资本家贷出资本和地主租出土地是一样的，前者收取利息和后者收取地租也就是一样的。不管是凯里还是诺思、洛克，都是把地租和利息相混同，都是对地租的曲解。马克思对上述两种不同的观点进行了批判，目的在于说明，不能把真正的地租和由土地资本所产生的利息混为一谈。

第三，区分地租和租金。马克思认为，必须把狭义的地租（即真正的地租）和广义的地租（即租金）区别开来。这里所说的租金，除了包括真正的地租以外，还包括由其他原因引起的非纯粹为使用土地而支付的一切项目。当然，这里的租金和真正的地租也存在一致的地方：一方面，它们都是由农业资本家付给土地所有者的，都表现为土地所有者所征收的贡赋和租税；另一方面，它们都作为土地的收入决定着土地价格，并且在按资本化的地租来计算土地价格时，它们都要作为地租计算进去。不过，从真正的地租的实质上看，它们的区别又是明显的。租金包含以下几方面的内容：（1）纯粹的地租，即真正的地租；（2）土地资本带来的利息；（3）农业资本家平均利润的一部分；（4）农业工人工资的一部分。可见，真正的地租只是租金的一部分。值得注意的是，地租和租金的区别，不仅仅是概念上不同，更重要的是影响着经济社会的实际发展。由于土地私有权的垄断，土地所有者不仅要获取真正的地租，而且还要把对于他们来说是不劳而获的社会经济发展的成果（如利息）据为己有。结果是，对农业工人的剥削不断加强，他们的贫困不断加深，从而阻碍生产力的发展和社会的进步。

第四，区分一般剩余产品和地租这种特殊形式的剩余产品。一般而言，剩余劳动所创造的剩余产品，既包括工业生产中的剩余产品，也包括农业生产中的剩余产品。资本主义地租是由农业工人的剩余劳动创造出来的，是剩余产品的一种特殊形式。从量的方面看，资本主义地租只是农业中的剩余产品的一部分，只是农业雇佣工人所创造的剩余价值的一部分。因为这里所说的剩余产品或剩余价值，一部分形成平均利润，为农业资本家所占有，另一部分才转化为地租，被土地所有者攫取。所以，地租在数量上不能等于农业中的剩余产品的量。从质的方面看，资本主义地租不是一般的利润，而是超额利润。绝对地租是农产品价值超过生产价格而产生的超额利润，级差地租则是农产品的社会生产价格高于个别生产价格而产生的超额利润。这种超额利润与平均利润不同。

第五，区分地租和由偶然性的原因而引发的垄断价格。作为超额利润转化形式的地租，是资本主义农业生产关系的必然而不是偶然性的产物。不过，在资本主义制度下，有一些东西如处女地，因为被人们独占，为取得土地的所有权而以地租的名义并且以较高的垄断价格付给土地所有者的租金，可以由各种非常偶然的因素决定，这和真正的地租在本质上也是不同的。

第六，说明了农业在国民经济中的基础地位。马克思认为农业的发展是社会其他部门发展的基础，还阐发了农业生产率与社会剩余劳动之间的关系。马克思指出，农业劳动的自然生产率是一切剩余劳动的基础，“因为食物的生产是直接生产者的生存和一切生产的首要的条件，所以在这种生产中使用的劳动，即经济学上最广义的农业劳动，必须有足够的生产率”①，使社会上一部分人用于农业上的全部劳动（包括必要劳动和剩余劳动）必须足以为整个社会，从而也为非农业劳动者生产必要的食物，这样才有可能进行农业和工业的分工。在这里，马克思再次谈到社会总劳动时间的按比例分配问题，他指出，“不仅在每个商品上只使用必要的劳动时间，而且在社会总劳动时间中，也只把必要的比例量使用在不同类的商品上。”② 在这里，虽然使用价值的生产或社会需要对于社会总劳动时间的分配比例有着重要作用，甚至可以说是有决定意义的，但这不过是指商品的使用价值是商品价值的前提，“社会劳动时间可分别用在各个特殊生产领域的份额的这个数量界限，不过是价值规律本身进一步展开的表现，虽然必要劳动时间在这里包含着另一种意义”③。

三、需要避免的一些错误

第一，不能把不同社会的地租形式混同起来。马克思说：“地租是土地所有权在经济上的实现，即不同的人借以独占一定部分土地的法律虚构在经济上的实现”。④ 马克思关于地租的这个定义，是一个一般的概念，适用于任何一种社会，是不同地租形式所具有的共同性。但是，不同历史时期的地租又有不同的性质。既要看到它们的共同性，更要看到各自的特殊性。研究资本主义地租，必须把一般地租的共同性和资本主义地租的特殊性加以区分，这样才能科

① 《马克思恩格斯文集》第7卷，人民出版社2009年版，第715—716页。

② 《马克思恩格斯文集》第7卷，人民出版社2009年版，第716页。

③ 《马克思恩格斯文集》第7卷，人民出版社2009年版，第717页。

④ 《马克思恩格斯文集》第7卷，人民出版社2009年版，第715页。

学地揭示资本主义地租的本质。

第二，不能用对剩余价值和利润的一般条件的分析来代替对地租存在条件的分析。地租是超额利润的转化形式，是剩余价值的一部分，但不能反过来说，一切剩余价值都是地租，也不能认为剩余价值和利润的一般条件，就是地租的一般条件，只要把剩余价值和利润的一般条件解释清楚了，地租的条件也就解释清楚了。其实，地租存在的条件，除了剩余价值存在的一般条件以外，还有自己的特殊条件。因此，要把一般的剩余价值和作为地租的剩余价值区别开来。

第三，不能把资本主义商品生产的特征和地租的特征混同起来。随着资本主义经济的发展，农产品日益作为商品来生产，地租的量也不断增加，因此很容易把商品生产的发展与地租的发展混淆起来。似乎资本主义商品生产基础上的共有现象与地租的特征是一致的，似乎只要把商品生产的问题解释清楚，地租问题也就解释清楚了。其实，农产品越来越商品化，并不是地租的特征。"地租的特征是：随着农产品作为价值（商品）而发展的条件和它们的价值的实现条件的发展，土地所有权在这个未经它参与就创造出来的价值中占有不断增大部分的权力也发展起来，剩余价值中一个不断增大的部分也就转化为地租。"① 因此，地租的特征是同土地所有权相联系的，离开了土地所有权，地租的特征和实质就不可能得到科学的说明。

第二节 级差地租

一、概论

第三卷第 38 章至第 44 章，都是对级差地租的分析。在这 7 章中，马克思不仅分析了级差地租的形成过程、一般特点以及级差地租Ⅰ和级差地租Ⅱ两种级差地租形式，而且还研究了三种不同情况下级差地租Ⅱ的运动规律。

级差地租是等量资本投在面积相等的土地上具有不同的生产率所形成的、由农产品的个别生产价格与社会生产价格的差额所构成的超额利润转化而成的地租形式。土地的差异性和有限性是形成地租的自然基础，在此基础上，通过

---

① 《马克思恩格斯文集》第 7 卷，人民出版社 2009 年版，第 720 页。

垄断经营，才能形成级差地租。

分析地租时，首先要假定地租是由剩余价值的一部分，因而是由社会总产品价格的一部分转化而来的。假定农产品按已耗费的不变资本和可变资本加上平均利润来出售，农业资本家在支付了地租之后就无法获取平均利润。但是，对于资本家来说，投资于农业和投资于其他领域一样，必须获得平均利润。那么，在这个前提下，地租又是怎样形成的呢？

为了说明级差地租的一般性质，马克思假定工业生产绝大多数使用蒸汽动力，少数使用天然的瀑布作动力。再假定同类工业生产中，使用蒸汽动力的工厂的成本价格是100，而使用水力的工厂的成本价格是90。这样，使用蒸汽动力的工厂的生产价格应为100加上15%的平均利润，即115，而使用水力的工厂虽然成本价格只有90，它的产品同样要按115的生产价格出售，因而使用水力的工厂的利润不是15，而是25了。使用水力的工厂获得10%的超额利润，并非因为他们是以高出生产价格的价格出售产品，而是因为他们是在特别有利的条件下生产的，他们的成本价格低于社会平均成本价格。

尽管上述利用自然条件（天然水力）取得的超额利润，与其他一切不是在流通中由交易偶然引起，或由市场价格偶然变动引起的超额利润，在性质上是相同的。“这种超额利润，同样也就等于这个处于有利地位的生产者的个别生产价格和这整个生产部门的一般的、社会的、调节市场的生产价格之间的差额。”① 调节这个差额或余额大小的，一方面是个别生产价格，另一方面是一般生产价格。如果个别生产价格不变，而一般生产价格降低了，这个余额就会缩小。

不过，利用天然水力而取得的超额利润和其他由生产过程中的有利条件而引起的超额利润之间，还是存在区别的。利用自然力创造出超额利润这一事实，不可能只是因为利用自然力能够提高劳动生产力这一点，还有更深层面的原因。自然力的利用之所以会提高一般利润率，是因为它能够降低生产必要生活资料所需的劳动量，但是自然力本身却不能够造成个别利润率偏离一般利润率。这是因为，如果一个特殊生产部门内的个别资本由于成本价格降低而实现超额利润，那么这种成本价格的降低所带来的超额利润，的确是由执行职能的资本的使用方法造成的，可是由于没有什么力量能够妨碍同一生产部门的其他

① 《马克思恩格斯文集》第7卷，人民出版社2009年版，第723页。

资本按相同的方式来使用资本，所以，资本之间的竞争最终会使这种差别趋于消失。利用某种自然力而获得的超额利润却不同，“它来自和一种自然力的利用结合在一起的劳动的较大的自然生产力，但这种自然力不像蒸汽的压力那样，在同一生产部门可供一切资本自由支配……这种自然力是一种可以垄断的自然力，就像瀑布那样，只有那些支配着特殊地段及其附属物的人才能够支配它”①。水力这种自然条件只存在于某些地方，在它不存在的地方，是不能通过一定的投资创造出来的，没有占据这个自然条件的工厂主，就不能利用这种自然力。马克思指出：“这种条件是不能由资本本身的生产过程创造的；能够这样被人垄断的这种自然力，总是和土地分不开的。”② 产生水力的瀑布连同所在土地都属于土地所有者所有，他可以允许也可以拒绝别人利用它。“因此，利用瀑布而产生的超额利润，不是产生于资本，而是产生于资本对一种能够被人垄断并且已经被人垄断的自然力的利用。”③ 在这种情况下，超额利润就转化为地租，就被自然力（瀑布）所在土地的所有者攫取。

根据上述分析，级差地租有以下一般特征。

第一，级差地租总是产生于支配着一种被垄断的自然力的个别资本的个别生产价格，与投入该生产部门的一般资本的一般生产价格之间的差额。

第二，级差地租的发生，并非由于所用资本的劳动生产力的绝对增加，而是由于与那些没有可能利用这种有利自然条件的投资相比，投在有利的自然条件上的资本具有较高的生产率。如果使用蒸汽机所能获得的利益比利用水力所能获得的利益还要高，那就没有人去利用水力，这个超额利润也就不会发生了，也就不会产生地租了。

第三，自然力不是超额利润的源泉，而只是超额利润的自然基础，因为它是特别高的劳动生产力的自然基础。超额利润的源泉仍然是工人的剩余劳动，因为只有工人的劳动才形成产品的价值。马克思指出：“如果不同的价值不平均化为生产价格，不同的个别生产价格不平均化为一般的调节市场的生产价格，那么，通过使用瀑布而引起的劳动生产力的单纯的提高，就只会减低那些利用瀑布生产的商品的价格，而不会增加这些商品中包含的利润部分，从另一方面说，这同下述情况完全一样：如果资本不把它所用劳动的生产力（自然的

① 《马克思恩格斯文集》第 7 卷，人民出版社 2009 年版，第 726 页。
② 《马克思恩格斯文集》第 7 卷，人民出版社 2009 年版，第 727 页。
③ 《马克思恩格斯文集》第 7 卷，人民出版社 2009 年版，第 727 页。

和社会的)，当做它自有的生产力来占有，那么，劳动的这种已经提高的生产力，就根本不会转化为剩余价值。”① 这就是说，自然力作为超额利润的自然基础，以资本主义剥削和价值转化为生产价格为条件。

第四，自然力（瀑布）的土地所有权本身，同剩余价值（利润）的创造，从而同借助自然力生产的产品价格的创造，没有任何关系。“土地所有权并不创造那个转化为超额利润的价值部分，而只是使土地所有者，即瀑布的所有者，能够把这个超额利润从工厂主的口袋里拿过来装进自己的口袋。它不是使这个超额利润创造出来的原因，而是使它转化为地租形式的原因”。②

第五，自然力（瀑布）的价格是超额利润的资本化。首先，虽然这个价格会进入工厂主的个别生产价格，但是，地租产生于机器（蒸汽机）生产的同类产品的生产价格，这种价格的调节与自然力没有关系。其次，所谓瀑布的价格完全是一个不合理的表现，因为不包含任何劳动，没有价值，也不能有价格。它的出卖价格无非是资本化的地租。土地所有权使土地所有者能够以地租的形式把个别利润和平均利润之间的差额占为己有，即把超额利润据为己有。

二、级差地租 I

级差地租 I 是等量资本投在面积相等的不同地块上，具有不同生产率而形成的级差地租。土地的肥沃程度和位置的差别，是形成等量资本的生产率的差别，从而是形成级差地租的主要因素。马克思在第三卷第 39 章讨论了这种级差地租。他首先肯定了李嘉图关于级差地租“总是使用两个等量的资本和劳动所取得的产品量之间的差额”③ 的论断，以及关于地租量变化原因的观点的正确性。但是，李嘉图的地租理论也包含许多错误。马克思的地租理论与他的理论有许多不同之处。在作了这个事先说明之后，马克思转入对级差地租 I 本身的考察。

（一）级差地租 I 的形成和变化

土地肥力和土地位置这两个与资本无关的因素，是级差地租 I 产生的基本条件。当然，这两个因素会随着经济的发展而变化。土地的肥力首先是指自然肥力，撇开气候等要素不说，自然肥力的差别是由表层土壤的化学结构的差

① 《马克思恩格斯文集》第 7 卷，人民出版社 2009 年版，第 728—729 页。
② 《马克思恩格斯文集》第 7 卷，人民出版社 2009 年版，第 729 页。
③ 《马克思恩格斯文集》第 7 卷，人民出版社 2009 年版，第 731 页。

别，也就是由表层土壤所含植物养分的差别形成的。不过，“在自然肥力相同的各块土地上，同样的自然肥力能被利用到什么程度，一方面取决于农业中化学的发展，一方面取决于农业中机械的发展。这就是说，肥力虽然是土地的客体属性，但从经济方面说，总是同农业中化学和机械的发展水平有关系，因而也随着这种发展水平的变化而变化”①。

土地位置对农业生产也有重要的影响。经营离市场较近的土地的农业资本家可以稳定地获得超额利润，从而形成级差地租Ⅰ。土地的位置是指土地距离市场的远近，它不仅包括自然地理上的绝对距离，还包括由交通运输条件等决定的相对距离。经营离市场近的土地比经营离市场远的土地，所需的流通费用要少，农产品成本要低。“一般说来，各级土地耕种的序列就是由此决定的。”②不过，土地位置的好坏是相对的，随着交通运输业的发展和中心城市的建立，位置差的土地可以变成位置好的土地，位置好的土地也可以变成位置差的土地。而且，随着社会生产的发展，一方面，由于地方市场的开辟以及先进交通工具的采用，会使土地位置上的差别缩小；另一方面，由于农业和工业的分离以及大的生产中心的形成，又会使土地的地区位置差别扩大。

由于土地肥力在不同的发展阶段上是不同的，因此，必须假定农业处于一定的发展阶段，土地的等级是按照这个发展阶段评定的，对同时在不同土地上进行的各级投资来说，情况当然也是如此。这时，级差地租就可以用一个上升或下降的序列来表示。

假定三个农业资本家分别租种优等（C）、中等（B）、劣等（A）三块面积相等的土地，各用1 000镑资本，分别投入劣等、中等和优等三块面积相等的土地上，生产的农产品分别为8、10、12夸脱。再假定社会平均资本利润率为20%，这样，三个农场主获得的平均利润均为200镑。按照生产价格（成本价格+平均利润）的规定，优、中、劣三块地分别生产的农产品的个别生产价格的总和都是1 200镑，但单位（每夸脱）农产品的个别生产价格却依次为1 200镑÷8夸脱=150镑（劣等地A），1 200镑÷10夸脱=120镑（中等地B），1 200镑÷12夸脱=100镑（优等地C）。可是，与土地的有限性相联系的资本主义经营垄断，决定了农产品的社会生产价格由劣等地产品的个别生产价格来决

① 《马克思恩格斯文集》第7卷，人民出版社2009年版，第733页。
② 《马克思恩格斯文集》第7卷，人民出版社2009年版，第733页。

定，即每夸脱农产品的社会生产价格为 150 镑。按这个社会生产价格出卖的结果，中等地每夸脱农产品获得超额利润 30 镑，10 夸脱共获得 300 镑；优等地每担农产品获得超额利润 50 镑，12 夸脱共获得 600 镑。这些超额利润就构成级差地租 I，如表 16-1 所示。

表 16-1 级差地租 I 的形成

土地等级	投入资本（镑）	平均利润（镑）	产量（夸脱）	个别生产价格（镑）		社会生产价格（镑）		级差地租（镑）
				全部产品	每夸脱	每夸脱	全部产品	
A	1 000	200	8	1 200	150	150	1 200	0
B	1 000	200	10	1 200	120	150	1 500	300
C	1 000	200	12	1 200	100	150	1 800	600

表 16-1 表示的序列是马克思假设的全部序列中的一种，至于其他序列，只是具体情况有些差异，没有实质的差别。

马克思用实际情况说明，级差地租 I 的产生和土地的耕种序列没有关系。一个国家或地区土地的耕种，可以是逐渐由优到劣，也可以是由劣到优，也可以是交叉推进，但都不影响级差地租的形成。李嘉图认为农业生产发展的顺序是先耕种优等地后耕种劣等地，也有人持相反的观点。这两种意见都不符合历史发展的实际。马克思分析了下降（先优后劣）和上升（先劣后优）两种序列。从下降序列来看，由于农产品供不应求，价格上涨，经营 A 级土地也能取得平均利润，于是这个等级的土地也会投入耕种。从上升序列看，如果农产品需求增大，先前耕种的 A 级地无法满足，又存在未利用的更高等级的土地，它们就会被投入耕种，而只要 A 级土地的产品仍然为社会所需要，它的个别生产价格就仍然决定社会生产价格。根据这些分析，马克思指出："无论价格不变，还是价格上涨，无论由较坏土地不断推进到较好土地，还是由较好土地不断退向较坏土地，级差地租总是同样发展和增加。"① 对于级差地租的形成来说，"它的条件只是土地等级的不同。在涉及生产率的发展时，级差地租的前提就是：土地总面积的绝对肥力的提高，不会消除这种等级的不同，而是使它或者扩大，或者不变，或者只是缩小"②。

---

① 《马克思恩格斯文集》第 7 卷，人民出版社 2009 年版，第 737 页。
② 《马克思恩格斯文集》第 7 卷，人民出版社 2009 年版，第 743 页。

（二）农产品价格中包含的虚假的社会价值

只有在市场价值始终超过产品总量的总生产价格的情况下，才形成级差地租。从表 16-1 可见，劣、中、优三块地所生产的 30 夸脱农产品的社会生产价格或市场价值（这里等于出售价格）的总额为 4 500 镑，而实际的生产价格或个别生产价格的总额为 3 600 镑。这是社会为生产农产品而付出的实际成本(3 000 镑)加上应得的平均利润（600 镑），它们构成农产品的实际价值。可是，由于农产品的社会生产价格或市场价值由劣等地决定，使社会购买农产品的支出增加了 900 镑。正是这个超出实际价值的余额，形成级差地租的实体。马克思说："被当做消费者来看的社会在土地产品上过多支付的东西，社会劳动时间实现在农业生产上时形成负数的东西，现在对社会上的一部分人即土地所有者来说却成了正数。"①

马克思认为，由劣等条件决定的社会生产价格与个别生产价格的差额构成的超额利润（级差地租），是一种"虚假的社会价值"。他在分析价值向社会生产价格的转化时曾经提出，整个社会商品的价值与生产价格的总量是一致的。其实，这种情况只适用于能够自由竞争的制造业。至于农业，由于土地的有限性，阻碍了资本向农业的自由转移和竞争，导致了其总产品的市场价值或社会生产价格的总额超过实际的生产价格或个别生产价格的总额。从表面看，"虚假的社会价值"的产生，不符合价值规律的客观要求，实际却恰恰相反，"虚假的社会价值"正是价值规律发生作用的结果。马克思说："这是由在资本主义生产方式基础上通过竞争而实现的市场价值所决定的；这种决定产生了一个虚假的社会价值。这种情况是由市场价值规律造成的，土地产品受这个规律支配。"② 由于土地有限，好地更有限，当较好土地被某些资本家经营后，就形成了对土地的经营垄断。而它们的产品又不能满足市场需求，这就要求劣等地也被耕种。不过，经营劣等地的资本家同样要求获得平均利润。因此，农产品的社会生产价格必须由劣等地生产条件的个别生产价格决定。各级土地的产品都按照社会生产价格出售，必然会在个别生产价格或社会生产价格之间产生一个差额，形成超额利润。只要存在商品货币关系，价值规律在农业这个特殊生产部门就必然发生作用，"虚假的社会价值"就必然存在。

---

① 《马克思恩格斯文集》第 7 卷，人民出版社 2009 年版，第 745 页。

② 《马克思恩格斯文集》第 7 卷，人民出版社 2009 年版，第 744—745 页。

（三）地租总额和平均地租率的变动

为了说明级差地租Ⅰ在数量上的变化趋势，马克思接下来又研究了地租总额和平均地租率。

在总耕地面积中，各级土地所占的比例以及这种比例的不同变化，会影响平均地租和平均地租率。一国的平均地租等于总地租除以总耕地面积，平均地租率等于总地租除以总投资额，或等于平均地租除以平均投资额。

马克思根据不同情况，列了四个表进行分析比较，得出如下结论。在农产品的社会生产价格、各级耕地肥力、各级耕地的单位面积投资量和产量、各级土地的地租和地租率都不变的条件下：第一，只要耕地面积扩大（增加的是最坏的土地的情况除外），投资量增加，地租总额就会增加。第二，因为地租总额增加，地租率会发生很大变化，二者变化方向相同，但比例不同，这是由增加的土地是较高等级还是较低等级引起的。(1) 如果增加的耕地在各级土地总面积中所占比例不变，按单位面积计算的平均地租和平均地租率就不变。(2) 如果追加的较坏的土地在总面积中所占比例较大，虽然产量和地租总额都会增加，但按单位面积计算的平均地租和地租率会降低。(3) 如果增加的较好土地在总面积中所占比重较大，则不仅产量和地租总额增加，而且平均地租和地租率也会提高。

（四）对级差地租Ⅰ的补充说明

在第三卷第39章的最后部分[①]，马克思对级差地租Ⅰ的分析做了补充，这些补充对于级差地租Ⅱ也是适用的。

第一，每英亩的平均地租或按资本计算的平均地租率，可以在耕地扩大、价格不变和耕地的肥力差额不变时提高。第二，耕地的扩大，或者是向较坏土地发展，或者是根据各级土地现状，按不同的比例向各级土地发展。第三，下面的假定是错误的：殖民地，一般来说年轻的国家，可以按比较便宜的价格出口谷物，所以，那里的土地必然具有较大的自然肥力。第四，耕种扩大到较大的土地面积上，从来不是以谷物价格的预先上涨为前提，即使在平均价格的情况下，农业也会发生相对的生产过剩。

总之，平均地租会和总地租发生方向不同的变化。在土地面积扩大时，如果不提供地租或只提供少量地租的土地占优势，平均地租和平均地租率就会下

① 《马克思恩格斯文集》第7卷，人民出版社2009年版，第753—758页。

降；在相反的情况下，平均地租和平均地租率就会上升。

三、级差地租Ⅱ

在第三卷第40章，马克思研究了级差地租的第二种形态。级差地租Ⅱ是在同一块土地上，连续投入等量资本产生不同的生产率所形成的地租。由于农产品的生产价格由劣等地来调节，只要在同一块土地上连续投资所产生的生产率，高于劣等地的生产率，它生产出来的农产品的个别生产价格就会低于劣等地的生产价格，由此产生级差地租Ⅱ。

不管是级差地租Ⅰ，还是级差地租Ⅱ，从本质上看，都是投在土地上的资本具有不同生产率的结果。级差地租Ⅰ是各个等量资本同时投在不同地块上，具有不同的生产率的结果。级差地租Ⅱ则是等量资本连续投在同一块土地上，具有不同生产率的结果。从这点来说，二者是毫无区别的。马克思说："级差地租Ⅱ只是级差地租Ⅰ的不同的表现，而实质上二者是一致的。"①

级差地租Ⅱ是级差地租Ⅰ的发展形式。级差地租Ⅰ是与土地的肥力和位置的差别相联系的。而级差地租Ⅱ除了与土地肥力和位置的差别相联系外，还同各个资本家所拥有的资本量相联系。资本家拥有的资本量大小，对级差地租Ⅱ的形成有重要的影响。在工业中，每个部门都有一个最低限度的资本额，达不到这个最低限度，就无法从事经营。同样，每个部门又会形成一个大多数资本家拥有的超过最低限度的平均资本量。大于平均资本量的资本，表明它的生产条件好，从而可以获得超额利润；小于平均资本量的资本，连平均利润也难以获得。但是，农业部门的情况则不同。由于农产品的社会生产价格不是由平均生产条件而是由劣等生产条件的产品的个别生产价格决定的，所以，只要拥有最低限度的资本量，就可以获得平均利润。如果资本量高于这个最低限额，就能获得超额利润。拥有的资本量越大，获得的超额利润就越多，由此而转化成的级差地租Ⅱ也越多。因此，"级差地租Ⅱ的基础和出发点，不仅从历史上来说，而且就级差地租Ⅱ在任何一定时期内的运动来说，都是级差地租Ⅰ"②。

在资本主义生产方式的初期，由于农业以粗放经营为主，土地肥力和位置的差别，是形成超额利润的主要因素，所以那个阶段的级差地租主要是第一种

---

① 《马克思恩格斯文集》第7卷，人民出版社2009年版，第763页。

② 《马克思恩格斯文集》第7卷，人民出版社2009年版，第761页。

形式。后来，随着农业由粗放经营转向集约经营，投资量的大小成为形成超额利润的主要因素，因此，级差地租Ⅱ成为这个阶段的重要形式。“按照耕作的自然规律，当耕作达到一定的水平，地力已经相应地耗尽的时候，资本（在这里同时指已经生产出来的生产资料）就成为土地耕作的决定要素。”① 当已耕地同未耕地相比只占较小面积、地力还没有枯竭的时候，资本以粗放的方法投在土地上；当已耕地同未耕地的比例不断上升、土地资源日趋紧张的时候，“这种粗放耕作的可能性，自然会或快或慢地消失”②，资本必须以集约的方法投在土地上。实现粗放经营向集约经营的转变，是提高土地投资回报率的基本途径。

在考察级差地租Ⅰ时曾经假定，三个农业资本家分别租种优等、中等、劣等三块面积相等的土地，各用1 000镑资本，分别投入三块土地上。他们由于土地肥力或位置不等而获得不等的利润。级差地租Ⅱ的情况也相似，只不过投资方法有了变化。现在假定原来投在优等、中等、劣等级土地上的1 000镑资本，分为三个相等的价值部分，连续投在同一块优等土地上，平均利润率为20%。优等地第一次投资1 000镑，增产农产品12夸脱，高于劣等地的4夸脱，形成级差地租Ⅱ600镑；第二次投资1 000镑，增产农产品的产量为10夸脱，高于劣等地2夸脱，形成级差地租Ⅱ300镑；第三次投资的产量为8夸脱，由于第三次投资的生产率与决定农产品社会生产价格的劣等地投资的生产率相同，因而只提供平均利润，没有超额利润，从而不形成级差地租，如表16-2所示。

表16-2 级差地租Ⅱ的形成

土地等级	投入资本（镑）	平均利润（镑）	产量（夸脱）	个别生产价格（镑）		社会生产价格（镑）		级差地租（镑）
				全部产品	每夸脱	每夸脱	全部产品	
劣等地	1 000	200	8	1 200	150	150	1 200	—
优等地	第1次投入资本1 000	200	12	1 200	100	150	1 800	600
	第2次投入资本1 000	200	10	1 200	120	150	1 500	300
	第3次投入资本1 000	200	8	1 200	150	150	1 200	—

① 《马克思恩格斯文集》第7卷，人民出版社2009年版，第762页。

② 《马克思恩格斯文集》第7卷，人民出版社2009年版，第756—757页。

上面的分析表明，就作为级差地租实体的超额利润的形成而言，级差地租Ⅱ与级差地租Ⅰ是相同的，它同样是投在土地上的各个等量资本具有不同生产率的结果，同样是由农产品的个别生产价格与社会生产价格之间的差额产生的。马克思说："资本各价值部分的超额利润和不同的超额利润率，在这两种场合都是按同样的方式形成的。地租无非是这个形成地租实体的超额利润的一种形式。"①

由于级差地租Ⅱ在投资方式和租约方式上，比级差地租Ⅰ更为复杂，因此，能够产生多种不同的组合。马克思在第三卷中，用 3 章（即第 41 章至第 43 章）的篇幅，研究了级差地租Ⅱ在各种具体条件下如何形成，以及它的量又是如何变化的，从而揭示了级差地租Ⅱ运动变化的规律。我们可将这 3 章作为一个整体来读。在阅读这 3 章时，要注意把握以下线索：(1) 在分析级差地租Ⅱ的多种复杂情况时，要分别研究社会生产价格不变、下降和上涨这三种可能的情况，因为级差地租是由社会生产价格与个别生产价格的差额转化而来的。(2) 要弄清在连续对同一块土地追加投资可能造成的生产率不变、提高和下降三种情况对级差地租的影响。(3) 将 (1) 和 (2) 联系起来，会产生九种不同组合，研究这些组合可以找出级差地租变化的规律。在分析这些复杂组合的同时，马克思批判了李嘉图根据所谓土地收益递减规律得出的生产价格提高是形成级差地租的唯一原因的看法，指出在生产价格上涨、不变和下降的情况下，都有可能形成级差地租。

四、最坏的土地也有级差地租

上面分析级差地租的形成时，均以最坏的土地没有级差地租为前提，这是理论抽象分析的需要但不能因此就认为劣等地没有级差地租。马克思说："只要级差地租Ⅱ通过连续的投资而产生出来，上涨的生产价格的界限，就能够由较好土地来调节；这时，构成级差地租Ⅰ的基础的最坏土地也能够提供地租。因此，单纯就级差地租来说，所有的已耕地都会提供地租。"② 最坏的土地的级差地租，是由以下原因造成的。

第一，由 B 级土地（中等地）连续追加投资的生产率降低所造成。如果 B

① 《马克思恩格斯文集》第 7 卷，人民出版社 2009 年版，第 760 页。

② 《马克思恩格斯文集》第 7 卷，人民出版社 2009 年版，第 836 页。

连续追加投资的生产率降低，降到A级土地（劣等地）以下，而这种产量又是为市场所需要的，那么，这种新的降低了的生产率，其产品的个别生产价格就代替一向起调节作用的A级土地的产品的生产价格，而决定着社会生产价格，结果，A级土地的个别生产价格就会低于这种新的社会生产价格而产生差额，形成超额利润，从而转化为地租。

第二，由A_{-1}级土地（A_{-1}为假定的比A级土地更坏的土地）加入耕种所造成。如果A级以上土地产量不能满足需要，就要扩大耕地面积，把比A级更坏的A_{-1}级投入耕种。在这种情况下，就不是由A级而是由A_{-1}级土地的个别生产价格来决定社会生产价格。这样，A_{-1}就代替A成为最坏的耕地，A就成为提供地租的土地序列中的最低一级。不过，A级土地提供地租是属于级差地租Ⅰ的变化，这是因为级差地租Ⅱ是在同一土地上因连续追加投资造成不同的生产率而产生的，而上述情况则是由扩大耕地面积导致的A_{-1}级土地投入耕种而产生的。

第三，由A级土地追加投资有不同的生产率所造成。这里又有两种情况：第一种情况是追加投资的生产率提高，第二种情况是追加投资的生产率降低。在第一种情况下，对A追加投资，生产率提高，虽然通常情况下即便A的总投资和总产品的平均个别生产价格下降，一般也不会有超额利润，但如果出现大部分A级土地的追加投资都和过去一样，即社会生产价格不变，而只有一小部分在A级土地的追加投资使生产率提高，那么，这个耕作得比较好的部分，就会提供超额利润，土地所有者就会把它的全部或一部分转化为地租。在第二种情况下，如果在A级土地上的第二次投资的生产率降低，其个别生产价格会提高，这种提高了的个别生产价格就变成起调节作用的社会生产价格，那么，A级土地的第一次投资也会取得超额利润，而且它会转化为地租。发生这种情况的前提是，第二次投资带来的产量增加仍然为社会需要。但是，A级土地第二次投资所产生的个别生产价格是否变成起调节作用的生产价格，还要取决于第二次投资在现有的A级土地上使用的普遍程度。如果对A级土地的第二次投资不是普遍的，或者投资了，但生产率的降低也不是普遍的，就不会引起社会生产价格的提高，对A级土地的第一次投资就不会取得超额利润，也不会产生级差地租。

在分析完最坏的土地也有级差地租之后，马克思又对级差地租的理论作了三点补充说明。

第一，农产品的社会生产价格呈现不断上涨的趋势，有更为深层的原因。这是因为对土地的连续追加投资引起生产率降低，不管生产价格不变或下降，地租都会增加，这就会引起生产价格上涨。但是，还有一种也会导致产品价格上涨的情况值得注意，“从资本主义生产方式的观点来看，如果为了获得同一产品而必须支出，必须对以前无须付费的东西付费，那么，这个产品就总会变得相对昂贵”①。生产上所耗费的资本的补偿表现为一定生产资料的价值的补偿。没有资本价值的耗费，也就不需要资本价值的补偿。所以从理论上看，作为要素加入生产的不需要代价的自然要素，它就不是作为资本价值的组成部分加入生产，也就不需要补偿。“但在资本主义生产方式的基础上，这种无偿的自然力，像一切生产力一样，表现为资本的生产力”。② 自然要素是否计入产品价格，关键在于它是否需要代价。如果仅仅利用自然力就能提供满足需要的产品，这种不需要代价的自然力就不会计算到产品的价格中去；如果随着经济发展，需求不断增加，单靠不需代价的自然力已不能提供足够的产品，那就要追加投资，通过增加人力、物力来提高自然的生产能力，这些追加投入的资本价值就会被计算到产品的价格中去。这也是产品变贵的原因。

第二，追加投资产生的级差地租不是并入土地的资本的利息。假定有两块土地，一块自然条件较好，另一块较差。如果在后一块土地上投资，实行人工改良，可以带来额外的收益。于是，有人就认为，自然条件较好的土地提供的是地租，而经过改良的较差土地提供的地租是资本利息。这种混同地租和利息的观点，马克思在第三卷第37章中就批判过。现在他又指出，同一块土地上连续追加投资产生的级差地租，与并入土地的资本的利息，不是一回事。只要在一块土地上追加投资的生产率高于最坏土地的生产率，这种生产率的差别就会造成级差地租。而以租金形式出现的合并在土地上的资本利息，是因租约期满后先前并入土地的资本未耗尽，土地所有者在定新约时对它计算利息，把它加在租金上，使之表现为地租。

第三，决定价值的是劳动而不是自然。不能把产生级差地租的条件和创造价值的源泉混为一谈。级差地租是剩余价值的一种转化形式，它的源泉是农业雇佣工人的剩余劳动。只有在此基础上，通过土地使用权的垄断，级差地租才

---

① 《马克思恩格斯文集》第7卷，人民出版社2009年版，第843页。

② 《马克思恩格斯文集》第7卷，人民出版社2009年版，第843页。

能产生。土地的自然肥力和位置，只是产生级差地租的条件，不是产生级差地租的源泉。至于土地资本的利息，也是由剩余价值的一部分转化而来的。所以级差地租的存在不但没有否定劳动价值论，恰恰相反，它正是价值规律在农业部门的特殊表现形式，即这一部分剩余价值表现为超额利润，在一定条件下转化为地租。众所周知，商品价值是商品的社会属性，是由生产它的社会必要劳动时间决定的。产品量是大是小，在劳动量已经确定时又取决于劳动生产率。至于这种劳动生产率是来源于自然，还是来源于社会，这无关紧要，重要的是要花费劳动。当然，这种生产率本身需要花费劳动或不需要花费劳动（如第一点补充所说的），对商品的生产费用也会产生不同的影响。

第三节 绝对地租

一、绝对地租的概念

第三卷第 45 章主要研究地租的另一形式——绝对地租。在土地私有制存在的条件下，不论是租种好地还是坏地，土地所有者都要收取地租，否则，他宁愿将土地闲置，也不会白白地让人耕种。因此，由土地私有权的垄断而产生的地租，马克思称之为绝对地租。

前面分析级差地租时，有一个基本的假定，就是劣等地不支付地租。其实，只要土地属于一定的所有者，在任何情况下租种任何土地，都要向土地所有者缴纳地租，否则，土地就不可能投入耕种。这样一来，劣等地生产的农产品就必须按照高于社会生产价格的价格出卖了。只有这样，投资劣等地的农业资本家才能在获得平均利润以后，还有一个超额利润作为绝对地租交给土地所有者。马克思研究绝对地租时，也是从同一土地上的连续追加投资所产生的结果来考察的，实际上是级差地租Ⅱ研究的继续。

所谓绝对地租，是由土地私有权的垄断直接产生的、无论好地坏地都必须支付的地租。绝对地租形成的基础是农产品垄断价格，而农产品垄断价格不过是超过农产品的生产价格的价值额。但是，二者的差额不会很大，所以，在正常条件下，绝对地租也只能是象征性的。马克思指出："绝对地租的本质在于：不同生产部门内的各等量资本，在剩余价值率相等或劳动的剥削程度相等时，会按它们的不同的平均构成，生产出不等量的剩余价值。在工业上，这些不同的剩余价值量，会平均化为平均利润，平均分配在作为社会资本的相应部分的各个资本上。在生产上要用土地时，不论是用在农业上还是用在原料的开采上，土地所有权都会阻碍投在土地上面的各个资本的这种平均化过程，并攫取剩余价值的一部分，否则这一部分剩余价值是会进入平均化为一般利润率的过程的。这样，地租就成了商品价值的一部分，更确切地说，成了商品剩余价值的一部分，不过它不是落入从工人那里把它榨取出来的资本家阶级手中，而是落入从资本家那里把它榨取出来的土地所有者手中。”①

二、绝对地租的产生原因、条件和来源

在研究绝对地租问题上，困难在于如何说明绝对地租的产生不仅不违背价值规律，而且是以价值规律的作用为前提的。马克思正是在研究这个问题的过程中，形成了自己的绝对地租理论。

地租与土地所有权的关系在不同的地租形式上是有差别的。就级差地租而言，它是土地产品的个别生产价格与一般生产价格的差额，是以土地自然条件和土地投资的差异为基础的，土地所有权对土地的投资没有绝对的限制作用，而只有相对的限制作用，即投入土地的资本要在租约期前全部收回，否则就转归土地所有者所有。对于绝对地租而言，土地所有权对土地的投资则起着绝对的限制作用，而且它使最劣等的土地也有绝对地租，这表明“土地所有权本身已经产生地租”②。马克思指出，“农产品的价值超过它们的生产价格而形成的余额，所以能成为它们的一般市场价格的决定要素，只是因为有土地所有权的垄断”③。

在存在土地所有权垄断的条件下，资本的自由转移受到限制。虽然土地所有权不能排除资本家在部门间竞争引起的资本在工农业部门之间的转移，但是，任何资本家要将资本投入农业，就必须向土地所有者交纳地租。这样，租地经营的农业资本家要想得到平均利润，农产品的市场价格或市场价值就必须高于生产价格。只有如此，租地农场主才能在取得平均利润后，还有一个收入余额来支付绝对地租。可见，土地所有权是农业部门参与社会资本利润平均化的障碍，它使农产品要按照高于生产价格的市场价格出售。所以，“产品价格

① 《马克思恩格斯文集》第 7 卷，人民出版社 2009 年版，第 872 页。
② 《马克思恩格斯文集》第 7 卷，人民出版社 2009 年版，第 854 页。
③ 《马克思恩格斯文集》第 7 卷，人民出版社 2009 年版，第 863 页。

上涨不是地租的原因，相反地地租倒是产品价格上涨的原因”①。不是由于农产品市场价格高才产生地租，而是由于必须为土地私有权垄断支付地租，使得农产品的市场价格高于生产价格。

对于绝对地租形成过程，我们仍借助具体的例子进行分析。如表 16-3 所示，假定工业和农业部门的资本各为 100，剩余价值率均为 100%，平均利润率 20%，工业和农业的平均利润都是 20。工业部门的资本有机构成为 80c+20v，它的产品价值和生产价格均为 120。农业部门的资本有机构成为 60c+40v，产品的价值为 140，而生产价格是 120，这两者的差额 20 就构成超额利润，这就形成绝对地租。

表 16-3 绝对地租的形成

生产部门	资本有机构成	剩余价值率（%）	剩余价值	平均利润	商品价值	生产价格	绝对地租
工业	80c+20v	100	20	20	120	120	0
农业	60c+40v	100	40	20	140	120	20

三、绝对地租与农产品价格的关系

绝对地租是由农产品的价值和生产价格之间的差额转化而成的。不过，绝对地租的量究竟是这个差额的全部，还是这个差额的一部分，则要取决于农产品的供求状况。在社会对农产品的需求量较大的情况下，农产品的市场价格就不仅会高于它的生产价格，而且会等于它的价值。这时，绝对地租就可能等于农产品价值和生产价格的全部差额，从而绝对地租的量就比较大。而在农产品的市场供给较大的情况下，它的市场价格会降到价值以下但仍在生产价格以上。这时，绝对地租就只是农产品价值和生产价格之间的差额的一部分，从而绝对地租的量就比较小。一般而言，农产品的市场价格是在生产价格与价值之间浮动的，因而绝对地租的量通常小于农产品的价值和生产价格之间的差额。

绝对地租的量除了受农产品供求状况的影响，还要受到农业资本有机构成变化的影响。在社会平均资本构成不变的条件下，如果农业资本有机构成降低，绝对地租的量就会增加；如果农业资本有机构成提高，绝对地租的量则会减少。如果农业资本有机构成等于或高于社会平均资本构成，农产品的价值就

① 《马克思恩格斯文集》第 7 卷，人民出版社 2009 年版，第 863 页。

低于它的生产价格，这时，由农产品价值和生产价格的差额所转化成的绝对地租则为零。但是，不能由此认为，在这种情况下就可以无偿使用属于土地所有者的土地。事实上，只要存在土地所有权的垄断，任何人要租用土地即使是租用劣等土地，就必须向土地所有者缴纳地租，绝对地租也就必然存在，只是它形成的条件不同了。这种情况下的绝对地租，来自高于农产品价值和生产价格的垄断价格，而不是来源于农产品的价值高于社会生产价格所形成的超额利润。

在马克思写作《资本论》的时代，农产品的价值一般高于生产价格。这是因为，在资本主义经济发展的一个相当长的时期内，“在生产发达的各国，农业的发展程度没有达到加工工业的水平”①。因而，农业的资本有机构成低于工业的资本有机构成。② 在剩余价值率大体相同的条件下，“农业上一定量的资本，与同等数量的有社会平均构成的资本相比，会生产较多的剩余价值”③。这样一来，农业与工业相比较，同量资本生产的商品价值就大于生产价格，由此产生超额利润。马克思在谈到这个问题时说明，一个商品的生产价格和它的价值的比率，完全是由生产它所用的资本的不变部分和可变部分的比率，即由生产它所用的资本的有机构成决定的。如果一个生产部门中的资本构成低于社会平均资本的构成，其产品的价值就必然会高于它的生产价格。这就是说，一个这样的资本，因为它使用了更多的活劳动，所以在对劳动的剥削程度相等时，将会比社会平均资本生产出更多的剩余价值，从而生产出更多的利润。因此，它的产品的价值，就会高于它的生产价格。农业资本正是这样的资本。

农产品价值超过生产价格的部分，不参加利润率平均化，而是作为超额利润，被留在农业部门之内转化为绝对地租。土地所有权的垄断，是农产品价值超过生产价格的余额即超额利润形成的制度保证。马克思说：“如果资本遇到了一种外力，对这种外力，资本只能局部地克服或完全不能克服，这种外力限制资本投入一些特殊生产部门，只有在完全排斥或部分地排斥剩余价值一般平均化为平均利润的条件下才允许资本投入这种特殊生产部门，那么很明显，在

① 《马克思恩格斯文集》第 7 卷，人民出版社 2009 年版，第 859 页。

② 随着资本主义的发展，农业中的资本有机构成不断提高，在当今有些发达国家已经超过工业部门。在这种情况下，那种包含在农产品价值之内的绝对地租消失了。在一些发达资本主义国家，许多农场主同时是土地所有者，无须交纳地租。

③ 《马克思恩格斯文集》第 7 卷，人民出版社 2009 年版，第 860 页。

这种生产部门中，由于商品的价值超过其生产价格，就会产生超额利润，这个超额利润将会转化为地租”，而土地所有权或土地所有者，“就作为这样一种外力和限制，出现在资本或资本家面前”。①

第四节　建筑地段的地租、矿山地租和土地价格

一、建筑地段的地租

第三卷第46章主要考察非农业用地的地租和土地价格。非农业用地的地租，即建筑地基和矿山的地租。土地价格是资本化的地租，它由地租和利息率决定，和地租成正比，和利息率成反比。

一般而论，在自然力能够被垄断并保证使用它的产业资本家得到超额利润的地方，那些因对一部分土地享有权利而成为这种自然物所有者的人，就会以地租形式，从职能资本家那里攫取超额利润。“凡是存在地租的地方，都有级差地租，而且这种级差地租都遵循着和农业级差地租相同的规律。”②

建筑地段的地租是资本家为建造各种建筑物而租用土地向土地所有者支付的地租。与农业地租相比，建筑地段地租具有如下主要特点：第一，“位置在这里对级差地租具有决定性的影响”③。位置好的地段，如大城市的繁华地区、紧靠交通枢纽的土地，其地租要比偏僻地区的地租高得多。第二，土地所有者有明显的“被动性”，他的被动性表现在坐享其成上。比如，邻近修建了道路或地铁，他就会提高地租。第三，垄断价格在许多情况下占优势。某些具有特殊优越条件的地方，如适于建海港、码头、车站、铁路的特殊地段，有瀑布、温泉、地热、独特景观、名胜古迹的特殊地块，以及城市的金融、商业、文化中心等，由于其产品、服务的垄断价格或垄断性的经济收入，垄断地租占有明显的优势。

随着社会经济的发展，建筑地段的地租有提高的趋势。这是因为，随着人口的增长，对住房的需求不断增大，从而使地租上涨，而且，随着工业的发展，“固定资本的发展（这种固定资本或者合并在土地中，或者扎根在土地中，

① 《马克思恩格斯文集》第7卷，人民出版社2009年版，第861—862页。
② 《马克思恩格斯文集》第7卷，人民出版社2009年版，第874页。
③ 《马克思恩格斯文集》第7卷，人民出版社2009年版，第874页。

建立在土地上，如所有工业建筑物、铁路、货栈、工厂建筑物、船坞等等），都必然会提高建筑地段的地租"①。土地所有者榨取建筑地段的地租，包含两方面要素："一方面，土地为了再生产或采掘的目的而被利用；另一方面，空间是一切生产和一切人类活动的要素。"② 前一方面指地基和地下，后一方面则指地面以上。土地所有者在这两方面都要收取地租。所以，"对建筑地段的需求，会提高作为空间和地基的土地的价值"③。土地所有者会借此肆意提高地价，从而使地租上涨。

建筑地段地租的增长，会推动房地产投机的发展。"在迅速发展的城市内……建筑投机的真正主要对象是地租，而不是房屋。"④ 建筑地段的地租往往隐含在建筑物的价格之中。房屋附着于土地，与土地联成一体，房价中隐含地租，房价和地价连在一起，这个地租或地价的实体就是房屋价格（成本+平均利润+超额利润）中的超额利润。因此，在考察房价（或其变形房租）时，不应仅核算房屋的成本和平均利润，无视房屋地基这一条件在商品经济下必然带来的超额利润。随着城市的迅速发展，某些土地处于新形成的工商业中心地段，这会突然增大超额利润从而形成高额地租。因此，"建筑本身的利润是极小的；建筑业主的主要利润，是通过提高地租，巧妙地选择和利用建筑地点而取得的"⑤。投机者主要不是通过营造房屋赚钱，而是要在地租的不断上涨进而在地价的不断上涨中获取暴利。房地产投机活动的加强，反过来又推动了建筑地段地租的进一步上涨。

二、矿山地租

矿山地租是资本家为租用矿山而向矿山所有者缴纳的地租。"真正的矿山地租的决定方法，和农业地租是完全一样的。"⑥ 当然，也有一些特殊情况。例如，有些特别贫瘠的矿山，它们的产品仅够支付劳动报酬，不能提供利润，更不能提供地租，像这种过分贫瘠的矿山，资本家不愿投资，往往是由土地所有者自己直接投资进行开采。矿山地租同样包括各种地租形式。

---

① 《马克思恩格斯文集》第7卷，人民出版社2009年版，第875页。
② 《马克思恩格斯文集》第7卷，人民出版社2009年版，第875页。
③ 《马克思恩格斯文集》第7卷，人民出版社2009年版，第875页。
④ 《马克思恩格斯文集》第7卷，人民出版社2009年版，第875—876页。
⑤ 《马克思恩格斯文集》第6卷，人民出版社2009年版，第261页。
⑥ 《马克思恩格斯文集》第7卷，人民出版社2009年版，第876页。

第一，矿山的级差地租。各个矿山的蕴藏丰度是不同的，地理位置的好坏也不一样，但矿产品的社会生产价格要由劣等生产条件的个别生产价格决定。这样，中等和优等矿山的生产就可以获得超额利润，形成级差地租。

第二，矿山的绝对地租。一般地说，采矿业所需原料极少，不变资本的支出也相应减少，因而其资本有机构成低于加工工业的资本构成，从而低于社会平均资本构成，这就使矿产品的价值高于其社会生产价格。由于存在着土地所有权的垄断，限制了对矿山的自由投资和竞争，从而使矿产品能够按高于生产价格的价值出卖，获得超额利润，并转化为绝对地租。

第三，矿山的垄断地租。某些稀有珍贵的矿产品，还会按照大大高于价值和生产价格的垄断价格出售，从而使土地所有者获得垄断地租。

有必要把和地租相联系的两种不同的垄断价格区别开来。一种是由特殊自然条件而产生的真正的垄断价格，它通常与产品价值或生产价格无关。比如，一个葡萄园能生产出一种特别的葡萄，用这种葡萄酿造出的葡萄酒是用其他葡萄所不能酿造出来的，因而这种葡萄酒就可以按高于价值或生产价格的垄断价格出售，这种价格只是由购买者的购买欲和支付能力决定。由这种垄断价格产生的超额利润，由于土地所有者对这块具有独特性质的土地的所有权而转化为地租，落入土地所有者手中。另一种垄断价格，是由于土地私有制的存在，对投资造成了一种限制，农业资本家如果不向土地所有者支付地租，就不能投资耕作，而如果农产品按照价值出售（把由价值高于生产价格的差额转化的绝对地租暂时撇开不谈，假定价值等于生产价格），只能取得平均利润，农业资本家就无法缴纳地租，因此农产品就必须高于它的价值或生产价格出售，即按照人为的垄断价格出售，从而取得超额利润，并由此转化为地租。当然，如果土地私有制被消灭，这种垄断价格也就相应被消灭。

三、土地价格

根据劳动价值论，作为自然物的土地不是劳动产品，“和一切自然力一样，没有价值，因为它本身中没有任何对象化劳动，因而也没有价格，价格通常不外是用货币来表现的价值。在没有价值的地方，也就没有什么东西可以用货币来表现”①。没有价值，没有价格，因此，土地不能成为商品。

---

① 《马克思恩格斯文集》第7卷，人民出版社2009年版，第729页。

但是，在商品经济条件下，土地却实实在在地在以商品身份进行经济流转，能出卖，有价格。这表明土地是一种不同于一般商品的商品。其实，土地价格是地租的资本化。马克思说："资本化的地租，也就是说，正是这个资本化的贡赋，表现为土地价格，因此土地也像任何其他交易品一样可以出售。"① "土地价格起这样一种作用，土地的买卖即土地作为商品的流通发展到这样的程度，这些实际上都是资本主义生产方式发展的结果，因为在这里，商品已经成为一切产品和一切生产工具的一般形式。"② 如果说，别的商品都是因为是商品才有价格的话，那么，土地这种商品却很特殊，它是倒过来的，它是因为有了价格（地租资本化）才成为商品的。

土地这种商品的特殊性，不仅在于其有了价格才成为商品，而且在于其价格的背后没有价值。马克思说："这样资本化的地租形成土地的购买价格或价值，一看就知道，它和劳动的价格完全一样，是一个不合理的范畴，因为土地不是劳动的产品，从而没有任何价值。可是……在这个不合理的形式的背后，却隐藏着一种现实的生产关系。"③ 一方面，土地所有权的存在，使土地所有者能够固定地获得地租收入。他有权将土地出卖，也就是转让获得地租的权力，因而当然要索取相应的代价，这个代价就是土地的价格。另一方面，在资本主义经济中，货币普遍转化为资本，利息被视为货币资本的价格。拥有货币资本的资本家在购买土地时，会把拟购进的土地能够提供的地租收入，与将准备购买土地的货币资本存入银行可以得到的利息进行比较，如果地租和利息相当，拥有这块土地就和拥有存在银行里的货币资本没有多少区别。所谓土地价格是出租土地所得租金的资本化，说的就是这个意思。马克思在《资本论》第一卷第一篇里曾指出："没有价值的东西在形式上可以具有价格。在这里，价格表现是虚幻的，就像数学中的某些数量一样……虚幻的价格形式——如未开垦的土地的价格，这种土地没有价值，因为没有人类劳动对象化在里面"④。土地购买价格并不代表价值，实际上"这个购买价格不是土地的购买价格，而是土地所提供的地租的购买价格，它是按普通利息率计算的"⑤。

---

① 《马克思恩格斯文集》第7卷，人民出版社2009年版，第877页。
② 《马克思恩格斯文集》第7卷，人民出版社2009年版，第917页。
③ 《马克思恩格斯文集》第7卷，人民出版社2009年版，第702—703页。
④ 《马克思恩格斯文集》第5卷，人民出版社2009年版，第123页。
⑤ 《马克思恩格斯文集》第7卷，人民出版社2009年版，第703页。

"在英国，土地的购买价格，是按年收益若干倍来计算的，这不过是地租资本化的另一种表现"①，因为如果用 4 000 镑买一块地，每年若能提供 200 镑地租的年收益，那么 20 年就收回 4 000 镑了。所以 200（镑）×20（年）= 4 000 镑，这就是地价。而这个 200 镑的年收益（地租），不过就是按年利率 5%计算的那个 4 000 镑的年利息（4 000×0. 05 = 200）而已。② 可见，地租就是以地价形式投入土地的资本的利息，地价则是集中的、一次性的、提前支付的地租。因此，是先有地租后有地价。根据《资本论》中关于土地价格的论述，土地价格的计算公式为：

$$\text{土地价格}=\frac{\text{地租}}{\text{利率}}$$

第五节 资本主义地租的起源

一、劳动地租

第三卷第 47 章主要考察资本主义地租产生和发展的历史，分析了历史上各种地租形式的特征，同时对资产阶级经济学的几种地租理论进行了评论和批判，是对第六篇的总结。

地租是生产关系的表现，地租的发展过程实质上就是资本主义生产关系的发展过程。生产关系的发展是地租形式发展的基础，反过来，地租形式的发展又促进了生产关系的发展。马克思说："地租分析上的全部困难在于，要说明的是农业利润超过平均利润而形成的余额，即不是说明剩余价值，而是说明这个生产部门所特有的超额的剩余价值，也就是说，不是说明'纯产品'，而是说明这个纯产品超过其他产业部门的纯产品而形成的余额。"③ 只有解决了这些问题，才能对资本主义地租作出科学的说明。资产阶级经济学家不理解这些困难，他们有的认为地租是来自某个投资部门本身的一种特别的作用，有的认为是来自地壳本身具有的各种特性，等等。要说明农业中超过平均利润以上的余额，必须懂得平均利润是资本主义经济过程的产物，它是在资本的生产过程中

---

① 《马克思恩格斯文集》第 7 卷，人民出版社 2009 年版，第 703 页。

② 参见《马克思恩格斯文集》第 7 卷，人民出版社 2009 年版，第 703 页。

③ 《马克思恩格斯文集》第 7 卷，人民出版社 2009 年版，第 885 页。

产生，在资本的流通过程中实现的；还必须懂得，平均利润本身已经成为生产的调节器，是农业中超过平均利润以上的余额形成的前提条件，因为在资本还没有支配，或者只是偶尔支配社会劳动的社会形态内，根本就谈不上现代意义的地租，也根本就谈不上地租是超过平均利润以上的余额。

劳动地租，又称劳役地租，是最简单、最原始的地租形式。它是封建社会初期的一种主要地租形式，是在社会劳动生产力不发达的基础上产生的。

在劳动地租形式下，农民以一定的时间用自己的劳动工具，在地主的土地上进行无报酬的劳动，其余的劳动时间，则在自己的份地上为自己劳动。农民的无酬剩余劳动的表现形式就是地租，而不是利润。这里的地租和剩余劳动是一致的。因此，它是地主直接占有农民剩余劳动的经济形式。在这里，劳动者能不能得到一个超过必不可少的生活资料的余额，取决于他为自己劳动时间和替地主劳动时间的比例。

在这种形式下，一方面农民自己占有必要的生产资料，能够为自己进行生产；另一方面地主通过农民对自己的人身依附关系，以超经济强制的形式（暴力胁迫）对农民加以剥削。由于封建土地制度下的小农使用自有的劳动工具，独立地经营家庭农业和作为副业的手工业，地主要从这种小农身上榨取剩余劳动，就只有通过超经济的强制，因而小农和地主的财产关系必然同时表现为直接的统治和从属。直接生产者是作为不完全自由的人置身于这种关系中的，否则他不会为封建地主提供劳动地租。封建统治下的小农经济和奴隶经济有所不同。奴隶是用别人的生产条件来劳动，他们生产的产品全部属于奴隶主，生产不是独立的，完全没有人身自由。封建统治下的农民则处于人身依附关系之中，但又有一定的独立性。

劳动地租这个最简单最原始的形式有如下明显的特点：第一，劳动地租是剩余价值的原始形式，并且和剩余价值是一致的。第二，这种地租所表现的是全部剩余劳动时间创造出来的全部剩余产品，由农民提供，被地主占有，剩余价值和别人的无酬劳动的一致性以明显的形式存在着。第三，农民在自己的份地上耕种和他在地主的土地上为地主耕种，不仅在空间上，而且在时间上，都是明显分开的。第四，农民在地主的土地上为地主耕种，是直接以强制劳动的野蛮形式表现出来的。第五，地租直接表现为地主占有农民的无酬劳动，是从地主对农民的奴役关系中产生的。第六，剩余价值明显地具有剩余劳动的形式，农民除无酬劳动以外，没有给地主支付任何其他地租，而且产生这种剩余劳动的条件也是一目了然的。

劳动地租和资本主义地租有着本质上的不同。劳动地租并不是剩余价值的一部分，而是剩余价值的全部，也没有采取转化形式，而是直接表现为地租的形式；它所体现的并不是农业工人和农业资本家、土地所有者的关系，而是体现着地主对农民的超经济强制的剥削关系。值得注意的是，在劳动地租的条件下，直接生产者也能有财产的独立发展，这是由当时经济条件和政治条件决定的。尽管劳动地租形式建立在生产力还不发达的基础上，不过农民还是可以在为自己劳动的时间内，提高劳动效率，独立发展自己的财产。

二、产品地租

产品地租又称实物地租，是地主在实物形态上占有农民剩余劳动的地租形式。随着生产力的发展，劳动地租逐渐为产品地租所代替。在产品地租的形式下，地主把土地租给农民耕种，农民则定期向地主缴纳一定数量的实物，如粮食、家禽以及其他农副产品。由劳动地租转化为产品地租，并没有改变地租的本质。这是因为地租的本质就在于它是剩余价值或剩余劳动的唯一的占统治地位的和正常的形式。不管是劳动地租，还是产品地租，都反映了地主占有土地、剥削农民、无偿占有农民的剩余劳动和剩余产品的关系，它们都是农民向地主提供全部剩余劳动和全部剩余产品的正常形式。

产品地租和劳动地租相比，具有不同的特点：第一，剩余劳动不再在地主的暴力监督和强制下进行，而是在“法律”的规定下由农民自己来进行。第二，剩余劳动是在农民自己耕种的土地上进行的，直接生产者或多或少可以支配自己的全部劳动时间。虽然劳动时间的一部分仍然要作为无酬剩余劳动被地主剥削去，但地主已不能直接在劳动时间上进行剥削，只能在该时间内所创造的产品的形态上得到它。第三，直接生产者为自己的劳动和为地主的劳动，在时间上和空间上已不再明显分开。第四，体现剩余劳动的产品地租，不一定包括农民的全部剩余劳动。在这种情况下，农民可以有更多的劳动时间，生产出归他自己所有的产品。因此，劳动者之间会出现经济上的差别，发生两极分化。第五，随着两极分化的发展，有些农民就会掌握较多的生产资料，从而产生直接剥削别人劳动的可能性。

三、货币地租

货币地租是地主在货币形态上占有农民剩余劳动的地租形式。这种地租是在社会劳动生产力和商品经济有了一定程度发展的基础上产生的。劳动地租和产品地租，都是自然经济占统治地位条件下的封建地租形式。在封建社会后期，随着商品经济的发展，自然经济逐渐解体，产品地租逐渐为货币地租所代替。在货币地租的形式下，农民要把体现剩余劳动的那部分剩余产品作为商品卖出去，取得货币，然后以货币去缴纳地租。

货币地租是实物地租的转化形式，和以上所说的劳动地租、产品地租，本质是一样的，但和那种由超过平均利润的余额而产生的资本主义地租有着本质上的不同。货币地租的特点主要有：第一，农民不是把实物交给地主，而是把这一部分实物作为商品卖出去，取得货币，然后把货币作为地租交给地主。第二，农民必须把一部分产品作为商品出售，因而必须把这一部分产品当做商品来生产。这样，整个生产方式已经不是完全的自然经济，已经部分地由自然经济转变为商品经济。第三，生产费用中货币支出部分的比例有了决定性的意义。在总产品中，分解为补偿消耗了的生产资料、劳动者的生活资料和转化为货币以便作为地租的那部分余额（即货币地租），这三部分的比率的大小，越来越重要起来。第四，除了土地以外包括农具和其他生产资料的劳动条件，已逐渐转化为直接生产者所有。这一点对货币地租形式来说，更是先决条件。第五，货币地租的形成和发展，要以商品生产、商业和城市工业的比较显著的发展为前提，同时，要以产品有一个市场价格，并按接近于它的价值出售为前提。

货币地租既是封建地租的最后形式，又是封建地租的解体形式。货币地租的发展促进了封建生产方式的瓦解和资本主义生产方式的产生。货币地租虽然不是资本主义地租，但资本化的地租（即土地价格）会随着产品地租向货币地租的转化而变为重要的因素。首先，货币地租的发展，必然使农民和地主之间的关系，由原来的依附关系变为纯粹的货币关系。这种变化，又会使占有耕地的旧式农民发生分化：一方面出现资本主义的租地农场主，另一方面形成出卖劳动力的无产阶级，为资本主义在农业中的产生创造条件。其次，地租一旦取得货币地租的形式，且交租农民和土地所有者的关系一旦取得契约关系的形式，也就必然会出现租赁土地给资本家的现象，这样，城市中的资本家就会把资本投到农业上来，从而变成租地经营的农业资本家。一旦租地经营的农业资本家在土地所有者和农业雇佣工人之间出现，一切从农村旧的生产方式产生的关系就会解体。因此，货币地租可以促使以前的剥削方式、土地所有者和实际耕作者之间的关系，以及地租本身发生性质上的变革，产生资本主义地租。

只要租地经营的农业资本家成为农业雇佣工人的实际支配者和实际剥削者，土地所有者就不再直接和农业劳动者发生关系，而是只和租地农业资本家发生关系，且是单纯的契约关系和货币关系。这时，地租的性质就会发生变化，“它已经由剩余价值和剩余劳动的正常形式，下降为这个剩余劳动超过从事剥削的资本家以利润形式占有的部分而形成的余额，并且全部剩余劳动，即利润和超过利润的余额，现在都直接由他榨取，以总剩余产品的形式由他取得，并转化为货币。现在，他交给土地所有者的地租，只是他用他的资本直接剥削农业工人而榨取的这个剩余价值的一个超额部分”①。这种由资本家向土地所有者缴纳的地租的数量界限，是由非农业部门的平均利润和它调节的非农业的生产价格决定的。这就是说，农产品总价格扣除生产资料和劳动力耗费的补偿，再扣除资本家应得的平均利润之后，剩下的余额才能作为地租交付给土地所有者，如果超越这个余额来要求支付地租，资本家根本就不会投资经营。因此，作为剩余价值的一种形式，地租所处的地位也不同了。“现在，剩余价值的正常形式已经不是地租，而是利润，地租已经不是剩余价值一般在特殊情况下独立化的形式，而只是剩余价值的一个分支即超额利润在特殊情况下独立化的形式。”②

四、分成制和农民的小块土地所有制

在研究由封建地租向资本主义地租过渡的问题时，马克思着重考察了分成制和农民的小块土地所有制。他认为，“分成制可以看成是由地租的原始形式到资本主义地租的过渡形式”③。

所谓分成制，是指土地所有者和租地农民共同投资，由租地农民经营土地，产品按照契约规定的比例在土地所有者和租地农民之间进行分配的土地制度。在这种形式下，土地所有者和租地农民之间的关系，已经不是纯粹的封建生产关系。土地所有者不仅出租土地，而且提供一定的如大牲畜、大农具等经营资本，其得到的收入除了地租以外，还包括预付资本所带来的利息（或利润）。租地农民不仅提供劳动，而且提供一部分如肥料、种子、小农具等经营

① 《马克思恩格斯文集》第7卷，人民出版社2009年版，第903—904页。

② 《马克思恩格斯文集》第7卷，人民出版社2009年版，第904页。

③ 《马克思恩格斯文集》第7卷，人民出版社2009年版，第907页。

资本，其不仅要取得必要的产品，而且要获得一部分剩余价值。这部分剩余价值不是以地租的形式出现的，但与平均利润的形式相类似。全部剩余劳动由地租和利息、利润来代表，而地租也不再是纯粹的封建地租，已经增加了资本主义地租的因素，只是不像资本主义地租那样纯粹，那样明确地表现出来而已。

农民的小块土地所有制，即独立的个体农民经济，是由古代公有制解体后逐步产生的。它的特点主要有：第一，农民自己只有小块土地，直接进行耕种。农民既是劳动者，又是土地所有者。土地是他的主要生产工具，是他的劳动和其他生产工具所必需的活动场所。第二，一般地说，农民不向地主租种土地，因而不需要向地主支付地租。在这里，剩余劳动从而剩余价值也不表现为地租。农民在劳动中所得的收益，包括可能取得的超额利润，归农民自己所有。第三，不管土地产品的市场价格是如何决定的，在这里，由自然肥力较好的土地或由位置较好的土地提供的级差收入，即相当于形成级差地租的那部分超额利润，必然是存在的，但这种级差收入，不是归土地所有者所有，而是归那些在比较有利的自然条件下进行劳动生产的个体农民所有。第四，在小块土地所有制的土地上，虽然不存在地租，但也会有由地租的资本化而产生的土地价格。特别是在分配遗产时，土地可以折算为货币，还可以用货币来补偿土地分配的不均。第五，拥有小块土地的农民能够耕种他的土地，或购买耕种的土地，不必像在资本主义生产方式下那样，使土地产品的市场价格提高到向他提供平均利润的程度，更不必提高到提供一个固定在地租形式上的超过平均利润的余额的程度。所以，没有必要使市场价格提高到同他的产品的价值或生产价格相等的水平。这是小块土地所有制占统治地位的国家的谷物价格低于资本主义生产方式的国家的原因之一。

农民小块土地所有制作为农业发展中一个必要的过渡阶段，具有自己的局限性，这种土地所有制灭亡的原因就表明了它的限度。这些原因包括：（1）作为小农经济补充的农村家庭工业遭到大工业发展的破坏。（2）处在这种小农耕作下的土地已经逐渐贫瘠乃至枯竭。（3）公有地因被大土地所有者霸占而丧失。（4）种植园经济或资本主义经营的大农业加入竞争，使小农处于劣势。农业的改良，一方面使产品价格降低，另一方面又要求更大的投资额和更多的物质条件，这些都不利于小农的生存，因而这加速了小块土地所有制的灭亡。

小块土地所有制的局限性表现为：（1）它是一种各自独立的小规模经营，这种经济性质本身就排斥劳动的社会形式，排斥资本的社会积聚，排斥大规模的畜牧经营以及科学的扩大应用，因而排斥社会劳动生产力的发展。(2) 自耕农购买土地，首先遇到的是高利贷的盘剥和税收的负担，它们会到处促使小块土地所有制没落。而且，资本用于购买土地，势必夺去用于耕种的资本。在小块土地所有制条件下，随着人口的繁衍，生产资料会无止境地分散，人力发生巨大浪费，生产条件日趋恶化和生产资料日益昂贵是小块土地所有制的必然规律。

资本主义大土地所有制的出现，虽然是一种历史进步，但它也具有极为明显的历史局限性。但是，土地私有权的存在，不仅对小农业是一种限制，而且对大农业也是一种限制。在资本主义条件下，土地私有制限制着土地和投资的合理利用，提高了农产品的价格，减少了工业利润，影响了资本积累，增加了寄生性的消费。特别是它和大工业结合起来，破坏了农业生产力的发展。"大土地所有制则在劳动力的天然能力借以逃身的最后领域，在劳动力作为更新民族生活力的后备力量借以积蓄的最后领域，即在农村本身中，破坏了劳动力。大工业和按工业方式经营的大农业共同发生作用。如果说它们原来的区别在于，前者更多地滥用和破坏劳动力，即人类的自然力，而后者更直接地滥用和破坏土地的自然力，那么，在以后的发展进程中，二者会携手并进，因为产业制度在农村也使劳动者精力衰竭，而工业和商业则为农业提供使土地贫瘠的各种手段。"① 因此，资本主义农业制度，也是一种历史的过渡形式，它必然要被社会主义的农业制度所代替。

思考题：

1. 资本主义土地所有权的基本特征是什么？它与封建土地所有权有什么区别？
2. 级差地租形成的原因和条件是什么？
3. 级差地租Ⅰ和级差地租Ⅱ之间的相互关系是怎样的？
4. 绝对地租形成的原因和条件是什么？它与级差地租的区别是什么？
5. 怎样理解土地价格和地租的关系？
6. 为什么说资本主义大土地所有制的出现对资本主义生产方式仍然是一种限制和破坏？

---

① 《马克思恩格斯文集》第7卷，人民出版社2009年版，第919页。

第十七章　各种收入及其源泉

本章介绍《资本论》第三卷第七篇的主要内容。马克思在研究剩余价值分割的基础上，在本篇进一步研究了资本主义社会的各种收入及其源泉。通过对庸俗经济学提出的歪曲资本主义生产关系和分配关系的三位一体的公式以及“斯密教条”的批判，马克思揭示了资本主义分配关系的本质，为揭露各种为资本主义剥削制度辩护的理论的虚伪性提供了有力的理论武器。同时，本篇中关于分配关系与生产关系的相互关系的理论，也为正确认识我国社会主义初级阶段的分配制度提供了理论指导。

第七篇包括第 48 章至第 52 章。第 48 章批判了资产阶级庸俗经济学的三位一体的公式，说明了各种收入的源泉都是雇佣工人所创造的新价值。第 49 章通过对资本主义生产总过程的分析，批判了三位一体的公式的理论来源即“斯密教条”的错误。第 50 章进一步批判了“斯密教条”的错误，并指出它的产生与竞争的假象有关。第 51 章分析了分配关系与生产关系之间的辩证关系，为资本主义的发展作出了理论的和政治的结论。第 52 章把对经济关系的分析引申到阶级关系上来，研究资本主义社会三大阶级的阶级对立和阶级斗争，可惜这一章只开了个头，没有写完。

第一节　三位一体的公式

一、三位一体的公式本身及其发展

马克思在第 48 章至第 50 章批判了庸俗经济学的三位一体的公式，说明了资本主义社会各种收入的真正来源。这是马克思在已经取得的关于资本主义生产方式的全部研究成果的基础上进行的，因此是一种整体性批判。

按照马克思有关收入及其来源的基本观点，社会每年投入产业部门的活劳动总是分为两个部分，即必要劳动和剩余劳动。在资本主义生产过程中，活劳动创造的新价值相应体现为补偿可变资本的部分加上剩余价值，即 v+m。这个新价值是资本主义社会各种收入的源泉。资本主义生产关系的各个当事人（工人、职能资本家、货币资本家和地主）对新增价值的分配，形成工资、企业利润、利息和地租等收入。这种分配是以资本主义生产当事人在资本主义生产关系中的地位为根据的。生产要素的所有权使它的主体按照一定方式占有已经形成的新价值的一定部分，所有权本身并不创造价值，因而不可能是收入的源泉，只有工人的劳动才是各种收入的唯一源泉。货币资本家的利息，职能资本家的利润，地主的地租，归根结底都是来自工人剩余劳动创造的剩余价值。

法国的资产阶级庸俗经济学家萨伊，提出了一套掩盖资本主义剥削真相的收入理论，马克思称之为“三位一体的公式”。萨伊认为，利润由资本创造，地租由土地产生，劳动取得工资。利润包括资本利息和企业主收入，其中企业主收入是所谓“监督劳动工资”，将它与工人的工资合起来，就得到所谓“三位一体的公式”：资本—利息，土地—地租，劳动—工资，即资本创造利息，土地生产地租，劳动获得工资。在这个公式中，利润这个体现资本主义生产方式的特征的剩余价值形式被排除了，资本主义生产方式的剥削性质也就被掩盖起来了。第三卷第48章开始部分对这一公式本身进行了简要的描述和批判，[①]然后在第48章至第50章对这一公式进行了更为深入和全面的批判。

三位一体的公式中的三个所谓的财富源泉，即资本、土地和劳动，“属于完全不同的领域，彼此之间毫无相同之处。它们互相之间的关系，就像公证人的手续费、甜菜和音乐之间的关系一样。”[②] 将物质生产资料简单地等同于资本，是萨伊之类庸俗经济学家的通病。“但资本不是物，而是一定的、社会的、属于一定历史社会形态的生产关系，后者体现在一个物上，并赋予这个物以独特的社会性质。资本不是物质的和生产出来的生产资料的总和。资本是已经转化为资本的生产资料，这种生产资料本身不是资本，就像金或银本身不是货币一样。”[③] 再说土地，它只是“无机的自然界本身”[④]，只有在一定社会生产关系下，土地才成为能够为其所有者带来地租的地产。至于劳动，在萨伊的公式中，作为实现人和自然之间的物质变换的人类一般的生产活动，它适用于一切时代，脱离一切社会形式和性质规定，“只不过是一个抽象”[⑤]。总之，三位一体的公式中的三个要素，资本是机器、厂房之类的物质生产资料，土地是自然

① 这包括用罗马数字标示的三段文字，原本是分散在《资本论》第三卷第六篇手稿中的三个片段，恩格斯在整理马克思的手稿时，将它们编为第48章的开头。

② 《马克思恩格斯文集》第7卷，人民出版社2009年版，第922页。

③ 《马克思恩格斯文集》第7卷，人民出版社2009年版，第922页。

④ 《马克思恩格斯文集》第7卷，人民出版社2009年版，第922页。

⑤ 《马克思恩格斯文集》第7卷，人民出版社2009年版，第923页。

界本身，劳动是任何社会里都存在的人类生产活动，三者毫无关系和共同之处，把它们简单地并列起来，规定为不同收入的源泉，显然是荒唐的。

三位一体的公式使人们看不出各种收入源泉之间的联系。资本家凭借资本取得利息，土地所有者凭借土地所有权取得地租，雇佣工人通过出卖劳动力取得工资，这是只有在资本主义雇佣劳动制度下才存在的社会现象。也就是说，资本、土地和劳动这三种收入的源泉，只有在一定的社会经济形式中，才是相互联系着的，但三位一体的公式却把这种社会形式即资本主义的生产关系抽掉了，这就掩盖了各种收入之间的实际联系。在此基础上，资本、土地和劳动各自单独与利息、地租和工资这三种收入对应，这就把资本主义生产过程中新创造价值的真正源泉也掩盖起来了。

“三位一体的公式”中的“资本—利息，土地—地租，劳动—工资”，显然是三个不可能综合在一起的部分。从“土地—地租”来看，土地作为自然的存在没有价值，只有使用价值，而地租具有交换价值，把作为使用价值的土地和作为交换价值的地租安放在一定的比例关系上，显然是错误的。萨伊之类庸俗经济学家回答不了这样的质问：作为自然存在的土地自身，怎么会创造作为劳动的一种特定社会形式的价值，而且其数量恰恰又等于全部产品价值中形成地租的那个特殊部分呢？马克思指出，“在生产一种使用价值、一种物质产品例如小麦时，土地是起着生产要素的作用。但它和小麦价值的生产无关”①。就小麦体现着价值来说，它只是被看作一定量的物化劳动，而和劳动所借以进行的自然条件即土地无关。当然，土地的肥力会影响生产小麦的劳动的生产率，付出同量劳动，土地肥力的差别会造成产量的差别。但是，土地上生产的全部产品的价值总量，总是与生产中耗费的劳动量相等，而与土地的肥力无关。可见，说土地是创造使用价值的条件没错，“但是，如果在一个方面摆上一个使用价值，即土地，在另一个方面摆上一个价值，而且是一个特殊的价值部分，借此形成一个对立，那是愚蠢的做法”②。

再看“资本—利息”。资本是由一定数量的货币表现出来的价值额，利息也是一个由一定数量货币表示的价值额，但利息却被说成是资本的价值。“说一个价值是比它的所值更大的价值，显然是无稽之谈。”③ 马克思指出：“正是

① 《马克思恩格斯文集》第7卷，人民出版社2009年版，第924页。
② 《马克思恩格斯文集》第7卷，人民出版社2009年版，第925页。
③ 《马克思恩格斯文集》第7卷，人民出版社2009年版，第925页。

在资本—利息这个形式上，一切中介都消失了，资本归结为它的最一般的、但因此也就无法从它本身得到说明的和荒谬的公式。正是由于这个缘故，庸俗经济学家宁愿用资本—利息这个公式，而不用资本—利润这个公式，因为前一个公式具有价值和它自身不相等这一神秘性质，而后一个公式却和现实的资本关系较为接近。”① 但是，萨伊这个庸俗经济学家又不安地感到了“一个价值是比它的所值更大的价值”或者“价值和它自身不相等”的悖谬，所以他又抛开作为价值的资本，把资本归结为物质生产资料，归结为使用价值。这样，就又搬出一个同“土地—地租”一样的完全不能通约的关系：一面是生产资料，是使用价值，是物，另一面是一部分剩余价值的转化形式，是资本主义社会经济关系的体现。

至于“劳动—工资”，它所表达的不过是工资是劳动的价格这样一种肤浅和错误的流行观念，但它是与价值的概念相矛盾的。在这个公式的两端，一方是劳动，另一方是劳动的价值，即工资，劳动创造价值，是价值的实体，但劳动本身没有价值。价格是价值的货币表现，说劳动本身有价格，就要承认劳动本身也有价值，但这就如同说重量本身有重量一样悖理。所以，马克思把劳动的价格讽刺为“黄色的对数”这样的荒唐概念。他以揶揄的口气指出：“但在这里，庸俗经济学家才感到真正的满足，因为他现在终于达到了资本家认为他为劳动支付了货币这一深刻见解，并且因为恰好这个公式和价值概念的矛盾使他免除了理解价值的义务。”② 工资不是什么劳动的价格，其本质是劳动力的价值，数量上只是工人劳动创造的全部价值的一部分。资本家的收入和利息即剩余价值，正是工人劳动创造的全部价值与劳动力价值的差额。然而，出于为剥削辩护的目的，庸俗经济学家却试图用“劳动—工资”这个公式证明资产者已用工资支付了工人的全部劳动。

庸俗经济学提出的三位一体的公式，实际上是将人们习以为常的、作为本质关系的歪曲表现的观念，加以系统的、教条式的解释，把它说成是事物的真正本质。这是一种伪科学。马克思针对这种做法指出：“如果事物的表现形式和事物的本质会直接合而为一，一切科学就都成为多余的了。”③ 庸俗经济学炮制这种伪科学的目的，在于否定工人的劳动是各项收入的唯一源泉，掩盖资本

① 《马克思恩格斯文集》第7卷，人民出版社2009年版，第925—296页。

② 《马克思恩格斯文集》第7卷，人民出版社2009年版，第926页。

③ 《马克思恩格斯文集》第7卷，人民出版社2009年版，第925页。

主义的剥削关系。

二、对三位一体的公式的批判

在进一步批判三位一体的公式前，马克思从正面系统地做了两方面的论述。

第一个方面涉及剩余价值和剩余劳动一般。马克思说，资本主义生产过程是一般社会生产过程的一个历史规定的形式，其特征是从直接生产者身上榨取一定量的剩余劳动，这种剩余劳动体现为剩余价值。“剩余劳动作为超过一定的需要量的劳动，应当始终存在。……为了对偶然事故提供保险，为了保证再生产过程的必要的、同需要的发展和人口的增长相适应的累进的扩大（从资本主义观点来说叫做积累），一定量的剩余劳动是必要的。”① 资本主义生产关系下剩余劳动的特征是，它与资本之间具有对抗的性质，而且资本对剩余价值的无餍追求导致的工人过度劳累，是以占人口极少数的资产者的游手好闲为补充的。当然，与前资本主义社会剥削剩余劳动的方式相比，资本也有文明的一面，“它榨取这种剩余劳动的方式和条件，同以前的奴隶制、农奴制等形式相比，都更有利于生产力的发展，有利于社会关系的发展，有利于更高级的新形态的各种要素的创造”②。但无论如何，资本主义生产关系下的剩余劳动尽管从表面上看非常像自由协商的结果，其实质却是强制劳动。与此不同，在未来更高级的社会形态（即共产主义社会）中，“社会化的人，联合起来的生产者，将合理地调节他们和自然之间的物质变换，把它置于他们的共同控制之下，而不让它作为一种盲目的力量来统治自己；靠消耗最小的力量，在最无愧于和最适合于他们的人类本性的条件下来进行这种物质变换”③。这时，劳动的自由才能真正实现。

第二个方面回顾剩余价值生产和分割的过程，说明了资本主义分配关系及各种收入的真正来源。在资本主义社会中，由于商品经济占支配地位，在生产过程中雇佣工人的剩余劳动创造的剩余价值，是物化在剩余产品中的，并通过流通过程实现后，才在不同剥削阶级之间进行分配。利润、利息和地租不过是同一剩余价值转化的不同形式，是不同剥削集团之间分配剩余价值的结果。正

① 《马克思恩格斯文集》第 7 卷，人民出版社 2009 年版，第 927 页。
② 《马克思恩格斯文集》第 7 卷，人民出版社 2009 年版，第 927—928 页。
③ 《马克思恩格斯文集》第 7 卷，人民出版社 2009 年版，第 928—929 页。

是这种剩余劳动所体现的剩余价值的生产和分配，体现了资本主义生产过程的特征。我们已经知道，剩余价值是按照社会资本中每个资本所占的比例，在资本家之间进行分配的。剩余价值在总资本的分配中形成平均利润，这个平均利润又分割为企业主收入和利息。前者为职能资本家占有，后者为生息资本家所有。同时，由于土地私有权的存在，资本家不得不把剩余价值中超过平均利润以上的超额利润作为地租交给土地所有者。至于雇佣工人获得的工资，则是他们自身出卖劳动力而取得的收入，来源于工人自己在必要劳动时间内创造的新价值用以补偿劳动力价值消耗的那部分价值。

在以上论述的基础上，马克思对三位一体的公式展开了进一步的批判。

首先，马克思分析了三位一体的公式产生的现实基础，揭示了该公式制造的假象。在资本主义现实生活中，人们可以看到的是，资本每年都为资本家提供利润，土地每年都为土地所有者提供地租，劳动每年都为工人提供工资，每年的生产总价值中都要包含这三个价值部分或与之相适应的产品部分（撇开积累不说)，并且每年都被各自的所有者消费。这就好像三株长生树一样，每年都会在树上长出长生果，资本、土地和劳动每年都分别带来利润、地租和工资，因而在表面上资本、土地和劳动表现为它们各自特有的收入，即利润、地租和工资的不同源泉。马克思说，以上三种不同的收入，只是一种分配关系，资本、土地所有权、雇佣劳动形成了三种收入形式，“但是并没有创造转化为这几个不同范畴的实体本身。相反，这种分配是以这种实体已经存在为前提的，也就是说，是以年产品的总价值为前提的，而这个总价值不外就是对象化的社会劳动”①。但是，对于资本主义生产关系的当事人来说，资本、土地所有权、劳动，是三个不同的、独立的源泉，每年生产的价值的三个不同的组成部分，就是从这些源泉本身生产出来的；不仅如此，这个价值本身，从而这些收入形式的实体也是从这些源泉产生出来的。这样，就把新价值分解为三部分和形成新价值的源泉这两个不同的概念混为一谈了。

马克思对三位一体公式反映的假象进行了分析，揭示了隐藏在它背后的经济关系的实质。他指出，从土地—地租来看，以级差地租为例，自然肥力较好的土地，会提供较多的级差地租，反之则相反。这样，级差地租好像是由土地产生出来的。其实，土地肥力只是产生超额利润的条件，不是超额利润产生的

---

① 《马克思恩格斯文集》第 7 卷，人民出版社 2009 年版，第 931 页。

源泉。超额利润是由农业雇佣工人的剩余劳动创造的；至于超额利润的大小，也不是直接由土地肥力决定的，而是由起调节作用的市场价格和竞争规律决定的。可见，土地是个自然要素，地租是个社会范畴，把一个社会范畴说成是由自然要素产生出来的，显然是荒谬的。从劳动—工资公式看，这里只讲劳动，不讲雇佣劳动，把雇佣劳动的社会规定性抽掉，用一般劳动代替雇佣劳动，这就抹杀了资本主义雇佣劳动的特点。从资本—利润公式看，资本运动产生剩余价值，既包括利润，又包括地租，其中利润又要分割为利息和企业主收入，所以这个公式也是错误的。总之，资本所直接剥削到的是全部的没有分割的剩余价值，公式所表现的资本—利润或资本—利息，这不是资本榨取的全部剩余价值，而只是资本为资本家榨取的那部分剩余价值。这样，在资本—利息的公式中，资本剥削剩余价值的全部秘密就看不出来了。

其次，马克思还指出，三位一体的公式的错误还在于把劳动条件的社会性质抽象掉，把它们看做是自然的、永恒的东西。第一，马克思已经说明过，在三位一体的公式中，所谓三种收入的源泉是不可类比的，其中资本是一定的社会关系，土地是自然要素，劳动是每个社会都存在的生产活动，三者没有共同之处。但是，第二，在三位一体的公式中，资本、土地和劳动的产物，“它们的幼仔，即各种收入”①，又是一致的，都属于价值的范围，它们都是工人新创造的价值。因此，第三，三位一体的公式，“显示出一种匀称一致的不一致性质”②。马克思之所以这样说，是因为：在抽象掉资本主义的社会经济关系后，资本就被归结为生产资料，劳动就只是一切社会都存在的一般生产过程，而土地则仅仅是生产的自然条件，这样，收入的三种源泉就取得了属于自然物质范围的一致性，三位一体的公式因而表现为三个自然物质范畴与三个价值范畴（利息、工资和地租）的一一对应，即所谓“整齐对称”；但是，这种“整齐对称”又是不一致的，因为从脱离社会关系的物质范畴是无法直接引出作为价值范畴的、体现特定社会经济关系的三种收入的。在具有这种“整齐对称的不一致性质”的三位一体公式中，劳动不再具有资本主义雇佣关系的社会规定性，而是被看做一般的劳动，与之相对应，这种劳动的条件即土地和生产资料，也都是不具有任何社会形式的物质存在，劳动、资本和土地的社会形式统

① 《马克思恩格斯文集》第7卷，人民出版社2009年版，第933页。
② 《马克思恩格斯文集》第7卷，人民出版社2009年版，第933页。

统被抽象掉，于是，利息直接由物质生产资料产生，地租直接由作为自然物的土地产生，工资则是一切社会共有的一般生产活动的自然结果。

上述三位一体的公式把人与人的社会关系，歪曲成为单纯的物与物的关系。这是商品拜物教的表现。马克思在谈到这一点时说，“在论述商品和货币时，我们已经指出了一种神秘性质，它把在生产中由财富的各种物质要素充当承担者的社会关系，变成这些物本身的属性（商品），并且更直截了当地把生产关系本身变成物（货币）。一切已经有商品生产和货币流通的社会形式，都有这种颠倒。但是，在资本主义生产方式下和在构成其占统治地位的范畴，构成其起决定作用的生产关系的资本那里，这种着了魔的颠倒的世界就会更厉害得多地发展起来”①。这表现在以下几个方面。

（1）从直接生产过程看，在绝对剩余价值生产条件下，资本对劳动的剥削关系简单明了，但随着科学技术的进步，资本家就不断采用新技术，改进机器设备，进行相对剩余价值生产，这就使先进生产力与劳动在直接生产过程内的社会联系，都好像由劳动转到资本身上，劳动的全部社会生产力，好像不是劳动本身所有，而是为资本所有，好像是由资本自身生出的力量，或者说，本来是劳动的生产力，却表现为资本的生产力，因而由劳动所创造的剩余价值，却好像是由资本创造出来的，因此，资本就取得一种神秘的性质。

（2）资本的流通过程使得这种神秘性质进一步发展。由于商品中包含的价值和剩余价值都必须在流通过程中才能实现，这就使得原来的价值生产的关系被掩盖起来了，好像价值和剩余价值不仅仅在流通中实现，而且也在流通中产生。特别是市场的变化以及竞争和欺诈使得在流通中各个资本家取得的剩余价值不一致，而且流通时间的长短会对利润量产生影响，使得人们更加认为，剩余价值是由流通过程产生的，也就使得上述神秘性质得到进一步发展。

（3）从资本主义生产的总过程看，剩余价值又转化种种新的形式，这使得资本主义生产关系内部联系的线索更加看不清楚，从而加深了资本的神秘性。一是剩余价值是由可变资本带来的，不变资本只是剩余价值生产的必要条件。但是，当剩余价值转化为利润后，利润就表现为全部预付资本的产物，与此相适应，表示资本家对工人剥削程度的剩余价值率发展成为表示资本增殖程度的

---

① 《马克思恩格斯文集》第7卷，人民出版社2009年版，第936页。

利润率，这就掩盖了剩余价值的真正来源。二是利润转化为平均利润，价值转化为生产价格，也使资本关系更加神秘化了。由于各个生产部门的平均利润和剩余价值量不一致，生产价格和价值又会发生偏离，因而，好像平均利润不是由剩余价值所决定，生产价格也不是由价值所决定。这样，正常的平均利润本身好像是资本所固有的，同剥削无关；过度的剥削，或者，甚至特别有利条件下的剥削，好像只是决定与平均利润的偏离度，而不是决定平均利润本身。这样平均利润的来源就被掩盖起来了。三是利润分割为企业主收入和利息，完成了剩余价值形式的独立化，完成了它的形式对于它的实体，对于它的本质的异化。这样企业主收入就表现为资本家自己的劳动工资，而不是从工人身上剥削来的剩余价值，利息则完全脱离了直接生产过程，好像与工人的劳动无关，表现为资本本身的产物，可见，在生息资本形式上，资本关系取得了最异化、最特别的形式。如果说在资本—利润公式中，我们总会想起利润的起源，即还会想起它是工人在生产中创造出来的；那么在资本—利息公式中，“不仅想不到它的起源，而且让人想到的是和这个起源完全相反的形式”①。这样，资本的神秘性质就更进一步发展了。四是超额利润转化为地租，这种神秘性质发展到最高点。在这里，转化为地租的这部分剩余价值，已不是和直接的社会关系联系在一起，而是和一个自然要素（土地）直接联系在一起，地租好像不是工人的劳动创造的，而是直接由土地产生的。

三位一体的公式正是根据上述被颠倒了的资本主义经济关系的表面现象而制造出来的。资本取得利润，土地取得地租，劳动取得工资，在资本家看来，这都是天经地义的事，而且资本主义的现实似乎就是如此。庸俗经济学家们从维护资本家利益出发，把资本世界的表面现象说成具有自然的必然性和永恒的合理性，并加以公式化、教条化。

三、对“斯密教条”的批判

马克思在第三卷第 49 章和第 50 章中，还批判了作为三位一体的公式的理论来源的“斯密教条”及其进一步庸俗化的表现。

亚当·斯密的《国富论》一书有两种商品价值理论：先是劳动价值论，后来由于未能区分可变资本和不变资本，说不清不变资本的价值是如何被转移到

① 《马克思恩格斯文集》第 7 卷，人民出版社 2009 年版，第 939 页。

产品价值中去的，他又提出利润、地租和工资这三种收入决定商品价值的理论即“斯密教条”。按照这个教条，商品价值只包括 v+m，因而等于三种收入之和；与不变资本 c 对应的那部分商品的价值，也会归结为三种收入。后世庸俗经济学家的许多谬论，包括三位一体公式，灵感都来自这个错误的教条。马克思在第二卷第 19 章已批判过“斯密教条”。现在，为了揭示三位一体公式的理论根源，他又一次批判了“斯密教条”。马克思根据自己的社会总资本再生产理论，说明了总产品或总收益（c+v+m）、总收入（v+m）和纯收入（m）的区别，并据此指出，资产阶级庸俗经济学混淆了这些概念，从而使“斯密教条”被进一步庸俗化，即用同直接的生产过程无关的利息取代“斯密教条”中那个作为生产结果的利润，将总产品的价值说成是由利息、地租和工资构成的总收入决定的。马克思指出，导致这一错误的原因是不理解不变资本和可变资本的关系，不理解劳动在追加新价值时如何和为什么会在新形式上把旧价值保存下来，不理解再生产过程及再生产的各个组成部分之间的关系，不理解剩余价值的各个组成部分表现为互相独立的各种收入的形式后，收入和资本这两个角色会互换位置，等等。

马克思在第 50 章中通过对竞争的假象的分析，详细论证了“斯密教条”的虚伪性。马克思指出，如果撇开不变价值部分不说，那么这样说是正确的：商品价值就其代表新加入的劳动来说，不断分解为三个部分，这三个部分形成三种收入形式，即工资、利润和地租。但是，如果反过来说工资、利润和地租是独立的、构成价值的要素，说商品的价值（如果把不变部分撇开不说）就是由这些要素组成的，或者说它们是商品价值或生产价格的组成部分，就是错误的，因为商品中由新加入的劳动物化成的价值部分的量与它分为工资、利润和地租没有关系；而商品中新创造的价值却是分解为工资、利润和地租的绝对界限。既然新价值 v+m 是收入的源泉，它也就成为各种收入的数量界限。在 v+m 中，如果工资发生变动从而 v 发生变动，剩余价值 m 就相应地发生相反方向、相同数量的变动，两者的总和仍然不变。在新价值的界限内，工资又有自身的界限，即劳动力再生产的费用；新价值减去工资的余额便成为剩余价值的界限；利润平均化只是改变了剩余价值的分配，平均利润的界限仍然是剩余价值；平均利润又是利息和企业利润的界限；地租也有界限，就是剩余价值和平均利润之间的超额利润；垄断利润即超过剩余价值的利润也不是没有界限的，它或者是对工资的侵占，或者是对其他生产者利润的扣除。所以，工资、利润和地租构成商品价值的说法是错误的。

第二节　分配关系和生产关系

一、资本主义生产方式的两个特征

马克思在第 51 章研究了资本主义的生产关系和分配关系之间的关系，说明了资本主义生产方式的历史暂时性。他首先介绍了资本主义分配形式及分配关系与生产关系的历史性质，然后分析了资本主义分配关系与生产关系的关系，指出了资本主义生产方式的两个特征，然后研究了资本主义分配关系本身，最后得出结论：资本主义的分配关系是由资本主义的生产关系决定的，它们都是一定历史条件下的社会关系，都同样具有历史的暂时性。为了便于理解，我们首先说明资本主义生产方式的两个特征，然后将其他相关内容纳入分配关系与生产关系的相互关系的分析之中。

资本主义生产方式的第一个特征是其生产的产品是商品。在这里，使资本主义生产方式和其他生产方式相区别的，不在于生产商品，而在于商品生产占统治地位，劳动力成为商品，劳动表现为雇佣劳动。在资本主义的商品生产中，一方面，劳动只作为社会劳动才起作用，即只有通过商品交换，劳动的社会性质才能实现；但另一方面，社会劳动的分配和产品的交换，都由各个资本家摆布，这就产生了生产的社会化与生产资料私人占有之间的矛盾，并成为资本主义商品生产的基本矛盾。作为资本主义商品生产的调节者，“价值规律不过作为内在规律，对单个当事人作为盲目的自然规律起作用，并且是在生产的偶然波动中，实现着生产的社会平衡”①。因此，价值规律所要求的社会再生产的平衡，是通过竞争、平衡不断被破坏、经济危机周期地发生而达到的暂时的平衡。与此同时，产品成为商品，商品作为资本的产品，“已经包含着作为整个资本主义生产方式的特征的社会生产规定的物化和生产的物质基础的主体化”②。所谓“社会生产规定的物化”，是指在资本主义制度下，物与物的关系掩盖了人与人的关系，人与人的关系只有通过物与物的关系才能表现出来。所

① 《马克思恩格斯文集》第 7 卷，人民出版社 2009 年版，第 996 页。

② 《马克思恩格斯文集》第 7 卷，人民出版社 2009 年版，第 996—997 页。

谓“生产的物质基础的主体化”，是指作为生产主体的人，在资本主义工厂中，成为机器的附属物，这种物支配人的现象是劳动隶属于资本的具体表现。

资本主义生产方式的第二个特征是，剩余价值的生产是生产的直接目的和决定动机。资本本质上是生产资本的，但只有生产剩余价值，它才生产资本。对于如何看待这一生产目的，马克思作了三个层面的分析。第一，这种为了价值和剩余价值而进行的生产，包含着一种不断发生作用的趋势，即在利益动机的驱使下，资本家总是不断地采用先进技术，提高劳动生产力，降低生产商品的个别劳动时间，以获得更多的剩余价值。“力求将成本价格缩减到它的最低限度的努力，成了提高劳动社会生产力的最有力的杠杆，不过在这里，劳动社会生产力的提高只是表现为资本生产力的不断提高。”① 因为，劳动生产力提高的成果，都被资本家所占有，并与工人本身的发展相对立。第二，在各个资本家的工厂里，资本家作为生产的指挥者和统治者，具有一定的权威，因而生产总是有组织、有计划地进行。然而，在资本家之间，利益才是最大的权威，各个资本家为了获得更多的剩余价值，总是进行盲目的竞争，造成整个社会生产的无政府状态。在工厂内部的有计划与社会生产的无政府状态中，“占统治地位的却是极端无政府状态”②。各个企业生产的有组织性和整个社会生产的无政府状态之间的矛盾，是不依赖于资本家的个人意志而客观存在的经济规律，这种矛盾发展到一定程度，只有通过经济危机才能获得暂时的解决。第三，劳动采取雇佣劳动的形式，生产资料采取资本的形式，这是剩余价值生产的前提。只有在这个条件下，工人的剩余劳动时间所创造的价值才可能表现为剩余价值，这种剩余价值也才表现为利润和地租，然后才可能把剩余价值的一部分积累起来，作为追加资本，用于扩大再生产，才有资本主义的积累过程。

资本主义生产的特征表明：由资本主义生产过程内部规定了的生产关系同时也决定了资本主义的分配关系。

二、分配关系与生产关系的关系

关于分配关系与生产关系的关系，马克思主要从三个层面展开了分析。

首先，马克思分析了资本主义分配形式和分配关系与生产关系的历史性

① 《马克思恩格斯文集》第7卷，人民出版社2009年版，第997页。

② 《马克思恩格斯文集》第7卷，人民出版社2009年版，第997—998页。

质。第一，揭示了资本主义社会的分配形式。劳动者新创造的价值分为三个部分，采取了三种不同的收入形式，即一部分以工资形式归劳动力所有者，一部分以利润形式归资本所有者，一部分以地租形式归土地所有者。这种分配形式表示出新生产的总价值在不同生产要素的所有者中间进行分配的关系。第二，揭示了资本主义分配关系不是自然关系。一些资产阶级经济学家把这种分配关系看做是自然关系，是从一切社会生产的一般的或共同性质、从人类生产本身的通行于一切历史时代的一般规律产生出来的关系。马克思认为这是错误的。他指出，历史上存在过的分配关系都具有历史的暂时性质，资本主义分配关系也不是什么自然关系。同时，任何社会形态的分配关系都有其特殊性，这是由该社会的生产关系的特殊性所决定的。第三，资本主义生产关系不是永恒的。与把这种分配关系看做是自然关系的观点不同，也有一些资产阶级经济学家承认分配关系的历史性质，但是，他们不承认生产关系的历史性质。在他们看来，生产关系是物质生产要素之间的技术联系，因而是自然的、不变的，而分配关系是“人为制度”；财富的分配只受社会的法律与习惯支配，归根到底依存于社会支配者的意志与感情，因而是暂时的。这样把生产关系与分配关系割裂开来的观点，其实质是要宣扬资本主义生产关系永世长存。根据马克思的论述，生产关系是随生产力的发展而变化的，资本主义生产关系只是与生产力发展阶段相适应的生产关系，具有独特的、历史的和暂时的性质；分配关系本质上和生产关系是同一的，是生产关系的反面，二者都具有历史的、暂时的性质。

其次，马克思分析了资本主义分配关系与生产关系的本质关系。第一，资本主义生产关系先于分配关系而存在。资产阶级经济学家研究分配问题是从年产品分为工资、利润和地租开始的，这种方法是错误的。实际上，产品的初次分配，总是分解为资本和收入，而作为收入的一种形式的工资，在分配之前就作为可变资本存在于资本家手中，只是在作为工资付给工人以后，才取得收入的形式。而生产出来的劳动条件和劳动产品，都首先以资本的形式存在。可见，在新价值分割为工资、利润和地租之前，资本主义生产关系早已存在了。第二，资本主义再生产过程，“不仅生产出物质的产品，而且不断地再生产出产品在其中生产出来的那种生产关系，因而也不断地再生产出相应的分配关系”①。可见，

① 《马克思恩格斯文集》第 7 卷，人民出版社 2009 年版，第 995 页。

生产关系与分配关系是不能割裂的。第三，生产关系决定分配关系。在产品分配之前，就已经存在生产条件的分配。而生产条件的分配，"却是在生产关系本身内部由生产关系的一定当事人在同直接生产者的对立中所执行的那些特殊社会职能的基础。这种分配关系赋予生产条件本身及其代表以特殊的社会的质。它们决定着生产的全部性质和全部运动"①。劳动者与生产资料相分离，资本家占有生产资料，土地所有者占有土地，劳动者只有作为商品的劳动力，就是作为资本主义生产关系基础的生产条件的分配。这种生产条件的分配，决定生产出来的产品如何在不同的生产条件所有者之间分配。

最后，马克思把关于资本主义生产关系与分配关系之间关系的理论，具体地应用于对资本主义分配过程的研究。马克思首先指出，既然工资是以雇佣劳动为前提，利润以资本为前提，也就是说，一定的分配形式是以生产条件的一定的社会性质和生产当事人之间的一定的社会关系为前提的，那么，"一定的分配关系只是历史地规定的生产关系的表现"②，它既表现为生产关系的结果，又会反作用于生产关系。就利润来说，它是剩余价值的转化形式，是资本家的收入，可以说是属于分配关系的范畴。但是，从生产关系的角度看，它是资本的更新和积累的条件，"是在资本主义生产形式中新形成生产资料的前提；因而是一种支配再生产的关系"③。再拿利润转化为平均利润、价值转化为生产价格来说，这是等量资本获得等量利润这个剩余价值分配原则的要求，然而它又是通过资本在利润率不同的社会生产部门之间的转移作为一种趋势实现的，也就是说，是通过资本在不同部门的分配实现的。再者，利润分割为企业主收入和利息，也可以说是分配关系。但是，这种收入分割之所以会发生，是由于部分货币资本从资本循环中分离出来，独立化为生息资本，这又是一种生产条件的分配。再看地租，作为从剩余价值中分割出来的一个部分，它显然属于分配关系的范畴。但是，土地所有者之所以能够取得地租，只是因为存在土地成为私人财产这样一种生产条件的分配。而且，地租作为对剩余价值的分割，是以资本主义的生产关系即以雇佣劳动为条件的剩余价值生产为基础的。

做了上述分析之后，马克思得出的结论是："所谓的分配关系，是同生产过程的历史地规定的特殊社会形式，以及人们在他们的人类生活的再生产过程

① 《马克思恩格斯文集》第7卷，人民出版社2009年版，第995页。
② 《马克思恩格斯文集》第7卷，人民出版社2009年版，第998页。
③ 《马克思恩格斯文集》第7卷，人民出版社2009年版，第998页。

中相互所处的关系相适应的，并且是由这些形式和关系产生的。这些分配关系的历史性质就是生产关系的历史性质，分配关系不过表现生产关系的一个方面。资本主义的分配不同于各种由其他生产方式产生的分配形式，而每一种分配形式，都会随着它由以产生并且与之相适应的一定的生产形式的消失而消失。”①

第三节 阶 级

一、资本主义社会的三大阶级

第52章是第三卷的最后一章，这一章只开了一个头，马克思没有等到按原计划完成写作就逝世了。在这一章未完成稿里，马克思是要在分析资本主义经济关系的基础上，得出关于资本主义社会阶级结构和阶级斗争的政治结论。

在这一章一开头，马克思就指出：“单纯劳动力的所有者，资本的所有者和土地的所有者——他们各自的收入源泉是工资、利润和地租，——也就是说，雇佣工人、资本家和土地所有者，形成建立在资本主义生产方式基础上的现代社会的三大阶级。”② 这是对资本主义社会的基本阶级结构的简明概括。

马克思进一步指出，英国是当时这种现代社会经济结构的最典型的代表，但即便如此，这种阶级结构也不是以纯粹的形式表现出来。也就是说，在这三大阶级之间，还存在一些中间的阶层或过渡的阶层，如半无产阶级、小业主、小土地出租者等。随着资本主义的发展，这些中间的阶层或过渡的阶层会不断发生分化，分别归属于三个基本阶级。

二、收入与阶级

接下来，马克思开始论述“是什么形成阶级”这个问题。这也就是要说明区别不同社会阶级的根据是什么。

“是什么使雇佣工人、资本家、土地所有者成为社会三大阶级的成员?”③乍一看，好像阶级与收入和收入源泉具有同一性，工人靠工资生活，资本家靠

① 《马克思恩格斯文集》第7卷，人民出版社2009年版，第999—1000页。
② 《马克思恩格斯文集》第7卷，人民出版社2009年版，第1001页。
③ 《马克思恩格斯文集》第7卷，人民出版社2009年版，第1002页。

利润生活，土地所有者靠地租来生活，也就是雇佣工人、资本家和土地所有者分别靠他们的劳动力所有权、资本所有权和土地所有权来生活。但是，如果简单地将收入视为划分阶级的根据，那么，医生和官吏分属不同社会集团，有不同的收入来源，似乎也成了两个阶级。按照这种阶级划分方法，由于存在社会分工，而分工体系又包括许多行业和职业，资本主义社会的三大阶级就可以进一步细分为许多阶级。例如土地所有者，可以分为葡萄园所有者阶级、耕地所有者阶级、森林所有者阶级、矿山所有者阶级、渔场所有者阶级等。与此相适应，也要有葡萄园工人阶级、耕地工人阶级、森林工人阶级、矿山工人阶级、渔场工人阶级等。显然，这是不能说明阶级的实质的。马克思写到这里，手稿就中断了。

对于马克思的上述看法，列宁曾经做过精辟的解说和发挥。他在《社会革命党人所复活的庸俗社会主义和民粹主义》一文中指出：“从收入来源中去寻找社会不同阶级的基本特征，这就是把分配关系放在首位，而分配关系实际上是生产关系的结果。这个错误马克思早已指出过，他把看不见这种错误的人称为庸俗的社会主义者。区别各阶级的基本标志，是它们在社会生产中所处的地位，也就是它们对生产资料的关系。占有某一部分社会生产资料，将其用于私人经济，用于目的在出售产品的经济，——这就是现代社会中的一个阶级（资产阶级）同失去生产资料、出卖自己劳动力的无产阶级的基本区别。”① 在《伟大的创举》一文中，列宁根据马克思的思路提出了一个更加完善的阶级定义：“所谓阶级，就是这样一些大的集团，这些集团在历史上一定的社会生产体系中所处的地位不同，同生产资料的关系（这种关系大部分是在法律上明文规定了的）不同，在社会劳动组织中所起的作用不同，因而取得归自己支配的那份社会财富的方式和多寡也不同。所谓阶级，就是这样一些集团，由于它们在一定社会经济结构中所处的地位不同，其中一个集团能够占有另一个集团的劳动。”②

思考题：

1. 三位一体的公式的含义是什么？

---

① 《列宁全集》第7卷，人民出版社1986年版，第30页。

② 《列宁专题文集 论社会主义》，人民出版社2009年版，第145页。

2. 各种收入的真正源泉及其绝对界限是什么？
3. 马克思从哪些方面对三位一体的公式进行了批判？
4. 分配关系与生产关系的性质及其关系是什么？
5. 资本主义社会的阶级结构及其与收入的关系是什么？

结束语:《资本论》的当代价值

《资本论》第一卷发表于1867年。从那时起到现在，已一个半世纪。虽然现在的历史条件与马克思写作《资本论》的年代已有很大不同，但是，时间不会使真理的光芒消退，《资本论》仍然具有不可低估的科学意义和当代价值，仍然是我们这个时代的政治经济学。习近平在哲学社会科学工作座谈会上谈到马克思主义的生命力时指出："历史和现实都证明它是科学的理论，迄今依然有着强大生命力。马克思主义深刻揭示了自然界、人类社会、人类思维发展的普遍规律，为人类社会发展进步指明了方向；马克思主义坚持实现人民解放、维护人民利益的立场，以实现人的自由而全面的发展和全人类解放为己任，反映了人类对理想社会的美好憧憬；马克思主义揭示了事物的本质、内在联系及发展规律，是'伟大的认识工具'，是人们观察世界、分析问题的有力思想武器；马克思主义具有鲜明的实践品格，不仅致力于科学'解释世界'，而且致力于积极'改变世界'。在人类思想史上，还没有一种理论像马克思主义那样对人类文明进步产生了如此广泛而巨大的影响。"①

一、《资本论》揭示了社会生产和市场经济的一般发展规律

按照历史唯物主义，对于社会生产规律的研究不能脱离一定的社会历史条件。因此，经济学从本质上说，是一门历史的科学。马克思认为，"生产的一切时代有某些共同标志，共同规定。生产一般是一个抽象，但是只要它真正把共同点提出来，定下来免得我们重复，它就是一个合理的抽象。不过，这个一般，或者说，经过比较而抽出来的共同点，本身就是有许多组成部分的、分为不同规定的东西。其中有些属于一切时代，另一些是几个时代共有的。[有些]规定是最新时代和最古时代共有的。没有它们，任何生产都无从设想"②。

在《资本论》及其手稿中，马克思对"属于一切时代"和"几个时代共有"的经济规律都有分析。他关于生产力构成要素的概括，关于劳动过程一般内容及其基本要素的论述，关于分工和简单协作对于提高劳动生产率的一般作

---

① 习近平:《在哲学社会科学工作座谈会上的讲话》，人民出版社2016年版，第8—9页。

② 《马克思恩格斯文集》第8卷，人民出版社2009年版，第9页。

用的论述，关于简单再生产和扩大再生产的一般条件的说明，关于社会再生产两大部类的划分，关于劳动时间节约规律的论断，等等，都是对“属于一切时代”的经济规律的合理抽象。马克思对生产一般的这些研究，反映了社会再生产的一般条件和一般要求，对于一切时代都是适用的，对于我们研究当代的经济问题仍然具有指导意义。

至于马克思在《资本论》中关于“几个时代共有”的经济规律的研究，当首推在《资本论》第一卷第一篇“商品和货币”中考察的商品经济的一般原理。这个原理，不仅适用于前资本主义时期的简单商品经济和资本主义经济，也适用于社会主义市场经济，完全可以成为分析社会主义市场经济的理论出发点。除此之外，马克思还阐述了有关市场经济的其他一般规律，例如在《资本论》第三卷中讨论的商品的价格在供求关系作用下围绕价值波动的规律、市场竞争规律，等等。这些一般规律在社会主义市场经济条件下仍然在发生作用。马克思关于这些规律的论述，为研究社会主义市场经济提供了理论基础。

即便是《资本论》中研究的资本主义特有的规律，其中也包含了许多反映普遍规律的内容，经过适当改造或调整之后，也可以纳入社会主义经济理论体系的内容中。例如，由于社会主义市场经济条件下的公有制企业是独立核算、自负盈亏的市场主体，马克思在《资本论》中研究的成本、利润等范畴，只要将其中包含的资本主义剥削关系换成与公有制相适应的内容，也可以转化为分析公有制企业的经济行为的理论工具。对《资本论》第二卷关于资本循环、周转的理论，显然也可以做这样的改造。而关于社会总资本再生产过程的分析模式，经过类似处理以后，显然可以成为社会主义经济理论中宏观分析和增长研究的基础。事实上，在这方面，我国的经济学界已经取得了很多成果。

当然，在运用社会生产和市场经济一般规律时，必须注意的是，现实的市场经济总是与特定的社会经济制度结合在一起的，而在当代它是与社会主义和资本主义这两种特殊的社会基本经济制度结合在一起的。社会主义经济和资本主义经济虽然具有市场经济的共同属性，但又有本质的区别。这是我们在运用《资本论》的概念体系来发展社会主义经济理论时，应当时时注意的问题。

二、《资本论》是科学分析当代资本主义经济的有力武器

马克思一生有两大科学发现：一是唯物史观，二是剩余价值学说。《资本论》是剩余价值学说的全面系统的表达。它通过对剩余价值的生产、流通和分

配的分析，揭示了资本主义经济的内在矛盾，说明了资本主义经济的运动规律。现代资本主义经济与马克思的时代相比，当然有不小的变化，但雇佣劳动制度和资产阶级对剩余价值的无厌榨取，仍然是这个制度的基本特征，因而从总体上说，《资本论》对它的分析仍然是有效的。也就是说，《资本论》仍然是我们科学地认识资本主义的有力武器。

在《资本论》诞生后的150多年里，伴随着资本主义经济周期性的变化，在资产阶级学者中一直存在这样一种认识上的循环，即每当资本主义经济发展处于繁荣时期，这些学者们就会宣布，《资本论》已经过时，资本主义经济危机已经被克服；而一旦资本主义危机到来时，又会有许多学者感叹，马克思回来了，《资本论》说对了。这种循环现在依然在进行。20世纪90年代，在信息革命推动下，美国的经济出现了近十年的高增长低通胀的繁荣局面，与此同时发生了东欧剧变和这些国家社会主义的失败。这使资本主义的辩护士们在庆贺不战而胜的狂欢中，将资本主义在历史上经历过的经济危机的灾难忘得干干净净，竟然产生了资本主义社会是人类历史终点和经济危机已经永远消失的幻觉，《资本论》过时论又一时甚嚣尘上。然而，历史的车轮并没有停转。进入21世纪之后，随着资本主义在全球新一轮扩张的推进，资本主义所固有的生产的社会化与生产资料资本主义私人占有制之间的矛盾日益加剧，其与生俱来的种种社会弊端也迅速发展。反复出现的严重失业问题，不断加大的贫富两极分化，频繁爆发的金融危机，西方发达国家金融资本通过花样繁多的所谓“金融创新”对全世界的掠夺，最终酿成了2008年以来始于美国而蔓延于世界的严重的全球经济危机。这再一次给了那些健忘的西方资本主义辩护士一个教训，证明了马克思的经济理论对资本主义基本矛盾及其作用机制和表现形式的论述的科学性。习近平指出：“有人说，马克思主义政治经济学过时了，《资本论》过时了。这个说法是武断的。远的不说，就从国际金融危机看，许多西方国家经济持续低迷、两极分化加剧、社会矛盾加深，说明资本主义固有的生产社会化和生产资料私人占有之间的矛盾依然存在，但表现形式、存在特点有所不同。国际金融危机发生后，不少西方学者也在重新研究马克思主义政治经济学、研究《资本论》，借以反思资本主义的弊端。”①

马克思在《资本论》中断言资本主义的丧钟就要响了，然而一个半世纪之

---

① 习近平：《在哲学社会科学工作座谈会上的讲话》，人民出版社2016年版，第14—15页。

后，资本主义仍然存在，这也使不少人产生了《资本论》是否过时的疑问。这种疑问实际上是对马克思的苛求和误解。马克思不是算命先生，他从来就没有为资本主义的灭亡规定过时间表，也坚决反对做这样的事情。在马克思所生活的年代，资本主义开始确立在全世界的统治地位，其固有矛盾日益凸显，资产阶级对工人阶级的肆无忌惮的血腥剥削导致剧烈的社会冲突不断。毋庸讳言，在这种形势下，马克思和他那一代革命家，确实对资本主义的生存能力做过现在看来过低的估计。但是，资本主义发展的事实证明，马克思在《资本论》中所说的“资本主义私有制的丧钟就要响了”①，作为对资本主义由其基本矛盾决定的历史趋势或未来走向的预言，毫无疑问仍然是有效的。不仅如此，关于“资本主义为何还有生命力”的问题的答案，事实上也包含在马克思的理论中。他在《〈政治经济学批判〉序言》中阐述自己的经济学研究方法论时说过：“无论哪一个社会形态，在它所能容纳的全部生产力发挥出来以前，是决不会灭亡的；而新的更高的生产关系，在它的物质存在条件在旧社会的胞胎里成熟以前，是决不会出现的。”② 他在《资本论》第一版序言中还说过：“一个社会即使探索到了本身运动的自然规律——本书的最终目的就是揭示现代社会的经济运动规律，它还是既不能跳过也不能用法令取消自然的发展阶段。但是它能缩短和减轻分娩的痛苦。”③ 资本主义之所以在当代继续存在，甚至还有一定程度的发展，根本的原因就是，在反复爆发的经济危机教训下，特别是在国际工人运动的冲击下，资产阶级不得不对资本主义生产关系加以调整，从而使这种生产关系在一定时期内对生产力的容纳能力有所提高。第二次世界大战前后凯恩斯主义的兴起，政府干预的实施，社会福利体系的建设，工会的发展及其在劳资谈判中地位的增强，就是这种生产关系的调整。这一切当然都是在不从根本上颠覆资本主义私有制的前提下进行的，但也在旧社会的胞胎内为新社会的到来准备了物质条件。即便没有从根本上触动旧的财产关系，这些调整仍然遭到西方资产阶级中的保守派的反对。20 世纪 70 年代之后兴起的新自由主义就是西方资产阶级保守势力的代表。新自由主义者的目的，实质上是企图恢复 19 世纪那种放任自由的野蛮资本主义，以保卫被上述调整损害和限制的少数资产者的私人产权和个人自由。而保守派的上台和新自由主义政策的推行，成为

① 《马克思恩格斯文集》第 5 卷，人民出版社 2009 年版，第 874 页。

② 《马克思恩格斯文集》第 2 卷，人民出版社 2009 年版，第 592 页。

③ 《马克思恩格斯文集》第 5 卷，人民出版社 2009 年版，第 9—10 页。

1998 年和 2008 年两次国际金融危机爆发的诱因。可见，正是资本主义在当代的发展变化本身，彰显了《资本论》的科学性和当代价值。

三、《资本论》为中国特色社会主义道路和建设提供了理论基础

《资本论》虽然没有专门论述共产主义经济的篇章，但是马克思在研究资本主义的发展趋势和与资本主义生产方式进行对比时，对未来社会的基本特征进行了探讨，并提出了一些设想，主要有：生产资料公有，有计划调节的社会生产，按劳分配和按需分配，消除城乡对立，个人自由全面发展等。在《资本论》中，马克思把未来社会称作“自由人的联合体”，而这里所说的自由是指：“社会化的人，联合起来的生产者，将合理地调节他们和自然之间的物质变换，把它置于他们的共同控制之下，而不让它作为一种盲目的力量来统治自己；靠消耗最小的力量，在最无愧于和最适合于他们的人类本性的条件下来进行这种物质变换。”① 马克思认为，在这个自由人联合体中，“劳动时间就会起双重作用。劳动时间的社会的有计划的分配，调节着各种劳动职能同各种需要的适当的比例。另一方面，劳动时间又是计量生产者在共同劳动中个人所占份额的尺度，因而也是计量生产者在共同产品的个人可消费部分中所占份额的尺度”②。这里表达了未来社会要实行按社会需要调节生产和按劳分配的思想。《资本论》中关于未来社会的这些思想，阐明了未来共产主义和社会主义的基本原则，为社会主义革命和建设指明了方向。

改革开放以来，正是以这些思想为基础，并结合我国的具体国情和时代的特征，我们党创立了中国特色社会主义理论体系。习近平新时代中国特色社会主义经济思想，是党的十八大以来以习近平同志为核心的党中央将马克思主义政治经济学基本原理与新时代中国经济发展实践相结合的理论结晶，其主要内涵可以概括为“七个坚持”：坚持加强党对经济工作的集中统一领导，保证我国经济沿着正确方向发展；坚持以人民为中心的发展思想，贯穿到统筹推进“五位一体”总体布局和协调推进“四个全面”战略布局之中；坚持适应把握引领经济发展新常态，明确回答了我国经济形势怎么看、经济工作怎么干的问题，有力引导了全党全社会对经济形势的判断；坚持使市场在资源配置中起决

---

① 《马克思恩格斯文集》第 7 卷，人民出版社 2009 年版，第 928—929 页。
② 《马克思恩格斯文集》第 5 卷，人民出版社 2009 年版，第 96 页。

定性作用，更好发挥政府作用，把处理好政府和市场关系作为经济体制改革的关键，为经济发展注入了强大动力；坚持适应我国经济发展主要矛盾变化，完善宏观调控，把推进供给侧结构性改革作为经济工作的主线，为保持我国经济持续健康发展开出治本良药；坚持问题导向部署经济发展新战略，推进京津冀协同发展战略、长江经济带发展战略、“一带一路”建设等，对我国经济社会发展变革产生深远影响；坚持正确工作策略和方法，以稳中求进为工作总基调，把握宏观调控的度，坚持底线思维，为推动经济持续健康发展提供了重要方法论。党的十九届四中全会通过的《中共中央关于坚持和完善中国特色社会主义制度 推进国家治理体系和治理能力现代化的若干重大问题的决定》明确指出，公有制为主体、多种所有制经济共同发展，按劳分配为主体、多种分配方式并存，社会主义市场经济体制等社会主义基本经济制度，既体现了社会主义制度的优越性，又同我国社会主义初级阶段社会生产力发展水平相适应，是党和人民的伟大创造。这一论断，是习近平新时代中国特色社会主义经济思想的重要创新和发展。习近平新时代中国特色社会主义经济思想，与包括《资本论》在内的马克思主义经典著作的思想，是一脉相承而又与时俱进的，是中国特色社会主义政治经济学的最新成果。

四、坚持《资本论》的科学方法，创新马克思主义政治经济学

习近平在庆祝中国共产党成立 95 周年大会上指出：“马克思主义并没有结束真理，而是开辟了通向真理的道路。恩格斯早就说过：‘马克思的整个世界观不是教义，而是方法。它提供的不是现成的教条，而是进一步研究的出发点和供这种研究使用的方法。’”① 可见，坚持马克思主义经济学，从根本上来说就是坚持主要体现在《资本论》中的马克思主义经济学的方法论。从某种程度上说，我们研读《资本论》，深入地体验它的方法，比了解和记住它的精彩篇章，比寻找直接可用的理论观点，更加重要。只有掌握了《资本论》的方法，我们才能在纷繁复杂、变动不居的世界中发展出适应新的历史条件和新的社会需要的马克思主义经济学的新形式。

在本书导言中，我们已经对《资本论》的方法做过一般的介绍。现在，我们读完《资本论》，掩卷思索，对它的研究方法，应当有更具体深入的理解。

① 习近平：《在庆祝中国共产党成立 95 周年大会上的讲话》，人民出版社 2016 年版，第 9 页。

在《资本论》宏大的理论体系的展开过程中，历史唯物主义的世界观这个根本的方法论原则具体化为经济学研究的一系列分析规范。

1. 从生产力与生产关系的矛盾运动中解释社会经济制度变迁

生产关系要适应生产力的发展，这是历史唯物主义的基本命题。社会生产关系以及作为其具体表现的社会经济制度的变迁（包括基本制度的变革和既定基本制度框架内的改革或改良），是由生产力的发展推动的。一切社会经济制度方面发生重要变迁的原因，归根结底都是生产力的发展。

人类的生产活动从来就不是由互不相干的个人孤独地进行的。人类生来是群居的，是所谓的"社会动物"。作为社会动物，人们在生产中必然会发生一定的社会关系，即生产关系。在生产实践中，人类改进技术，开辟新生产领域，使得社会生产力不断发展。而在生产力发展的不同阶段，会形成不同的生产关系。为什么会这样？因为，一定生产力发展阶段采用的生产技术，要求按与之相适应的方式将人们组织起来，而与生产的技术组织形式相适应，又会形成一定的社会生产关系。因此，可以将"生产关系与生产力发展相适应"的原理更详细地表述为：在生产力发展的过程中，人类提高生产效率的努力推动生产技术进步，生产技术的变化会引起生产组织的变化，而生产组织的变化又会导致人与人在生产中的相互关系即社会生产关系的变化，从而导致经济制度的变迁。

在《资本论》中，马克思根据从生产力与生产关系的矛盾运动中解释社会经济制度变迁这个分析规范，科学地说明了资本主义作为与一定发展阶段的生产力水平相适应的生产关系的历史合理性和必然灭亡的历史趋势。他一方面说明在资本主义时代，"由于劳动过程的组织和技术的巨大成就，使社会的整个经济结构发生变革，并且不可比拟地超越了以前的一切时期"，① 另一方面揭示了资本主义由于其固有的社会矛盾，如何逐渐成为劳动过程和技术进一步发展的桎梏从而必定被新制度取代的宿命。中华人民共和国成立70多年来发生的伟大社会变迁，其基本动因就是要使生产关系与生产力的发展相适应。无论是通过革命建立社会主义制度，还是通过全面改革完善社会主义制度的具体形式，都只有依据生产关系一定要适应生产力发展要求这个原理，才能做出合理的解释。

在经济学的发展史上，马克思是第一个深入地进行制度分析或制度变迁研

---

①《马克思恩格斯文集》第6卷，人民出版社2009年版，第44页。

究的学者。由于将资本主义视为万古不变的制度，制度变迁研究在很长时间内被排除在西方资产阶级的主流经济学之外。20世纪下半叶在西方时兴起来的新制度经济学试图弥补这一缺陷。这种理论离开生产力发展这一人类最基本的实践活动，用杜撰出来的所谓“理性人”的交易费用计算来解释制度变迁。但是，迄今为止新制度主义者甚至拿不出一个内涵和外延明确而能够按统一口径计算的交易费用定义。他们的理论常常不顾史实而对经济制度变迁史做歪曲的解释。除了得出关于资本主义的辩护性结论之外，这种理论没有多少科学价值。

2. 以生产资料所有制为基础确定整个社会经济制度的性质

生产、分配、交换和消费是社会再生产过程包含的四个环节。在这四个环节中，由于生产是分配和交换的前提，生产过程中的关系自然成为全部经济关系的基础。与社会再生产的这四个环节相对应，整个社会经济关系体系或者说广义的生产关系，又是由直接生产过程中形成的人与人的关系或狭义的生产关系，以及产品的分配关系、交换关系和消费关系构成的。直接生产过程中的人与人的关系，说到底就是生产资料所有制关系。不对生产资料所有制做这样的理解，会使生产资料所有制成为意义空洞贫乏的、缺少解释力的物权概念。如何解释资本主义生产资料所有制？如果按照物的归属关系即简单的物权观点，回答是：生产资料所有权归资本家。但是，如果不搞清作为所有权主体的资本家的社会属性，这种回答是没有什么意义的。那么，什么是资本家？简单地说，就是拿钱购买他人的劳动力，通过控制生产过程以榨取剩余价值，从而使自己的钱增殖的人。这样就把雇佣劳动关系和剩余价值生产都涵盖进来了，实际上已经涉及资本主义直接生产过程中关系的所有要点。对于这种用抽象的物权所无法说明的生产关系，马克思在《资本论》第一卷中进行了论述。马克思在《资本论》第二卷中说过，劳动者与生产资料相结合的方式“使社会结构区分为不同的经济时期”①（即不同社会经济形态）。劳动者与生产资料的结合只能发生在直接生产过程中，因而“劳动者与生产资料相结合的方式”，也就是直接生产过程中的关系，这是生产资料所有制的另一种说法。

由生产在整个社会再生产过程中的首要性决定，在社会生产关系体系中，直接生产中的社会关系即生产资料所有制关系具有基础和核心的地位，分配关

---

① 《马克思恩格斯文集》第6卷，人民出版社2009年版，第44页。

系、交换关系和消费关系的性质都是由它的性质派生出来的。谁占有了生产资料，谁就控制了生产过程和生产成果。而谁控制了生产过程和生产成果，谁就在分配关系、交换关系以至消费关系中居于主导地位。马克思在《资本论》中首先在第一卷里研究资本的直接生产过程，其实也就是首先研究“资本”这样一种财产形式或生产资料所有制形式的基本规定。正是这些基本规定决定了整个资本主义生产关系体系的性质。

与马克思的这个分析规范不同，资产阶级政治经济学从斯密和李嘉图开始，一直认为生产资料的私有制是与人类的自私本性相适应的永恒制度，因而它是没有历史、不会变化的，能够改变的只是分配和交易方式。马克思谈到资产阶级经济学家对“生产和分配的这种粗暴割裂”时指出：“他们所要说的是，生产不同于分配等等（参看穆勒的著作），应当被描写成局限在与历史无关的永恒自然规律之内的事情，于是资产阶级关系就被乘机当作社会一般的颠扑不破的自然规律偷偷地塞了进来。这是整套手法的多少有意识的目的。在分配上，他们则相反地认为，人们事实上可以随心所欲。”① 根据资产阶级政治经济学家的这种谬见，生产是与社会关系无关的纯技术问题，一切劳动资料天然就是资本。与马克思同时代的托伦斯就认为，原始社会野蛮人狩猎和采集用的石头、棍棒等，就是资本。② 现代西方主流经济学仍然不懂得或者有意否认资本是一种社会生产关系。西方经济学教科书将作为社会关系承载物的资本这样一个价值额，当作实物形态的生产要素，放入被定义为投入与产出之间技术联系的生产函数，从而用技术关系偷换了社会关系。在这种生产函数中，资本和劳动是并列的生产要素，它们各自的边际产品决定了自己所得的报酬。这样，现实中资本家与雇工这两个资本主义生产关系的主要当事人之间的剥削和被剥削的关系就消失不见了。这种脱离现实的资本理论，引起了一系列理论上的困难。例如，在劳动是与资本并列的生产要素而工资是劳动的边际产品的情况下，工资是不应该算作资本的，但哪个资本家不把自己支付给工人的工资计入预付资本？这样的资本理论，恐怕连资本家们也是不会同意的。除了这类问题之外，对于资本增殖至关重要的循环和周转以及社会总资本的再生产问题，在以新古典经济学为代表的西方主流经济学的资本理论中也是找不到的。而在错

---

① 《马克思恩格斯文集》第 8 卷，人民出版社 2009 年版，第 11 页。

② 《马克思恩格斯文集》第 5 卷，人民出版社 2009 年版，第 215 页，注（9）。

误的资本理论中，西方人力资本理论就是很有影响的一种。虽然这种理论指出教育投入对经济增长的巨大作用是正确的，但同时又强调凡是受过教育的人都具有资本家的身份，不过不是作为生产资料所有者的资本家，而是人力资本家。真是这样的话，从小学生到博士生，都是大小不等的资本家。而且，按照西方人力资本理论，受过教育的劳动者即便失业挨饿，也仍然是资本家。这个理论的症结在于没有将资本看作是雇佣劳动关系的载体，将资本与因受教育而形成的知识和技能混同了。这同视劳动资料天然是资本，视黑人天然是奴隶，是性质相同的错误。当然，这不是说知识和技能在任何情况下都不能成为资本。能够使它们成为资本的条件是什么？只能是资本主义生产关系。也就是说，知识和技能只有在借助资本主义雇佣劳动关系而成为占有他人创造的剩余价值的手段时，才成为资本。

3. 在历史形成的社会经济结构的整体制约中分析人的经济行为

从《资本论》可以看出，马克思对人的经济行为包括人的行为目标（价值取向）和行为方式的分析，是以历史形成的既定社会经济关系为前提的。在《资本论》第一版序言中，有这样一段说明社会关系对个人行为的制约性的名言："我决不用玫瑰色描绘资本家和地主的面貌。不过这里涉及的人，只是经济范畴的人格化，是一定的阶级关系和利益的承担者。我的观点是把经济的社会形态的发展理解为一种自然史的过程。不管个人在主观上怎样超脱各种关系，他在社会意义上总是这些关系的产物。同其他任何观点比起来，我的观点是更不能要个人对这些关系负责的。"① 撇开社会生产关系，以某种抽象的人性假设或个人的自由意志为出发点来分析人类的经济行为，是不可能得出符合客观实际的科学结论的。因为，舍去人与人之间的社会关系，舍去人作为某个阶级或阶层的成员在一定社会关系中所处的地位，我们得到的就是一个个孤立的生物学意义上的人类个体，如果再从这种个体所具有的生理本能（某些生物学家和人类学家所说的"动物利己主义"）引出"自利倾向"之类的人性假设，并以此为根据来解释人类的经济行为，经济学分析就会被荒谬地归结为一个又一个的《鲁滨逊漂流记》式的故事。这种经济分析实际上是什么都说不清楚的。例如，如何解释资本家和工人对工资提高的截然不同的反应？为什么这时前者痛苦而后者高兴？为什么同样是具有自利倾向的人，行为取向却截然相

① 《马克思恩格斯文集》第 5 卷，人民出版社 2009 年版，第 10 页。

反？显然，“自利倾向”之类的抽象人性假设，解释不了这个问题。然而，只要我们将这里所说的人放到资本主义生产关系中，问题的答案就一目了然了：这是资本与劳动的对立的利益关系的必然表现。这类现象在现实经济生活中俯拾即是。比如菜市场上家庭主妇与小贩的讨价还价，前者的压价行为和后者的抬价行为，也是由双方在交易关系中作为买者和卖者居于不同地位、利益上有对立决定的。因反社会主义立场坚定而闻名的新自由主义始作俑者路德维希·冯·米塞斯，写过一本《人类行动》（*Human Action*）的书。在这本书中，他反对马克思的人类经济行为分析方法。他认为，马克思讲不同的社会阶级或社会阶层具有不同的行为逻辑，是错误的“多逻辑主义”。按照他的意见，所有的人，不论属于哪个社会阶级，“头脑的逻辑结构”都是相同的，因而行为方式是一样的。但是，他如何对我们上面列出的事例做出与普通人的常识一致的合理解释？难道因为同属人类，具有同样的“头脑的逻辑结构”，工资上涨时，老板总是兴高采烈地和工人一起庆祝？同样，难道现实世界真的如同《镜花缘》中的君子国，卖者同现实世界中的买者一样，总是以主动压低售价为乐事？可见，是米塞斯自己“头脑的逻辑结构”出了问题。

从脱离社会关系的个人理性即自利倾向出发进行经济分析，是资产阶级政治经济学沿用至今的方法论传统。马克思在《〈政治经济学批判〉导言》中曾指出，“被斯密和李嘉图当做出发点的单个的孤立的猎人和渔夫，属于18世纪的缺乏想象力的虚构。这是鲁滨逊一类的故事”。① 在150多年后的今天，号称现代经济学的西方主流经济学中的微观分析，继续讲述着鲁滨逊式的故事。

4. 依据经济关系来理解政治和法律的制度以及道德规范

政治经济学研究的是社会的经济基础，但这种研究又不可能不涉及社会的上层建筑。要想撇开社会的政治、法律和道德规范进行所谓的纯经济分析，实际上是不可能的。根据历史唯物主义这个马克思主义经济学的方法论原则，经济学研究在涉及政治、法律和伦理等上层建筑领域的现象和范畴时，应当依据作为不以任何个人的意志为转移的社会存在的经济关系，对这些意识形态的现象和范畴的特定社会含义做出说明。在一定社会形态下，法律和伦理规范总是有着特定的经济关系含义的。

我们可以以私人产权为例来说明这个命题。私人产权在《罗马法》（或更

① 《马克思恩格斯文集》第8卷，人民出版社2009年版，第5页。

早的习惯法或成文法）中就已经被明确定义为所有权人对自己的财产的使用和处分的权利（或称使用和滥用的权利）。这个规定一直沿用到现在，好像在历史上没有变化。但这种表面上具有普适性的法律规定，在不同的社会生产关系条件下，体现的具体经济内容是十分不同的。在资本主义社会，作为货币转化为资本的前提的劳动力买卖关系，就是通过适用于一切商品交换的产权关系实现的，即通过以买卖双方彼此承认对方的所有权为前提的自愿契约实现。在奴隶社会，奴隶买卖也被看作是一种自愿的契约，这种买卖也是以买卖双方彼此承认对方的所有权为前提，但是却包含了与资本主义根本不同的生产关系。在这两种不同的生产关系条件下，所有权主体及其实施所有权的各种权能的经济界限，是根本不同的。在资本主义条件下，交易的双方，资本家和工人，都是作为具有平等权利的自由人；资本家对买来的劳动力所能实施的权利只限于劳动契约所规定的时限，且不能损害工人的人身自由。在奴隶制条件下，进行奴隶交易的所有权主体是不同的奴隶主，以奴隶身份被买卖的劳动力不具有任何产权，而只是交易的对象；奴隶主对奴隶的各种所有权权能可以无限地实施于奴隶的人身，生杀予夺悉出其便。可见，一定的社会生产关系赋予产权以特定经济内容，为它所包含的各种权能（占有、使用、处分等）规定了特殊的社会界限，这些权能的实施则成为这种生产关系的实现形式。

与基于“存在决定意识”的唯物史观的分析规范相反，唯心史观认为政治、法律和道德规范取决于人的主观意志，是人类与生俱来的正义和公平观念的产物。而资产阶级政治经济学所遵循的就是这种唯心主义的规范。例如，在说明“产权”这个范畴时，资产阶级经济学家一般都颠倒作为社会存在的经济关系与表现为普遍意志的法律规定之间的关系，认为法律决定经济关系。马克思在《资本论》中谈到商品生产者之间的交换关系时指出，“彼此承认对方是私有者”这样一种“具有契约形式的法的关系”（也就是产权关系），“是一种反映着经济关系的意志关系”，“这种法的关系或意志关系的内容是由这种经济关系本身决定的”。① 正是因为马克思在分析资本家和工人之间的交换关系时遵循了经济关系决定法的关系这样一条正确的路径，才揭开了法律上权利平等的交换包含的秘密：资本家与工人交换的是劳动力，而劳动力成为商品体现的经济关系，即雇佣劳动关系，是以资产阶级对工人阶级的统治为内容的。李嘉图

---

① 《马克思恩格斯文集》第5卷，人民出版社2009年版，第103页。

学派之所以解决不了资本家与工人之间的等价交换与利润之间的矛盾这个难题，从研究方法上说，就是因为总是在法律层面的平等权利关系上兜圈子，而没有从经济关系入手来把握权利关系的内容。如果说具有科学精神的古典经济学家虽然不能正确地解决问题，但是能够发现问题，那么，对于马克思批判过的庸俗经济学及其各种当代变种来说，掩盖问题就成了第一要务。实际的经济关系即资产阶级与工人阶级的关系从这类理论中彻底消失了。法律上权利平等的要素所有者之间自愿的交换决定着要素的价格。这样，实际存在的压迫和剥削就被抹杀了，一切都蒙上了公平正义的面纱。

《资本论》体现出来的马克思主义经济学的上述四个分析规范，是将历史唯物主义这个总的原则运用于经济研究应当遵循的方法。这是马克思留给我们的最重要的理论遗产。我们在经济研究中坚持马克思主义，从根本上说，就是要坚持马克思的研究方法和分析规范。只有坚持马克思主义的方法，我们才能根据历史条件的变化，不断发展马克思主义政治经济学。我们不仅要运用马克思的方法研究当代资本主义经济的新矛盾和新特点，研究经济全球化、新技术革命、生态和环境等新的问题，而且要运用它研究我国经济改革与发展中的重大现实问题，研究新时代中国特色社会主义经济的发展规律，大胆进行创新，概括出新的概念和范畴，制定新的阐述体系，运用新的分析技术，发展马克思主义政治经济学，创造新时代中国特色社会主义政治经济学。

阅 读 书 目

■ 马克思：《资本论》，《马克思恩格斯文集》第 5—7 卷，人民出版社 2009 年版。

■ 马克思、恩格斯：《共产党宣言》，《马克思恩格斯文集》第 2 卷，人民出版社 2009 年版。

■ 马克思：《雇佣劳动与资本》，《马克思恩格斯文集》第 1 卷，人民出版社 2009 年版。

■ 马克思：《〈政治经济学批判〉导言》，《马克思恩格斯文集》第 8 卷，人民出版社 2009 年版。

■ 马克思：《〈政治经济学批判〉序言》，《马克思恩格斯文集》第 2 卷，人民出版社 2009 年版。

■ 马克思：《政治经济学批判（1857—1858 年手稿）》摘选，《马克思恩格斯文集》第 8 卷，人民出版社 2009 年版。

■ 马克思：《政治经济学批判（1861—1863 年手稿）》摘选，《马克思恩格斯文集》第 8 卷，人民出版社 2009 年版。

■ 马克思：《资本论（1863—1865 年手稿）》摘选，《马克思恩格斯文集》第 8 卷，人民出版社 2009 年版。

■ 马克思：《哲学的贫困》，《马克思恩格斯文集》第 1 卷，人民出版社 2009 年版。

■ 恩格斯：《社会主义从空想到科学的发展》，《马克思恩格斯文集》第 3 卷，人民出版社 2009 版。

■ 恩格斯：《反杜林论》，《马克思恩格斯文集》第 9 卷，人民出版社 2009 年版。

■ 恩格斯：《家庭、国家和私有制的起源》，《马克思恩格斯文集》第 4 卷，人民出版社 2009 年版。

■ 马克思、恩格斯：《〈资本论〉书信集》，人民出版社 1975 年版。

■ 列宁：《卡尔·马克思》，《列宁专题文集 论马克思主义》，人民出版社 2009 年版。

■ 列宁：《马克思主义的三个来源和三个组成部分》，《列宁专题文集 论马克思主义》，人民出版社 2009 年版。

■ 宋涛主编：《〈资本论〉词典》，山东人民出版社 1988 年版。

■ 洪远鹏主编：《新编〈资本论〉教程》（1—4 卷），上海科学技术文献出版社 2018 年版。

■ 陈征：《〈资本论〉解说》（1—3 卷），福建人民出版社 1997 年版。

■ 卢森贝：《〈资本论〉注释》（1—3 卷），生活·读书·新知三联书店 1963 年版。

■ 陈岱孙：《从古典经济学派到马克思：若干主要学说发展论略》，上海人民出版社 1981 年版。

■ 欧内斯特·孟德尔：《〈资本论〉新英译本导言》，中共中央党校出版社 1991 年中译本。

■ 戴维·麦克莱伦：《马克思传》，中国人民大学出版社 2010 年版。

■ 弗朗西斯·惠恩：《马克思〈资本论〉传》，中央编译出版社 2009 年中译本。

■ David Harvey，*A Companion to Marx's Capital*，Verso，2010.

■ Kenneth Smith，*A Guide to Marx's Capital*（Ⅰ-Ⅲ），Anthem Press，2012.

人名译名对照表

[英]	艾威林	Edward Aveling
[英]	安德森	Adam Anderson
[英]	安德森	James Anderson
[英]	巴顿	John Barton
[法]	巴师夏	Frédéric Bastiat
[法]	贝列拉	Jacques-Émile Péreire
[英]	边沁	Jeremy Bentham
[法]	布阿吉尔贝尔	Pierre Le Pesant Boisguillebert
[俄]	丹尼尔逊	Николай Францевич Даниелъсон
[英]	富拉顿	John Fullarton
[德]	黑格尔	Georg Wilhelm Friedrich Hegel
[英]	霍普金斯	Thomas Hopkins
[美]	凯里	Henry Charles Carey
[德]	考茨基	Karl Kautsky
[俄]	考夫曼	Илларион Игнатьевич Кауфман
[德]	库格曼	Ludwig Kugelmann
[法]	魁奈	François Quesnay
[英]	拉姆赛	George Ramsay
[英]	莱勒	John Lalor
[英]	劳埃德	Samuel Jones Baron Overstone Loyd
[德]	李比希	Justus Freiherr von Liebig
[英]	李嘉图	David Ricardo
[德]	洛贝尔图斯-亚格措夫	Johann Karl Rodbertus-Jagetzow
[英]	洛克	John Locke
[意]	洛里亚	Achille Loria
[俄]	洛帕廷	Герман Александрович

		Лопатин
［英］	马尔萨斯	Thomas Robert Malthus
［英］	麦克库洛赫	John Ramsay McCulloch
［英］	麦克劳德	Henry Dunning Macleod
［英］	穆尔	Samuel Moore
［英］	穆勒	John Stuart Mill
［英］	穆勒	James Mill
［英］	纽曼	Francis William Newman
［英］	帕特森	Robert Hogard Patterson
［英］	配第	William Petty
［英］	皮特	William Pitt
［法］	蒲鲁东	Pierre-Joseph Proudhon
［法］	萨伊	Jean-Baptiste Say
［德］	桑巴特	Werner Sombart
［德］	施米特	Conrad Schmidt
［俄］	施托尔希	Андрей Карлович Шторх
［英］	斯密	Adam Smith
［英］	斯图亚特	James Stuart
［英］	图克	Thomas Tooke
［英］	托伦斯	Robert Torrens
［英］	韦克菲尔德	Edward Gibbon Wakefield
［英］	西尼耳	Nassau William Senior
［瑞士］	西斯蒙第	Jean-Charles-Léonard Simonde de Sismondi
［英］	休谟	David Hume
［英］	尤尔	Andrew Ure

第一版后记

《〈资本论〉导读》是马克思主义理论研究和建设工程重点教材。在编写过程中，得到了马克思主义理论研究和建设工程咨询委员会的指导，得到了中央有关部门和有关专家学者的帮助和支持。同时，广泛听取了高校《资本论》导读课程教师和大学生的意见和建议。

本教材由首席专家林岗、洪银兴、雎国余主持编写，邱海平、马艳、张彤玉、许兴亚、王志伟、杨志、葛扬参加了写作、统稿和修订；李其庆、胡乐明参加了大纲和初稿的修改。张磊主持了工程办公室组织的审改和统稿工作。田岩、宋凌云、邵文辉、何成、梅建军、邢云文、武斌、张造群、宋义栋、王燕燕、官长瑞、汤荣光、唐棣宣、山郁林、魏学江、任文启等参加了具体审改和统稿工作。参加集中阅看并提出修改意见的有：黄传新、王天义、张卓元、王振中、李惠斌、张雷声、张宇、孟捷、谢地、陈承明、冯金华、何自力等。

2012 年 4 月

第二版后记

组织全面修订马克思主义理论研究和建设工程重点教材，是推动习近平新时代中国特色社会主义思想和党的十九大精神进教材、进课堂、进头脑的重要举措。《〈资本论〉导读》（第二版）是在第一版教材基础上修订而成的。在教材修订过程中，得到了马克思主义理论研究和建设工程咨询委员会的指导，得到了中央有关部门和有关专家学者的帮助和支持。同时，也广泛听取了高校专业课程教师和学生的意见和建议。

教材修订课题组由林岗任首席专家并主持修订，徐洋、崔学东、李琼、赵峰、齐昊、马慎萧作为主要成员参加修订。何成主持了工程办公室组织的审改定稿工作。田岩、冯静、吴学锐、王昆、王勇、曹守亮、张文君、徐立恒等参加了审改。参加集中审阅并提出修改意见的有：智效和、陈享光、丁为民、余斌、张俊山、许兴亚、邱海平、朱安东、张衔、孙立冰等。

2020 年 5 月